17정판

지적재산법

송영식 · 이상정 · 김병일 공저

세창출판사

17정판 머리말

16정판을 출간한 이후, 지적재산법 분야의 많은 개정이 있었다. 징벌적 손해배상제도의 도입, '통상적' 실시료를 '합리적' 실시료로 대체, 구체적 행위태양 제시의무 도입, 특허권자의 생산능력을 초과하는 특허침해자의 제품판매에 대해서도 실시료 상당의 손해배상액 인정, 그리고 영업비밀 성립요건의 완화를 위한 특허법과 부정경쟁방지법의 개정이 있었고, 교과용 도서의 이용범위 확대, 직권조정제도 도입, 촬영 등 과정에서 저작물의 부수적 복제 면책 근거 마련, 그리고 문화시설의 권리자 불명 저작물 이용 활성화 근거 마련 등을 위한 저작권법 개정이 있었다.

이번 개정판은 16정판 이후에 개정된 내용을 반영하고, 미비하였던 부분을 보충하였다. 그러나 필자들의 능력과 시간 부족으로 만족스러운 결과는 얻지 못한 것 같아 유감스러우나, 이 교재는 지적재산법 전반에 대한 기본적 이해를 갖추기에 적합한 기본교재라고 생각한다. 향후 더욱 연구하고 검토하여 보완해 나갈 것을 약속드린다.

이번 17정판을 펴냄에 있어 무엇보다도 이 책을 애독해 주신 독자들에게 감사드리며, 초판 이래 저자들의 의도대로 이 책을 지속적으로 출간하여 주시는 세창출판사 이방원 사장님과 편집과 출판 및 보급에 노고를 아끼지 아니하는 세창출판사 임직원 여러분들에게 깊이 감사드린다.

2021년 1월

저 자 씀

머리말

본서는 지적재산법에 관한 간단한 개설서이다. 지적재산의 중요성이 인식된 것은 상당히 오래전 일이고, 우리나라에서도 1980년대 중반 이후 신문에 지적재산과 관련된 기사가 나지 않은 날은 거의 없다고 하여도 과언이 아니지만 대학에서 이 과목을 강의하기 시작한 것은 그리 오래된 일이 아니다. 물론 그전에도 뜻있는 선생님들의 개인적 의지에 따라 강의가 없었던 것은 아니지만 국가적으로 그 중요성이 강조되고 또 이것을 대학이 받아들여 상당수의 대학에서 강의를 개설한 것은 극히 최근의 일이다. 오늘날과 같은 정보화사회 · 지가사회의 기본질서를 규율하는 법이 지적재산법이라는 점에 비추어 볼 때 매우 다행스러운 일이라고 본다. 본서는 이러한 추세에 부응하여 대학에서 한 학기용 교재로 이용할 수 있도록 작성한 것이다. 그런 만큼 학생들이 한 학기 강의를 들으면서 알아 주었으면 하는 내용들을 가급적 실체법적 측면에 초점을 두어 간단히 서술하였다.

우리는 오래전부터 대학강의에 대비하여 이러한 교재를 작성하려고 마음은 먹고 있었지만 능력도 시간도 부족하여 차일피일 미루어 오던 중 이제야 그 기회를 얻어 이 책을 발간케 되었다. 기쁘기도 하지만 한편으로는 과연 이 책이 이 방면의 길잡이로서 제대로 그 역할을 할 수 있을지 두렵기도 하다. 앞으로 이 책을 가지고 강의하면서 또 이 책을 가지고 강의하시는 선생님들의 고견을 들어 보완할 계획으로 있다. 많은 지적 있으시길 부탁드린다.

끝으로 이 책을 출간함에 있어 오랜 기간 동안 저자들을 이끌어 주시고 격려해 주시는 郭潤直 교수님과 宋相現 교수님께 충심으로 감사드리며, 여러 가지 어려움에도 불구하고 기꺼이 출판을 맡아, 저자들의 의도대로 책을 만들어 주신 세창출판사 이방원 사장님과 편집부 여러분에게도 깊이 감사드린다.

1996년 여름

著 者 씀

차 례

chapter 1 _ 서 설

chapter 2 _ 특허법 · 실용신안법

chapter 3 _ 디자인보호법

chapter 4 _ 상표법

chapter 5 _ 저작권법

chapter 6 _ 기타 지적재산법

chapter 7 _ 지적재산권의 국제적 보호

1 chapter 서 설

제1절 지적재산권의 중요성

Ⅰ. 새로운 재산 — 지적재산

일반적으로 우리들은 재산(財産)이라고 하면 부동산이나 귀금속과 같은 유형의 것, 즉 유체물을 생각한다. 그래서 조사항목 중 재산이 포함되어 있는 경우에는 부동산 얼마, 동산 얼마 하는 식이었다. 그러나 오늘날은 발명이나 상표와 같은 무체물도 중요한 재산으로 평가된다. 어쩌면 이러한 무체물인 지적재산이 웬만한 동산이나 부동산보다 더 가치가 있을 수 있다. 인터브랜드에서 발표한 2020 브랜드 가치 순위에 따르면, 1위인 애플(Apple)의 브랜드 가치가 무려 3229억 9900만 달러, 2위인 아마존(Amazon)은 2006억 6700만 달러, 3위인 Microsoft는 1660억 100만 달러에 달하며, 5위인 Samsung(SAMSUNG)은 622억 8900만 달러에 달한다.

상표만 가치가 있는 것이 아니다. 특허나 디자인, 저작권 역시 엄청난 가치를 가지고 있다. 좀 오래된 이야기이지만 1883년 워터맨은 펜촉을 발명하여 약 170만 달러의 로열티를 받았으며, 1951년 뒤퐁은 나일론 특허를 토요레이온사(오늘날의 토레이)에 실시허락하면서 당시 300만 달러를 일시적으로 지급받음과 아울러 매출액의 3%를 로열티로 지급받았다. 당시 300만 달러는 오늘날 가치로는 약 1억

8000만 달러 정도이며, 이것은 당시 토요레이온사 자본금의 1.5배에 해당하는 거금이었다고 한다. 또 코카콜라병을 디자인한 루드는 회사로부터 600만 달러를 받았다. 우리가 잘 아는 파커만년필이 유명해진 것은 그 유선형 디자인 때문이었고 이 때문에 만년필의 대표주자가 되었다. 뿐더러 스필버그 영화 1편이 벌어들이는 수익이 우리나라 자동차 100만 대 이상을 수출하여 벌어들이는 수익보다 낫다고 한다. 이쯤 되면 특허니 상표니 저작권이니 하는 것의 가치를 대략 짐작할 것이다.

그러므로 발명, 상표, 디자인 등은 오늘날 매우 중요한 경제적 가치를 가지는 재산이다. 이러한 재산을 우리는 그 형체가 없다는 의미에서 무체재산(無體財産)이라고 하며, 인간의 지적 창작의 산물이라는 의미에서 지적재산이라고도 한다. 이러한 무체재산이나 지적재산이 예전에는 가치가 없었느냐 하면 그런 것은 결코 아니다. 그러나 최근 지적재산의 중요성이 강조되고 국제통상의 측면에서 중요관심사로 등장하고 있으며, 이러한 경향은 정보화사회, 지식사회로 진행할수록 더욱더 증가할 것이다.

무체재산권이라고 하는 것은 이처럼 무체물에 대해서 성립하는 재산권이며, 지적재산권이라고 하는 것은 이러한 지적재산에 성립하는 재산권이다. 모두 같은 말이다. 그리고 이러한 정신적 활동의 소산, 즉 지적생산물과 그 창작자와의 관계를 강조하는 용어인 지적소유권이라는 말도 사용되고 있으며, 최근에는 지식재산권이라는 용어가 법령 용어로 되었다.

◎ 권리라든가 일광, 에너지와 지적재산의 차이

무체물이라고 하면 우리가 지금 살펴보려고 하는 발명, 저작물 등 외에 권리 그 자체나 에너지 등을 생각할 수도 있다.[1)] 그러나 우리는 이들을 보호하는 법을 무체재

1) 영 · 미에서의 재산의 분류
i) "사람이 이 세상에서 소유할 수 있는 것, 즉 소유권(ownership)의 객체인 물건(thing)을 재산(property)이라고 하는데 영미법상 재산은 물적 재산(real property)과 인적 재산(personal property)으로 분류된다. 전자는 대개 우리나라의 부동산에 필적하나 역사적 이유에 의하여 부동산임차권(lease)은 후자로 분류된다. 후자는 동산(chattel)과 무형재산(intangible property: 예금, 주식, 사채, 공채 등 각종 무체재산권 외에 일반채권도 포함된다)으로 분류된다"(이동명, "미국의 부동산물권변동에 따른 공시방법," 厚巖郭潤直先生古稀紀念「민법학논총 제2」, 박영사, 1995, 2-3면).

산법이라고는 하지 않는다. 왜냐하면 이들은 형체만이 보이지 않을 뿐 이들을 한번 사용하면 소멸한다. 예컨대 채권을 행사하여 채무의 변제를 받으면 채권은 소멸하며, 에너지도 한번 사용하면 그만큼 소멸한다. 따라서 이들에 대해서는 유체재산권법 체계 속에 포섭하는 것이 가능하다. 이에 반해 발명이나 저작물 등은 한번 사용으로 소멸하는 것이 아니다. 처음 생각하는 것이 어렵지 그 생각을 그대로 이용하는 데는 전혀 비용이 들지 않는다. 말하자면 한계생산비가 영에 가깝다고 할 수 있다. 또 제3자가 사용한다고 해서 원래의 개발자가 사용할 수 없는 것도 아니다. 만인이 공유한다고 하는 것이 얼마든지 가능하다. 따라서 무체재산법질서는 "인간의 욕망은 무한한 데 반해 이를 충족시킬 수 있는 재화는 유한하다"는 데서 출발한 물권법 질서와는 전혀 다른 목적으로 탄생된 것이다.[1)]

II. 새로운 무기 – 지적재산권

최근 지적재산권 침해를 이유로 세계무역기구(WTO)에 제소되었다는 기사가 자주 나온다. 2007년 4월 10일자 한겨레신문의 "미, 중국 지적재산권 침해 WTO에 제소"라는 제하의 기사도 그 하나이다. 그 내용은 다음과 같다.

미국은 중국의 지적재산권 침해와 미국산 음반, 영화에 대한 높은 무역장벽 문제를 WTO에 제소키로 했다고 2007년 4월 9일 발표했다. 미무역대표부(USTR) 슈워브 대표는 이날 기자회견을 통해 "중국에서의 지적재산권 침해와 모조행위가 용납할 수 없을 정도로 자행되고 있다"면서 WTO에 지적재산권 침해에 대한 분쟁해결협상을 2007년 4월 10일 공식 요청할 것이라고 밝혔다. 또 슈워브 대표는 중국이 미국산 영화 상영편수를 제한하고, 외국 잡지나 서적은 특급호텔에서만 판매할 수 있도록 하는 등 높은 무역장벽을 치고 있다면서 이 문제도 WTO에 제소

---

ii) classification of property and examples

Real Property		Personal Property	
Tangible (immovable)	Intangible	Tangible (movable)	Intangible
Land	Easement	Car	Cheque
	Profit à prendre	Desk	Shares
		Book	Intellectual Property
		Box of chocolates	e.g. copyright

(David I. Bainbridge, *Intellectual Property*, Pearson Education Limited, 2007, p.10.)

한다고 말했다. 슈워브 대표는 중국에서 지적재산권에 대한 적절한 보호가 이뤄지지 않아 미국 기업과 근로자들이 매년 수십억 달러의 손해를 보고 있다면서 많은 상품들의 경우 중국과 미국을 비롯한 세계 각국의 소비자들에게 심각한 위험을 안기고 있다고 지적했다. 미국이 중국의 지적재산권 침해 문제를 WTO에 제소하기는 처음이다.

위 기사와 같이 오늘날은 개인의 재산권이라고 할 수 있는 저작권 등 지적재산권이 침해당한 경우에 이제는 국가가 나서서 WTO에 제소하여 그 해결책을 모색하고 있다. 이것은 지적재산권이라고 하는 것이 이제는 무역과 깊은 관련을 가지게 되었고, 또 국가의 중요한 관심사라는 것을 이야기한다. 1987년 텍사스 인스투르먼트(TI)사는 반도체에 관한 특허침해를 이유로 9개 한 · 일 관련업계로부터 순이익의 62%에 달하는 1억 9000만 달러를 특허료로 받아 갔고, 1991년 미국 폴라로이드사는 특허권침해를 이유로 코닥사를 상대로 소송하여 9억 달러를 받아냈으며, 1992년 미국 하니웰사는 특허권침해를 이유로 일본 미놀타사로부터 1억 3000만 달러를 받아냈다. 그래서 나온 소리가 '특허전쟁'이라는 말이다. 이 정도이고 보니 어찌 국가가 관심을 기울이지 않을 수 있을 것인가. 실로 오늘날은 국경 없는 무한경쟁시대, 경제전쟁시대에 접어들었고, 그 전선의 전면에 등장하는 첨단무기가 지적재산권이다.

Ⅲ. 지적재산권의 의의 – 지적재산권이란 무엇인가

세계지식재산기구(WIPO)[2] 설립조약 제2조 제8항은 "지적재산(intellectual property)이라 함은 문학 · 예술 및 과학적 저작물, 실연자의 실연, 음반 및 방송, 인간 노력에 의한 모든 분야에서의 발명, 과학적 발견, 디자인, 상표, 서비스표,

---

2) 스위스 제네바에는 세계지식재산기구(World Intellectual Property Organization)가 있다. WIPO의 목적은, ① 국가 간의 협조를 통하여 그리고 적당한 경우에는 기타 모든 국제기구와 공동으로 전세계를 통한 지적재산권의 보호를 촉진하고, ② 제 동맹 간의 행정적 협조를 확보함에 있다. WIPO 설립조약은 1967년 스웨덴의 스톡홀름에서 체결되었고, 1970년 4월 발효하였다. WIPO는 1974년 국제연합의 전문기구가 되었으며, 그 국제사무국은 제네바에 있다. 우리나라는 1979.3.1. WIPO 설립조약에 가입하였다. 현재(2021.1.15.) 가입국은 193개국이다.

상호 및 기타의 명칭, 부정경쟁으로부터의 보호 등에 관련된 권리와 그 밖에 산업, 과학, 문학 또는 예술분야의 지적 활동에서 발생하는 모든 권리를 포함한다" 고 규정하고 있다. 즉 저작권, 저작인접권, 특허권, 과학적 소유권, 디자인권, 상표권, 상호권의 대상 그리고 부정경쟁방지법에 의하여 보호되는 유명표지, 상품형태나 영업비밀 등 일체의 것이 모두 지적재산에 포함된다. 지적재산권이란 인간의 지적 창작물에 관한 권리와 표지(標識)에 관한 권리를 총칭하는 말이다.

이렇듯 지적재산권은 현재도 대단히 광범위한 권리를 포섭하고 있을 뿐만 아니라, 시간이 경과함에 따라 과거에는 지적재산권으로 보호받지 못했던 것도 지적재산권으로 보호되거나 과학의 발달로 새로이 보호의 필요가 있는 것이 발생할 것이다. 영업비밀(trade secrets)이 전자의 예라면, 반도체칩의 배치설계는 후자의 예이다.

또 지적재산권 속에 포함된 하나하나의 권리의 내용도 시간이 지남에 따라 보다 넓어지리라고 본다. 예컨대 저작권(copyright)은 카피할 권리(right to copy), 즉 복제권을 의미했으나 과학기술의 발전과 새로운 이용방법의 발달로 영화화권, 방송권, 대여권 등이 저작권의 내용으로 포함되기에 이르렀다. 이렇듯 지적재산권은 시간의 경과와 더불어 확장일로에 있는 권리이다.

지적재산권 속에 포함된 개개의 권리내용에 대해서는 앞으로 자세히 살펴보겠지만 여기서 간단한 예를 들어 산업발전을 목적으로 하는 산업재산권인 특허권, 실용신안권, 디자인권, 상표권과 문화창달을 목적으로 하는 저작권에 대해서 살펴보면 다음과 같다.

1) 예컨대 1876년 알렉산더 그레이엄 벨이 전화기를 발명하였다. 이것은 장거리 의사소통이 모스부호라는 상당히 불편한 방법을 통해서 밖에 할 수 없었던 시대에 인간의 자연언어를 통한 통신을 가능하도록 만든 획기적인 새로운 기계장치이며, "자연법칙을 이용한 기술적 창작 중 고도한 것"이다. 이러한 발명에 대해서는 특허청의 등록을 통해서 특허권이 주어진다.

2) 한편 벨이 발명한 전화기는 송화기와 수화기가 분리되어 있어 불편하였다. 만약 어떤 자가 이를 개량하여 송화기와 수화기가 일체로 되어 있는 전화기를 개발하였다면 이것은 "물품의 형상, 구조 또는 조합"에 관한 실용적인 고안으로서 특허청의 등록을 거쳐 실용신안권을 취득할 수 있다.

3) 또 이렇게 개발된 전화기를 아름답게 디자인하였다면 이러한 디자인은 “물품의 형상 · 모양 · 색채 또는 이들을 결합한 것으로 시각을 통하여 미감(美感)을 일으키는 것”이며, 특허청의 등록을 거쳐 디자인권을 취득할 수 있다.

4) 그리고 이러한 전화기를 생산 · 판매하는 자가 자기가 판매하는 전화기에 일정한 표지(예컨대 GALAXY, Velvet, Apple 등)를 붙이고, 그 표지를 특허청에 등록하였다면 이에 대하여서는 상표권이 주어진다.

5) 뿐만 아니라 누군가가 「전화기를 만드는 방법」이라는 책을 썼다면 이 글은 어문저작물로서 이에 대해서는 저작권이 발생한다. 저작권은 산업재산권과 달리 창작과 더불어 권리가 발생하며, 특허청 등 행정관청에 등록할 필요가 없다.

이상을 이해의 편의를 위하여 나타내면 다음과 같다.

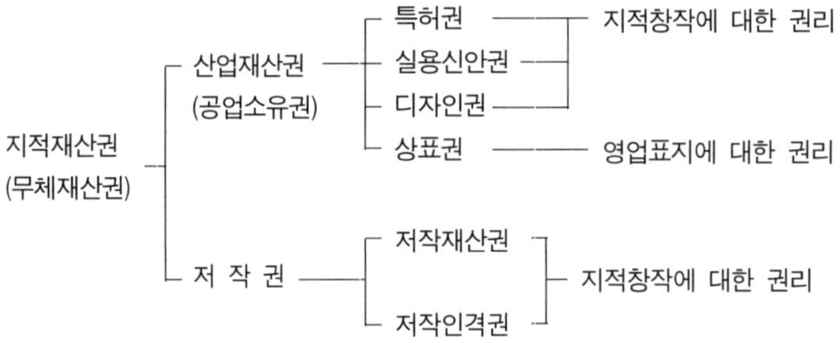

◎ 지적소유권, 지적재산권, 지식재산권

요즈음 지적소유권이라는 말과 지적재산권이라는 말이 혼용되어 쓰인다. 1980년대 중반에는 지적소유권이라는 말이 유행하다가 1980년대 말~1990년대로 오면서 지적재산권이라는 말을 오히려 많이 쓰는 경향이 있다. 지적재산권이니 지적소유권이니 하는 말은 영미의 Intellectual Property Right를 번역한 것이다. 모두 같은 의미이나 본서에서는 주로 지적재산권이라는 용어를 사용하기로 한다.

1998년 4월부터 특허청은 산업재산권과 저작권 등, 기존의 지적소유권, 지적재산권을 대체하는 용어로서 지식재산권이라는 용어를 사용하고 있고, 최근 성립되어 2011년 7월 20일부터 시행된 지식재산기본법(법률 제10629호)은 종래부터 사용되던 지적재산권이나 지적소유권이라는 용어 대신 이 용어로 변경하여 법령용어로 하고 있다. 동법에서 “지식재산”이란 인간의 창조적 활동 또는 경험 등에 따라 창출되거나 발견된 지식 · 정보 · 기술, 사상이나 감정의 표현, 영업이나 물건의 표시, 생물의 품종이나 유전자원(遺傳資源), 그 밖에 무형적인 것으로서 재산적 가치가 실현될 수 있는 것을 말한다고 정의한다(동법 제3조 제1호 참조).

◎ 공업소유권, 산업재산권

산업재산권은 프랑스어 propriété industrielle, 영어 industrial property를 번역한 말이다. 그 사이 공업소유권이라고 번역되어 우리나라에서는 법령상 용어로까지 사용(예, 구특허법 109조, 117조)되는 등 오랫동안 관용되어 왔으나 오역에 가까운 번역이라는 지적도 받아 왔다. 1980년 말부터 특허청과 대한변리사회 등 관계기관에서 이 용어를 폐기하고 산업재산권이라는 용어를 쓰고 있고, 법령상 용어도 산업재산권으로 변경하였다. 본서에서도 이에 따르기로 한다.

◎ 소위 신지적재산권에 대하여

최근의 과학발달은 제3차 산업혁명이라고 불릴 만큼 획기적이다. 그 중 컴퓨터프로그램과 같은 이른바 산업상 저작권(industrial copyright), 유전자조작과 세포융합에 의한 동·식물의 신품종이나 생명공학의 산업응용(예컨대, bio-chip)에 의한 첨단 산업재산권 및 데이터베이스(data base), 뉴미디어, 영업비밀 등 정보산업재산권 등이 이른바 신지적재산권이라 불리고 있다. 이들은 전통적인 지적재산권 분류기준인 산업재산권과 저작권 중 어느 하나로 쉽게 판별될 수 없는 특징을 가지고 있다. 앞의 지식재산기본법은 "신지식재산"이란 경제·사회 또는 문화의 변화나 과학기술의 발전에 따라 새로운 분야에서 출현하는 지식재산을 말한다고 정의한다(동법 제3조 제2호 참조).

Ⅳ. 지적재산(권)법, 지적소유권법, 무체재산(권)법

1. 서 언

지적재산의 중요성이 강조되면 강조될수록 이에 대한 도용(盜用)도 증가한다. 말하자면 지적재산권의 침해이다. 따라서 이를 보호하는 법이 탄생되고 또 그 중요성의 증가와 더불어 이에 대한 법적인 보호도 강화되어 간다. 또 새로운 지적재산의 증가와 더불어 이를 보호하는 법 역시 계속 증가하여 갈 것이다. 이렇듯 지적재산을 보호하는 법을 총칭하여 지적재산(권)법, 무체재산(권)법, 지적소유권법, 지식재산권법이라고 한다. 모두 같은 말이다.

2. 지적재산법의 성격

지적재산법에는 권리의 발생, 소멸 등에 관한 공법적 절차규정도 섞여 있지만 그 보호대상인 지적재산권은 유체물에 대한 소유권과 마찬가지로 사권(私權)이며 목적물에 대한 권리이므로 본질적으로는 사법(私法)의 영역에 속한다.

3. 현행법의 구조

현재 우리나라에서는 발명을 특허법에서, 고안을 실용신안법에서, 디자인을 디자인보호법 및 부정경쟁방지법과 저작권법에서, 등록상표를 상표법에서, 저작물과 실연자의 실연 · 방송사업자의 방송 · 음반제작자의 음반 및 컴퓨터프로그램을 저작권법에서 각각 보호하고 있으며, 주지상표나 상호, 영업비밀 등은 부정경쟁방지법에서 보호하고 있다.[3)]

이렇게 지적재산을 보호하는 법을 총칭하여 지적재산(권)법이라고 할 수 있을 것이나 민법이나 상법도 보충적으로 지적재산을 보호한다. 이를 도시하면 다음과 같다.

---

3) 이러한 지적재산법 중에는 지적재산을 물권유사의 권리로 구성하여 타인의 도용이 아닌 경우에도, 다시 말하면 고의 · 과실이 없더라도 권리침해라고 보고 이의 사용을 금지시키는 법률이 있는가 하면, 어떤 법은 타인의 도용에 대해서만 보호한다. 전자의 예가 특허권 등 산업재산권이라면 후자의 예는 저작권이 있다. 이에 반해 부정경쟁방지법은 최초에는 불법행위법의 특수한 유형으로 발전한 법으로 민법적인 개인보호(Individualschutz)에 근거하고 영업자의 자주적인 경제활동 및 그에 결합된 경쟁자의 경제적 명성과 성공을 보호대상으로 하는 것이었으나 점차로 소비자 및 공중의 이익보호에까지, 그리고 보호대상은 영업비밀의 보호와 신의칙에 반하는 경쟁행위 일반에까지 확대되고 있다. 그러므로 부정경쟁방지법에 의한 상표, 상호 보호와 상표법, 상법에 의한 보호는 중복되지만 부정경쟁방지법은 상표 또는 상호 등을 부정한 경쟁행위, 즉 널리 알려진 상표나 상호, 서비스표, 영업표 등의 모용에 의한 혼동초래행위를 금지시키는 체계(행위규범)를 취하고 있어 상표 등을 재산으로서 보호하는 상표법과는 그 보호내용이나 방법을 달리하고 있다.

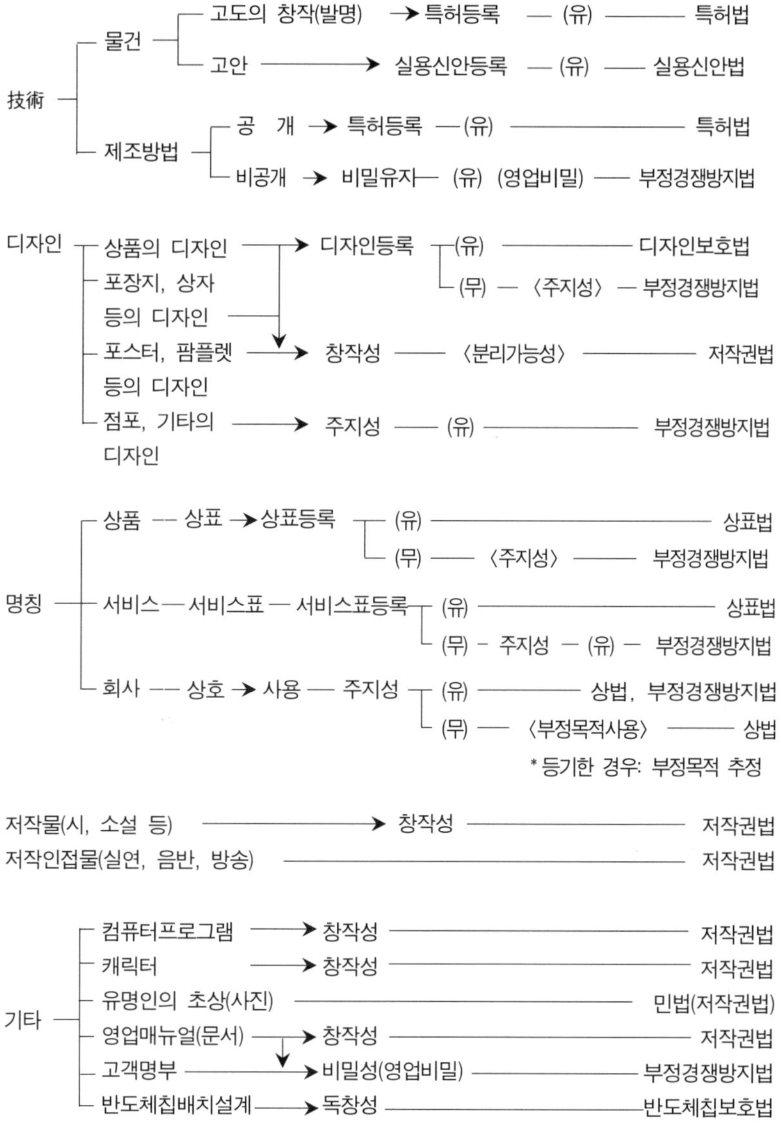

4. 다른 법과의 관계

(1) 헌법과의 관계

특허권이나 저작권 등 지적창작에 관한 권리는 헌법에 기초한다. 헌법 제22

조 제2항은 "저작자 · 발명가 · 과학기술자와 예술가의 권리는 법률로써 보호한다"고 규정한다. 또 제127조 제1항은 "국가는 과학기술의 혁신과 정보 및 인력의 개발을 통하여 국민경제발전에 노력하여야 한다"고 규정한다. 이들 규정은 지적 창작물의 보호에 대한 헌법적 기초가 된다. 또 특허권 및 저작권 등의 행사는 공공복리에 적합하게 행사하여야 하며(헌법 23조 2항), "국가안전보장 · 질서유지 또는 공공복리를 위하여 제한"할 수 있다(헌법 37조 2항).

한편 상표권의 경우도 배타적 권리로 구성하여 등록상표와 동일 · 유사한 상표를 타인이 동일 · 유사한 상품에 사용하는 것을 금지하나 이는 상표가 가지는 출처표시기능, 품질보증기능 등에 대한 법적 승인이라고 할 것이다. 말하자면 소비자 보호 내지는 질서유지를 위한 상표권자 이외의 자의 영업의 자유의 제한이라고 할 것이며, 상표권자는 반사적으로 이익을 본다. 이 점은 원래 상표법이 부정경쟁방지 차원에서 발전된 것을 보면 알 수 있다. 그러나 이러한 부정경쟁방지적 법리만으로는 여러 가지 불편이 따르므로 이를 배타적 권리로 구성하여 상표권자를 보호한다.[4)]

(2) 민법과의 관계

민법은 사법의 일반법이며, 특별법인 지적재산법의 기초이다. 지적재산법에 없는 부분에 대해서는 민법이 보충적으로 적용된다. 특허권 등이 배타적 절대권으로 구성되어 있고, 권리침해에 대한 금지청구권, 예방청구권, 손해배상청구권 등이 인정되는 것은 민법의 물권법체계나 불법행위법체계를 따른 것이다. 다만 지적재산법의 보호대상은 무체물이고 민법의 보호대상은 기본적으로 유체물이다.[5)] 이로부터 또 다른 어려움, 즉 보호의 범위의 획정(劃定)이나 침해시 손해액

---

4) 부정경쟁방지법을 적용하여 손해배상청구나 금지청구를 하기 위해서는 당해 표장이 주지성을 취득했다는 점, 상품의 출처나 영업에 오인혼동의 우려가 있다는 점 등을 원고가 입증하여야 한다. 이에 반해 상표법의 경우에는 당해 상표와 상품의 동일 · 유사만 인정되면 권리행사가 허용된다.

5) 유체물에 대한 점유침탈은 그 자체가 사회의 안녕질서를 해치지만 무체물에 대한 이용은 원래 누구나, 언제나, 어디서나 할 수 있고, 그렇더라도 사회의 안녕질서를 해치는 것은 아니다. 국가의 산업발전이라는 목적 때문에 물권적으로 보호하는 것에 불과하다. 그러나 반드시 물권적 권리로 구성할 논리필연적 이유는 없다. 일정기간 모방을 금지하거나 대가징수권과 같은 채권적 권리로 보호하는 방법도 있으며, 이는 입법정책의 문제이다.

산정 등의 어려움이 발생한다. 또 지적재산권에는 점유라는 것이 없으므로 점유에 기초한 법리는 지적재산권에는 적용되지 아니한다. 예컨대 특허권의 취득시효라는 것은 생각하기 힘들다. 다만 상표법이나 부정경쟁방지법 분야에서 사용을 통한 식별력의 취득이나 주지성의 취득은 취득시효이론을 염두에 둔다면 쉽게 이해할 수 있을 것이다.

부정경쟁방지법도 민법 불법행위규정의 특별법의 성질을 가진다. 따라서 부정경쟁방지법의 규정이 제한열거적인 경우, 즉 부정경쟁방지법에 일반규정이 없는 경우에는 민법은 매우 중요한 보충규범이 된다.[6] 또 민법 중에는 지적재산법에서 문제된 경우를 해결하기 위하여 원용할 수 있는 이론이 의외로 많으며, 지적재산법 등에서 발전된 법리가 민법의 일반이론으로 도입되기도 한다.

최근 지적재산권법으로 보호되지 않는 타인의 지적 성과물 등과 부정경쟁방지법에 규정되지 않은 부정한 경쟁행위에 대해서도 일정한 범위 내에서 금지청구권의 허용을 인정한 대법원 판결이 많은 주목을 받고 있다. 즉 국내 최대의 인터넷 포털사이트인 '네이버'가 자사 홈페이지상에서 마음대로 배너광고를 대체할 수 있게 하는 업링크 서비스를 개발한 회사를 상대로 광고서비스 등 영업활동을 방해하여 손실을 입혔다며 제기한 가처분이의 사건(이하 '인터넷 대체광고사건'이라 함)의 재항고심 재판례는 불법행위법리에 의한 지적재산 보호를 적극적으로 인정한 최초의 대법원 판결이다.[7] 위 대법원 결정이 있기 전에도 하급심 판결(2007가합16095, 2007가단70153) 중에는 저작물성이 인정되지 않더라도 타인의 지적 성과물 등을 제3자가 허락 없이 이용한 경우, 그 이용행위가 자유경쟁의 관점에서 정당화될 수 없는 '특별한 사정'이 있는 경우 불법행위의 성립을 인정한 사건들이 있었다.[8] 다만, 이러한 판결들은 '특별한 사정'이 있는 경우에 민법상의 불법행위의

---

6) 최근 부정경쟁방지법의 개정으로 보충적 일반규정이 도입되었다.

7) 대법원 2010.8.15.자 2008마1541 결정.

8) 이러한 관점에서 일반불법행위 책임 여부를 분석한 논문에 대해서는, 유대종, "불공정경쟁행위와 디지털정보의 보호,"「인터넷 법률」제42호, 법무부, 2008, 85면 이하; 박준우, "인터넷에서의 사진저작물의 보호와 부정경쟁,"「인터넷 법률」제46호, 법무부, 2009, 1면 이하; 정진근, "창작성 없는 비저작물의 이용과 일반불법행위책임－2007가합16095 판결을 중심으로,"「상사판례연구」제22집 제3권, 한국상사판례학회, 2009, 247면 이하; 차상육, "저작권법의 보호대상이 되지 않는 지적성과물의 모방도용행위와 일반 불법행위의 기능,"「창작과 권리」, 세창출판사, 2009년 가을호, 82면 이하; 우성엽, "한국법상 아이디어 보호의 가능성,"「Law&Technology」제6권 제1호, 서울대학교 기술과법센터, 2010, 63면 이하;

성립을 인정하였지만,[9] 금지청구권 행사를 인정한 것은 아니었다. 그런데 인터넷 대체광고사건에서 대법원은 부정하게 이루어진 어떤 경쟁행위가 비록 부정경쟁방지법이 한정적으로 열거하여 규정한 '부정경쟁행위'에 해당하지 않는다 하더라도, 그 부정한 경쟁행위에 대하여 일정한 요건하에서 민법상 불법행위의 성립뿐만 아니라 금지청구권의 행사까지도 인정했다는 점에서 상당한 의미가 있다.[10]

(3) 민사소송법과의 관계

저작권의 발생에는 특별한 절차가 필요 없으므로 저작권에 관한 소송의 대부분은 침해소송이며, 이에는 전적으로 민사소송법이 적용된다.[11] 한편, 산업재산

이헌, "아이디어의 보호에 관한 연구," 「Law&Technology」 제6권 제1호, 서울대학교 기술과법센터, 2010, 136면 이하; 신지혜, "공중의 영역에 해당하는 저작물 이용에 대하여 일반불법행위 책임을 인정한 판결례에 대한 고찰," 「Law&Technology」 제6권 제2호, 서울대학교 기술과법센터, 2010, 3면 이하; 이숙연, "지적재산권법 체계 하에서의 불법행위법의 역할," 「Law&Technology」 제6권 제2호, 서울대학교 기술과법센터, 2010.3, 129면 이하, 김관식, "인터넷상에서 광고의 차단과 법적 문제," 비교사법 제17권 3호, 한국비교사법학회, 2010, 405면 이하; 박성호, "지적재산법의 비침해행위와 일반불법행위," 「정보법학」 제15권 제1호, 한국정보법학회, 2011, 191면 이하 등이 있다.

9) 성형외과 병원 홈페이지 게재한 모발이식 전후의 환자 머리 모양 사진과 온라인 상담내용에 저작물성이 인정되지 않더라도 이를 무단 이용하여 자신의 홈페이지에 게재한 행위는 '특별한 사정'이 있는 경우 법적으로 보호할 가치가 있는 타인의 이익을 침해하는 위법행위에 해당하여 민법 제750조의 불법행위가 성립할 수 있다[서울중앙지법 2007.6.21.선고 2007가합16095 판결(확정)]. 인터넷에 공개한 공인중개사문제의 해설내용에 저작물성이 인정되지 않더라도 이를 경쟁관계에 있는 자가 무단으로 도용한 것은 "원고 측 운영의 온라인 교육사이트 영업의 일환으로서 경제적 가치가 있는 활동이므로 이는 당연히 법적 보호의 가치가 있는 이익에 해당"한다고 하여 "원고 측의 법적으로 보호할 가치 있는 영업활동상의 신용 등의 무형의 이익을 위법하게 침해하는 것으로서 평가"할 수 있는 '특별한 사정'이 있는 경우 "피고의 위와 같은 행위는 민법 제750조의 불법행위를 구성한다"[서울중앙지법 2008.11.14.선고 2007가단70153 판결(항소되었으나 화해권고로 종결)].

10) 인터넷 대체광고사건에서 대법원은 피신청인의 광고행위는 인터넷 포털사이트가 가지는 신용과 고객흡인력을 무단으로 이용하는 것이고 신청인 회사의 영업을 방해하면서 신청인 회사가 얻어야 할 광고영업의 이익을 무단으로 가로채는 부정한 경쟁행위로서 민법상 불법행위에 해당하고, 나아가 피신청인 회사의 위와 같은 광고행위가 일회적인 것이 아니라 계속적으로 반복되는 경우에는 신청인 회사는 피신청인 회사에 대하여 위 인터넷 포털사이트에 접속한 인터넷 사용자들의 모니터에서 위 프로그램을 이용한 광고행위를 하는 것의 금지 또는 예방을 청구할 피보전권리와 보전의 필요성이 있음을 인정하였다.

11) 저작권의 등록 등과 관련된 분쟁에 대해서는 행정심판법이나 행정소송법이 적용되나 이에 대한 분쟁은 극히 적다. 최근 사건으로는 '글자꼴'(typeface)의 저작권 등록과 관련된 대법

권은 특허청의 처분을 통해 발생하며, 이와 관련된 분쟁은 심판과 이에 대한 소송을 통해 해결된다. 이 경우 결정계심판인 경우는 물론 당사자계심판[12]이라 하더라도 특허권 등의 존부는 제3자에게 미치는 영향이 크므로 민사소송법의 대원칙인 변론주의로 일관할 수는 없다. 그러므로 특허분쟁이 생겼을 때에 대비한 특별 규정을 두고 있다. 특허법 제159조의 규정 등이 그것이다. 그러나 이러한 특성을 제외하면 민사소송법은 절차법으로서 합리성의 산물이므로 특허법 등에도 얼마든지 준용될 수 있다. 그러므로 특허법에는 민사소송법을 준용한다는 규정이 많이 있다. 예컨대 특허법 제154조, 제185조 등이 그것이다. 또 특허절차에 관한 많은 규정은 민사소송법과 유사한 점이 많다. 예컨대 특허절차를 밟기 위해서는 행위능력이 필요하고 제한능력자[(구)행위무능력자]는 법정대리인을 통해서 절차를 밟도록 한 것(특허 3조)도 그 하나이다. 한편 산업재산권 침해소송은 민사소송이고 이에는 민사소송법이 적용된다.

(4) 노동법과의 관계

지적재산법과 노동법이 접하는 점은 종업원이 직무상 창작행위를 한 경우에 권리의 귀속과 이익의 배분에 관한 것이다. 이것은 현실적으로 창작활동을 한 종업원을 보호할 필요가 있는 반면 신기술 등의 개발을 위하여 투자한 기업의 이익도 아울러 배려해야 하기 때문이다. 우리 법은 직무발명에 대해서는 발명진흥법 제10조, 직무저작에 대해서는 저작권법 제9조, 그리고 직무상 창작한 배치설계에 대해서는 「반도체집적회로의 배치설계에 관한 법률」 제5조에 규정되어 있다. 다만 최근의 입법경향을 보면 기업체에서 종업원이 업무상 창작한 저작물이나 프로그램에 대해서는 그 저작자 내지는 권리자를 곧바로 당해 기업체(단체)로 인정하는 경향이 있다. 이러한 입법태도가 이해되지 않는 바는 아니나 이러한 입법태도가 창작을 한 당해 종업원의 이득을 박탈하는 방향으로 운영된다면 이는 창작의욕을 저하시키거나 능력을 최고도로 발휘시키는 데 장애요소가 되리라고 본다. 영업비밀의 경우도 마찬가지이다. 이에 대해서는 법규정이 없으므로 구체적인 경

원 1996.8.23.선고 94누5632 판결 정도가 있다.

12) 심판은 그 당사자를 기준으로 해서 특허청장을 피청구인으로 하는 결정계심판과 특허권자 등 권리자와 제3자가 양 당사자가 되는 당사자계심판으로 구분된다. 전자가 행정소송과 유사하다면 후자는 민사소송과 유사하다.

우에 영업비밀을 개발한 종업원의 이익, 종업원의 전직의 자유 등도 아울러 고려하여 판단되어야 할 것이다. 어쨌든 창작한 종업원의 정당한 이익이 보장되도록 하는 세심한 배려가 필요하다.

(5) 행정법과의 관계

산업재산권의 운용, 특히 권리의 발생은 특허청이라는 행정기관이 담당하므로 그 조직 및 절차에 관한 규정은 대부분은 행정법적인 것이다. 따라서 특허청이 행하는 처분에 대한 불복은 특허법 등에 특별규정이 있다면 별론, 그렇지 않은 경우에는 행정심판법이나 행정소송법이 적용된다.[13)]

(6) 독점규제 및 공정거래에 관한 법률과의 관계

특허권이 독점금지에 대한 예외로서 1623년 영국 독점조례에서 인정된 것에 비추어 보면 특허권과 독점규제법의 관계를 잘 알 수 있다. 현재 지적재산권과 독점규제법과의 관계에 대해서는 독점규제법 제59조에 규정되어 있다. 동조는 "이 법의 규정은 저작권법, 특허법, 실용신안법, 디자인보호법 또는 상표법에 의한 권리의 행사라고 인정되는 행위에 대하여는 적용하지 아니한다"라고 규정한다. 그러나 이는 정당한 권리행사인 경우에 관한 것이며, 권리남용적 행사까지 면책되는 것은 아니다.

Ⅴ. 지적재산권제도가 존재하는 이유

1. 序 言

지적재산권의 보호는 법이 지적재산권자에게 배타적 권리를 인정하여 타인의 모방이나 도용으로부터 보호하는 방법을 택한다. 이렇듯 법이 지적재산권자만이 자기의 지적창작물이나 영업상의 표지를 이용토록 하고, 제3자가 이를 이용하

---

13) 그러므로 특허청의 처분에 대한 불복방법은 '대가의 액에 관한 소'(특허 190조)를 제외하면 ⅰ) 심판절차에 의한 불복과 ⅱ) 행정상 쟁송절차에 의한 불복으로 대별할 수 있을 것이다.

려면 지적재산권자의 허락을 받아야 하며, 이러한 허락 없이 무단으로 이용하는 것을 금지시키는 이유는 어디에 있는가. 지적창작에 관한 권리와 영업표지의 보호에 관한 권리로 나누어서 살펴본다.

2. 지적창작물 보호의 필요성

새로운 발명, 고안, 디자인 등은 그것을 최초로 창작하는 데는 대단히 힘이 드나 그것을 모방하는 것은 매우 쉽다. 따라서 모방을 무제한하게 인정하게 되면 최초의 개발자나 창작자의 땀과 노력은 어디에서도 보상받을 길이 없다. 옛날과 같이 발명도 우연의 산물이거나 취미로서 행하여지는 경우라면 설사 모방이 행하여진다고 하더라도 크게 문제될 것은 없다. 그러나 오늘날과 같이 발명이나 고안이 주로 기업에서 막대한 투자를 통해서 가능하게 되는 상황으로 되면 이야기는 전혀 달라진다.

◎ 開發費의 예

오늘날 새로운 醫藥品을 개발하는 데는 약 10년 동안 5000만 달러의 비용이 든다고 하며, 우리나라에서 개발된 컴퓨터프로그램인 '세종 1호'의 경우에도 15개월의 개발기간과 연 1425명의 인원과 1억 3000만원 이상의 비용이 들었다고 한다. 이들 제품을 모방하는 데는 어느 정도의 시간과 비용이 들까. 아마도 최초개발자가 들인 노력과 비용의 1000분의 1 또는 1만분의 1, 아니 그 이하로도 충분할 것이다.

◎ 10분의 1의 법칙

1만 개의 아이디어 중 1000개가 특허출원 등으로 구체화되며, 그 중 100개가 프로젝트화되고, 그 중 시장에 나가는 게 10개, 수익이 남는 것이 1개라는 것으로 R&D (연구개발) 투자의 어려움을 비유적으로 나타내는 말이다.

최초 개발자로서의 이점(利點)이 전혀 없는 상태, 개발위험은 최초의 개발자가 부담하고, 후발주자는 이를 모방하여 영리를 취하는 상태, 최초의 개발자가 제작한 상품에는 개발비가 원가에 포함되어 있어 이것이 포함되어 있지 아니한 후발주자의 상품과는 경쟁이 되지 아니하는 상태, 아마도 이러한 상태로 되면 어느 누구도 개발자로서의 위험을 부담하려고 하지 아니할 것이다. 이러한 곳에서는 정체와 후퇴는 있을지언정 발전은 존재하지 아니한다. 새로운 것을 우연히 알아낸 사람조차도 타인에게 모방당하지 않기 위해서 숨기게 되고, 다행히 이것을 그 자손이나 수제자에게 알려 주고 죽으면 모를까, 그렇지 않으면 모처럼 알아낸 지식은 사장(死藏)된다.

그러므로 일정한 기간의 독점적 이익의 보장이라는 대가를 지급하고 공개를 장려하는 특허제도 등 지적소유권제도야말로 인류가 발명한 최대의 발명품이다. 1623년 영국의 독점조례(Statute of Monopolies)가 모든 독점을 금지하면서도 새로운 발명에 대해서 14년 또는 그 이하의 기간의 독점을 인정한 것이나 모든 특권의 일소(一掃)라는 근대혁명의 와중에서도 소유권 속으로 도피시켜 그 존속을 유지토록 한 입법자의 지혜는 높이 평가되어야 한다.

3. 영업표지 보호의 필요성

법이 영업표지에 대하여 독점적 사용을 허용하고, 제3자의 사용을 금지하는 취지는 지적창작물에 관한 권리보호의 취지와는 다르다.

법이 영업표지를 보호하는 것은 영업표지에 화체된 표지권자의 신용을 보호함과 아울러, 이러한 표지에 의지하여 상품 등을 선택하는 일반소비자의 신뢰를 보호하기 위한 것이다. 그러므로 당연한 말이지만 자급자족경제나 물물교환경제에 있어서는 특히 이러한 표지를 보호할 필요는 없었다. 그러나 대량생산 · 대량판매의 시대로 되면 상품은 개성을 잃고 자타상품의 식별이 곤란하게 된다. 이러한 곳에서는 소비자는 소비자대로 자기가 원하는 상품을 손쉽게 구입하는 수단을 찾게 되고 생산자는 생산자대로 그 자신의 상품임을 소비자에게 인식시켜 계속 반복하여 구입하도록 함으로써 시장에서의 자기의 위치를 유지 또는 향상시키려고 한다. 따라서 자타상품을 구별하기 위한 표지, 자타영업을 구별하기 위한 표지, 원산지를 식별하기 위한 표지 등이 필요하게 된다. 그리고 각 기업이 장기간 그 표지를 사용함으로써 기업은 기업대로 그 표지를 통해 신용을 축적하고, 소비자는 그 표지만을 보고 상품을 구입한다. 이러한 경제 메커니즘하에서 타인이 영업표지를 모방하게 되면 영업자가 장기간에 걸쳐 쌓아올린 신용이 훼손될 뿐 아니라 소비자도 그가 의도하지 아니한 물건을 사게 됨으로써 피해를 입게 된다. 결국 영업표지의 독점적 사용을 허용하는 것은 영업자는 물론 소비자에게도 이익이 되며 이를 통해

산업질서가 유지된다.

◎ 지적재산권제도의 기능

지적재산권법의 기능으로서 中山信弘 교수는 경업(영업에 있어서 경쟁)질서 유지기능, 창작자권리 옹호기능, 산업발전 촉진기능의 3자가 있다고 설명한다(中山, 11면 이하). 이들 기능은 각 법률마다 다르다. 이러한 3분법을 처음 주장한 것은 佐藤文男 특허청심판장(당시)이라고 한다(原增司 판사 퇴관기념 「공업소유권의 기본적 과제(상)」, 1면 이하). 그는 몇 개의 도표를 사용하여 각각의 지적재산권법의 기능(경업질서의 유지, 자연법상의 권리보호, 창작의 자극)을 설명한다. 한편 小坂志磨夫 변호사는 佐藤 심판장의 표를 하나로 통합하여 이들을 설명하고 있다. 여기서는 小坂志磨夫 변호사의 설명 중 저작권법, 상표법, 특허법에 대해서만 소개하는 것으로 한다(石黑淳平先生追悼論集, 「무체재산법의 제 문제」, 1980, 19-20면).

1) 저작권법은 저작자의 권리보호를 제1의 목적으로 하고 있기 때문에 자연법상의 권리보호인 레벨 (P)로부터의 높이는 매우 크다. 경업질서의 유지(F), 창작의 자극(C)은 부차적이기 때문에 (F), (C)레벨로부터의 높이는 낮다. 결국 도표 중 ⓐ가 이에 해당한다.

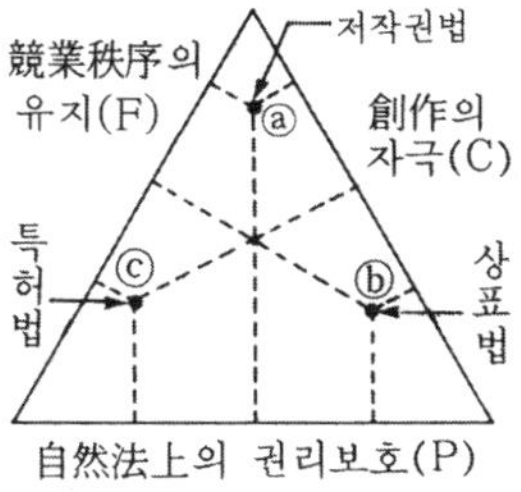

2) 상표법은 경업질서유지의 성격이 가장 강하기 때문에 (F)레벨로부터의 높이는 크다. 창작자극의 성격은 선전무기로서 상표가 무시될 수는 없으나 매우 적어 레벨 (C)로부터의 높이는 최소로 되며, 상표권자의 신용보호라고 하는 자연법상의 권리성은, 상표법의 목적에 비추어보아 레벨 (P)로부터의 높이는 중간적 크기를 주어야 할 것이다. 결국 도표 중 ⓑ가 이에 해당한다.

3) 특허법은 창작의 자극을 제1목표로 하고 있어 (C)레벨로부터의 높이가 가장 크다. 현행법은 발명자의 게재권을 인정하는 등, 자연법상의 권리보호는 약간 두터우나 경업질서유지라는 측면은 후퇴하고 있다. 자연법상의 권리보호 (P)레벨로부터의 높이는 경업질서 (F)레벨로부터의 그것보다 크다. 결국 도표 중 ⓒ가 이에 해당한다.

제2절 지적재산권제도의 연혁

Ⅰ. 서 언

지적재산법의 정확한 이해를 위해서는 이러한 제도가 어떻게 탄생되고 변형, 발전되었으며 서로 혼재되게 된 것인지 그 연혁을 명확히 알 필요가 있다. 본서에서는 산업재산권법과 저작권법의 연혁을 간단히 고찰함으로써 기초적인 입문에 그치기로 한다.

Ⅱ. 개 관

지적재산권제도는 당초 ⅰ) 특허제도, ⅱ) 상표제도, ⅲ) 저작권제도가 세 갈래로 서로 상이한 역사적 발전과정을 거쳐 오늘에 이르렀다. 그 중 특허와 상표는 산업재산권법으로 통합되어 저작권법과 함께 지적재산권법 체계를 이루게 되었다.

또 디자인제도는 물품의 미적 외관을 보호하는 제도로서 19세기 초에 탄생한 제도이며, 실용신안제도는 소발명보호를 위하여 19세기 말경에 독일에서 탄생한 제도이다.

한편 20세기의 기술발전은 새로운 지적재산이 나타났고, 이 중 유전공학관련 발명 등은 특허법으로, 또 컴퓨터 프로그램, 데이터 베이스 등 산업상 재화는 저작권법 영역에 들어갔으나 반도체칩의 배치설계와 같은 중간영역에 속하는 것은 특허법으로도, 저작권법으로도 보호하기 힘들어 「반도체집적회로의 배치설계에 관한 법률」(소위 반도체칩법)이라는 새로운 지적재산법의 탄생으로 이어졌다.

Ⅲ. 특허제도

1. 특권시대

특허제도의 효시는 르네상스시대인 1474년 3월 19일 제정된 이태리의 베니스 특허법으로 알려져 있다. 베니스 특허법[14)]은 1550년까지 약 100건이 출원되었으며, 천문학자 갈릴레오 갈릴레이는 1594년 '양수 · 관개용장치'를 특허등록 받았다.

◎ 갈릴레오 갈릴레이와 특허권

갈릴레오 갈릴레이가 베니스의 특허를 청원할 때 제출한 서면에는 다음과 같은 말이 씌어 있다.
"폐하, 저는 매우 간단하고 비용도 적게 들 뿐만 아니라 매우 편리한 양수 · 관개용 기계를 발명하였습니다. 즉 단 한 마리의 말의 힘으로 기계에 붙어 있는 20개의 구멍에서 끊임없이 물이 나옵니다. 그것은 뼈를 깎는 노력과 많은 비용을 써서 완성한 것인데, 그 발명이 모든 사람의 공유재산이 되는 것은 견딜 수 없으므로 삼가 부탁드립니다. … 저와 저의 자손으로부터 그 권리를 취득한 사람들 이외에는 아무도 上記한 저의 새로 만든 기계를 제작하거나, 비록 제작하였다고 하더라도 그것을 사용하거나 다른 목적을 위해 모양을 바꾸어서 물이나 기타의 재료를 써서 사용하는 것을 40년간 또는 폐하께서 생각하시는 기간 내에는 허용치 않도록 하시고 만약 이를 범하는 자에게는 폐하께서 적당하다고 생각하시는 벌금에 처하여 제가 그 일부를 받게 하여 주시기 바랍니다. 그렇게 하여 주시면 저는 사회복지를 위하여 더 열심히 새로운 발명에 힘을 써서 폐하에게 충실하게 보답하겠습니다."

---

14) 동 특허법에 의하면 특허를 취득할 자격은 새 기술이나 기계의 발명자 또는 국내에 도입한 자에 한하며 특허권의 존속기간이 10년이고 특허요건은 실용성이나 신규성이 인정되는 공업적 발명이어야 하며, 일정기간 중에 그 발명을 실시해야 한다는 조건이다. 베니스가 이러한 제도를 먼저 채택하게 된 배경은 북부 도시들을 거점으로 동서무역이 이루어지기 때문에 이들 상공인이 그들의 기반인 경제력의 확장과 아울러 공화정책(共和政策)을 유지하려는 데 있었다. 또한 그때는 르네상스시대이므로 과학기술을 숭상하는 경향이었기 때문에 기술자나 발명자를 보호하는 분위기가 조성된 데에도 그 원인을 찾아볼 수 있다. 따라서 발명의 신규성이나 진보성보다는 실용성 있는 기술이면 국내외 또는 발명자이건 기술의 도입자이건 간에 크게 차별을 두지 않고 특허권을 주어 왔다(「세계의 特許制度略史」, 特協, 1976.7, 24면).

16세기 중반경에는 당시 유럽대륙에 비하여 공업이 뒤떨어져 있던 영국의 국왕이 이를 진흥시킬 목적으로 대륙기술자가 국내에서 안전하고 자유롭게 영업할 수 있도록 하는 특권의 표시로서 국왕의 옥쇄가 찍힌 開封特許狀(Open Letters 또는 Letters Patent: patent라는 말은 이에서 유래한다)을 부여하였다.

그러나 이와 같은 통치자에 의한 특권의 부여는 점차 남용되어 17세기 초 엘리자베스 여왕시대에는 재정상의 이유로 소금, 기름 등 공지된 물품에까지 특허를 부여하게 되자 국민들의 불만이 폭발하였고, 1601년 하원의 항의를 받은 여왕은 의회의 연설을 통해, 언제든지 부당한 특허의 취소나 부당한 권리행사에 대한 구제를 재판을 통하여 받을 수 있다고 선언하였다. 제임스 1세는 엘리자베스여왕이 선언한 취지를 확인했으며, 「은혜의 書(Book of Bounty)」로서 공포되었다. 이 문서의 취지는 1623년에 독점조례(Statute of Monopolies)로 成文化되었다.[15] 베니스특허법 이후 실로 150년 후의 일이었다. 이 독점조례는 새로운 발명에 대한 특허 이외의 독점을 금지한다고 하는 점에서 근대 특허법의 기초를 이룰 뿐 아니라 사실상 산업재산권의 보호에 관한 최초의 법령으로서 많은 나라가 이를 본받아 오늘에 이르렀다.

◎ 다시 대 알린 사건 [Darcy v. Allin(1602) 1 WPC 1]

특권이 남용되어 소금, 기름, 초, 밀가루 등에 대해서도 특허가 남발되었다. 다시 대 알린 사건에서 문제된 것은 카드놀이 하는 '트럼프'였다. 다시 대 알린 사건을 일명 독점사건이라고도 한다. 그 내용은 다음과 같다.

원고 Edward Darcy는 엘리자베스 여왕의 侍臣이며, 여왕이 트럼프의 제조 · 판매 특허장을 주었고, 피고 Thomas Allin은 런던시의 잡화상으로 역시 트럼프를 제조 · 판매하고 있었기 때문에 원고로부터 특허권침해로 고소된 사건이다. 피고는 "런던시의 잡화상 조합원은 영국 내에서 자유롭게 트럼프를 제조 · 판매할 수 있는 것이 관습으로 되어 있는데 피고는 그 일원이므로 그 자유가 있다. 그리고 원고의 특허장은 기득직업을 뺏은 것이므로 무효이다. 영국에서 이런 종류의 전매특허가 시인되는 경우는 다음의 경우이다. 즉 누구든 자신의 비용과 근면, 지식과 발명으로 국내

15) 영국 독점조례(Statute of Monopolies, 1623 21 Jac. I c. 3)는 발명자를 위한 Magna Carta라고 불린다(Ladas, *Patent, Trademark, and Related Rights*, Harvard University Press, 6면). 독점조례는 오늘날까지 시행되고 있는 성문특허법의 원조이다. 독점조례는 일체의 독점은 무효라고 선언한 후, 다만 그 예외로서 진정한 최초의 발명에 대해서 일정기간 당해 발명의 독점적 실시를 인정한다.

에서 신규사업을 일으키거나, 국내에서 종래 사용된 일이 없는 수단으로 사업을 촉진하여 국가를 이롭게 할 때에는 국왕은 그 자에게 일반국민이 이것에 습숙하기까지의 적당한 기간, 그의 공헌을 고려하여 특허장을 줄 수도 있다. 이 이외의 경우는 줄 수 없다"라고 답변하였다. 법원은 Allin의 주장을 받아들여 Darcy의 특허는 무효라고 선언하였다.

2. 지적재산권시대

창작물을 창작자의 소유물이라고 보는 지적소유권 내지 지적재산권이라는 용어의 기원은 프랑스혁명시까지 소급한다. 당시는 구질서(앙시엥레짐)하에서의 모든 특권은 타파하려고 하였으며, 특권이라고 하는 말을 극도로 혐오하였다. 이러한 당시의 특권혐오의 분위기에서, 일정한 분야에서의 특권은 산업발전을 위하여 필수적이라고 생각한 입법자들이 1791년 프랑스 국민의회에서 특허법 제정의 취지를 설명하면서 정치적으로 이용한 것이라고 알려져 있다. 그들은 발명 등 새로운 창작물에 대한 일정기간의 독점부여는 특권의 부여가 아니라고 설명하였다. 발명 등은 창작자의 소유물이며, 이에 관한 재산권은 신성하므로 이를 보호하여야 한다고 강조함으로써 당시의 재산권 보호분위기에 편승하였고, 이로써 일정범위의 독점이 그 후에도 계속하여 인정되게 된 것이다. 그들은 발명자의 권리는 가장 신성하며, 가장 개인적인 재산권이라고 설명하였다.

미국은 1790년 선발명자주의(先發明主義)를 특색으로 하는 특허법을 제정하였고 캐나다, 필리핀 등에 받아들여졌다. 현행법은 1952년 제정되었고 몇 차례 개정을 거쳐 현재에 이르고 있다. 그동안 유일하게 선발명주의를 고집해 왔는데 2011년 개정을 통해 선출원주의로 변경하였다.

독일은 1871년 독일제국의 성립 이후 1877년 특허법이 제정되었고 스웨덴 등 북구 제국, 일본, 우리나라 등의 모법이 되었다. 심사의 질을 높이기 위하여 출원공고제도, 이의신청제도를 채용하였으나 권리화(등록)의 지연을 초래케 되어 1979년 이 제도를 폐지하고 등록 후 3개월 이내에 특허청에 이의신청, 그 기간 경과 후에는 연방특허법원에 무효심판을 청구할 수 있도록 하였다. 세계최초로 연방특허법원을 설치(1961년법)한 점이 특이하다. 1990.10.3.부터 통일독일의 특허법은 구서독의 법이 그대로 시행되고 있다.

구소련 등 공산주의 국가에서는 발명에 대한 개인독점을 인정치 아니하고 국가에서 보상을 해주는 발명자증(inventor's certificates) 제도를 채택하였으나 구소련에 있어서는 1991.5.31. 이 제도를 폐지하고 물질특허, 출원공개제도 등 서구식 특허제도를 도입하였다. 러시아 연방공화국에서 이들 제도를 거의 그대로 승계하고 있다. 중국은 1984년 독 · 일식 특허법을 받아들여 專利法을 제정하였고 1993년부터 물질특허, 특허권존속기간 연장(20년) 등 새 제도를 시행하고 있다.

IV. 실용신안제도

19세기 말 당시 유럽의 다른 국가보다 공업이 뒤떨어져 있던 독일은 이를 극복하여 소규모사업가나 국민들로 하여금 발명의욕을 진작시키기 위해 세계최초로 독자적인 제도를 창안한 것이 소발명 보호를 위한 1891년 독일실용신안법(Gesetz betreffend den Schutz von Gebrauchsmustern)이다. 이 제도는 이른바 특허법의 보조화폐(kleine Münze des Patentrechts)로서 후발공업국에게 주목을 받게 되어 우리나라를 비롯하여 일본, 이탈리아, 스페인, 모로코, 필리핀, 멕시코, 우루과이, 포르투갈, 폴란드, 대만 등에서 입법화하기에 이르렀다.

독일 및 그 계통(이탈리아, 스페인 등)의 실용신안제도는 무심사주의를 특색으로 하며 일본의 1993.4.19. 개정 전의 실용신안법 및 그 계통(한국, 대만 등)의 심사주의와 다르다. 영국에서는 1970년 특허제도개정심의회가 소발명보호제도의 채택여부를 검토하였으나 채택되지 않았다.

프랑스는 별도의 실용신안법을 제정치 아니하고 특허법의 체계 내에서 무심사에 의한 실용증(certificats d'utilité) 제도를 채택하여 간이특허 또는 소특허제도를 채용하고 있으며 오스트레일리아, 중국 등도 이에 유사한 제도를 가지고 있다. 최근 심사주의 나라에서는 방대한 양의 실용신안출원과 그로 인한 심사적체로 실용적 고안의 간이 신속한 보호라는 이념이 크게 퇴조하고 특허출원에 대한 심사적체까지 초래케 함으로써 특허위기라고까지 지적되고 있어 각국에서 개선론을 연구 중에 있다.

Ⅴ. 디자인보호제도

1. 디자인보호제도로서의 디자인보호법

디자인보호제도는 프랑스, 영국 등 유럽에서 발생되었다. 프랑스에서는 1711년 리옹에서 견직물도안에 관한 도용을 금지하였고 1787년 참사원명령은 프랑스 전역에 걸쳐 가구 및 직물에 대한 독점권을 부여하였다. 대혁명에 의해 무정부상태가 되었으나 1793년에는 저작권법이 제정되었다. 저작권법은 미술저작물을 보호하고 있었고, 따라서 공업적 도안도 동법에 의해 충분히 보호될 수 있었으나 혁명 13년 판결은 이를 거부하였다. 결국 공업적 도안을 보호하는 법이 없게 되었다. 이에 리옹 견직물업자들은 1806년에 나폴레옹 황제가 리옹에 왔을 때 그들의 애로사항을 호소하였고, 그의 선처에 따라 리옹 견직물디자인이 보호받게 되었다. 그 후 이 제도는 여러 도시로 확장되었다. 현행 디자인보호법(loi sur les dessins et modéls)은 1909년 7월 14일 제정되었으며, 1990년 대폭 개정되었다.

영국에서는 산업혁명에 의해 섬유공업이 발달함에 따라 1787년 조례, 즉 아마포(Linens), 면제품(Cottons), 칼리고(Calicoes) 및 모슬린(Muslins)의 디자인 및 날염기술에 관한 권리를 일정기간 창작자 · 날염자 및 보유자에게 부여함으로써 이들을 진흥시키기 위한 조례가 제정되었다.[16] 이 조례에서는 창작자는 디자인의 최초 공고일로부터 2개월간 그 디자인을 독점적으로 복제할 수 있는 권리를 갖는다고 규정하고 있다. 1839년법[17]에서 등록을 요건으로 하여 권리를 부여하였으며, 1883년에는 특허 · 디자인 · 상표를 통합한 특허 · 디자인 · 상표법의 성립을 보았다. 1949년에는 다시 등록디자인보호법(Registered Design Act)이 제정되었고, 이 법은 그 후 1988년 다시 대폭적인 정비가 이루어졌다.

---

16) an Act for the encouragement of the arts of designing and printing linens, cottons, calicoes, and muslins by vesting the properties thereof in the designers, printers and proprietors for a limited time. 「아마포, 면제품, 옥양목 및 모슬린의 디자인 및 날염의 기술에 관한 권리를 일정의 기간, 창작자, 날염자 및 보유자에게 줌으로써, 그것을 진흥하기 위한 법률」(WM. MARSHALL FREEMAN, The Patent and Design Act 1907, HORACE COX, 1908).

17) 1839년법의 명칭은 디자인저작권법(Copyright of Design Act)이다.

한편 미국에서는 1842년에 연방법으로서 디자인을 최초로 보호했다. 미국의 디자인보호제도는 특허법 체계를 취하여 공업제품에 관한 신규의 독창적(original) · 장식적(ornamental)인 고안에 대해 국가의 심사를 거쳐 디자인특허(design patent)라는 독점 · 배타적 권리를 부여한다(미국 특허법 171조). 존속기간은 14년이다(동법 172조).

독일에서는 1896년 신규의 독창적인 디자인을 국가기관에 기탁(Hinterlegung)하게 하여 무단복제와 모조품의 판매를 금지하는 디자인보호법이 성립되었다. 독일의 디자인보호법은 최초에는 예술성과 독창성이 낮은 실용품의 디자인을 보호하는 이른바 소저작권법(저작권법에 대한 특별법)으로 출발하였으나 저작권, 특히 응용미술저작권과의 한계설정이 어려운 문제로 되어 있었다. 2004년 개정된 독일 디자인 보호법은 디자인권의 내용을 유럽디자인지침에 따라 차단효 있는 독점권으로 구성하였다. 따라서 권리자의 디자인을 모방한 경우에만 —알았다는 것이 전제가 된다— 침해로 인정되던 구법과 달리 침해자의 지 · 부지(知 · 不知)는 문제로 되지 않는다. 구법과 달리 독점권을 부여하지만 심사는 형식심사 및 보호받을 수 없는 디자인에 해당하는지 여부 등에 그친다. 신규성이나 독특성과 같은 실체심사는 하지 아니한다.

2. 디자인보호법의 문제점과 저작권법에 의한 디자인의 보호

이러한 디자인보호법은 일정한 방식적 요건을 갖춘 경우에만 단기간 보호하는 것이다. 그런데 이러한 보호방법은, 아주 불만족스럽다는 것이 판명되었다. 그러한 불만족의 원인이나 이유는 여러 가지가 있을 것이나 기본적으로는 산업디자인은 산업화된 미술로서 그 자체 얼마든지 저작권으로 보호될 수 있는 적격을 가지고 있음에도 연혁적 우연에 의하여, 혹은 편견 때문에 저작권적 보호로부터 제외되었다는 사실에서 유래한다.

그러나 이러한 모순을 더욱 증폭시킨 것은 사회의 변화이다. 무엇보다도 산업디자인의 경이로운 진보와 그 중요성의 급격한 증대를 들 수 있을 것이다. 이제 고객의 미적 감각이나 기호에 호소하지 못하는 제품은 시장에서 도태될 수밖에 없게 되었다. 사치품은 물론, 일상적으로 사용되는 공업제품까지도, 미술적 제품으로서 경탄케 하는 것이 증가되고 있다. 이 점은 19세기 전반의 공업제품의 조

잡, 추악과는 큰 차이가 있는 것이다. 당시의 "미술가와 미술의 생활로부터의 단절(The divorce of artist and art from the life)"은, 오늘날에는 이미 맞지 않게 되었다. 그 옛날의 장인의 전통이 보다 큰 규모로 소생한 것이다.[18]

한편 미적 디자인의 중요성의 증대는 해적행위를 증가시켰고, 이로써 디자인의 해적행위의 문제가 더 한층 절박한 문제로 대두되었다. 현대에 있어서의 전달 및 생산수단의 발전은, 디자인의 복제를 보다 신속히 또한 광범위하게 할 수 있게 하여 창작자의 이익의 침해가 급속히 진행되었다.

이러한 상황에서 "산업화된 창작(industrialized creation)"이라고 교묘하게 불리어지면서 보다 적절한 보호를 원하는 많은 이해관계자측의 압력이 점차 가중되었다. 프랑스는 긴 세월에 걸쳐서, 창작적 디자인제품, 특히 패션과 스타일 창작의 최첨단에 있었고, 디자인을 보다 적절하게 보호하도록 압력을 가하는 국제적 중심지이었다. 이 압력은 점차 다른 많은 나라로 넓혀져 갔다. 일반 소비자가 구입하는 상품에 실용성과 미적 외관과의 결합을 더욱 강하게 원함에 따라, 디자인의 발전에 대한 제조업자의 투자도 증대하여, 해적행위에 대한 보호의 요청도 강해져 갔다.

이와 같은 상황하에서, 자기들의 디자인을 제조업자에게 팔고, 또는 실시허락을 할 수 있는지 없는지 및 자기들의 창작품에 대해 적정한 보수를 받을 수 있는지에 없는지에 대해서 관심을 가진 디자이너의 수가 급증했다. 그들은 예컨대, 사진사나 선전포스터의 창작자가 저작권법에 의해 취득할 수 있는 것과 동등한 보호를 자기들도 받을 수 있는 자격이 있다고 생각하였다. 많은 나라에 있어서, 그 외관이 공업상의 결과와 결합되어 있다는 이유로 저작권법에 의한 보호가 번번이 거절되었고, 보호요건으로서 신규성을 요구하며, (보호를 얻기 위하여 상당한 비용을 수반하는) 기탁의 조건 및 심사에 관한 행정절차 등, 이 모든 것들은 그들의 창작의 성질 및 가치와는 모순되는 듯이 보였다. 그들은 가치 혹은 중요성에 있어서도, 용도 또는 목적에 있어서도, 소위 '순수'미술과 공업미술 사이에는 실제상의 구별이 없고 따라서, 모든 디자인은 저작권법에 의해 미술적 저작물로서 보호되어야 한다고 주장하였다.

---

18) 장인적 전통에서 산업디자인까지의 역사적 발전과정에 대해서는, 윤종렴 편역, 「의장법」, 660면 이하 참조.

이에 따라 많은 나라의 저작권법이 그 보호범위에 미술공예품 및 응용미술저작물을 포함시키도록 수정되거나 또는 해석되었고, 또한 보호를 요구하는 근거로서는, '창작'이 존재하기만 하면, 어떠한 조건 또는 방식적 요건도 요구함이 없이 법률상의 보호를 받을 수 있게 되었다. 현재는 많은 나라에서 명문의 규정이 있거나, 혹은 판례를 통해 저작권법으로 응용미술을 보호하고 있다.

VI. 상표제도

산업재산권 중에서 그 기원이 고대에 있다고 주장되는 것은 상표로서, 법제사가는 고대 그리스나 로마시대 및 중세의 상표 가운데에서 현재의 상표법과 상표의 기원을 찾기도 한다.

고대 그리스에서는 조각이라든가 회화, 유리 세공 등에는 상표 내지 상호적인 것으로 취급될 수 있는 특징적인 것이 있으며, 로마에서도 상품에 각인된 조각이 상표나 상호의 기능을 하였으나 법적인 기초를 가진 것은 아니다. 오직 상인의 거래상의 정직과 성실(commercial honesty and integrity)에 기초하였다.

중세에 들어와 상표는 새로운 발전을 보게 되었지만 그러한 상표의 사용은 길드적인 경찰수단(police measure)으로서 상품에 특정마크를 부착하는 것을 강요당하고 지금과 같은 자유로운 상표의 선택권은 없었다. 말하자면 중세의 상표는 경찰표이자 책임표였다.

◎ 진시황과 陶工의 이름

1974년 3월 29일, 진시황릉 부근의 작은 마을에서 농민들이 우물을 파다가 우연히 몇 가지 유물을 발견하였다. 이것이 20세기 최고의 壯觀이 된 진시황릉 병마용갱 발굴의 서막이다. 무려 2만여 평방미터에 달하는 진용갱에는 8000이 넘는 테라코타[19] 병사와 말, 목제 전차 20대, 전차를 끄는 도마 100여 마리, 기병용 도마 29마리, 각종 무사 도용 1400여 개, 청동병기 1만여 점이 출토되었다. 전체 용갱 안에는 전차 130여 대, 전차용 도마 500여 마리, 기병용 도마 116마리, 병사 8000개 정도가 있는 것으로 추정하고 있다. 이 숫자도 놀랍지만 더욱 놀라운 것은 도용을 가만히 들여다보

19) 흙으로 만들어 약 800~900도의 불에서 초벌구이한 것.

면 수천의 도용들이 단순히 흙으로 빚은 인형이 아니라 피가 흐르고 감정을 가진 생명체로 느껴질 정도로 정교하다는 점이다. 그런데 최근 도용 신체부위의 잘 보이지 않는 곳에 모두 85명에 이르는 도용제작자의 이름이 새겨져 있는 것을 발견하였다. 왜 이름을 새겼을까. 그것은 그 성과판정을 위해서였다. '物勒工名, 以考其成' 말하자면 일종의 책임표였던 것이다.

이러한 상표제도는 18~19세기에 걸쳐 영국과 미국에서 부정경쟁행위에 관한 Common Law의 일부로서 발달되어 왔으나 상표의 간이신속한 보호의 요청상 1862년 8월 7일 영국이 상표법을 제정하였다. 미국에서는 1870년 각주의 Common Law에 의한 상표법과는 별도로 1870년 연방상표법을 제정하였고 현행법은 1946년 제정된 Lanham법이다. 프랑스에서는 상표침해에 대해서 최초에는 민법(불법행위법) 및 형법(위조죄)에 의해 보호해 왔지만 1857년 상표법을 제정하였다.

독일도 19세기에 이르러 각주마다 상표 보호조치를 취하다가 1871년 독일제국의 성립 이후 1874년 상표법을 제정하였고 현행 상표법은 1936년 제정되었다. 독일의 등록주의와 심사주의는 대륙법계 국가 및 일본 등 아시아 국가들의 모법이 되었다.

상표는 특허와 달리 국가에서 독점권을 창설하는 것이 아니라 상인이 상품에 사용함으로써 그 권리를 취득하는 것이고 타인의 도용은 불법행위나 범죄로서 규제되어 왔다. 그러나 19세기에 이르러 등록에 의한 간이 신속한 보호방안을 강구키 위해 입법화된 것이다. 최초의 상표법인 프랑스 상표법은 사용주의와 무심사주의를 취하였으나 1964년 등록주의와 심사주의를 채용하였다. 영국은 1938년 사용주의원칙을 관철하되 실제 사용치 않더라도 사용의사를 가지고 등록하면 상표권의 취득을 인정하는 등록주의를 가미하였다. 미국도 1988년 개정시 사용주의 원칙에 등록주의적 요소를 가미하였다.

한편 유럽공동체 이사회는 상표의 보호와 관련하여 회원국 간의 상표법이 상이함으로 인하여 상품 및 서비스의 자유로운 거래가 방해를 받고 또한 EU공동체 시장 내에서의 경쟁이 왜곡될 수 있음을 알고, 지역 시장의 설립과 그 기능발휘를 위해서는 회원국의 법이 통일되어야 한다는 필요성을 느꼈다. 이에 유럽공동체이사회에서는 1988년 12월 21일, 상표에 관련된 회원국법률을 접근시키기 위한 이사회 지침(EU 상표지침)을 마련하였으며, 1993년 12월 20일 공동체 전역에 미치는 공동체상표의 창설을 위한 이사회규칙(EU 공동체상표규칙)을 발표하였다. EU 상표지침은 EU가맹국의 상표법을 조화시키기 위한 것이며, 지침의 해석문제는 유럽사법재판소(Court of Justice of the European Union: CJEU)가 판단한다.

Ⅶ. 부정경쟁방지제도

연혁적으로 부정경쟁행위는 거래계에 널리 알려진 다른 사람의 상표, 상호 등의 도용에 의한 혼동초래행위를 지칭하는 것으로 영 · 불 · 미 등 각국에서는 불법행위법에 의하거나 형사적 제재(사기죄, 위조죄)에 따라 규율되어 왔다.

부정경쟁행위의 전형인 상표의 도용과 우량상품을 혼동시키는 혼동초래행위를 사안마다 불법행위 이론에 따라 규제하는 것은 번잡하였으므로 획일적 기준에 의해 상표를 보호하는 상표법이 각국에서 제정되게 되었다. 이에 따라 부정경쟁행위를 규제하는 이론은 상표법을 보완하는 기능으로 역할이 줄어들었다가 그 이후 경쟁의 격화로 상표법이 예상치 못하던 상품형태의 모방, 미등록의 주지상표, 영업표지 등의 도용에 의한 혼동초래행위, 산업스파이 등 신의칙에 반하는 영업행위 등에 대하여 부정경쟁을 금지하는 법리에 의한 규제가 필요하게 되었다.

후발 자본주의국인 독일에서는 개인 사이의 거래행위(법률행위)에 있어서 신의칙에 반하거나 권리남용적 행위는 사법 일반이론에 의해 규제되었지만 영업에 있어서 경쟁행위는 자유이고 법이 특별히 금지시키는 행위 이외에는 원칙적으로 경쟁은 자유라는 자유주의가 풍미하였다. 그러나 영업상 경쟁이 격화됨에 따라 공서양속에 반하는 특별한 유형의 경쟁행위를 금지시킬 필요가 생기게 되어 1896년 부정경쟁방지법을 제정한 것이 계기가 되어 대륙법계 국가 및 일본 등 아시아 국가들에게 전파되게 되었다.

산업재산권보호에 관한 파리협약은 국제적 시야를 가지고 부정경쟁행위의 단속에 관하여 공업상 또는 상업상의 활동이 신의성실의 원칙하에 이루어지기를 바라는 의미에서 1900년 브뤼셀회의에서 "각 동맹국은 동맹국 국민을 부정경쟁에서 유효하게 보호한다"는 규정을 두었고(同 10조의2 제1항), 그 후 1911년 워싱턴회의를 거쳐 1925년 헤이그 개정조약에서 가입국에 대해 부정경쟁을 효과적으로 방지하기 위한 상세한 규정을 제정하는 의무를 과하게 되었다.

이와 함께 동맹국들은 부정경쟁방지법의 제정을 서두르게 되었는데 독일은

1909년 공서양속에 반하는 영업상 경쟁행위 일반을 금지시키기 위한 새로운 부정경쟁방지법을 제정하였고, 오스트리아는 1923년, 스위스는 1934년, 일본은 1934년에 각각 부정경쟁방지법을 제정하였다.

Ⅷ. 저작권제도

1. 인쇄술이 가져온 혁명

인쇄술이 발명되기 이전에는 재산법(민법)에 의해 지적인 창작품들이 간접적으로 보호되었다. 저작물(예컨대, 원고 · 조각 · 그림)의 저작자는 유체물의 소유자가 되어 그 저작물을 다른 사람에게 팔 수 있었다. 중세시대에는 하나의 저작물을 다량으로 제작하기란 극히 어려운 일이었다. 원고를 복제하려면 손으로 써야만 했기 때문에, 그 양은 극히 제한되었으며, 그 저작물을 이용한다 해도 저작자의 경제적 이익에 손해를 주지는 않는 것이었다. 그러므로 조각이라든가 회화작품들을 모작(模作)하는 행위나 표절하는 행위 등은 거의 드물었고, 그러한 행위가 실제적으로 일어났을 경우에는 여론에 의해 호된 비난을 받았다.[20]

활판 인쇄술이 발명되고 현재 우리들이 알고 있는 바와 같은 인쇄술이 유럽에 소개되었을 당시에는 책이 매우 드물었다. 인쇄기의 발달과 더불어 책을 제작하는 비용이 줄어들었고, 또 책은 보다 널리 이용되게 되었다.

이와 함께 책은 많은 부수를 인쇄하거나 추가로 제작할 수 있었으며 또한 대중에게 반포할 수 있었다.

2. 인쇄특권제도와 검열

인쇄술이 발명된 후 두 가지 양상이 나타났다. 하나는 도서출판업자(stationer)(그 당시에는 도서출판업자들이 저작물의 보급에 관련된 모든 활동 —오늘날에는 서로 분

---

20) 그리스와 로마에서는 표절행위를 비열한 것이라고 비난했고, 그리스인들은 문학작품의 해적행위를 강력히 금지하였다. 당시에는 약간의 금전적 이익도 얻은 것은 사실이나 주로 인격적 이익에 관심이 있었다.

리되어 있는 인쇄 · 출판 · 판매 등을 도맡아 했었다)들이 받는 위험부담이 더욱 커졌다는 점이다. 당시 유럽은 르네상스기이며 사람들의 관심은 고대로 향하여져 있었다. 그러므로 출판에 있어서도 고전의 간행에 중점이 있었다. 고전의 간행에 있어서는 인쇄 · 출판업자는 그 원본의 정리 · 정정에 많은 노력과 비용이 들지만 그 간행 후 얼마나 팔릴지는 전혀 불투명했고, 인쇄술이 제자리를 잡게 된 15세기 말경에는 저작물에 대한 해적행위가 발생했다.[21)]

한편 영국이나 유럽대륙의 세속적인 통치자들이나 성직자들은 인쇄술이 새롭고 강력한 정치적 · 사회적 영향력을 갖고 그들의 권력을 위협할지도 모른다고 생각하게 되었으며, 따라서 그들은 인쇄물의 반포에 관심을 갖기 시작했다. 이러한 두 가지 문제점은 인쇄특권제도의 안출(案出)을 통해 해결을 보았다. 군주들은 특정 인쇄업자에게만 일정한 출판물을 찍어낼 수 있도록 특권을 부여하였다. 이러한 인쇄특권제도를 이용하여 인쇄업자들의 간행물을 통제 · 검열하고 출판을 억압하였다.

3. 최초의 저작권법

17세기는 자유주의 사상의 영향으로 인해 구질서가 허물어져 가는 시대였다. 개인주의 사상이 출현하고 의회제도가 절대군주제를 대신하게 되었다. 따라서 인쇄물에 대한 규제는 점차 완화되었고, 그 결과 인쇄독점제도는 문제가 되었다.

이처럼 군주가 출판을 독점하던 제도가 붕괴되어 가는 혼란한 상황 속에서 영국의 철학자 존 로크(John Locke)는 Two Treaties on Civil Government(1690)에서 저작자의 시간과 노력이 투입된 저작물에 대해서 저작자에게 Copyright가 인정되어야 한다고 주장하였다. 그 결과 1709년 1월 11일 학문을 장려하며 법정기간 동안 인쇄된 복제물에 대한 권리를 그 정당한 권리자에게 보장하는 법안이 하원에 제출되었다. 이 법안은 1710년 4월 10일, 앤 여왕법(The Act of Queen Anne)으로

---

21) 당시는 저작권의 개념이 없었으므로 서적업은 인쇄업자 사이에서 어느 특정한 저작의 가장 정확한 번역경쟁이 특징이며, 그것은 출처표시로서의 마크의 사용을 통해 가능했다. 베니스의 알다스 서점에서 발행된 Livy(고대 로마 역사가)의 저작 1518년판 서문은 동 서점의 돌고래와 닻 도형의 가짜 서적이 나돌고 있다는 것을 독자에게 경고하고 있다(출판업자들이 생존해 있는 저작자의 저작물을 인쇄하기 시작한 것은 좀더 후의 일이다).

확정되었다. 이 법은 현대적 의미에 있어서 최초의 저작권법이며, 출판물의 보호를 위해 개인적 권리의 존재를 최초로 인정하는 것이었으며, 저작물과 그 저작물이 화체된 유체물을 명백히 구별하였다.

그러나 앤 여왕법은 그 대상이 책으로만 국한되었다. 앤 여왕법은 책 이외의 다른 저작물, 즉 조각이나 그 밖의 예술작품 형태에 대해서는 언급이 없었다. 뿐만 아니라 1709년법은 책 저작자에게도 충분한 특권을 부여하고 있지 않다는 사실이 곧 밝혀졌다. 저작자에게 자신의 저작물을 인쇄 · 반포할 수 있는 권리를 부여하는 것만으로는 충분하지 않았다. 복제권만으로는 책을 낭독하거나 번역하거나 각본으로 만드는 것을 막을 길이 없었다. 1734년 및 1767년에 판화저작권법(Engraving Copyright Act), 1777년에 인쇄물저작권법(Prints Copyright Act), 1814년에 조각저작권법(Sculpture Copyright Act)이 각각 제정되었다. 1911년 Common Law 저작권법 등을 폐지하고 새로운 저작권법이 제정되었다. 이것이 모든 저작물을 보호하기 시작한 최초의 일반적 저작권법이다. 동법은 그 후 수차 개정되었고, 1988년 개정된 법이 현행법이다.

4. 지적재산권으로서의 저작권

18세기 후반 개인주의 사상의 출현과 보급으로 인하여 점차적으로 문학적 소유권개념이 기존의 특권제도를 대신하게 되었다. 1777년 프랑스 루이 16세는 새로운 토대에 입각하여 인쇄와 출판을 규정한 여섯 개의 법령을 공포했다. 이들 법령은 저작자가 자신의 저작물을 발행하여 판매할 수 있는 권리를 인정하는 것이었다.

프랑스혁명 중에 프랑스에서는 저작권법의 발전에 관한 몇 가지 중요한 조치가 행해졌다. 1789년 8월, 국민의회에서는 개인이나 市 또는 州가 가지고 있던 일체의 특권을 박탈하기로 결정했다. 저작자와 출판인의 특권은 혼란에 빠지고 말았다. 혁명의 혼란이 가라앉게 되자 저작자의 권리는 권력자의 자의적인 특허에 의존하는 것이 아니라, 오로지 지적창작이라는 사실에 근거를 둔 자연의 섭리에 의해서 인정하고 승인해야 한다는 인식이 일기 시작했다.

다시 말하면 육체적 노동에 의해 유체물을 획득한 자가 그 물건에 대해서 소유권을 갖고, 국가의 보호를 받는 것과 같이 정신적 노동에 의해 저작물을 창작한 저작자는 그 저작물에 대해서 소유권을 가지며 국가는 이를 보호해야 할 것이라는 이론이 그것이다. 1791년에 공연에 관한 명령으로 공연권을, 1793년 문학 및 예술의 소유권에 관한 법률(저작권법)을 제정하여 모든 저술가, 작곡가, 화가의 저작물 판매에 관한 독점권을 그의 생존 중에 보장하였다. 1902년 작곡가 및 조형미술가를 저작자로 하는 법률, 1910년 복제권 양도에 관한 법률, 1920년 추급권에 관한 법률 등이 제정되어 저작권법 체계를 이루었으나 1957년 현재의 통일적인 저작권법이 제정되었다.

미국에서도 독립선언 후 각주는 지적소유권 개념에 기초하여 저작권법을 제정하였다. 예컨대, 저작권 보호를 규정한 1789년 3월 17일의 매사추세츠주법에서는 "정신적인 노동에 의해서 생산된 재산보다 더 인간에게 특별한 재산은 없다"라고 규정하고 있다. 다만 이들 주법의 효력이 당해 주에 한정되어 있는 데서 오는 불편을 제거하기 위하여 1790년 최초의 연방저작권법이 제정되었다.[22]

독일은 1871년 제2제국의 탄생과 더불어 제국 저작권법이 제정되었으나 그 후 이를 기초로 1901년 문학적 및 음악적 저작물의 저작권에 관한 법률(LUG)과 출판권법이 제정되고 1907년 조형미술 및 사진저작물의 저작권에 관한 법률(KUG)이 제정되어 저작권법 체계를 이루었으며, 현재의 독일저작권법은 1965년 제정된 것이다.

IX. 우리나라의 지적재산권제도

1. 서 언

중세에 이미 지적창작물 보호제도가 있었던 서구와는 달리 우리나라에서는 지적창작물은 만인공유이며, 특정개인의 소유물이라는 사상은 전혀 존재하지 아

---

22) 미국의 1790년 저작권법은 책, 지도, 해도만을 저작물로 보호하였다. 1802년 프린트가, 1831년 음악이, 1856년에 연극이, 1865년에 사진이, 1870년에 그림이, 1897년에 공연이, 1909년에 모든 저작물(writings)이 각각 추가되었고 1980년에는 컴퓨터소프트웨어에 관한 저작권을 인정하여 오늘에 이르고 있다. 영국 · 프랑스 · 미국에 있어서의 저작권법 발전과정이 보여주듯이 저작권법의 역사는 그 보호범위 확대의 역사임을 알 수 있다.

니하였다. 1908년 대한제국 특허령이 시행된 이후에도 이러한 상황이 크게 변하였다는 징후는 보이지 아니한다. 우리는 예전부터 책도둑은 도둑이 아니라고 말해 왔다. 이러한 분위기는 1980년대 중반 미국이 통상압력의 일환으로 미국의 지적재산권의 보호를 강요하고 특히 가트(GATT)의 우루과이라운드에서 서비스 등과 더불어 신분야로서 교섭이 시작된 이래 크게 바뀌었으며, 이제는 우리의 주된 관심사항이 되고 있다.

2. 우리나라 지적재산제도의 연혁

(1) 산업재산권제도

우리나라에서 최초로 산업재산권을 보호하는 제도가 마련된 것은 1908년에 제정 · 공포된 대한제국 특허령(칙령 196호), 의장령(칙령 197호), 상표령(칙령 198호)이다.[23] 이들은 일본의 특허제도를 우리나라의 이름을 빌려 실시한 데 불과한 것이며, 주로 미국과 일본인의 기득권보호를 위한 것이었고 그나마도 한일합방과 더불어 일본법이 그대로 시행되었다.

해방 후에는 1946년에 군정법령에 따라 특허원이 창설되고,[24] 특허법(이 법은 실용신안, 미장[25]까지 포함하는 포괄적인 것이었다)이 제정되었으며,[26] 우리나라 정부수립 후 상표법(1949.11.28. 법률 71호)이 제정되었다.[27]

---

23) 동 특허령에 의한 한국인의 발명특허는 2건인데 모두 정연호란 사람의 말총모자에 관한 발명(등록번호 133호)이다.

24) 특허원설치령(미군정법령 제44호). 당시 특허원에서는 특허 · 실용신안 · 디자인 · 상표 · 저작권에 관한 모든 업무를 관장하였다.

25) 당시 특허법제정에 참가한 분들은 일제하의 '의장'이라는 용어를 의식적으로 피하여 '美匠'이란 용어로 사용하였다고 한다(남계영, "한국특허제도와 그 역사,"「특허와 상표」 200호).

26) 미군정법령 제91호. 동법에는 발명특허, 실용특허, 미장특허 등을 단일법에 규정하였을 뿐 아니라, 특허국의 설치와 직제에 관한 사항까지를 동시에 규정한 점으로 미루어 볼 때 급한 나머지 당시의 미국특허법을 본따 만든 임시조치적인 성격이 엿보인다. 위 군정법령은 우리 실정에 맞지 아니한 선발명주의를 취하였고, 물질특허 · 식물특허도 보호하는 등 미국식 제도를 많이 도입하였다. 그러나 이 법은 1961년 군사혁명정부에 의해 새로운 법이 제정될 때까지 15년간이나 유효한 법률로 시행되어 왔다. 동법은 우리나라 역사의 전환점에서 비록 과도기적이기는 했으나 특허제도의 명맥을 이어준 법이었다는 점에 의의를 찾을 수 있다.

27) 최초 상표법은 미국제도의 영향을 받아 선사용주의(3조 1항)를 취하였었으나 우리 실정에

이들 법은 1961년 구법령의 정비작업의 일환으로 제정된 특허법(법률 950호), 실용신안법(법률 952호), 의장법(법률 951호)으로 대치되었으며, 1963년에는 상표법(법률 1295호)이 새로이 제정되었다. 이로써 비로소 특허법, 실용신안법, 의장법, 상표법이라는 우리의 근대적 산업재산권법체계가 형성되었다. 이들 법은 그 후 수차의 개정을 거쳐 오늘에 이르고 있다.

(2) 저작권제도

1) 前 史 우리나라는 1234년(고려 고종 24년) 세계 최초로 대량 인쇄가 가능한 금속활자를 발명하였으나 이를 국가에서 관장하여 왔고(고려말기에는 書籍院, 이조시대에는 校書館, 奎章閣), 그림에 관해서도 圖畵署라는 국가기관이 화원을 두어 관장하였으므로 개인의 사적 소유물로서의 저작권이라는 개념은 형성되지 아니하였다.[28] 우리나라에서 저작물에 대한 법적 보호가 시작된 것은 1908년 8월 12일 「한국에서의 발명, 의장, 상표 및 저작권에 관한 미일조약」이다. 동 조약 제1조는 일본국 정부는 특허권 · 의장권 · 상표권 및 저작권에 관하여 일본에서 시행되고 있는 법령을 이 조약의 시행과 동시에 한국에도 시행하며 미국인에 대하여는 한일양국 국민과 동일한 보호를 준다고 규정하고 있다. 이 조약에 따라 저작권령(칙령 200호)이 공포되어 1908년 8월 16일 당시 일본저작권법이 한국에 '의용(依用)'되게 되었고 한일합방에 따라 1910년 8월 29일부터 「저작권법을 조선에서 시행하는 데 관한 건」(칙령 338호)에 따라 종래의 '의용'에서 '시행'으로 전환되었다.

이렇듯 우리나라에 있어서 저작권법의 역사는 우리나라 국민의 학문 · 예술에 관한 창작물을 보호함으로써 문화의 발달을 촉진시켜야 한다는 국민적 합의나 국가적 필요성에 따라 만들어진 것이 아니라 열강에 의한 시장지배의 일환으로

맞지 아니하므로 1958.3.11. 선출원주의로 개정하였다.

28) 특히 조선시대에는 시장경제가 발달치 못하였을 뿐만 아니라 학문과 예술을 담당하는 지식층이 유교사상에 의한 선비정신을 고귀한 것으로 생각하였기 때문에 학문적 · 예술적 관점에서만 관심을 두어 왔지 이를 경제적 · 금전적 대상으로 관념하지 아니하여 왔고, 이러한 선비정신은 오늘날까지도 면면히 이어져 와 저작자들이 자신의 저작물을 둘러싼 금전적 시비나 소송 등을 천박한 것으로 여겨 적극적 · 법률적으로 분쟁해결을 꾀하지 아니하고 소극적 항의나 체면치레의 합의에 따라 분쟁을 비법률적으로 해결하여 온 실정에 있었다.
1953.6.22. 서울대학신문 52호에 당시 서울대학교 법과대학 정광현 교수는 저작권의 보호에도 투쟁의 기록이 필요하니 저작권 침해사례가 있을 때에는 화해하지를 말고 형사고소와 손해배상청구 등 법률적 투쟁에 의할 것을 호소하고 있다.

외국인의 저작물을 보호할 필요성 때문에 만들게 되었고, 또한 개정되게 되었다는 점에서 특이한 역사를 가지고 있다.[29] 어쨌든 일본저작권법은 대한민국정부의 수립 후에도 1957년 1월 28일까지는 우리나라에서 그대로 시행되게 되었다.

2) 1957년 저작권법의 제정　대한민국정부의 수립 후 상당한 시일이 경과하여 법제 정비작업의 일환으로 제정된 최초의 저작권법인 1957년 저작권법(1957.1.28. 법률 432호)은 전 5장(제1장 총칙, 제2장 저작권, 제3장 출판권과 공연권, 제4장 저작권 침해, 제5장 벌칙) 전문 79개조로 구성되어 있었다. 1957년법은 일본의 1877년 저작권법(명치 32년법)을 기초로 한 것이었다.[30]

3) 1986년 저작권법의 개정　구법은 일본의 구저작권법을 모방한 것으로 1960년대 이후 우리나라 산업·문화 및 기술수준의 전반적인 향상에 적절하게 대응하지 못하였다. 또 국제조약에 가입하지 않아 외국저작물의 무분별한 복제·번역이 많아 국제적으로 해적왕국이라는 비난이 점증하였다. 이에 1970년대부터 개정논의가 여러 차례 있던 중 1986년 개정에 이르게 되었다. 전면 개정된 1986년 저작권법(1986.12.31. 법률 3916호)은 전 9장 전문 111개조로 구성되어 있는데 체제와 제도적 측면에서는 구법과 비교할 수 없을 만큼 새로우므로 구법의 개정이

---

29) 우리나라에서의 최초의 저작권법은 1908년 당시 일본저작권법의 '의용'에서 시작되고 현행법은 미국의 통상압력이 그 직접적인 원인이 되어 개정되게 되어 저작권에 관한 일반국민의 현실감각과 법제도 사이에 상당한 괴리가 있다고 할 수 있다. 이와 같은 저작권보호제도에 대한 전체적·사회적 분위기 때문에 저작권법이 합리적으로 해석되고 효과적으로 집행되기까지에는 앞으로 상당한 시간과 노력이 필요하리라고 전망된다.

30) 그 중요한 점으로는 ⅰ) 무방식주의를 채택하며, ⅱ) 저작권의 존속기간은 원칙으로 저작자 생존 중 및 사후 30년까지이고(구법 30조), 번역권의 5년 소멸제도를 채택하며(구법 34조), ⅲ) 외국인의 저작물은 조약에 별단의 규정이 없는 한 국내에서 처음으로 발행된 것 이외에는 보호하지 아니한다고 규정(구법 46조)하는 한편 저작권보호에 관한 국가간의 조약을 체결하거나 국제적인 조약에 일체 가입하지 아니함으로써 실질적으로 그 보호를 부정하여 왔다. ⅳ) 또한 음반·녹음필름 등을 공연 또는 방송의 용에 공하는 것을 비침해행위로 규정하는 등 자유이용의 범위가 상당히 넓어(구법 46조) 논란의 대상으로 되어 왔다. 특히 구법상 텔레비전·라디오 등 방송매체에서의 음반 등의 자유이용이 가능하였으므로 많은 논란이 있었는데 현행법하에서는 자유이용이 불가능하게 되었다. 이 문제에 관하여 한국음악저작권협회와 KBS 간에는 1988.3.30. 저작권심의조정위원회에서 1987.7.1.부터 1987.12.31.까지 1억 1000여만원, 1988년도분 5억 3000여만원을 음악저작물 사용료로 지급키로 조정이 성립된 바 있고, MBC와는 1988.8.9.에 1987.7.1.부터 1988.12.31.까지 음악저작물 사용료로 5억 1000여만원을 지급키로 합의된 이래 매년 한국저작권위원회의 조정에 의해 사용료를 결정하고 있다.

라고 하기보다는 새 저작권법의 제정이라 볼 수 있다.[31)]

4) 1987년 이후의 개정 1987년 이후 WTO/TRIPs 협정(TRIPs)의 타결, 디지털 환경과 인터넷 환경의 도래, 대한민국과 유럽연합이나 미국 사이의 자유무역협정 등으로 다수의 저작권법 개정이 있었다.

(3) 지적재산의 국제적 보호

우리나라는 1979년 WIPO에의 가입을 시발로 1980년에는 산업재산권보호를 위한 파리조약, 1984년에는 특허협력조약(PCT), 1987년에는 미생물기탁에 관한 부다페스트조약에 가입하였다. 또 저작권분야에서도 1987년 세계저작권조약(UCC) 및 레코드의 불법복제를 방지하기 위한 음반조약에 가입하였다. 그리고 가트 우루과이라운드 협상은 1993년 12월 15일 타결을 보아 그 이듬해인 1994년 4월 15일에는 모로코 마라케시에서 조인식이 행해졌으며, 1995년 1월 1일에는 WTO(세계무역기구) 체제가 발족하였다. 우리나라도 WTO 가입국으로서 TRIPs의 이행을 위하여 1995년 말에 지적재산 관련법을 개정하였으며, 1996년 8월 베른조약에 가입하였다. 그 후에도 지적재산 관련 조약에 계속 가입함으로써 우리나라는 세계지적재산권체계 속에 동참하게 되었으며, 외국인의 지적재산이 우리나라에서 보호되고 그 반대로 우리 국민의 지적재산도 외국에서 보호받게 되었다.

◎ 지적재산관련 현행법(2021.1.1. 기준)

1) 부정경쟁방지법[32)]: 1986년 12월 31일 전문개정(법률 3897호). 2020.12.22, 일부개정(법률 제17727호, 시행 2021.6.23)

2) 특허법: 1990년 1월 13일 전문개정(법률 4207호). 2020.12.22, 일부개정(법률 제17730호, 시행 2021.6.23)

3) 식물신품종보호법[33)]: 2012년 6월 1일 제정(법률 11457호). 2019.12.10, 일부개

31) 1987년 7월 1일부터 시행되게 된 신법은 구법에 비하여 i) 저작물개념의 확대(컴퓨터프로그램의 포함), ii) 저작자의 권리강화(보호기간의 연장, 비침해 행위의 감축, 벌칙의 강화 등), iii) 저작권과 저작인접권의 구분, iv) 외국인저작물 보호규정의 보충 및 세계저작권조약(UCC)에의 가입, v) 저작자와 저작물이용자의 이해 조정을 위한 많은 규정의 신설, vi) 저작권위탁관리업제도와 저작권심의조정제도의 설치, vii) 저작물인 컴퓨터프로그램 보호의 특칙을 정하기 위한 별도의 법제정 등 많은 면에서 획기적이다.

32) 부정경쟁방지법은 1999년 1월 1일부터 「부정경쟁방지 및 영업비밀보호에 관한 법률」로 그 명칭이 변경되었다.

정(법률 제16785호, 시행 2020.6.11)

4) 실용신안법: 2006년 3월 3일 전부개정(법률 7872호). 2019.1.8, 일부개정(법률 제16208호, 시행 2019.7.9)

5) 디자인보호법[34]: 1990년 1월 13일 전문개정(법률 4208호). 2013.5.28, 전부개정(법률 제11848호, 시행 2014.7.1). 2020.12.22, 일부개정(법률 제17725호, 시행 2021.6.23)

6) 상표법: 1990년 1월 13일 전문개정(법률 4210호). 2016.2.29, 전부개정(법률 제14033호, 시행 2016.9.1). 2020.12.22, 일부개정(법률 제17728호, 시행 2021.6.23)

7) 저작권법[35]: 1986년 12월 31일 전문개정(법률 3916호). 2006년 12월 28일 전부개정(법률 8101호). 2020.12.8, 일부개정(법률 제17592호, 시행 2020.12.8)

8) 반도체집적회로의 배치설계에 관한 법률: 1992년 12월 8일 제정(법률 제4526호). 2015.2.3, 일부개정(법률 13150호, 시행 2015.8.4)

◎ 국제조약가입일

1) 세계지식재산기구(WIPO) 설립 조약: 1979.3.1.
2) 파리조약: 1980.4.14.
3) 특허협력조약: 1984.8.10.
4) 부다페스트조약: 1987.12.28.
5) 세계저작권협약: 1987.10.1.
6) 음반보호조약: 1987.10.10.
7) 베른협약: 1996.8.21.
8) 니스협정: 1999.1.8.
9) 스트라스부르협정: 1999.10.8.
10) 식물신품종보호조약(UPOV): 2002.1.17.
11) 상표법조약(TLT): 2003.2.25.
12) 마드리드의정서: 2003.4.10.
13) 세계지식재산기구 저작권조약(WCT): 2004.6.24.
14) 로마협약: 2009.3.18.

33) 종자산업법[1995년 12월 6일 제정(법률 5024호), 2019.12.10, 일부개정(법률16789호, 시행 2020.6.11.)]은 종자산업의 육성 및 지원을 위한 내용이 미비하고, 종자의 보증 · 유통관리 등에 관한 실체적 규정과 식물신품종 보호와 관련된 절차적 규정이 혼재되어 법률의 체계 및 내용이 복잡하고 이해하기 어려운 면이 있어, 식물신품종 보호와 관련한 부분을 분리하여 별도의 법률(식물신품종보호법)을 제정하고, 종자산업법은 종자산업 진흥을 위한 기반 조성과 제도적 지원의 법적 체계로 구성되어 있다.

34) 2004년 개정으로 법명이 의장법에서 「디자인보호법」으로 변경되었다.

35) 컴퓨터프로그램보호법은 2009년 7월 23일 발효된 개정 저작권법에 통합되었다.

15) 세계지식재산기구 실연 · 음반조약(WPPT): 2009.3.18.
16) 표장의 도형요소의 국제분류 제정을 위한 비엔나협정: 2011.1.17.
17) 로카르노협정: 2011.4.17.
18) 브뤼셀 위성협약: 2012.3.19.
19) 헤이그협정: 2014.7.1.
20) 싱가포르협약: 2016.6.1.
21) 시청각 실연에 관한 베이징조약: 2020.7.22.

◎ 북한의 지적재산권제도

(1) 산업재산권제도[36] 북한의 산업재산권제도는 잘 알려져 있지는 아니하나 특허제도는 우리의 특허법과 실용신안법을 합친 것과 비슷하며, 그 기술수준에 따라 발명과 기술혁신으로 나뉜다. 발명에 대해서는 특허나 발명자증을 허여하고 있는 바, 특허는 주로 외국인을 위한 제도이다. 발명자증을 허여한 경우 국가가 발명의 실시권한을 가지며 발명자는 국가로부터 보상을 받는 데 그친다. 기술혁신은 그 기술수준이 낮은 것으로서 우리나라 각 기업체에서 실시 중인 제안제도 수준으로 보인다.
특허 및 실용신안은 발명법, 상표 및 봉사표시(서비스표에 해당)는 상표법, 산업디자인은 공업도안법, 그리고 지리적 표시는 원산지명법에 따라 보호되고 있다.
(2) 저작권제도[37] 북한은 최근(2001년 4월 5일, 2006년 2월 1일 개정, 2012년 11월 13일 개정) 전문 48조로 된 저작권법을 공포하였다. 동법은 저작재산권, 저작인격권, 저작인접권 모두를 보호하며, 재산적 권리는 전부 또는 일부를 양도하거나 상속할 수 있다고 규정하고 있다. 아울러 저작권 또는 저작인접권을 침해할 경우에는 해당한 손해를 보상시키며, 동법을 어겨 저작권사업에 엄중한 결과를 일으킨 경우는 정상에 따라 행정적 또는 형사적 책임을 지운다고 규정한다.

3. 우리나라의 지적재산권 보호제도

지적재산권제도는 i) 기술보호법으로서 특허법, 실용신안법, ii) 산업디자인 보호법으로서 디자인보호법, iii) 영업상 사용되는 각종의 표지(標識)에 대한

36) 김혜정, 북한 산업재산권 밥제도현황 및 제언, 한국지식재산연구원 심층분석보고서(2019) 참조.
37) 최경수, 북한 저작권법 및 남북간 저작권 분야교류 협력에 관한 연구, 한국저작권위원회(2015), 11면 이하; 박윤석, 북한 저작권 법제 및 체계에 관한 연구, 한국저작권위원회(2020) 참조.

보호법으로서 상표법, 상법 중 상호에 관한 부분, 부정경쟁방지법 등 이른바 산업재산권제도와, iv) 학문, 예술상의 창작물에 관한 보호법인 저작권법으로 구별된다. v) 이른바 신지적재산권으로 불리는 반도체집적회로의 배치설계에 관한 법률은 특허법과 저작권법의 중간영역에 있다. 현행법상 이들 법의 보호목적, 대상, 요건 등을 알기 쉽게 도표로 만들어 보면 다음과 같다.

	특허법 · 실용신안법	디자인보호법	상표법	부정경쟁 방지법	저작권법	반도체칩 보호법
법의 목적	발명, 실용적 고안의 보호를 통한 기술의 진보발전과 국가 산업 발전에의 기여	디자인창작의 보호를 통한 디자인창작의 장려와 국가 산업발전에의 기여	상표보호를 통한 상표사용자의 신용보호와 국가산업발전 및 수요자 이익보호	부정한 상업상 경쟁방지를 통한 상거래 질서유지	저작자 및 저작인접권자의 보호와 저작물의 공정이용을 통한 문화발전에의 기여	창작자의 권리 보호와 공정이용을 통한 반도체 관련산업 등 국민경제 발전 도모
보호대상	자연법칙을 이용한 기술적 사상의 창작 (발명, 실용신안)	시각을 통하여 미감을 일으키는 물품의 형상, 모양, 색채 또는 이들의 결합 (산업디자인)	상품의 생산, 가공, 판매업자가 자기의 업무에 관련된 상품을 타인의 상품과 식별되도록 하기 위하여 사용하는 표장 ※ 서비스표, 단체표장 등 포함	i) 국내에서 널리 인식된 상표, 상호, 기타 상품 및 영업상 표지 일체 ii) 상당한 투자나 노력으로 만들어진 성과 iii) 영업비밀	인간의 사상 또는 감정을 표현한 창작물 ※ 인접권, 출판권 등 포함 ※ 컴퓨터 프로그램, 데이터베이스 포함	반도체집적회로의 배치설계 (素子 및 導線의 배치설계)
보호요건	산업상 이용 가능성, 신규성, 진보성	공업상 이용 가능성, 신규성, 창작비용이성	식별력 (특별현저성)	대상에 따라 다양. 예컨대 표지의 경우 주지성	창작성	창작성
권리내용	독점적 실시 (생산, 사용, 판매, 수입, 전시 등의 행위)	독점적 실시 (생산, 사용, 판매, 수입, 전시 등의 행위)	독점적 사용	부정경쟁행위의 금지청구 (반사적으로 독점적 사용 보장)	· 재산권으로 복제, 공연 등을 할 수 있는 배타적 권리 · 인격권규정 별도로 있음	복제, 제조, 양도, 대여, 전시, 수입할 권리의 독점
보	특허: 등록일	등록일로부터/	등록일로부터	없음(주지성,	저작자 생존	등록시부터

호기간	부터/출원일로부터 20년 되는 날까지 의약특허 등은 5년 연장 가능 실용신안: 등록일부터/출원일로부터 10년 되는 날까지	출원일로부터 20년 되는 날까지	10년, 계속 사용하려는 자는 10년간씩 계속 갱신 가능	비밀성 상실시까지 영구 보호)	중과 사후 70년 ※ 인접권은 실연시, 음반 발행시로부터 70년, 방송시로부터 50년 ※ 영상저작물은 공표한 때부터 70년	10년
권리의 발생	등 록	등 록	등 록	대상에 따라 다양. 예건대 표지의 경우 주지성 획득시	창 작	등 록
권리침해에 대한 보호	금지청구, 손해배상, 부당이득 반환청구, 형사처벌 (반의사불벌죄)	금지청구, 손해배상, 부당이득 반환청구, 형사처벌 (친고죄)	금지청구, 손해배상, 부당이득 반환청구, 형사벌 (비친고죄)	금지청구, 손해배상, 부당이득 반환청구, 형사처벌 (비친고죄)	금지청구, 손해배상, 부당이득 반환청구, 형사처벌 (친고죄, 단 영리·상습시 비친고죄)	금지청구, 손해배상, 부당이득 반환청구, 형사처벌 (친고죄)

2 chapter 특허법 · 실용신안법

제1절 특허제도

Ⅰ. 특허제도의 목적

기술적 창작물인 발명을 일정기간 독점적으로 이용할 수 있도록 허용하는 특허제도는 헌법에 기초하고 있으며(헌법 22조), 기술적 발명정신의 보호를 통해서 기술진보와 국가산업발전을 도모함을 목적으로 하는 제도이다(특허 1조). 특허는 발명의 공개에 대한 보수 내지 그 대상(代償)으로 기술에 대한 독점을 허용함으로써 영업상 · 경쟁상 우위를 확보케 해주는 까닭에 기업에 대하여 기술개발에 커다란 의욕과 인센티브를 주게 된다. 특허제도 초기에는 모방이야말로 산업에 결정적인 추진력을 준다는 이유로 특허제도에 반대하는 반특허이론도 제기되었으나 특허제도는 "천재의 불꽃에 이익이라는 기름을 붓는 것"(The patent system added the fuel of interest to the fire of genius)으로 특허제도야말로 인류최대의 발명이며, 기술진보를 촉진키 위하여 지극히 합리적인 제도라고 말해지고 있다.

◎ 링컨과 특허권

미국 대통령 중에서 오직 한 사람, 특허를 받은 사람이 있다. 그는 다름 아닌 에이브러햄 링컨이다. 링컨은 그가 40세 되던 1849년에 특허를 출원하였다. 그 목적은 하물을 적재한 선박이 얕은 여울에 도달하였을 때 이곳을 무사히 통과하게 하려는 것이다. 원리는 선체의 양현(兩舷)에 자유롭게 수축팽창하는 제등식의 부력실을 만들어 배가 얕은 여울에 당도하였을 때 부력실을 팽창시켜서 수면하로 뻗게 하고 그 부력을 이용해서 흘수를 얕게 한다는 것이다. 링컨의 특허가 실용화된 것은 아니다. 그러나 링컨이 실제 만든 모형은 스미소니언 박물관에 전시되어 있다고 한다. 특허취득 10년 후인 1859년 2월 22일의 '발견, 발명, 개량'이라는 연설에서 링컨은 "특허제도는 천재의 불꽃에 이익이라는 기름을 붓는 것"이라는 유명한 말을 하였다. "국민의, 국민에 의한, 국민을 위한 정부"이라는 말이 민주주의의 요체를 나타낸 것이라면 "천재의 불꽃에 이익이라는 기름을 붓는 것"이라는 말은 특허제도의 요체를 적절히 표현한 말이다.

◎ 특허제도 폐지론, 반특허적 경향, 친특허적 경향

특허제도 폐지론: 오늘날 특허제도의 폐지를 주장하는 설은 적지만 과거에는 상당히 심했던 적이 있었다. 예컨대 네덜란드는 1817년 채택한 특허법을 1869년에 폐지하고 약 40년간의 공백기간 후인 1910년에야 다시 특허법을 제정하였다. 그러나 이러한 폐지론은 오래 가지 못했다. 이것은 아마도 1873년의 불황과 19세기 말에 대두한 국가주의와 보호무역주의의 영향으로 본다. 폐지론은 오늘날도 소수설이기는 하지만 존재한다. 그 주된 근거는 기술경쟁이 심한 오늘날에 있어서는 특허제도와 같은 인위적인 제도를 만들지 않아도 기술은 자연히 진보한다는 것이다. 그러나 이것은 잘못이다. 만약 특허제도와 같은 발명보호제도가 없으면 발명의 이익은 발명자에게 돌아가지 아니하고 결국 돈 많은 자에게 돌아갈 것이다. 또 특허제도 폐지론은 특허제도의 장점을 도외시한 이론이다.

반특허적 경향, 친특허적 경향: 미국에 있어서 1950년대까지는 이른바 독점공포증(monopoly phobia)의 영향으로 특허는 연방의 독점금지정책에 비추어 달갑지 못한 취급을 받았고 때로는 적대관계를 보인 경우도 있었다(anti-patent 경향). 1980년대 말부터 국제경쟁력 강화의 요청상 특허보호가 강화되어 이러한 추세(pro-patent 경향)는 2000년대까지는 존속되어 왔다. 그런데 최근에는 특허권 남용을 제한하기 위한 법리가 강화되고 있다.

◎ 발명자증 제도, 발견자증 제도, 합리화제안자증 제도

발명자증제도란 구소련에서 시작되어 공산국가 등에서 인정되던 제도이다. 통상의 특허제도처럼 발명자에게 독점권을 부여하는 것이 아니고 국가는 발명자가 본래 가지는 권리를 양도받아 이를 독점적으로 실시하는 권리를 가지고 발명자에게는 그 대신 보상을 하는 제도이다. 특허제도하에서 국가와 직무발명을 한 국가공무원의 관계와 극히 비슷하며, 그런 의미에서 특허제도의 변형이라고 말할 수 있다.

한편 구소련에는 발명자증 제도 이외에 발견자증 제도와 합리화제안자증 제도가 있다. 이것들은 각각 과학기술에 관한 발견 및 제안을 보호 장려하기 위한 것인데 발명자증과 유사한 제도이다.

II. 특허법의 목적

특허법은 "발명을 보호 · 장려하고 그 이용을 도모함으로써 기술의 발전을 촉진하여 산업발전에 이바지함을 목적"으로 한다(특허 1조).[1)]

특허법은 발명의 보호와 발명의 이용의 조화를 도모함으로써 궁극적으로는 기술의 발전을 촉진하여 산업발전에 이바지함을 목적으로 한다. 즉, 특허제도는 발명자에게는 특허권이라는 독점 · 배타적인 재산권을 부여하여 발명자를 강력히 보호하는 한편 그 발명을 공개하게 함으로써 제3자(공중)에게는 그 공표된 발명을 이용할 수 있는 기회를 제공하여 '발명의 보호와 발명의 이용'간의 조화를 통해 법의 궁극적 목적인 산업발전을 실현하는 원리를 채택하고 있다.

특허법은 새로운 발명을 공개한 자에 대하여 특허권을 부여함으로써 발명을 보호하고 있다. 특허권은 일정기간 특허권자만이 발명을 실시할 수 있는 권리이다. 특허권은 설정등록에 따라 특허발명을 독점적으로 실시할 수 있는 특허권이 발생한다(특허 87조). 발명을 특허권 발생이전의 단계에서 적절히 보호하지 못한다면 발명보호의 적정을 기대할 수 없다. 발명자가 발명을 완성하게 되면 발명자에게는 발명의 완성시점부터 '특허를 받을 수 있는 권리'[2)]가 주어진다(특허 33조). 특허출원인은 출원공개가 있은 후 특허권의 설정등록 전에 타인이 정당한 권한 없이 그 특허출원된 발명을 업으로서 하게 되면, 발명자에게 일정 조건하에 보상금 청구권이 인정된다(특허 65조). 특허법은 발명이 출원되어 특허권취득을 위한 절차진행과정에서 출원인이 이용할 수 있는 발명의 적정관리를 위하여 절차적 보호수단을 규정하고 있다. 예컨대 특허법은 보정제도(특허 46조, 47조), 분할출원(특

1) 특허법 제1조는 특허법상 모든 제도의 지도원리가 된다. 특허법의 규정을 해석하는 경우에는 항상 법목적을 고려할 필요가 있다. 특허법이 산업입법인 점을 반드시 인식하여야 한다.

2) 법은 이 권리를 양도성 있는 재산권으로 규정함으로써 특허출원여부에 관계없이 발명자는 이 권리를 발명권으로서 사용 · 수익 · 처분할 수 있다.

허 52조), 변경출원(특허 53조), 우선권제도(특허 54조) 등 발명보호를 위한 절차적 규정도 두고 있다. 또한 특허법은 존속기간연장등록제도, 특허권의 효력으로서의 금지청구권, 간접침해, 손해액의 추정, 생산방법의 추정, 과실의 추정, 침해죄의 벌칙규정, 거절결정불복심판, 정정심판, 재심, 소송제도 등과 같은 발명자의 구제절차에 대해서도 자세히 규정하고 있다.

특허권이 부여되기 위해서는 발명내용을 상세히 기재한 특허출원명세서를 통하여 발명의 내용이 우선 공개되어야 한다. 특허법은 발명의 공개수단으로서 출원공개제도와 등록공고제도를 두고 있다. 공개된 발명은 제3자가 기술문헌으로써 이용할 수 있다. 또한 일정기간 특허권에 따라 발명이 특허권자에게 독점된 후에는 누구라도 발명을 자유로이 이용할 수 있게 된다. 특허발명의 실시는 특허권자가 직접 또는 실시권제도 등에 의한 제3자에 의해서도 이루어진다(특허 94조, 100조, 102조). 또 특허권자가 정당한 이유 없이 특허발명을 불실시할 경우 국가는 일정 조건하에 발명의 실시를 위한 일정의 제재를 가할 수 있다(특허 107조). 게다가 특허법은 공중의 자유실시를 위해 존속기간을 두고 있다(특허 81조, 88조).

발명의 장려란 국민에게 발명사상을 폭넓게 인식시키고 발명의 탄생을 촉진하거나 유인하며 발명의 실시를 위한 제반 지원을 하는 것을 말하는데, 특허법은 기초생활수급권자 등에게 수수료 · 특허료의 감면규정(특허 83조) 등을 규정하고 있다.[3)]

특허법은 산업입법이라고 불린다. 이것은 특허법의 궁극적 목적이 '산업발전에 기여하는 것'이기 때문이다. 특허법은 발명을 보호하고 발명의 이용 및 발명의 장려를 도모하는 것 자체가 목적이 아니라, 궁극적 목적은 이들의 적절한 조화를 통한 공공의 이익증진과 산업발전을 도모하는 데 있다.

---

3) 발명의 장려와 관련하여 주목되는 법은 「발명진흥법」이다. 동법은 "발명을 장려하고 발명의 신속하고 효율적인 권리화와 사업화를 촉진함으로써 산업의 기술 경쟁력을 높이고 나아가 국민경제 발전에 이바지함을 목적"으로 하는 법률이다. 과거 특허법에 규정되어 있던 발명진흥보조금의 지급이나 직무발명에 관한 것은 모두 이 법에 규정하고 있다.

제2절 특허법의 보호대상 – 발명

Ⅰ. 총 설

특허법의 보호대상은 발명이다. 발명이란 "자연법칙을 이용한 기술적 사상의 창작으로서 고도한 것을 말한다"고 정의되어 있다(특허 2조 1호). 또 발명은 물건의 발명, 방법의 발명, 물건을 생산하는 방법의 발명의 3가지 종류로 나누어 규정되어 있고, 어떤 종류의 발명인가에 따라, 특허권에 기초하여 독점할 수 있는 행위의 종류와 범위가 다르다(특허 2조 3호).

Ⅱ. 발명의 종류

1. 물건의 발명과 방법의 발명

발명은 물건의 발명과 방법의 발명으로 분류된다(특허 2조 3호).[4] 발명의 종류의 개념은 매우 중요하다. 왜냐하면, 특허권의 효력은 특허발명의 실시행위에 미치는데, 발명의 종류에 따라서 어떠한 행위를 실시행위로 하는지가 다르기 때문이다. 물건의 발명이란 기계, 장치, 화학물질, 미생물, 식품, 유전자, 동식물 등과 같은 유체물의 발명을 말한다. 물건의 발명에 대한 특허를 취득하면, 특허권자는 그 물건을 생산 · 사용 · 양도 · 대여 또는 수입하거나 그 물건의 양도 또는 대여의 청약(양도 또는 대여를 위한 전시를 포함한다. 이하 같다)을 하는 행위(특허 2조 3호 가목)를 독점할 수 있다. 방법의 발명이란 자동차엔진 연비향상방법, 영상신호의 전송방법, 불안정적인 화학물질의 저장방법, 화학물질을 이용한 살충방법 등에 관한 발명을 말한다. 방법의 발명에 관한 특허를 취득하면, 특허권자는 그 방

4) 특허법에는 발명의 종류에 관한 정의규정은 없고, 발명의 실시에 관한 정의규정에서 물건의 발명인 경우에서의 실시, 방법의 발명인 경우에서의 실시, 물건을 생산하는 방법의 발명인 경우에서의 실시에 대해서 규정하고 있다.

법을 사용하는 행위(특허 2조 3호 나목)를 독점할 수 있다. 물건을 생산하는 방법의 발명이란 화학물질의 효율적인 생산방법, 미생물을 배양하기 위한 항생물질의 제법 등에 관한 발명을 말한다. 물건을 생산하는 방법의 발명에 대하여 특허를 취득하면, 특허권자는 그 방법에 따라 생산한 물건을 사용 · 양도 · 대여 또는 수입하거나 그 물건의 양도 또는 대여의 청약을 하는 행위(특허 2조 3호 다목)를 독점할 수 있다.

물건의 발명이냐 방법의 발명이냐는 발명의 명칭이나 특허청구범위의 표현에 따라 결정되는 것이 아니고 발명의 실체에 따라 정하여진다.[5] 특허법상 물건의 발명과 방법의 발명은 여러 가지 점에서 다르게 취급된다. 즉 특허법은 물건의 발명과 방법의 발명을 구분하고(특허 2조), 그 보호의 태양을 달리 규정하고(특허 127조) 특히 물건을 생산하는 방법의 발명에 관하여는 그 생산방법의 사용만이 아니고 그 생산방법을 사용하여 만든 물건에까지 특허보호가 확장되고(특허 2조 3호 다목),[6] 추정규정(특허 129조)이 적용된다. 또 실용신안법의 보호대상인 고안은 물품의 형상 · 구조 · 조합에 관한 고안에 국한되므로(실용 4조 1항) 방법의 발명은 실용신안의 대상이 되지 아니한다.

2. 기본발명과 개량발명

기본발명은 당해 기술분야에서 다른 발명을 이용하지 아니한 개척발명을 말한다. 개량발명은 기본발명 등 선행발명의 기술적 흠결을 해결하는 발명으로 특허발명의 대부분은 이러한 개량발명이라 할 수 있다. 개량발명 중에 선행 특허발명을 실시하면서 새로운 발명적 요소를 추가한 발명을 이용발명 또는 종속발명이라 한다. 이러한 후속발명에 대하여는 특허를 얻어도 선행특허권자의 동의를 얻

---

5) 실무에서는 예컨대, ⅰ) 도체상에 폴리에틸렌(polyethylene)을 피복함을 특징으로 하는 전선의 제조방법과 도체상에 폴리에틸렌을 피복한 전선, ⅱ) 사염화티타니윰(titanium)과 트리에틸 알루미늄(triethyl aluminum)을 반웅케 하여 얻은 에틸렌중합용 촉매와 사염화티타니윰과 트리에틸 알루미늄을 반응케 하여 얻은 촉매를 사용하여 에틸렌을 중합하는 방법처럼 물건과 방법의 어느 것으로 표현해도 좋다는 식으로 관대하게 운용되고 있지만 특허의 효력과의 관계상 문제가 있어 향후 개선되어야 할 것으로 생각된다.

6) 제법특허의 보호범위에 관한 국제적 동향도 마찬가지이다(WIPO 특허법조약안 24조 참조).

지 아니하면 당해 이용발명을 실시할 수 없다(특허 98조).[7)]

3. 결합발명과 비결합발명

결합발명이라 함은 하나의 기술적 문제해결을 위하여 수개의 장치 또는 수단·방법 등 기술사상을 결합한 발명을 말한다. 결합되는 장치·수단·방법 등이 공지인 것이냐 아니냐에 관계없이 그 요소의 결합(combination)에 의해 상승적 효과가 나타나고 그것이 신규의 양호한 효과를 발휘하면 발명성이 인정된다. 그러나 공지공용인 요소의 단순한 집합(aggregation)에 불과하여 상승적 효과가 없고 각 요소의 작용효과를 단순히 합치는 데 지나지 아니한 경우에는 결합발명으로 인정되지 아니한다.[8)]

◎ 방법특허, 물질특허, 용도특허의 예

요소(尿素)를 생산하는 대표적인 방법은 BASF 법, Du Pont 법, 동양고압법이다. 방법특허는 이들 각각의 제조방법의 발명에 대해서 특허를 인정하고 그 효력도 당해 방법에 한정된다. 그러므로 다른 방법을 사용하면 특허권침해가 아니다. 물질특허는 요소라는 물질 자체에 대해서 인정되므로 처음으로 요소라는 물질을 발명한 자와 다른 방법으로 요소를 만들어도 당해 물질특허권의 침해로 된다. 그 경우 물질특허권자라 하더라도 새로운 방법을 이용하지 못하며, 그 방법을 이용하려면 방법특허권자의 허락을 얻어야 한다. 그러나 물질특허권이 존속하는 동안은 아무리 좋은 방법이라도 물질특허권자의 허락 없이는 당해 물질을 만들지 못하므로 그 방법은 그림의 떡에 불과하다. 물질특허권이 얼마나 강력한 것인가를 잘 알 수 있다. 그렇기는 하나 물질특허권자라 하더라도 특별한 사정이 없는 한 새로 발명한 효율적 방

---

7) 특허출원 중에 선행발명을 이용한 발명을 원권리자가 한 경우 따로이 특허절차를 밟지 않고 추가특허를 받을 수 있게 한 입법례(일본, 프랑스, 영국 등)도 있었으나 최근에는 국내우선권제도에 의해 해결하는 경향이다. 우리 특허법도 1990년 특허법 개정시 이 제도를 도입하였다(특허 55조).

8) ⅰ) 기술의 집합이 단순한 집합에 그치고, 그 총화 이상의 새로운 작용효과를 나타내는 것으로 인정할 수 없는 것은 진보성 있는 발명이라 할 수 없다(大判 1968.8.30, 68후10). ⅱ) 공지·공용의 기존기술을 종합한 것인 경우에도 선행기술을 종합하는 데 각별한 곤란성이 없다거나 이로 인한 작용효과가 공지된 선행기술로부터 예측되는 효과 이상의 새로운 상승효과가 있다고 볼 수 없는 경우에는 발명의 진보성은 인정될 수 없다(대판 1989.11.24, 88후769; 1991.10.11, 90후1284).

법을 이용하려 할 것이고, 이 경우 물질특허권자와 방법특허권자 사이에 타협이 성립할 여지가 많다. 한편 요소는 비료, 이뇨제 등으로 이용된다. 용도특허는 이들 하나하나에 대해서 성립한다. 그러나 물질특허권이 존속하는 동안은 당해 물질특허권자의 허락이 없으면 새로운 용도로 이용될 물질을 만들 수 없다.

원 료 ——— 제 법 ——— 화학물질 ——— 용 도

- 원 료
  - 암모니아
  - 탄산가스
- 제 법
  - BASF법
  - Du Pont법
  - 동양고압법
- 화학물질
  - 요 소
- 용 도
  - 비 료
  - 이뇨제
  - 방염제

◎ 유전공학과 물질특허

유전공학의 발전으로 기존에 특허된 물질과 동일한 물질이라도 그 효율성, 약효 등이 현저하게 증가된 물질이 개발되게 되었다. 이러한 경우에 기존의 물질특허는 새로운 유전공학산물에도 그 효력이 미칠 것인가. 미국 Scripps Clinic & Research Foundation v. Genentech, Inc. 사건[927 F.2d 1565, 18 USPQ2d 1001 (Fed.Cir. 1991)] 등에서 미국 법원은 이를 긍정하였다. 한편 Genentech, Inc. v. Wellcome Foundation, Ltd. 사건[14 U.S.P.Q.2d 1363 (D. Del. 1990) 29 F.3d 1555 (Fed. Cir. 1994)]에서는 기존의 유전공학산물과 구성 성분을 달리하여 훨씬 약효를 증가시킨 경우에도 기존의 물질특허권의 효력은 신개발품에 미친다고 판시하였다.

Ⅲ. 발명의 정의

1. 총 설

특허법의 제2조 1호는 발명을 "자연법칙을 이용한 기술적 사상의 창작으로서 고도한 것을 말한다"고 정의하고 있다. 이 정의규정은 콜러(Josef Kohler: 1849-1919)의 영향을 받은 것이다. 이 규정은 1973년 특허법(1973.2.8. 법률 제2505호)이 전부개정될 때 도입된 것으로, 특허법의 보호대상인 발명의 개념을 명확히 함으로써 법의 적용범위를 확정하기 쉬운 장점이 있는 반면에 발명개념의 변화에 따라 탄력적으로 대응하기 어렵다.[9] Kohler 시대는 주로 기계, 화학 등의 기술 분야에 초점을 두고 있었고 컴퓨터프로그램 및 생명공학이라는 개념은 존재하지 않았기 때문에, 현대사회에서 특허법이 직면하고 있는 상황과 Kohler 시대의 상황과는 차이가 있다. 따라서 발명의 해석에 대하여는 현대적 시점에서 해석하여야 한다.

◎ 비교법

미국특허법 제101조는 특허의 보호대상을 "모든(any) … 제조방법(process), 기계(machine), 제조물(manufacture), 조성물(composition of matter) 또는 이러한 … 개량(improvement)"이라고 규정하고 있다.[10] 1980년의 Chakrabarty 연방대법원 판결[11]에서 "태양 아래에서 인간에 의해 만들어진 것(everything under the sun made by man)"이 특허법의 보호대상이 된다고 하였다. 그 후 1998년의 State Street Bank사건에서 연방항소법원(CAFC)은 "유용하고 구체적이며 실체를 갖는 결과(useful, concrete and tangible result)"를 갖는 것은 특허의 보호대상이 된다고 하였다(149 F. 3d 1368). 유럽특허조약(EPC)은 발명에 대한 정의규정을 두지 아니하고, 발명이 아닌 것(발견, 학문적 이론, 또는 수학적 방법, 미적 창작물, 정신 활동, 게임 또는 사업 활동에 관한 법칙 또는 방법 또는 컴퓨터 프로그램, 정보의 제시)을 규정하고 있다(제52조 제2항).

2. 자연법칙을 이용

(1) 의 의

자연법칙이란 자연계에서 경험을 통하여 발견되는 물리적, 화학적, 생물학적인 법칙성을 갖고 있는 원리 · 원칙을 말한다. 자연법칙에는 뉴튼의 만류인력의 법칙, 에너지보존의 법칙 등과 같은 자연과학상 명명된 법칙뿐만 아니라 "물은 높은 데서 낮은 데로 흐른다"든가 "통나무는 물에 뜬다"는 등과 같은 경험칙도 포함된다.

그러나 ⅰ) 피타고라스의 정리, 암호의 작성방법 등과 같은 수학 · 논리학 · 경제학 등 단순한 학문상의 법칙, ⅱ) 금융보험제도, 스포츠게임 룰과 같은 인위적 결정, 예술상의 창작 등은 자연법칙에 해당하지 아니한다. 또한 최면술같은 심

9) 이와 반대로 정의 규정을 두지 않고 판례나 학설에 위임하면 명확성은 떨어지지만 시대에 적합하도록 발명을 정의할 수 있다는 장점이 있다. 요컨대 발명의 정의 규정을 둘 것이냐는 입법기술에 속한다.

10) 35 U.S.C. §101.

11) 206 USPQ 193 (US SupCt 1980).

리법칙도 자연법칙에 해당되지 아니한다.

(2) 자연법칙의 이용

자연법칙 자체는 특허법상 발명이 될 수 없으며, 자연법칙을 이용한 것이어야 한다. 예컨대, "물은 높은 데서 낮은 데로 흐른다"고 하는 자연법칙 그 자체는 특허법상 발명이 될 수 없지만, 이를 이용하여 수차를 만드는 것은 발명에 해당한다. 또한 자연법칙을 이용하고 있는 이상, 자연법칙에 반하는 것은 발명이 아니다. 자연법칙을 이용한 발명은 그 발명을 실시할 경우 일정한 확실성을 가지고 동일효과를 반복 · 계속할 수 있는 반복가능성이 있어야 한다. 다만 반복가능성은 반드시 100% 재현성이 요구될 필요는 없다. 예컨대, 진주양식방법의 발명은 최초 성공률은 1~2%에 불과하다. 이처럼 매우 적은 확률일지라도 인과관계가 명백하다면 반복가능성은 문제되지 아니한다.

◎ 영구기관

자연법칙을 이용한 것이 아니기 때문에 반복가능성이 없는 대표적인 것은 소위 영구운동을 전제로 한 영구기관의 발명일 것이다. 영구기관이란 예컨대 높은 곳으로부터 떨어지는 물로 수차를 돌리고 그 회전력으로 펌프를 움직여서 떨어진 물을 다시 높은 곳으로 퍼올리고, 또 다시 낮은 곳으로 떨어뜨림으로써 이상의 운동을 영구히 계속할 수 있게 하는 것을 말한다.

◎ 자연법칙의 발견

발명은 자연법칙의 이용이므로 자연법칙 등의 원리의 발견은 발명이 아니다(you cannot patent a principle). 그러나 "발견은 발명의 어머니"라는 말과 같이 중요한 발명은 기초적 연구에 의한 과학상의 새로운 법칙이나 원리에 기한 것이다. 따라서 최근 학문상의 발견에 대한 특수한 권리를 승인하려는 움직임이 있고, 이른바 과학적 소유권 혹은 학자의 권리의 문제로 논하여지고 있다.

3. 기술적 사상

발명은 기술에 관한 사상이다. '기술'이란 일정한 목적의 달성이나 문제를 해결하기 위하여 합리적으로 이루어진 구체적인 수단이며, 실시가능성 있고, 반복가능성이 있을 것을 필요로 한다.

기술은 합리적 수단이므로 기술적 사상에 따라 재생이 가능한 것이고 그것을 반복하여 실시할 수 있는 보편성과 반복성을 가지는 것이 아니면 안 되고 기술적 효과를 발생하는 것이 아니면 안 된다. 그러므로 기술은 통상의 지식을 가진 자라면 누가 행하더라도 동일한 결과를 얻을 수 있는 것이어야 하며, 특별한 재능을 가진 자만이 행할 수 있는 것이라면 기술이라고 할 수 없다.

'사상(idea)'은 추상적인 관념이다. 실제의 발명품은 형체가 있는 제품이지만, 발명은 무형의 관념이다. 즉 발명의 본질은 기술 자체나 유형의 발명품이 아니라, 그 형체에 존재하는 무형의 아이디어이다.

◎ 기능(機能)과 기술(技術)

보통 기술이라고 말하는 것 속에는 지식으로서 전달할 수 있는 객관적인 것과 개인의 숙련을 통해 도달할 수 있는 것이 있다. 이 후자의 것은 기술이라기보다는 기능이라고 하여야 할 것이다.

4. 창 작

발명은 기술적 사상의 '창작'이어야 한다. 창작이 되기 위해서는 i) 새로운 것이고, ii) 만들어 낸 것으로서, iii) 만들어 낸 것이 자명한 것이 아닐 것을 필요로 한다. 즉 발명은 새로운 것이어야 하며 종래의 것과 다른 것이어야 한다. 또 종래의 것을 단순히 발견하는 것이 아니고 무엇인가 만들어 내거나 생각해 내는 것이어야 한다. 다만 화학물질은 그 다면적인 속성으로 인하여 이미 알려진 화합물로부터 새로운 용도가 발견되어 용도발명을 이루는 경우가 많다. 예컨대 DDT와 같이 염료로 알려져 있는 물질이 살충력을 가지고 있다는 것이 발견된 경우와 같이 그것은 단순한 발견에 그치는 것이 아니라 그 발견을 기초로 하여 새로운 용도의 물질인 살충제를 발명하는 것이므로 창작성이 있다. 또한 창작인지의 여부는 당업자로부터 인정받을 수 있는 객관성이 있어야 한다.[12)]

12) 주관적 창작을 보호하는 것은 저작권법이다.

5. 고도성

발명이 되기 위해서는 기술적 사상의 창작 중에서 고도한 것이어야 한다. 이 고도성은 발명의 정의에 있어서 중요한 것은 아니고, 단순히 실용신안법의 보호대상인 고안과 구별하기 위한 개념에 불과하다.

발명의 고도성이라 함은 기술수준이 높은 것, 당해 기술분야에서 통상의 지식을 가진 자가 용이하게 발명할 수 없을 정도의 것을 말한다. 이는 실용신안법상의 고안과 구별되는 데 의의가 있으나, 발명의 본질적 특징은 아니다. 판단시점이 문제가 된다.

제3절 특허요건

Ⅰ. 서 설

1. 특허요건의 의의

특허권은 발명에 대해서 주어지는 권리이다. 그러나 특허권은 단순히 발명을 했다는 사실로부터 자동적으로 발생하는 것은 아니며, 발명자나 그 승계인이 발명내용을 특허법상의 일정한 기재방식에 따라 작성한 특허명세서 및 도면을 특허청에 출원하고 특허청이 이를 심사한 결과 특허를 받을 만한 자격이 있는 때에 비로소 부여되는 것이다. 따라서 특허는 발명자의 특허출원에 대한 특허청의 특허부여라는 행정처분에 따라 부여되며, 이에 따라 발명자는 특허권이라는 누구에게나 대항할 수 있는 독점배타적 권리를 취득한다.

특허요건이란 출원발명이 특허되기 위하여 필요한 요건이다. 특허법은 특허요건을 거절이유(특허 62조)의 형태로 규정하여 이에 해당하는 것은 거절하고, 이에 해당하지 않는 것은 특허요건을 충족한 것으로 하여 특허되는 것으로 하고 있다. 특허법은 등록주의·심사주의를 채택하고 심사청구를 전제조건으로 하여 특허출원에 대한 특허적격성을 심사관에 의해 평가를 받게 하고, 심사관의 거절이유에 관한 근거규정을 제62조에 한정열거주의로 규정하고 있다. 따라서 심사관은 그 외의 사유로는 거절하지 못한다. 이는 심사관의 자유재량을 배제하고 심사의 공정성과 객관성을 확보하여 발명의 창작을 보호하기 위함이다.

2. 특허요건의 내용

(1) 주체적 요건

주체적 요건이란 특허출원인에게 요구되는 일정 구비요건을 의미하고, 독점·배타적인 특허권을 부여받기 위해서는 다음과 같은 필요한 주체적 요건을 충족하는 자이어야 한다.

특허를 받을 수 있는 자는 ⅰ) 권리주체의 전제요건인 권리능력이 있을 것(특허 25조), ⅱ) 특허를 받을 수 있는 권리를 가진 자일 것(특허 33조 등), ⅲ) 선출원자일 것(특허 36조), ⅳ) 정당권리자일 것(특허 34조, 35조), ⅴ) 직무발명인 경우에는 특허를 받을 수 있는 권리를 가진 자에 해당할 것(발명진흥 10조), ⅵ) 공동발명의 경우 전원이 공동출원할 것(특허 44조)을 만족하여야 한다. 또한 출원인이 특허청 직원 또는 특허심판원의 직원인 경우에는 상속 또는 유증의 경우를 제외하고는 특허를 받을 수 없다(특허 33조).

(2) 객체적 요건

객체적 요건이란 출원발명 자체가 독점배타권인 특허권을 부여받는 데 필요한 구비요건을 의미하고 구체적으로 분류하면 ⅰ) 당해 발명이 적극적으로 구비해야 할 것을 조건으로 하는 '적극적 요건'과, ⅱ) 당해 발명이 일정요건에 해당되지 아니할 것을 조건으로 하는 '소극적 요건'으로 대별된다.

적극적 요건으로는 ⅰ) 법상의 발명일 것(특허 2조 1호), ⅱ) 산업상 이용가능성이 있을 것(특허 29조 1항 본문), ⅲ) 신규성이 있을 것(특허 29조 1항), ⅳ) 진보성이 있을 것(특허 29조 2항) 등이 해당한다.

소극적 요건으로는 ⅰ) 발명이 확대된 선원의 지위의 규정에 해당되지 않을 것(특허 29조 3항 및 4항), ⅱ) 불특허사유에 해당되지 아니할 것(특허 32조), ⅲ) 조약의 규정에 저촉되지 아니할 것(특허 62조 3호) 등에 이에 해당한다.

(3) 절차적 요건

절차적 요건이란 특허출원 절차상에서 요구되는 소정의 명세서 등이 구비해야 될 기재요건을 의미한다. 출원인은 출원절차가 법상에 규정된 명세서의 기재에 관한 절차적 규정을 만족하도록 하여야 한다. 즉 특허출원의 절차는 출원명세서의 기재사항 중 i) 발명의 설명의 기재요건을 구비할 것(특허 42조 3항), ii) 특허청구범위의 실질적, 형식적 기재요건을 구비할 것(특허 42조 4항 및 8항), iii) 1특허출원의 범위요건(특허 45조) 등을 만족하여야 한다.

3. 특허요건의 판단 및 흠결의 효과

심사단계에서는 일정 자격을 구비한 심사관이 상기한 제반 특허요건의 구비여부를 심리하고 심판단계에서는 3인 또는 5인의 심판관 합의체에 의해 요건을 심리하게 된다. 이들이 각 절차단계에서의 심리주체이기 때문이다.

특허요건을 구비한 경우에는 심사관은 특허결정을 하고 출원인의 결정등본을 송달받은 후 3월 이내에 최초 3년분의 특허료를 납부하면 그것을 전제조건으로 특허청장은 특허권의 설정등록을 행한다. 이때의 설정등록처분은 특허권의 효력발생요건이다. 따라서 특허권자는 설정등록일로부터 독점 · 배타권을 향유하게 된다. 한편, 특허요건을 갖춘 발명에 대하여 거절결정처분을 받은 경우 출원인은 거절결정불복심판(특허 132조의3)을 특허심판원에 제기하여 다툴 수 있다. 더 나아가 특허등록 후에 무효심판에 의해 무효심결을 받은 경우 특허권자는 특허법원에 소(특허 186조)를 제기하여 그 당부를 다투어 구제받을 수 있다.

특허요건을 흠결한 경우에는 심사관은 특허법 제62조(거절이유)에 해당함을 이유로 거절이유를 통지하여 의견서 제출기회를 부여하고 그 의견서 제출기간내에 종국적으로 거절이유를 해결하지 못한 경우에는 거절결정을 한다. '출원인'은 출원보정, 분할 · 변경출원제도, 의견서 등을 통해 거절이유를 극복할 수 있는 기회를 갖게 되고, '제3자'는 정보제공제도를 통해 특허결정처분을 저지할 수 있다. 한편 특허요건의 흠결을 간과하여 특허등록된 경우 무효심판제도(특허 133조)를 통하여 하자 있는 특허등록을 취소 또는 무효시킬 수 있다. 다만, 특허청구범위의 형식적 기재요건(특허 42조 8항), 1특허출원의 범위(특허 45조)의 요건위반은 정보제공사유, 무효사유에서 제외된다.

II. 특허를 받을 수 있는 자

특허를 받을 수 있는 권리는 특허능력 있는 발명을 한 자에게 원시적으로 귀속한다고 할 수 있다. 발명자라 함은 발명적 착상을 하고 이를 구체화한 사람, 즉 과제를 해결한 사람을 말한다. 만약 어떤 연구자의 조교가 과제의 해결에 불가결한 아이디어를 제공하였다면 공동발명이 된다.

2인 이상이 공동으로 발명한 때에는 특허를 받을 수 있는 권리는 공유(共有)로 한다(특허 33조 2항). 특허를 받을 수 있는 권리가 공유인 경우에는 공유자 모두가 공동으로 특허출원을 하여야 한다(특허 44조).

2017.2.28.까지는 무권리자의 특허를 무효로 한다는 심결이 확정된 경우 그 특허의 등록공고가 있는 날부터 2년 이내 또는 심결이 확정된 날부터 30일 이내 중 빠른 날까지 정당한 권리자가 특허출원을 하여야만 정당한 권리자의 특허출원은 무효로 된 그 특허의 출원 시에 특허출원한 것으로 간주하고 있었으나, 이 경우 특허무효심결이 지연되어 무권리자의 특허가 등록공고 후 2년이 지난 후에 무효심결이 확정되면 정당한 권리자가 보호받지 못하는 문제점이 있었다. 2017년 3월 1일 시행 개정법은 무권리자의 특허를 무효로 한다는 심결이 확정된 날부터 30일까지만 정당한 권리자가 출원을 하면 정당한 권리자의 특허 출원시기가 소급되도록 함으로써 정당한 권리자를 보호할 수 있도록 하고 있다(특허 35조 단서). 또 특허권의 이전청구도 인정하고 있다(특허 99조의2).

외국인도 특허를 받을 수 있는 권리를 갖지만 법은 정책적 규정을 두어 외국인의 권리의 향유에 관한 제한을 두고 있다(특허 25조, 실용 3조).

특허를 받을 수 있는 권리는 출원의 전후를 묻지 않고 매매와 같은 특정승계 또는 상속 등의 일반승계에 따라 이전된다. 일반승계의 경우는 물론 특정승계의 경우에도 특별한 방식을 요구하지는 않으나 승계인이 일정한 절차를 밟지 않으면 제3자에게 대항할 수 없거나 혹은 승계의 효력이 발생하지 않는다(특허 38조 참조).

◎ 특허청 직원에 대한 제한

특허청직원 및 특허심판원직원은 상속 또는 유증의 경우를 제외하고는 재직중 특허를 받을 수 없다(특허 33조 1항 단서).

만약 동일한 발명을 2인 이상이 하여 경합하는 경우에는 그 중 먼저 특허청에 특허출원한 자에게 특허가 부여되며(이들 선출원주의 또는 선원주의라고 한다. 선출원주의가 세계적인 추세이다), 같은 날에 2 이상의 특허출원이 경합하는 경우에는 출원자의 협의에 따라 그 중 1특허출원인만이 특허를 받을 수 있으며, 협의가 성립되지 아니하거나 협의를 할 수 없는 때에는 모두 특허를 하지 아니한다(특허 36조 2항 단서).

Ⅲ. 특허의 객체적 요건

1. 산업상 이용가능성

(1) 의 의

특허법은 산업발전을 목적으로 하므로 산업상 이용할 수 없는 발명은 특허부여의 가치가 없다고 할 수 있고, 따라서 우리 특허법뿐만 아니라 여러 다른 나라 특허법도 산업상 이용가능성을 특허요건으로 삼고 있다.

산업상 이용할 수 있는 발명이라 함은 전통적으로는 광업 · 농업 · 임업 · 수산업 등 생산업 내지 공업상 이용가능성을 말하나 이에 한하지 않고 운수업 · 교통업 · 금융서비스업 등 일체의 산업을 포함한다고 본다.

(2) 실시가능성 · 유용성

발명을 산업상 이용할 수 있기 위해서는 그 발명의 성질에 따라 기술적 의미에서 생산 또는 사용할 수 있는 것이어야 하고 영구운동과 같이 실시 불가능한 것이어서는 안 된다.

학술적, 실험적으로만 이용되는 발명도 산업상 이용할 수 없다고 봄이 통설이다. 경제성이 적다거나 기술적 불이익이 있더라도 실시가능한 것은 유용성이 인정되고 산업상 이용가능성이 긍정된다.

(3) 의료업의 산업성

의료업이란 인간의 질병을 진단 · 치료 · 예방하는 등 진료행위를 제공하는 업을 말하는데, 이러한 의료업은 '산업'에 해당하지 않는다고 하는 것이 통설이다.[13] 실무는 치료나 진단방법 등 순의료적 발명은 산업상 이용가능성이 없다는 이유로 거절하고 있다. 그러나 인체로부터 분리 · 배출된 물건(혈액, 인모, 분뇨)에 관한 발명은 산업상 이용가능성이 있다. 이것은 인체를 필수의 구성요건으로 하지 않는 것이기 때문이다(즉, 인체의 일부가 아님). 단, 공서양속 위반(특허 32조)의 적용 여지는 있다. 인체를 구성의 필수요건으로 하지 않는 발명(예: 인공신장 그 자체의 물 또는 그 제조방법)은 특허를 받을 수 있다.

(4) 산업상 이용할 수 없는 발명

1) 의료행위 　심사지침에 따르면 인간을 수술, 치료 또는 진단하는 방법의 발명, 즉 의료행위에 대해서는 산업상 이용할 수 없는 발명에 해당하여 특허받을 수 없다고 되어 있다.

(개) 인간을 수술하는 방법 　인간을 수술하는 방법에는 외과적 수술방법, 채혈방법, 수술을 위한 마취방법 등이 포함된다. 그러나 단지 심리적 만족과 미용 등을 목적으로 하는 성형수술과 같은 의료행위와 같이 치료나 진단을 목적으로 하지 않는 경우가 포함되는지는 명확하지 않다.[14] 한편, 수술에 이용되는 '메스'에 대한 발명은 수술에 이용되는 기구이므로, 생산업자가 생산, 판매하기 때문에 산업상 이용가능성이 있는 발명이다.

(내) 인간을 치료하는 방법 　인간을 치료하는 방법에는 병의 경감 및 억제

---

13) 의료업 자체가 산업에 해당되지 않는다는 것이 이론적 근거이다. 그러나 의료업 자체를 산업이 아니라고 하는 논리는 부자연스러우므로 순수한 의료행위를 불특허사유에 포함하여 규정하여야 한다는 입법론이 있다. 대부분의 입법례는 이를 불특허사유로 하고 있다. 인도적 견지에서 널리 개방하는 것이 바람직하고 이를 특허대상으로 해야 할 다른 사회적 요청이 있다고 볼 근거는 없기 때문이다[정상조 박성수(편), 특허법주해(I), 박영사(2010), 422면 이하(김기영 집필) 참조].

14) 생명과 직결되는 것이 아니고 또한, 윤리적으로도 문제가 되지 않는 의료행위발명에 대하여도 의료행위와 관련한 거절이유를 획일적으로 적용한다는 것은 문제가 있다.

를 위하여 환자에게 투약, 주사 또는 물리요법 등의 수단을 쓰는 방법 및 인공장기 등을 부착하는 방법, 충치 및 감기의 예방방법 등이 포함된다. 다만, 의약자체는 물건이기 때문에 산업상 이용가능성이 있는 발명이다.

(다) 인간을 진단하는 방법　　인간을 진단하는 방법이란 의사(또는 의사의 지시를 받은 자)가 병의 발견, 건강상태의 인식 등의 의료목적으로 인체 각 기관의 구조 · 기능을 계측하는 등 각종 자료를 수집하는 방법 및 이 수집방법을 기초로 하여 병상(病狀) 등에 대하여 판단하는 방법을 의미한다. 예컨대, X선으로 인간 내부기관의 상태를 측정하는 방법, 피부의 짓무른 정도를 측정하는 법, 심전도를 측정하기 위한 전극의 배치 방법 등은 산업상 이용가능성이 있는 발명은 아니다. 다만 신체 각기관의 구조 · 기능을 측정하기 위한 데이터 등을 컴퓨터 등을 이용하여 처리하는 컴퓨터진단방법은 산업상 이용가능성이 있는 발명이다.

◎ 의료방법과 특허

앞서 본 바와 같이 우리나라는 의료방법은 산업상 이용가능성이 없다는 이유로 특허성을 인정하지 아니한다. 이에 비해 EU의 유럽특허조약(EPC) 제53조(c)항은 불특허사유로 규정하며, 미국은 특허는 부여하되 특허법 제287조(C)에서 의사가 행하는 의료행위가 특허를 침해하는 경우에도 의사에 대해서는 특허침해 구제규정(금지나 손해배상 청구 등)은 적용되지 않는다고 규정한다.[15)]

2) 업으로서 이용할 수 없는 발명　　흡연방법처럼 개인적으로만 이용할 수 있고 업으로서 이용될 가능성이 없는 발명은 산업상 이용가능성이 있는 발명은 아니다. 다만 미용업에서 이용되는 '머리에 웨이브를 주는 방법'은 업으로서 이용할 수 있는 발명이므로, 산업상 이용가능성이 있는 발명이다.

학술적 · 실험적으로밖에 이용할 수 없는 발명도 산업상 이용가능성이 없다. 다만, 학교에서 사용되는 '이과의 실험세트'처럼 시판 또는 영업가능성이 있는 것은 산업상 이용할 수 있는 발명이다.

3) 현실적으로 명백하게 실시할 수 없는 발명　　이론적으로는 그 발명을 실

---

15) 자세한 것은, 김병일, "치료방법발명의 특허성," 「지식재산권연구 포럼」(2004 종합본), 452면 이하; 윤권순, "의료발명의 특허성에 관한 비판적 고찰," 「창작과 권리」(제14호), 1999.3, 4면 이하 참조.

시할 수 있더라도 그 실시가 현실적으로 전혀 불가능하다는 사실이 명백한 발명은 산업상 이용할 수 있는 발명에 해당하지 않는다. 예컨대, '오존층의 감소에 따른 자외선의 증가를 방지하기 위하여 지구표면 전체를 자외선흡수플라스틱 필름으로 둘러싸는 방법'은 실제로는 실현할 수 없기 때문에 산업상 이용가능성이 부정된다.

2. 신규성

(1) 의 의

신규성이라 함은 발명의 내용인 기술적 사항이 종래의 기술적 지식, 선행기술(prior art)에 비추어 알려져 있지 않은 새로운 것임을 의미한다. 사회일반에게 이미 공개되어 공동재산으로 된 기술에 관하여 특허를 주어 이를 한 사람에게만 독점시키는 것은 사회의 기술진보에 해를 끼치는 일이므로 당해 발명이 새로운 것이 아니면 특허를 부여할 수 없다.

그러나 실제로 무엇을 신규의 발명으로 볼 것인가는 나라와 시대에 따라서 그 내용을 달리한다. 우리 특허법은 발명이

i) 특허출원 전에 국내 또는 국외에서 공연히 알려진 것(공지),

ii) 특허출원 전에 국내 또는 국외에서 공연히 실시된 것(공용),

iii) 특허출원 전에 국내외에서 반포된 간행물에 게재된 것(간행물게재) 또는 전기통신회선을 통하여 공중이 이용가능하게 된 발명일 때에는 신규성이 없다고 규정한다(특허 29조 1항).

(2) 공지된 발명

'공지된 발명'이란 불특정 다수에게 비밀이 아닌 것으로서, 그 내용이 알려진 발명을 말한다. '공지'란 비밀이 아닌 상태를 말하며, 알고 있는 사람의 수는 중요하지 않으며, 비밀유지 의무의 유무로 판단된다.[16] 예컨대 다수의 사람이 알고 있더라도, 그 전원이 비밀유지의무가 있는 특정인이라면 '공지'에는 해당하지 않는

16) 비밀유지의무는 i) 법령상 인정되는 경우(변리사 · 변호사 등), ii) 관습상 인정되는 경우(바이어 · 운송업자 등), iii) 계약상 인정되는 경우(종업원 · 용역계약자 등)에 발생한다.

다. 그러나 비밀유지의무가 없는 불특정인에게 알려진 경우에는 그것이 1인일지라도 '공지'에 해당한다. 또한 비밀유지의무를 부담하는 특정인일지라도, 그 비밀유지의무가 해제되면 이후에는 비밀유지의무가 없는 불특정인이 되어 '공지된'에 해당한다고 볼 수 있다.

'공지된'이란 발명이 현실로 알려진 것을 말하며, 알려질 수 있는 상태에 놓인 것만으로는 부족하다고 해석되고 있다.

'알려진'이란 발명의 내용이 기술적으로 이해될 수 있을 정도로 된 것을 말한다. 따라서 발명의 내용을 거의 알 수 없는 어린이에게만 발명품을 보여준 것은 '알려진'에 해당하지 않는다. 또한 내부에 특징이 있는 기계의 발명품에 대하여 단지 외형만을 보여주더라도, 그것만으로는 내부의 기술을 이해할 수 없으므로 '알려진' 경우에 해당하지 않는다.

(3) 공연히 실시된 발명

'공연히 실시된 발명'이란 그 내용이 공연히 알려진 상태 또는 공연히 알려질 우려가 있는 상태에서 실시된 발명을 말한다.

'공연히 알려진 상태'란, 예컨대, 공장에 있는 물건의 제조상황을 불특정인에게 견학시키는 경우에, 그 제조상황을 보면 당업자가 그 발명의 내용을 용이하게 이해할 수 있는 상황을 말한다. 또한 '공연히 알려질 우려가 있는 상태'란, 예컨대, 공장에 있는 물건의 제조상황을 불특정인에게 견학시키는 경우에, 그 제조상황을 본 경우에 제조공정의 일부에 대해서는 장치의 외부를 보아서 그 내용을 알 수 없는 것이다. 그러나 그 내부를 알지 못하면 그 발명 전체를 알 수 없는 상황에서, 견학자가 그 장치의 내부를 보게 되거나 내부에서 공장 사람으로부터 설명을 들을 수 있는 상황을 말한다.

실시에 대해서는 법 제2조 제3호의 형태로 실시된 것을 말한다. '공연히 실시된'이란 비밀이 해제된 상태에서의 실시를 말한다. 구체적으로는 제2조 제3호의 행위가 공연히 되어져, 불특정 다수인이 해당 발명의 내용을 알 수 있는 상태에 이른 경우를 말한다. 다만, 실시의 태양에 있어서는 '공연히 실시된'에 해당하지 않는 경우도 있으므로, 개별 · 구체적으로 판단할 필요가 있다. '양도'는 원칙적으로 '공연히 실시된'에 해당한다. 양수인은 발명품을 자유로이 점검 · 분해 · 파괴 · 분석할 수 있기 때문이다. 반면, '대여'는 '양도'와 동일시할 수 없다. 분해 또는 파괴 등이 금지되는 경우가 일반적이기 때문이다.

(4) 특허출원 전에 국내 또는 국외에서 반포된 간행물에 게재되거나 또는 전기통신회선을 통하여 공중이 이용가능하게 된 발명

1) 반포된 간행물에 기재된 발명　　반포는 배포와 같은 의미로서 간행물이 불특정 다수인에게 언제라도 열람될 수 있는 상태에 놓여 있는 것을 말한다. 반포를 받은 자가 그것을 읽었는지는 문제되지 않는다.

간행물이라 함은 공중에 대하여 반포에 따라 공개하는 것을 목적으로 복제된 문서, 도면, 사진, 그 밖의 정보전달 매체를 말한다. 인쇄물, 복사물, 내용을 손으로 쓰거나 타이핑한 것도 간행물에 포함된다. 또한 인쇄물은 공개성, 정보성, 반포성의 3가지 요건을 가지고 있어야 한다.

'공개성'이란 공개를 목적으로 한 것을 말한다. 따라서 한정출판물, 비매품으로 취급되는 출판물일지라도 간행물에 해당하지만, 비밀출판물은 간행물이 아니다. '정보성'이란 내용이 널리 제3자에게 정보로서 유통되어야 할 성질을 말한다. 따라서 소송기록의 복사물은 정보성이 없기 때문에 간행물에 해당하지 않는다. '반포성'은 불특정인에게 반포되는 성질을 말한다. 따라서 특허명세서의 복사물, 마이크로필름은 반포성이 있으므로 간행물에 해당한다.

'기재된 발명'이란 간행물에 기재되어 있는 사항 및 기재되어 있는 사항에서 파악되는 발명을 말한다. 여기서 '기재되어 있는 사항'이란 기재되어 있는 사항에서 당해 간행물의 반포시에 있어서 기술상식을 참작하여 도출할 수 있는 것을 말한다.

2) '전기통신회선을 통하여 공중이 이용가능하게 된 발명'이란 데이터베이스 및 인터넷상에 공개된 기술정보를 말한다. 또한 '공중이 이용가능하게 된'이란 공중에 접근가능한 상태일 것 또는 정보배포의 시점을 의미한다.

(5) 신규성 판단기준

1) 시간적 기준　　출원발명의 신규성 판단시점은 특허출원시이다. 시분이 문제가 되며, 출원 전에 이미 알려진 발명과 동일한 발명은 신규성이 없게 된다.

2) 지역적 기준　　공지・공연실시 발명 여부뿐만 아니라, 간행물 기재 및 전기통신회선통한 공중 이용가능 여부는 국내외를 기준으로 하는 소위 '국제주의'를

채택하고 있다. 따라서 특허출원한 발명이 그 특허출원 전에 외국에서 공지되거나 외국에서 반포된 간행물에 기재된 것인 경우에는 신규성을 상실한다.

3) 객체적 기준 신규성 판단은 청구범위에 기재된 발명과 인용발명(공지 · 공용발명, 문헌기재 · 전기통신회선통한 공중 이용가능 발명)과의 구성을 대비하여 판단함을 원칙으로 하며, 이때 발명의 효과를 참작할 수 있다. 특허청구범위를 기준으로 한 것은 특허청구범위에 기재된 사항이 특허권의 부여를 요구하는 범위이기 때문이다(특허 42조 4항). 특허청구범위에 2 이상의 청구항이 있는 경우에는 청구항마다 신규성 유무를 판단한다.

(6) 신규성 상실의 의제(공지의 의제, 확대된 선원의 범위)

특허법 제29조 제3항은 "후원의 출원 후에 출원공개 또는 등록공고된 선원인 타인의 명세서 또는 도면에 기재된 발명과 동일한 발명을 특허청구범위로 하는 후원은 특허받을 수 없다"고 규정하고 있다. 원래 선출원주의(특허 36조)에 의하면 선원 발명의 상세한 설명에 기재된 발명과 후원 특허청구범위에 기재된 발명이 동일한 경우에도 후원은 거절되지 않는다. 그러나 선원이 공개되면 명세서의 모든 것이 공개되므로, 후원 특허청구범위에 기재된 발명은 어떠한 새로운 기술을 공개한 것은 아니게 된다. 이미 공개된 명세서에 기재된 발명을 특허청구범위로 하는 후원이 특허를 받게 되면, 신규발명의 공개에 대한 대가로 특허권을 부여하는 특허제도의 취지에 반하게 된다.

3. 진보성

(1) 의 의

특허법은 신규의 발명이라 하더라도 특허출원 전에 그 발명이 속하는 기술분야에서 통상의 지식을 가진 자(이를 실무에서는 '당업자'라고 한다)가 공지공용 · 간행물기재의 기술로부터 용이하게 발명할 수 있는 것일 때에는 특허하지 아니할 것으로 규정한다(특허 29조 2항).

발명의 비용이성(非容易性)을 신규성과는 별개 독립의 특허요건으로서 규정한 셈인데 종래의 학설은 이를 발명의 진보성(inventive step, technischer Fortschritt)의 문제로 논하여 왔다. 선행기술에 비추어 자명한 또는 추고용이(推考容

易)한 발명은 발명으로서의 창조성이 없거나 또는 극히 미미하여 발명적 보폭(inventive step)이 부정되어야 할 것이므로 세계 각국의 특허법은 정도의 차이는 있지만 이러한 발명의 특허능력을 인정하지 아니하고 있다. 이러한 발명에 특허권을 인정하면 기업활동을 현저하게 저해하는 결과로 될 것이다.

그러므로 공지의 기술수준에서 쉽게 생각할 수 있는 것, 잠재적 기술수준에 속하는 것, 선행기술에 비추어 자명한 것은 창조적 행위를 요함이 없이 공지의 것에서 자연적으로 진화할 수 있는 것이며 누구에게나 진보 가능한 것으로 개방되어 있는 것이며, 특허를 부여할 것이 아니다.

(2) 진보성의 판단

1) 전문분야에서의 선행기술　　당해 발명이 진보성을 가진 것이냐 아니냐는 물리학자 · 화학자 등의 지식과 같은 일반적 · 전반적 지식을 기초로 하는 것이 아니고 그 발명이 속하는 기술분야(전문분야)에서의 공지기술만을 기초로 하여 판단한다.

그러나 어느 특정의 기술분야에서의 전문가는 그에 가까운 다른 기술분야에 대해서도 어느 정도 기술적 지식을 가지는 예가 많고 기술지식의 상호전용이 극히 손쉬운 경우도 있다. 또 모든 기술분야의 전문가에게 일반적으로 알려져 있는 기술적 방법(예컨대, 물건을 고착시키는 데 있어서 못과 나사)도 있다. 따라서 어느 특정 기술분야와 다른 기술분야의 한계를 명백히 하기가 곤란하다.

일반적으로 전문분야의 기술 중 공개되어 있는 기술(공지기술)은 신규성 상실사유가 됨에 비하여 그러한 공지기술로부터 발명적 노력 없이 이끌어 낼 수 있는 기술이론(잠재적 기술수준, 준공지의 기술), 인접분야에의 지식과 그 전용가능성, 일반적인 기초이론, 숙련적 경험 등은 당해 전문분야의 공지기술과 일체가 되어 진보성 판단의 기초자료가 된다.

진보성 판단의 기준이 되는 선행기술은 특허출원 전의 기술수준임은 법문상 분명하다(특허 29조 2항).

2) 전문가 · 당업자 · 평균적 전문가　　당해 발명이 공지기술에 비추어 용이한 것인가 아닌가는 그 발명이 속하는 기술분야에서 통상의 지식을 가진 자의 전문지식에 따라 판단된다. 특허법이 상정하는 상식 있는 제3자로서의 평균적 전문가를 전문가 · 당업자(person skilled in the art)라고도 부른다.

특별한 전문가, 특별한 지식과 능력을 가진 대학교수, 당해 특수분야의 발전에 현저한 영향을 미친 과학적 명성 있는 전문가는 평균수준 이상의 자이므로 이들의 지식을 기준으로 하여서는 아니 된다. 반대로 특별히 교육수준이 낮은 사람의 지식도 역시 고려할 필요가 없다. 상식 있는 제3자로서의 전문가는 공지기술을 완전히 알고 있는 것으로 의제되고 특허법은 이러한 자의 판단에 의존하고 있다.

그러나 누가 통상의 전문가이며 무엇이 그의 전문지식인지는 극히 어려운 문제이다. 현실적으로 특허법은 심사관 및 심판관이 어떤 발명에 관한 진보성을 측정하는 경우 그것이 기술수준을 어느 정도 뛰어넘고 있는 것인가를 기계적 · 도식적으로 측정할 수 있는, 즉 특허성 있는 신규의 것인지 특허성 없는 신규의 것인지를 판단할 수 있는 명확한 기준을 제시하지 못하고 있다. 이론상으로는 규범적 · 추상적 · 이성적 존재로서의 제3자의 판단이 기준이 되어야 하나 실제로 이 구별은 심사관 및 심판관 자신의 전문적 지식 또는 관련분야의 전문가의 조언에 기한 개인적인 판단에 맡겨져 있다.

3) 신규성과 진보성의 관계 어느 발명이 공지기술에 비추어 새로운 것이냐 아니냐 하는 신규성의 문제와 그것이 공지기술로부터 용이하게 생각해 낼 수 있는 것이냐 아니냐 하는 진보성의 문제는 명확히 구분되어야 할 관념이지만 실제로 그 한계영역은 매우 불분명하다.

공지기술로부터 쉽게 생각해 낼 수 있는 것이라도 그것이 현실적으로 알려져 있는 것은 아니므로 비공지의 영역, 즉 신규의 영역에 속한다고 할 수 있다.

물건을 고착함에 있어서 못 대신 나사를 쓰는 것과 같이 공지의 작업수단으로 치환한 것은 신규의 것이라 할 수 없으나 공지가 아닌 평균적 작업수단으로 대체하는 경우는 일반적으로는 신규성의 문제라기보다 그 치환이 예측가능한 것이냐 아니냐 하는 진보성의 문제인 것이다. 또한 잠재적 기술수준에 속하는 것은 비신규의 경우도 있고 신규이더라도 비진보적이다. 이렇게 보면 신규성과 진보성은 그 한계영역에서는 서로 접촉하고 있다고 할 수 있다.

4) 진보성판단에 있어서 사후적 고찰의 금지 전문가가 당해 특허의 이론을 알고 난 후에는 공지기술로부터 당해 특허의 발명적 해결을 손쉽게 이끌어낼 수 있는 경우가 극히 많기 때문에, 발명을 사후적(ex post facto)으로 분석함은 타당하지 못하다. 심사관 · 심판관 · 기술적 전문가로서는 당해 특허발명의 출원 전의 상태로 돌아가서 당해 특허의 지식을 알지 못한다는 상태에서 발명의 진보성

여부를 따져보아야 한다.

콜럼버스의 달걀과 같이 해결 후에 생각해 보면 누구에게나 자명한 것 같지만 당해 발명 전에는 그에 대한 기술적 문제가 설정된 일조차도 없는 경우가 종종 있기 때문이다.

(3) 진보성의 판단기준

1) 발명의 목적 · 구성 · 효과 발명의 진보성 여부는 선행기술의 범위와 내용을 밝히고 그에 비추어 당해 발명의 목적 · 구성 · 효과를 종합적으로 검토하여 결정한다.

선행기술에 비추어 용이한 것인지의 여부는 원칙적으로 당해 발명의 해결방식인 구성의 곤란성 여부에 따라 결정되지만 이에 덧붙여 목적의 참신성, 효과의 현저성 등도 참작되어야만 한다. 효과가 종래 기술과 동일하더라도 그와 전혀 다른 새로운 해결수단을 창작한 때에는 그 새로운 해결방법의 제공에 의한 기술의 풍부화가 인정되고 진보성도 긍정된다. 실제문제로 진보성 판단은 극히 곤란하고 심사관이 그에 필요한 자료를 갖추고 있는지의 여부도 의문이다.

진보성 여부가 자명한 때에는 별문제이지만 보통의 경우는 그렇지 못하다. 이때는 진보성여부의 판단에 대한 추론상의 기초자료(inferential bases)가 되는 보조수단(subtest, secondary method)에 의할 수밖에 없다.[17)]

2) 발명의 진보성(용이성)을 긍정할 수 있는 보조자료

i) 기술적 편견 · 곤란의 제거

ii) 미해결인 문제의 놀랄 만한 해결

iii) 문제된 발명이 오랫동안 절실하게 요청되어 온 경우

iv) 공지요소의 새로운 결합(combination)

v) 예기하지 못했던 효과, 이점, 경제성

vi) 상업상 성공[18)]

---

17) 미국의 비자명성(진보성)에 관한 최초의 연방대법원 판례인 Graham v. John Deere Co. 사건(1965)에서는 상업상의 성공, 오랫동안 요구되어 온 미해결인 문제의 해결(long-felt but unsolved needs), 기타의 실패를 참고자료로 제시하고 있다(Goldstein, Copyright, Patent, Trademark and Related State Doctrines, 410면 이하).

18) 미국에서 특허성의 증명을 위해 가장 자주 쓰이는 자료는 상업상의 성공(commercial success)이다. 왜냐하면 상업상의 성공이야말로 그것이 특허성 있는 발명임을 가르쳐 주는

3) 발명의 진보성(용이성)을 부정할 수 있는 보조자료

i) 단순한 숙련에 의한 기계의 배열, 요소변경

ii) 공지기술의 단순한 집합(aggregation, Mosaik)

iii) 인접분야에의 전용(轉用)[19]

iv) 균등물에 의한 치환

v) 배열, 형상, 상태, 치환의 변경 또는 한정

vi) 특별한 효과가 없는 화학적 유사방법

◎ 잘못된 진보성 판단의 예

미국 특허법 제103조는 진보성에 관한 규정이다. 그런데 그 후단은 "발명이 완성된 방법에 의해서는 특허성이 부정되지 아니한다"고 규정되어 있다. 이 후단의 의미는 당해 발명이 오랜 고통이나 실험의 산물인지 혹은 천재의 섬광의 산물인지는 특허성에 영향을 미치지 아니한다는 의미이다(USCA TITLE 35, p.275). 이러한 문언이 들어가게 된 직접적인 원인은 연방최고법원의「Cuno Eng'r Corp. v. Automatic Devices Corp., 314 U. S. 84(1941)」판결에서 유래한다. 동 판결은 자동차에 부착된 무선 담배 라이터(wireless cigar lighter)에 관한 판결이며 그러한 라이터를 발명한 것은 오랜 실험의 결과이지 천재의 섬광의 산물이 아니므로 특허될 수 없다고 판시하였다(The new device, however, useful it may be, must reveal the flash of the creative genius, not merely the skill of the calling). 의회는 이러한 어처구니없는 결과를 막기 위하여 위와 같은 후단을 명시하였다. 실로 Cuno사건 판결이야말로 어처구니없는 진보성 판단의 예라고 할 것이다.

소비자의 적극적인 판단이며, 또한 상업상의 성공은 당해 산업 분야의 모든 경쟁자의 목표로 볼 수 있고, 따라서 만약 그 발명이 실시 용이한 것이었다면 다른 경쟁자도 쉽사리 발명에 이르렀을 터인데 그렇지 못한 것은 용이하지 않았던 까닭이라고 볼 수 있기 때문이다(Goldstein, 앞의 책, 427면).

19) 판례에 의하면 발명 당시의 기술적 수준에 비추어 어떤 주지 · 관용기술의 전용이 그 분야의 통상의 지식을 가진 자에게 자명한 것이 아니고 그로 인한 작용효과가 종래의 것에 비해 현저하게 향상된 것이라면 창작의 고도성을 인정할 수 있고, 음극선관 파열보호용 밴드에 관하여 인장력을 크게 하고자 홀딩장치를 사용하여 제조되는 탭을 자유단부에 형성하는 출원발명이 어떤 물건 측벽과 밴드 사이에 쐐기를 꽂아 넣으면 밴드의 인장력이 커지게 되는 주지의 관용기술과 대비하여 발명 당시 그 분야의 통상의 지식을 가진 자에게 그 전용이 자명한 것인지의 여부와 종래의 인장력 밴드와 출원발명품에 대한 실험 등에 의해 과연 현저한 작용효과가 있는지의 여부 등에 관한 심리 없이 출원발명이 고도의 창작성을 구비하지 아니하여 특허요건을 갖추지 못한 것이라고 단정함은 잘못이다(대판 1991.12.27, 90후724).

◎ Graham v. John Deere Co., 판결과 KSR 판결

「비자명성」이라고 하는 법률상의 기준이 1952년 법에서 채택되었으나 그 후에도 이러한 비자명성이 새로운 개념인지 아니면 종래의 발명개념의 새로운 명칭에 불과한 것인지에 대해서 커다란 논란이 있었다.

순회항소법원들의 의견은 "제103조의 명문화는 종래의 판례법을 성문화한 데 불과하다"는 점에서는 대체로 일치하였으나 입법자가 의도한 특허적격에 관한 통일성과 명확성은 달성되지 못하였다. 즉 어느 경우에 제103조의 요건을 충족시키는지에 대해서는 의견이 나뉘어져 있었다.[20] 이러한 혼란스러운 논쟁에 종지부를 찍으려고 한 것이 1966년의 Graham v. John Deere Co., 사건[21]에 관한 연방최고법원의 판결이다.

Graham 판결은 첫째, 비자명성은 새로운 개념의 도입이 아니며, 발명에 대한 종래의 요건을 보다 정확히 표현하여 특허적격 여부에 대한 통일성과 명확성을 기하고자 한 것이며, 특허받을 수 있는 일반적인 수준을 변경한 것은 아니라고 판시하였다.

둘째, 최고법원은 비자명성의 판단에 있어서는 3점에 걸쳐서 기본적 사실심리가 필요하다고 판시하였다. 그것들은 ① 이미 알려진 선행기술의 범위와 내용 ② 이미 알려진 기술과 당해 클레임과의 차이 ③ 관련 기술분야에 있어서 통상의 기술수준이다.

셋째, 이들 기본적 사실에 대한 심리에도 불구하고 의연히 당해 발명이 자명한 것인지 여부가 의심스러운 경우에는 2차적으로 다음의 3점이 고려되지 않으면 안 된다고 동 판결은 판시하고 있다. 그것은 ① 상업적 성공 ② 오랫동안에 걸쳐서 미해결로 남아있던 과제(needs) ③ 타인의 시도가 실패했다는 사실이다.

결국 Graham 판결은 제103조의 비자명성요건이 종래 판결내용의 확인이며, 새로운 규정은 아니라고 판시하고 있다.

그런데 그 후 미국연방항소법원(CAFC)은 결합발명에 있어 심사, 심판의 단계에서 쉽게 진보성을 부인하는 사후적 고찰의 위험을 방지하기 위하여 이른바 「TSM 기준」을 적용하여 왔다. TSM 기준이란 출원발명의 구성요소들이 2건 이상의 선행기술자료에 나뉘어 조금씩 확인될 수 있는 경우에 그 결합을 선행문헌이 교시(teaching)하거나, 암시(suggestion)하거나 또는 결합할 만한 동기(motivation)가 있는 경우에만 진보성이 부정된다는 것이다. 이러한 TSM 기준을 경직되게 적용하면 진보성을 부정하기 어려워 특허받기가 쉽게 된다. 미국연방대법원은 KSR Int'l Co. v. Teleflex, Inc 사건[22]에서 연방항소법원이 「TSM 기준」을 지나치게 경직되게 적용하여 왔다

20) 예컨대 제2순회항소법원은 "제103조는 한 번도 번복된 적이 없는 종래의 해석을 복원시킨 데 불과하다. 그러나 그 사이 실무상으로는 추종이 중단되었다(ceased to be followed). 1952년 법이 통과되기 전 20-25년 동안은 엄격한 기준이 적용됨으로써 많은 특허청구가 특허될 수 없는 것으로 판시되었으나 이제 그들은 특허적격이 있는 것으로 판시될 것이다"라고 보고 있다[Lyon v. Bausch & Lomb Optical Co., 224 F.2d 530 (1955)].

21) Graham v. John Deere Co., 383 U.S. 1 (1966).

고 판단하고, 이 기준을 보다 융통성 있게 적용함으로써 진보성 판단에 관한 기본원칙으로 돌아가야 한다고 판시하였다. 즉 복수의 선행기술자료를 결합할 만한 동기나 암시가 선행기술문헌에 명시적으로 제시되어 있지 않더라도 시장수요 등의 사정을 고려하여 당해 기술분야에서 통상의 지식을 가진 자에 의해 용이하게 선행기술자료를 결합할 수 있다면 진보성을 결여한 것으로 판단할 수 있다고 보았다. 이로써 연방항소법원에서도 진보성요건을 결여한 것으로 판단한 사례가 증가하고 있다고 한다.[23]

◎ 우리나라 파이컴 대 폼팩터 판결(대법원 2007.9.6.선고 2005후3284 판결)[24]

[1] 어느 특허발명의 특허청구범위에 기재된 청구항이 복수의 구성요소로 되어 있는 경우에는 각 구성요소가 유기적으로 결합한 전체로서의 기술사상이 진보성 판단의 대상이 되는 것이지 각 구성요소가 독립하여 진보성 판단의 대상이 되는 것은 아니므로, 그 특허발명의 진보성 여부를 판단함에 있어서는 청구항에 기재된 복수의 구성을 분해한 후 각각 분해된 개별 구성요소들이 공지된 것인지 여부만을 따져서는 안 되고, 특유의 과제 해결원리에 기초하여 유기적으로 결합된 전체로서의 구성의 곤란성을 따져 보아야 할 것이며, 이때 결합된 전체 구성으로서의 발명이 갖는 특유한 효과도 함께 고려하여야 한다.
[2] 여러 선행기술문헌을 인용하여 특허발명의 진보성을 판단함에 있어서는 그 인용되는 기술을 조합 또는 결합하면 당해 특허발명에 이를 수 있다는 암시 · 동기 등이 선행기술문헌에 제시되어 있거나, 그렇지 않더라도 당해 특허발명의 출원 당시의 기술수준, 기술상식, 해당 기술분야의 기본적 과제, 발전경향, 해당 업계의 요구 등에 비추어 보아 그 기술분야에 통상의 지식을 가진 자가 용이하게 그와 같은 결합에 이를 수 있다고 인정할 수 있는 경우에는 당해 특허발명의 진보성은 부정된다.

4. 신규성 · 진보성 상실의 예외

(1) 의 의

신규성 · 진보성 유무의 판단은 출원시를 기준으로 한다. 그러나 이 원칙을 모든 경우에 엄격하게 적용하는 것은 특허를 받을 수 있는 발명에 대하여 특허를 부여하지 못하게 되며, 과학적 연구를 방해하게 되어 특허법의 목적에 부합하지

22) KSR Int'l Co. v. Teleflex, Inc., 127 S.Ct. 1727(2007).
23) 정상조/박준석, 「지적재산권법」, 한국방송통신대학교 출판부, 2011, 71면.
24) 이 판결에 대해서는, 한상욱, "세계에 내세울 만한 진보성 판단기준이 우리나라에 있는가?," 「정보법학」(제13권 제3호), 정보법학회, 2009.12, 223면 이하 참조.

않는 경우가 생길 수 있고 발명자에게 가혹한 경우도 생길 수 있으므로, 특허법은 예외규정을 두고 있다. 다만, 특허법은 신규성 의제 기간을 12개월[25]로 제한하고 있을 뿐만 아니라, 신규성이 상실되지 아니한 것으로 의제할 뿐이지 출원일의 소급효는 인정하지 않고 있다(특허 32조 1항). 즉 이 경우는 신규성 등만이 의제될 뿐이며, 선출원주의의 예외는 아니므로 독자적으로 발명한 제3자가 특허를 출원한 경우는 최초의 발명자라도 특허를 받을 수 없다. 만약 제3자가 최초의 발명자의 발명을 도용한 경우라면 문제는 다르다. 이러한 경우라면 그 무권리자는 특허를 받을 수 없으며, 특허된 경우에도 무효로 된다(특허 34조, 133조 1항 2호). 한편 무권리자가 특허출원을 한 후에 정당한 권리자가 특허출원을 한 경우에는 정당한 권리자의 특허출원은 무권리자가 특허출원을 한 때에 특허출원한 것으로 본다(특허 34조).

이 예외규정은 발명자가 특허를 받을 수 있는 권리를 타인에게 양도한 경우의 양수인도 적용을 받을 수 있다.

(2) 신규성 상실의 예외사유

종전법에서는 신규성 상실 사유를 제한적으로 열거하고 있었으나, 2006년 개정법은 자기의 의사에 따라서 또는 자기의 의사에 반하여 특허출원 전 6월 이내에 특허출원인이 행한 모든 공개행위를 예외규정의 적용대상이 되도록 개정하였고, 2011년 12월 개정에서는 그 기간을 12월로 연장하였다. 이에 따라 특허출원인의 자유로운 연구결과 공개를 촉진하여 연구활동 활성화 및 기술축적을 지원할 수 있을 것으로 보인다. 다만, 조약 또는 법률에 따라 국내 또는 국외에서 출원공개되거나 등록공고된 경우를 제외한다(특허 30조 1항 1호, 2호).

(3) 적용요건

1) 적용을 받을 수 있는 자　특허를 받을 수 있는 권리를 가진 자가 신규성을 상실하는 행위를 행하고, 그 자가 특허출원을 행하여야 한다. 즉 공지행위를

25) 2011년 12월 공포된 개정특허법 이전에는 특허출원인이 특허출원 전에 자발적으로 자신의 발명을 공개한 경우 6개월 이내에 특허출원을 하면 특허 거절이유에서 제외하고 있었는데 2011년 12월 개정법 이후에는 그 예외인정 기간을 6개월 이내에서 12개월 이내로 연장하였다.

한 자와 출원인간에는 주체의 동일성이 있어야 한다. 특허를 받을 수 있는 권리를 승계한 자도 신규성의제의 적용을 받을 수 있다. 한편 의사에 반한 공지의 경우는 특허를 받을 수 있는 권리를 가진 자에 한하지 않고, 제3자가 신규성 상실행위를 행한 경우에도 적용을 받을 수 있다.

2) 신규성 의제절차 통상의 경우 신규성 상실의 예외규정을 적용받기 위해서는 특허를 받을 수 있는 권리를 가진 자의 발명이 신규성 상실일로부터 12개월 이내에 특허출원을 하여야 한다(특허 30조 1항). 특허출원의 시기를 너무 오랜 기간을 인정하면 제3자에게 불이익을 주게 되므로 '12월' 이내로 한정하고 있다. 신규성이 있음을 인정받고자 하는 자는 그 취지를 기재한 서면을 특허출원과 동시에 특허청장에게 제출하고 이를 증명할 수 있는 서류를 특허출원일부터 30일 이내에 특허청장에게 제출하여야 한다(특허 30조 2항).

신규성 상실사유가 자기의사에 반하여 공지된 경우에도 공지된 날로부터 12개월 이내에 출원하도록 규정되어 있으나, 심사관에 의한 지적 또는 제3자로부터의 정보제공 등에 따라 그 사실을 알게 된 날로부터 12개월 이내에 특허출원을 하면 신규성 의제 적용을 받을 수 있어야 할 것이다. 또한 조약우선권을 주장하는 특허출원의 경우도 신규성 의제의 혜택을 받기 위해서는 최초 공지일로부터 12월 이내에 우리나라에 출원하여야 한다.

◎ 공지예외 적용기간 연장

한-미 FTA가 체결됨에 따라 각 당사국은 ⅰ) 공지행위가 특허출원인으로부터 기인하여 실시 또는 승인된 경우, ⅱ) 공지행위가 당사국 영역에서 출원일 이전 12월 이내에 발생한 경우와 같은 공지행위에 대해서는, 발명의 신규성 또는 진보성 여부를 결정하는 선행기술 정보에서 제외하여야 한다. 따라서 한미 FTA 특허관련 합의사항에 대한 국내 특허제도로의 이행을 위하여 공지예외 적용기간을 기존의 6월에서 12월로 연장하였다.

3) 공지예외주장 보완 제도(특허 30조 3항) 출원인의 단순한 실수로 출원 시 공지예외주장을 하지 않더라도 명세서 또는 도면을 보정할 수 있는 기간 또는 특허결정이나 특허거절결정 취소심결의 등본을 송달받은 날부터 3개월 이내에 출원 시 하지 않은 공지예외주장의 취지를 적은 서류나 이를 증명할 수 있는 서류를 제출할 수 있다.

4) 최초공지 발명의 신규성을 상실하게 된 사유가 특허법에서 규정하고 있는 행위에 따라 최초로 공지된 경우에만 적용대상이 되며, 2회 이후의 공지에 대하여서는 신규성 의제가 적용되지 아니한다.

5) 신규성 의제의 법적 효과 예외 적용사유에 해당하고 절차적 요건을 갖춘 경우에는 제29조 제1항 또는 제2호를 적용함에 있어서는 동조 제1항 각호의 1에 해당하지 않은 것으로 본다. 즉 신규성 · 진보성의 판단의 경우에 공지되지 아니한 것으로 취급된다.

신규성상실 예외의 법적효과는 당해 공지사유로 인하여 신규성을 상실하지 아니한 것으로 의제되는 것일 뿐, 출원일 자체가 소급되는 것은 아니다. 즉 당해 공지행위만 신규성 상실 자료에서 제외되는 것이다. 그러나 본조의 적용효과로서 제3자의 공지나 출원행위까지 배제되는 것은 아니다. 따라서 당해 공지 행위시와 출원일 사이에 공지 발명과 동일한 제3자의 발명이 공지되거나 출원된 경우 양자 모두 특허를 받을 수 없다. 다만 제3자의 공지행위가 본인의 공지행위에 기초한 것인 때에는 신규성을 상실하지 아니하나, 본인의 동일한 유형의 재차 공지행위는 본조의 적용 대상이 아니다.

5. 특허를 받을 수 없는 발명(소극적 요건)

산업상 이용할 수 있는 신규의 진보적인 발명이라 하여도 특허법은 공익적 또는 산업정책적인 이유에서 일정한 발명을 특허의 대상에서 제외하는 것으로 하고 있다.[26] 이 불특허사유는 한 나라의 산업발달의 정도와 과학기술의 수준 및 특허정책에 따라 변화하며 각국의 특허법도 약간씩 다르다. 우리 특허법상 불특허사유는 "공공의 질서 또는 선량한 풍속에 어긋나거나 공중의 위생을 해칠 우려가

---

26) 1973.2.8. 법률 제2505호에서는 불특허사유로 ⅰ) 음식물 또는 기호물의 발명, ⅱ) 의약 또는 2 이상의 의약을 혼합하여 1의 의약을 조제하는 방법의 발명, ⅲ) 화학방법에 따라 제조될 수 있는 물질의 발명, ⅳ) 원자핵변환방법에 따라 제조될 수 있는 물질의 발명, ⅴ) 물질 자체가 지니는 성질에 따르는 용도의 발명, ⅵ) 공공의 질서 또는 선량한 풍속을 문란하게 하거나 공중의 위생을 해할 염려가 있는 발명을 규정하고 있었다. 1986.12.31. 법률 제3891호에서는 ⅰ), ⅳ), ⅵ) 발명만을, 1990.1.13. 법률 제 4207호에서는 ⅳ), ⅵ) 발명만을 불특허대상으로 규정하고 있다. 또 1995.1.5. 법률 제4892호에서는 ⅵ) 발명만을 불특허대상으로 규정하고 있다(현행법).

있는 발명"이다(특허 32조). 이에 대하여 특허를 부여하지 않는 것은 법이념상 당연하다 할 것이다. 이러한 발명의 예를 들면,

1) 화폐위조기나 아편흡음구(阿片吸飮具), 도둑질하는 데 쓰는 만능열쇠 등과 같은 공서양속(公序良俗)에 반하는 발명.

2) 제조방법에 대한 발명의 경우 그 방법 자체가 공중을 해할 염려가 없어도 그 방법으로 제조된 물건이 공중위생을 해할 염려가 있는 때 등이 이에 해당한다.

6. 절차적 요건

발명이 특허를 받을 수 있기 위해서는 주체적 · 객체적 요건뿐만 아니라 특허법이 요구하는 출원절차적 규정에도 적합하여야 한다.[27)]

(1) 1발명 1특허출원

1특허출원의 범위란 하나의 특허출원으로 할 수 있는 발명의 범위를 말하는 것으로, 1발명 1특허출원을 원칙으로 하나, 하나의 총괄적 발명의 개념을 형성하는 1군의 발명에 대해서는 1특허출원으로 할 수 있다(특허 45조).[28)] 특허법은 ⅰ) 관련기술을 하나의 특허권으로 취득함으로써 출원인의 편익을 도모하고, ⅱ) 동시에 관련기술을 제3자로 하여금 이용가능하게 하는 한편, ⅲ) 심사의 신속 · 적정화 및 국제화 · 통일화 추세에 부응하기 위해 본 규정을 두고 있다.[29)]

1군의 발명에 대하여 1특허출원을 하기 위하여는 ⅰ) 청구된 발명 간에 기술적 상호관련성이 있어야 하며, ⅱ) 청구된 발명들이 동일하거나 상응하는 기술적 특징을 가지고 있을 것. 이 경우 기술적 특징은 발명 전체로 보아 선행기술에 비하여 개선된 것이어야 한다(특허시행령 6조). 1특허 1출원 요건에 위반하는 특허출원은 특허거절결정의 대상이 되지만(특허 62조), 정보제공사유(특허 63조의2), 특허

27) 예컨대, 특허출원절차가 방식에 적합할 것; 특허출원 명세서의 기재가 법규에 적합할 것; 특허출원의 범위의 요건을 충족할 것; 최선출원일 것 등이다.

28) 1군의 발명을 하나의 출원으로 할 것인지 별개의 출원으로 할 것인지는 출원인의 자유이다.

29) PCT 가입을 계기로 출원절차의 국제화와 출원인의 편의를 도모하기 위하여 단서를 신설하였다. 본 요건 위반은 거절사유만 되며 특허이의신청이나 무효사유는 되지 아니하는 형식적인 것이므로 심사단계에서만 문제된다.

무효사유(제133조 1항)에는 해당하지 않는다.

(2) 선출원주의

1) 의 의　선출원주의란 동일한 발명에 관하여 2 이상의 출원이 경합한 경우에 가장 먼저 출원한 출원인에게만 특허권을 부여하는 원칙을 말한다(특허 36조).[30] 이는 최선발명자에게 특허권을 부여하는 '선발명주의'에 대립하는 개념이다.

특허권은 독점배타권이므로 동일발명(고안)에 대하여 중복하는 권리가 병존하면 권리의 본질에 반하게 되고, 또한 동일주체 간에는 존속기간의 실질적 연장을 방지할 필요성이 요청된다. 이러한 중복권리의 발생폐해를 조정하는 수단으로 동일발명이 경합출원된 경우 어느 누구에게 특허권을 부여할 것인가에 관한 입법주의로서 선출원주의와 선발명주의가 있다. 선발명주의는 최선의 발명자를 보호한다는 점에서는 우수하지만 발명을 감추어 두는 것을 조장할 뿐 아니라 발명시점의 증명이 곤란하여 법적 안정을 기하기 어렵다는 단점이 있다. 이에 따라 우리나라는 이 같은 결점이 없고 발명의 조기공개라는 법 목적에 합치하는 선출원주의를 특허법에 채용하고 있으며, 그 결점을 보완하기 위해 선발명주의적 요소를 가미하고 있다(특허 103조; 선사용에 의한 통상실시권).[31]

2) 선 · 후원의 판단기준　선 · 후원판단은 출원일을 기준으로 한다.[32] 또한 분할 · 변경출원은 원출원일(특허 52조 2항, 53조 3항), 조약우선권주장출원은 제1국 출원일(특허 54조 1항), 국내우선권주장출원은 선출원일(특허 55조 3항), 국제출원은 국제출원일(특허 199조 1항), 각 취지에 따라 출원일 예외가 있다.

출원인이 동일한 경우에도 선후원판단을 한다. 동일인에게 동일발명의 중복등록을 인정하면 존속기간의 실질적 연장을 초래하기 때문이다.

선원의 대상은 특허출원 및 실용신안등록출원이다(특허 36조 3항). 실용신안

---

30) 실용신안법 제8조, 상표법 제35조, 디자인보호법 제46조 참조.

31) 제103조는 실질적인 발명의 실시화 준비를 하고 있는 자에게는 일정조건하에서 선사용권을 인정하고 있다. 김민희, "특허침해소송에 있어서의 선사용의 항변에 관한 연구,"「知的所有權法硏究」제5집(2001.12), 37면 이하.

32) 그러나 인터넷 출원이 일반화되면서 그 광속성으로 인하여 일자를 가지고 선후원관계를 판단하는 것은 정확하지 못하다는 비판이 있다. 또한 해킹 등으로 인하여 즉시 유사 출원이 뒤따르는 경우를 감안하면 특히 그렇다.

도 기술적 사상이라는 점은 발명과 동일하므로 선후원판단을 해야 하기 때문이다. 선원주의는 특허출원 간에는 명세서 중 '특허청구범위'에 기재된 발명 상호간을 비교판단의 대상으로 한다. 특허권의 효력은 특허청구범위에 기재된 발명에 따라 판단되므로, 그 부분이 동일하면, 독점배타권이 중복하는 것을 배제할 수 있기 때문이다. 따라서 발명의 상세한 설명 및 도면에만 기재된 발명에 대해서는 선후원판단의 대상이 되지 않는다. 특허청구범위에 2 이상의 청구항이 기재된 경우에는 청구항마다 선후원을 판단한다.

특허출원 또는 실용신안등록출원이 무효 · 취하 또는 포기되거나 거절결정이나 거절한다는 취지의 심결이 확정되거나 무권리자의 출원인 경우에는 그 특허출원 또는 실용신안등록출원은 선출원의 지위를 갖지 않는다(특허 36조 4항, 5항).

종전에는 출원공개 전에 거절결정확정 또는 포기된 특허출원의 기술내용도 후출원에 대한 거절이유가 되도록 함으로써 공개되지 아니한 기술내용에 따라 후출원이 특허를 받지 못하는 불합리한 점이 있었으므로 2006년 개정법은 출원공개 전에 특허거절결정의 확정 또는 포기된 출원의 기술내용을 후출원에 대한 특허거절이유에서 제외하였다. 이에 따라 출원공개되지 아니한 기술내용에 따라 후출원이 특허를 받지 못하는 경우가 없어질 것으로 보인다.

3) 법적 취급　동일한 발명(고안)에 대한 특허출원일이 다른 때에는 최선의 출원인만이 특허를 받을 수 있다(특허 36조 1항, 2항). 동일한 발명에 대하여 같은 날에 2 이상의 특허출원이 있는 때에는 특허출원인의 협의에 따라 정하여진 하나의 특허출원인만이 그 발명에 대하여 특허를 받을 수 있다. 협의가 성립하지 아니하거나 협의를 할 수 없는 때에는 어느 특허출원인도 그 발명에 대하여 특허를 받을 수 없다(특허 36조 2항).

Ⅳ. 특허를 받기 위한 절차

특허권은 발명의 완성, 특허출원서의 제출, 특허출원공개, 심사청구, 심사관에 의한 심사, 특허결정, 특허원부에의 등록이라는 일련의 절차를 거쳐 발생한다.

1. 출원서의 제출

(1) 출원서의 제출 및 그 기재사항

특허를 받고자 하는 자는 일정한 사항, 즉 ⅰ) 특허출원인의 성명 및 주소(법인인 경우에는 그 명칭 및 영업소의 소재지), ⅱ) 특허출원인의 대리인이 있는 경우에는 그 대리인의 성명 및 주소나 영업소의 소재지[대리인이 특허법인 · 특허법인(유한)인 경우에는 그 명칭, 사무소의 소재지 및 지정된 변리사의 성명], ⅲ) 발명의 명칭, ⅳ) 발명자의 성명 및 주소를 기재한 특허출원서를 특허청장에게 제출하여야 한다. 특허출원서에는 발명의 설명 · 청구범위를 적은 명세서[33]와 필요한 도면 및 요약서를 첨부하여야 한다(특허 42조 2항).

(2) 명세서

첨부될 명세서에는 발명의 설명 · 청구범위를 기재하여야 한다. 이러한 명세서는 발명연구의 성과를 정확하고 명료하게 제3자에게 공개하는 기술문헌으로서의 사명과 발명자가 권리로 주장하는 기술적 범위를 명백히 하는 권리서(權利書)로서의 사명을 가진다. 발명의 설명은 발명의 내용을 정확하게 제3자에게 공개하는 기술문헌으로서 특허청구범위의 해설란적인 기능이 있고, 청구범위는 권리서로서의 사명이 주가 되며 이러한 요구를 제대로 갖추지 못한 기재를 한 경우에는 특허부여가 거절되거나(특허 62조 4호) 특허무효사유가 된다(특허 133조 1항).

1) 발명의 설명

㈎ 기재의 원칙　　발명의 설명은 다음 각 호의 요건을 모두 충족하여야 한다.

ⅰ) 그 발명이 속하는 기술분야에서 통상의 지식을 가진 사람이 그 발명을 쉽게 실시할 수 있도록 명확하고 상세하게 적을 것

ⅱ) 그 발명의 배경이 되는 기술을 적을 것[34]

---

33) 과거 명세서에는 발명의 명칭, 발명에 관한 도면의 간단한 설명, 발명의 상세한 설명, 특허청구범위를 기재하도록 하고 있었다. 그러나 2014.6.11.의 개정을 통하여 발명의 설명과 청구범위만을 기재하도록 하고 있다. 즉 발명의 명칭, 발명에 관한 도면의 간단한 설명, 발명의 상세한 설명이 발명의 설명으로 통합된 것이다.

34) '배경기술의 기재'를 반드시 적도록 한 것은 2011년 개정법을 통해서이다. 그 이전에는 「배경기술 기재의무 사항」은 「특허법 시행규칙」 별지 제15호 서식의 기재요령으로 위임하여

(나) 발명의 설명에 포함될 내용 특허법 시행규칙 제21조 제3항은 발명의 설명에는 다음 각 호의 사항이 포함되어야 한다고 규정한다.

i) 발명의 명칭
ii) [기술분야]
iii) 발명의 배경이 되는 기술
iv) [다음 각 목의 사항이 포함된 발명의 내용]
a. 해결하려는 과제
b. 과제의 해결 수단
c. 발명의 효과
v) [도면의 간단한 설명]
vi) 발명을 실시하기 위한 구체적인 내용
vii) [그 밖에 그 발명이 속하는 기술분야에서 통상의 지식을 가진 자가 그 발명의 내용을 쉽게 이해하기 위하여 필요한 사항]
※ 괄호 안에 있는 것은 해당하는 사항이 없는 경우에는 그 사항을 생략할 수 있다.

2) 특허청구 범위

(가) 기재의 원칙 법 제42조 제2항에 따른 청구범위에는 보호받으려는 사항을 적은 항(이하 "청구항"이라 한다)이 하나 이상 있어야 하며, 그 청구항은 다음 각 호의 요건을 모두 충족하여야 한다.

규정하고 있어 배경기술 기재가 의무사항임을 출원인이 명확히 알기 어렵다는 문제점이 있었고, 실제로도 발명의 배경기술을 기재하지 않고 특허출원을 하는 경우가 발생하고 있었다. 그런데 발명의 배경기술은 그 발명의 기술적 특징을 쉽게 파악하는 데 도움이 되어 그 발명에 관한 특허출원의 심사에 유용할 뿐만 아니라 특허협력조약(PCT) 규칙에서도 필수 기재사항으로 규정하고 있다. 이에 「특허법」에 특허를 받으려는 자가 그 발명의 배경이 되는 기술을 기재하도록 명확하게 규정하고, 배경기술을 기재하여야 하는 의무를 위반한 특허출원에 대하여는 거절결정을 하도록 하였다. 다만, 배경기술을 기재하지 않았다고 하더라도 발명에 실체적 하자가 있는 것은 아니므로 특허등록 이후에는 무효가 되지 않도록 하고(특허 133조 1항 1호), 배경기술 기재는 출원발명에 대한 실체적인 특허요건이 아니라 절차적인 요건으로서 이에 대하여는 일반공중보다 특허청 심사관이 더욱 잘 파악할 수 있으므로 정보제공 사유에서 제외하였다(특허 63조의2).

ⅰ) 발명의 설명에 의하여 뒷받침될 것(§42④ ⅰ)

ⅱ) 발명이 명확하고 간결하게 적혀 있을 것(§42④ ⅱ)

ⅲ) 청구범위에는 보호받으려는 사항을 명확히 할 수 있도록 발명을 특정하는 데 필요하다고 인정되는 구조 · 방법 · 기능 · 물질 또는 이들의 결합관계 등을 적을 것((§42⑥).

㈏ 청구범위의 기재방법 특허법 시행령 제5조가 다음과 같이 규정하고 있다.

① 법 제42조 제8항에 따른 청구범위의 청구항(이하 "청구항"이라 한다)을 기재할 때에는 독립청구항(이하 "독립항"이라 한다)을 기재하여야 하며, 그 독립항을 한정하거나 부가하여 구체화하는 종속청구항(이하 "종속항"이라 한다)을 기재할 수 있다. 이 경우 필요한 때에는 그 종속항을 한정하거나 부가하여 구체화하는 다른 종속항을 기재할 수 있다.

② 청구항은 발명의 성질에 따라 적정한 수로 기재하여야 한다.

③ 삭제

④ 다른 청구항을 인용하는 청구항은 인용되는 항의 번호를 적어야 한다.

⑤ 2 이상의 항을 인용하는 청구항은 인용되는 항의 번호를 택일적으로 기재하여야 한다.

⑥ 2 이상의 항을 인용한 청구항에서 그 청구항의 인용된 항은 다시 2 이상의 항을 인용하는 방식을 사용하여서는 아니 된다. 2 이상의 항을 인용한 청구항에서 그 청구항의 인용된 항이 다시 하나의 항을 인용한 후에 그 하나의 항이 결과적으로 2 이상의 항을 인용하는 방식에 대하여도 또한 같다.

⑦ 인용되는 청구항은 인용하는 청구항보다 먼저 기재하여야 한다.

⑧ 각 청구항은 항마다 행을 바꾸어 기재하고, 그 기재하는 순서에 따라 아라비아숫자로 일련번호를 붙여야 한다.

㈐ 발명의 설명과 청구범위와의 관계 특허청구의 범위의 기재는 발명의 설명에 의하여 뒷받침되어야 하므로, 특허청구범위의 기재가 발명의 설명에 기재한 발명범위보다 넓은 경우에도 부적법한 기재로 된다. 이에 특허청구범위의 기재가 발명의 공헌도에 비추어 지나치게 넓은 경우에는 원칙적으로 무효사유로 하고 있다(법 133조 1항 1호). 반대로 좁은 경우에는 사회에 헌납한 것으로 본다. 즉 권리주장은 오로지 특허칭구범위에 기재된 내용에 한정되며, 나머지 부분은 권리

주장을 할 수 없다.

㈑ 특허청구범위 기재의 유예　　특허출원시에 반드시 특허청구범위를 기재한 명세서를 제출하도록 하면, 발명자가 그 발명에 대하여 보호받고자 하는 특허청구범위의 세부항목 및 설명내용을 상세하게 기재하는 데 시간적으로 어려움이 있다. 이에 따라 법 제42조의2는 명세서에 청구범위는 적지 아니할 수 있다고 규정한다(제1항 후단).[35] 다만 그 경우라도 제64조 제1항 각 호의 구분에 따른 날[36]부터 1년 2개월이 되는 날까지 명세서에 청구범위를 적는 보정을 하여야 한다. 또 그 기한 이전에 제60조 제3항[37]에 따른 출원심사 청구의 취지를 통지받은 경우에는 그 통지를 받은 날부터 3개월이 되는 날 또는 제64조 제1항 각 호의 구분에 따른 날부터 1년 2개월이 되는 날 중 빠른 날까지 보정을 하여야 한다. 보정을 하지 아니한 경우에는 법 제42조의2 제2항에 따른 기한이 되는 날의 다음 날에 해당 특허출원을 취하한 것으로 본다.

(3) 출원료의 납부

출원서의 제출에는 수수료(출원료)를 납부하여야 한다(특허 82조 1항).

2. 명세서 · 도면의 보정, 출원의 분할, 변경출원

(1) 명세서 · 도면의 보정

명세서 및 도면은 출원 당초부터 완전하게 기재되는 것이 출원사무처리상 바람직하나 그와 같은 완전한 기재를 요청하는 것은 무리라 할 수 있다. 즉 선원주의 하에서는 출원인이 출원을 서두르는 까닭에 기재의 표현 · 청구범위의 내용,

---

35) '발명의 설명'은 반드시 기재하여야 한다.

36) 다음은 기준이 되는 날이다.

가. 제54조 제1항에 따른 우선권 주장을 수반하는 특허출원의 경우: 그 우선권 주장의 기초가 된 출원일

나. 제55조 제1항에 따른 우선권 주장을 수반하는 특허출원의 경우: 선출원의 출원일

다. 제54조 제1항 또는 제55조 제1항에 따른 둘 이상의 우선권 주장을 수반하는 특허출원의 경우: 해당 우선권 주장의 기초가 된 출원일 중 최우선일

라. 위의 어느 하나에 해당하지 아니하는 특허출원의 경우: 그 특허출원일

37) 제60조 제3항: 특허청장은 특허출원인이 아닌 자로부터 출원심사의 청구가 있으면 그 취지를 특허출원인에게 알려야 한다.

선행기술의 조사 등에 완전을 기하기가 어려운 경우가 많고 출원인이 출원시에 완전히 기재하였다고 생각하는 경우에도 그 후의 심사단계에서 불비가 드러나는 예도 적지 않다. 이러한 경우에 명세서의 보정을 일절 인정하지 아니하면 선원의 이익을 상실할 우려가 있어 발명보호의 취지에 반한다.

그러나 출원 후의 보정을 자유로 인정하면 심사사무를 쓸데없이 번잡게 할 뿐만 아니라 출원 당초의 명세서에 기재되지 아니한 발명도 특허를 받는 사태가 생겨 선원주의에 반한다. 또한 권리발생 후에 보정을 자유로이 인정하면 법적 안정을 해친다. 따라서 명세서의 보정으로 인하여 공중이 받을 불이익 및 사무처리상의 불합리와 출원인이 받을 이익과를 서로 견주어 보아 보정의 내용 및 시기에 일정한 제한을 가할 필요가 있다.

특허출원에 대한 '보정제한제도'는 심사의 신속화를 위해 2001년 도입된 제도이다. 그런데, 그 취지와 다르게 출원인, 심사관 모두에게 과도한 부담으로 작용하여 심사의 신속화에 도움이 되지 못하였다. 또한, 최후 보정에서의 엄격한 보정요건으로 인하여 출원 당초 명세서 또는 도면을 통해 개시하였던 발명임에도, 자신의 권리로 설정하지 못하는 경우가 있을 뿐만 아니라, 심사전치 단계의 보정에서는 단순한 하자의 경우에도 이를 치유할 수단이 없어, 그 특허출원이 거절되는 경우가 발생하였다. 따라서 보정 전에 청구한 발명의 범위 내에서 최대한 자유롭게 보정할 수 있는 기회를 부여하고, 이를 통해, 명세서를 통해 개시하였던 발명에 대해 보호 받을 수 있는 충분한 기회가 보장되어야 한다. 이를 위해서는 청구항을 감축하는 범위 내에서 상세한 설명 및 도면에 있는 사항을 청구항에 부가(외적 부가)하는 보정도 허용할 필요가 있으며, 최초 보정에서 청구항에 신규사항이 추가되어 이를 이유로 최후 거절 이유가 통지된 경우에도 이를 해소하기 위해 신규사항을 삭제하여 최초 명세서로 복귀하는 보정을 허용하여야 한다는 주장이 있었다. 이에 2009년에는 보정제한요건을 완화하는 법개정이 있었다.

한편 심사관은 제47조 제1항 제2호 및 제3호에 따른 보정이 같은 조 제2항 및 제3항을 위반하거나 그 보정(같은 조 제3항 제1호 및 제4호에 따른 보정 중 청구항을 삭제하는 보정은 제외한다)에 따라 새로운 거절이유가 발생한 것으로 인정하면 결정으로 그 보정을 각하하여야 한다. 다만, 제67조의2에 따른 재심사의 청구가 있는 경우 그 청구 전에 한 보정인 경우에는 그러하지 아니하다(특허 51조 1항). 이러한 보정각하결정에 대하여는 불복할 수 없다(특허 51조 3항).

	특허결정의 등본을 송달하기 전	최초의 거절이유통지를 받은 경우	최후의 거절이유통지를 받은 경우	재심사를 청구하는 경우
보 정 가능한 시 기	언제나 자유로 보정 가(47①)	지정된 기간 내에 보정 가(47① i)	지정된 기간 내에 보정 가(47① ii)	재심사 청구시 (47① iii)
보 정 가능한 사 항 (범위)	(A) 최초로 첨부된 명세서 또는 도면에 기재된 사항의 범위 안에서 (47②)		(A) 최초로 첨부된 명세서 또는 도면에 기재된 사항의 범위 안에서+ 1. 청구항을 한정 또는 삭제하거나 청구항에 부가하여 특허청구범위를 감축하는 경우 2. 잘못된 기재를 정정하는 경우 3. 분명하지 아니한 기재를 명확하게 하는 경우(심사관이 거절이유통지에 의하여 지적한 경우에 한함) (B) 4. 제2항에 따른 범위를 벗어난 보정에 대하여 그 보정 전 특허청구범위로 되돌아가거나 되돌아가면서 특허청구범위를 제1호부터 제3호까지의 규정에 따라 보정하는 경우	

(2) 출원의 분할(분할출원)

분할출원이라 함은 2 이상의 발명을 1출원으로 한 자가 그 출원발명의 일부를 나누어 하나 이상의 출원으로 하는 것을 말한다(특허 52조 1항). 발명의 보호를 목적으로 하고 있는 특허제도의 취지로 보아 발명의 단일성을 위반했다는 형식위반을 이유로 발명보호를 막는 것은 부당하고 따라서 분할에 의한 개별출원에 대하여 출원일의 소급을 인정하여 최초에 출원한 때에 출원한 것으로 보아 선원의 지위를 확보하여 줌으로써 제3자의 이익을 해치지 아니하는 한도 내에서 특허출원인을 보호하여 주려는 제도이며 그 성질은 일종의 보정이라 할 수 있다.

(3) 변경출원

2007년 개정 특허법은 이중출원제도를 폐지하는 대신 특허와 실용신안 간에 출원종류를 변경할 수 있도록 하는 변경출원제도를 도입하게 되었다(특허 53). 출원의 변경이란 출원내용이 아닌 출원형식의 변경을 말한다. 특허대상인 발명과 실용신안의 대상인 고안은 모두 기술적 사상의 창작이며, 그 창작이 물품에 관한 것인 때에는 양자의 차이는 정도의 차이에 지나지 아니한다. 따라서 특허출원을 한 다음에 그 출원을 실용신안등록출원으로 또는 그와 반대로 상호 변경한다 하더라도 불합리한 점이 없고 출원인에게는 극히 편리하다. 이러한 이유에서 특허법·실용신안법은 상호간의 출원형식의 변경을 인정한다(특허 53①, 실용 10①). 특허출원 상호간의 내용변경(物을 방법으로 변경하는 것과 같은 카테고리의 변경 포함)은 보정 또는 분할출원에 의하여야 하고 변경출원에 의할 것은 아니다.

(4) 우선권주장

우선권주장에는 조약에 의한 우선권주장(특허 54조)과 국내우선권 주장(특허 55조)이 있다. 파리조약에 의한 우선권(Right of priority)이란 파리조약 동맹국에서 최선의 정규 출원과 동일한 대상에 대하여 일정기간 내에 다른 동맹국에 행한 출원에 최초의 동맹국 출원시에 주어지는 것과 동일한 이익을 부여하는 파리조약상 특별한 이익을 말한다. 요건 및 효과에 대해서는 파리조약 제4조 및 제4조B의 규정이 그대로 적용된다. 외국인이 자국에 행한 특허출원에 기초하여 적법하게 우선권을 주장하여 우리나라에 특허출원을 한 경우는 파리조약 제4조B의 효과를 얻을 수 있다. 따라서 신규성(특허 29조 1항 각호), 진보성(특허 29조 2항), 선출원(특허 36조) 등의 특허요건 판단은 제1국 출원시(자국에 행한 출원시)를 기준으로 하여 판단하게 된다.

국내우선권이란 우리나라에 특허출원 또는 실용신안등록출원(선출원)을 한 자 또는 그 승계인이 선출원을 기초로 하여 선출원일로부터 일정기간 동안 우리나라에 개량발명이나 관련발명을 후출원할 때 가지게 되는 우선권을 말한다(특허 55조 및 56조 참조). 우선권주장의 요건을 충족하는 선출원 발명부분에 한하여 특허요건 규정 등의 판단은 선출원시를 기준으로 판단한다.[38] 그러나 우선권주장에 의한 소급효는 출원일 자체가 소급되는 것은 아니다. 따라서 심사청구기간 또는 특허권의 존속기간 기산은 후출원일을 기준으로 한다.

---

38) 구체적으로는 특허요건(특허 29조 1항, 2항 및 3항 본문), 신규성 등의 의제(특허 30조 1항), 선출원(특허 36조 1항 내지 3항), 특허권의 효력이 미치지 아니하는 범위(특허 96조 1항 3호), 이용·저촉(특허 98조), 선사용권(특허 103조), 저촉 디자인권 소멸 후 통상실시권(특허 105조 1항 및 2항), 생산방법추정(특허 129조) 또는 정정심판(특허 136조 3항) 등의 규정이다.

(5) 정보제공제도

특허출원이 있는 때에는 누구든지 출원된 발명이 특허되어서는 아니 될 발명, 즉 특허법 제62조 각호의 거절사유에 해당되어 특허될 수 없다는 취지를 증거와 함께 특허청장에게 제공할 수 있다(다만, 제42조 제3항 제2호, 같은 조 제8항 및 제45조에 규정된 요건을 갖추지 아니한 경우에는 그러하지 아니하다. 특허 63조의2). 이를 정보제공제도라고 한다.

3. 출원공개제도와 심사청구제도

많은 노력과 경비를 들여 특허출원한 것이 너무 늦게 권리화되면 그 사이에 제3자의 모방을 금지할 수 없으며, 권리가 발생한 때에는 그 발명의 기술적 가치가 없어져 버릴 경우도 있다. 뿐만 아니라 동일기술에 대한 중복연구와 중복투자가 많아져 당해 기업은 물론 국민경제상의 손실도 크다.

따라서 심사제도의 폐단인 심사의 지연을 개선하려는 노력이 각국에서 행하여지고 있다. 이러한 수정된 심사제도로서 그 대표적인 것이 출원공개제도와 심사청구제도인바, 우리나라 특허법은 1980.12.31(법 3325호)의 개정을 계기로 양 제도를 채택하게 되었다.

출원공개제도는 출원 후 1년 6개월이 경과하면(신청이 있으면 그 전이라도) 출원에 관하여 그 내용을 공개하고(특허 64조), 그에 일정한 법률적 보호를 주는 제도이다(특허 65조: 실시료 상당의 보상금 청구권). 우리나라 특허법은 심사의 질적 향상을 기하고 출원공개에 따르는 폐단을 방지하기 위하여 우선심사제도, 협조요청제도 등을 두고 있다.

한편 출원공개제도를 채택하지 아니하는 경우에는 등록공고 전까지는 출원내용을 비밀로 해야 하므로(구특허시규 26조) 공고 전에는 시험연구기관 등 외부단체에 출원내용에 대한 조사를 의뢰할 수 없었으나 출원공개제도를 취하면, 연구기관 등에 조사를 의뢰할 수 있어 심사의 질적 향상을 꾀할 수 있다.

또한 심사청구제도는 종래와 같이 특허출원된 것 모두를 일률적으로 심사하는 것이 아니고 출원 후 3년 내[39]에 심사청구의 절차를 밟는 출원에 관해서만 심

39) 특허출원을 심사받기 위해서는 특허출원일부터 5년 이내에 출원심사의 청구를 하도록 함

사하고 그렇지 아니한 출원은 취하한 것으로 간주하는 제도로서 모든 출원을 심사하는 종래의 방식과 달리 상당수의 출원이 심사의 대상에서 제외되어 전체로서 심사의 촉진에 기여하게 된다.

◎ 신청에 의한 출원공개제도

우리나라의 출원공개제도에는 출원 후 1년 6월이 지나면 모든 출원을 공개하는 직권에 의한 출원공개제도와 출원 후 1년 6월이 경과하기 전이라도 출원인이 신청하면 공개할 수 있는 신청에 의한 출원공개제도(자발적 조기공개제도)가 있다. 자발적 출원공개제도는 1995년 12월 29일의 법개정으로 신설된 제도이다.

이러한 '자발적 조기공개제도'를 도입한 이유는 특허출원이 공개되기 이전에는 제3자가 무단으로 생산 등의 실시를 하여도 보상금청구권 등의 법적 보호를 받을 수 없는 기존 제도를 보완하기 위한 것이다. 출원이 공개된 경우 출원인은 출원공개 후 설정등록시까지 사이에 업으로서 출원발명을 무단실시한 자에 대하여 법정요건을 갖춘 상태에서 보상금을 청구할 수 있다(특허 65조 2항). 다만, 보상금 청구권의 행사는 특허권의 설정등록이 있은 후이어야 가능하다(특허 65조 3항). 보상금청구권을 행사하더라도 특허권의 행사에 영향을 미치지 아니한다(특허 65조 4항). 보상금청구권은 출원공개 후 특허권 설정등록 사이에서의 실시를 대상으로 하는 것이며, 특허 후 발명은 특허권에 의하여 보호된다.

◎ 우선심사제도, 협조요청제도

(1) 우선심사제도 　특허청장은 출원공개 후 특허출원인이 아닌 자가 업으로서 특허출원된 발명을 실시하고 있다고 인정되거나 긴급처리가 필요하다고 인정되는 것으로서 '대통령령이 정하는 특허출원'에 대하여는 심사관으로 하여금 다른 특허 출원에 우선하여 심사하게 할 수 있다(특허 61조). 이를 우선심사제도라고 한다. '대통령령이 정하는 특허출원'이란 다음과 같다.

1) 방위산업분야의 특허출원
2) 공해방지에 유용한 특허출원
3) 수출촉진에 직접 관련된 특허출원
4) 국가 또는 지방자치단체의 직무에 관한 특허출원
5) 벤처기업육성에 관한 특별조치법 제25조의 규정에 의한 벤처기업의 확인을 받

에 따라 심사청구기간이 길어져 특허발명에 대한 권리확정이 지연되는 문제점이 있다. 2017년 3월 1일 시행 특허법은 국제적 추세에 맞추어 특허출원의 심사청구기간을 특허출원일부터 3년 이내로 단축하여 특허발명에 대한 권리확정이 조속히 이루어질 수 있도록 하고 있다(특허 59조 2항).

은 기업의 특허출원

6) 국가의 신기술개발지원사업 또는 품질인증사업의 결과물에 관한 특허출원

7) 조약에 의한 우선권주장의 기초가 되는 특허출원(당해 특허출원을 기초로 하는 우선권주장에 의하여 외국특허청에서 특허에 관한 절차가 진행중인 것에 한한다)

8) 특허출원인이 특허출원된 발명을 실시하고 있거나 실시준비중인 특허출원

9) 전자거래와 직접 관련된 특허출원

(2) 협조요청제도 특허청장은 특허출원의 심사에 관하여 필요하다고 인정할 때에는 정부기관의 협조요청 및 당해 기술분야의 전문기관 또는 특허에 관한 지식이 풍부한 자에게 선행기술에 대한 자료조사 및 의견의 협조를 요청하거나 의견을 들을 수 있다(특허 58조 2항). 이를 협조요청제도라고 한다.

4. 특허결정

특허출원에 대한 심사는 심사관의 '결정'에 의하여 종료된다. 결정이란 특허출원이 특허요건을 구비하고 있는지의 여부에 대한 심사관의 최종판단으로서 특허성 구비 여부의 확인 행위이다.

결정의 종류에는 "특허성을 부정"하는 '거절결정'과 "특허성을 긍정"하는 '특허결정'이 있으며, 거절결정을 받은 자는 이에 불복하고자 할 경우 법정기간 내에 심판을 청구할 수 있으며 특허결정을 받은 자는 법정절차에 따라 특허권의 설정등록을 하면 '특허권'이 발생된다.

(1) 특허거절결정

'특허거절결정'이라 함은 특허출원에 대해 심사의 결과 법정된 거절이유(특허 62조)가 존재하고, 출원인이 거절이유를 해소하지 못한 경우에 당해 특허출원에 대한 특허성을 부인하는 심사관의 종국적 처분행위를 말한다. 심사관은 거절이유를 발견한 때는 출원인에게 거절이유를 통지함과 동시에 일정기간을 지정하여 의견서 제출기회를 부여하여야 하며(특허 63조), 출원인은 의견서 및 절차보정서를 제출할 수 있다. 그런데 출원인이 거절이유를 해소하지 못하거나, 이것을 제출하지 않고, 심사관도 거절해야 한다고 판단되는 때는 특허거절결정을 한다.

거절결정을 받은 자가 거절결정처분에 대해 불복하고자 할 때는 당해 등본을 송달받은 날로부터 30일 이내에 거절결정불복심판을 청구할 수 있다. 거절결정불복심판을 청구하면 특허심판원 3인 또는 5인의 심판관 합의체에 의하여 거절결정

이 정당한지의 심리가 진행된다. 거절결정불복심판에서도 거절해야 한다고 판단되는 경우에는 거절의 취지로 심결이 내려지며, 이에 대해서는 특허법원에 심결취소의 소를 제기할 수 있다.

거절결정을 받은 자가 법정기간 내에 거절결정불복심판을 청구하지 아니한 때 또는 거절결정불복심판의 심결에 대해 특허법원에 심결취소소송을 제기하지 아니한 경우는 당해 거절결정은 확정되어 더 이상 다툴 수 없게 된다.

(2) 특허결정

거절이유를 발견할 수 없거나 거절이유가 의견서 또는 보정서에 의하여 해소된 경우에는 심사관은 특허결정을 하여야 한다.

◎ 직권보정, 직권재심사와 재심사의 청구

(1) 직권보정(특허 66조의2)

심사관은 특허결정을 할 때에 특허출원서에 첨부된 명세서, 도면 또는 요약서에 명백히 잘못 기재된 내용이 있으면 직권으로 보정할 수 있다. 심사관이 직권보정을 하려면 특허결정의 등본 송달과 함께 그 직권보정 사항을 특허출원인에게 알려야 한다. 특허출원인은 직권보정 사항의 일부 또는 전부를 받아들일 수 없으면 제79조 제1항에 따라 특허료를 납부할 때까지 그 직권보정 사항에 대한 의견서를 특허청장에게 제출하여야 한다. 특허출원인이 위 의견서를 제출한 경우 해당 직권보정 사항의 일부 또는 전부는 처음부터 없었던 것으로 본다. 명백히 잘못 기재된 것이 아닌 사항에 대하여 직권보정이 이루어진 경우 그 직권보정은 처음부터 없었던 것으로 본다.

(2) 직권 재심사 제도의 도입(제66조의3 신설)

심사관이 특허결정을 한 후 명백한 거절이유를 발견한 경우 직권으로 특허결정을 취소하고 그 특허출원을 다시 심사할 수 있도록 하여 하자 있는 특허를 사전에 방지하도록 하되, 권리 보호의 안정성을 위하여 특허권이 설정등록되기 전까지만 특허결정을 취소할 수 있다.

(3) 재심사 청구(특허 67조의2)

특허거절결정을 받은 경우 심사관에게 다시 심사를 받기 위하여는 반드시 특허거절결정 불복심판을 청구하도록 하고 있어 특허출원인으로서는 불가피하게 특허거절결정 불복심판을 청구하여야 하는 불편이 있었다.

2009년 개정 특허법은 재심사 청구제도를 도입하여, 특허거절결정 불복심판을 청구하지 아니하더라도 특허출원서에 첨부된 명세서 또는 도면의 보정과 동시에 재심사를 청구하면 심사관에게 다시 심사를 받을 수 있도록 하고 있다.

5. 특허권의 설정등록

특허권의 설정등록을 받고자 하는 자는 특허료를 납부하여야 한다(특허 79조 1항).[40] 특허료를 납부하거나 특허료가 면제된 때에는 특허청장은 특허원부에 특허권의 설정등록을 하여야 한다. 특허권은 설정등록에 의하여 발생하게 된다(특허 87조 1항). 특허권의 설정등록이 있는 때에는 필요한 사항을 특허공보에 게재한다(특허 87조 3항).

◎ 특허료의 추가납부 등

특허권의 설정등록을 받고자 하는 자 또는 특허권자는 제79조 제2항의 규정에 의한 특허료 납부기간이 경과한 후에도 6월 이내에 특허료를 추가납부할 수 있다(특허 81조 1항). 특허료를 추가납부할 때에는 납부하여야 할 특허료의 2배 이내의 범위에서 산업통상자원부령으로 정한 금액을 납부하여야 한다(특허 81조 2항). 특허료의 납부기간이 경과되었다고 하여 즉시 특허권을 소멸시키면 특허권자에게 너무 가혹할 뿐만 아니라 산업발전에도 지장이 있으므로 특허료의 추납을 인정하고 있는 것이다. 그러나 추납기간 내에도 특허료를 납부하지 않으면 해당출원을 포기한 것으로 보며, 특허권자의 특허권은 특허료를 납부할 기간이 경과한 때에 소급하여 그 특허권이 소멸된 것으로 본다(특허 81조 3항). 한편 2001년 법 개정에 의하여 책임질 수 없는 사유로 추가납부기간에 특허료를 납부할 수 없었을 경우에는 그 사유 종료후에도 납부할 수 있으며, 이 경우 소멸된 특허권을 회복시킬 수 있다(특허 81조의3).
이해관계인은 납부하여야 할 자의 의사에 불구하고 특허료를 납부할 수 있으며, 특허료를 납부한 이해관계인은 납부하여야 할 자가 현재 이익을 받은 한도에서 그 비용 상환을 청구할 수 있다(특허 80조).

6. 특허무효와 특허등록무효심판

일단 특허등록이 된다 하더라도 당해 기술이 특허를 받을 수 없는 것이었던 경우에는 이해관계인 및 심사관은 특허청에 특허권자를 상대방으로 하여 무효심판을 청구할 수 있다. 특허의 무효는 오로지 특허등록무효심판에 의해서만 가능

---

40) 특허권을 설정등록 받고자 하는 자는 특허결정 또는 특허심결등본을 받은 날로부터 3월 이내에 최초 3년분의 특허료를 일시에 납부하여야 한다(징수규칙 7조 4항). 특허권 존속기간 중에는 4년분부터 매 1년분씩 그 전년에 소정의 특허료를 납부하도록 규정하고 있다.

하다. 다만 판례는 "공지공용기술을 포함하는 특허"의 무효인정은 무효심판에 의하지 않고서도 가능하다고 한다. 무효심결이 확정되면 당해 특허는 처음부터 없었던 것으로 된다.

◎ 공지 · 공용기술을 포함하는 특허

등록된 발명특허의 전부가 공지공용인 경우 무효심결 없이 권리범위확인심판이나 일반소송에서 무효를 인정할 수 있느냐는 문제이다. 처음에는 특허권이 등록된 이상 이에 대한 무효심결의 확정이 없는 한 공지공용의 기술사상에 대한 등록이라는 이유로 무효라는 주장을 할 수 없다는 것이 판례(大判 1972.8.22, 72다1025)였으나 1983년 전원합의체판결로 종전 판례를 변경하여 "등록된 특허발명의 전부가 출원당시 공지공용의 것이었다면 그러한 경우에는 특허무효의 심결의 유무에 관계없이 그 권리범위를 인정할 근거가 상실된다는 것은 논리상 당연한 이치라 보지 않을 수 없다"고 판시하고 있다(大判 1983.7.26, 81후56).

◎ 무효심판의 절차 중에서의 정정

2001년 개정 전까지는 무효심판에 있어서 특허의 정정을 하려면 별도로 정정심판을 청구하여야 하나 개정법에서는 무효심판절차 중에 한하여 특허의 정정을 청구할 수 있도록 하고 별도의 정정심판은 이를 청구할 수 없도록 하였다. 이렇게 개정한 이유는 종래 무효심판과 정정심판이 동시에 계류 중일 때에는 정정심판의 심결이 확정되기까지 무효심판의 심리가 통상적으로 중지되어 무효심판의 심리가 지연되었다. 이를 막기 위하여 개정법은 정정심판을 불허하고 무효심판절차에서 정정하도록 하였다. 다만 정정심판이 허용되지 않는 '무효심판의 계속'은 특허심판원에 계속중인 경우에 한정되며, 무효심판이라 하더라도 그에 대한 심결의 취소소송이 법원에 계속중인 경우에는 정정심판은 허용된다.

제4절 특허권

I. 특허권의 발생

특허결정을 받고 특허료를 납부한 후 특허원부(特許原簿)에 등록되면 특허권이 발생한다. 강학상 특허결정으로부터 등록에 이르기까지의 일련의 처분을 특허권부여행위 또는 특허처분이라 하는데,[41] 특허법은 특허등록 전단계일지라도 출원공개 후의 당해 발명의 침해에 대하여는 실시료 상당의 보상금청구의 권리를 부여하고 있다.

특허등록은 특허청에 비치한 특허등록원부에 특허청장이 직권으로 기재하며(특허 85조, 특허 등 14조), 특허청장은 특허권의 설정등록을 하였을 때에는 특허권자에게 특허증을 교부한다(특허 86조). 그것은 부동산등기법상 등기권리증과 유사한 것이라 할 수 있다. 따라서 특허증이 없더라도 그 권리를 주장할 수 있고 제3자가 특허증의 소지인을 특허권자로 잘못 알고 거래했다 하더라도 보호되지 아니함은 물론이다.

II. 특허권의 성질

1. 독점권

특허권은 특허발명을 업으로서 독점적으로 실시할 수 있는 권리, 즉 독점권이다. 따라서 특허권이 특허무효심판 또는 존속기간의 만료 등의 원인으로 소멸

---

41) 특허출원에 대하여 심사관은 특허를 거절할 이유를 발견할 수 없을 때는 특허결정을 하여야 하므로(특허 75조) 특허요건을 갖춘 발명에 대한 특허부여는 행정청의 자유재량이 아니고 기속적 행정행위에 속한다. 그러나 그것이 단순히 발명권의 존재를 인정하는 확인적 · 선언적 행정행위인지 아니면 발명자에게 독점배타권을 생기게 하는 형성적 · 창설적 행정행위인지에 관하여는 다툼이 있다.

할 때까지는 누구의 방해도 받음이 없이 당해 특허발명을 실시할 권리를 독점한다(특허 94조). 이용발명의 경우나 다른 권리(디자인권)와 저촉하는 경우에는 예외이다(특허 98조).

2. 경업권

특허권은 발명이라고 하는 기술적 사상을 객체로 하므로 그러한 사상에 대한 직접의 지배 · 점유라는 관념은 생길 여지가 없고 그러한 기술사상의 산업상의 이용에 대한 지배라는 형태로 나타난다. 즉 특허권은 같은 기술을 이용하는 경쟁업자를 물리칠 수 있는 배타적 효력을 가지므로 영업에 있어서 우월적 · 독점적 지위를 누리게 하여 주는 권리인 점에서 경업적 성질을 가진다.

3. 재산권

특허권은 이러한 기술에 대한 독점권을 산업상의 재산권으로 구성하여 권리의 사용 · 수익 · 처분권능을 인정한다.

4. 공익성

특허에 의한 기술의 독점은 국가산업의 원동력이 되는 기술적 창작을 보호 · 육성 · 장려하기 위한 것이므로 특허권은 실시되지 아니한 독점 또는 영구적인 독점상태를 허용하지 아니한다. 따라서 특허발명의 불실시, 불성실한 실시 등에 대하여 제3자에게 특허권자의 의사에 관계없이 실시권 제도를 마련하고 있고, 권리의 존속기간제도를 두어 일정기간의 독점적 이윤을 보장한 다음에는 당해 특허발명의 기술을 일반의 공유재산(public domain)으로 돌리는 점에서 다른 권리와 다른 취급을 하고 있다.

Ⅲ. 특허권의 효력

특허권은 설정등록에 의해 발생한다(특허 87조 1항). 특허권은 물권과 유사한 권리이며, 대상이 되는 발명을 독점배타적으로 사용 · 수익 · 처분하는 권리이다. 특허권의 효력은 '적극적 효력'(실시권)과 '소극적 효력'(금지권)으로 나눌 수 있지만, 상표권과는 달리[42] 실시권과 금지권의 범위는 중첩되므로 양자를 나누어 논할 실익은 적다.

1. 특허권의 적극적 효력 – 이용권

특허권자는 업으로서 그 특허발명을 실시할 권리를 독점한다. 다만 그 특허권에 관하여 전용실시권을 설정한 때에는 전용실시권자가 그 특허발명을 독점하는 범위에서는 그러하지 아니하다(특허 94조 1항). 특허발명의 실시가 제2조 제3호 나목에 따른 방법의 사용을 청약하는 행위인 경우 특허권의 효력은 그 방법의 사용이 특허권 또는 전용실시권을 침해한다는 것을 알면서 그 방법의 사용을 청약하는 행위에만 미친다(특허 94조 2항). 적극적 효력이란 특허권자가 특허발명의 독점적인 사용 · 수익 · 처분을 하는 권리를 가지는 것을 의미한다. 예컨대, 특허권자는 스스로 실시, 수익을 할 수 있을 뿐 아니라, 제3자에게 실시권 및 질권을 설정할 수 있다. 다만, 특허권자가 공유인 경우에는 일정한 제한이 있다(특허 99조).

특허권은 특허발명을 독점배타적으로 실시할 수 있는 것을 의미한다. 여기서 실시라 함은

ⅰ) 물건의 발명인 경우에는 그 물건을 생산 · 사용 · 양도 · 대여 또는 수입하거나 그 물건의 양도 또는 대여의 청약(양도 또는 대여를 위한 전시를 포함한다. 이하 같다)을 하는 행위이며,

---

42) 상표법에 의하면 상표권자는 등록상표를 지정상품에 사용할 권리를 독점하지만, 이것과 유사한 상표를 지정상품에 사용하거나, 등록상표를 유사상품에 사용하는 권리는 아니다(상표 89조). 그러나 이러한 행위를 타인이 행하는 것은 금지할 수 있다(침해로 보는 행위, 상표 108조 1항 1호). 즉 특허권과는 달리 상표권은 실시권(사용권)과 금지권의 범위가 일치하지 않는다.

ii) 방법의 발명인 경우에는 그 방법을 사용하는 행위 또는 그 방법의 사용을 청약하는 행위이며,

iii) 물건을 생산하는 방법의 발명인 경우에는 그 방법을 이용하여 물건을 생산하거나, 혹은 그 방법에 의하여 생산된 물건을 사용·양도·대여 또는 수입하거나 그 물건의 양도 또는 대여의 청약을 하는 행위를 말한다(특허 2조 3호).

2. 특허권의 소극적 효력 – 금지권

특허발명은 특허권자만이 독점적으로 실시할 수 있으므로 특허권자 이외의 자는 특허권자의 허락 없이는 이를 실시할 수 없다.[43] 소극적 효력이란 정당한 권원 없는 제3자가 특허발명을 업으로서 실시하는 것을 배제할 수 있는 것이다. 구체적으로는 이러한 자의 실시를 배제하기 위한 민사적 구제조치가 있으며, 침해자에게는 형사벌의 적용이 있다.

허락 없이 실시하는 것은 특허권의 침해로 된다. 문제는 특허권자가 가지고 있는 보호범위가 어디까지 인가이다. 이에 대해 특허법 제97조는 "특허발명의 보호범위는 특허청구범위에 기재된 사항에 의하여 정한다"고 규정한다. 본조의 취지는 특허권의 범위를 명시하여 당해 특허의 기술을 이용하는 일반공중에게 그 권리의 한계를 명백히 함과 동시에 발명자가 특허를 청구하지 아니한 것(특허청구범위에 불기재된 것)은 비록 명세서(주로 발명의 상세한 설명)에 기재된 신기술이라도 보호되지 아니한다는 점에 있다. 이 원칙은 오늘날 세계 각국에서 채용되고 있는 보편적인 권리범위해석방법이라고 할 수 있다.

특허의 권리범위에 관한 해석(특허해석이라고 약칭하기도 한다)의 기준이 되는 특허청구범위에 관한 기재는 문서 그 자체가 제1의적 의의를 가지지만 이 문언은 비교적 좁은 범위 내에서 해석이라는 작업을 거쳐 특정된 당해 특허권의 발명내용을 의미한다.

특허청구범위의 기재에 의하여 특허권자가 배타적으로 실시할 수 있는 권리범위와 경업자 내지 일반공중이 자유로 이용할 수 있는 기술범위와의 한계가 명

43) 설사 그가 우연히 특허발명과 동일한 발명을 독립적으로 창작한 경우라도 그러하다. 이 점은 저작권과 다르다.

백해진다. 따라서 특허청구범위의 기재는 누구에게도 일의적으로 객관적인 동일 기준을 제시하도록 명확히 특정되지 않으면 안 된다.

만약 특허의 권리범위 내지 보호범위를 이와 같이 한정하지 아니하면 권리관계가 복잡해지고 혼란을 초래할 뿐만 아니라 무엇이 특허권자의 권리이며, 무엇이 공중의 자유에 속하는 기술인지 불명확하여 침해소송법원에서 판결이 확정될 때까지 침해 여부가 불분명해지므로 법적 안정성을 크게 해치게 된다.

3. 특허권 효력의 제한

독점배타권인 특허권도 산업정책적 견지, 공평의 견지, 공익보호적 견지에서 일정한 경우에 그 효력을 제한받는 경우가 있다. 특허권효력의 제한에는 적극적 효력에 대한 제한, 즉 특허권자 스스로 실시할 수 없는 경우와, 소극적 효력에 대 한 제한, 즉 타인의 실시를 인정하는 경우가 있다.

(1) 적극적 효력(이용권)의 제한

1) 타인의 선출원 특허발명 등과 이용 · 저촉관계에 있는 경우　특허발명이 선출원된 타인의 특허발명 · 등록실용신안 · 등록디자인(이에 유사한 디자인)을 이용하거나 디자인권 또는 상표권과 저촉되는 경우에는 특허권자 · 실용신안권자 등의 동의를 얻거나 통상실시권허여심판에 의하지 아니하고는 자기의 발명을 업으로서 실시할 수 없다(특허 98조).

특허발명은 특허권자가 그 실시를 독점할 수 있는 것이 원칙이다. 그러나 기술은 누적 진보하는 것이므로 타인의 선원인 특허발명을 이용하여 개량 등을 한 발명이 특허될 수 있으며, 무체재산권의 특성상 동일한 객체에 특허권과 디자인권 등이 함께 성립할 수 있다. 선원과 후원이 이용 · 저촉관계에 있을 때, 후원특허권자의 자유로운 실시를 인정하면 선원권리자의 이익을 부당하게 해하게 된다. 따라서 선원권리자의 이익을 해하지 않도록 하기 위하여, 선원우위 원칙에 따라 후원권리자의 실시를 제한하여, 권리관계의 조정을 도모할 필요가 있다.

법은 이용관계가 있는 것으로서 타인의 특허발명 · 등록실용신안 · 등록디자인을 예정하고 있다. 특허발명은 실용신안법의 보호대상인 고안과 발명은 모두 '기술적 사상의 창작'이라는 점에서, 등록실용신안을 이용하는 경우가 있기 때문이다. 또한 디자인보호법의 보호대상인 디자인은 물품의 미적 형태이지만, 물품에 관한 '창작'인 점에서 발명과 공통점이 있다. 따라서 발명이 디자인을 이용하는 경우가 있게 된다.[44)]

그리고 저촉관계가 있는 것으로서 타인의 디자인권, 상표권을 예정하고 있다. 실용신안권과 특허권이 서로 저촉하는 경우에는 거절되기 때문에, 저촉관계를 예정할 필요는 없다. 디자인권, 상표권에 대해서는 질적으로 다른 것을 보호대상으로 하고 있기 때문에 선원여부를 판단하지 않으며, 적법하게 권리가 병존하게 되기 때문에 조정할 필요가 있다.

◎ 특허 · 실용신안 · 디자인의 상호저촉

특허권자는 자기의 특허발명이 그 특허출원일 전에 출원된 타인의 등록디자인과 저촉되는 경우에는 그 디자인권자의 동의를 얻거나 실시권을 허여받지 아니하고는 이를 실시할 수 없고(특허 98조, 138조), 디자인권자는 자기의 등록디자인이 그 디자인등록출원일 전에 출원된 타인의 특허발명과 저촉되는 경우에는 그 특허권자의 동의를 얻거나 실시권을 허여받지 아니하고는 이를 실시할 수 없는(디자인 45조 1항, 70조) 관계에 있다.

특허법과 실용신안법은 특허와 실용신안을 동질의 것으로 보아 특허출원과 실용신안등록출원을 선원주의원칙에 따라 선후원을 심사하므로(특허 36조 2항, 실용 7조 2항) 양자 사이에 저촉관계는 있을 수 없고 저촉되는 경우에는 이중특허(double patent)와 같은 원리에 의해 해결된다(그러나 이는 논리 필연적인 것이 아니고 독일처럼 양자의 병존을 인정하는 경우도 있다). 즉 후원의 것은 무효심판에 의하여 무효로 되므로(특허 133조 1항 1호, 실용 32조 1항 1호), 이론상 특허권과 실용신안권의 저촉에 관하여는 이를 규정할 필요가 없다.

2) 전용실시권을 설정한 경우　　전용실시권을 설정한 경우에는 그 설정된 범위 내에서는 특허권자도 실시할 수 없다(특허 94조 단서).

3) 공유자 · 질권자와 특약이 있는 경우　　특허권이 공유인 경우, 특허권에 질권이 설정된 경우에도, 원칙적으로 자유로이 실시할 수 있다. 그러나 실시할 수 없다는 취지의 특약이 있을 때는 실시가 제한된다. 왜냐하면 이러한 계약체결은 자유이기 때문이다. 만일 실시된 경우에는 계약위반이 된다.

---

44) 디자인의 대상인 핸들을 이용한 핸들이 부착된 자전거에 관한 특허발명이 그 예이다.

4) 공익적 이유가 있는 경우　약사법의 규정에 의한 품목허가를 받아야 하는 의약품의 발명이나 또는 농약관리법의 규정에 의하여 등록을 받아야 하는 경우에는 그 허가 등을 위하여 활성, 안정성 등의 시험을 필요로 하므로 특허청구범위에 기재된 특허발명이라도 타 법률에 의하여 실시가 제한된다. 다만, 이 경우는 존속기간이 연장될 수 있다.

(2) 소극적 효력(금지권)의 제한

1) 특허권의 효력이 미치지 않는 범위(특허 96조)　특허권자는 업으로서 특허발명을 실시할 권리를 독점하지만 이러한 독점권도 일정한 경우에는 제한을 받게 된다. 특허법은 발명을 보호 · 장려하고 그 이용을 도모함으로써 기술의 발전을 촉진하여 산업발전에 이바지하고자 하는 것을 목적으로 하고 있으므로, 특허법은 산업정책적 측면과 공공의 이익 및 공평의 원칙에서 일정한 범위 내에서 특허권의 효력을 제한한다.

(가) 연구 또는 시험을 하기 위한 특허발명의 실시(1호)　기술진보를 위한 것을 목적으로 하는 연구 또는 시험은 산업발전에 이바지하는 것이고 특허권자의 이익도 크게 해치지 않기 때문에 특허권의 효력이 미치게 하는 것은 타당하지 않다. 따라서 시험 또는 연구를 하기 위한 특허발명의 실시는 특허와 관련된 물의 생산 · 사용 · 양도 등을 목적으로 하는 것이 아니고 기술을 다음 단계로 발전시키는 것을 목적으로 하므로 특허권의 효력이 제한된다. 2010년 개정 특허법은 특허권의 효력이 미치지 않는 연구 또는 시험의 범위에 「약사법」에 따른 의약품의 품목허가나 품목신고 및 「농약관리법」에 따른 농약의 등록을 위한 연구 또는 시험이 포함됨을 명확히 규정하였다.

한편, 연구 · 시험을 위한 실시는 그 시험 또는 연구를 위하여 하는 실시에 대해서만 효력이 제한되며, 시험 또는 연구의 결과로 생산된 물을 판매하거나 연구 · 시험 이외의 목적에 사용하는 경우는 특허침해가 된다.

(나) 국내를 통과하는 데 불과한 선박 · 항공기 · 차량 또는 이에 사용되는 기계 · 기구 · 장치 기타의 물건(2호)　국제교통편의를 고려하여, 특허권의 효력이 미치지 않도록 규정하고 있다. 산업재산권 보호에 관한 파리조약 제5조의3에도 동일한 취지의 규정이 있다.

(다) 특허출원당시부터 국내에 있는 물건(3호)　출원시에 존재하는 물건에

까지 특허권의 효력이 미치는 것은 가혹하다는 이유에서, 기존 상태의 보호를 위한 규정이다. 본 규정에 의하여 특허권의 효력이 미치지 아니하는 것은 출원시부터 존재하는 물건 그 자체에만 한정되고, 그 물건의 소유자는 선사용권을 취득한 경우가 많기 때문에 이 규정이 적용될 여지는 적은 편이다.

㈑ 조제행위(2항)　2 이상의 의약을 혼합함으로써 제조되는 의약의 발명 또는 2 이상의 의약을 혼합하여 의약을 제조하는 방법의 발명에 관한 특허권의 효력은 약사법에 의한 조제행위 및 그 조제의 의한 의약에는 미치치 아니한다.[45] 처방전은 의사 등이 질병에 적절한 약효를 기대하고 조제를 지시하는 것이므로 특허권과 저촉하는 지의 여부를 판단하는 것은 곤란하며, 의사 등의 조제행위는 국민의 건강회복에 중요한 역할을 하는 것이므로, 특허권의 효력을 미치게 하는 것은 타당하지 않기 때문이다.

2) 통상실시권이 존재하는 경우　특허권에 각종 실시권이 존재할 때에는 특허권자는 그 자의 실시를 인정하여야 한다.

◎ 법정실시권에 의한 제한

(1) 서 언　특허법은 국민경제상 필요하거나 특허권자와 제3자의 이익조정이 필요한 경우에 법률의 규정에 의하여 제3자에게 통상실시권을 부여하는 제도를 두고 있으므로 이러한 경우 반사적으로 특허권은 제한을 받게 된다.
현행법상 법정실시권이 인정되는 경우는 다음과 같다.

1) 직무발명에 있어서 사용자 등의 실시권(발명진흥법 10조 1항)
2) 선사용자의 실시권(선사용권)(특허 103조)
3) 특허권의 이전청구에 따른 이전등록 전의 실시에 의한 통상실시권(제103조의2)
4) 무효심판청구등록 전의 권리자의 실시권(중용권)(특허 104조)
5) 디자인권의 존속기간만료 후의 실시권(특허 105조)
6) 질권실행의 경우 특허권자의 실시권(특허 122조)
7) 재심청구등록 전의 선의실시자의 실시권(후용권)(특허 182조, 183조)

앞의 1) 2)는 무상으로 실시할 수 있는 경우이고 3) 4) 6)은 유상으로 실시할 수 있는 경우이다. 5) 7)은 무상으로 실시할 수 있는 경우와 유상으로 실시할 수 있는 경우가 병존한다. 이하 선사용권, 중용권, 디자인권의 존속기간만료 후의 실시권, 후용권에 대해 간단히 살펴보는 것으로 한다(직무발명에 대해서는 후술하기로 한다).

---

45) 따라서 2 이상의 의약을 혼합하지 아니하여 제조되는 의약발명 또는 의약 제조방법발명에 대한 특허권의 효력은 약사법에 의한 조제행위라 할지라도 특허권의 침해가 된다.

(2) 선사용권　특허출원시에 그 특허출원된 발명의 내용을 알지 못하고 그 발명을 하거나 그 발명을 한 자로부터 지득하여 국내에서 그 발명의 실시사업을 하거나 그 사업의 준비를 하고 있는 자는 그 실시 또는 준비를 하고 있는 발명 및 사업의 목적의 범위 안에서 그 특허출원된 특허권에 대하여 통상실시권을 가지며(특허 103조) 이와 같은 발명의 선사용자에 대하여 주어지는 법정실시권을 강학상 선사용권이라 한다. 선의로 특허의 대상인 발명을 점유하는 자에게 무상실시권을 준다고 하는 이 제도는 원래 특허보호는 최선의 발명자 아닌 최초의 출원인에게 주어진다고 하는 특허법상 선원주의원칙의 냉혹함을 어느 정도 완화시켜 주기 위한 것으로 독일, 프랑스, 일본 등 세계 여러 나라에서 채용하고 있다.

(3) 무효심판청구등록 전의 권리자의 실시권(중용권)　특허 등이 무효원인이 있음에도 불구하고 잘못 부여되었거나(예컨대 이중특허) 정당하게 권리가 부여되었으나 후에 무효원인이 발생한 경우(예컨대 외국인특허권자가 권리능력을 상실케 된 때 —특허 133조 1항 4호) 그 특허권 · 실용신안권에 무효원인이 있음을 알지 못하고 무효심판청구의 등록(예고등록) 전에 그 발명 또는 고안에 관한 실시사업을 하거나 사업준비를 하고 있는 자는 이들 권리가 무효로 된 때에 현존하는 동일의 발명 · 고안에 관한 특허권, 실용신안권 등에 관하여 통상실시권을 가진다(특허 104조). 특히 특허가 잘못 부여된 경우는 어느 의미에서 국가의 잘못이기도 하며 권리자로서도 예측하기 어렵기 때문에 자기의 권리를 신뢰하여 사업을 벌여 놓거나 사업준비를 갖춘 선의의 중간사용자를 보호하기 위한 제도로서 강학상 중용권이라고 한다.

(4) 디자인권의 존속기간만료 후의 실시권　특허출원일 전 또는 특허출원일과 같은 날에 출원되어 등록된 디자인권이 비록 특허권과 저촉하더라도 그 디자인권자는 특허권자로부터 아무런 제약을 받음이 없이 자유롭게 자기의 등록디자인을 실시할 수 있지만 그 디자인권의 존속기간이 만료되어 소멸한 후에 실시사업을 계속하면 특허권을 침해하는 것으로 된다. 그렇게 되면 종래 계속하여 오던 디자인권자나 디자인권자로부터 실시권을 부여받은 자의 사업은 하루아침에 괴멸되어 버려 본인에게 너무 가혹할 뿐만 아니라 국가산업상으로도 불이익한 것이므로 특허법은 이러한 자에게 유상의 법정실시권을 주어 불합리를 구제하려고 한다(특허 105조). 이 중 종전의 디자인권자는 무상으로 실시할 수가 있고 디자인권자로부터 실시권을 부여받은 자는 상당한 대가를 지급하여야 한다(특허 105조 3항 참조).

(5) 재심청구등록 전의 선의실시자의 실시권(후용권)　ⅰ) 재심에 의하여 특허권이 회복되거나(특허 181조 1항 1, 3호), ⅱ) 권리범위에 속하지 아니한다는 심결이 재심에 의하여 번복된 경우(특허 181조 1항 2호) 기존 시설의 존중이라는 국민경제적 · 산업정책적 이유에서 특허법은 선의실시자에게 법정실시권을 부여하고 있다(특허 182조, 183조). 이 중 위 ⅰ)의 경우(특허 182조)는 무상으로 실시할 수 있으나 ⅱ)의 경우(특허 183조)는 특허권자 등에게 상당한 대가를 지급하여야 한다.

◎ 강제실시권에 의한 제한

특허에 의한 독점권의 부여는 국가의 산업발전을 꾀하려는 데 있으므로 특허발명을 실시할 공익적 필요가 있는 경우, 특허권자의 의사와 관계없이 실시권을 허여하는 강제실시제도가 여러 나라의 특허법에 채택되고 있다.

우리법상 강제실시가 허용되는 경우로는 ⅰ) 국방상 필요한 경우나 공공의 이익을 위하여 비상업적으로 실시할 필요가 있는 경우, ⅱ) 특허청장의 재정을 통해 이용하는 경우, ⅲ) 통상실시권의 허여심판을 통해 이용하는 경우가 있다.

■ 재정(裁定)을 통한 강제실시

재정이 허용되는 경우는 다음과 같다.

1) 특허발명이 천재 · 지변 기타 불가항력 또는 대통령령이 정하는 정당한 이유 없이 계속하여 3년 이상 국내에서 실시되고 있지 아니한 경우(특허 107조 1항 1호)

2) 특허발명이 정당한 이유 없이 계속하여 3년 이상 국내에서 상당한 영업적 규모로 실시되지 아니하거나 적당한 정도와 조건으로 국내수요를 충족시키지 못한 경우(특허 107조 1항 2호)

3) 공공의 이익을 위하여 특히 필요한 경우(특허 107조 1항 3호)

4) 사법적 절차 또는 행정적 절차에 의하여 불공정거래행위로 판정된 사항을 시정하기 위하여 특허발명을 실시할 필요가 있는 경우(특허 107조 1항 4호)

5) 자국민 다수의 보건을 위협하는 질병을 치료하기 위하여 의약품(의약품생산에 필요한 유효성분, 의약품사용에 필요한 진단키트를 포함한다)을 수입하고자 하는 국가(이하 '수입국'이라 한다)에 그 의약품을 수출할 수 있도록 특허발명을 실시할 필요가 있는 경우(특허 107조 1항 5호)

▲ 의약품 수출을 위한 경우의 강제실시

특허법 제107조 제1항 제5호는 2005년 5월의 개정법을 통하여 도입된 조항이다. 이 조항은 국제사회의 인도주의적 조치에 능동적으로 참여하기 위한 것이다. 즉 세계무역기구(WTO)에서는 최빈국 등의 공중보건문제 해결을 위한 의약품 접근권을 확대하기 위하여 「무역관련 지적재산권에 관한 협정(TRIPs협정)」상의 특허권의 강제실시에 관한 일부규정의 효력을 변경하여 의약품을 수출하거나 수입할 수 있도록 결정문을 채택하였고, 이번 개정법에서는 이러한 결정문을 반영하였다. 빈곤개발도상국의 국민 다수의 보건을 위협하는 질병—예컨대 AIDS—을 치료하기 위한 의약품 수출을 위한 강제실시의 내용은 다음과 같다.

1) 생산된 의약품 전량을 수입국에 수출할 것

여기서 말하는 의약품은 다음 각호의 어느 하나에 해당하는 것을 말한다.

i) 특허된 의약품
ii) 특허된 제조방법으로 생산된 의약품
iii) 의약품 생산에 필요한 특허된 유효성분
iv) 의약품 사용에 필요한 특허된 진단키트

2) 당해 특허발명을 실시함으로써 발생하는 수입국에서의 경제적 가치를 참작하여 권리자에게 상당한 대가가 지급될 수 있도록 할 것.

3) 수입국은 세계무역기구회원국 중 세계무역기구에 다음 각호의 사항을 통지한 국가 또는 세계무역기구회원국이 아닌 국가 중 대통령령이 정하는 국가로서 다음 각호의 사항을 대한민국정부에 통지한 국가에 한한다.

i) 수입국이 필요로 하는 의약품의 명칭과 수량
ii) 국제연합총회의 결의에 따른 최빈개발도상국이 아닌 경우 당해 의약품의 생산을 위한 제조능력이 없거나 부족하다는 수입국의 확인
iii) 수입국에서 당해 의약품이 특허된 경우 강제적인 실시를 허락하였거나 허락할 의사가 있다는 그 국가의 확인

◎ 표준화와 FRAND 조항

"기술표준은 기술간 호환성을 높여 경제적 효율성을 창출하고, 관련 기술의 이용과 개발을 촉진시킨다는 점에서 산업 정책적으로 그 필요성이 강조된다. 그러나 기술표준은 관련 시장에서 막대한 영향력을 행사할 수 있게 되고, 일단 표준으로 선정된 기술을 다른 기술로 대체하는 데는 상당한 전환비용이 소요되어 이러한 영향력은 장기간 지속될 수 있다. 특히 기술표준이 배타적 · 독점적 특성을 갖는 특허권으로 보호받는 경우에는 관련 시장에 심각한 공정거래 저해효과를 초래할 수도 있다. 이러한 문제를 해결하기 위해 많은 표준화 기구들은 기술표준 선정에 앞서 관련된 특허 정보를 미리 공개하도록 하고, 기술표준으로 선정될 기술이 특허권으로 보호받는 경우에는 공정하고, 합리적이며, 비차별적인(FRAND: Fair, Reasonable And Non-Discriminatory) 조건으로 실시허락할 것을 사전에 협의하도록 하고 있다. 이와 같은 특허 정보 공개와 실시조건 협의 절차는 기술표준으로 선정된 특허권의 남용을 방지한다는 측면에서 그 필요성이 강조되며, 해당 절차의 이행 여부는 기술표준과 관련된 특허권 행사의 부당성을 판단할 때 중요한 고려사항이 된다."[46]

3) 재심에 의해 회복한 특허권의 효력제한(특허 181조)　　무효 등으로 인해 소멸한 특허권이 재심에 의해 회복한 경우 무효심결이 확정된 후부터 재심청구등

46) 지식재산권의 부당한 행사에 대한 심사지침(개정 2010.3.31. 공정거래위원회 예규 제80호), III. 3.

록 전까지의 실시는 침해를 구성하는 것이 된다. 그러나 그 발명이 특허권의 구속으로부터 해방된 것이라 믿고 실시한 자가 소급하여 침해자로 되는 것은 공평의 원칙에 반한다. 따라서 선의로 실시한 자의 실시는 특허권의 효력이 제한되어 침해가 되지 않는다(특허 181조).

4) 존속기간이 연장된 특허권 효력의 제한(특허 95조) 특허권의 존속기간이 연장된 특허권의 효력은 그 연장등록의 이유가 된 허가 또는 등록의 대상물건에 관한 그 특허발명의 실시행위 외에는 미치지 아니한다. 또한 그 허가 등의 대상물건이 특정의 용도가 정해져 있는 경우에는 그 용도에 사용되는 물건의 실시에만 미친다.

Ⅳ. 존속기간 및 존속기간연장제도

특허권은 설정등록에 의하여 발생하므로 실제로 특허권이 존속하는 기간은 '설정등록시'부터 '출원일의 다음날로부터 20년이 되는 날'까지이다(특허 88조 참조).[47] 여기서 '출원일'이란 원칙적으로 출원서가 특허청에 도달한 날을 말하지만, 다음과 같은 출원일의 예외가 있다. 우선, 우편에 의한 경우는 발신주의를 채택하고 있다(특허 28조 2항). 분할출원의 경우는 원출원일부터(특허 52조 2항), 조약우선권 주장출원의 경우에는 우리나라 출원일부터(특허 54조), 국내우선권주장출원의 경우에는 후출원일부터(특허 55조), PCT에 의한 국제특허출원의 경우는 국제출원일부터(특허 194조) 기산한다. 또한 정당권리자의 특허권의 존속기간은 무권리자의 특허출원일의 다음 날부터(특허 88조 2항) 기산한다. 존속기간의 말일이 휴일인 경우에도 그 말일에 만료한다.

47) 권리관계를 나타내면 다음과 같다.

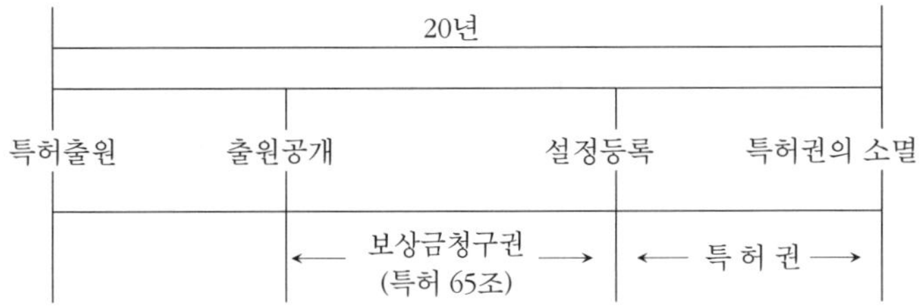

다만 의약품 · 농약품의 분야에서는 그 특허발명을 실시하기 위하여 다른 법령에 의한 허가 · 등록을 하여야 하고, 그 허가나 등록을 위해서는 活性이나 安定性 실험을 위하여 시간이 소요되기 때문에 이러한 불이익을 실제적으로 보상하기 위하여 특허권존속기간 연장제도가 마련되어 있다. 존속기간의 연장은 특허권자의 신청에 의하여 '실시할 수 없었던 기간'에 대하여 5년의 범위 내에서 허용된다(특허 89조 1항). 다만, 특허권자에게 책임있는 사유로 소요된 기간은 그 '실시할 수 없었던 기간'에 포함되지 아니한다(특허 89조 2항).

또한 특허출원인으로 인한 사유가 아닌 사유로 특허출원에 대하여 특허출원일부터 4년과 출원심사 청구일부터 3년 중 늦은 날보다 지연되어 특허권의 설정등록이 늦게 이루어지는 경우 특허출원인의 청구에 따라 그 지연된 기간만큼 특허권의 존속기간을 연장할 수 있다(특허 92조의2부터 92조의5).

V. 특허권의 이용

특허권자는 당해 발명을 스스로 실시하여 이익을 얻을 수 있다. 그러나 단독으로 기업화할 의사나 경영능력, 설비, 자본 등이 없으면 이를 타인에게 양도하고 그 대가를 취득할 수도 있으며 타인에게 사용허락을 한 후 로열티(실시료)를 받을 수도 있다. 최후의 방법인 사용허락에는 허락을 받은 타인이 계약에서 정한 범위 안에서 독점적으로 지배 · 이용할 수 있는 전용실시권과 그렇지 아니한 통상실시권이 있다.

전용실시권이란 특허권자 이외의 자가 설정행위로 정한 범위 내에서 특허발명을 독점적으로 실시할 수 있는 권리를 말한다(특허 100조 1항). 이것은 특허발명의 재산적 활용을 도모하기 위하여 제3자에게 실시케 하는 것이므로, 설정범위(기간, 내용, 지역) 내에는 특허권자일지라도 실시할 수 없다.[48]

통상실시권은 배타성이 없는 채권적 권리이므로 실시권의 설정 후에도 특허권자는 스스로 실시할 수도 있고 동일한 내용의 통상실시권을 다른 자에게 허락할 수도 있으며, 전용실시권을 설정할 수도 있다. 통상실시권이란 특허권이외의

48) 특허권자가 발명을 실시하기 위해서는 전용실시권자로부터 통상실시권 허락을 받아야 한다.

자가 허락 등에 의하여 특허발명을 실시할 수 있는 권리를 말한다(특허 102조). 특허권자의 허락에 의한 경우를 '허락에 의한 통상실시권'이라 하고, 법정사유에 의하여 발생하는 권리를 '법정실시권'이라 한다. 또한 특허권자의 의사와는 관계없이 특허청장 등의 재정에 의하여 강제적으로 제3자에게 설정되는 경우를 '강제실시권'이라고 한다. 통상실시권은 전용실시권과는 달리 독점적으로 실시할 수 있는 권리는 아니고(특허 102조 2항), 특허권자의 실시는 제한되지 않는다. 그러나 허락된 범위나 법정 · 재정의 범위에 대해서는 특허권자는 통상실시권자의 실시를 금지할 수 없다.

◎ 특허권의 담보권 설정

특허권, 전용실시권 및 통상실시권은 질권의 목적으로 할 수 있지만(특허 121조), 특허를 받을 수 있는 권리에는 질권을 설정할 수 없다(특허 37조 2항). 이 질권은 질권이라는 명칭에도 불구하고, 질권자는 계약으로 특별히 정함이 없는 한 특허발명을 실시할 수가 없다(특허 121조).[49] 질권 이외의 특허권 담보화의 방법으로는 양도담보,[50] 가등기담보,[51] 재단저당[52] 제도의 이용 등이 있다.

◎ 특허권 이전청구제도(특허 99조의2)

무권리자가 특허출원을 하여 특허를 받은 경우 정당한 권리자는 무권리자의 특허를 무효로 한다는 심결을 받은 후 별도로 특허출원을 하여 특허권을 취득할 수 있었으나, 2017년 3월 시행 특허법은 정당한 권리자가 무권리자의 특허권 이전을 법원에 청구하고 법원의 판결을 받아 무권리자의 명의로 설정등록된 특허권을 이전등록하는 방법으로도 특허권을 취득할 수 있게 함으로써 정당한 권리자의 편의를 도모하고 있다.

---

49) 이 점에서는 민법에 규정한 질권(민법 329조 이하)보다는 오히려 담보권설정 후에도 권리자의 사용계속을 허용하는 저당권(민법 356조 이하)에 유사하다.

50) 양도담보는 계약체결과 동시에 목적물의 소유권을 채권자에게 이전하는 형식을 취하는 것이다.

51) 가등기담보는 장래 채무불이행이 있는 때에 목적물의 소유권을 채권자에게 이전하는 형식을 취하는 것이다.

52) 재단저당이란 기업경영을 위하여 토지, 건물, 기계, 지적재산권 등을 일괄하여 1개의 재단으로 하여, 그 위에 저당권을 설정한 것을 말한다.

VI. 특허권자의 의무

특허권자에게는 특허실시의무와 특허권의 남용금지의무, 특허료 등의 납부의무(특허 79조), 특허발명실시보고의무(특허 125조) 등이 있다. 여기서는 전 2자에 대해서만 알아본다.

1. 특허실시의무

일반적으로 특허권자는 자기의 특허발명을 스스로 또는 제3자에게 실시허락을 주어 실시하려고 노력하는 것이 보통이지만 권리자가 실제로 권리를 실시하지 않고 있는 경우에는 다른 일반의 권리처럼 그대로 방임하여 둘 수가 없다. 왜냐하면 특허권은 배타적인 독점권이므로 다른 사람의 영업자유(기술경쟁)를 배제하는 점에서 일종의 사적 독점이며 이들 독점권의 존재에 의하여 다른 영업자는 경업을 제한받는다.

이러한 배타적인 방해적 작용은 원래 국가산업발전을 위하여 특허권자의 권리행사에 일정한 독점적 이익을 허용한다는 취지이지 스스로 권리를 행사하지 아니하는 자에게는 이를 인정할 근거가 없을뿐더러 발명의 불실시에 의하여 사회는 아무런 이익도 받지 못하기 때문이다. 따라서 세계 각국의 특허법은 특허발명의 적당한 실시를 확보하기 위한 법적 수단을 강구하고 있고 우리 특허법도 같다.

특허권의 실시를 강제하는 방법으로는 강제실시허락과 권리의 취소의 두 제도가 있다.

연혁적으로 보면 영국은 불실시 또는 불성실한 실시에 대하여 제3자의 청구에 의하여 제한적으로 실시허락(compulsory license)을 주는 제도를 취하였고, 독일 · 프랑스 등은 취소제도를 채용하여 왔으나 영국에서는 1908년 취소제도를 채용하였고, 독일에서는 1911년 강제실시제도를 채용하여 이 두 가지 제도를 모두 갖추고 있다. 그러나 프랑스는 1953년에, 일본은 1959년에, 우리는 2011년에 법개정을 통하여 취소제도를 폐지하고 강제실시권제도만 채용하였다.

2. 특허권의 정당실시의무 — 독점규제법 등과의 관계

특허권도 권리행사에 관한 일반원칙에 따라 신의에 좇아 성실하게 행사되어야 하고 이를 남용하여서는 안 될 것임은 두말 할 나위도 없을 것이나(민법 2조), 특허법의 영역에서 특히 이 문제가 강조되는 것은 특허발명에 대한 독점권이 물건에 관한 배타적 지배와 달리 타인의 경업을 배제함으로써 오늘날 자본주의경제질서의 해악으로 간주되고 있는 사적 독점을 나라에서 보장한다는 점에 근거한다.

특허권의 불성실한 실시 또는 우월적 지위를 이용한 특허권자의 독점권의 남용에 대하여는 이를 특히 규제할 필요가 크므로 세계 여러 나라는 특허법에서 또는 독점규제법 등으로 이를 적절하게 규제하기 위한 입법조치를 취하고 있다.

우리 특허법은 다음과 같은 경우에 특허발명의 불성실한 실시가 있다고 본다.

i) 특허발명이 정당한 이유 없이 계속하여 3년 이상 국내에서 상당한 영업적 규모로 실시되지 아니하거나 적당한 정도와 조건으로 국내수요를 충족시키지 못한 경우(특허 107조 1항 2호)

ii) 특허권의 행사가 사법적 절차 또는 행정적 절차에 의하여 불공정거래행위로 판정된 경우(특허 107조 1항 4호)

이상과 같은 특허발명의 불성실한 실시가 있는 경우에는 이해관계인의 신청에 의하여 특허청장이 재정을 통해 통상실시권을 타인에게 허여할 수 있고 통상실시권을 허여하는 경우에는 대가에 관하여도 결정한다.

한편 특허권자의 우월적 지위를 이용한 권리남용의 경우에 해당한다고 보여지는 예로는,

i) 특허품의 제작에 필요한 원자재나 부품을 특허권자 또는 그가 지정하는 자로부터 구입할 것을 강제하는 경우

ii) 판매지역을 국내에만 한정하고 다른 나라로의 수출을 금지하는 경우(특허권 독립의 원칙에 따라 수출행위에는 특허권의 효력이 미치지 아니하므로 이를 금지시키는 약정은 특허권의 권리범위에 속하지 아니하는 권리를 부당하게 주장하는 경우에 해당하게 된다)

iii) 특허권의 존속기간만료 후에 실시료지급의무 등 제한을 가하는 경우

iv) 실시권자가 한 개량발명의 특허권을 특허권자에게 귀속하게 하는 경우

v) 실시권자의 재판매가격을 지정하는 경우

vi) 경쟁관계에 있는 사업자의 제품 또는 기술의 사용을 금지시키는 경우 등을 생각할 수 있다.

이상과 같이 특허권자의 우월적 지위를 이용한 불공정한 계약관계를 강요하는 경우는 일반적으로는 실시허락의 부당한 거부는 아니라고 하겠지만 적어도 특허법상의 정당한 권리행사는 아니므로 독점규제 및 공정거래에 관한 법률에 의한 제한을 받는다고 함이 타당할 것이다.

제5절 특허권의 침해

Ⅰ. 개 설

'특허권의 침해'란 특허발명을 실시할 정당한 권원 또는 권한이 없는 자가 타인의 특허발명을 업으로서 실시하는 행위를 하거나 소위 간접침해행위를 하는 것을 말한다. 특허권자는 업으로서 그 특허발명을 실시할 권리를 독점한다(제94조). 특허권의 효력이 미치는 객관적 범위는 '특허발명의 보호범위'라 한다. 제3자가 정당한 권원 없이 업으로서 특허발명의 보호범위(기술적 범위)에 속하는 물건 내지 방법에 대해서 생산, 사용, 양도 등 제2조 3호의 각호에 해당하는 행위를 하면 특허권 침해가 된다.

특허권은 특허발명을 업으로서 실시할 권리를 독점하는 재산권이다(특허 94조). 제3자가 특허발명을 제조 · 판매하면 특허권자의 독점성이 침해된다. 그래서 제3자의 침해행위가 있을 때에는, 그 독점성을 유지하기 위하여 특허권자에게 여러 가지 구제조치가 인정되고 있다. 즉 특허권은 독점배타적인 재산권이므로 그 침해에 대하여는 민법의 일반원칙에 따라 그 침해의 제거 · 예방을 청구할 수 있으므로 손해배상 · 부당이득반환 · 준사무관리의 법리에 의하여 구제를 받을 수도 있다. 특허법은 이에 관한 몇 개의 조항을 두고 있으나 산업재산권의 특수성에 비추어 그 규제가 충분하다고는 할 수 없다.

그런데, 이러한 권리침해에 대한 구제조치는 원칙적으로 민법에서 규정한다. 특허권침해도 민법의 원칙에 따라서 구제된다. 그러나 특허권은 권리의 객체가 무체물이라는 특수성을 가지고 있다. 민법은 주로 권리의 객체가 유체물인 것을 예정하고 있기 때문에, 특허권침해에 대해서는 민법의 규정만으로는 충분하지 않다. 따라서 특허법은 특허권침해에 대한 구제조치로서 특허권자의 보호를 위한 특별규정들을 두고 있다. 즉, ⅰ) 간접침해의 인정(특허 127조), ⅱ) 생산방법의 추정 또는 과실(특허 129조, 130조), ⅲ) 손해액의 추정(특허 128조) 등이 그러한 규정이다.

특허권자로서는 민사소송에 호소하기 전에 자기 특허권의 유효성 · 침해여부 등에 관한 충분한 사전조사(전문가의 감정 또는 권리범위확인심판 등)를 하여 두어야 신속한 법의 보호를 받을 수 있다. 특허침해를 입증하지 못하면 부당가처분에 의한 손해배상을 하여야 할 뿐만 아니라 경우에 따라서는 형사상 명예훼손 · 업무방해죄 등을 구성하게 되는 일도 있다. 특허권자로부터 침해를 중지하라는 내용의 경고문(소송의 전단계로 흔히 행하여진다)을 받거나 제소를 당한 상대방으로서는 화해를 시도하거나 소송에 대응할 수 있는 대책을 강구하여야 한다. 당해 특허권에 대한 문헌을 조사하여 특허권의 무효심판 내지 권리범위확인심판을 제기하거나 특허권의 권리범위에 속하는지의 여부에 대한 변리사 등 전문가의 감정을 받아 두는 방법 등이 통상적으로 행하여지며 이 밖에도 선사용권 등 법정실시권이 존재하는지의 여부 등에 대하여도 조사할 필요가 있다.

II. 특허권침해의 성립요건 및 유형

1. 특허권침해의 성립요건

침해는 정당한 이유 또는 권원 없이 제3자가 업으로서 특허발명을 실시할 때 성립한다.

(1) 정당한 이유 또는 권원

정당한 이유 또는 권원을 가진 자의 실시는 특허권침해가 되지 않는다. '정당한 이유 또는 권원'으로서는 전용실시권, 각종 통상실시권 또는 특허권의 효력이 미치지 아니하는 범위(특허 96조), 재심에 의하여 회복한 특허권 효력의 제한(특허 181조) 등이 있다.

예컨대, 침해를 추급하더라도 그 제3자에게 선사용권(특허 103조)이 있으면 침해는 성립하지 않는다. 또한 제3자의 행위가 '시험 · 연구를 위한 실시'에 해당하면 특허법 제96조에 의하여 특허권의 효력은 미치지 않기 때문에 침해는 성립하지 않는다.

(2) 업으로서 특허발명을 실시할 것

'업으로서'가 아닌 경우, 예컨대, 개인적 · 가정적 실시인 경우는 침해가 아니다. 개인적 · 가정적 실시까지 침해로 하는 것은 지나친 것이기 때문이다. 다만, 일반적으로 특허발명을 실시하는 것은 제조업자 및 판매업자이기 때문에, 이 요건은 그다지 문제되지 않는다.

'특허발명'을 실시한 경우로 한정된다. 특허발명이 아닌 것은 그 특허권과 관계가 없기 때문이다. 제3자가 특허발명을 실시했는지의 여부는 제3자가 실시품(물건)이 '특허발명의 보호범위'(특허 97조)에 속하는지의 여부로 판단한다. 보호범위에 속하지 않는다고 판단되는 경우는 침해가 되지 않는다. 전술한 대로, 이 판단은 매우 어렵기 때문에 가장 문제가 되고 있다.

'실시'란 특허법 제2조 3호에 열거하고 있는 행위를 말한다. 생산 · 판매 등의 행위는 실시에 해당된다. 또한 판매를 위한 팜플렛 등을 배포하는 행위도 '양도 또는 대여의 청약'에 해당되어 침해를 구성하는 경우가 있다. '단순한 소지'는 법 제2조 제3호에 해당하지 않기 때문에 원칙적으로 침해가 되지 않는다.

최근 인터넷에 의한 거래가 일반화된 오늘날에는 컴퓨터 프로그램이 네트워크를 통해 거래되는 새로운 유통구조가 등장하고 있으나, 이러한 유통과정을 물건을 전제로 하는 현행 특허법의 "양도 또는 대여"로 볼 수 있는지 여부가 문제되고 있다. 컴퓨터 프로그램관련 발명의 경우 CD-ROM, 디스켓 등 기록매체를 통한 배포와 더불어 '프로그램 등'이 인터넷 등을 통하여 '양도 또는 대여'되는 경우에도 특허권자를 보호할 수 있도록 특허법상 실시규정 중 양도 또는 대여행위에 "정보통신망을 통한 전송을 포함"하여 규정할 필요가 있다.

실시의 태양은 특허권의 효력상 그 행위 하나 하나가 각각 독립적인 특허권의 내용을 구성하므로 특허권자는 각 실시행위별로 독점적 실시권능을 가진다. 따라서 하나의 단계의 실시행위가 적법하다 하더라고 다른 행위까지도 적법하게 취급되는 것은 아니다. 이것을 '실시행위독립의 원칙'이라 한다. 예컨대, 침해품을 제조한 자, 그 침해품을 구입하여 판매한 자도 모두 각기 침해가 성립된다.

여기서 '실시'란 특허발명 일부만을 실시를 말하는 것이 아니라, 전체의 실시를 말한다(권리일체의 원칙). 예컨대, 엔진 전체의 발명에 특허가 있는 경우에 피스톤만을 제조하더라도 법 제2조 제3호의 실시에 해당하지 않는다. 다만, 후술하는 '간접침해'에 해당하는 경우는 있다.

(3) 성립여부의 판단주체

이러한 침해요건을 충족하였는지의 여부를 판단하는 것은 법원이다. 따라서 특허권자와 제3자는 재판 중에 이러한 요건에 해당하는지를 다투게 된다. 그 결과, 법원이 침해요건을 충족한다고 판단한 경우에는 후술하는 구제조치가 특허권자에게 인정된다.

2. 직접침해

특허침해는 특허권의 직접침해와 간접침해로 구분된다.

직접침해란 침해자가 타인의 특허된 발명을 생산 · 판매하는 등 직접적으로 실시한 것을 말한다. 직접침해는 제3자가 어떤 특허발명의 구성요소 모두를 포함하는 침해제품(보통 특허발명을 위조하거나 모방한 제품)을 제조 · 판매하는 등 침해행위를 한 경우에 해당한다.[53] 침해행위는 제3자가 정당한 권한 없이 업으로 ① 물건의 특허발명인 경우 그 물건의 생산 · 사용 · 양도 · 대여 또는 수입하거나 그 물건의 양도 또는 대여의 청약을 하는 행위, ② 방법의 특허발명인 경우에는 그 방법을 사용하거나 또는 그 방법의 사용을 청약하는 행위, ③ 또한 물건을 생산하는 방법의 특허발명인 경우에는 그 방법을 사용하는 행위 외에 그 방법에 의하여 생산된 물건을 사용 · 양도 · 대여 또는 수입하거나 그 물건의 양도 또는 대여의 청약을 하는 행위를 말한다.[54] 직접침해는 문언침해(또는 동일침해)와 균등침해로 구분된다. 이용발명은 기본발명의 구성요소를 모두 그대로 가지면서 새로운 구성요소를 부가하여 특허성을 취득한 경우를 말하는데, 이러한 이용발명의 실시는 이용대상이 되는 발명의 침해행위에 해당하며, 새로운 구성요소를 부가하였다는 점을 제외하고는 침해의 성립요건 및 판단방법에 있어서 문언침해 및 균등침해와 차이가 없다. 이외에 독립된 침해 유형으로 볼 것인지가 문제되는 것으로 우회침해, 생략침해, 불완전이용침해, 선택침해 등이 있다.

다음 표는 특허침해에 대한 대법원 판례의 경향이다.[55]

53) 대법원 2001.12.24.선고 99다31513판결; 2001.8.21.선고 99후2372판결.

54) 특허법 제127조에서 직접침해 행위와는 달리 간접침해의 행위를 규정하고 있다.

55) 특허법원 지적재산소송실무연구회, 지적재산소송실무(제3판), 박영사, 2014, 411면. 대부분의 특허침해는 생략침해와 균등침해라 할 수 있으며, 이러한 침해는 침해유무를 판단하

특허침해 유형	특허발명구성	침해발명구성	침해성립여부
문언침해	A+B+C	A+B+C	인정
균등침해	A+B+C	A+B+C1	인정
이용침해	A+B+C	A+B+C+D	인정
	A+B+C	A+B+c+D	인정
생략침해	A+B+C	A+B	불인정
선택침해	A+B+C	a+B+C	불인정
우회침해	A+B+C	A+b+C+D	인정
불완전이용침해	A+B+C	A+B+D	불인정

'특허발명의 보호범위'는 특허법 제97조에서 "특허청구범위에 기재된 사항에 의하여 정하여진다."고 규정하고 있다. 따라서 침해가 문제되는 물건 내지 방법(이하 '대상물건 등')이 특허청구범위에 기재된 사항에 의하여 확정된 '특허발명의 보호범위'에 속하는 경우에 특허권 침해가 성립한다. 이러한 경우의 침해가 '문언침해'이다.

특허권침해여부를 판단하기 위해서는 청구범위에 기재된 문언 자체의 해석 및 그 기술적 구성의 확정이 필요하다. 특허발명의 보호범위의 확정을 바탕으로 하여 특허발명의 구체적인 권리범위를 적정하게 설정[56]하여 권리침해여부를 판단할 것이 요구된다.[57] 특허청구범위를 올바르게 해석하여야만 특허발명의 보호

기가 쉽지 않다. 그러나 문언침해나 이용침해는 청구항의 구성요소와 침해발명의 구성요소를 쉽게 판단할 수 있는 영역이다.

56) 해석원리에 의한 권리범위의 제한 또는 균등론에 의한 권리범위의 확장 형태로 나타난다.

57) 특허권의 보호범위 해석의 접근방법으로는 주변한정주의(peripheral definition system)와 중심한정주의(central definition system)가 있다. 주변한정주의란 특허청구범위(청구항)에 기재된 문언에 집착하여 특허청구범위에 기재된 문언이 의미하는 범위를 정하고, 그 범위 밖에 있는 사항에 대해서는 침해가 아닌 것으로 해석하는 방식이다. 다시 말하면 특허청구범위를 엄격하게 하나의 계약으로 보아 확대해석을 허용하지 않는 주의이다. 반면, 중심한정주의는 특허청구범위에 기재된 것을 추상적인 사상(발명)을 구현한 전형적인 지침에 불과한 것으로 보아, 특허청구범위의 문언뿐만 아니라 이 문언에 의하여 구체화된 명세서 및 도면을 통해 발명자의 특허보호에 관한 의사까지 추측하여 보호범위를 해석하는 방식이다. 다시 말하면 특허청구범위를 하나의 예시로 보고 발명의 상세한 설명 및 도면에까지 확대해석을 인정하는 주의이다. 양자 간의 근본적 상이점은 없으며, 국제적으로 보아 극단적으로 어느 하나를 택하는 나라는 없다. EPC 제69조는 양자의 중간에서 보호범위를 결정해야 함을 천명하고 있다.

범위를 정확하게 확정할 수 있다. 종래 특허청구범위를 해석하는 데에는 문언중심의 원칙, 발명의 상세한 설명 등 참작의 원칙, 출원경과참작의 원칙, 공지기술참작의 원칙 등이 제시되어 왔다.

특허침해를 구성하기 위하여는 원래 당해 특허의 구성요건적 특징의 전부(alle Merkmale)가 사용되지 않으면 안 된다. 어느 특허발명이 하나의 도약대(springboard)로서 이용되었거나 그 특허로부터 힌트를 받아 새로운 실시형태를 고안해 내는 것은 특허침해를 구성하지 아니하므로 단순히 특허발명의 본질이 표절되었다는 주장만으로는 불충분하다. 특허대상의 구조 및 기능에 아무런 영향이 없는 것과 같은 경미한 개변(改變)은 동일한 침해로 간주된다. 본질적으로 중요하지 아니한 특징이 탈락되었거나 부가되었다 하더라도 당해 특허의 기술이론과 동일한 기술적 처방에 의하여 본질적으로 동일한 작용효과를 달성하는 경우는 동일영역에서의 침해로 보아야 할 때가 많다.

◎ 균등영역에서의 침해

(1) 균등이론　침해물이 특허발명의 구성요건을 변경하는 태양으로 달성되고 있는 경우, 즉 형식적으로 동일하지는 않지만 당해 발명의 핵심적 특징을 그대로 사용하여 실질적으로 동일한 것으로 평가될 수 있는 경우 특허침해가 긍정될 수 있을 것이다. 강학상 균등이론이라 함은 이처럼 대비되는 두 가지 실시형태가 동일하다고 평가될 수 있는 경우에 양자는 균등하다든지 단순한 설계변경에 불과하다든지 또는 쓸데없는 공정을 덧붙이거나 생략하여 사실상 침해로 인정할 수 있다고 하는 이론[이른바 균등물 · 균등방법 · 설계변경 · 설계상의 미차(微差) · 우회방법 등 광의의 균등이론]이 논하여져 왔다.[58]

그 중 균등물 또는 균등방법은 어느 물건 또는 방법이 특허발명과 기술적 사상을 같이하고, 상위한 기술적 요소는 이를 대체하여 보아도 동일의 작용효과를 나타내고 그 치환이 평균적 전문가에게 있어 용이하게 추고(推考)할 수 있는 경우와 같이 기능의 동일성 · 예측가능성 · 치환가능성이 인정될 때 양자는 동가치의 것으로 볼 수 있으므로 침해로 긍정할 수 있다는 이론이다.

(2) 인정여부　우리나라 학설은 균등이론을 인정하는 데 일치하고 있다. 국제적으로도 확립된 원칙이다.

1) 미국: 균등이론은 1950년 Graver Tank 사건에서 확립되었는데 실질적으로 동

58) 균등의 개념은 침해실시형태(균등물)와 당해 특허발명이 완전히 일치하지는 않지만 두 가지를 비교할 경우 "실질적으로 동일하다. 즉 양자는 등가(等價)로 평가되므로 동일하다"는 의미로 사용된다.

일한 기능(function)을 가지고 실질적으로 동일한 방법(way)으로, 실질적으로 동일한 결과(result)를 가져오는 것, 즉 기능 · 방법 · 결과의 3분법(triple identity- Three Part Test)을 원칙적인 균등판단의 기준으로 삼는다. 경우에 따라서는 구성요소간의 차이가 비실질적인 차이(insubstantial differences)인가 아닌가에 의거하여 판단하기도 한다. 前者(3분법)는 전자관계 · 전기관계 · 기계관계에서 유용하고 後者(비실질적 차이 이론)는 화학관계 · 바이오 테크놀로지 관계 · 제약관계에서 유용한 것으로 평가되고 있다.

2) 독일: 독일의 경우는 효과의 동일성(Gleichwirkung), 치환의 용이성(Entnehmbarkeit), 해결원리(Lösungsprinzip)의 동일성을 균등의 성립요건으로 한다.

3) 우리나라: 2000년대에 들어와서 대법원은 균등론을 명시적으로 받아들이는 판결을 하였다(대판 2000.7.28.선고 97후2200판결). 그 내용은 다음과 같다.59)

① 침해물이 특허발명과 출발물질 및 목적물질은 동일하고 다만, 반응물질에 있어 특허발명의 구성요소를 다른 요소로 치환한 경우라고 하더라도 양 발명의 기술적 사상 내지 과제의 해결원리가 공통하거나 동일하고, 침해물의 치환된 구성요소가 특허발명의 구성요소와 실질적으로 동일한 작용효과를 나타내며, 또 그와 같이 치환하는 것 자체가 그 발명이 속하는 기술분야에서 통상의 지식을 가진 자이면 당연히 용이하게 도출해 낼 수 있는 정도로 자명한 경우에는 침해물이 당해 특허발명의 출원시에 이미 공지된 기술이거나 그로부터 당업자가 용이하게 도출해 낼 수 있는 것이 아니고, 나아가 당해 특허발명의 출원절차를 통하여 침해물의 치환된 구성요소가 특허청구의 범위로부터 의식적으로 제외되는 등의 특단의 사정이 없는 한, 침해물의 치환된 구성요소는 특허발명의 그것과 균등물이라고 보아야 한다.

② 침해물의 출발물질 및 목적물질이 특허발명과 동일하고 그 반응물질도 특허발명의 반응물질과 균등물이며 반응중간체를 가수분해하여 목적물질을 얻는 공정도 단순한 관용수단의 부가에 불과하므로 침해물이 특허발명과 상이한 발명이라고 볼 수 없다.

(3) 균등론과 출원경과참작의 원칙(포대금반언의 원칙)　출원경과참작의 원칙이란 특허권자가 출원중에 심사관의 거절이유에 대응하여 특허청구범위나 또는 발명의 상세한 설명에 대하여 보정을 한 경우에 설사 보정전의 권리의 내용이 특허권자에게 유리하게 판단된다고 하더라도 그 보정 전의 내용으로 권리 주장을 할 수 없다는 원칙이다. 출원경과참작의 원칙은 균등론에 우선한다. 즉 특허권자 스스로가 거절결정을 막기 위하여 보정을 하고, 그 후 침해소송에 있어 균등론 등을 원용하여 보정전의 내용으로 권리 주장을 하는 것은 스스로의 이전 행동과 모순되며, 이러한 주장은 받아들일 수 없다는 것이다.

---

59) 이 판결에 대해 보다 상세한 것은 유영일, "특허소송에 있어서 균등론의 체계적 발전 방향－대법원 2000.7.28.선고 97후2200 판결을 중심으로," 「저스티스」(제34권 5호), 2001.10, 230면 이하 참조.

* 1997년 3월 3일 Warner-Jenkinson 사건에서 미국 대법원은 균등이론은 유효하나 청구범위에 기재된 각 구성요건은 발명의 정의이자 공중에 대한 고지로서 중요한 것이므로 발명을 전체로서 판단해서는 안 되고 청구범위의 개개의 요소에 적용하여야 하며(균등론 적용의 엄격화), 출원심사 도중에 청구범위가 정정된 경우에 특허성과 관련이 있기 때문에 보정한 것이라고 추정하여야 하며, 따라서 특허권자가 그 보정이 특허성과 관련이 없는 것이라는 것을 입증하여야 한다고 판시하였다.

* 페스토[Festo Corp v. Shoketsu Kinzoku Kogyo Kabusiki Co. 535 U.S. 722 (2002)]판결에서는 출원과정에서 금반언의 원칙을 야기시키는 권리범위 축소보정이 있었을 경우에는 i) 본 청구항의 권리범위와 보정된 권리항의 권리범위 사이에 해당하는 영역에 대해서도 포기된 것으로 일단 추정하되, ii) 구체적 사안에 있어 특허권자가 상기 보정이 특정 균등물을 포기한 것은 아니라는 것을 입증하면 위와 같은 추정의 효력은 상실된다고 판시하였다. 그리고 그 입증방법으로 i) 당해 균등물이 특허출원 당시에는 예측 불가능하였음을 보이거나 ii) 보정의 근본적 이유가 당해 균등물과 관계없음을 보이거나 또는 iii) 보정 당시 당해 균등물을 포함하도록 청구항에 기재하리라고 기대할 수 없었던 그 밖의 타당한 이유를 보이면 된다고 판시하였다.

3. 간접침해

(1) 의 의

간접침해라 함은 직접침해는 아니지만, 침해행위의 전(前)단계에 있어서 특허권의 침해로 의제된 실시행위이다. 간접침해는 침해되는 특허발명의 내용에 따라서 물건에 대한 간접침해와 방법발명(물건을 생산하는 방법에 관한 발명을 포함)에 대한 간접침해로 구분할 수 있다. 특허법 제127조(침해로 보는 행위)의 취지는 제3자가 당해 특허발명에만 사용되고 있는 발명의 구성의 일부인 특정부품을 제조하거나 생산하여 장차 직접 침해할 우려가 있는 경우이다. 직접침해가 성립되지 않지만, 침해로 볼 수 있는 행위를 특허침해로 간주해서 특허권자의 권리의 보호를 강화하는 것이 간접침해의 취지이다.

간접침해에 관한 규정은 특허권보호의 견지에서 특허침해에 직결되는 예비적인 침해를 효과적으로 금지하기 위한 것이지만 침해행위가 아직 실현되지 아니한, 침해행위의 전단계에 있는 일정행위를 침해와 마찬가지로 취급하는 것이므로 자칫하면 경업을 부당하게 제한하거나 일반거래계에 불측의 손해를 끼칠 염려가 있으므로 그 해석 · 운용은 신중히 최소한으로 좁혀서 행하지 않으면 안 된다.

간접침해에 해당하는 경우는 직접침해로 간주되기 때문에, 권원 없는 제3자가 당해 행위를 한 경우 특허권자 등은 민사상 구제로서 금지 등의 청구권 및 고의 또는 과실을 요건으로 하는 손해배상청구권 또는 신용회복의 조치를 청구할 수 있다. 이 경우 법상 특칙인 과실추정 · 손해액의 추정 · 생산방법의 추정 · 서류제출명령 규정 등이 적용된다. 다만, 형사처벌에 관하여 판례는 소극적이다.[60)]

(2) 요 건

특허법 제127조는 간접침해행위로 다음 두 가지를 열거하고 있다. 첫째, 특허가 물건의 발명인 경우에는 그 물건의 생산에만 사용하는 물건을 생산 · 양도 · 대여 또는 수입하거나 그 물건의 양도 또는 대여의 청약을 하는 행위(양도 또는 대여를 위하여 전시하는 행위를 포함)(1호). 예컨대 텔레비전 수상기의 완성품에 대하여 특허가 주어졌다고 가정하는 경우 그 텔레비전 수상기의 조립에만 필요한 일체의 물건을 세트로 양도 · 대여하는 경우와 같다.

둘째, 특허가 방법의 발명인 경우에는 그 방법의 실시에만 사용하는 물건을 생산 · 양도 · 대여 또는 수입하거나 그 물건의 양도 또는 대여의 청약을 하는 행위(양도 또는 대여를 위하여 전시하는 행위를 포함)(2호). 예컨대, DDT를 살충제로서 사용하는 방법에 특허가 주어진 경우에 DDT가 살충방법으로만 사용되는 약제인 경우라면, DDT를 업으로 생산 · 양도 · 대여하는 경우가 이에 해당한다. 만약 DDT가 살충제 이외에 다른 용도(예컨대 염료의 제조원료)로도 사용된다고 한다면 DDT는 살충방법의 실시에만 사용되는 물건은 아니므로 DDT를 생산 · 대여 등을 하여도 방법특허(DDT를 사용한 살충방법)의 침해로는 되지 아니한다. 법이 이와 같이 특허물건 등의 생산 · 실시에만 사용하는 물건을 양도 · 대여하는 등의 행위에 관하여만 간접침해의 성립을 엄격히 제한하고 있으므로 일반적으로 사용되는 물건은 물론 그 특허물건의 제조만이 아니라 타 용도에도 쓰이는 물건은 포함하지 아니한다. 또 앞의 예에서 DDT가 살충제로서의 용도 외에 염료의 원료로서의

---

60) 특허권의 침해죄에 있어서는 미수를 처벌하지 아니함에 반하여 간접침해 행위는 미수의 전단계인 예비적 행위에 속하므로 원래 민사책임을 논함에 있어 침해로 의제하자는 정책적 규정을 형사책임에 그대로 적용하는 것은 형벌의 균형을 상실할 뿐 아니라 형벌법정주의에도 반하는 확장해석으로 보이므로 간접침해행위는 특허권 침해죄를 구성하지 아니한다는 취지이다(대법원판결 92도3350).

용도가 나중에 발견되었다고 가정하는 경우, 제3자가 이처럼 다른 용도 발견 후에 DDT를 제조 · 판매할 때에는 간접침해가 성립되지 아니한다고 보는 것이 입법취지에 부합한다.

간접침해에 관하여 우리 법은 주관적 요건을 규정하지 아니하나 그렇다고 무과실책임을 인정한 것은 아니라고 보여지므로 본래의 특허침해에 준하여 해결하여야 한다. 특허발명의 실시에만 사용된다는 것은 이를 주장하는 원고에게 입증책임이 있다.

간접침해의 성립요건상 또 하나의 문제는 직접침해의 존재가 필요한지의 여부이다. 일본의 경우는 직접행위자의 침해성립은 불필요하다는 설(독립설)과 필요하다는 설(종속설)이 엇갈려 있다.

우리 특허법이 이른바 중성적(neutral)인 물건(다른 목적에도 사용할 수 있는 물건)에 의한 간접침해를 부정하고 있으므로 이 요건을 엄격하게 해석하면 족하고 직접침해가 성립하고 있을 필요까지는 없다고 본다.

◎ 소모품의 판매와 간접침해

레이저 프린터에 사용되는 소모부품인 토너 카트리지가 '특허 물건의 생산에만 사용하는 물건'에 해당하여 간접침해에 해당하는지가 문제된 사례에서 우리 판례는 ① 특허발명의 대상이거나 그와 관련된 물건을 사용함에 따라 마모되거나 소진되어 자주 교체해 주어야 하는 소모부품일지라도 특허발명의 본질적인 구성요소에 해당하고 다른 용도로는 사용되지 아니하며, 일반적으로 널리 쉽게 구할 수 없는 물품으로써 당해 발명에 관한 물건의 구입 시에 이미 그러한 교체가 예정되어 있었고, 특허권자 측에 의하여 그러한 부품을 따로 제조 · 판매하고 있다면, 그러한 물건은 특허권의 간접침해에서 말하는 '특허 물건의 생산에만 사용하는 물건'에 해당하며, ② 이 사건 토너 카트리지는 본건 발명에만 사용되는 물건으로서 다른 용도로는 사용되지 아니하는 사실을 알 수 있는바, 따라서 본건 특허발명의 목적에 비추어 보면 위 토너 카트리지는 그 모양과 형태가 현상유니트와 감광드럼유니트와의 결합 방법 등에 있어서 중요한 요소가 되므로 본건 특허발명의 본질적인 구성요소라 할 것이고, 다른 용도로는 사용되지도 아니하며, 일반적으로 널리 쉽게 구입할 수도 없는 물품일 뿐만 아니라, 본건 레이저프린터의 구입시에 위 토너 카트리지의 교체가 예정되어 있었고, 특허권자인 신청인 측에서 그러한 토너 카트리지를 따로 제조 · 판매하고 있으므로, 결국 위 토너 카트리지는 본건 특허 물건의 생산에만 사용하는 물건에 해당한다고 할 것이며, 따라서 간접침해가 성립한다고 판시하였다(대결 1996. 11.27. 고지 96마365). 원심은 위 토너 카트리지는 본건 특허 레이저 프린터의 '사용'에 필요한 예정된 소모품에 불과하다는 이유로 위 간접침해에서 말하는 '생산'의 개념에 포함되지 아니하고, 따라서 피신청인의 이 사건 토너 카트리지의 제조 · 판매는 신청인의 특허권을 침해한 것이 아니라고 판단하였으나 대법원은 이를 파기하였다. 대법원의 이러한 입장은 대법원 2001.1.30.선고 98후2580 판결에서 다시 확인되었다. 이들 판례에 대하여 특허권의 부당한 확대나 특허권의 남용을 묵과하는 결과로 될 우려가 있다는 비판적 견해가 있다[정상조, "특허권의 간접침해", 민사판례연구 XXI(1999), 570면]. 우리 판례와 달리 미국 판례는 소비자의 부품 교체 등 유지 · 수선권을 해석상 인정한다.[61)]

4. 방법의 추정에 관하여

특허법 제129조는 물건을 생산하는 방법의 발명에 관하여 특허가 된 경우에 그 물건이 ① 특허출원 전에 국내에서 공지되었거나 공연히 실시된 물건이거나 ② 특허출원 전에 국내 또는 국외에서 반포된 간행물에 게재되었거나 전기통신회선을 통하여 공중이 이용할 수 있는 물건이 아닌 때에는 그 물건과 동일한 물건은 그 특허된 방법에 의하여 생산된 것으로 추정한다고 규정하고 있다.

원래 금지청구의 대상이 방법인 경우에 원고로서는 피고가 현실로 실시하고 있는 방법을 구체적으로 특정하여 주장하지 않으면 안 된다. 그러나 방법은 피고의 관리하에 실시되고 있으므로 그 특정은 매우 곤란하다. 따라서 원고로서는 어느 정도 추측에 기하여 특정하여 주장할 수밖에 없고 피고가 부인하면 입증하여야 한다.

신규물질에 대한 방법특허의 경우는 신규물질의 제법은 보통 그 특허된 방법 한 가지밖에 알려져 있지 아니하므로 그와 같은 물건을 제조한 자는 특허방법을 사용하고 있음에 틀림없을 것이라고 봄이 합리적이고 경험칙에 맞다고 할 수 있을 것이다.

원래 방법발명의 경우 어느 행위가 그 방법을 침해한 것이라는 사실을 입증하는 것은 용이한 일이 아니다. 예컨대 물질 A와 물질 B를 고온도로 化合시켜 일정시간 내에 급속히 냉각하여 물질 P를 제조하는 방법에 특허가 된 경우 결과물인 물질 P 그 자체를 조사해 보아도 그것이 위 특허에 관한 방법에 의하여 제조된

---

61) 정상조/박준석, 「지적재산권법」, 한국방송통신대학교 출판부, 2011, 156면; 미국 Aro Manufacturing Co. v. Convertible Top Replacement Co., 365 U.S. 336 (1961) 참조.

것인지 아닌지 쉽사리 알 수 없을 뿐만 아니라 그것을 제조하는 공장을 가본다 한들 고온도로 화합한다든가 급속히 냉각한다든가 하는 흔적이 남아 있지 아니한 경우도 많다.

이와 같은 사정 및 신규의 동일물은 특허방법과 동일한 방법으로 생산되리라는 개연성이 극히 높은 점 등을 종합하면 특허된 방법에 의하여 생산된 물건이 신규의 것인 때에는 그 물건과 동일한 물건은 그 방법에 의하여 생산되는 것으로 법률상 추정함에 의하여 입증책임을 전환케 하여 입증의 곤란에서 구제하여 주는 것이 타당할 것이다.

Ⅲ. 특허권침해에 대한 구제

권리침해에 대한 구제방법으로는 민사적 구제와 형사적 구제가 있다.

1. 민사적 구제

(1) 금지청구권

1) 금지 및 예방청구　특허권에 대한 침해를 이유로 하여 침해행위의 금지 또는 예방을 구할 수 있는 권리를 금지청구권이라고 한다(특허 126조 1항).

2) 폐기 및 제거청구　특허권자 또는 전용실시권자가 침해의 금지 또는 예방의 청구를 함에 있어서 침해행위를 조성한 물건(물건을 생산하는 방법의 발명인 경우에는 침해행위로 생긴 물건을 포함한다)의 폐기와 침해행위에 제공된 설비의 제거 기타 침해의 예방에 필요한 행위 등을 아울러 청구할 수 있다(특허 126조 2항). 원래 침해행위의 조성물 또는 그에 제공된 설비를 가지고 있다는 것 자체는 특허침해를 구성하는 것은 아니다. 그러나 특허침해가 긍정되어 금지청구소송이 인용(認容)되는 경우에는 이들 물건을 그대로 피고의 손에 맡겨 둔다면 또 다시 침해행위를 할 우려가 있고 또 남몰래 그것을 사용하여 침해가 재발되더라도 권리자로서는 쉽사리 알 도리가 없으므로 금지청구의 실효를 거두기 위해서 이러한 청구는 인정된다. 폐기 및 제거청구는 금지청구의 부대청구적인 성격을 갖는다고 보아야 한다. 폐기 · 제거청구의 이 같은 성질에 비추어 그 범위는 침해의 예방에 필

요한 최소한도로 국한되어야 하며 권리남용의 정도에 이른 것이어서는 안 됨은 물론이다.

3) 가처분 특허분쟁에 관하여 행하여지는 보전처분으로는 여러 가지를 생각할 수 있으나 특허법이 규정한 특허침해에 대한 금지청구권(특허 126조, 실용 31조, 디자인 62조에서 각 준용)을 피보전권리로 하는 금지의 가처분이 이론상으로나 실제상 가장 중요하며 현실적으로 특허분쟁의 상당부분은 가처분결과에 따라 해결되어 버리는 예도 많다.

특허권침해금지의 가처분은 본안소송재판에서 명하는 것과 같은 내용의 부작위의무를 가처분채무자에게 과하는 이른바 만족적 가처분이며 가지위(假地位)를 정하는 가처분(민집 300조 2항)에 속한다.

채무자에게 일시적이나마 그 실시행위(영업)를 전면적으로 정지케 하여 그에게 주는 영향도 극히 크다. 따라서 그 심리판단의 신중성의 요청은 본안소송에 있어서와 마찬가지라 할 것이나, 이 요청은 가처분의 긴급성의 요청과 어느 정도 상반되므로 이 두 가지 요청을 어떻게 조화시켜 타당한 결론을 얻을 것인가 하는 점에서 본안소송절차와 다른 가처분법원의 고충이 있는 것이다.

4) 구체적 행위 태양 제시의무 특허권 또는 전용실시권 침해소송에서 특허권자 또는 전용실시권자가 주장하는 침해행위의 구체적 행위태양을 부인하는 당사자는 자기의 구체적 행위태양을 제시하여야 하고, 당사자가 정당한 이유 없이 자기의 구체적 행위태양을 제시하지 않는 경우에는 법원은 특허권자 또는 전용실시권자가 주장하는 침해행위의 구체적 행위태양을 진실한 것으로 인정할 수 있다(특허 126조의2).

(2) 손해배상청구권 등

1) 손해배상청구권 특허권자, 전용실시권자는 고의 또는 과실로 자기의 특허권 또는 전용실시권을 침해한 자에 대하여 침해로 인하여 입은 손해의 배상을 청구할 수 있다(특허 128조 1항).

특허침해로 인한 손해배상청구에 있어서는 일반의 불법행위의 경우보다 침해사실 및 손해액의 입증이 훨씬 곤란하다. 그러므로 나라에 따라서는 손해액산정의 곤란을 구제하기 위하여 추정규정 또는 계산서류 등의 제출을 명할 수 있는 제도를 마련하고 있다. 우리 특허법도 이러한 예에 따라 몇 가지 추정규정 등을 두고 있으나 실질적인 구제조치로는 미흡한 실정이다.

(가) 과실의 추정　손해배상을 청구하기 위해서는 불법행위 일반원리에 따라 주관적 요건으로 고의 · 과실을 요하나 특허법은 타인의 특허권 또는 전용실시권을 침해한 자는 그 침해행위에 대하여 과실이 있는 것으로 추정한다(특허 130조).

특허권 등은 공보에 의한 공고, 등록제도 및 특허표지 등으로 일반에게 널리 공시되므로 특별한 사정이 없는 한 침해자는 침해행위에 관하여 과실이 있었던 것으로 추정된다(입증책임의 전환). 따라서 침해자는 과실이 없음을 입증하지 않으면 그 책임을 벗어날 수 없다.

(나) 손해액의 산정에 관한 특칙　i) 종전 특허법 제128조 제2항은, 손해액을 계산할 때 침해자가 판매한 물건의 수량에 단위수량당 이익액을 곱한 금액으로 계산하되, 특허권자의 생산능력이 더 적은 경우에는 그 생산능력을 한도로 하여 손해액을 인정하였다. 이 특허법 규정은 침해자의 판매수량 중 특허권자의 생산능력을 초과하는 부분에 대한 손해액의 산정에서 아무런 고려를 하지 않음으로써 특허권자에게 불합리하게 불리하다는 비판이 계속 제기되어 왔다. 2020년 개정 특허법에서는, 침해자가 침해 제품을 양도한 경우, 특허권자의 생산능력 범위 내의 양도수량에 대해서는 현행법과 같이 양도수량에 특허권자의 단위수량당 이익액을 곱한 금액을 손해액으로 하되(특허 제128조 2항 1호), 특허권자의 생산능력을 초과하는 양도수량에 대해서는 특허발명의 실시에 대하여 합리적으로 받을 수 있는 실시료를 손해액으로 하도록(특허 128조 2항 2호) 개정하였다. 종전에는 특허권자의 제품 생산능력이 100개인 경우, 침해자가 150개의 침해제품을 시장에 판매해도 특허권자는 본인의 생산능력(100개)을 초과하는 50개의 제품에 대해서는 제대로 된 손해배상을 받을 수 없었다. 현행 특허법에 따르면 특허권자는 그동안 손해배상의 대상이 아니었던 나머지 50개에 대해서도 특허발명의 합리적인 실시료로 계산하여 손해액으로 인정받을 수 있다. '합리적인 실시료'는 '통상 실시료'보다는 더 많은 금액을 의미하는 것으로 이해되지만, 구체적으로 어느 정도의 액수를 말하는지 그 개념 정립에 대해서는 향후 이에 대한 법원 판례 동향을 주시할 필요가 있다. ii) 침해자가 그 침해행위에 의하여 이익을 받은 때에는 그 이익의 액을 특허권자 등이 받은 손해의 액으로 추정한다(특허 128조 4항). 이는 특허권자 등이 자신에게 발생된 손해를 입증하는 것이 용이하지 않으므로 침해자가 받은 이익액을 손해액으로 추정한 것이다. 따라서 특허권자 등이 자기가 입은 손해액

을 증명할 수 있는 경우에는 그 손해액을 청구할 수 있음은 물론이다. 다만 이것은 어디까지나 추정규정이므로 침해자가 자기가 받은 이익과 침해행위와의 사이에 인과관계(因果關係)가 없다는 것을 입증하면 청구액의 감액이나 후술하는 실시료상당액으로 감액되는 경우도 있을 것이다.

특허침해 시 손해배상액 산정 방식 : 이번 특허법 개정으로 (특허권자의 생산능력범위 × 단위당 이익액) 방식에서 (특허권자 생산능력범위 × 단위당 이익액) + (초과분 × 합리적 실시료율) 방식으로 바뀐다. 미국은 이러한 산정방식을 이미 1940년대부터 판례로 인정하고 있으며, 일본도 특허법을 개정해 2020년 4월부터 이를 인정하고 있다.

㈐ 손해액의 의제　법은 더 나아가서 특허권자 등은 그 특허발명의 실시에 대하여 합리적으로 받을 수 있는 금액에 상당하는 액을 손해액으로 하여 그 손해배상을 청구할 수 있다고 규정한다(특허 128조 5항). 따라서 침해자가 증거에 의해 전혀 손해가 없음을 입증한 경우에도 최소한도 실시료상당액(實施料相當額)은 침해자에게 청구할 수 있다.

이때 그 특허발명의 실시에 의해 합리적으로 받을 수 있는 금액에 상당하는 액이란 통상실시권을 설정할 경우 받을 수 있는 실시료에 상당하는 것이며, 현실적으로 통상실시권이 설정되어 있지 않을 경우는 만약 그 특허발명에 대해서 통상실시권이 설정되어 있다면 받을 수 있는 실시료에 상당하는 액이다. 그러나 객관적 · 구체적인 평가가 곤란한 경우에는 감정, 전문가의 증언 기타 방법에 의하여 법원이 정할 수밖에 없다.

㈑ 손해배상액의 참작　특허권자가 입은 실제 손해액이 위 실시료상당액을 초과할 경우에는 그 초과액에 대하여도 손해배상을 청구할 수 있음은 당연하다. 다만 특허법은 침해자에게 고의 또는 중대한 과실이 없는 때에는 법원이 손해배상의 액을 정함에 있어 이를 참작할 수 있도록 하였다(특허 128조 6항). 이것은 손해액이 입증되면 침해자가 모두 배상하는 것이 원칙이지만 손해액이 극히 큰 경우에는 경과실밖에 없는 침해자에게 이를 모두 배상하게 하는 것은 가혹하므로 침해자가 적극적으로 고의 또는 중과실이 없다는 것을 입증한 경우에는 실시료를 초과한 액에 대해서는 법원은 경과실의 사정을 참작할 수 있음을 규정한 것이다.

㈒ 손해액의 직권인정　법원은 특허권 또는 전용실시권의 침해에 관한 소송에 있어서 손해가 발생된 것은 인정되나 그 손해액을 입증하기 위하여 필요한

사실을 입증하는 것이 해당 사실의 성질상 극히 곤란한 경우에는 제2항부터 제6항까지의 규정에 불구하고 변론 전체의 취지와 증거조사의 결과에 기초하여 상당한 손해액을 인정할 수 있다(특허 128조 7항).

(바) 징벌적 손해배상제도(특허 128조 8항 및 9항)　법원은 특허권 또는 전용실시권 침해행위가 고의적인 것으로 인정되는 경우에는 손해로 인정된 금액의 3배를 넘지 아니하는 범위에서 배상액을 인정할 수 있도록 하되, 침해행위가 고의적인지 여부를 판단할 때에는 침해자의 우월적 지위 여부, 고의의 정도, 침해행위의 기간 및 횟수, 침해행위로 인하여 침해자가 얻은 경제적 이득의 정도 등을 고려하여야 한다.

(사) 서류의 제출명령　법원은 특허권 또는 전용실시권의 침해에 관한 소송에 있어서 당사자의 신청에 의하여 타당사자에 대하여 당해 침해행위로 인한 손해의 계산을 하는 데에 필요한 서류의 제출을 명할 수 있다(특허 132조 본문). 이것은 특허권이 침해된 경우에 손해액의 계산을 용이하게 하기 위한 것이다. 서류제출명령은 피해자뿐만 아니라 침해자도 신청할 수 있다.

그러나 그 서류의 소지자가 서류제출을 거절할 정당한 이유가 있는 때에는 그 제출을 거부할 수 있다(특허 132조 단서). 이때 정당한 이유에 대해서는 논란이 있을 수 있으나 단순히 영업상의 비밀에 속한다는 이유만으로는 제출을 거절할 수 없다. 그렇지 않으면 이 규정의 실익이 없기 때문이다.

당사자가 정당한 이유 없이 자료제출명령에 따르지 아니한 때에는 법원은 자료의 기재에 대한 상대방의 주장을 진실한 것으로 인정할 수 있다(특허 132조 4항).

2) 신용회복청구권　위법한 침해행위에 의하여 업무상의 신용을 실추하게 한 자에 대해서는 법원은 특허권자 등의 청구에 의하여 손해의 배상에 갈음하여 또는 손해의 배상과 함께 업무상의 신용회복을 위하여 필요한 조치를 명할 수 있다(특허 131조). 업무상의 신용실추란 특허발명을 모방한 제품이 조악한 경우 등일 것이다. 따라서 침해사실이 있다는 것만으로 업무상의 신용이 실추되었다고 볼 수는 없으며 이에 대한 별도의 입증이 필요한 것이다.

3) 부당이득반환청구권　특허법에 명문의 규정은 없으나 이론상 특허권자에게 부당이득반환청구권을 인정함에는 이론이 없다.

손해배상청구와 달리 고의 · 과실이 없는 경우라도 부당이득의 반환을 청구할 수 있고 손해배상청구권의 소멸시효(3년)가 완성된 경우에도 부당이득반환청구권(10년)을 행사할 수 있는 점에서 실익이 있다 할 수 있다.

침해자가 얻은 이득액과 특허권자의 손해액 사이에 인과관계의 입증이 어려우므로 실무상으로는 실시료상당액의 부당이득반환을 인정한 예가 대부분이다.

(3) 특허침해소송에 있어서 항변에 관한 문제

피고(또는 채무자)의 실시행위가 특허권에 저촉하는 경우라도 특허권의 행사를 제한하는 사유나 그 실시행위를 적법하게 하는 사유가 있으면 특허침해는 성립하지 아니한다.

민사소송에 있어서 이처럼 원고가 주장하는 권리 또는 법률관계의 장애사유 또는 멸각사유에 대한 피고의 주장을 소송법상 항변이라고 한다. 특허법상 항변사유로는 특허권의 효력이 제한되는 경우[62]와 피고에게 정당한 실시권이 부여되는 경우[63]가 있고 이론상 이른바 자유로운 기술수준의 항변이 논쟁의 대상이 되고 있다. 이 밖에 일반 법원칙상의 항변인 권리남용 내지 실효의 항변이 특허침해소송분야에 있어서 특히 중요하다. 이들 항변사유에 대한 입증책임은 항변제출자인 피고에게 있다.

특허법은 특허가 일정한 사유에 해당하는 경우에 별도로 마련한 특허의 무효심판절차를 거쳐 무효로 할 수 있도록 규정하고 있으므로, 특허는 일단 등록이 된 이상 이와 같은 심판에 의하여 특허를 무효로 한다는 심결이 확정되지 않는 한 유효한 것이며, 법원의 침해소송에서 무효항변을 하더라도 특허심판원의 심결에 의

---

62) 효력의 제한사유
- ⅰ) 특허법 제96조에 의한 제한
- ⅱ) 특허법 제181조에 의한 제한
- ⅲ) 기타 조약에 의한 권리의 제한(예컨대 국제민간항공조약 27조)

63) 실시권의 항변
- ⅰ) 허락실시권: ㉮ 전용실시권(특허 100조), ㉯ 통상실시권(특허 102조)
- ⅱ) 법정실시권: ㉮ 직무발명의 경우(발명진흥 10조), ㉯ 선사용권(특허 103조), ㉰ 중용권(특허 104조), ㉱ 디자인권의 존속기간만료에 의한 통상실시권(특허 105조), ㉲ 질권실행으로 인한 특허권자의 통상실시권(특허 122조), ㉳ 재심청구등록 전의 선의자에 대한 통상실시권(특허 182조, 183조), ㉴ 특허권의 이전청구에 따른 이전등록 전의 실시에 의한 통상실시권(특허 103조의2), ㉵ 특허료추가납부에 의하여 회복한 특허권 등에 대한 통상실시권(특허 81조의3)
- ⅲ) 강제실시권: ㉮ 불실시 등의 경우(특허 107조), ㉯ 이용발명을 실시하기 위한 경우(특허 98조, 138조), ㉰ 국방상필요에 의한 경우(특허 106조)

해 무효로 심결이 확정되지 않는 이상 특허권은 유효한 것으로 인정된다.[64]

신규성에 의한 무효항변은 법원에서 심리할 수 있지만, 진보성에 대한 무효항변에 대해서는 특허심판원의 심결이 확정될 때까지 법원에서 다툴 수 없다는 권한분배원칙이 적용되어 왔다. 그러나 대법원은 2004년 "특허의 무효심결이 확정되기 이전이라 하더라도 특허침해소송을 심리하는 법원은 특허에 무효사유가 있는 것이 명백한지에 대하여 판단할 수 있고, 심리한 결과 특허에 무효사유가 있는 것이 분명한 때에는 그 특허권에 기초한 금지와 손해배상청구는 특별한 사정이 없는 한 권리남용에 해당하여 허용되지 아니한다"고 판시하였다.[65] 나아가 2012년 대법원 전원합의체 판결은 "특허발명에 대한 무효심결이 확정되기 전이라고 하더라도 특허발명의 진보성이 부정되어 특허가 특허무효심판에 의하여 무효로 될 것임이 명백한 경우에는 특허권에 기초한 침해금지 또는 손해배상 등의 청구는 특별한 사정이 없는 한 권리남용에 해당하여 허용되지 아니한다고 보아야 하고, 특허권침해소송을 담당하는 법원으로서도 특허권자의 그러한 청구가 권리남용에 해당한다는 항변이 있는 경우 당부를 살피기 위한 전제로서 특허발명의 진보성 여부에 대하여 심리 · 판단할 수 있다"고 판시하여, 특허남용법리를 재확인하였다.[66]

◎ 특허무효가 명백하다고 판단되는 경우의 일본실무

침해소송법원에서 특허무효사유를 발견한 경우 법원이 어떻게 대처할 것인지에 관해서 논란을 벌여온 일본은 Kilby 특허관결[일본 최고재판소 2000년(평성 12년) 4월 11일]을 계기로 무효심결이 확정되기 전이라도 '권리남용'을 이유로 원고 청구를 기각할 수 있다고 판시하였다. 이에 따라 하급심의 특허전담재판부는 i) 신규성을 결여한 경우, ii) 진보성을 결여한 경우, iii) 선원주의에 위반되는 경우, iv) 명세서 기재불비의 경우, v) 요지변경을 간과한 경우, vi) 우선권이 부정되어야 할 경우 등 무효사유가 명백한 경우에 관해서 권리남용에 해당한다고 하여 원고의 청구를 기각하는 판결을 하곤 하였다. 이러한 판례의 발전에 따라 일본은 2004년 산업재산권법 4법을 개정(2005년 4월 1일 시행)하여 무효사유가 있는 권리에 의한 권리행사는 허

64) 대법원 1998.12.22.선고 97후1016.

65) 대판 2004.10.28, 2000다69194(메밍거 판결). 이 대법원 판결은 특허권을 둘러싼 침해소송을 관할하는 법원과 특허청 사이에 권한분배원칙을 배제하고 특허무효의 항변에 대해서 권리남용설을 적용했다는 점에서 매우 의미가 있다.

66) 대법원 2012.1.19.선고 2010다95390 전원합의체 판결.

락하지 아니한다는 규정을 신설하였다(특허 104조의3, 실용 30조, 의장 41조, 상표 39조).

(4) 법원과 특허청 간의 소송과 심판에 관한 정보교환

법 제164조 제3항 및 제4항에서는 법원에 제기하는 특허권 등의 침해에 관한 소송과 당해 소송에 대응하여 특허심판원에 청구하는 특허권 등의 무효심판은 서로 밀접하게 관련되어 있으므로 동 소송 또는 심판이 제기되거나 청구되는 경우에는 상대기관에 그 취지를 통보하도록 하고 있다.

(5) 비밀유지명령제도(224조의3~224조의5)

법원은 특허권의 침해에 관한 소송에서 당사자가 제출한 준비서면 등에 영업비밀이 포함되어 있고 그 영업비밀이 공개되면 당사자의 영업에 지장을 줄 우려가 있는 경우 등에는 당사자의 신청에 따라 결정으로 해당 영업비밀을 알게 된 자에게 소송수행 외의 목적으로 영업비밀을 사용하는 행위 등을 하지 아니할 것을 명할 수 있다.[67]

2. 형사벌

특허법은 특허에 관한 범죄로 특허권침해죄(특허 225조), 위증죄(특허 227조), 사위행위의 죄(특허 228조), 허위표시죄(특허 228조), 비밀누설 등의 죄(특허 226조)를 규정하고 있다. 그 중 위증죄 · 비밀누설죄 등은 특허법에 특유한 것은 아니고 범죄의 주체가 선서한 증인 · 감정인 · 특허청직원 등에 한정되는 신분죄에 해당한다.

종전법은 특허권침해죄에 대해 7년 이하의 징역 또는 1억원 이하의 벌금에 처하되, 피해자의 고소가 없으면 공소를 제기할 수 없는 친고죄로 규정하고 있었으나, 실효성 있는 수단이 되지 못하고 있다는 지적이 제기됨에 따라, 2020년 개

---

67) 비밀유지명령제도는 한미FTA의 합의사항을 이행하기 위하여 도입된 것으로, 특허법뿐만 아니라 실용신안법(44조), 디자인보호법(81조의2~81조의4), 상표법(92조의7~92조의9), 저작권법(129조의3~129조의5) 등에도 동일한 취지로 비밀유지명령 신청 및 취소와 관련된 절차 등을 규정하고 있다.

정 특허법은 특허권침해죄를 피해자가 기소를 원하지 않는다는 의사를 확실히 표명할 경우에만 기소를 하지 않는 반의사불벌죄로 변경하였다(특허 225조 2항).

특허권침해죄는 다른 사람의 지적 창작물의 도용이라는 점에서 절도죄와 비슷하여 자연범(自然犯)의 성격을 가진다. 그러나 산업이 발달하고 기술경쟁이 격화됨에 따라 타인의 지적창작물에 대한 전형적인 도용과 같은 침해유형은 점차 드물어지고 오히려 침해자 쪽에서도 적지 않은 비용과 노력을 기울여 신기술을 개발한다는 것이 결과적으로 무가치한 것으로 판명되어 침해를 구성하게 되는 것과 같은 선의의 모방과 같이 보이는 침해유형도 많아져 이에 대한 사회적인 비난 가능성이 경미한 경우도 있다. 또한 특허침해의 여부는 불법행위의 성립 여부와 같이 비정형적이고 탄력적인 면이 많으므로 죄형법정주의 이념에서 보아도 문제점이 없는 것이 아니다. 따라서 영 · 미에서는 특허침해의 문제는 오로지 민사상의 문제로 해결할 것으로 하여 형벌의 제재를 과하지 아니한다.

우리 특허법은 독일 · 프랑스 · 일본의 입법례를 따라서 특허침해죄를 형법상의 절도죄와 유사하게 취급하고 형사법원에서의 심리에 관하여는 민사소송에 있어서와 마찬가지로 선결문제인 특허무효의 주장을 인정하지 아니하고 다만 소송절차의 중지를 할 수 있도록 임의규정으로 한 점(특허 164조 2항), 또한 후에 당해 특허권이 무효로 된 때에 재심사유로만 삼는 점(형소 420조 6호)에서 입법론상으로 문제가 없는 바는 아니다. 그러므로 적어도 특허침해죄의 심리에 있어서는 선결문제인 특허무효에 대한 특허청의 심판을 기다려 신중히 심리하여 부당한 결과를 최소한도로 줄이지 않으면 안 될 것이다.

특허범죄에 관한 것은 특허법에 규정이 있는 경우를 제외하고는 형법총칙의 규정이 그대로 적용된다(형법 8조).

특허법은 특허침해죄, 사위행위 및 허위표시죄의 경우에 행위자를 처벌하는 이외에 법인도 처벌하는 양벌규정(특허 230조)을 두어 범죄행위의 방지를 강화하고 있다. 이 밖에 행정질서죄에 관한 규정(특허 232조)을 두어 절차의 적정운영을 꾀하고 있다.

◎ 우리 대법원은 등록된 실용신안이 신규성이 없고 공지공용에 속하는 경우 그에 대한 권리범위를 인정할 수 없으므로 그 등록내용과 동일한 물품을 제작, 판매하였다 하여도 실용신안권 침해죄를 구성하지 아니한다고 판시하고 있다(대판 1986.12.9, 86도1147; 1987.6.23, 86도2670).

제6절 특허심판제도

Ⅰ. 특허심판제도의 필요성

특허권의 부여란 특허권자에게 일정기간의 독점권을 주는 것이지만 반면 특허권자 이외의 제3자는 그 범위 내에서 영업의 자유를 제한당하는 불이익을 받는다. 그럼에도 불구하고 독점권을 주는 이유는 일정기간의 독점권이라는 대가를 발명자에게 부여함으로써 창작을 장려하고 기술의 공개를 유도하여 궁극적으로는 산업발전을 도모하기 위한 것이다. 그러므로 특허가 잘못 부여되거나 까닭없이 특허부여가 거절되는 등 심사관의 처분에 하자가 있는 경우에는 일반 공중 및 출원인의 권리 · 이익을 해칠 뿐만 아니라 국가의 산업발달에의 기여라고 하는 특허제도의 목적에도 어긋나게 된다. 따라서 특허를 받을 자에게는 반드시 특허를 부여하여야 하는 반면, 법이 규정한 요건에 합치되지 못하는 자가 특허를 받지 못하도록 여러 가지 장치를 마련하여야 한다는 것은 쉽게 알 수 있다. 이에 현행 특허법은 특허출원에 대한 심사과정에 있어서 출원인에게는 의견서제출의 기회를 주고 등록공고 후 6월까지는 누구든지 특허취소를 신청할 기회를 줌으로써 심사관에 의한 거절결정 또는 특허결정의 적정을 꾀하고 있다. 더 나아가서 특허법은 특허권의 발생 · 변경(정정) · 소멸(무효 · 취소) 등 일정한 사항에 관한 다툼을 해결하기 위하여 통상의 민사소송이나 행정소송과는 다른 특별한 심판절차를 마련하고 있다.

Ⅱ. 특허심판제도의 종류

현행 특허법상 인정되고 있는 기본적인 심판제도는 ⅰ) 거절결정 등에 대한 심판(특허 132조의3), ⅱ) 특허무효심판(특허 133조), ⅲ) 특허권존속기간연장등록무효심판(특허 134조) ⅳ) 권리범위확인심판(특허 135조), ⅴ) 정정심판(특허 136조), ⅵ) 정정무효심판(특허 137조), ⅶ) 통상실시권허여심판(특허 138조) 등 7종이다.[68] 이 밖에 제척 · 기피결정의 심판(특허 152조 1항), 참가허부결정의 심판(특허 156조

3항) 등도 있지만 이들은 위의 기본적인 심판의 부대적인 것에 지나지 아니한다.

위의 기본적인 심판 중 정정심판 및 거절결정 등에 대한 심판을 제외한 나머지 심판은 특허권자와 이해관계인이 대립하여 양 당사자에 의하여 심판절차가 진행되므로 당사자계심판이라 하고 정정심판은 특허청에 대하여 행정처분의 정정을 요구하는 구조를 취하고 있으므로 결정계심판이라 한다. 거절결정 등에 대한 심판 역시 결정계심판에 속한다.

당사자계심판 중 권리범위확인심판은 양 당사자가 서로 대립하는 민사소송의 구조와 크게 다를 바가 없으나, 무효심판의 경우는 형식적으로는 양 당사자 대립구조를 택하나 실질은 특허청처분의 위법을 다투는 것이어서 당사자 대립의 구조는 편의상의 것에 불과하다. 따라서 전자는 민사소송절차처럼 당사자 쌍방의 공격방어에 의한 실체적 진실발견이 중요하나 후자의 경우에는 이에 더 나아가 직권탐지를 통해서도 위법여부를 가려야 할 것이다.

한편 결정계심판은 국가 행정처분의 정정을 구하는 절차로서 일반의 행정심판처럼 직권에 의한 진실발견 등 직권주의가 작용할 여지가 많다.

우리 특허법은 특허심판에 있어서 당사자가 신청하지 아니한 이유에 대해서도 심리할 수 있으며(특허법 159조), 직권으로 증거조사나 증거보전을 할 수 있다고 규정한다(특허법 157조 1항).

그 밖에 특허법이 심판절차에 의하도록 할 것으로 특별히 규정한 것을 제외한 나머지 사항에 관한 분쟁은 일반원칙에 따라 해결한다. 예컨대 서류불수리, 절차의 무효, 특허권의 수용, 통상실시권허여를 위한 재정에 관한 불복은 특허법에 특별한 불복규정은 없으나 일반 행정심판법, 행정소송법의 절차에 따라 구제된다. 또 특허법이 규정하는 대가의 액에 관한 소는 그 성질에 따라 행정소송(특허

---

68) 실용신안법상 인정되는 심판제도는 ⅰ) 거절결정 등에 대한 심판, ⅱ) 실용신안권무효심판, ⅲ) 실용신안권의 존속기간의 연장등록의 무효심판, ⅳ) 권리범위확인심판, ⅴ) 정정심판, ⅵ) 정정무효심판, ⅶ) 통상실시권허여심판의 7종이다(실용신안 31~33조). 또 디자인보호법의 경우에는 ⅰ) 거절결정 또는 취소결정에 대한 심판, ⅱ) 보정각하결정에 대한 심판, ⅲ) 디자인등록의 무효심판, ⅳ) 권리범위확인심판, ⅴ) 통상실시권의 허여심판의 5종의 심판제도가 인정된다(디자인 119~123조). 이것은 디자인에는 정정심판제도가 없기 때문이다. 한편 상표법에서는 ⅰ) 거절결정에 대한 심판, ⅱ) 보정각하결정에 대한 심판, ⅲ) 상표등록무효심판, ⅳ) 상표권존속기간갱신등록무효심판, ⅴ) 상품분류전환등록의 무효심판, ⅵ) 상표등록취소심판, ⅶ) 전용사용권 또는 통상사용권등록의 취소심판, ⅷ) 권리범위확인심판의 8종의 심판제도가 인정되고 있다(상표 115~121).

41조, 106조: 수용시에 대가결정) 혹은 민사소송(특허 107조, 110조, 138조 4항 · 5항)이며, 특허침해를 이유로 한 금지청구나 손해배상청구에 대한 것은 민사소송이다.

◎ 특허취소신청제도의 도입(특허 132조의 2부터 132조의 15)

종래 특허권의 설정등록일부터 등록공고일 후 3개월 이내에는 누구든지 특허무효심판을 청구할 수 있도록 하여 특허요건을 구비하지 못한 특허를 조기에 무효로 할 수 있도록 하고 있었으나 특허무효심판절차가 복잡하여 활용도가 낮은 문제점이 있었다. 2017년 개정 특허법은 누구든지 하자가 있는 특허에 대하여 선행기술정보에 기초한 특허취소사유를 특허심판원에 제공하면 심판관이 해당 특허의 취소 여부를 신속하게 결정하는 것을 내용으로 하는 특허취소신청 제도를 도입하여 특허 검증을 강화하고 있다.

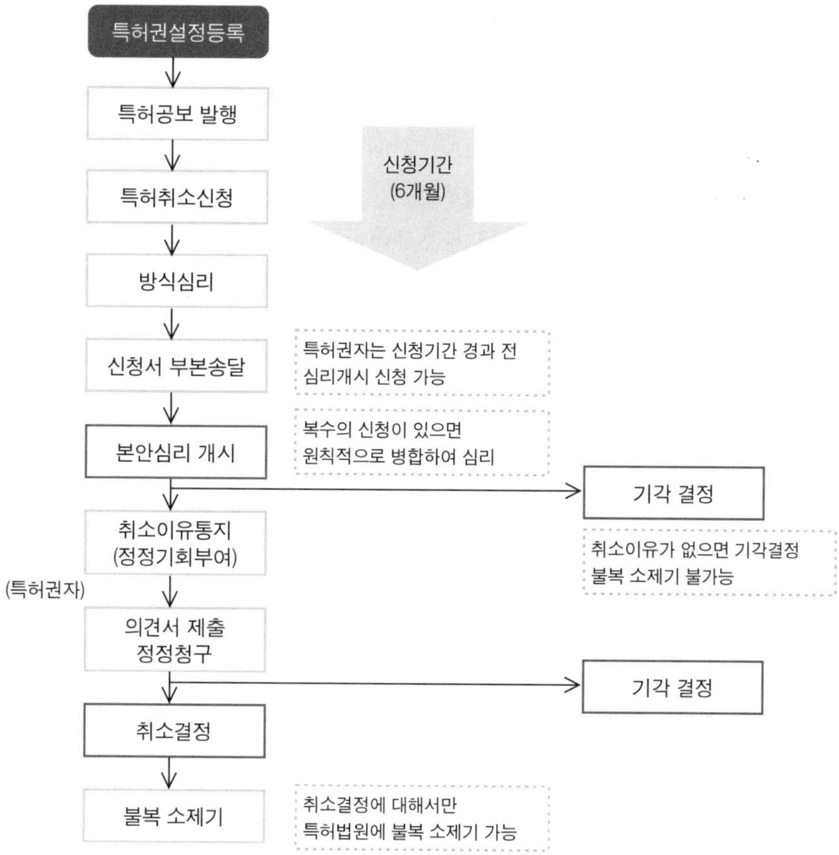

[자료: 특허청, http://www.kipo.go.kr/ipt/simpan/simpan0601.html]

Ⅲ. 특허심판제도의 성질

심판절차는 형식적으로는 특허에 관한 일정한 분쟁을 해결하기 위하여 특허청심판관의 합의체에 의해 심리결정되는 행정상의 쟁송절차라 할 수 있지만 민사소송에 준하는 엄격한 절차를 거쳐 판단되는 준사법적 성격을 가진다.

특허법상의 심판제도는 실질적으로는 행정사건에 대한 행정청의 행정재판과 같은 성격을 가지는 점에서 독특한 지위를 차지하고 있다고 할 수 있다.[69]

Ⅳ. 특허심판절차

1. 심판의 청구 — 심판청구서의 제출

심판을 청구하는 자는 ⅰ) 당사자 및 대리인의 성명 · 주소, ⅱ) 심판사건의 표시(예컨대, 제○○호 특허무효심판청구사건), ⅲ) 청구의 취지[70] 및 그 이유 등을 기재한 심판청구서를 특허청장에게 제출하여야 한다(특허 140조 1항).

2. 심 리

(1) 방식심리

심판청구서가 법령에 의한 방식(특허 140조 1항 · 3항 · 4항 · 5항)에 위반한 경

69) 이러한 특수한 행정사건에 대한 광의의 행정소송의 범주에 속하는 것으로는 특허심판 이외에도 해난심판에 관한 것(해난심판법 제8장)이 있다.

70) 청구취지의 기재는 예컨대, 무효심판청구의 경우에는 "제○○호 특허는 이를 무효로 한다. 심판비용은 피청구인의 부담으로 한다." 권리범위확인심판청구의 경우에는 "㈎호 설명서 및 도면 기재의 ○○○은 특허 제○○호의 권리범위에 속한다(또는 속하지 아니한다). 심판비용은 피청구인의 부담으로 한다"라는 식으로 심판을 청구하는 취지를 간결하고 명확하게 기재하여야 한다.
하나의 심판청구서에 여러 개의 청구취지를 기재함은(예컨대, 권리범위확인심판과 특허무효심판) 부적법하나 예컨대, 상대방이 실시하는 2 이상의 물품에 대한 권리범위확인심판(즉 ㈎호 도면 1, 2 기재의 조명등은 실용신안등록 제1209호의 권리범위에 속한다는 청구취지)은 그것은 모두 동일구조원리에 속함을 전제로 하여 1개의 실용신안권의 범위에 속하느냐의 확인을 구하는 일건의 청구이므로 적법하다(대판 1971.6.22, 69후18).

우에는 심판장은 상당한 기간을 정하여 그 기간 내에 흠결을 보정할 것을 명하여야 한다. 소정의 수수료를 납부하지 아니한 경우에도 마찬가지이다(특허 141조 1항).

심판장은 지정된 기간 내에 보정명령에 응하지 아니하면 이유를 붙여 서면에 의한 결정으로 심판청구서를 각하하여야 한다(특허 141조 2항 · 3항). 민사소송법상 재판장의 소장심사권(민소 254조)과 같은 규정이다.

위 각하결정에 대하여 불복이 있는 자는 특허법원에 소를 제기할 수 있다(특허 186조 1항).

(2) 적법성 심리

심판장의 청구서심사는 일정한 형식적 사항에 한정되어 있으므로 청구서로서 방식을 갖추고 있으면 불적법하거나 이유가 없더라도 수리하여 심리를 하여야 한다. 심판청구가 부적법하고 그 흠결을 보정할 수 없을 때(예컨대, 일사불재리의 원칙에 어긋나는 심판청구)에는 피청구인에게 답변서제출의 기회를 주지 아니하고 심결로써 이를 각하한다(특허 142조).

이 심결각하에 대하여 불복이 있을 때에는 특허법원에 소를 제기할 수 있다(특허 186조 1항).

(3) 청구서부본의 송달과 답변서의 제출 등

심판장이 심판청구서를 수리한 때에는 그 부본을 피청구인에게 송달하고(당사자계심판의 경우) 기간을 지정하여 답변서제출의 기회를 주어야 한다(특허 147조 1항). 답변서가 제출된 때에는 그 부본을 상대방에게 송달하여 방어의 기회를 주어야 한다(특허 147조 2항).

(4) 심판관

심판은 특허심판원 심판관에 의해서 행해진다. 심판관의 자격은 대통령령으로 정한다(특허 143조 2항). 특허심판원장은 각 심판사건에 대하여 합의체를 구성할 심판관(3인 내지 5인) 및 심판장을 지정한다(특허 144조, 145조, 146조). 심판관은 직무상 독립하여 심판하되(특허 143조 3항) 결정은 과반수의 합의에 의한다(특허 146조 2항 · 3항).

(5) 구술심리 및 서면심리

심판은 구술심리 또는 서면심리로 한다. 다만, 당사자가 구술심리를 신청한 때에는 서면심리만으로 결정할 수 있다고 인정되는 경우 외에는 구술심리를 하여야 한다. 구술심리는 이를 공개하여야 한다. 다만, 공공의 질서 또는 선량한 풍속을 문란하게 할 염려가 있는 때에는 그러하지 아니하다.

(6) 직권주의

1) 직권탐지주의　　심판에 있어서는 민사소송법상의 원칙인 辯論主義에 의하지 않고 직권탐지주의를 취하고 있다. 즉 당사자의 주장에 반드시 구애되지 아니하고 직권으로 적극적으로 사실을 탐지하고 증거조사를 할 수 있게 한다. 왜냐하면 심판사건은 민사소송사건과 달리 당사자뿐만 아니라 널리 제3자의 이해에 관한 문제를 해결함을 목적으로 하고 공익적 · 국가산업정책적인 관점에서 대세적 해결을 꾀할 필요가 있기 때문이다.

2) 직권진행주의　　심판절차를 진행함에 있어 많은 사건을 원활하고 능률적으로 처리하기 위하여는 이를 당사자의 자유에 맡겨서는 적당하지 아니하므로 심판관에게 주도권을 인정함이 적당하다. 민사소송에서도 마찬가지 이유에서 절차의 진행에 관하여는 직권진행주의를 취한다.

3. 심판의 종료와 심결에 대한 불복

심판은 심결(특허 162조), 심판청구의 취하(특허 161조) 등에 의하여 종료된다. 심결은 일정한 사항(특허 162조 2항)을 기재한 서면에 의하여야 하며 심판장은 심결 또는 결정이 있는 때에는 그 등본을 당사자 및 참가인에게 송달하여야 한다(특허 162조 6항). 심결에 대하여 불복이 있는 자는 법정기간 내에 특허법원에 심결취소의 소를 제기할 수 있고 여기에 불복이 있는 자는 대법원에 上告를 제기할 수 있다. 법정기간 내에 불복절차를 밟지 않거나 불복절차를 밟았으나 심결이 종국적으로 지지를 받아 더 이상 다툴 수 없게 되면 당해 심결은 확정된다.

* 이상의 절차를 간단히 도시하면 다음과 같다.

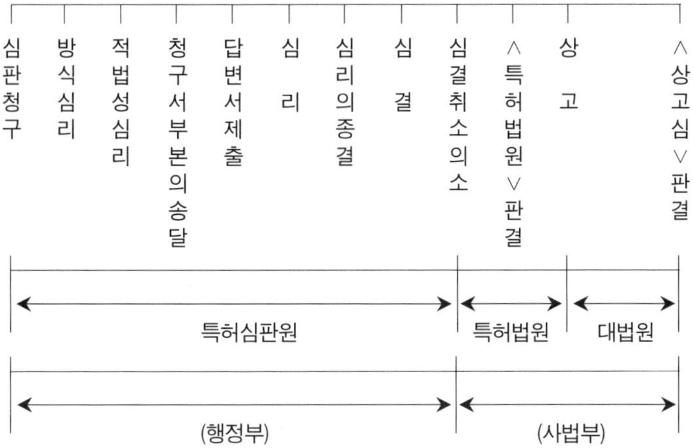

4. 심결의 효력

심결이 확정되면 일정한 효력이 발생한다.

(1) 일사부재리의 효력

심결이 확정되면 누구든지 동일사실 및 동일증거에 의하여 그 심판을 청구할 수 없다(특허 163조). 일정한 쟁송절차를 밟아 심결이 확정된 이상 동일한 절차를 거듭 반복할 번거로움과 모순된 심판을 피하기 위하여 판결의 기판력에 유사한 효력을 인정한 것이다.

그러나 판결의 기판력은 동일사실(소송물)에 관하여 미치므로 증거가 다르더라도 동일소송물에 관한 것인 한 재소할 수 없지만 심판에 있어서는 사건의 특수성에 비추어 동일사실뿐만 아니라 동일증거에 한하여 일사부재리의 효력이 미치므로 동일사실에 관한 것이라도 증거가 다르면 다시 심판을 청구할 수 있는 점에서 기판력과는 본질적으로 다르다.

이렇게 민사판결의 기판력과 달리 규정한 이유에 대해 유력설은 다음과 같이 설명한다.[71]

---

71) 김인섭, 「공업소유권논문집(Ⅰ)」, 대한변리사회, 67면 이하 참조.

"원래 특허무효심판의 효력은 일반의 민사판결과 달리 대세적 효력을 가지고 있으므로 당해 심판절차에 직접 관여하지 아니한 일반 제3자도 일사부재리의 효력을 받는다. 따라서 제3자가 무효확인심판을 제기하고 나서야 비로소 자기 이외의 다른 자가 먼저 그러한 심판을 제기하였다가 패소확정된 사실을 알게 되는 수도 얼마든지 있고 더욱이 그 무효심판청구가 공지공용사실을 이유로 삼는 것이었는데 입증자료의 불충분한 제시로 인하여(예컨대 미국이나 일본 문헌에 기재되어 있어 이미 간행물기재의 공지사실로 되어 있음이 명백한데도 앞의 청구자가 이러한 외국문헌을 미처 모르고 있었던 탓으로 증거로 제출하지 못한 경우) 패소확정되었다 하여 이러한 문헌을 다시 갖추어 무효임을 충분히 입증할 수 있는 제3자의 심판청구를 봉쇄하는 것은 부당할 뿐만 아니라 특허제도의 本旨에도 어긋나므로 특허법은 기판력의 객관적 범위를 동일사실 · 동일증거에 국한시키고 사실이 같더라도 새로운 증거가 있는 경우에는 기판력의 적용을 배제함으로써 다시 심판을 청구할 수 있는 길을 마련해 놓은 것으로 보아야 한다."

♣ 판례: 일사부재리의 효력이 미치는 동일 증거라 함은 그 사실과 관련성을 가진 증거로서 전에 확정된 심결의 증거와 동일한 증거뿐만 아니라 그 확정된 심결을 번복할 수 있을 정도로 유력하지 아니한 증거까지 포함한다.

(2) 심결의 구속력(대세적 효력)

심결이 확정되면 당사자뿐만 아니라 일반 제3자에게도 대세적으로 효력이 미친다. 예컨대 특허를 무효로 한다는 심결이 확정되면 당해 특허는 소급적으로 소멸하고(특허 133조 3항), 당사자 · 제3자 및 법원도 이에 구속된다.

(3) 심결의 확정력

확정심결은 재심사유가 없는 한 소멸 · 변경되지 아니한다(특허 178조). 이 점에서 고도의 공익적 요구가 있을 때에는 취소 · 변경이 가능한 일반행정처분보다 강한 확정력이 인정된다.

◎ 관할집중

2016.1.1.부터 시행되는 개정 민사소송법 및 법원조직법에 따라 관할 집중 및 관할 변경이 이루어졌다.[72]

우선 특허침해소송의 1심 전속관할이 변화되었다. 즉, 전국 고등법원 소재지 5개 지방법원(서울중앙지법, 대전지법, 대구지법, 부산지법, 광주지법)에 전속관할을 인정하되, 서울중앙지법에 선택적 중복관할을 인정한다.

나아가 항소심의 관할집중이 이루어졌다. 1심이 합의사건이든 단독사건이든 불문하고, 특허침해소송과 특허심결취소소송(특허무효심결취소소송 포함)에 관하여 특허법원의 전속관할을 인정한다. 즉 특허침해소송의 항소심(2심)과 특허무효심판에 대한 불복의 1심의 관할이 특허법원에 집중된다.

즉, 특허침해소송 등(특허권, 실용신안권, 디자인권, 상표권, 품종보호권)의 1심은 각 고법소재지 5개 지법의 전속관할로 하되, 서울중앙지법은 선택적 중복관할을 인정하였다[민소법 제24조(지재권 소송 관할) 개정]. 아울러 현저한 손해 또는 지연을 피하기 위해 필요한 경우 전속관할 법원에서 일반법원으로 이송이 가능토록 하였다[민소법 제36조(지재권소송 이송) 개정]. 또한, 특허침해소송 등의 항소심(2심)은 특허법원으로 집중하였다[법원조직법 제28조의4(심판권) 개정].

새로 도입된 관할집중제도는 같은 종류의 사건을 특정한 소수의 법원에 몰아 처리하도록 한다는 의미의 집중을 뜻할 뿐 아니라, 특허출원 및 등록으로부터 직접 파생된 심결취소소송과 금지청구 및 손해배상 등에 관한 침해소송이 사실상 동일한 분쟁에서 파생된 것이므로 동일한 법원에서 처리하여 그 결론에 모순이 없도록 한다는 의미의 집중도 뜻하고 있다.[73]

제7절 직무발명[74]

직무발명이란 “종업원, 법인의 임원 또는 공무원(이하 ‘종업원 등’이라 한다)이 그 직무에 관하여 발명한 것이 성질상 사용자・법인 또는 국가나 지방자치단체(이하 ‘사용자 등’이라 한다)의 업무범위에 속하고, 그 발명을 하게 된 행위가 종업원

72) 국회는 2015.11.12. 소위 특허소송의 관할집중에 관한 개정법률들(민사소송법, 법원조직법)을 통과시켰고 개정법들은 모두 2016.1.1.부터 시행되었다. 이에 대한 자세한 분석은, 박준석, “특허권 보호의 강화에 따른 남소방지 등 보완책 연구”, 법무부 연구보고서(2015. 12. 제출) 참조.

73) 박준석, “특허권 보호의 강화에 따른 남소방지 등 보완책 연구”, 법무부 연구보고서(2015. 12. 제출) 참조.

74) 직무발명의 촉진 등에 대해서는 「발명진흥법」 제10조 이하 참조.

등의 현재 또는 과거의 직무에 속하는 발명”을 말한다(발명진흥 2조 2호).

회사에 근무하는 종업원이 그 직무와 관련하여 발명을 한 경우, 즉 발명을 한 행위가 종업원의 현재 또는 과거의 직무에 속하는 경우라도 그 발명은 종업원의 발명으로 되며, 당해 종업원이 특허권을 취득한다. 직무발명에 관하여 누가 특허를 받을 수 있는 권리를 가지는가는 종래 사용자주의와 종업원주의가 대립되어 왔고, 우리는 종업원주의에 따라 종업원이 특허를 받을 수 있는 권리를 가진다고 규정한다. 다만 종업원 등이 특허를 받았거나 또는 특허를 받을 수 있는 권리를 승계한 자가 특허를 받았을 때에는 회사는(사용자 등은) 특허권을 취득한 당해 발명을 무상으로 이용할 수 있다(무상의 통상실시권). 이는 회사가 가지는 당연한 권리이다(발명진흥 10조).

또 회사는 직무발명의 경우에는 사전계약이나 직무발명규정 등을 통하여 특허를 받을 수 있는 권리나 특허권을 승계할 수 있으며, 전용실시권을 설정하는 것도 가능하다. 이들의 경우에는 정당한 보상을 지급하여야 한다(발명진흥 15조 1항).

보상에 대하여 계약이나 근무규정에서 정하고 있는 경우 그에 따른 보상이 i) 보상형태와 보상액을 결정하기 위한 기준을 정할 때 사용자 등과 종업원 등 사이에 행하여진 협의의 상황, ii) 책정된 보상기준의 공표 · 게시 등 종업원 등에 대한 보상기준의 제시 상황, iii) 보상형태와 보상액을 결정할 때 종업원 등으로부터의 의견 청취 상황 등을 고려하여 합리적인 것으로 인정되면 정당한 보상으로 본다(발명진흥 15조 2항). 또 보상에 대하여 계약이나 근무규정에서 정하고 있지 아니하거나 전술한 정당한 보상으로 볼 수 없는 경우 그 보상액을 결정할 때에는 그 발명에 의하여 사용자 등이 얻을 이익과 그 발명의 완성에 사용자 등과 종업원 등이 공헌한 정도를 고려하여야 한다(발명진흥 15조 3항).

직무발명 이외의 발명, 즉 업무발명이나 자유발명의 경우에는 사전승계계약 등은 무효이다. 여기서 업무발명이라 함은 사용자의 업무범위에 속하는 발명 중 직무발명을 제외한 발명이며, 자유발명은 사업자의 업무범위에도 속하지 아니하는 발명이다.

한편 우리법상 경영발명, 법인발명의 개념은 부정된다. 이 점은 법인저작을 인정하는 저작권의 경우와는 다르다. 예컨대 다수의 사람이 하나의 공장, 연구소 등에서 협력하여 발명을 완성하였으나 특정의 종업원을 발명자라고 볼 수 없는 경우, 이러한 경우는 법인의 발명능력을 인정하면 법인발명이라고도 볼 수 있으나, 현재 법인발명은 일반적으로 부정되고 있으므로 이 경우는 관여자 전원의 공유(共有)에 속하며, 직무발명에 해당한다.[75]

◎ 공무원의 직무발명

일반 회사의 직원과 달리 공무원이 직무발명을 한 경우에는 특별한 규정을 두고 있다. 즉 발명진흥법 제8조는 공무원의 직무발명은 국가 또는 지방자치단체가 승계하며, 국가 또는 지방자치단체가 승계한 공무원의 직무발명에 대한 특허권은 국유 또는 공유로 하며(2항), 국유로 된 특허권의 처분 및 관리는 국유재산법 제6조의 규정에 불구하고 특허청장이 이를 관장한다(4항)고 규정한다.

공무원의 직무발명에 대하여 법률의 규정에 의하여 국가가 이를 승계한 경우에는 정당한 보상금을 지급하여야 한다. 이 경우 보상금의 지급에 대하여 필요한 사항은 대통령령이나 조례로 정한다(발명진흥 15조 5항).

제8절 실용신안법

Ⅰ. 서 설

실용신안제도는 물품의 실용가치를 높이는 고안을 보호 · 장려하고 그 이용을 도모함으로써 특허제도를 보완하여 산업발전에 이바지하는 것을 목적으로 하는 제도이다. 실용신안제도는 연혁적으로는 소발명(small invention) 보호를 위하여 고안된 제도이지만 실제는 소발명보호, 중소기업을 위한 제도만은 아니며 대발명, 대기업도 이용가능한 제도이다. 특히 실용신안은 고도성의 요건이 완화되어 있어 등록이 손쉽고 무효로 될 확률이 적어 특허권보다 안정적인 권리이다.

실용신안제도는 세계적으로 보편화된 제도는 아니지만 독일, 일본을 비롯한 여러 나라에서 시행되어 산업발전에 긍정적 기여를 해 온 것으로 평가되고 있고 우리나라에서도 많이 이용되고 있다. 최근 실용신안제도에 대해서는 존폐론이 대

75) 통상 이러한 경우라면 예약승계를 통해 법인이 특허를 받을 수 있는 권리를 취득할 수 있다.

립되고 있으나 유럽공동체와 같이 제도를 가능한 한 조정 · 통일시키려는 경향도 있다. 우리의 현실에 비추어 볼 때 폐지론은 시기상조이다.

실용신안제도는 소발명에 대한 단기간의 간이한 보호를 꾀하기 위하여 고안된 제도로서 특허발명의 보호와 그 취지나 목적은 동일하다(실용 1조). 다만, 특허법의 보호대상이 기술적 사상의 창작으로서 고도한 것, 즉 발명임에 대하여 실용신안법의 그것은 고안, 즉 기술적 사상의 창작으로서 발명처럼 고도하지 않은 것이어도 된다는 점이 다르다.

또한 실용신안제도는 특허법이 기본원리로 하고 있는 각종제도에 있어서도 많은 부분이 완전히 일치하거나 유사하다. 즉 선출원주의, 도면주의, 보정 및 보정각하제도, 우선권주장제도, 국내우선권주장제도, 심사청구제도, 출원공개제도, 우선심사제도, 등록공고, 강제실시권제도 및 재정제도, 권리수용제도, 권리취소제도, 심판청구제도, 출원분할제도, 출원변경제도 청구범위다항제도, 권리이용저촉제도, 재심 및 상고제도, 비밀유지명령제도 등에 있어서 차이점이 없다. 이 밖에도 침해죄, 위증죄, 허위표시죄, 비밀누설죄 및 과태료 부과 등의 벌칙에 있어서도 차이점이 없다. 따라서 실용신안법 규정 중 주요한 것은 특허법과 완전히 일치하거나 대부분에 있어서 특허법의 규정을 그대로 준용하고 있다. 양자의 차이점은 몇 가지 항목에 불과한 데 이하에서 이를 항목별로 설명한다.

II. 보호의 대상

실용신안법이 보호하고자 하는 것이 기술적 사상인지 아니면 그 결과물인 유형적 형태인지가 불분명한 경우가 있다. 예컨대 이태리나 포르투갈은 3차원적 형태라는 것이 필수요건으로 되어 있으므로 보호되는 것이 발명적 사상인지 그 결과물인지는 단정하기 힘들다. 또 독일과 같이 과거 일시적으로 형(型)을 보호의 대상으로 보는 것이 통설이었던 국가도 있다. 그러나 현재는 보호대상은 기술적 사상이며, 물품의 외관은 아니라는 것이 일반적 견해이다.

실용신안의 보호는 부수적으로 3차원적 형태에의 구현이라는 요건 때문에 제한될 수는 있으나 이것은 고안에 부수하여 요구되는 (보호)요건은 될지언정 보호의 대상 그 자체는 아니다. 그러므로 보호의 대상은 기술적 발명이며, 그것이 구체화된 형태가 아니다. 이 점은 우리법도 마찬가지이다. '고안'이란 '자연법칙을 이용한 기술적 사상의 창작'을 말한다(실용 2조 1호). 이 점에서는 특허의 대상인 발명과 거의 같다. 즉 고안의 의미는 고도라는 용어가 빠져 있을 뿐, 특허법 제2조 제1호 상의 발명의 의미와 동일하다. 다만 실용신안법은 물품의 형상, 구조, 조합에 관한 실용적인 고안, 즉 물품에 구현된 기술이론을 보호대상으로 하므로 방법은 물론 물질의 발명도 실용신안의 보호대상에서 제외된다. 이것은 실용신안법은 물품에 구현되어 있는 많은 소발명을 보호하여 특허법을 보완하는 의의가 있음을 나타낸다. 물품의 정의는 여러 가지로 논의될 수 있으나 현행 실용신안법에 의하면 일정한 형태,[76] 즉 형상,[77] 구조[78] 또는 이들의 조합[79]에 관한 고안이라고 할 수 있다.

Ⅲ. 보호의 요건

실용신안등록출원이 등록을 받기 위하여는 산업상 이용할 수 있는 물품의 형상 · 구조 또는 조합에 관한 고안으로서 새로운 것이며, 그 고안이 속하는 기술분야에서 통상의 지식을 가진 자가 극히 쉽게 고안할 수 있는 것이 아니어야 한다.

---

76) 형태성을 갖는 물건이면 실용신안의 등록대상으로 하고 있으므로 플랜트, 복잡한 기계류도 물품이라고 할 수 있다. 따라서 방법과 같이 물건과 전혀 다른 범위에 속하는 것은 실용신안법상의 보호 대상이 되지 않는다. 또한 물건일지라도 재료자체(의약, 화학물질, 유리, 합금, 시멘트 등)와 같이 일정한 형태를 갖지 않는 것은 실용신안법의 보호 대상이 아니다. 한편 물품은 독립적 사용가치를 가지는 것만이 아니라 부품과 같이 독립적 사용가치를 갖지 않는 것도 실용신안법상의 보호대상인 물품이 된다.

77) 물품의 형상이란 외부로부터 관찰할 수 있는 물품의 외형을 말한다. 형상은 입체적인 것(6각형 연필)은 물론 평면적인 것(줄을 긋는 자)도 포함한다.

78) 물품의 구조란 일반적으로 부재 또는 소재의 유기적인 연결 · 결합을 말한다. 물품의 구조에는 입체적 구조뿐만 아니라 평면적 구조도 포함된다. 또한 구조상의 특징은 외관상 명료한 것을 필요로 하지 않으며, 육안으로 동일 구조로 인정되는 것이라도, 물리적 · 화학적 분석에 의하여 구별할 수 있는 경우는 구조상 차이가 있는 것이다. 그리고 물품의 모든 부분이 일정 형태를 가질 필요는 없다.

79) '물품의 조합'이란 독립 물품을 조합하여 사용가치를 발생시키는 것을 말한다. 물품의 조합에는 2 이상의 다른 물품의 집합으로서 사용시에 일체적 또는 밀접 불가분적 상태가 되어 하나의 목적을 달성하는 것(예컨대 볼트와 너트, 바둑판과 바둑알 등)과 2 이상의 동종인 물품의 집합으로서 사용시에 일체가 되어 하나의 목적으로 달성할 수 있는 것(화투, 트럼프 등), 2가지 태양이 있다.

발명의 특허요건과 고안의 실용신안등록요건은 각각 산업상 이용성, 신규성, 진보성으로 동일하게 규정하고 있다. 그러나 진보성에 관한 등록요건은 특허법과 실용신안법에서 각각 달리 규정하고 있다. 실용신안법은 실용신안등록출원된 고안이 당해 출원이 속하는 기술분야에서 통상의 지식을 가진 자가 공지 · 공용 또는 간행물기재의 고안에 의하여 '극히' 쉽게 고안을 할 수 있는 것일 때에는 그 고안은 비록 신규성이 있어도 실용신안등록을 받을 수 없다고 규정하고 있다(실용 4조 2항). 실용신안법은 특허법과 같이 고안의 등록요건으로서의 진보성을 적극적으로 규정하지 아니하고 소극적으로 규정하고 있는바, 창작성이 낮은 출원을 배제함으로써 산업발전이라는 법목적을 달성하고 진보성에 대하여 명문화함으로써 심사기준의 향상과 통일을 기하자는 데 그 취지가 있는 것이다. 다만 실용신안법상의 진보성의 내용은 특허법과 비교할 때 '극히' 쉬운가 또는 쉬운가에 따라 구별할 수 있지만 심사 실무상 그 구별은 매우 어려운 일이다. 또한 특허법은 특허를 받을 수 없는 발명으로 공공의 질서 또는 선량한 풍속을 문란하게 하거나 공중의 위생을 해할 염려가 있는 발명을 규정하고 있으나(특허 32조), 실용신안법은 위의 고안 외에 국기 또는 훈장과 동일하거나 유사한 고안도 실용신안등록을 받을 수 없다고 규정하고 있다(실용 6조 1호).

Ⅳ. 출원절차

실용신안등록을 받고자 하는 자는 그에 필요한 서류를 제출하고 필요한 요금을 납부하여야 한다. 실용신안등록출원서 및 명세서는 특허출원의 그것들과 비교할 때 그 기재란의 명칭이 다소 상이할 뿐이며 실질은 거의 동일하나, 특허법에 의해 특허로 출원할 경우에는 필요한 때에만 도면을 첨부하면 되나(특허 42조 2항) 실용신안법에 의해 출원하는 경우는 반드시 도면을 첨부하여야 한다(실용 8조 2항).[80)]

80) 종래 실용신안은 특허와 달리 총괄적 고안의 개념을 형성하는 일군(一群)의 고안을 1출원으로 인정하지 않았으나, 2000년 개정에서 이를 인정하여 이 점에서 특허와 차이가 없다(실용 9조). 또 2011년 개정법은 제8조 제3항 제2호에서 "그 고안의 배경이 되는 기술을 기재할 것"을 명시하고, 기재하지 않은 경우는 심사단계의 거절결정사유에는 해당하도록 하되, 등록 후에는 무효가 되지 않도록 하였다.

V. 심사절차

1998년 개정법은 실체적 요건을 심사하지 않고 조기에 등록을 행하는 제도를 도입하고 등록된 권리자가 실제로 권리를 행사하기 위해서는 기술평가의 청구를 하여 유지결정의 등본을 제시하여 경고한 후가 아니면 자기의 실용신안권 또는 전용실시권을 행사할 수 없도록 한 바 있다. 그러나 현행법은 특허출원에 대한 심사처리기간의 대폭 단축이 전망됨에 따라, 신속한 권리설정을 목적으로 도입된 심사전 등록제도인 실용신안 선등록제도의 장점이 감소되고, 심사 없이 등록된 권리의 오·남용, 복잡한 심사절차로 인한 출원인의 부담 증가 및 심사업무의 효율성 저하 등 심사전 등록제도의 문제점이 상대적으로 부각되고 있는 점을 감안하여 실용신안제도를 심사후 등록제도로 전환하였다. 다만 심사청구는 특허의 경우와 마찬가지로 실용신안등록출원일로부터 3년 이내에 할 수 있다(실용 12조 2항. 또 누구든지 할 수 있으나 실용신안등록출원인의 경우는 실용신안등록청구범위가 기재된 명세서가 첨부된 때에 한하여 출원심사의 청구를 할 수 있다).

VI. 실용신안권

절차적 요건과 실체적 요건의 심사를 거쳐 등록되면 실용신안권이 발생한다. 실용신안권도 권리로서의 효력면에서는 특허권과 기본적으로는 동일하다(실용 23조, 25조, 28조 등). 다만 실용신안권의 존속기간은 특허권의 존속기간보다 단기이다. 즉, "실용신안권의 존속기간은 실용신안의 설정등록이 있는 날부터 실용신안등록출원일 후 10년 되는 날까지"이다(실용 22조 1항). 이처럼 실용신안권의 존속기간이 짧은 것은 고안이 발명보다 일반적으로 모방이 용이하여 제품수명이 짧다는 점에 기인한다. 따라서 출원인이 개발한 기술을 특허출원할 것인가 실용신안출원으로 할 것인가의 선택기준의 하나로서 타인에 의한 모방용이성과 그에 따른 제품수명의 장단점이 고려된다. 기술진보 속도가 빠른 기술분야에 실용신안출원이 많은 것은 바로 이 때문이며 실용신안출원은 따라서 조속히 사업화되므로 출원인은 가급적 조기심사를 희망한다. 또 실용신안권자가 납부하여야 할 등록료는 특허료에 비하여 저렴하다. 한편, 특허와 마찬가지로 실용신안도 2011년 12월 2일 개정으로[81] 등록지연에 따른 권리존속기간연장제도가 도입되었다.

Ⅶ. 특허와 실용신안 사이의 상호조정장치

발명과 고안은 전술한 바와 같이 다른 점도 있지만 본질적인 면에서는 동일하기 때문에 실용신안법은 대부분 특허법의 규정을 준용하고 있을 뿐 아니라 특허제도와 실용신안제도 간의 조정규정을 두고 있다.

첫째, 특허출원인과 실용신안등록출원인은 당해 출원의 출원서에 최초로 첨부된 명세서 또는 도면에 기재된 사항의 범위 안에서 특허출원과 실용신안등록출원을 실용신안등록출원과 특허출원으로 변경할 수 있는 변경출원제도를 인정하고 있다(실용 10조, 특허 53조).

둘째, 동일한 내용의 특허출원과 실용신안등록이 경합하였을 경우 현행법은 선출원관계를 적용하여 양자의 저촉을 피하고 있다(실용 7조 3항, 특허 36조 3항).

◎ 특허법과 실용신안법의 비교

구 분	특허법	실용신안법
보호의 대상	자연법칙을 이용한 기술적 사상의 창작으로서 고도의 것	자연법칙을 이용한 기술적 사상의 창작. 다만 당해 고안은 물품의 형상 · 구조 또는 조합에 관한 것이어야 한다.
실체요건	산업상 이용가능성, 신규성, 진보성	특허법과 같으나 진보성요건은 완화(당업자에게 극히 쉽지 않은 것)
기본구조	실체요건 심사 후 등록	
권리의 내용	◦ 독점배타적 권리	
	◦ 출원 다음날부터 20년	◦ 출원 다음날부터 10년
	◦ 존속기간 연장 가능	◦ 등록지연에 따른 존속기간 연장 가능
	◦ 침해로 보는 행위 규정	

◎ EU에서의 움직임과 제도의 현황

EC위원회는 지난 1995년 7월 19일, 실용신안제도에 관한 중간보고서(그린페이퍼)

81) 법률 제11114호(시행 2012.3.15).

를 발표한 바 있다.[82] 이것은 공동체 레벨에서의 실용신안제도의 창설과 각국 실용신안법의 조화를 위한 것이다. 이러한 조화를 꾀하려는 이유는 EU의 각국법이 구구하기 때문이다. 그 현황은 다음과 같다.

현재 EU 15개국 중 12개 국가가 실용신안제도[83]를 보유하고 있다.[84] 즉 프랑스, 벨기에, 포르투갈, 이태리, 스페인, 독일, 덴마크, 아일랜드, 그리스, 오스트리아, 핀란드, 네덜란드가 그들이다.

이들은 모두 특허제도 이외의 별도의 (소)발명보호제도이며,[85] 신규성이나 진보성에 관한 심사 없이 등록을 통해 보호한다. 다만 보호의 대상이나 보호의 요건은 나라마다 조금씩 다르다. 이를 세 그룹으로 나눌 수 있다.

1) 제1그룹: 특허법을 보완하는 것이며, 보호요건도 특허법과 동일하다. 그 주된 내용은 특허와 동일한 진보성, 절대적 신규성요건(세계기준)을 필요로 하나, 반드시 3차원적 형태에 구현될 필요는 없다는 것이다. 프랑스,[86] 벨기에, 네덜란드가 이에 속한다.

2) 제2그룹: 소발명의 보호를 목적으로 한다. 따라서 진보성요건이 완화되어 있고, 보호대상은 3차원적 형태에 구현될 것을 요구함으로써 보호대상을 제한한다. 그리스, 스페인, 포르투갈, 이태리, 핀란드가 이에 속한다. 이들은 신규성 판단범위로 다시 나눌 수 있다. 그리스, 포르투갈, 이태리, 핀란드는 절대적 신규성을 요구하나 스페인은 상대적 신규성으로 족하다.

3) 제3그룹: 소발명의 보호를 목적으로 한다. 진보성요건의 완화라는 측면에서는 제2그룹과 동일하나 보호대상은 3차원적 형태에 구현되어야 한다는 요건은 부차적으로 요구하거나 전혀 요구하지 않는다. 따라서 방법의 고안이나 진보성이 낮은 발명이라도 보호된다. 최근 개정된 독일 실용신안법이 이에 속하며, 덴마크, 오스트리아, 아일랜드의 경우가 이에 속한다. 다만 독일은 다른 나라와 달리 상대적 신규성으로 족하다고 규정한다.

---

82) 이에 대해 보다 자세한 것은, 이상정, "실용신안제도에 관한 EC그린페이퍼에 관한 소고," 「창작과 권리」 제2호, 93면 이하 참조.

83) 이들은 여러 가지 이름으로 불린다. utility model, utility certificate, six-year patent, short-term patent, petty patent, utility model certificate 등이 그것이다.

84) 이에 반해 영국, 룩셈부르크, 스웨덴에는 실용신안제도가 없다.

85) 그러나 모두 소발명보호를 목적으로 하는 것은 아니므로 土肥一史 교수는 '실용신안제도'라는 용어 대신 '기술개발성과 보완적 보호제도'라는 용어를 사용한다.

86) 프랑스 실용신안제도는 특허법 속에 규정되어 있고 그 보호요건도 특허의 경우와 동일하다. 원래 프랑스는 전통적으로 무심사주의 국가이었으나, 1968년 특허법 개정에 의해 신규성조사의 '의견통지서제도'나 조기공개제도 등을 주축으로 하는 국제화에 대응하는 특허제도로 이행하였다. 신규성조사의 '의견통지서제도'는 종래 의약특별특허에 대해서만 실시되어 왔으나 다른 일반특허에도 확대된 것이다. 이 때문에 특허청의 과중한 업무가 걱정이 되어 의견통지서의 작성을 요하지 않는 실용신안(실용특허, certificat d'utilité)제도가 도입되었다. 그러므로 프랑스 실용신안은 소발명보호제도라고 볼 수 없다.

3 chapter 디자인보호법

제1절 디자인제도

Ⅰ. 서 설

오늘날은 실용품이라 하더라도 그 물건의 미적 형태가 중요시되었다. 옷의 경우도 예전에는 옷감이 무엇이냐가 관심의 초점이었으나 오늘날은 디자인이 어떠냐가 관심의 초점이다. 자동차의 경우에도 과거에는 "어느 차가 성능이 좋다더라"에서 이제는 "어느 차가 모양이 좋다더라"로 구매동기가 점차 바뀌고 있다. 제품의 성능이 비슷한 곳에서는 외관, 즉 디자인이 중시되는 것은 당연하다. 실로 성숙한 공업사회에 있어서 상품의 경쟁에는 3개의 경쟁이 있다. 가격경쟁과 성능경쟁과 디자인경쟁이 그것이다. 최초에는 가격경쟁이나, 다음에는 성능경쟁으로 그리고 최후에는 디자인경쟁으로 이어진다. 그러므로 디자인경쟁에서 이기기 위한 디자인 개발은 오늘날 국가의 중요한 산업정책의 하나이다.

한편 디자인의 중요성의 증대는 디자인 모방의 증대라는 부정적 측면을 야기시켰고, 이에 따라 독창적 디자인의 모방으로부터의 보호는 점점 그 중요성이 더해가고 있다. 디자인을 모방으로부터 보호하는 방법에는 특허권적 방법과 저작권적인 방법이 있다.[1] 특허권적 방법이란 디자인이 법적으로 보호받기 위해서 일정한 요건을 설정한 후, 이 요건에 합치하는 디자인만을 등록하도록 하며, 등록된 디자인에 대해서만 디자인권이라는 독점배타적 효력[소위 차단효(遮斷效), Sperrwirkung, block effect]을 인정하는 방법을 가리킨다.

이에 비해 저작권적 방법이란 등록과 같은 방식을 갖추지 않더라도 법적으로 보호를 받고, 또 그 권리 내용도 타인의 모방으로부터만 보호하는 방법(소위 모방금지권)을 지칭하는 것이다.

◎ 특허권적으로 보호하는 경우와 저작권적으로 보호하는 경우의 차이

디자인을 저작권적으로 보호하는 경우에는 독창적인 것이면 충분하고 저작권처럼 우연의 일치에는 디자인권의 효력이 미치지 아니한다[예: (구)독일 디자인보호법]. 즉 A와 B가 동일한 디자인의 자동차를 시장에 내 놓았더라도 B가 A의 것을 베낀 것이 아닌 한 저작권 침해가 아니다. 반면 디자인을 특허적으로 보호하는 경우에는 창작적인 것 또는 신규의 것으로 인정받아 등록만 되면 이후의 제3자의 개발노력은 무시되고 동일 유사한 디자인을 독창적으로 고안해 내었더라도 사용을 단념하여야 한다(이른바 차단효). 앞의 예에서 B가 A의 것을 베낀 것이 아니라고 하더라도 디자인권 침해로 된다.

다만 저작권적으로 보호하면 디자인 그 자체를 보호하므로 자동차의 디자인을 장난감 자동차에 이용하더라도 저작권 침해로 되나 특허권적으로 보호하면 (적어도 현행법상은) 물품성의 제한을 받고 따라서 물품이 서로 다르므로(차량≠완구) 디자인권 침해로 되지 아니한다.

II. 디자인보호제도의 문제점

디자인제도는 최초에는 시장성과 경쟁성을 가진 생활용품의 디자인보호를

---

1) 이 밖에도 디자인적 보호방법(design approach)이라는 것이 있다. 디자인적 보호방법이란 EC의 디자인 보호규정을 제정하는 과정에서 입법관여자들에 의하여 공연히 사용된 용어로서, 이러한 접근방법의 시초는 1984년의 미국 반도체칩법에서라고 생각된다. 이러한 제3의 보호방법의 특징은 사용이나 공표로부터 권리가 발생하되 그 존속기간은 단기이며, 보다 장기의 보호를 필요로 하는 경우에는 등록을 하여야 한다. 출원 전의 사용이라도 신규성 상실의 사유로 되지 아니한다. 또 등록출원을 한 경우에도 실체요건에 대한 심사는 하지 아니하고 형식요건에 대해서만 심사한다. 단기의 보호기간 동안에는 모방금지권으로 보호하되, 등록을 하면 차단효 있는 독점권을 인정하는 경우(EC의 등록디자인권의 경우)와 그대로 모방금지권으로 일관하는 경우(미국, 일본, 우리나라의 반도체칩법)가 있다.

목적으로 하였고, 저작권법은 일품제작을 특색으로 하는 순수예술(저작권)을 보호대상으로 하였다. 그러나 최근에는 순수예술이 상업에 적용되는 일이 일상화되었고, 미의 가치를 판단하는 것도 불가능한 일이어서 실용품에 응용된 미술품이라 하더라도 저작권법으로 보호하는 것이 일반화되었다. 그러나 기존의 디자인보호법이 있는 상태였으므로 두 법의 조정이 필수적이다. 특히 디자인보호법의 보호방법이 특허법과 같은 우리나라나 일본, 미국은 어떠한 형태로든 그 조정규정을 두는 것이 바람직하다. 참고로 각국법의 조정내용을 본다.[2)]

1. 일 본

일본은 양산되는 실용품에 사용되는 미술, 즉 응용미술제품은 원칙적으로 의장법에 의해서만 보호를 받을 수 있으며 저작권법의 보호를 받는 것은 일품제작의 공예품에 한정하고 있다. 즉 입법적으로 어느 정도 보호의 대상을 분류하여 중복보호는 가급적 피하려고 하고 있다. 그러나 그럼에도 불구하고 판례는 일정한 경우(판례가 감상의 목적이 될 수 있는 미적 창작물이라고 인정하는 경우)는 대량생산품일지라도 저작권법의 보호를 긍정한다.

2. 미 국

미국에 있어서 응용미술은 저작권으로 보호된다. 그러나 통상 응용미술의 범위에 속하는 산업디자인이 응용미술로서 저작권의 보호를 받기 위해서는 분리가능성이 있어야 하며, 이러한 분리가능성이 없는 경우에는 오직 특허법에 의해 디자인특허로써만 보호를 받을 수 있다. 즉 1976년법 제102조 a (5)는 "회화, 그래픽 및 조각저작물(pictorial, graphic and sculptural works)"을 저작물로 예시하고, 제101조에 다음과 같은 정의를 두고 있다.

"회화, 그래픽 및 조각저작물은 평면적 및 입체적인 순수, 그래픽 및 응용미술의 저작물(works of fine, graphic, and applied art)을 포함한다. 이들 저작물에는

2) 이들에 관한 보다 자세한 것은, 이상정, 「산업디자인과 지적소유권법」, 세창출판사(1995), 89면 이하 참조.

기계적 또는 실용적인 측면은 아니고 표현형식에 관한 한 미술공예품(artistic craftsmanship)을 포함하는 것으로 한다. 이 조에서 정의하는 실용품(useful article)의 디자인은 그것이 물품의 실용적인 면으로부터 분리해서 확인할 수 있는 한 또 그것과는 독립해서 존재할 수 있는 회화, 그래픽 또는 조각의 특징을 가지는 한, 또는 그 한도에 있어서만, 회화, 그래픽, 조각저작물로 본다."

이러한 법규정에 따라 미국판례의 일반적 경향은 2차원적인 평면디자인은 미술저작물로서 저작권법의 보호를 긍정하나 3차원적인 입체디자인은 대부분 저작권의 보호를 인정하지 아니한다.

◎ 미국의 선체디자인보호법

미국에서의 디자인 보호는 위에서 본 바와 같이 크게는 저작권에 의한 보호와 디자인특허권(design patent)에 의한 보호가 중복적으로 이루어지고 있다고 말할 수 있으나 1998년에 디자인보호에 관한 새로운 제도가 도입되어 저작권법과 동일한 법전에 편입됨으로써 보다 효율적인 산업디자인보호를 위한 제3의 제도를 보여주고 있다. 물론 1998년에 저작권법에 편입된 새로운 디자인권에 관한 규정은 주로 선체디자인(vessel hull design)에 한정된 별도의 보호제도를 담고 있지만, 그 보호방식은 저작권법의 보호방식도 아니고 특허법의 보호방식도 아닌 제3의 보호방식을 시도한 입법례인 것이다.

3. 프랑스

프랑스의 경우는 푸이에(Pouillet)가 주장한 '美의 單一性理論'(l'unite de l'art: Unity of Art)[3]을 받아들여 1902년의 저작권법에 "이 권리는 작품의 가치 및 용도의 여하를 불문하고 장식의 조각가 및 도안가에게도 적용된다"고 명정한 이래 순수미술 · 응용미술의 구분 없이 모두 저작권법의 보호를 받는다.

3) 미의 단일성이론이란 한마디로 이야기하면 '미의 판단은 불가능'하다는 이론이다. 이 이론에 의하면 순수미술과 대량생산품에 이용된 미술(소위 장식적 미술)을 구별하지 아니하고 저작물성을 넓게 인정하는 것으로 된다. 그러므로 '미술의 무차별성의 원칙'이라고도 할 수 있을 것이다.

4. 독 일

독일 저작권법은 응용미술(angewandte Kunst)을 저작물의 범위에 포함하고 있으므로(독일 저작권법 2조 1항), 저작권법에 의해서 응용미술이 보호된다고 말할 수 있다. 그러나 응용미술의 범위에 속한다고 보여지는 산업디자인이 저작권법의 보호를 받기 위해서는 고도의 창작성이 필요하다는 것이 판례이다. 그러므로 프랑스의 경우와 같이 광범위한 중복보호는 발생하지 않으며 일부분만이 중복보호(부분중복: partial cumulation)될 뿐이다.

5. 영 국

영국 저작권 · 디자인권 · 특허법(CDPA)은 다음과 같이 응용미술저작물을 취급한다.

(1) 저작권법과 응용미술

CDPA에 있어서 미술저작물(artistic work)에는 도화저작물(graphic work) 외에 미술공예저작물(work of artistic craftsmanship)이 포함된다(CDPA 4조 1항). 따라서 어떤 저작물이 미술공예저작물에 해당할 때는 그 물품은 미술저작물로서 직접적으로 저작권법에 의하여 보호를 받을 수 있다. 또 도화저작물에는 도면(drawing)이 포함되며(CDPA 4조 2항), 이 도면에 기해서 3차원적 물품을 제작하는 것은 복제로 되므로 그런 의미에서 당해 물품은 간접적으로도 저작권의 보호를 받을 수 있다. 그러나 1988년법은 미술저작물에 해당하는 경우라 하더라도 저작권자의 허락을 얻어 i) 공업적 방법에 의한 물품제작[4]이라는 형태의 복제행위에 의해, 또는 ii) 그렇게 제작한 물품을 유통에 두는 것에 의해 이용한 경우는 처음 유통에 둔 해의 연말부터 25년이 경과한 후에는, 누구라도 당해 미술저작물을 이용하여 물품을 제작하고 판매할 수 있다고 규정한다. 즉 물품에 응용된 미술저작물의 존속기간은 다른 저작물과 달리 이용으로부터 25년 동안 존속하며,[5] 이 기간이 끝

4) 50개 이상의 물품을 제작하면 공업적으로 제작한 것으로 본다.
5) 이 기간은 등록디자인권의 존속기간과 동일하다.

나면 당해 미술저작물의 저작권은 소멸한다(CDPA 52조 1항, 2항). 이것은 응용미술품의 보호에 관한 베른조약상의 의무를 구체화한 것이다.

(2) 등록디자인권과 저작권과의 관계

미술저작물은 1949년 등록디자인보호법(Registered Design Act 1949: RDA)에 의한 디자인으로서 등록을 받을 수도 있다. 이러한 미술저작물을 등록받기 위하여 저작권자나 그의 허락을 받은 자가 출원한 경우에는 당해 저작물이 이전에 사용되었다 하더라도 그것만으로는 신규성이 상실되지 아니한다(RDA 6조 4항). 다만 시장에 출하된 물품의 디자인으로서 이용된 경우는 그러하지 아니하다(RDA 6조 5항).

사용하고 있던 미술저작물을 디자인으로서 등록한 경우, 만약 저작권의 존속기간이 등록디자인권의 존속기간보다 먼저 만료하는 경우는, 등록디자인권도 이에 따라 소멸한다(RDA 8조 5항). 이것은 등록디자인권이 저작권보다 장기간 존속하는 것을 방지하기 위한 규정이다.

제2절 디자인보호법

Ⅰ. 디자인보호법의 목적

디자인보호법은 디자인의 보호와 이용을 도모함으로써 디자인의 창작을 장려하여 산업발전에 이바지함을 목적으로 한다(디자인 1조). 즉 법목적의 달성 수단으로 디자인의 보호 및 이용을 도모함으로써 직접목적으로 디자인의 창작을 장려하고 궁극적 목적은 산업발전에 이바지하는 것이 디자인보호법의 목적이다.

디자인권자는 업으로서 등록디자인 또는 이와 유사한 디자인을 실시할 권리를 독점한다(디자인 92조). 유사범위는 실질적으로 창작의 동일성 범위 내에서 생각해낸 것이기 때문이다. 설정등록 전의 디자인이라도 출원 공개되면 일정한 효과가 부여된다(디자인 53). 이러한 인센티브를 통해 디자인 창작이 장려된다. 그리고 디자인권자의 실시, 실시권 설정에 의한 실시 및 디자인권 존속기간 만료에 의한 자유실시에 의하여 디자인에 관한 물품의 제조활동의 활성화를 통하여 산업발전에 이바지하게 된다. 또한 공작기계 등 생산재에 사용되는 대부분의 우수한 디자인은 그 사용에 의해서 생산능률을 높이게 되므로 산업발전에도 기여하는 경우도 있다. 이렇듯 디자인보호법은 디자인을 창작한 자에게 적절한 보호와 이용을 법적으로 보장함으로써 디자인의 창작의 인센티브를 주어 결국에는 산업발전에 이바지하게 된다.

II. 보호의 대상

디자인보호법의 대상은 디자인이다. 일반적으로 디자인은 광고포스터, 그래픽디자인 등과 같은 시각디자인, 생활공간이나 환경에 관한 환경디자인, 제품에 관한 제품디자인, 건축디자인, 도시디자인, 디지털디자인 등을 포괄하는 광의의 개념이나, 디자인보호법상의 디자인은 디자인의 개념 중 제품디자인 분야를 주된 대상으로 하는 것으로 디자인보호법 목적을 달성하기 위한 디자인에 한정된다.[6]

1. 디자인의 정의

디자인등록을 받을 수 있는 디자인은 우선, 그 전제로서 디자인보호법상의 '디자인'으로서 성립하여야 한다. 디자인보호법에 의하면 '디자인'이란 물품[물품의 부분(제42조를 제외한다) 및 글자체를 포함한다. 이하 같다]의 형상·모양·색채 또는 이들을 결합한 것으로서 시각을 통하여 미감(美感)을 일으키게 하는 것을 말한다(디자인 2조).[7] 2004년 개정법은 물품(물품의 부분 포함)뿐만 아니라 글자체를 디자

6) 노태정·김병진, 디자인보호법, 세창출판사(2009), 111-117면.

7) 한편, EU 지침 및 규정은 "① '디자인'이란, 당해 제품 자체나 또는 그 장식의 특징, 특히 선, 윤곽, 색채, 형상, 감촉(texture)이나 또는 제품의 소재 그 자체(materials of the product itself)로부터 유래하는 제품의 전체 혹은 부분의 외관을 의미한다. ② '제품'이란, 공업제품 또는 수공예품을 말하며, 조립제품의 부품, 포장, 표장(表裝), 그래픽 심볼 및 인쇄서체를 포함한다. 컴퓨터 프로그램은 포함되지 아니한다"고 규정하여 그 사이 많은 나라에서 보호

인의 구성요소로서 새로이 추가함에 따라 물품에 관한 디자인뿐만 아니라 글자체도 디자인등록의 대상이 된다.

이러한 디자인은 그 자체가 공업상의 생산품 또는 기계의 기능(기술적 효과)을 높이기 위한 것이 아니고 단순히 공업상의 물품 또는 물체의 형상, 모양, 색채 또는 외관의 장식미를 높이기 위한 전체적 효과(ensemble)에 관한 것이라는 점에서 특허나 상표와는 구별된다. 또 물품에 대한 창작인 점에서 실용신안과 공통된 기반을 가지지만 디자인은 미적 과제의 해결을 목적으로 하므로 기술적 과제의 해결을 목적으로 하는 실용신안과 구별된다. 그러나 하나의 물품이 실용신안권과 디자인권을 동시에 취득할 수도 있음은 물론이다. 예컨대 컵에 손잡이를 붙임으로써 뜨거운 물을 붓더라도 쉽게 들 수 있도록 고안한 컵이 아름답게 디자인되었다면, 이 컵은 실용적인 면에서 실용신안권을, 심미적인 면에서 디자인권을 취득할 수 있다.

2. 디자인의 요건

디자인보호법의 개체가 될 수 있는 디자인은 물품성, 형태성, 시각성, 심미성의 요건을 모두 구비하여야 한다.

(1) 물품성

디자인보호법상의 디자인이란 물품과 불가분의 관계에 있으며 물품을 떠나서는 존재하지 않는다. 이를 물품성이라 하며 디자인의 본질적 성립요소의 하나이다. 여기서 물품이란 독립성이 있는 구체적인 물품으로서 유체동산을 말한다. 디자인보호법상 물품은 물품의 형상, 모양, 색채 등이 화체될 수 있어야 하며, 대량생산, 운반이 가능하여야 하고, 육안으로 식별가능하고 일정한 형태가 있어야 할 뿐만 아니라 수요증대 기능을 위해 독립거래의 대상이 되어야 한다. 따라서 부동산, 열, 기체, 액체, 전기 등과 같이 형체가 없는 것과 설탕 등과 같은 분상물, 입

의 사각지대에 있었던 글자체의 디자인을 보호할 뿐만 아니라 현재의 디지털 상황도 포섭하고 있다. 또 우리의 시각에 의한 판단요소뿐만 아니라 촉각 등 인간의 감각을 통하여 인식할 수 있는 물품의 외관을 보호한다. Mario Franzosi 편, European Design Protection, Kluwer Law International, 36면; 이상정, 앞의 책, 331면 주 3) 참조.

상물은 디자인보호법상 물품이 될 수 없다.

2001년 개정 전까지는 물품 전체의 외관에 관한 디자인에 대해서만 디자인등록을 받을 수 있었지만, 2001년 7월부터는 디자인의 정의 규정에 물품의 부분의 형상·모양·색채 또는 이들의 결합도 디자인임을 명확히 하여 물품의 부분에 관한 디자인도 출원하여 등록받을 수 있도록 하였다(디자인 2조 1호). 따라서 커피잔의 손잡이, 병의 주둥이, 오토바이의 본체, 안경테의 귀걸이부, 양말의 뒷굽 등과 같이 물품의 부분에 관한 독창적인 창작도 부분디자인으로 보호받을 수 있다.[8] 다만, 부분디자인은 부분디자인으로서 특정되어야만 부분디자인으로 취급받을 수 있다. 부분디자인으로 등록받은 디자인을 타인이 전체디자인의 일부로 도용하는 경우에도 침해를 구성하게 된다.

◎ 물품성이 없는 예[9]: 판매대에 진열하기 위하여 변형한 "스카프"

손수건 또는 타월을 접어서 이루어진 꽃모양과 같이 물품을 상업적으로 이용하는 과정에서 만들어지는 디자인으로서 그 물품 자체의 형태로 볼 수 없는 것

(2) 형태성(형상, 모양, 색채)

형태란 형상·모양·색채 또는 이들의 결합으로서 형태성이란 디자인이 이러한 형태적 특징을 가질 것을 요구하는 것이다. 즉 디자인은 형상, 모양, 색채 또는 이들의 결합에 의한 것으로서 그 각각의 구성요소의 의미는 다음과 같다. 형상(shape)이란 유형적 존재인 물품이 공간을 점유하고 있는 윤곽을 말한다. 물품은 반드시 형상을 지니므로 형상이 없는 디자인은 존재할 수 없다. 디자인보호법상 물품의 형상은 3차원의 공간적 넓이를 가지는 입체적 형상과 2차원의 넓이만 가지는 평면적 형상으로 나눌 수 있다. 모양(pattern)이란 물품을 장식하기 위하여 그 표면에 나타나는 선도, 색구분 또는 색흐름을 말한다. 선도란 선으로 그린 도형을

8) 물품의 부분의 디자인에 대한 창작적 가치를 보호하고 부분디자인의 도용으로 인한 권리간의 분쟁을 방지하고 현행 보호받지 못하고 있는 물품의 부분의 디자인을 보호받게 되었다.

9) 디자인심사기준(전부개정 2014.7.1. 특허청 예규 제75호, 2016.12.15. 개정 특허청 예규 제96호), 110면.

말하며, 색구분이란 색과 색을 선으로써 구분하는 것이 아닌 색칠로써 구분하는 것을 말하며, 색흐림(선염)이란 색과 색의 경계를 흐리게 하여 색이 자연스럽게 옮아가는 것 같이 보이게 한 것을 말한다. 모양은 형상과 달리 모든 물품이 반드시 갖추어야 하는 요소는 아니므로(2차적 요소) 물품종류에 따라 모양이 없는 디자인도 존재한다. 색채란 시각을 통하여 식별할 수 있도록 물품에 채색된 빛깔을 말한다. 한편, 형상 · 모양 · 색채의 결합은 디자인의 특성상 형상, 형상과 모양의 결합, 형상 및 색채의 결합 및 형상 · 모양 · 색채의 결합의 4가지 태양만 존재한다.

(3) 시각성

디자인보호법 제2조 제1호의 정의는 "시각을 통하여"라고 하여 인간의 육안으로 식별할 수 있고 외부에서 파악할 수 있는 디자인을 대상으로 하고 있음을 분명히 하고 있다. 따라서 시각 이외의 감각에 의하여 인식 가능한 것, 육안으로는 식별할 수 없는 것,[10] 외부에서 볼 수 없는 것은 디자인보호의 대상이 될 수 없다.

(4) 심미성

디자인보호법상의 심미성이란 형상, 모양, 색채를 통하여 구체화된 디자인이 시각을 통하여 미감을 일으키게 하는 것을 말한다. 디자인은 이러한 심미성을 요구하는 점에서 발명 · 고안 · 상표와 구분된다. 그러나 미감의 의미는 주관적인 가치판단이 개입되므로 명확한 판단기준을 세우기는 어렵다. 따라서 심사실무에 있어서는 고도의 심미성에 대한 판단보다는 아름다움을 느낄 수 있을 정도의 형태적 처리가 된 것이면 심미감이 있는 것으로 보고 있다.

◎ 글자체디자인

디자인보호법상 "글자체(typeface)"라 함은 기록이나 표시 또는 인쇄 등에 사용하기 위하여 공통적인 특징을 가진 형태로 만들어진 한 벌의 글자꼴(숫자, 문장부호 및 기호 등의 형태를 포함한다)을 말한다(디자인 2조 2호). 미국의 경우에는 글자체가

10) 시각성을 오로지 육안으로 판별할 수 있는 것으로 좁게 해석하는 것이 종래의 통설적 견해였으나 이에 반대하는 견해도 있다. 심사기준은 다음과 같이 규정한다: "디자인에 관한 물품의 거래에서 확대경 등에 의해 물품의 형상 등을 확대하여 관찰하는 것이 통상적인 경우에는 시각성이 있는 것으로 본다"(디자인심사기준, 111면).

디자인특허(design patent)로 다수 등록되고 있고,[11] 로카르노 협정에서도 타이프페이스가 물품분류에 포함되어 있는 반면, 물품성을 전제로 하는 우리나라와 일본 의장법[12]은 글자체보호를 거부해 왔다. 그런데 2004년 개정 디자인보호법은 물품성에 관한 문제를 입법적으로 해결하고, 글자체에 관한 정의 규정을 신설한 후, 글자체보호 후에 예상되는 문제점을 감안하여 효력제한 규정을 신설하였다.[13]

글자체가 법상 디자인으로 성립하기 위해서는 우선 글자체를 구성하는 것이어야 한다. 즉 (i) 글자체는 기록이나 표시 또는 인쇄 등에 사용하기 위한 것이다. 따라서 단순히 장식을 위한 것은 본법의 보호대상인 글자체라 할 수 없다. (ii) 글자체는 공통적인 특징을 가진 형태로 만들어져야 한다. 따라서 한 벌 전체로서의 글자꼴이 같은 경향, 같은 스타일이라는 특징을 가져야 한다. 그리고 (iii) 글자체는 한 벌이어야 한다. 여기서 한 벌이란 개개의 글자꼴이 모인 그 전체로서의 조합이어야 한다는 것이다. 나아가 글자체는 일반적인 디자인 성립요건과 마찬가지로 형상 · 모양 · 색채 또는 이들을 결합한 것으로서 시각을 통하여 미감을 일으키게 하는 것이어야 한다.

◎ 의장, 디자인과 응용미술

(1) 의 장　의장[14]이란 일본 명치초기에 영미의 design[15]을 번역한 말로서, 디자

11) 최근의 등록상황은 다음과 같다.
1. 디자인특허 등록번호 D 486,177 Type font
2. 디자인특허 등록번호 D 483,397 Type font
3. 디자인특허 등록번호 D 482,057 Animal type font

12) 일본은 일찍이(明治 21년 意匠條例) 타이프페이스를 의장법으로 보호했고 실제로 등록된 예도 있으나 1930년대에 문자는 모양으로 보지 않는다는 취급이 행해진 이래 현재까지도 의장법으로 보호하지 않고 있다(보다 자세한 것은, 大家重夫,「タイプフェイスの法的保護と著作權」, 成文堂, 2000, 104면 이하). 또 문자가 한자 한자 독립해서 사용되면 모양으로 보는 경우에 대해서는 심사기준 [3-1209]가 있다(ibid.).

13) 제94조(디자인권의 효력이 미치지 아니하는 범위) ② 글자체가 디자인권으로 설정등록된 경우 그 디자인권의 효력은 다음 각호의 어느 하나에 해당하는 경우에는 미치지 아니한다.
1. 타자 · 조판 또는 인쇄 등의 통상적인 과정에서 글자체를 사용하는 경우
2. 제1호의 규정에 따른 글자체의 사용으로 생산된 결과물인 경우

14) 의장의 意는 마음(心)에 생각하고 있는 것을 音으로 표현한 것을 말하고 匠은 일상적으로 사용되는 각종의 기구를 만드는 것을 의미한다고 한다. 혹자는 의는 음과 심이 합한 자로서 마음(心) 속에 생각하는 것을 소리(音)로 발하여 지득하는 것이기 때문에 의지의 발동 혹은 심중의 연구라는 뜻이며 匠이란 ㄷ과 斤의 합자로서 ㄷ은 상자, 斤은 도끼(倨), 즉 도끼로 상자를 만드는 것을 뜻하므로 물건을 만드는 것 또는 물건을 만드는 사람을 지칭하고 따라서 의장은 물건을 만드는 계획, 고안을 의미한다고 풀이하기도 한다.

15) 원래 디자인이란 영어는 프랑스어의 데생(Dessin)과 같은 뜻을 지닌 것으로 라틴어의 Designare(계획한다, 묘사한다)에서 유래한다고 한다. 'design'의 어원적 유래에 대해서 보

인으로부터 유래한 말이다.

(2) 응용미술　응용미술(applied arts)이란 용어는 산업혁명 이후 수공예제품(크라프트 제품)이나 공업제품과 미술과의 관계를 설명하는 것으로서 순수미술에 대립하는 개념으로서 등장한 것이다. 현재는 널리 실용품에 응용된 미술을 가리키는 말로서 쓰인다.[16] 이에는 미술공예품, 장신구 등 실용품 자체인 미적 창작물, 가구의 조각 등 실용품과 결합된 미적 창작물, 대량생산되는 실용품의 모형으로 사용되는 것을 목적으로 하는 미적 창작물, 염색도안 등 실용품의 모양으로 이용되는 것을 목적으로 하는 미적 창작물 등이 이에 속한다. 건축저작물도 용어의 의의에 비추어 본다면 응용미술저작물에 속하나 일찍부터 별도의 유형으로서 저작권법의 보호를 받고 있다. WIPO 용어사전[17]에 의하면 응용미술이란 '수공예품이건 공업적 생산품이건' 묻지 않고 '실용품'에 응용된 '미술저작물'이라고 정의한다. 그러므로 응용미술이 되기 위해서는 두 가지 중요한 요소가 있어야 한다. 하나는 그러한 저작물이 미적이어야 하며, 다른 하나는 실용품에 응용되어야 한다는 것이다. 그러한 실용품이 공업적 규모로 생산되는 한 응용미술저작물을 산업디자인으로 볼 수도 있다.[18]

(3) 의장 · 산업디자인 · 응용미술의 상호관계　응용미술이란 위에서 본 바와 같이 널리 실용품에 응용된 미술을 가리키는 말로 쓰이며, 양산되는 실용품의 모형으로 사용되는 것을 목적으로 하는 미적 창작물, 염색도안 등 실용품의 모양으로 이용되는 것을 목적으로 하는 미적 창작물 등도 이에 속한다. 연혁적으로 보면 응용미술로서의 공예는 기계생산의 발달과 더불어 산업공예 내지 양산공예로 그리고 공업디자인 내지는 산업디자인으로 그 양상이 변해 왔다. Ladas 박사는 "미술적인 노력을 나타내는 디자인만이 응용미술저작물이라고 생각된다는 의미에서의 정도의 차이를 제외한다면 원칙적으로 응용미술저작물과 산업디자인간의 현실적인 차이는 없다"고 본다.[19] 한편 디자인은 양산된 실용품의 외부형태를 미적 측면에서 파악한 개념이다. 그러므로 디자인보호법상의 디자인은 모두 응용미술이라고 할 수가 있을 것

다 자세한 것은, 牛木理一, 「意匠法の研究(4정판)」, 3면 참조.

16) 베른협약 로마 개정에서는 "산업에 응용된 미술적 저작물"이라고 정의하고 있다.

17) WIPO Glossary 1981, p.9.

18) "Generally speaking, an industrial design is the ornamental and aesthetic aspect of a useful article. … The article must be reproducible by industrial means; this is why the design is called industrial"(WIPO, BACKGROUND READING MATERIAL ON INTELLECTUAL PROPERTY, p.189). 또 이것은 제품의 외적(미적) 형태와 관련된 용어가, 처음에는 장식미술(decorative art)이라고 하였고 이어서 응용미술(applied art)로, 그리고 산업미술(industrial art)로, 현재는 산업디자인(industrial design)으로 부르게 되었다는 산업디자인이란 용어의 발생사적 측면에 비추어 보더라도 타당하다. 다만 산업디자인이란 용어가 장식미술에서 출발은 하고 있으나 오늘날의 산업디자인은 종래의 장식미술적 측면과는 질적인 차이가 있는 것 같다(명승수, 「현대디자인학의 지평」, 69면 참조).

19) Ladas, *Patent, Trademark and Related Rights*, Havard University Press, 1975, p.873.

이다. 특히 우리법은 '미감을 일으키는 것'이라는 것을 그 요건으로 하고 있는 점에 비추어 보아 그렇게 해석하여도 무리가 없을 것이다.[20] 역으로 의장은 산업디자인(industrial design)을 포함하는 것은 물론이지만 응용미술(applied arts)라도 그것이 일품제작이 아니고, 동일한 것이 다량으로 만들어지는 한 디자인이라고 하지 않을 수 없는 것이다.[21]

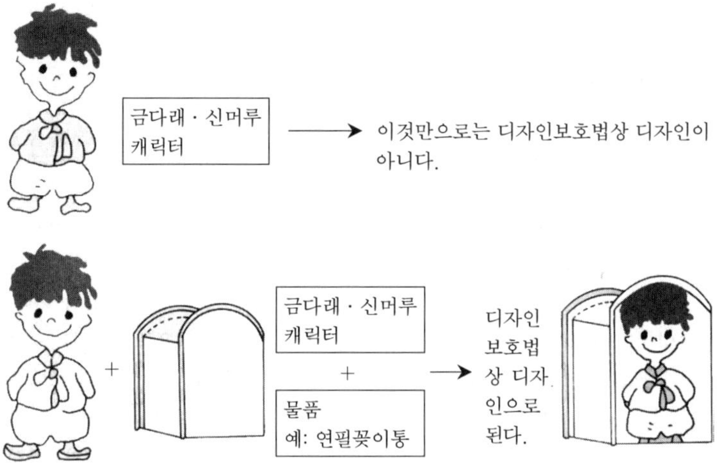

20) 보호대상으로서의 디자인의 요건에 적극적으로 '미감을 일으키는 것'을 규정한 것은 일본과 우리나라 정도가 아닌가 한다. 일본의장법에서도 당초에는 미감요건이 없었으나 1959년의 현행법에서 비로소 도입되었다. 그 도입취지는 명백하지 않으나 참의원의 심의에서 "결국 눈에 호소해서 미감을 일으키도록 하는 것이 의장으로 되는 것입니다"라는 표현이나(일본특허청, 「工業所有權百年史(下)」, 1985, 302면), "물품의 형태에 있어서 미감은 같은 물품의 형상 등을 보호대상으로 하고 있는 실용신안법에 있어서의 고안과의 차이를 현저히 나타내지 않으면 안 되는 의장으로서의 성립요건이다"(牛木理一, 앞의 책, 73면), "미감의 유무는 물품의 형상에 대해서 양법의 어느 것으로 보호할 것인가를 결정하는 기준으로 중요한 요건이다. 따라서 의장법으로부터 미감요건을 삭제하는 것은 실용신안법이 있는 우리나라에서는 그리고 1994.1.1.부터 무심사등록제도를 채택하는 것으로 된 우리나라(일본: 필자주)의 실용신안법하에서는 고안의 의장등록출원에의 이동도 예상되므로 의장법의 존립에 관한 중대사라고 생각해야 할 것이다. 의장에 있어서 미감의 존부를 부정하는 것은 의장법의 필요성을 부정하는 것으로 통한다고 해도 과언이 아니다"(위의 책, 77면). 다만 일본 판례에 있어서 디자인보호법에 있어서 미감성의 요건은 약화되고 있다고 한다(위의 책, 75면). 결국 미감요건은 기술보호법과의 경계를 나타내는 요소로서 의의가 있다.

21) 高田 忠 著, 윤종렴 편역, 「의장법(1984)」, 672, 673면.

Ⅲ. 디자인등록요건

1. 서 설

디자인보호법은 1997년 8월 22일의 법 개정을 통하여 1998년 3월 1일부터는 ‘디자인심사등록제도’와 ‘디자인무심사등록제도’로 2분하여 운영되어 왔다. ‘디자인심사등록’이란 디자인등록출원이 디자인등록요건을 모두 갖추고 있는지를 심사하여 등록을 하는 것을 말하고(디자인 2조 5호), ‘디자인무심사등록’이란 디자인등록출원이 디자인등록출원에 필요한 방식을 갖추고 있는지와 당해 디자인이 공공의 질서나 선량한 풍속을 문란하게 할 염려가 있는지 등 디자인등록요건 중 일부만을 갖추고 있는지를 심사하여 등록하는 것을 말한다(디자인 2조 6호). 2013.5.28. 전부 개정된 법률[22]은 후자의 명칭을 ‘디자인일부심사등록’으로 변경하였다. 디자인일부심사 등록출원할 수 있는 디자인은 제40조 제2항의 규정에 의한 물품류 구분 중 산업통상자원부령이 정하는 물품으로 한정한다. 이 경우 해당 물품에 대하여는 디자인일부심사 등록출원으로만 출원할 수 있다”(디자인 37조 4항).

2. 디자인등록요건

(1) 서 설

현행 디자인보호법은 대부분의 디자인에 대해서는 다른 산업재산권제도와 마찬가지로 선출원주의에 입각한 권리주의와 심사주의 및 등록주의를 채용하고 있다. 따라서 디자인등록출원한 디자인을 등록받기 위해서는 디자인의 성립요건을 충족하여야 하고, ⅰ) 공업상 이용가능성, ⅱ) 신규성, ⅲ) 창작성 등을 충족하여야 하며, ⅳ) 확대된 선출원주의에 위배되지 말아야 한다(디자인 33조). 그러나 이와 같은 요건을 충족한 디자인 또는 이와 유사한 디자인이라도 다른 날에 2 이상 출원된 경우에는 가장 먼저 출원한 자만이 등록받을 수 있다(디자인 46조).

디자인보호법 제33조는 디자인등록의 요건으로서 공업상 이용가능성, 신규

---

22) 법률 제11848호. 2014.7.1. 시행.

성 및 창작성의 3요소를 요구하고 있다.

다만, 디자인일부심사 등록출원된 디자인에 대해서는 위의 등록요건 중 신규성, 창작성(단, 국내에서 널리 알려진 형태에 의해 용이하게 창작할 수 있는 것인지 여부는 심사), 확대된 선출원주의, 선출원주의 등을 심사하지 않고 방식심사와 성립요건, 공업상 이용가능성, 부등록사유 해당여부 등만을 심사하여 등록을 하고 있다(디자인 62조 2항 참조). 디자인을 보호받기 위해서는 일정한 요건이 필요하다.

(2) 공업상 이용가능성

공업상 이용가능성이란 공업적 생산방법에 의하여 동일한 디자인물품이 대량생산 가능한 것을 말한다. 디자인보호법이 등록요건으로서 공업상 이용가능성을 요구하는 이유는 디자인제도의 목적이 고안자의 보호와 함께 물품에 대한 수요증대를 통한 국가산업발전에 기여함에 있으므로 디자인으로서 물품의 대량생산가능성이 없는 것은 국가산업발전에 기여할 수 없기 때문이다. 여기서 말하는 공업은 원자재에 물리적, 화학적 또는 전기적 등의 변화를 가하여 유용한 물품을 생산하는 산업의 한 분야를 말하며 농업적 과정이나 상업적 과정은 물론 자연현상을 배제하는 의미를 갖는다. '공업적 생산방법'이란 기계에 의한 생산방법뿐만 아니라 수공업적 생산방법도 포함한다. '동일물품이 대량생산 가능하다'는 것은 물리적으로 완전히 동일한 물품을 의미하는 것이 아니고 일견하여 동일하게 보이는 정도의 동일성은 있어야 한다는 의미이다. 따라서 '공업상 이용가능성'의 요건을 충족하기 위해서는 출원한 디자인에 관한 물품의 반복생산이 가능하여야 하고, 처음부터 양산을 의도했어야 하며, 단순한 아이디어에 불과한 것이 아니라 기술적으로 충분히 달성할 수 있을 정도의 물품이어야 한다. 또한 자연물을 그대로 디자인의 구성주체로 사용한 것으로서 다량 생산할 수 없는 것과 순수미술의 분야에 속하는 저작물은 공업상 이용가능성이 없는 경우이다.[23]

(3) 신규성

디자인이 권리로서 보호되는 것은 새로운 창작물을 창작함에 있으며 디자인보호법에 의해 권리로서 독점성이 인정된다는 점을 고려하면 여기서 창작성은 주

---

23) 노태정 · 김병진, 앞의 책, 215-222면.

관적인 것이 아닌 객관적 창작성[24]이라고 할 수 있다. 따라서 신규성이라 함은 디자인이 객관적인 창작성이 있는 것, 즉 디자인보호법 제33조 제1항 각호의 1에 해당하지 않는 것을 말한다. 신규성을 판단하기 위한 기준으로 제33조 제1항에서는 첫째, 디자인등록출원 전에 국내 또는 국외에서 공지되었거나 공연히 실시된 디자인이 아닐 것, 둘째, 디자인등록출원 전에 국내 또는 국외에서 반포된 간행물에 게재된 디자인 또는 전기통신회선을 통하여 공중이 이용가능하게 된 디자인이 아닐 것, 셋째, 첫 번째와 두 번째에서 제시된 디자인에 유사한 디자인이 아닐 것을 들고 있다. 디자인은 물품의 외관적 심미성을 대상으로 하므로 공지, 공용 또는 간행물에 기재된 디자인과 동일한 디자인만이 아니라 이와 유사한 디자인에 대해서도 신규성이 상실된다. 유사한 디자인이란 i) 동일물품에 유사한 형태(형상, 모양, 색채 또는 이들의 결합), ii) 유사물품에 동일한 형태, iii) 유사물품에 유사한 형태 등이 화체된 경우이다.

그러나 디자인등록을 받을 수 있는 권리를 가진 자의 디자인이 공지 등으로 신규성을 상실한 경우 그 날로부터 12개월 이내에 출원하면 신규성을 상실하지 아니한 것으로 본다(디자인 36조 1항). 이러한 혜택을 받으려면 디자인등록출원서에 그러한 취지를 기재하여 특허청장에게 제출하여야 하며 이를 증명하는 서류를 디자인등록출원일로부터 30일내에 제출하여야 한다(디자인 36조 2항).

(4) 창작성(창작비용이성)

창작성이란 디자인등록출원 전에 당업자가 국내 또는 국외에서 공지 등이 된 디자인의 결합 또는 국내에서 널리 알려진 형상, 모양, 색채 또는 이들의 결합에 의하여 용이하게 창작할 수 있는 디자인은 디자인등록을 받을 수 없다는 것을 말한다(디자인 36조 2항). 이는 특허, 실용신안에서의 진보성에 해당하나(특허 29조 2항), 공지, 공용 또는 간행물 기재 내용뿐만 아니라 국내에서 널리 알려진 주지의

24) 디자인보호법이 요구하는 객관적 창작성이란 고도의 창작성, 즉 과거 또는 현존의 모든 것과 유사하지 아니한 독특함은 아니므로 과거 및 현존의 것을 기초로 하여 거기에 새로운 미감을 주는 미적 창작이 결합되어 그 전체에서 종전의 디자인과는 다른 미감적 가치가 인정되는 정도면 디자인보호법에 의한 디자인등록을 받을 수 있으나, 부분적으로는 창작성이 인정된다고 하여도 전체적으로 보아서 과거 및 현재의 디자인들과 다른 미감적 가치가 인정되지 아니한다면 그것은 단지 공지된 디자인의 상업적, 기능적 변형에 불과하여 창작성을 인정할 수 없다(대판 2006.7.28, 2006후947).

형상 등으로부터 창작의 곤란성을 규정하고 있는 점에서 상이하다.

(5) 확대된 선출원주의

확대된 선출원주의란 디자인등록 출원한 디자인이 당해 디자인등록출원을 한 날 전에 디자인등록 출원을 하여 당해 디자인등록출원을 한 후에 출원공개 · 등록공고 또는 거절결정된 타디자인등록출원의 출원서의 기재사항 및 출원서에 첨부된 도면, 사진 또는 견본에 표현된 디자인의 일부와 동일하거나 유사한 경우에 그 디자인에 대하여는 디자인등록을 받을 수 없도록 하는 제도를 말한다(디자인 33조 3항). 부분디자인제도가 도입됨에 따라 부분디자인을 포함하고 있는 선출원디자인에 대하여 후출원된 부분디자인에 대한 선출원의 지위를 부여하고 일반적인 선출원주의 적용의 문제점을 개선하기 위하여 확대된 선출원지위 부여제도를 채택하였다. 확대된 선출원주의는 선출원이 전체디자인이고 당해 출원이 부분디자인인 경우, 선출원인 완성품 디자인이고 당해 출원이 부품이나 부속품 디자인인 경우 및 선출원이 한벌 물품 디자인이고 당해 출원이 구성물품 디자인인 경우에 적용된다. 다만, 그 디자인등록출원의 출원인과 다른 디자인등록출원의 출원인이 같은 경우에는 그러하지 아니하다.

(6) 등록받을 수 없는 디자인

디자인의 등록요건을 갖춘 디자인이라 할지라도 다음의 경우에는 등록될 수 없다.

i) 국기, 국장(國章), 군기(軍旗), 훈장, 포장, 기장(記章), 그 밖의 공공기관 등의 표장과 외국의 국기, 국장 또는 국제기관 등의 문자나 표지와 동일하거나 유사한 디자인

ii) 디자인이 주는 의미나 내용 등이 일반인의 통상적인 도덕관념이나 선량한 풍속에 어긋나거나 공공질서를 해칠 우려가 있는 디자인

iii) 타인의 업무와 관련된 물품과 혼동을 가져올 우려가 있는 디자인. 디자인은 물품의 외관으로서 사람이 상품을 선택할 경우 그 상품을 판단하는 기준이 될 수도 있고 그 상품의 출처를 짐작하게 하기도 한다. 이러한 디자인의 성질로 해서 타인의 업무에 관계되는 상품으로서 오인 · 혼동되어 결국 타인의 고객흡인력에 편승하는 결과가 된다. 따라서 디자인보호법은 디자인에 관하여 발생하는 영업상

의 부정경쟁행위를 방지하여 건전한 유통질서를 확립하고자 하는 취지에서 타인의 업무에 관한 물품과 혼동을 일으키는 디자인의 등록을 배제하고 있다. 따라서 본호의 적용을 받는 것은 타인의 저명한 상표, 저명한 서비스표, 기타의 마크, 상표적 성격을 지닌 저명한 디자인 등을 이용한 디자인 등이다.

ⅳ) 물품의 기능을 확보하는 데에 불가결한 형상만으로 된 디자인. 이른바 '조형적 임의성'이 없는 디자인은 등록될 수 없다. WTO/TRIPs협정 제25조 제1항은 본질적으로 기술적 혹은 기능적인 것(technical or functional)만 나타내는 디자인은 보호대상에서 제외할 수 있는 것으로 규정하고 있다. 원래 디자인은 공산품의 외관형태(features, appearance)에 관한 것으로 특허발명 또는 실용적 고안과 같이 순전히 기술적 또는 기능적인 효과를 목적으로 한 것이어서는 아니 된다는 것이 세계 각 나라의 공통된 견해이다. 만약 이 경우에도 디자인보호법으로 보호하면 디자인보호법을 통해 기술을 독점하는 결과로 된다. 이에 우리법도 2001년 개정을 통하여 이를 명문화하였다.

(7) 선출원주의

선출원주의란 동일 또는 유사한 디자인에 관하여 서로 다른 날에 2 이상의 출원이 있는 경우 먼저 출원한 자만이 그 디자인에 관하여 등록 받을 수 있는 것을 말한다. 디자인권은 독점권을 부여하는 것이므로 동일 또는 유사한 디자인이 우연히 2 이상 창작되어 출원되어 있는 경우 오직 한 사람에게만 독점권을 부여하기 위하여 최초의 출원인에게만 등록을 허여하고 있다(디자인 46조).

(8) 복수디자인 1디자인등록출원

디자인심사등록출원은 산업통상자원부령으로 정하는 물품의 구분에 따라 1디자인마다 1디자인등록출원으로 하여야 한다(디자인 40조 1항). 이것을 1디자인 1디자인등록출원의 원칙이라고 한다. 즉 하나의 출원에는 하나의 디자인만 출원할 수 있으며 이에 위반하여 출원하면 거절사유가 된다(디자인 62조). 그러나 제41조는 "디자인등록출원을 하려는 자는 제40조 제1항에도 불구하고 산업통상자원부령으로 정하는 물품류 구분에서 같은 물품류에 속하는 물품에 대하여는 100 이내의 디자인을 1디자인등록출원(이하 "복수디자인등록출원"이라 한다)으로 할 수 있다"고 규정한다. 즉 제40조에서 1디자인 1디자인등록출원에 대해서 규정하면서

제41조에서 복수디자인등록출원을 규정함으로써 1디자인 1디자인등록출원은 사실상 무의미하게 되었다. 복수디자인등록출원을 하는 경우 1디자인마다 분리하여 표현하여야 한다. 복수디자인등록출원제도는 개정 전에는 일부심사등록(무심사등록) 대상이 되는 디자인에 대해서만 인정되었으나 2013년 개정으로 모든 디자인등록출원에 복수디자인등록출원이 가능하게 되었다.

◎ 1디자인 1출원 대 복수디자인 1출원

1디자인 1출원의 원칙이라 함은 1디자인마다 1디자인등록출원을 하여야 한다는 원칙으로 디자인등록출원은 통상산업부령이 정하는 물품류구분 내에서 디자인을 표현할 1개의 물품을 지정하여 디자인마다 출원하여야 한다. 이것이 종래 우리 디자인보호법의 원칙이다(우리법도 무심사등록대상의 디자인에 대해서는 복수디자인등록출원이 가능하였다). 그러나 1디자인 1디자인등록출원원칙은 일반적으로 인정되고 있는 원칙은 아니다. 즉 일본은 1디자인 1출원주의를 취하고 있지만 유럽 각국은 복수디자인 1출원 원칙을 채택하고 있다. 예컨대 독일과 베네룩스 통일디자인보호법은 1출원에 50개의 디자인까지, 프랑스는 100개까지 출원할 수 있다. 이는 동일한 미적 사상에서 나온 디자인의 창작은 모두 하나로 하여 보호하자는 취지이다.[25]

한편 디자인보호법은 그 밖에도 한벌 물품 디자인제도를 두고 있다.

◎ 창작성 · 신규성 · 창작비용이성의 관계

창작적인 것(남의 것을 베끼지 않고 스스로 만든 것)은 원칙적으로 신규의 것, 즉 새로운 것이라 할 수 있다. 물론 '우연의 일치'와 같은 예외도 있을 수 있다. 반대로 신규인 것(절대적 신규성 개념)은 당연히 창작적인 것이라고 할 수 있다.
신규인 것이더라도 창조력이 너무 낮은 것에 대하여 비신규(디자인 5조 1항)라고 할 것이냐(특허발명의 경우 준공지), 신규의 것이지만 창작성(특허발명의 경우 진

---

25) 다만 우리법은 이러한 취지는 법조문에 반영되어 있지 않다. 즉 "산업통상자원부령으로 정하는 물품류 구분에서 같은 물품류에 속하는 물품"이라는 제한 이외에는 어떠한 제한도 없다. 이것은 같은 물품이기만 하면 디자인 사상이 달라도 복수출원이 가능하다는 의미이다. 그러나 같은 미적 사상에서 출발한 유사한 디자인도 복수출원이 가능하고(통상 이러한 경우가 보통일 것이다), 이에 대해서는 관련디자인에서와 같은 권리내용에 관한 제한도 없다. 그런 의미에서 후술하는 '관련디자인'제도가 있는 상황에서 복수디자인제도가 도입됨으로써 이들의 운영과정에서 적지 않은 문제가 발생하리라고 본다.

보성)이 없는 것으로 평가해야 될 것이냐는 의문이 있으나 디자인보호법상 창작성(디자인 5조 2항)의 문제로 논해야 할 것으로 해석함이 타당할 것이다. 디자인의 경우에도 발명이나 저작물처럼 창조력이 크면 큰 보호를 받고 적으면 그만큼 적은 보호(유사성 범위축소)를 받는다.

◎ 디자인의 유사여부 판단기준에 관한 판례(대판 1993.2.9, 92후1110)

1) 의장의 유사여부를 판단함에 있어서는 이를 구성하는 각 요소를 부분적으로 볼 것이 아니라 전체와 전체의 관계에 있어서 보는 사람에 환기될 미감과 인상(印象)의 유사성 여부에 따라야 할 것이므로 지배적인 특징이 서로 유사하다면 비록 세부적인 특징에 있어서 다소 차이가 있는 경우라도 양 의장은 유사하다고 보아야 할 것이고 보는 방향에 따라 느끼는 미감이 같기도 하고 다르기도 할 경우에는 그 미감이 같게 느껴지는 방향으로 두고 이를 대비하여 유사여부를 판단하여야 할 것이다.
2) 등록의장 … 과 인용의장 … 은 등록의장을 오른쪽으로 135도 돌려서 보면 각각 대응하는 배열이 동일함을 인정할 수 있으므로 유사한 의장이다.
3) 의장의 유사여부를 판단함에 있어서는 외관을 전체적으로 비교 관찰하는 것이 원칙이지만 사람의 주의를 끌기 쉬운 요부(要部)가 있다면 요부를 대비 관찰할 때 일반수요자들이 느끼는 미감에 차이가 생길 수 있는지의 관점에서 비교하면 된다.
4) 의장이 표현된 물품이 탁상시계인 경우 문자판이 있는 의장의 정면이 요부를 이룬다고 보여지고 탁상시계는 옛날부터 여러 가지 의장이 고안되었으므로 인용의장에 대한 유사의 폭을 좁게 보아야 한다(동지: 대판 1990.5.8, 89후2014; 1991.6.11, 90후1024; 1992.3.31, 91후1595).

◎ 물품의 동일 여부에 관한 판례

물품의 동일성 여부는 물품의 용도, 기능 등에 비추어 거래통념상 동일종류의 물품으로 인정할 수 있는지 여부에 따라 결정하여야 할 것이다(대판 1987.3.24, 86후84; 1991.7.12, 90후1994; 1992.4.24, 91후1144).

◎ 디자인의 유사 여부에 관한 특허청심사기준

법 제5조 제1항 제3호에 규정한 디자인의 유사여부는 다음 기준을 참작하여 심사례, 심결례 및 판례 등에 의하여 판단한다.
 가. 동일 또는 유사물품 간에 있어서만 유사여부를 판단한다. 그 용도와 기능을 기준으로 하여 판단한다.
  i) 물품의 유사여부에 따른 디자인의 유사 여부는 다음과 같다.

물 품 / 형 태	동일물품	유사물품	비유사물품
형상 · 모양 · 색채(동일)	동일디자인	유사디자인	비유사디자인
형상 · 모양 · 색채(유사)	유사디자인	유사디자인	비유사디자인
형상 · 모양 · 색채(비유사)	비유사디자인	비유사디자인	비유사디자인

ii) '동일물품'이란 용도와 기능이 동일한 것을 말한다.

iii) '유사물품'이란 용도가 동일하고 기능이 다른 것을 말한다. 예: 볼펜과 만년필. * 원래 '비유사물품'이지만 용도상으로 혼용될 수 있는 것은 유사물품으로 취급한다(예: 수저통과 연필통).

나. 디자인의 유사여부 판단기준 　　디자인의 유사여부판단은 디자인의 대상이 되는 물품이 유통과정에서 일반 수요자 기준으로 관찰하여 다른 물품과 혼동할 우려가 있는 경우에는 유사디자인으로 보며, 또한 혼동할 우려가 있을 정도로 유사하지 않더라도 그 디자인분야의 형태적 흐름을 기초로 두 디자인을 관찰하여 창작의 공통성이 인정되는 경우에도 유사디자인으로 본다.

(이하 생략)

◎ 디자인의 유사 여부에 관한 대법원 판결(2012.6.14, 2012후597)

갑이 출원디자인 (가), (다)를 출원하였으나 특허청이 출원 전에 인터넷에 공지된 비교대상디자인 (나), (라)와 유사하다는 이유로 디자인보호법 제5조 제1항 제3호에 따라 등록거절결정을 한 사안에서, 두 디자인은 모두 고딕체로서 선의 굵기가 세로에 비해 가로가 약간 가늘고, 대문자와 소문자인 'H, R, S, a, e' 는 각 가운데를 경계로 상하로 동일한 분배와 무게중심을 가지며, 글자의 너비와 곡선 기울기, 형태 등이 유사한 점 등에서 지배적인 특징이 유사하고, 다만 소문자 'g'의 경우 출원디자인은 '**g**', 비교대상디자인은 '**g**'와 같아서 원형 부분과 아래의 꼬리 획 부분의 공간을 차지하는 비중에 약간의 차이가 있고 전체적으로 출원디자인이 비교대상디자인보다 글자가 굵게 표현된 차이는 있으나 심미감의 차이를 유발할 정도는 아니라는 이유로, 두 디자인은 전체적으로 볼 때 유사한 디자인에 해당한다고 본 원심판단이 정당하다.

가	나	다	라
Ha Re Sg	Ha Re Sg	The quick brown fox jumped over the lazy dog	The quick brown fox jumped over the lazy dog

Ⅳ. 디자인의 특유제도

디자인은 모방이 용이하고 유행성이 강하다는 특성이 있으므로 다른 산업재산권법과는 다른 몇 가지 특유의 제도를 가지고 있다. 즉 권리의 신속화를 위하여 출원을 공개하지 않고 등록된 디자인만 공고하며, 타인의 침해 · 모방방지를 위한 제도로서 유사디자인과 비밀디자인을 두고 있으며, 디자인특유의 창작보호를 위해서 한벌 물품 디자인과 동적 디자인을 인정하고 있다. 또한 권리범위가 타권리에 비해 협소하므로 이를 보완하기 위해 디자인권의 효력범위를 등록디자인뿐만 아니라 그와 유사한 디자인에까지 확대하고 있다(디자인 92조). 그리고 1998년 3월 1일부터는 디자인 일부에 대해서 일부심사등록제도[(구) 무심사등록제도]를 도입하였다.

1. 디자인일부심사등록제도

(1) 도입배경 및 의의

종전의 우리의 디자인 보호제도는 완전심사주의를 채택, 심사의 결과 창작성 · 신규성이 인정된 디자인에 배타적 독점권을 인정하여 강력한 보호를 보증하고 있었다. 그러나 디자인출원이 격증하고 심사자료가 방대하게 된 오늘날, 심사기간의 장기화, 디자인권 발생의 지연으로 기존의 디자인보호제도는 매우 불충분하다는 것이 판명되었다. 즉 출원으로부터 권리설정등록까지 평균 1년 이상이 소요되나 통계적으로 보면 디자인 모방발생률은 제품발표로부터 1년 이내에 전체의 약 반수에 이르고 있고 출원으로부터 보면 1년 6개월 이내에 반수 이상이 모방되고 있다. 따라서 권리발생의 지연은 특히 섬유디자인과 같이 라이프사이클이 짧은 디자인이나 개발 속도가 빠른 디자인에 있어서는 치명적이며, 법적으로 전혀 보호를 하지 않는 것과 마찬가지의 결과로 되는 경우가 많다.

따라서 TRIPs협정 제25조 제2항은 "각 회원국은 직물디자인의 보호요건, 특히 비용 · 심사 혹은 공고상의 요건들이 직물디자인이 보호를 받을 기회를 부당하게 저해하는 것이 아니라는 것을 보장한다"고 규정한다. 그러나 "회원국이 이 의무를 디자인보호법 또는 저작권법에 의해 이행할 것인지는 자유이다." 따라서 저작권법으로 직물디자인을 보호하면 구태여 법을 손댈 필요가 없을 것이다. 그러나 우리 대법원은 저작권법에 의한 직물디자인 보호를 거부하였다.[26] 이에 정부는 디자인보호법을 개정하여 일부심사등록제도를 도입하였다.

즉 디자인일부심사등록제도란 유행성이 강하고 수명주기가 짧은 직물지, 벽지, 합성수지지, 의복류, 침구류 및 등록률이 높은 일부 물품에 대하여 방식요건과 일부 실체적 등록요건만을 심사하여 등록하는 제도를 말한다. 이 제도는 유통기술의 발달과 생활문화의 급속한 변화에 따라 제품의 수명주기가 급속히 짧아지고 있어 이들 물품의 디자인에 대하여는 우선적으로 신속하게 등록받을 수 있도록 할 필요가 있고, 또한 계절마다 제품디자인 패턴이 변화하는 물품에 대한 산업계의 신속한 권리보호 요청에 부응하기 위하여 도입되었다.

그러나 심사 없이 등록된 디자인권 중에는 실체적 등록요건이 결여된 디자인이 다수 존재할 가능성이 있다. 그런데 이러한 부실권리를 많은 비용과 장기간의 처리기간이 소요되는 심판이나 소송절차에 의하여야 한다면 이해관계인의 피해가 적지 않다. 이에 간편한 행정절차에 의하여 등록을 취소시킬 수 있도록 디자인일부심사등록 이의신청제도를 1998년 3월 1일부터 시행하고 있다. 일부심사로 등록된 디자인권에 대하여는 누구든지 설정등록이 있는 날부터 디자인일부심사등록 공고일 후 3월이 되는 날까지 이의신청을 할 수 있으며, 이의신청제도는 이미 설정된 디자인권에 대한 취소여부를 결정하는 중요한 사안이므로 공정성 확보를 위해 심사관 3인의 합의체에서 결정하도록 하고, 이의신청이 이유가 있다고 인정될 때에는 합의체의 취소결정으로 등록디자인권을 조기에 취소할 수 있다(디자인 68조, 70조).

(2) 대상이 되는 디자인

디자인일부심사 등록출원할 수 있는 디자인은 산업통상자원부령[27]이 정하는

---

26) 대판 1996.2.23, 94도3266. 이 판결에 대한 비판은, 이상정, "직물디자인의 보호," 「계간 저작권」 제34호, 13면 이하 참조.

27) 시행규칙 제38조 제3항 : 법 제37조 제4항 전단에서 "산업통상자원부령으로 정하는 물품"이란 로카르노 협정에 따른 물품류 중 제1류(식품), 제2류(의류 및 잡화류), 제3류(다른 류에 명기되지 아니하는 여행용품, 케이스, 파라솔 및 신변품), 제5류(섬유 제품, 인조 및 천연 시트직물류), 제9류(물품 운송 · 처리용 포장 및 용기), 제11류(장식용품) 및 제19류(문방구, 사무용품, 미술재료, 교재)에 속하는 물품을 말한다.

물품의 구분상 지정된 것에 한한다(디자인 37조 4항). 디자인일부심사 등록제도가 1998.3. 도입된 이래 그 대상품이 점차 확대되었으나 최근의 개정에서 이를 축소하고 있다.

(3) 심사를 하지 아니하는 사항

일부심사등록의 대상이 되는 디자인이 디자인등록출원된 경우에는 일부 요건만을 심사하고 그대로 등록된다. 즉 디자인일부심사 등록출원에 대해서는 다음 사항만을 심사한다(디자인 62조 2항, 3항).

가) 일반 출원의 경우: 다음에 해당하는 경우는 거절결정 한다.

1) 제3조 제1항 본문에 따른 디자인등록을 받을 수 있는 권리를 가지지 아니하거나 같은 항 단서에 따라 디자인등록을 받을 수 없는 경우

2) 제27조, 제33조(제1항 각 호 외의 부분 및 제2항 제2호만 해당한다), 제34조, 제37조 제4항 및 제39조부터 제42조까지의 규정에 따라 디자인등록을 받을 수 없는 경우

3) 조약에 위반된 경우

나) 관련디자인등록출원인 경우: 다음에 해당하는 경우는 거절결정 한다.

1) 디자인등록을 받은 관련디자인 또는 디자인등록출원된 관련디자인을 기본디자인으로 표시한 경우

2) 기본디자인의 디자인권이 소멸된 경우

3) 기본디자인의 디자인등록출원이 무효・취하・포기되거나 디자인등록거절결정이 확정된 경우

4) 관련디자인의 디자인등록출원인이 기본디자인의 디자인권자 또는 기본디자인의 디자인등록출원인과 다른 경우

5) 기본디자인과 유사하지 아니한 경우

6) 기본디자인의 디자인등록출원일부터 1년이 지난 후에 디자인등록출원된 경우

7) 제35조 제3항에 따라 디자인등록을 받을 수 없는 경우

한편 출원시 심사를 하지 아니하였던 사항에 대해서도 등록 후 이의신청제도[28]나 무효심판을 통해 다툴 수 있다. 결국 일부심사제도란 심사에 시간이 소요되

는 사유에 대해서는 심사함이 없이 우선 등록을 허용하여 권리를 부여하고 그 이후에 다툼을 통해 실체요건 등의 구비여부를 판단하겠다는 취지이다.

(4) 출원변경

디자인심사등록 대상물품에 대하여 디자인일부심사 등록출원을 하였거나, 디자인일부심사등록 대상물품에 대하여 디자인심사등록출원을 한 자는 그 디자인등록출원을 디자인심사등록출원 또는 디자인일부심사 등록출원으로 변경할 수 있다(디자인 48조 3항).

2. 관련디자인제도

2014년 7월 1일 이전의 법은 유사디자인제도를 채택하고 있었다. 유사디자인제도란 자기의 선등록 또는 선출원 디자인(기본디자인)에만 유사한 디자인을 신규성 또는 선출원주의 위반으로 거절하지 않고 유사디자인으로 등록시켜 주는 제도이다. 유사디자인제도는 디자인이 특허발명이나 실용신안과 달리 그 권리범위가 좁을 뿐 아니라 타인에게 모방될 염려가 많으며 또 대상물품에 의하여 제한을 받기 때문에 이러한 권리범위의 협소를 보완하고, 명확히 하기 위한 취지를 가지고 있었다.

유사디자인은 자기의 디자인에만 유사한 것이기 때문에 기본디자인과 주종관계를 유지한다. 유사디자인권은 기본디자인의 디자인권과 불가분의 일체가 되어 이전·소멸된다. 그러나 유사디자인권만을 무효심판 또는 권리범위확인심판의 대상으로 하거나 권리를 포기하는 것은 가능하였다.

그런데 유사디자인의 권리범위에 대해서는 확인설, 확장설, 결과확장설 등 다양한 학설이 있으나,[29] 우리 법원은 확인설의 입장[30]에서 유사디자인의 독자적

28) 이의신청은 디자인권이 설정등록된 날부터 등록공고일 후 3월이 되는 날까지 가능하다(제68조).

29) 확인설은, 유사디자인은 기본디자인의 권리범위가 미치는 유사범위를 확인하는 것에 불과하다 본다. 확장설은 유사디자인을 등록함으로써 기본디자인의 권리범위가 확장되는 것으로 본다. 결과확장설은 유사디자인의 등록으로써 기본디자인의 권리범위가 확장되는 것이 아니라 유사디자인의 독자적인 권리범위가 발생하게 되며 이는 결과적으로 기본디자인의 권리범위의 확장을 초래한다는 입장이다.

인 권리범위를 인정하고 있지 않았다. 이에 따라 유사디자인권의 권리침해 판단 시 침해디자인이 유사디자인과 유사한지 여부는 불문하고 기본디자인과의 유사 여부만으로 침해 여부를 판단하게 되어, 등록된 유사디자인에 유사한 디자인을 무단으로 실시하는 경우에도 침해방지가 어려웠다. 이에 기본디자인과는 별도로 출원료와 등록료를 납부하여 획득한 유사디자인권의 권리행사에 대해 출원인의 불만이 제기되고 있으므로, 기본디자인에는 유사하지 않으나 유사디자인에만 유사한 모방디자인의 실시를 방지하기 위해 개정법은 독자적인 권리범위를 인정하는 관련디자인제도를 도입하였다.

(1) 등록요건

1) 기본디자인에 유사하여야 한다. 관련디자인과만 유사한 디자인은 관련디자인으로 디자인등록을 받을 수 없다(디자인 35조 2항).

2) 창작이 용이하지 아니하여야 한다. 법 제35조는 제33조 제1항 각 호(신규성) 및 제46조 제1항 · 제2항(선출원)에도 불구하고 관련디자인으로 디자인등록을 받을 수 있다고 규정하고 있을 뿐이므로 제33조 제2항인 창작비용이성을 갖추고 있어야 한다.

3) 기본디자인의 디자인등록출원일부터 1년 이내에 출원하여야 한다.

4) 기본디자인의 디자인권에 제97조에 따른 전용실시권이 설정되어 있지 않아야 한다. 설정되어 있는 경우에는 그 기본디자인에 관한 유사한 디자인에 대하여는 관련디자인으로 등록을 받을 수 없다(디자인 35조 3항).

(2) 관련디자인권의 성질 · 내용

종래의 유사디자인권은 기본디자인권과 '합체'하였다.[31] 개정법은 이러한 합체의 효과를 삭제하였으므로 관련디자인권은 유사디자인권과 달리 독립성이 있으며, 기본디자인권이 소멸되더라도 관련디자인권은 소멸하지 아니한다. 또 관련디자인권도 등록디자인권인 이상 종래의 유사디자인제도에서 인정되던 학인설과

---

30) '침해디자인(확인대상디자인)은 기본디자인과 유사하지 않으므로 유사디자인과 대비할 필요도 없이 유사디자인의 권리범위에 속하지 않는다'(2009.1.30.선고 2007후4847 판결, 2008.12.24.선고 2006후1643 판결).

31) 구법(2013년 5월 28일, 법률 제11848호로 개정되기 이전의 법률) 제42조.

달리 독자의 권리범위를 가지며, 그에 유사한 디자인에까지 효력이 미친다.[32] 다만 기본디자인에 유사한 것이므로 다음과 같은 제한이 있다.

1) 기본디자인의 디자인권과 관련디자인의 디자인권은 같은 자에게 함께 이전하여야 한다(디자인 96조 1항).

2) 기본디자인의 디자인권이 취소, 포기 또는 무효심결 등으로 소멸한 경우 그 기본디자인에 관한 2 이상의 관련디자인의 디자인권을 이전하려면 같은 자에게 함께 이전하여야 한다(디자인 96조 6항).

3) 원래 디자인권은 법 제90조 제1항에 따라 설정등록한 날부터 발생하여 디자인등록출원일 후 20년이 되는 날까지 존속하나 관련디자인으로 등록된 디자인권의 존속기간 만료일은 그 기본디자인의 디자인권 존속기간 만료일로 한다(디자인 91조).

3. 한벌 물품 디자인제도

디자인보호법은 한벌의 끽연용구 세트, 한벌의 차 세트와 같이 2종 이상의 집합물이 그 개개로서도 독립하여 거래의 대상이 되고 디자인등록출원도 할 수 있으나, 현실적으로 한벌의 물품으로 사용되는 경우 당해 한벌의 물품의 디자인은 한벌 전체로서 통일성이 있을 때에는 1디자인으로 디자인등록출원을 할 수 있다고 규정한다(디자인 42조). 물품 중에는 서로 독립된 상태보다는 상호보완관계에 있을 때 그 효용 및 기능면에서 완전해지며, 그 때문에 현실적으로 한벌로서 거래되고 사용되는 경우, 그 디자인을 한벌로 취급하는 것(사회관습 존중)이 출원인이나 심사절차상 합목적적이기 때문에 인정하는 것이다.

"동시에 사용된다"는 것은 언제든지 반드시 동시에 사용되는 것이 아니라 관념적으로 하나의 사용이 다른 것의 사용을 예상케 하는 것을 의미한다.

또 한벌 물품 디자인으로 등록되기 위해서는 한벌을 구성하는 물품 전체가 디자인등록요건을 갖추고 있으면 되고, 구성물품 하나하나가 모두 디자인등록요건을 갖추고 있을 필요는 없다.[33]

---

32) '유사디자인'제도 하에서 주장되던 결과확장설과 유사하게 되었다.

33) 한벌 물품 디자인 대상품목(디자인보호법 시행규칙 별표 5 참조) — 한벌 물품 디자인으로 출원할 수 있는 물품은 한벌의 끽연용구 세트, 한벌의 커피 세트, 한벌의 오디오 세트, 한벌

4. 비밀디자인제도

비밀디자인제도란 디자인등록출원인의 청구에 의하여 디자인권설정등록일부터 3년 내의 기간을 정하여 그 디자인의 내용을 비밀로 할 수 있는 제도를 말한다(디자인 43조 1항). 동 제도는 등록공고주의로부터의 폐단을 개별적으로 방지하기 위한 디자인보호법 특유의 제도이다.

디자인은 미적 외관의 창작이므로 발명이나 고안과는 달리 손쉽게 타인에게 도용당할 취약점을 가지고 있으므로 이를 일정기간 비밀로 하여 권리자 및 이해관계인을 보호하기 위하여 설정한 제도이다. 그러나 비밀상태를 3년 내로 한정하고 일정한 경우 열람할 수 있게 함으로써 디자인권을 둘러싼 공익과 사익의 조화를 꾀하고 있다.[34]

5. 디자인보호법에 존재하지 아니하는 제도

디자인은 물품의 외관만을 그 보호대상으로 하기 때문에 유행성 및 계절에 대단히 민감하여 타인이 용이하게 모방하기 쉽고 또 침해하기 쉽다. 따라서 디자인제도에는 특허 · 실용신안 · 상표 등 제도와는 특유한 관련디자인제도, 비밀디자인제도, 한벌 물품 디자인제도를 두고 있는 반면에 특허법 · 실용신안법에서 채용하고 있는 출원공개제도(그러나 신청에 의한 출원공개제도는 두고 있다), 심사청구제도, 이의신청제도(다만, 일부심사등록출원인 경우에는 이 제도를 두고 있다)를 두고 있지 않다.

의 응접 세트 등 93개 물품이다.

34) 다만 다음의 경우에는 비밀디자인임에도 열람이 가능하다(디자인 43조 4항).
- 디자인권자의 동의를 받은 자의 청구가 있는 경우
- 심사, 심판, 소송의 당사자나 참가인의 청구가 있는 경우
- 디자인권 침해의 경고를 받은 사실을 소명할 자의 청구가 있는 경우
- 법원 또는 특허심판원의 열람청구가 있는 경우

Ⅴ. 디자인의 출원, 심사 및 등록절차

디자인등록출원에는 디자인심사등록출원과 디자인일부심사 등록출원이 있다. 물품의 특성상 유행성이 강하고 라이프사이클이 짧은 의복류, 침구류, 사무용지제품류, 포장지 · 포장용 용기, 직물지 · 편물지 · 합성수지지 등에 대해서는 디자인일부심사 등록출원으로 하여야 하며, 기타 물품에 대해서는 디자인심사등록출원으로 하여야 한다.

디자인등록을 받고자 하는 자는 특허법의 경우와 같이 출원절차, 심사절차, 등록절차를 밟아야 하며 그에 필요한 서류를 서면주의, 양식주의, 국어주의의 원칙에 의해 제출하고 필요한 요금을 납부하여야 한다. 디자인절차는 특허절차와 극히 유사하나 디자인등록출원서에는 다음 각호의 사항을 기재한 도면을 반드시 첨부하여야 한다는 점이 특이하다(디자인 37조 2항).

ⅰ) 디자인의 대상이 되는 물품 및 물품류

ⅱ) 디자인의 설명 및 창작내용의 요점

ⅲ) 디자인의 일련번호(제41조에 따라 복수디자인등록출원을 하는 경우에만 해당한다)

디자인등록출원인은 도면에 갈음하여 디자인의 사진 또는 견본을 제출할 수 있다(디자인 37조 3항).

◎ 도면의 중요성

디자인등록출원서에서 도면은 대단히 중요한 역할을 한다. 도면은 디자인의 내용을 명확히 하는 것으로 특허나 실용신안에서의 명세서와 같은 역할을 하며 등록 후에는 권리서로서 작용한다.

◎ 물품분류에 관한 로카르노협정[35)]

우리가 2011년 4월 가입한 로카르노협정은 산업디자인 물품분류의 국제적 통일을 위한 다자간 협정으로 스위스 로카르노에서 파리협약 회원국들이 모여 1968년 10월 채택한 조약이다. 특허청은 2005년부터 디자인 공보에 로카르노분류를 병기하

35) 2017년 1월 현재 가입국 수는 54개국이다.

고 있으며, 2014년부터 로카르노분류를 사용하고 있다.

■ 한국분류와 로카르노분류 비교

구 분	한국 분류	로카르노 분류
분류 방식	용도 + 기능	기능
분류 형태	세분화	포괄적
분류 구성	13개군 3,742개 소분류 15,653개 물품	32개 class, 219개 sub-class 7,024개 물품
분류 장점	세분화된 분류로 심사에 적합	포괄적이고 기능원칙의 분류방식으로 디자인 컨셉 보호에 적합
분류 단점	용도 중심의 분류방식으로 동일 기능의 물품이 다르게 분류됨	포괄적 분류방식으로 심사시 여러 물품의 검색으로 심사에 부담

디자인등록출원의 심사절차 및 등록절차는 심사청구제도, 출원공개제도가 없는 것 외에는 특허법의 규정과 거의 동일하다. 다만 신청에 의한 출원공개제도가 1995년 개정시 도입됨으로써 보상금 청구권의 행사와 공개한 디자인을 침해하는 경우에 한하여 우선심사청구가 가능하게 되었고, 1998년 3월 1일부터 디자인 일부심사등록이의신청제도를 도입하여 일부분에 대하여 이의신청이 가능하다.

◎ 재심사청구제도 도입(디자인 제64조)

2009년 개정 법은 디자인등록출원인은 디자인등록거절결정을 받은 경우 거절결정 등본을 송달받은 날부터 30일 이내에 디자인등록출원서에 첨부된 도면, 도면의 기재사항 등을 보정하여 해당 디자인등록출원에 관하여 재심사를 청구할 수 있도록 하였다.

VI. 디자인권

1. 디자인권의 내용

(1) 디자인권의 존속기간

디자인권은 설정등록에 의하여 발생한다(디자인 90조 1항). 설정등록에 따라 발생한 디자인권은 디자인등록출원일 후 20년이 되는 날까지 존속한다(디자인 91조 1항). 다만, 법 제35조에 따라 관련디자인으로 등록된 디자인권의 존속기간 만료일은 그 기본디자인의 디자인권 존속기간 만료일로 한다. 예컨대 기본디자인의 등록출원을 2015년 2월 1일 출원하고, 그 10개월 후인 2015년 12월 1일에 관련디자인의 등록출원을 한 경우, 관련디자인권의 소멸도 2035년 2월 1일이 된다. 따라서 2035년 2월 2일부터는 누구도 기본디자인이나 관련디자인을 공업상 자유롭게 이용할 수 있다.

(2) 디자인권의 효력

디자인권자는 업으로서 등록디자인 또는 이와 유사한 디자인(유사디자인)을 실시[36]할 권리를 독점한다(디자인 92조). 즉 디자인권은 차단효 있는 독점권이다.

디자인이라 함은 물품의 형상 · 모양 · 색채 또는 이들을 결합한 것이고, 등록디자인의 보호범위는 디자인등록출원서의 기재사항 및 그 출원서에 첨부한 도면 · 사진 또는 견본과 도면에 기재된 디자인의 설명에 표현된 디자인에 의하여 정하여진다(디자인 93조). 디자인권의 보호대상은 외부에서 시각을 통하여 인식할 수 있는 물품의 외관뿐이고, 시각을 통하여 인식할 수 없는 물품의 숨겨진 형상은 보호대상이 아니다.

디자인권자는 적극적으로 자기의 등록디자인과 동일 · 유사한 디자인을 자기의 디자인물품에 사용할 수 있을 뿐만 아니라, 타인이 허락 없이 디자인권자의 디자인물품과 동일 · 유사한 물품에 등록디자인과 동일 · 유사한 디자인을 사용하는 것을 금지시킬 수 있다.[37] 디자인권의 효력이 유사디자인에까지 미치는 것은 특허 · 실용에서의 기술적 사상과 달리 디자인이 동일한 경우로 한정할 경우 그 보호대상이 극히 협소한 것이 되어 디자인제도의 목적을 달성할 수 없게 되기 때문이다.

---

36) 실시란 디자인에 관한 물품을 생산 · 양도 · 대여 · 수출 또는 수입하거나 그 물품의 양도 또는 대여의 청약(양도나 대여를 위한 전시를 포함한다)을 하는 행위이다.

37) 사용권의 범위
- 동일물품－동일디자인
- 동일물품－유사디자인

금지권의 범위
- 동일물품－동일디자인
- 동일물품－유사디자인
- 유사물품－동일디자인
- 유사물품－유사디자인

따라서 디자인이 표현된 물품과 그 형태적 본질에 있어서 공통적인 동질성을 가지고 있어서 외관상 서로 유사한 미감을 일으키는 범위에 대해 "유사"라는 개념을 정립하고 이 범위도 보호의 대상으로 하고 있다.

일반적으로 디자인을 보호한다는 관점에서 보면 당해 디자인이 어디에 이용되어도 침해로 보아야 할 것이다. 디자인을 저작권적 방법을 통해 보호하는 경우에는 그렇게 해석된다. 따라서 당해 디자인이 물품 A에 이용되어도 물품 B에 이용되어도 디자인권 침해라고 본다. 그러나 특허권적으로 보호하는 나라에서는 특허권침해처럼 원칙적으로 동일한 공업분야에서의 모방만이 침해로 된다고 본다. 디자인보호법은 디자인을 특허권적으로 보호하는 법이므로 먼저 물어야 할 것은 당해 디자인물품이 상호 동일 · 유사한지 여부이다.

1) 물품의 유사　종래의 견해(객관설)는 등록단계에서의 유사성여부와 마찬가지로 물품의 용도와 기능 등에 의해 결정되어야 하며 용도가 동일하면 기능이 다르더라도 유사성을 인정한다(예컨대 만년필과 연필은 용도는 같고 기능은 다르므로 유사물품이라고 한다).

2) 디자인의 유사　디자인보호의 본질은 미에 관한 창작을 보호하는 것이므로 상품외관에 표현된 창작적 · 미적 특징을 모방한 것이냐 아니냐에 따라 유사여부가 결정된다. 당해 디자인의 창조적 · 미적 특징이 크면, 즉 개인적 연원부분이 커서 참신하면, 또 그로 인하여 수요자의 구매심리를 자극하는 부분이 많을수록 큰 보호를 받게 된다(유사성범위 확대). 흔히 있는 일상생활용품에 대한 참신성이 적은 디자인은 그만큼 적은 보호를 받게 된다.[38]

디자인의 유사 여부는 이를 구성하는 각 요소를 분리하여 개별적으로 대비할 것이 아니라 그 외관을 전체적으로 대비 관찰하여 보는 사람으로 하여금 상이한 심미감을 느끼게 하는지의 여부에 따라 판단하여야 한다(대판 2007.1.25. 2005후1097).

디자인권의 효력은 등록디자인이나 이와 유사한 디자인에 관한 물품의 생산에만 사용하는 물품을 업으로서 생산 · 양도 · 대여 · 수출 또는 수입하거나 업으로서 그 물품의 양도 또는 대여의 청약을 하는 행위에도 미친다(디자인 114조).

---

38) 탁상시계는 옛날부터 여러 가지의 디자인이 고안되었으므로 인용디자인에 대한 유사의 폭을 좁게 보아야 한다(대판 1993.2.9, 92후1110).

(3) 효력의 제한

디자인권의 효력은 연구 또는 시험을 하기 위한 등록디자인의 실시에는 미치지 아니한다(디자인 94조 1항 1호). 국내를 통과하는 데 불과한 선박 · 항공기 · 차량 또는 이에 사용되는 기계 · 기구 · 장치 기타의 물건과 디자인등록출원시부터 국내에 있는 물건에도 미치지 아니한다(디자인 94조 1항 2호, 3호). 또 글자체가 디자인권으로 설정등록된 경우 그 디자인권의 효력은 타자 · 조판 또는 인쇄 등의 통상적인 과정에서 글자체를 사용하는 경우와 그에 따른 글자체의 사용으로 생산된 결과물인 경우에는 미치지 아니한다(디자인 94조 2항).

디자인권의 효력은 법정실시권을 가진 자의 실시에도 미치지 아니한다. 법정통상실시권에는 직무디자인의 경우(발명진흥 10조 1항), 선사용의 경우(디자인 100조), 선출원의 경우(디자인 101조), 무효심판청구등록 전의 실시에 의한 경우(다만, 상당한 대가를 지급받을 수 있다. 디자인 102조), 디자인권 등의 존속기간 만료후의 경우(다만, 상당한 대가를 지급받을 수 있다. 디자인 103조)가 있다. 등록료 추가납부기간이 경과한 날부터 납부하거나 보전한 날까지의 기간중에 다른 사람이 그 디자인 또는 이와 유사한 디자인을 실시한 행위에 대하여는 디자인권의 효력이 미치지 아니하며(디자인 84조), 무효심결 후 재심에 의하여 회복한 디자인권의 효력은 심결이 확정된 후 재심청구의 등록 전의 선의의 실시 등에도 미치지 아니한다(디자인 161조).

디자인권자가 국내에서 디자인권의 실시품을 양도한 경우에는 특허권의 경우와 마찬가지로 그 실시품에 대한 디자인권은 소진하며, 그 효력은 실시품을 다시 양도하는 행위 등에는 미치지 아니한다.

정당하게 설정등록된 디자인권일지라도 그 등록디자인 또는 이와 유사한 디자인이 선출원의 등록디자인 또는 이와 유사한 디자인 · 특허발명 · 등록실용신안 또는 등록상표 또는 먼저 발생한 저작권을 이용하거나 선출원의 특허권 · 실용신안권 또는 상표권 또는 먼저 발생한 저작권과 저촉관계에 있을 때에는 그 권리자의 허락 없이는 자기의 등록디자인 또는 이와 유사한 디자인을 업으로 실시할 수 없다(디자인 95조).

2. 디자인권 침해구제

디자인보호법은 디자인권자 및 전용실시권자를 보호하기 위하여 특허법에서와 같은 민사적 구제(디자인 113조~118조)와 형사적 구제수단(디자인 220조~228조)을 규정하고 있다. 요컨대, 정당한 권원 없이 등록디자인 또는 이와 유사한 디자인을 업으로서 실시하면 디자인권침해가 성립되어 디자인권자는 민사상 침해금지청구권(디자인 113조), 손해배상청구권(민법 750조, 디자인 115조) 및 신용회복청구권(디자인 117조) 등을 행사할 수 있고, 형사상 침해죄로 고소할 수도 있다(디자인 220조). 또한 디자인보호법은 권리구제의 실효성을 담보하기 위해 침해로 보는 행위(디자인 114조), 손해액의 추정 등(디자인 115조) 및 과실추정(디자인 116조) 규정을 두고 있다. 다만 비밀디자인의 경우에는 과실추정되지 아니한다.

4 chapter 상표법

제1절 상표제도

Ⅰ. 서 설

'오리엔트'시계의 자명종소리에 눈을 뜬 갑은 '오랄B'칫솔에 '아카시아'치약으로 양치질을 한 후 '다이알'비누로 세수를 하고 '송월'타월로 닦는다. '고려당'빵과 '맥심'커피로 아침 식사를 간단히 한 후 'SONATA'를 운전하고 회사에 출근한다는 식으로 오늘날 우리가 사용하는 대부분의 상품에는 상표가 부착되어 있다. 이렇듯 상표란 상품을 생산, 가공 또는 판매하는 것을 업으로 영위하는 자가 자기의 상품을 타 업자의 상품과 식별시키기 위하여 사용하는 표장이다. 즉 상표는 자타 상품의 식별표지이다. 그러므로 상표는 상품의 얼굴이라고 비유적으로 표현하기도 한다.

◎ 브랜드(brand)의 유래

오늘날 상표로서 알려진 브랜드(brand)는 앵글로색슨어의 동사로서 'burn'(태우다)에 상당하는 말에서 유래한다. 소나 말의 엉덩이에 불에 달구어진 쇠붙이로 낙인(烙印)을 찍는 관행은 오늘까지도 남아 있다. 낙인 자체는 가축에 한정되지 않았다. 상품이 나무통에 들어 있는 경우나 노예 혹은 죄인에 대해서도 낙인을 찍었다. 표시방법이 소인(燒印)이었는지는 알 수 없으나 구약 창세기 4:15에는 “the Lord put a mark on Cain”이라는 구절이 있다. 아마 문헌상 최고의 기록일 것이다. 또 수호지 중 ‘반역시’로 알려진 송강의 시구에도 “불행히 두 볼에 금인찍히고”라고 하여 낙인찍힌 이야기가 나온다.

II. 상표법의 목적

상표법은 상표를 보호함으로써 상표사용자의 업무상의 신용유지를 도모하여 산업발전에 이바지하고 수요자의 이익을 보호함을 목적으로 하는 법률이다(상표 1조). 즉, 특허법, 실용신안법, 디자인보호법이 인간의 창작적 활동에 의한 발명, 고안, 디자인의 창작을 보호하는 것을 목적으로 하는 데 대하여, 상표법은 신용이 화체된 상표를 보호하여, 상표사용자의 업무상의 신용유지를 도모하는 것을 목적으로 하고, 게다가 상표가 표시된 상품은 일정 품질이 보증된다고 하는 수요자의 이익보호도 도모하고 있다.

상표의 보호란 특정상표의 독점 · 배타적 사용을 상표권자에게 인정하는 것을 말한다. 즉 상표권자는 지정상품에 관하여 그 등록상표를 사용할 권리를 독점할 뿐만 아니라, 제3자가 등록상표와 동일 · 유사한 상표를 동일 · 유사상품에 사용하는 것을 금지할 수 있다.

또한 상표법은 상표사용자의 업무상의 신용유지를 목적으로 하고 있다. 상표사용자는 등록상표권자는 물론 미등록주지 · 저명상표의 사용자를 포함한다. 또한 상표법은 제3자에 의한 상표의 모방사용 및 등록을 금지케 함으로써 특정상표에 화체된 신용을 유지하고, 상품의 출처표시 · 품질보증기능을 유지시켜 경업질서를 확립케 할 뿐만 아니라, 상품의 출처 및 품질의 혼동 · 오인을 방지함으로써 수요자 및 거래자가 불측의 손해를 당하는 것을 예방함과 동시에 상표사용자로 하여금 상품의 품질을 유지 · 향상시키도록 함으로써 결과적으로는 수요자의 이익을 보호한다. 궁극적으로는 상표를 보호함으로써 상표사용자의 업무상의 신용이 유지되고 타인에 의한 부정경쟁이 방지되면, 건전한 상거래질서가 확립됨과 동시에 이를 통하여 궁극적으로 관련 산업의 발전을 도모할 수 있다.

Ⅲ. 상표의 기능

1. 서 설

상표의 기능이란 상거래에 있어서 상표의 역할을 말한다. 상표의 기능이란 상표를 상품에 대하여 사용하는 경우에 그 상품과의 관계에서 어떻게 인식되고 작용하는가의 문제를 말한다. 상표는 기존의 것으로부터의 선택에 불과하여 처음부터 보호의 필요성이 있는 것은 아니다. 상표의 기능은 상표의 사용에 의하여 비로소 현실화되며, 그 사용기간, 범위, 밀도, 사용자의 노력 등에 의해 비례하여 증대하고 강화된다.

상표는 문자 · 도형 등의 상징적 표현양식에 의하여 영업자(생산자 및 제조자)가 취급하는 상품의 동일성을 표시하고 구매자의 심리에 영업자의 상품을 타인의 상품과를 구별하게 해줄 뿐만 아니라 상품자체의 품질성능 · 영업의 우수성, 성실성 기타 명성 등의 신용(good will)[1]을 상징하는 한편 소비자(수요자)에 대해서는 일정한 상품은 일정한 품질을 갖는다는 믿음을 갖게 하는 힘까지 갖는다. 나아가 상표는 상품을 극히 단순하게 상징화함으로써 쉽사리 대중의 의식에 침투하는 능력을 가져 그 자체가 광고적, 선전적 기능을 가지고 있다고 할 수 있다. 즉 기본적으로 상표는 자기의 상품 및 서비스와 타인의 상품 및 서비스를 구별하는 식별기능뿐만 아니라 상표는 사회적, 경제적 기능의 면에서 파악하면 상품의 출처표시기능, 품질보증기능, 광고 · 선전의 기능을 가진다고 할 수 있다. 상표법은 상표가 갖는 이러한 기능들의 사회적 · 경제적 가치를 인정하여 법률상 권리로서 보호하는 것이다.

연혁적으로나 법이론적으로는 자타상품식별기능, 출처표시기능만이 상표의 본질적 기능으로 생각되었으나 사회경제의 변천과 상품거래의 발전에 따라 최근에는 오히려 광고 · 선전기능의 비중이 점차 중요시되고 있다.[2]

---

1) 고객흡입력의 다른 말로서 영미법에서 유래하였다. 영국에서는 1810년, 미국에서는 1936년에서부터 시작되었고, 독일은 '가치 있는 경업(競業)상의 자산'으로 규정하고 보호하고 있다.

2) 상표의 기능에 관하여는 위의 기능 외에 보호기능(Schutzfunktion), 경쟁기능(Wettbe-

한편 이러한 상표의 기능을 통하여 생산자 및 제조자는 자기의 상품을 타인의 것과 비교하여 우수성 내지 특이성을 소비자에게 쉽게 전달할 수 있고 자기 상품에 대한 신용 · 명성을 상표에 화체하게 할 수 있으며, 소비자 역시 비슷한 상품들 사이에서 자신이 원하는 상품을 용이하게 식별할 수 있게 된다. 그리고 이렇게 함으로써 시장질서가 확립되어 수요자(소비자)는 상표를 통한 상품의 신뢰 이익을 보호받게 되며, 이를 통하여 상품의 거래가 질서 있고 원활하게 이루어진다면 결과적으로 국가산업발전에 이바지하게 되는 것이다.

2. 자타상품식별기능

상표의 자타상품 식별기능은 상표소유자의 상품을 같은 종류의 타인 상품과 구별시켜 주는 기능으로서 상표의 가장 기본적이고 본질적인 기능이며, 상표가 출처표시 및 품질보증기능을 가능하게 하는 상표의 본원적 기능이다. 따라서 자타상품의 식별의 주관적 의사의 존재는 상표의 구성요건이며(상표 2조 1항), 객관적으로 자타상품의 식별력을 결한 상표는 상표등록을 받지 못한다(상표 6조 1항).

3. 출처표시기능

출처표시기능이란 동일한 상표를 표시한 상품 또는 서비스(상표품)는 동일한 출처(source)에서 나온다는 것을 수요자에게 나타내는 기능이다.

본래 상표의 출처표시기능은 일정의 상품이 특정의 기업에서 비롯하였음을 의미하였다. 그러나 오늘날 상표의 출처표시기능은 특정상표품은 특정출처에서 나온 것이라는 전통적 의미가 아니라, 일반 소비자에게 동일한 상표의 상품은 동일한 출처에서 제공되어 동일한 판로를 거쳐 소비자에게 들어가는 것을 나타내는 것으로 변용되어 가고 있다. 기술의 진보가 보잘것없던 상품생산사회에서는 상품의 품질은 특정인이나 기업의 전래적인 숙련된 기술, 명성과 밀접불가분한 관계에 있었으므로 출처가 달라지면 상품의 품질도 어디엔가 차이가 나게 마련이어서

werbliche Funktion)이 열거되고 있으나(Fezer, Markenrecht, 3.Aufl. 72-73면), 이들 기능은 파생적 내지 부수적 기능이라고 할 것이다. 이 밖에 재산적 기능을 가진다는 견해도 있으나 이는 상표의 기능이라기보다 상표권의 법률상 성질이라고 봄이 적당할 것이다.

상표에 대한 출처표시기능의 보호는 일반소비자에 대한 관계에서는 상품의 품질을 보증한다고 하는 공익적인 성격을 가졌다.[3] 그러나 오늘날에 있어서는 산업분야 전반에 걸쳐 기술이 향상되어 특수한 업계를 제외하고는 상품은 점차 균질화하는 경향에 있다. 이에 상품의 품질과 관련한 상표의 출처표시기능은 약화되었으며, 상표는 상표를 부착한 상품이 동일한 출처와 관련이 있다거나 그러한 출처에 의하여 지원을 받고 있음을 공중에게 알려 줄 뿐이다. 따라서 상표에 의하여 표시되는 출처가 항상 제조업자를 가리키지는 않으며, 때로는 상표가 판매상이나 수입업자 등을 상품의 공급자로 지정함으로써 상표를 보아도 출처를 확인할 수 없는 경우도 있다. 오히려 오늘날 강조되는 상표의 출처표시기능은 상표권자가 당해 상표에 갖는 영업상의 신용과 관련한 것이다.

상표의 출처표시기능은 소비자의 입장에서는 상대적으로 중요성이 약해지고 있지만 상표를 사용하는 영업자의 입장에서는 상품을 생산하고 판매하는 과정에서 업무상의 신용을 축적하고 경쟁상대에 대하여 우월적 지위를 확보하기 위해서는 상표를 일정한 상품에 계속사용하고 이를 통하여 그 상표를 사용하는 영업자의 상품은 품질이 우수하다는 인식을 거래 상대방에게 심어줄 수 있도록 함으로써 경업과정에서의 신용을 형성, 유지, 확보함을 보장하여 주는 기능을 여전히 가지고 있다고 할 것이다.

4. 품질보증기능

품질보증기능이란 동일한 상표를 표시한 상품은 동일한 품질을 가지고 있다는 것을 나타내는 기능을 말한다. 예컨대, 과거에 “ ” 상표가 표시된 매장에서 휴대폰을 구입한 소비자가 태블릿PC를 구입하기 위하여 다시 “ ”가 표시된 매장을 방문하는 것은 “ ”가 표시된 상품은 이전에 구입한 휴대폰과 동일 수준의 품질을 가지고 있을 것이라고 믿고 있기 때문이다.

상표는 처음에는 일정 출처를 표시하기 위하여 사용되지만 상표사용자는 상

---

3) 구상표법이 상표를 영업과 분리하여 이전할 수 없게 하고(구상표 27조 1항), 출처혼동의 염려가 있는 유사상표는 절대로 등록하지 못하게 하는(구상표 9조 1항 7호) 등으로 규제하는 것은 출처 · 품질 · 영업이 일체 불가분적으로 결합된 것으로 보아 상표를 인격적 색채가 강한 권리로 보는 생각에 기인한 것이다. 상표의 재산권성은 그만큼 약화된다.

표의 사용이 거듭될수록 동일한 상표를 부착한 상품은 동일한 품질을 갖도록 하는 것이 영업자의 신용축적이나 판로개척을 위하여 필요하기 때문에 영업자는 자신의 상표품에 대하여 일정한 수준의 품질을 갖추도록 노력한다. 그것은 구매의 상대방이나 일반소비자들은 동일한 상표품은 동일한 품질을 가져야 한다고 기대하기 때문에 그와 같은 소비자의 기대를 충족하지 못하는 제품은 소비자나 구매자에게 신용(goodwill)을 형성할 수 없기 때문이다. 특히 최근에는 출처의 여하를 묻지 않고 일정한 품질의 상품을 기대할 수 있을 만큼 제조기술이 발전하여 가므로 일반대중 역시 상표를 직접 상표의 품질표지로 인식하는 경향을 흐르고 있다. 특히 유명상표의 경우에 소비자는 그 상품의 제조업자가 누구인지를 따져 보지 않고 상표 그 자체에 의하여 상품 품질을 신용하여 구매하는 것이 보편적 현상이라 할 수 있다. 요컨대 일반소비자에게는 어느 상품이 어느 제조업자에 의하여 생산, 판매되는가가 중요한 것이 아니고 어느 상품이 어떠한 품질성능을 가지는가가 중대한 관심사이다.4)

상표의 품질보증의 기능보호는 일반 소비대중을 위한 공익상 필요에서 인정된다고 할 수 있다. 그러나 상품의 품질표시의 기능과 결부되어 상표사용자의 업무상 신용을 유지촉진하는 작용도 아울러 가진다.5)

5. 광고선전기능

상표의 광고선전기능이란 상표를 표시한 상품의 광고 · 선전 효과를 높이는

---

4) OEM(original equipment manufactures) 방식에 의하여 생산되는 제품에 대해서도 해당 상표품의 일반적인 품질 수준을 기대하게 된다.

5) 출처표시의 기능은 주로 상표사용자 쪽에서 본 상표의 기능이며, 품질보증의 기능은 주로 소비자대중 쪽에서 본 상표의 기능이라 할 수 있다. 전자의 기능보호는 상표사용자의 이익을 위한 사익적 성격을, 후자의 기능보호는 일반 소비자의 이익을 위한 공익적 성격을 가진다. 출처혼동의 우려 있는 등록상표에 대한 무효심판청구에는 제소기간이 정하여져 있다(상표 122조). 입법례 중 경합사용되고 있는 동일 · 유사상표의 경합등록을 인정하거나(영 · 미), 상표권자의 이의가 없는 한 유사상표의 등록을 인정하는 것(독일)도 출처표시기능을 사익적인 것으로 보기 때문이다. 이에 대하여 품질오인의 우려가 있는 경우는 공익상 허용할 수 없으므로 그러한 등록상표의 무효심판청구에는 제척기간이 없고 품질오인 야기행위는 상표법, 부정경쟁방지법, 표시 · 광고의 공정화에 관한 법률 등 다수의 경제법에 의한 규제를 받는다.

기능을 말한다. 매스미디어의 발달로 인하여 광고 · 선전은 판매경쟁의 주요수단이다. 따라서 앞으로 더욱 상표가 광고 · 선전에 있어서 행하는 역할이 커지게 될 것이다.

광고선전기능은 상표의 상징성(symbol)에서 출발한다고 할 수 있다. 상표는 생산자와 소비자의 관계 형성을 유인한다. 상표는 단순하고 인상적으로 표현된 표지이므로 상표품의 사용자는 상표를 통하여 상품 그 자체의 우수성, 상표소유자에 대한 신용을 마음속에 새겨 두게 된다. 상표품을 사용한 적이 없는 자에 대하여도 상표광고를 통하여 상품에 대한 강한 인상을 주어 구매동기를 불러일으킬 수 있다. 상표의 상품에 대한 심리적 연상작용이 동적인 면에서 광고선전기능으로 나타나고 그것이 상품거래사회에서 판매촉진수단으로 작용한다. 따라서 상표의 광고선전기능은 상표의 동적기능이라 할 수 있다.

최근에는 라디오 · 텔레비전 · 신문 · 잡지 등 이른바 매스컴의 비상한 발달로 대중에게 상표를 단시간 내에 용이하게 침투시킬 수 있게 되었다. 특히 제품의 균질화 경향에 따라 상품판매경쟁은 품질보다도 오히려 광고선전에 의존하는 경향이 뚜렷하여져 상품의 매상고 역시 상표의 광고선전적 기능에 좌우되는 실정이다. 말하자면 상표는 말없는 판매원(silent salesman)이며 매력적인 사인장(attractive sign manual)인 셈이다.

상표소유자는 상표 자체의 광고를 통하여 상품을 선전하고 그 수요를 창조, 촉진할 수 있으므로 이를 위하여 막대한 자금을 투입한다. 따라서 상표의 광고적 가치를 침해하는 것은 상표소유자에게 중대한 영업상의 손실을 끼치는 것이 된다. 상표의 광고선전기능은 타인에 의한 유사상표의 사용에 의한 상표소유자 내지 영업주체의 혼동이 발생하는 경우(passing-off), 다른 종류의 상품에 관하여 동일한 상표가 타인에 의하여 사용되어(free-ride), 상표의 고객흡입력과 양질감이 훼손되는 희석화(dilution) 등의 경우에 침해된다. 부정경쟁방지법은 2001년 개정을 통해 저명상표의 희석행위를 규제하고 있다.

제2절 상표법의 보호대상

Ⅰ. 상표법상 상표의 개념

1) "상표"란 자기의 상품(서비스 또는 서비스의 제공에 관련된 물건을 포함)과 타인의 상품을 식별하기 위하여 사용하는 표장(標章)을 말하며(상표 2조 1항 1호), 여기서 "표장"이란 기호, 문자, 도형, 소리, 냄새, 입체적 형상, 홀로그램 · 동작 또는 색채 등으로서 그 구성이나 표현방식에 상관없이 상품의 출처(出處)를 나타내기 위하여 사용하는 모든 표시를 말한다(상표 2조 1항 2호). 상표법은 보호대상으로서의 '표장'의 개념을 거래실정에 맞게 확대하여 왔는데, 2016년 개정법은 그 구성이나 표현방식에 상관없이 상품의 출처를 나타내기 위하여 사용되는 모든 표시를 상표법상의 표장으로 정의하고 있다.

2) 상표란 자기의 상품과 타인의 상품을 식별하기 위하여 사용하는 표장으로, 상품표지이다. 여기서 상품은 상품학상의 개념에 의하여 결정될 것이 아니고 상표법에 규정된 상표제도의 목적에 비추어 사회경제상의 통념에 따라 결정되어야 하는 상대적인 개념이다.[6] 일반적으로 상표법상의 상품은 "운반가능한 유체물로서 반복하여 거래의 대상이 될 수 있는 것"이라고 정의된다. 따라서 부동산과 같이 운반할 수 없거나 전기, 열, 향기 등과 같이 형체가 없는 것, 골동품, 거래가 금지된 마약 등과 같이 반복하여 거래의 대상이 될 수 없는 것, 광고매체가 되는 물품[7] 및 유가증권 등은 상표법상의 상품이라고 할 수 없다.[8] 다만 술이나 음료수, 가스(Gas) 등과 같이 용기에 담아 거래의 대상이 되는 것이나 운반가능한 조립가옥은 상표법상의 상품이라고 할 수 있다.

한편 인터넷 등을 통하여 다운로드 가능한 컴퓨터프로그램과 같이 최근 IT기술의 발전에 의하여 탄생한 이른바 '디지털상품(digital goods)'의 경우에는 비록 유

---

6) 송영식, 지적소유권법(하)(2008), 52면.

7) 대판 1999.6.25, 98후58.

8) 상품(서비스)이 관계법령에 의하여 판매가 이루어질 수 없다는 이유로 상표등록을 거절해서는 안 된다. 파리협약 §7, TRIPs §15④ 참조.

체성에 대한 논란은 있지만 상표실무 및 판례는 상표법상의 상품으로 인정하고 있다.[9)]

3) 상표법상의 상품에는 서비스 또는 서비스의 제공에 관련된 물건을 포함한다. 2016년 개정법은 서비스표의 정의를 삭제하고 상표로 일원화하였다.

서비스의 개념 내지 그 범위는 사회경제 실정에 따라 달라지는 것이지만 상표법상으로는 '타인을 위하여 제공되는 노무 또는 용역 등으로서 독립하여 상거래의 대상이 되는 것'을 말한다. '서비스의 제공에 관련된 물건'이란 서비스의 제공을 위하여 이용되는 물건(렌터카업의 경우 자동차), 또는 서비스의 제공시 수요자의 이용에 공여(供與)되는 물건이나 '서비스 제공에 관한 수요자의 물건' 등을 말한다. 다만, 이때 식별의 대상이 되는 것은 '서비스의 제공에 관련된 물건' 그 자체가 아니라 해당 물건을 통하여 제공되는 '서비스'이다.

4) 상표는 상품에 관하여 사용되는 것이다.[10)] 상품 자체 또는 상품의 포장 등에 붙여서 사용되는 경우뿐만 아니라 상품을 표창(表彰)하고 상품의 동일성을 나타내기 위하여 사용되는 모든 태양을 포함한다.

상표에 관한 독점배타적 권리가 사용에 의하여 취득되는 사용주의 입법하에서 상표의 사용개념은 극히 중대한 의의를 갖지만 우리나라와 같이 사용과는 관계없이 상표로서 등록되고 독점배타적 권리가 창설되는 등록주의 입법하에서 사용의 개념은 상표의 구성개념으로서는 큰 의미가 없으나 상표로 등록하기 위해서는 적어도 사용할 의사는 있어야 하며(상표 3조). 일정기간 사용하지 않으면 등록취소사유(상표 119조 1항 3호)가 될 수 있으므로 등록주의 하에서도 상표의 사용은 의미가 있다고 할 것이다.[11)]

---

9) 특허청, 조문별 상표법 해설(2004), 6면.

10) 일본 상표법과는 달리 명문 규정 없지만 해석상 인정. 상품의 용기에 상표가 표시되어 있는 경우에도 그것이 내용물과의 관계에서 사용된 것이라면 내용물에 대한 상표의 사용으로 인정된다.

11) 미국 상표법상 권리취득요건이 되는 사용(use) 개념에는 상품에 대한 상표의 부착(affixation)과 당해 상품의 상업적 반포(commercial distribution)를 요소로 한다. 서비스표에 대하여는 광고선전에 의한 사용을 인정하나 상표에 관하여는 이를 인정하지 아니한다(Lanham법 제45조 및 Goldstein, *Copyright, Patent, Trademark and Related State Doctrines*, 266면).

◎ 상표의 사용(상표 2조 1항 11호, 2조 2항)[12]

- 우리 상표법상 상표의 사용이라 함은 다음 각목의 1에 해당하는 행위를 말한다.
 가. 상품 또는 상품의 포장에 상표를 표시하는 행위
 나. 상품 또는 상품의 포장에 상표를 표시한 것을 양도 또는 인도하거나 그 목적으로 전시 · 수출 또는 수입하는 행위
 다. 상품에 관한 광고 · 정가표(定價表) · 거래서류, 그 밖의 수단에 상표를 표시하고 전시하거나 널리 알리는 행위.)
- 제1항 제11호 각 목에 따른 상표를 표시하는 행위에는 다음 각 호의 어느 하나의 방법으로 표시하는 행위가 포함된다.
 1. 표장의 형상이나 소리 또는 냄새로 상표를 표시하는 행위
 2. 전기통신회선을 통하여 제공되는 정보에 전자적 방법으로 표시하는 행위

5) 상표에는 식별력이 있어야 한다. 상표는 자타상품의 식별표지이므로 주관적으로는 영업자가 자기의 상품을 다른 업자의 상품과 식별시키기 위하여 사용하는 표장이어야 하고, 객관적으로는 상품거래사회에서 자타상품을 구별하는 힘(식별력, 특별현저성)을 가져야 한다.

㈎ 자타상품식별의 주관적 의사는 상표의 성립요건이라 할 수 있다. 상표는 그 사용목적이 자타상품의 구별에 있으므로 상품식별의 주관적 의사가 없는 표장은 상표가 될 수 없다. 따라서 단순한 산지명, 수량등급의 표시, '취급주의'라는 문자 등은 상품에 사용되더라도 상표라 할 수 없다. 인적 표지인 상호, 영업표지인 사표(社標), 서비스표나 상품의 심미성에 본질이 있는 디자인도 상표가 아니다. 그러나 이들 표지도 상품식별표지로 사용되어 상표로서의 기능을 획득하는 경우에는 상표가 될 수 있다.

㈏ 상표의 객관적인 식별력은 상품에 따라, 거래자 및 소비자의 실상에 따라, 사용의 정도 등에 따라 정하여지는 상대적 개념이다. 일반적으로 상표의 외관구성이 명료하고 현저한 이른바 강한 상표(strong mark)는 식별력이 강하지만 상품의 품질내용을 나타내는 상표, 일반인이 많이 사용하거나 간단하고 흔히 있는

12) 형식적으로는 '상표의 사용'에 해당하더라도, 실질적으로 상표가 사용된 대상상품과의 관계에서 출처표지로서의 상표의 사용이라고 볼 수 없는 경우에는 상표법이 정하는 '상표의 사용'에 대한 법률상의 효과를 인정할 수 없는 경우가 있다. 판례는 출처표시 기능을 수행하는 태양으로서의 상표의 사용을 소위 '상표적 사용(markenmassige Benutzung)'이라 하고, 상표권의 침해 여부를 판단함에 있어서 '상표적 사용' 개념을 도입하고 있다.

문자 · 기호 등으로 된 상표와 같이 거래상 소비자 등의 주의를 끌어 특정인의 상품임을 나타내기에 힘이 부족한 이른바 약한 상표(weak mark)는 식별력이 약하다. 그러나 약한 상표라도 오랫동안 거래상 통용(Verkehrsdurchsetzung)되어 사용에 의한 식별력(secondary meaning)을 획득하면 객관적 식별력을 갖게 된다.

결국 식별력의 강약은 상표로서의 특별현저성의 정도와 거래과정에서 사용의 정도에 따라 결정되는 경우가 많다. 처음부터 자타상품의 식별력이 없는 표장은 상표법상 상표로서 보호할 가치가 없으므로 등록하지 아니할 것으로 규정한다(상표 6조).

II. 상표의 종류

1. 구성요소에 의한 분류

상표는 상품의 표장(sign, mark)이며, 표장이란 특정의 물건 또는 사항을 나타내기 위하여 이용되는 일체의 감각적 표현 수단을 의미하므로 이론적으로는 기호 · 문자 · 도형과 같이 평면적 · 시각적인 것뿐만 아니라 맛, 향기, 색채, 입체적 형상 등과 같은 것도 그것이 자타 상품을 식별하기 위한 표지로 사용된다면 상표라고 할 수 있다. 즉 상표권자와의 관계를 나타내는 것이라면 시각 · 청각 · 촉각 · 미각 등 감각적으로 파악할 수 있는 일체의 수단이 상표를 구성할 수 있다.

그러나 현실적으로 이 모든 표현 수단을 상표법상의 상표개념에 포섭하여 보호한다는 것은 현재의 거래 관행상 불필요하게 법률관계를 복잡하게 할 뿐만 아니라 사회통념에도 어울리지 않는 것이다. 여기서 우리 상표법은 여러 가지 표장 가운데 기호, 문자, 도형, 입체적 형상, 색채, 홀로그램, 동작 또는 이들을 결합한 것 내지는 그 밖에 시각적으로 인식할 수 있는 것만을 상표의 구성요소로 한정하고 있었다. 2007년 개정상표법은 상표의 정의를 개방적으로 규정함으로써, 기존에 보호되고 있는 상표의 형태 외에 홀로그램상표, 동작상표, 색채만으로 구성된 상표 등 시각적으로 인식 가능한 비전형적 상표도 상표법의 보호대상에 포함되도록 하였다. 나아가 한미FTA의 합의사항에 따라 2012년 개정법은 비시각적인 표장인 소리 · 냄새를 상표의 범위에 추가하였다. 2016년 개정법은 상표가 될 수 있는 표장의 유형 및 표현방식에 제한이 없음을 분명히 하고 있다.

이하 우리법상 상표로 인정되는 것들에 대해서 살펴본다.

(1) 문자상표

문자상표라 함은 한글 · 한자 · 로마자 · 외국어 · 숫자 등 문자로 구성된 상표를 말한다. 산이나 강 · 바다 · 동식물 · 광물 · 건조물 등의 명칭이 상표로 채용되는 경우도 있고 지리적 명칭, 인명, 상호 또는 특정의 형용사, 표어적 어구(slogan)가 상표로 사용되는 경우도 있다.

상표 중에는 일정한 기본적 상표를 기초로 하여 동종제품에 관한 품질등급 등에 따라 여러 가지 수식을 가하여 사용하는 파생상표 내지 유별상표(family mark, Serienzeichen)도 있다(예컨대, 이스트만코닥사는 카메라와 필름의 저명상표인 Kodak을 기본으로 하여 Kodachrome, Kodacolor, Kodascope, Kodel 등과 같은 family mark를 사용하고 있다. 위스키에 관한 White horse, Red horse, Black horse도 그 예에 속한다).

(2) 도형상표

동식물, 천체, 기물 등 사실적 도형을 도안화한 것 또는 기하학적 도형 등이 있다.

(3) 기호상표

문자나 도형 등을 간략히 한 것으로 일찍부터 문장 · 옥호 등으로 사용되어 왔다. 지금도 상품에 사용되는 경우에도 사표(house mark)로서 문자 등과 결합되어 쓰여지는 것이 보통이다.

(4) 입체상표

1) 입체상표의 도입　종래 평면으로만 등록이 가능하던 상표의 인정범위를 확대하여 1998년 3월 1일부터는 입체적 형상으로 구성된 3차원적 상표도 등록이 가능하게 되었다. 현재 상거래상 상표의 기능을 가지고 사용되는 표장은 평면으로 구성된 것뿐만 아니라 입체로 구성된 것도 계속 증가하고 있는 실정이며, 국제

적으로도 상표제도를 가지고 있는 많은 국가들이 입체상표의 등록을 인정하고 있다. 우리도 이러한 추세에 따라 입체상표제도를 1997년 개정에서 도입하였다. 그러나 입체상표를 인정하면 다른 산업재산권제도와 충돌이 불가피하므로 이에 대한 조정이 필요하다. 이에 법은 상품 및 포장의 기능에 필연적인 형상인 경우에 등록을 배제하는 규정(상표 34조 1항 15호)을 신설하였고, 등록상표의 지정상품과 동일 · 유사한 상품의 형상을 보통으로 사용하는 경우와 등록상표의 지정상품 또는 그 지정상품의 포장의 기능을 확보하는 데에 불가결한 형상으로 된 상표에는 상표권의 효력이 미치지 않도록 하였으며(상표 90조 1항 2호, 5호), 선출원된 타인의 산업재산권과의 충돌시 권리자의 허락을 얻도록 하고 있다(상표 92조 1항).

또 상표법 제98조는 타인의 상표(입체상표) 등록출원일전 또는 동일한 날에 출원되어 등록된 특허권이 그 상표와 저촉되는 경우 그 특허권의 존속기간이 만료되는 때에는 특허권자에게 원특허권의 범위 안에서 그 상표의 지정상품과 동일 · 유사한 상품에 대하여 그 등록상표와 동일 또는 유사한 상표를 사용할 수 있는 권리를 부여하였다. 이는 현행의 상표권과 특허권이 저촉되는 경우에 특허출원이 상표출원일 전 또는 동일한 날인 경우에는 특허권자는 상표권자의 제약을 받지 않고 자유롭게 자기의 특허발명을 실시할 수 있으나, 그 특허권의 존속기간이 만료된 후에도 상표권이 존속하고 있는 때에는 원특허권자는 상표권 침해에 해당되어 특허발명을 실시할 수 없게 되는 불합리성을 해결하기 위한 것이다.

2) EU 및 미국에서의 입체상표

(가) EU

a) 코카콜라병에 대한 영국 판례　영국 구상표법(1938년 상표법) 제68조 제1항의 규정은 제한열거적 규정이 아니므로 예시된 것 이외에도 상표등록이 가능하다. 제68조 제1항의 규정에는 상품의 외관이나 3차원적 목적물의 상표등록을 금하는 내용은 포함되어 있지 않다. 그러나 유명한 코카콜라병의 상표등록은 거부되었다.[13] 코카콜라의 병모양은 영국에서 일찍이 디자인등록을 받았으나 권리가 1940년 소멸되었다. 본건에서 코카콜라회사는 병 그 자체의 모양과 형태를 상표로서 등록받고자 하였다. 귀족원(영국대법원)은 상표란 상품 그 자체가 아니라

13) Re Coca-Cola Co.(1986) 1 WLR 695. 미국에서는 1960.4.12. 등록 제696147호로서 등록되어 있다[田倉整, (해외판례소개) "瓶 자체에 대한 상표등록의 가부," AIPPI(1988) Vol.33, No.2, 89면].

상품에 사용된 그 어떤 것이다. 병은 상품에 사용된 표시가 아니라 상품의 용기이며, 따라서 등록될 수 없다고 판시하였다. 본 판결의 합리성과 앞의 색채조합을 상표로 등록할 수 있다고 한 판결의 차이점을 밝혀내는 것은 어려운 일이나, 법원은 상표등록을 통한 식별력 있는 형태의 영구적 독점을 거부하고자 한 점은 명백하다. 귀족원은 라벨이나 포장을 달리함으로써 혼동을 피할 수 있다고 보았다. 그러나 종래 이러한 판례의 태도에 대해서는 비판적이었다.[14)]

특히 상표법의 조화를 위한 EC지침이나, 공동체상표(CTM)규정[15)]에서 입체상표를 허용하는 점에 비추어 보아도 그러하였다. 따라서 EC 지침에 의거하여 개정된 1994년 영국상표법은 제1조에서 'the shape of goods or their packaging'을 상표등록할 수 있다고 규정한다. 그러나 제3조 제2항에서 공동체규정상의 등록거절사유와 동일하게 ⅰ) 상품 자체의 성질로부터 유래하는 형태 또는 ⅱ) 기술적 효과를 얻기 위하여 필요한 상품의 형상 또는 ⅲ) 상품에 실질적인 가치를 부가하는 형상은 제외된다.

스카치위스키
'PINCH BOTTLE'

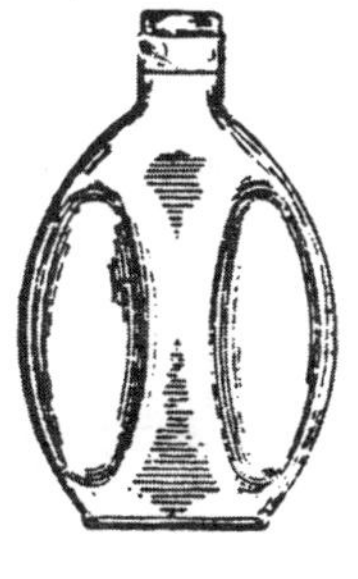

미국특허청에 등록된 입체상표

b) 공동체상표규정에서의 입체상표

CTM으로 등록될 수 있는 표지는 식별력이 있는 것인 한 거의 제한이 없다. 예컨대 숫자, 문자, 원형은 물론 상품이나 상품포장의 형태 등이 포함된다. 그러나 ⅰ) 상품 자체의 성질로부터 유래하는 형태 또는 ⅱ) 기술적 효과를 얻기 위하여 필요한 상품의 형상 또는 ⅲ) 상품에 실질적인 가치를 부가하는 형상은 제외된다.

(나) 미 국 코카콜라병은 평면적 상표와 마찬가지로 등록된다. 1958년 헤이그사의 핀치보틀사건 이래 보조등록부에는 물론 주등록부에도 등록된다. 문제는 '기능성'과의 관계에서 기능적인 (그것이 기술적이든 미적이든) 상품형태는 등록될 수 없다. 대체로 EU와 동일하다고 보면 될 것이다.[16)]

---

14) Bainbridge, *Intellectual Property*, Pitman, 1994, p.363.
15) 「공동체상표에 관한 1993.12.20. 이사회규정」(EC) 40/94(OJ No.L40, 1994.1.14).
16) '기능성이론'과 관련해서는 본서 트레이드 드레스 부분 참조.

(5) 색채상표

2007년 개정상표법은 색채만으로 된 표장을 상표법상의 보호대상인 표장으로 규정함에 따라, 현행 상표법상 색채상표라 함은 색채 또는 색채의 조합만으로 된 '협의의 색채상표'와 기호 · 문자 · 도형 등 다른 구성요소에 색채가 결합된 '광의의 색채상표'를 말한다.

광의의 색채상표라 함은 색채만으로 이루어진 상표를 의미하는 것이 아니라 일반적인 상표에 "색채가 더해진 상표" 또는 "착색상표"를 의미하는 것이다. 원이나 삼각형과 같이 그 자체만으로는 흔히 있는 도형으로서 식별력이 없는 경우라도 여기에 특정한 색을 입힘으로써 식별력을 취득하여 등록될 수 있는 경우도 있고 적십자 기장과 같이 상표로 등록될 수 없는 표장의 경우에 색채를 달리하여 상표로 등록할 수 있다. 따라서 상표에 색채를 넣어 등록한 경우에는 색채도 상표의 구성요소가 되므로 등록단계나 침해소송단계에서 상표의 유사여부를 판단함에 있어 색채도 고려하여야 한다.[17]

단일색채 또는 색채의 조합만으로 된 협의의 색채상표를 등록받기 위해서는 당해 색채가 사용에 의하여 자타상품의 식별력을 획득하였음을 입증하는 서류 및 상표에 대한 설명서를 제출할 필요가 있다.

◎ 색채상표에 관한 입법례

WTO/TRIPs협정에서 색채의 조합을 상표의 구성요소로 규정하고 있고, 상표법조약에서 색채는 시각적으로 감지할 수 있는 기호로 구성된 표장에 해당하며[§2①(a)], 마드리드의정서는 출원인이 색채를 표장의 식별력 있는 요소로 청구하는 경우의 절차에 대하여 규정하고 있다((§3③).

(1) 영 국 영국 구상표법(1938년 상표법) 제68조 제1항의 규정[18]은 제한열거적 규정이 아니므로 예시된 것 이외에도 상표등록이 가능하다. 지금까지 식별가능한 캡슐의 색채의 조합이 약품의 상표로서 등록되었다(colored capsules for drugs).[19] 등록신청은 캡슐의 전체적 외관에 대해서 되어졌고, 색채의 조합은 제68조 제1항의 의미에서의 상표가 될 수 없다고 다투어졌으나, 본 캡슐은 충분한 식별력을 가지고

17) 사법연수원, 상표법(2003), 11면.

18) "mark" includes a device, brand, heading, label, ticket, name, signature, word, letter, numeral or any combination thereof.

19) Smith Kline & French Laboratories Ltd. v. Sterling-Winthrop Group Ltd.[1975] 1 WLR 914.

있어서 타인이 사용하면 부정경쟁방지의 법리에 위반될지도 모른다는 점이 설득력 있게 받아들여졌다. 그러나 1991년 양면이 볼록한 둥근 타원형의 정제에 입혀진 옅은 녹색(pale green)에 대해서는 상표등록이 거부되었다.[20)]
그 이유는 이러한 표준크기의 상품에 입혀진 단색상표는 널리 이용되었다고 하더라도 식별력이 없다는 것이다. 영국은 1994년에 상표법의 개정이 있었다. 그러나 동 법하에서도 색채상표의 등록여부는 당해 색채가 식별력을 가지고 있다고 볼 수 있는지 여부에 달려 있다고 본다. 색채의 조합이라면 모르되 하나의 색채만으로 등록되기는 힘들 것이다.

(2) 미 국　　미국에 있어서 법원과 특허청의 전통적인 태도는 색채가 문자·도형·기호 등과 결합하여 상표의 구성요소를 이루는 경우에는 이를 상표의 일부분으로 취급하지만 색채만으로 이루어진 상표에 대해서는 상표로서의 기능을 인정하지 않는 것이었다. 그 이유는 특정 색채를 특정 제조업자가 출처표시로서 독점사용하게 하면 일정한 상업분야에 있어서 식별가능한 색상은 극히 제한되어 있어서 그것은 곧 고갈되어 버릴 것이기 때문이라거나(이를 색채고갈이론이라고 한다) 혹은 색채만의 상표를 인정할 경우 당해 색채상표와 동일 또는 유사한 상표의 사용으로 상표권침해 여부에 대한 소송사건이 생겼을 경우, 동일한 색채에 대한 색조의 농담, 명암의 차이를 법관 또는 배심원이 구별하여야만 침해여부를 판단할 수 있는데 이는 극히 어려운 일이 될 것이기 때문이었다(이를 색조혼동이론이라고 한다).

이러한 전통적인 경향에 반해서 처음으로 특정 색채만으로 구성된 상표의 등록가능성을 인정한 판결이 1985년 연방특허항소법원의 In re Owens-Corning Fiberglas Corp. 판결이다. 그러나 다른 연방법원들은 이에 따르지 않고 색채로만 된 상표를 인정하지 아니하였다. 이러한 혼란상태에 종지부를 찍은 것이 1995년 3월 28일자의 연방대법원 판결이다. 연방대법원은 Qualitex Co. v. Jacobson Products Co. 사건 판결에서 단일 색채로 이루어진 상표도 '2차적 의미'(secondary meaning)를 취득하면 다른 상표와 마찬가지로 상표법상 보호대상이 된다고 판시하였다.

2차적 의미의 취득을 요건으로 한 이유는 일반적으로 색채는 설명적·기술적 상표로서 '본질적으로 식별력이 있는'(inherently distinctive) 독특한 상표가 아니기 때문이다. In re Owens-Corning Fiberglas Corp.사건에서는 오웬스 코닝 파이버글래스 회사가 1956년 이래 분홍색의 유리섬유로 된 건축물단열재를 생산하여 왔고 이에 대한 막대한 광고선전을 통하여 많은 소비자들이 분홍색의 단열재가 동 회사 제품임을 인식하고 있었으며, Qualitex Co. v. Jacobson Products Co.사건에서는 콸리텍스 회사가 1957년부터 공급품 중의 하나인 다름질판에 금록색(green-gold)을 계속 사용해 와 사용에 의한 식별력을 취득했다고 보았다.[21)]

---

20) Smith Kline & French Ltd.'s Cimetidine Trademark [1991] RPC 17.

21) 색채상표에 대한 자세한 것은, 양명조, "색채상표와 음향상표의 보호문제," 「월간 지적재산」(1994.6), 102면 이하; 노동일, "색채상표의 도입가능성," 「인권과 정의」, 1995.9(제229

(6) 홀로그램상표

홀로그램상표(Hologram mark)란 두 개의 레이저광이 서로 만나 일으키는 빛의 간섭효과를 이용, 사진용 필름과 유사한 표면에 3차원 이미지를 기록한 표장으로서, 홀로그램은 제작에 사용되는 여러 가지 기술에 따라 시각적으로 다양한 입체적 효과를 갖게 되며, 보는 각도에 따라 다양한 문자나 모양 등을 나타내게 된다.

홀로그램상표 및 동작상표를 등록받기 위해서는 1~5개 이내의 특징적인 정지화면을 나타내는 도면(사진)과 상표에 대한 설명서를 제출할 필요가 있다.

(7) 동작상표

동작상표(motion mark, movement mark)는 일정한 시간의 흐름에 따라서 변화하는 일련의 그림이나 동적 이미지 등을 통하여 자타 상품이나 서비스업을 식별하는 표장으로서, 실거래사회에서는 대부분 영화나 TV 또는 컴퓨터 스크린 등의 매체를 통하여 새로운 상표의 유형으로 많이 사용되고 있다.

(8) 결합상표

기호 · 문자 · 도형 · 입체적 형상 등이 결합한 형태의 상표를 말한다. 구체적으로는 서로 다른 관념의 문자와 문자, 도형과 도형이 결합된 것은 물론 문자, 도형, 기호 서로 다른 요소를 결합하여 만들어진 상표도 있으며 입체적 형상의 표면에 문자, 도형, 기호 등을 평면적으로 표시한 상표도 있을 수 있다. 상품의 표지가 아닌 기업의 표지에 상품에 특수한 문자나 도형을 결합하여 하나의 상품에 대한 상표로 이용하는 경우도 흔히 볼 수 있다.

(9) 음향상표(소리상표)

소리도 상표로서 인정될 수 있을 것인가. 2012년 개정법은 소리 · 냄새 등 비시각적인 표장이라 하더라도 기호 · 문자 · 도형 또는 그 밖의 방법으로 시각적으로 인식할 수 있도록 표현한 것은 상표의 범위에 추가하여 등록, 보호될 수 있도록 하고 있다. 미국에서는 등록된 73만여 건의 상표 중 소리상표는 23건이라고 한

호) 참조.

다. 예를 들면 NBC 방송사의 3중화음 차임벨소리, MGM 영화사의 사자울음소리가 그것이다. 미국의 상표사건처리규칙도 인쇄나 기재방법에 의하지 아니한 상표·서비스표 등록이 가능함을 인정하고 등록을 위하여 녹음카세트테이프를 제출할 수 있음을 규정하고 있다.[22] 결국 독특한 음향은 '사용을 통한 식별력'을 취득하지 않더라도 상표로 등록할 수 있다.

한편 EU의 경우에는 상표는 "그래픽으로 표현되거나 그래픽으로 재현될 가능성이 있어야 하므로" 일응 소리상표가 등록되지 못할 것 같으나 전문가들은 '소노그램'(sonogram)이나 '악보' 등을 제출하면 되므로 등록가능하다고 한다.[23]

(10) 냄새상표

통상적으로 상품은 상품 원재료의 냄새에서 향수에 이르기까지 일정한 냄새를 갖고 있으며 상품에 화채된 냄새도 일응 당해 상품의 출처를 후각을 통하여 식별케 하는 상표로서의 기능을 할 수 있다. 그러면 이러한 냄새도 상표로 등록받을 수 있을 것인가? 이와 관련하여 1990년 미국이 최초로 Clarke Osewez 사건[24]에서 그 상표등록을 인정하였는데 자수용실 및 바느질용실이 지닌 특징적 냄새에 대하여 비기능적인 한 냄새도 출처를 구별하는 상표로서 다른 요소와 달리 취급할 아무런 이유가 없다고 하여, 사용에 의한 식별력 인정을 통하여 냄새에 대하여 상표 등록을 인정하였던 것이다. 그 후 향수회사들을 주축으로 몇몇 냄새상표의 출원이 이어졌으나 그렇게 활발한 편은 아니다. 요컨대, 미국에서는 어떤 상품의 냄새라도 그것이 비기능적이고 사용에 의해 2차적 의미(secondary meaning)를 얻고, 소비자가 구입하기 이전에 쉽게 접근할 수 있다는 사실 등을 그 상표 사용자가 증명한다면 상표로서 등록 보호될 수 있음이 인정되고 있다.

그러나 맛이나 냄새같은 잘 잊혀지는 감각적 요소가 상표로서 기능하기 위해서는 생산품 그 자체로부터 분리된 인상을 창조하여야 한다는 요건을 충족하기가 어렵고, 상품과 관련한 냄새의 고정문제, 냄새의 고갈, 혼동가능성의 입증곤란 등

22) R.P.T.C. §2.58 (b) Trademark Manual of Examining Procedure(U.S. Patent and Trademark Office), §1301.07 참조(양명조, 앞의 글, 110면에서 재인용).
23) 「일본상표협회지」 25호, 10면('유럽공동체상표법 세미나'에서 Alexander von Mühlendahl 박사의 발표내용).
24) In re Clark, 17 U.S.P.Q. 2d 1238 (T.T.A.B. 1990).

의 문제가 있다.

◎ 위치상표

우리 대법원은 상표법은 시각적으로 인식할 수 있도록 구성하는 모든 형태의 표장을 상표의 범위로 포섭하고 있다고 한 후, "기호 · 문자 · 도형 각각 또는 그 결합이 일정한 형상이나 모양을 이루고, 이러한 일정한 형상이나 모양이 지정상품의 특정 위치에 부착되는 것에 의하여 자타상품을 식별하게 되는 표장"도 상표의 한 가지로서 인정될 수 있다고 하여 '위치상표'를 인정한다. 대법원은 "일정한 형상이나 모양 등이 그 자체로는 식별력을 가지지 아니하더라도 지정상품의 특정 위치에 부착되어 사용됨으로써 당해 상품에 대한 거래자 및 수요자 대다수에게 특정인의 상품을 표시하는 것으로 인식되기에 이르렀다면, 사용에 의한 식별력을 취득한 것으로 인정받아 상표로서 등록될 수 있다"고 판시하였다.[25]

2. 주체에 의한 분류

상표란 상품을 생산 · 가공 또는 판매하는 것을 업으로 영위하는 자가 자기의 상품을 타업자의 상품과 식별시키기 위하여 사용하는 표장이므로 상표의 주체로 본 상표에는 생산표 · 가공표 · 판매표로 나누어 볼 수 있으나 이를 대별하면 생산표 및 판매표로 분류할 수 있다.

(1) 생산표

상품의 생산업자(제조, 가공 등을 포함)가 자기가 생산하는 상품을 표시하는 상표로서 상표의 대다수를 차지하고 있다. 생산업자는 생산표로서 자기의 생산기술 등에 기한 상품의 품질특징을 나타낸다. 유명메이커(제조원)의 상표품은 그에 대한 일반소비자의 명성에 대한 기대에 터잡아 강한 고객흡인력(good will)을 갖게 된다.

(2) 판매표

판매업자가 자기가 선택하여 판매하는 상품임을 표시하는 상표이다. 상품을 선택하여 양질품을 취급하는 상인의 숙련도, 지식판단에 대한 신용이 상품을 통

---

25) 대법원 2012.12.20.선고 2010후2339 전원합의체 판결.

하여 상표에 화체된다. 유명백화점과 같이 판매업자의 신용도가 높은 경우에 판매표가 사용되는 경우가 있으나 동일제품에 제조표와 판매표가 중복하여 사용되는 경우도 있다.

3. 등록유무에 의한 분류

상표를 등록의 유무에 따라 등록상표와 미등록상표로 나누어 볼 수 있으나 등록주의를 철저히 관철하고 있는 우리 상표법상으로는 미등록상표는 원칙적으로 상표법에 의한 보호가 주어지지 않는다.

다만 그것이 주지・저명상표인 경우에는 등록출원권의 독점을 인정하여 제3자에 의한 출원등록을 저지할 권리가 인정되지만(상표 7조 1항 9호・10호, 71조) 그 침해에 대하여는 부정경쟁방지법에 의한 보호만이 인정된다(부정 2조 1호).

4. 기능면에서 본 분류

(1) 상품상표와 영업표

상표는 직접적으로 상품의 식별표지이며 따라서 상품에 사용되는 것은 모두 상품표(merchandise mark), 즉 본래 의미에 있어서의 상표이다. 약에 있어서 활명수・훼스탈, 자동차에 있어서 그랜저・모닝・프라이드 등과 같은 것은 모두 상표권자에 의하여 구체적인 상품을 나타내기 위하여 사용되는 것이며 이들 문자・도형 등은 그 자체로는 영업 내지 영업자를 표시하는 의미를 갖지 아니한다.

이에 반하여 LG, 롯데, Ford, SONY, 해태, 버들표(유한양행 주식회사의 버드나무 모양) 등의 문자・도형 등은 그들 문자 자체가 원래 상호 내지 상호의 약칭으로 사용되거나 혹은 사표(house mark)로 사용되는 것이며 실질적으로는 영업표지 내지 인적 표지이다.

이와 같은 표장은 영업을 나타내는 표지이므로 영업표(business mark)라고 한다. 영업표도 상품에 사용되면 상품을 표시하는 것으로 상표가 된다.

상품표는 영업자가 제조판매 하는 특정의 상품의 동일성을 표시하는 것임에 대하여 영업표는 영업자가 제조・판매하는 모든 상품에 사용되고 영업자의 출처외에 신용을 표시하는 기능이 강하다.

특정의 영업자가 그 대표적인 상품에 영업표를 상표로 사용하고 기타의 상품에 상품표를 따로 사용하는 경우(예컨대, 기아자동차는 그 상품에 KIA 외에 프라이드, 세피아, 포텐샤 등을 사용하고 있다)도 있고, 제약회사나 화공제품회사와 같이 다수의 상품표를 가지는 상품을 생산하는 회사 등에서는 개개의 상품에 상품표 외에 영업표를 동시에 병용하는 경우가 많다. 또 기계나 섬유메이커 등 그 사표가 잘 알려진 기업 등에서는 다수의 상품에 영업표를 상표로 사용하는 예(예컨대, SONY)도 있다.

운송업, 금융업, 건설업 등 서비스업자가 사용하는 서비스표(service mark: 예컨대, Greyhound, 대한항공사의 KAL이란 문자와 도형, 은행의 마크 등)도 위와 같은 영업표의 일종이다. 서비스업자가 동시에 상품을 제조 · 판매하는 경우에 서비스표를 상품표로 사용할 수도 있다(double mark).

(2) 단체표장

단체표장(collective mark, Verbandszeichen)이란 조합이나 협회 등 일정한 단체의 회원에 의하여 사용되고 회원임을 나타내기 위하여 사용되는 표장을 말한다. 단체표장은 원래 지방특산물(풍기 인삼, 완도 김, 대구 능금, 영광 굴비 등)을 공동으로 생산 · 판매하거나 지방적으로 뭉쳐진 중소기업 또는 일반공중에게 서비스를 제공하는 동종업자의 조합 등이 단체의 신용을 이용하여 거래의 상대방이나 소비자에게 그 감독하에 있는 단체원의 영업에 관한 상품 또는 서비스의 품질을 보증함으로써 고객흡인력을 획득하기 위하여 사용하는 특수한 표장이다.[26)]

단체표장은 단체원의 공동이익을 증진하기 위하여 사용되는 것이며 해당 단체의 신용으로 상품이나 용역의 최저 수준을 보증한다는 의미에서 품질보증적 성격이 강하지만 생산자나 유통업자 자신의 단체의 것이라는 점에서 생산자 또는 유통업자가 아닌 제3자(증명업자)가 상품(서비스) 자체에 관하여 일정한 품질을 보증하기 위하여 사용하는 증명표와는 그 법적 성격을 달리한다. 즉 단체표장은 일반적으로 단체의 명의로 등록된 것이지만 단체 자체가 사용하지 않고 단체원이

---

26) 단체표장은 자본력과 영업신용도가 낮은 지방적 특산물을 생산하는 업자끼리 뭉쳐진 조합(축산물가공협동조합, 풍기인삼협동조합, 문구협동조합 등) · 단체의 표장으로서 품질보증과 신용유지를 위하여 이들 단체의 표장을 내건 많은 선전광고를 통해 고객흡인력(Good Will)을 획득하는 데 사용된다.

그가 단체원임을 나타내기 위하여 사용하는 표장이므로 그 법적 성격은 출처표이지만 증명표와 같이 진정한 의미의 보증표라고 할 수는 없다.

단체표장제도는 파리조약에 가입을 계기로 1980년 12월 31일 개정에서 단체표장에 관한 규정을 신설하여 "단체표장이라 함은 동종업자 또는 동종업자 및 이와 밀접한 관계가 있는 업자가 설립한 법인이 그 감독하에 있는 단체원의 영업에 관한 상품 또는 서비스업에 사용하게 하기 위한 표장을 말한다"고 규정하였고, 2004년 개정법은 단체가 자율적으로 소속단체원의 자격 등을 정할 수 있도록 단체원의 범위를 완화하고, 소속단체원뿐만 아니라 단체도 단체표장의 홍보나 광고 등에 단체표장을 직접 사용할 수 있도록 개정하였다. 그리하여 현재는 "단체표장"이라 함은 상품을 생산 · 제조 · 가공 또는 판매하는 것 등을 업으로 영위하는 자나 서비스업을 영위하는 자가 공동으로 설립한 법인이 직접 사용하거나 그 감독하에 있는 소속단체원으로 하여금 자기 영업에 관한 상품 또는 서비스업에 사용하게 하기 위한 표장을 말한다"고 규정하고 있다.

◎ 지리적 표시 단체표장제도

"지리적 표시"란 상품의 특정 품질 · 명성 또는 그 밖의 특성이 본질적으로 특정 지역에서 비롯된 경우에 그 지역에서 생산 · 제조 또는 가공된 상품임을 나타내는 표시를 말한다(상표 2조 4호). 2004년 상표법 개정 이전에는 "지리적 표시"만으로 구성된 표장은 산지 및 현저한 지리적 명칭 등에 해당하여 식별력이 없는 표장으로서 등록을 받을 수 없었다. 2005년 7월 1일부터 시행되는 개정상표법에서는 기존의 단체표장제도를 개선한 "지리적 표시 단체표장"을 신설하여 그 표장이 특정 상품에 대한 지리적 표시인 경우에도 등록을 받을 수 있도록 하였다.

즉, 지리적 표시 단체표장이란 지리적 표시를 사용할 수 있는 상품을 생산 · 제조 또는 가공하는 것을 업으로 영위하는 자만으로 구성된 법인이 직접 사용하거나 그 감독하에 있는 소속단체원으로 하여금 자기 영업에 관한 상품에 사용하게 하기 위한 단체표장을 말하며(상표 2조 6호), 그 표장이 특정 상품에 대한 지리적 표시인 경우에는 지정상품과의 관계에서 산지를 보통으로 사용하는 방법으로 표시한 표장(상표 33조 1항 3호)이거나, 현저한 지리적 명칭 · 그 약어 또는 지도만으로 된 표장(상표 33조 1항 4호)일지라도 그 지리적 표시를 사용한 상품을 지정상품으로 하여 지리적 표시 단체표장등록을 받을 수 있다(상표 33조 3항).

(3) 증명표장(certification marks)제도

한미 FTA의 합의사항에 따라 상품에 대한 정확한 품질정보를 제공할 수 있도록 증명표장제도가 도입되었다. 상표와는 달리 증명표장은 상품을 나타내고 식별해주는 기능을 하는 것이 아니고 타인의 상품이나 서비스가 일정한 기준이나 조건을 충족시켰다는 것을 인정하는(certify) 것이다(상표 2조 1항 7호).

증명표장은 일반적으로 그 표장의 소유자(증명표장권자) 또는 그로부터 사용허락을 받은 자가 그 표장이 사용되는 상품이나 서비스업의 산지, 원재료, 제조방법, 수량, 정밀도 기타 특성을 증명하기 위하여 사용하는 표장이다. 증명표장은 증명표장권자가 자기의 상품 또는 서비스업을 식별하기 위하여 사용하는 것이 아니라,[27] 일반적으로 증명표장권자가 요구하는 사용조건과 사용절차에 따라 제3자가 그 표장을 사용하고, 증명표장권자는 그 사용을 감시, 감독하는 역할을 한다는 점에서 통상의 상표와는 차이가 있다. 즉 증명표장은 그 표장이 사용되는 상품 또는 서비스업의 산지, 원재료, 제조방법, 수량, 정밀도 기타 특성을 증명, 보증하기 위하여 사용된다는 점에서 품질보증적 기능을 주된 기능으로 한다.[28] 한편 증명표장의 사용요건을 충족한 자라면 누구든지 표장을 사용할 수 있는 것이 아니라 증명표장권자의 사용허락을 받은 자만이 당해 표장을 사용케 하는 입법례가 있는데, 이 경우에는 증명표장과 단체표장의 차이가 거의 없게 된다.

증명표장 등록출원서에는 증명표장 사용을 위해 요구되는 기준이 제시되어야 한다.[29] 이 기준을 충족한 자는 누구든지 증명표장을 사용할 수 있다. 증명표장 사용에 대한 우선권이 존재할 수 있다. 증명표장권자는 기준을 준수하지 않는 자의 표장사용을 금지할 수 있는 권리가 있다.

일반적인 증명표장 등록요건은 출원인이 증명표장이 표시하는 증명에 대하여 책임을 부담할 수 있는 능력을 갖추어야 한다. 따라서 증명표장권자는 출원상품에 대한 대표자이어야 한다. 이것은 소비자를 오인으로부터 보호하기 위한 중요한 장치이다.

27) 증명표장권자는 자기가 영위하는 영업에 관한 상품 또는 서비스에 대하여 당해 증명표장을 사용하지 못한다. 이것을 증명표장권자의 사용불가원칙(anti-use by owner rule)이라고 한다.

28) 최성우, "증명표장제도의 도입에 따른 문제점 및 도입방안," 지식재산권연구센터 보고서(2001-3), 4-5면.

29) 37 C.F.R. §2.45.

증명표장은 다음의 세 가지 유형이 있다. 첫째는 상품 또는 서비스가 특정의 지리적 출처에서 기원하였음을 증명하는 것이며,[30] 둘째는 상품 또는 서비스가 품질 · 원재료 · 제조방법 등에 관한 소정기준을 충족하고 있음을 증명하는 것이고,[31] 셋째는 서비스제공자 또는 상품 제조업자가 특정기준을 충족하거나 혹은 특정협회 또는 동맹 회원임을 증명하는 것이다.[32] 지리적 표시로 구성된 증명표장의 등록여부는 개별 국가법에 달려 있다.

Ⅲ. 상표의 인접개념

1. 영업상 표지의 여러 가지

일반적으로 표지라 함은 대상물을 개성화하여 다른 동종의 것과 구별하는 표시이며,[33] 이에는 성명 · 상호 등과 같이 사람이나 상인임을 나타내는 인적 표지, 영업표나 서비스표 등과 같이 영업이나 영업시설을 나타내는 영업표지, 원산지표시 기타 출처를 나타내는 출처표지, 검사표 등과 같이 품질등급을 나타내는 품질표지, 상품 그 자체를 나타내는 상품표지인 상표 등이 있다. 경우에 따라서는 상품의 용기 · 포장 · 형태 등 외장(外裝: get-up: trade dress)도 상품표시로 사용되는 수가 있다.

이들 표지 중 인적 표지, 영업표지, 출처표지, 품질표지 등은 상품표지인 상표와는 개념적으로 구별되고 본래는 상표와는 별개의 기능을 가지지만 거래사회에서는 이들 표지도 동시에 상품표지로 사용되는 경우가 많다. 실제로 제조자임

30) 프랑스산 브랜디에 대한 Cognac, 플로리다산 감귤에 대한 Sunshine Tree 등이다.

31) 전자제품의 안전기준에 관한 UL마크.

32) WIPO SCT/9/4, p.11, note 27.

33) 표지(sign, mark, Zeichen, Merkmal)라 함은 대상물을 구별하기 위한 표시로서 널리 감각적으로 파악될 수 있는 수단 모두를 포함하는 강학상의 개념이다. 표지 중에 문자 · 도형 · 기호 · 입체적 형상 · 색채 · 홀로그램 · 동작 및 이들을 결합한 것 내지는 그밖에 시각적으로 인식할 수 있는 것과 소리 · 냄새 등 시각적으로 인식할 수 없는 것 중 기호 · 문자 · 도형 또는 그 밖에 시각적인 방법으로 사실적(寫實的)으로 표현한 표지를 상표법은 표장이라고 한다. 그리고 상표법이 규정하는 표장에는 상표, 업무표장, 단체표장, 증명표장의 4가지가 있다. 즉 상표는 표장보다 좁은 개념이며 표장은 표지보다 좁은 개념이다.

을 나타내는 영업표지가 상표의 대부분을 차지하고 있다. 따라서 각국의 법률도 이들 표지 중 일정한 법률적 요건을 갖춘 것에 대하여는 상표로서 등록을 인정하여 상표권을 부여하거나 등록되어 있지 않은 경우라도 사회적으로 보호할 가치가 있는 것에 대하여는 상표권과 마찬가지의 법적인 보호를 주고 있는 실정이다.

우리 법제상 이들 표지 중 상호는 상법(18조~28조)에 의하여, 상표 · 업무표장은 상표법에 의하여 보호되나 상호, 상표를 비롯한 표지일반에 관하여는 따로이 부정경쟁방지법에 의한 보호도 주어진다.

한편 디자인 · 저작물이나 만화 · 소설의 주인공(character) 등과 같은 것은 원래 표지와는 별개의 개념이지만 그것이 상품표지로 사용되는 때에는 법률상 상표권으로 인정되는 경우도 있고 상표권과 조정을 꾀할 필요가 요청되기도 한다. 이하 차례로 설명하기로 한다.

2. 영업표와 업무표장

영업표(business mark)는 여러 가지 의미로 사용되나 일반적으로는 영업을 하는 자가 자기의 영업을 다른 영업자의 영업과 식별시키기 위하여 사용하는 표장을 말한다. 예컨대, 은행 등 회사의 마크, LG · 삼성 등 상호의 약칭, 주식회사 유한양행의 버드나무 도형과 "버들표는 약효를 보증"이라는 문자의 결합, 대한항공 주식회사의 태극마크와 비슷한 모양과 'KAL'이라는 영문자의 결합 등이 이에 속한다. 또 상호는 법률상으로는 상인이 영업상 자기의 법인격을 표시하기 위하여 사용하는 명칭이지만 사회경제적 기능의 면에서 보면 영업을 표창하는 명칭이므로 영업표는 주로 상호의 약칭으로 구성되고 있다. 뿐만 아니라 저명상표도 영업 그 자체를 표시하는 힘을 갖는 경우가 많다.

영업표는 영업표지의 일종이며[34] 제조회사에서 사용하는 영업표는 상호상표로서 또는 상표의 일부로 사용되는 경우가 많다. 그리고 항공 · 운수 · 보험 · 금

---

34) 부정경쟁방지법 제2조 제1호 나목에서 규정하는 타인의 "영업임을 표시하는 표지" 즉 영업표지 중에는 영업표, 서비스표 등뿐만 아니라 상호, 성명 기타 영업을 표시하는 입체적 · 음향적 표장과 쇼윈도, 점포장식, 제복 등까지 모두 포함된다. 이들 표지와 영업주체 사이에 강한 이미지에 의하여 결합되어 일반인이 영업표지를 특정의 영업상 시설 또는 활동의 표시로 널리 인식하게 되면 부정경쟁방지법에 의한 보호대상이 된다.

융 · 토목 · 건축 등과 같은 서비스 영업을 하는 자가 자타서비스의 식별표지로 사용하는 이른바 서비스표도 이론상으로는 서비스라고 하는 무형의 상품표시이지만 경제적 · 기능적으로는 영업표의 전형적인 것에 속한다.

이에 대하여 영리를 목적으로 하지 아니하는 업무를 경영하는 자가 그 업무를 나타내기 위하여 사용하는 표장을 업무표장이라 한다(상표 2조 1항 9호). 예컨대, 농업협동조합 등 각종 조합, 상공회의소, 사립학교, 병원 등에서 사용하는 표장이 이에 속한다.[35]

영업표나 업무표장은 모두 특정업무의 업무상 시설이나 활동을 표시하는 기능, 즉 출처표시기능을 가지며, 경우에 따라서는 표장 자체에 업무상의 신용이 화체되어 광고력 · 고객흡인력을 가지는 수도 있으나 특정상품에 부착되어 전전유통되는 상표와는 본질적으로 다르다.

무엇보다도 상표는 자타상품의 식별표지로서 특정의 영업자(제조원 · 판매원)를 떠나 상품에 붙여져 거래계를 전전유통하고 일반 거래자나 소비자도 상표 그 자체를 상품선별의 수단으로 삼기 때문에 상표모용에 의한 혼동초래행위는 상표권자 및 소비자의 이익을 해칠 뿐만 나아가 대량생산 · 대량소비라고 하는 현대의 시장경제질서를 교란케 할 염려마저 있다. 그러나 영업표나 업무표장은 영업 또는 업무의 식별표지라고도 하지만 상호 등 명칭과 함께 사용되는 것이 통례이고 또 영업주체를 떠나 전전유통하는 일도 없다. 일반 세인의 입장에서도 어느 특정업자의 영업표나 업무표장만으로부터 영업주체의 동일성을 인식한다는 경우는 일반적으로 없고 따라서 이러한 표장이 모용되었다 하여 즉시 업무주체에 관한 혼동의 우려가 있다고 보기도 어렵다.

다만 당해 영업표나 업무표장이 일반인에게 널리 알려져 특정한 업무주체와 강력한 이미지에 의하여 결합되어 있는 경우에는 그러한 표장의 모용은 표장권자의 영업 또는 업무상의 시설 · 활동과 혼동될 우려가 있게 된다.

그러므로 상품표지인 상표와 영업 또는 업무표지인 영업표, 업무표장은 그

35) 비영리업무를 경영하는 자의 명칭은 상공회의소법(52조), 한국과학기술원법(22조), 중소기업협동조합법(5조), 농업협동조합법(3조), 수산업협동조합법(3조), 염업조합법(3조) 등 다수의 특별법에 의하여 보호되고 있다. 특별법에 의하여 보호를 받지 못하는 명칭, 예컨대 병원, 사립학교 등의 명칭이 모용될 경우에는 부정경쟁방지법에 의하여 해결하여야 한다.

규제방식을 달리할 필요가 있다. 대체로 상표에 관하여는 상표법에서 규정하고 그 밖의 상품표지와 영업상의 명칭 · 영업표 기타 영업을 나타내는 입체적 · 음향적 표지 등에 관해서는 부정경쟁방지법에서 규제하는 방식을 채용하고 있다. 다만 이들 표지 중 서비스표에 관해서는 미국 · 프랑스 등을 비롯한 많은 나라가 등록제도를 두어 상표와 같은 차원에서 보호하고 있다.

3. 서비스표

서비스표는 서비스업을 하는 자가 자기의 서비스를 다른 사람의 서비스와 구별하기 위하여 사용하는 표지(mark)이며 다른 영업표지와 달리 상표와 공통적 성질을 가진다. 2016년 개정법은 서비스표를 삭제하여 상표로 일원화하였다. 상표는 상품의 식별표지임에 반하여 서비스표는 서비스(용역)의 식별표지이다. 서비스는 경제사회에서 독립하여 거래의 대상이 되는 무형적 상품이므로 말하자면 상표가 눈에 보이는 상품표임에 반하여 서비스표는 눈에 보이지 않는 상품표라고 할 수 있다. 특히 현대의 경제사회에서는 은행 · 보험 · 광고 · 통신 · 토목건축 등 서비스업무가 중요한 기능을 발휘하고 있고 이들 서비스는 일종의 상품이므로 서비스표도 본질적으로는 상품표지인 상표에 속한다고 할 수 있다. 다만 서비스는 상품과 같이 그 주체를 떠나 전전유통하는 것이 아니라 수요자에게 직접 제공되고 그것이 무형의 존재이므로 영업과 일체 불가분의 관계로 결합되어 있어 영업을 떠나 전전유통하는 상표와는 그 이용방법이나 기능이 다르고 이 점에서는 오히려 상호나 사표(house mark) 등 영업표지와 경제적 기능이 동일하다. 특히 서비스업무는 지역성이 있고 또 서비스표 자체가 특별현저성이 약한 경우가 많아 모든 서비스표에 전국적인 독점배타적 권리를 부여하는 것은 과잉보호가 될 경우가 많다.

서비스 제공자는 그 영업활동의 효과를 높이기 위하여 상품의 제공자와 마찬가지로 일정한 표지를 사용하고 그에 의하여 서비스의 출처를 표시하고 서비스 내용을 서비스 이용자에게 보증하며 서비스를 광고 · 선전하고 있다. 그 결과 이와 같은 표지 자체에 서비스업을 경영하는 자의 업무상 신용이 화체됨으로써 재산적 가치를 가지게 되고 이 점은 상표와 상호에 있어서도 마찬가지이므로 이를 특별히 보호할 필요가 있다. 다만 서비스표는 상표와 달리 경제적으로 상호 또는 영업표와 같은 기능을 발휘하므로 사용과 관계없이 등록에 의하여 즉시 독점배타적 재산권으로 보호할 필요가 있는지는 의문이다.[36)]

◎ 서비스마크의 예

서비스표에는 영업 전체에 사용되는 것과 영업의 일부로서의 서비스에 사용되는 것(예컨대, 예금 · 보험의 종류명, 열차의 애칭, 방송프로그램의 제호 등)이 있다.

전체로서의 서비스를 나타내는 서비스표는 서비스업자의 명칭, 상호의 약칭, 특별한 마크 등이 사용되며 사표나 영업표가 그대로 사용됨이 통례이다. 또 상표로서는 원칙적으로 등록이 허용되지 아니하는 slogan, catch phrase 등에 대하여도 등록이 허용될 가능성이 많다(미국의 예에 의하면 "The Haul of Fame" "Let the Aetona take 'if' out of life" 등이 등록되어 있다).

서비스표의 대상인 서비스의 개념 내지 그 업무범위는 나라에 따라, 사회경제의 실정에 따라 달라질 이치이나 이론상 서비스표가 법률상 보호되는 것은 서비스 자체가 독립한 경제적 가치를 가지기 때문이므로 그 대상이 되는 서비스도 적어도 독립하여 경제거래의 대상이 되는 것이 아니면 안 되며 상품이 유형물임에 대하여 서비스는 무형의 상품이라고 볼 만한 것이어야 한다. 상표법은 서비스표로 등록을 받을 수 있는 서비스를 국제분류(니스 분류)에 따라 11종류로 나누고 있다(상표 시규 28조 1항 별표 1).[37)]

---

36) 서비스표를 산업재산권의 일종으로서 보호하기 시작한 것은 1946년 미국 상표법(이른바 Lanham법)이 최초이다. 한편, 국제적 보호가 본격화된 것은 1958년 파리조약 리스본 개정 때부터이다. 파리조약은 제1조에서 새로이 서비스표를 보호대상으로 추가해서 각 동맹국이 그것을 보호하기로 약속하였다.
일본은 서비스표를 최근까지 상표법에 의한 보호를 부정하고 주지성취득을 요건으로 부정경쟁방지법에 의해 제한적으로 보호하여 오다가 1991.5.2. 상표법 개정을 통하여 서비스표제도를 채택, 1992.4.1.부터 시행하고 있다. 우리나라는 1973.2.8. 개정시 영업표라 하여 보호하여 오다가 1980.5. 파리조약 가입 후 이를 서어비스표라 고치었고, 1990.1.13. 개정시 다시 서비스표로 용어를 바꾸었다. 2016년 전부개정 상표법은 서비스표의 정의를 삭제하여 상표로 일원화하였다.

37)

서비스 분류	서비스 범위 (내용)
제35류	– 광고업, – 기업관리업, – 기업경영업, – 사무처리업
제36류	– 보험업, – 재무업, – 금융업, – 부동산업
제37류	– 건축물건설업, – 수선업, – 설치서비스업

4. 상 호

상호(trade name)라 함은 상인이 영업에 관하여 자기를 표시하는 명칭이다. 우리 상법은 상호에 대한 명문의 규정을 두고 있지는 않으나, "상인은 그 성명 기타의 명칭으로 상호를 정할 수 있다(상법 18조)"고 규정하여 원칙적으로 상호자유주의에 입각해 있다. 여기서 상호란 상인의 '명칭'이어야 하므로, 문자로 표시될 수 있어야 하고, 음성으로 발음될 수 있는 것이어야 한다. 따라서 문자가 아니고, 발음할 수 없는 단순한 기호나 도형, 무늬, 도안 등은 상호가 될 수 없다.

상호는 상인이 영업상 자기를 표시하는 명칭으로서 상표와 달리 상품을 매개로 하지 않는다. 상호는 영업의 동일성을 표시하는 기능이 가지고 있는 반면, 상표는 상품의 동일성을 표시하는 기능을 가지고 있다.[38] 그러나 상호를 동시에 상품의 명칭인 상표에 사용하는 것은 가능하며(상호상표), 역으로 'Hite'처럼 인기상품에 부착되어 있는 상표를 상호로 하는 경우도 있다. 이러한 경우 이것이 상표인지 또는 상호인지는 사용태양에 의하여 구별해야 한다. 상호와 상표는 권리의 발

제38류	－통신업, －방송업
제39류	－운송업, －물품의 포장 및 보관업, －여행대행업(Travel arrangement)
제40류	－재료처리업
제41류	－교육업, －훈련제공업, －연예업, －스포츠 및 문화활동업
제42류	－과학적 · 기술적 서비스업 및 관련 연구, 디자인업 －산업분석 및 연구서비스업, －컴퓨터하드웨어 및 소프트웨어의 디자인 및 개발업
제43류	－음식료품을 제공하는 서비스업, 임시숙박업
제44류	－의료서비스업, －수의사(獸醫師)업, －인간 또는 동물을 위한 위생 및 미용업, －농예, 원예 및 임업서비스업
제45류	－법무서비스업, －보안서비스업 등

38) 두 개념을 비교하면 다음과 같다.

상호: 등기(사용에 의해서만 발생하는 상호권의 성립요건은 아님), 인적 표현으로 문자만을 사용하며 상법 및 부정경쟁방지법에 의한 보호를 받으며 지역적 제한과 상법 제23조 제1항 및 제2항에 의해 사용폐기청구권 · 등기말소청구권 등을 인정하며 양도시 영업이나 영업의 폐지와 함께 이전된다. 상호사용은 기업활동시 강제성을 띤다.

상표: 등록에 의해 성립하는 물적(物的) 표현으로 문자 이외에 도형, 기호, 입체적 형상 또는 이들과의 결합 및 색채의 사용에 의해서도 발생되며 국내에서 지역적 제한이 없으며 영업과 별도로 양도가 자유로우며 상표법에 의해 보호된다.

생과 그 효력에 있어서도 상호간에 영향을 받지 않음이 원칙이다.[39] 그러나 상표와 상호는 표지의 구성이 유사하고 출처표시 및 품질보증 등의 기능상의 공통점을 갖고 있을 뿐만 아니라, 최근 기업이미지 통일화 전략(Corporate Identification Program)에 따라 상호와 상표를 일치시키고 있는 것이 국제적 추세인 점(상표의 상호화 또는 상호의 상표화 현상)에 따라 상호가 상품표지로 사용되고 상표로서 등록요건을 갖추어 등록된 경우에는 법률상 상표로서 보호되는 상호상표가 점차 늘어감에 따라 권리의 저촉현상이 발생하는 경우가 많다.

◎ 상호상표

상호가 상품표지로 사용되고 상표로서 등록요건을 갖추어 등록된 경우에는 법률상 상표이다. 상호의 약칭인 경우(예컨대, 삼양라면 등과 같이 주식회사라는 법인격을 나타내는 문자를 제외한 부분으로 된 상표)가 대부분이지만 상호가 그대로 상표로 등록된 경우(full name의 상호상표)도 있다. 특정의 제품을 주력상품으로 하는 유명메이커가 상호상표를 선정, 사용하는 예가 많다. 이러한 종류의 상표는 상호로서 또 영업표로서의 기능도 동시에 가지므로 상표로서의 식별력의 유무, 상표의 유부의 판단에 있어 그와 같은 거래실정을 고려하여야 할 경우가 있다.

◎ 상호의 상표적 또는 서비스표적 사용

상호의 상표적 또는 서비스표적 사용(예컨대, '주식회사 대우'의 대우라는 상호를 음료수의 상표로 사용하거나 호텔영업의 서비스표로 사용하는 경우)은 원칙적으로 상호로서의 사용이 아니므로 상법이 관여할 수 없다. 반대로 상표의 상호적 또는 서비스표적 사용(예컨대, '박카스'라는 상표를 주식회사 박카스호텔이라는 상호로 사용하거나 여행알선업의 서비스표로 사용하는 경우) 역시 상표로서의 사용이 아니므로 상표법에 의한 금지는 불가능하다. 이것이 우리 표지법이 취하고 있는 원칙이다. 그러나 최근의 학설 · 판례는 상호의 상표적 · 서비스표적 사용이 상호주체를 오인 · 혼동시킬 우려가 있거나 반대로 상표의 상호적 · 서비스표적 사용이 동일한 주체로부터 유래(생산 · 판매)하는 것으로 오인될 염려가 있다면 이는 상품 상호간, 서비스

---

39) 상호권은 상인이 상호를 선정하여 사용함에 따라 발생하는 절대권으로서 상호사용의 중대한 경제적 이익을 법적이익으로 보호하기 위해 발생하는 권리이며, 등기의 여부에 관계없이 적법하게 선정한 상호를 타인의 방해 없이 사용할 수 있는 상호사용권과 함께 타인이 부정한 목적으로 자신의 영업으로 오인할 개연성이 있는 상호를 사용할 경우 그 사용의 폐지와 손해배상을 청구할 수 있는 제한된 의미에서의 상호전용권을 그 권리의 내용으로 한다(상법 제22조, 제23조).

상호간 또는 영업 상호간에 일어나는 오인혼동과 본질적으로 다를 바 없다는 이유로 경제적인 견련관계가 있어 넓은 의미의 오인혼동이 있는 경우 그 침해를 긍정하는 방향으로 완화 내지 확대해석을 하는 경향에 있다.

◎ 영업표 · 상호 · 상표의 예

5. 디자인

디자인은 물품의 형상, 모양, 색채 또는 이들의 결합으로서 시각을 통하여 미감을 일으키게 하는 것(디자인 2조)이며 미적 창작을 보호대상으로 삼는 점에서 상표와는 본질적으로 다르다. 이처럼 상표와 디자인은 관념적으로는 전혀 별개의 것이지만 상표도 아름답게 디자인화할 필요가 있으므로 실제에 있어서 상표가 유명한 디자이너에 의해 고안되는 경우도 많다.

또 담배 · 캐러멜의 종이 용기, 레테르(letter, Label이라고도 한다), 포장지, 만년필 등의 클립(clip) 등은 모두 디자인의 대상이 되는 물품에 속하나 그 자체가 실제 거래계에서 상품표지로 사용되거나 상표가 새겨져 상품표지로 기능하는 경우도 있을 수 있다. 이러한 것들이 상품표지로서 주지된 경우에는 부정경쟁방지법에 의한 보호가 주어진다(동법 2조 1호).

상표와 디자인 사이에 실제로 이용 또는 저촉관계가 생기는 수가 있으므로 상표법(92조), 디자인보호법(45조)은 이들의 조정을 위한 규정을 두고 있다. 특히 최근 상표법에서 입체상표제도의 도입으로 물품 그 자체가 상표로 될 수 있으므로 디자인보호법과 상표법의 조정이 커다란 문제로 되고 있다. 반대로 디자인보호법에서도 점차 물품성을 약화시킴에 따라 외형상으로는 상표와 디자인의 구분이 곤란한 경우가 많아졌다.[40]

---

40) 자세한 것은 문삼섭, "「유럽공동체 디자인에 관한 이사회규정」을 통한 유럽공동체 역내 회원

6. 저작물

저작물은 사람의 정신적 노력에 의한 창작물을 의미하여 원래 상품과는 직접적인 관련이 없고 표지도 아니다. 다만 저작물 중 회화, 서예 등은 상표로 사용이 가능하고 실제로 상표로 등록되는 경우가 있으므로 저작권과의 저촉에 관하여 조정을 꾀할 필요가 있다. 등록상표가 타인의 저작권에 저촉하는 때에는 그 사용은 금지된다(상표 92조).

디자인의 경우에는 언제나 물품과 결합되어 있고 따라서 지정상품 중 선디자인권과 저촉하는 부분에 관한 상표사용만이 금지됨에 반하여(예컨대, 담배갑에 사용된 디자인을 캐러멜을 지정상품으로 한 등록상표로 사용하는 경우에는 디자인권과의 저촉관계는 생기지 아니한다) 저작물은 물품과의 결합이 없기 때문에 등록상표의 지정상품 또는 사용양상과는 관계없이 저작권에 저촉하는 사용은 언제나 금지된다.

이 밖에 상표와의 관계에서 특히 문제로 되는 것은 다음 두 가지이다.

(1) 서적의 제호 · 제명

서적의 제호나 제명(title)은 여러 가지 점에서 일반상표와는 다른 특수한 성질을 가진다. 일반적으로 서적의 제호 · 제명은 서적의 내용을 표시하며, 출판사 등 출처를 표시하는 기능은 갖지 아니한다. 일반의 구매자로서도 저자 또는 서적의 내용이 중요한 문제이지 출판사나 취급상점은 문제로 되지 아니한다. 신용 있는 출판사가 발행한 서적이 발행부수가 증가하는 일도 있지만 그것은 출판사의 상호나 사표(house mark)의 문제이며 서적의 제호와는 관계가 없다. 즉 서적의 제호는 일반 상표와 달리 상품의 출처표시나 품질보증기능을 가지는 표지로서의 구실을 하지 못한다.

또한 저작권은 원칙적으로 저작자의 사후 70년이면 소멸함에 대하여(저작 39조) 상표권은 존속기간은 10년이지만 갱신등록에 의하여 영구히 존속할 수 있게 되어 있다(상표 83조).

따라서 만약 서적의 제호에 대한 상표등록을 인정하면 저작물에 대한 영구적 독점을 허용하는 결과로 되어 저작권의 존속기간을 정한 법의 취지에 어긋나게

국 내에서의 국내상표의 보호전략," 「창작과 권리」, 2005 여름호, 40면 이하 참조.

된다.

그러므로 서적(일반의 단행본)의 제호는 상표로서 등록될 수 없음이 원칙이다.[41] 그러나 신문, 잡지 등과 같은 정기간행물 및 백과사전이나 사전 등의 제호는 통상의 서적과는 달리 출판사나 편집자의 상품임을 표시하는 기능을 가질 뿐만 아니라 거기에는 편집의 노력 등에 의하여 축적된 신용(고객흡인력, good will)이 화체되고 품질보증기능도 갖기 때문에 상표로서 등록이 가능하다. 다만 정기간행물 이외의 사전류, 전집류, 백과사전 등에 있어서는 그 내용을 표시하기 위하여 일반적으로 사용되고 있는 명칭(예컨대 세계문학전집, 대백과사전, 영한사전 등)인 경우에는 특정의 출판업자에게 독점을 허용하는 것은 공익에 반하므로 등록될 수 없음은 물론이다.

◎ 저작물의 제호와 관련된 특허청 심사기준

서적의 제호가 직접 서적의 내용을 표시하는 경우는 성질표시로서 등록될 수 없다.

◦ 식별력이 없는 것: 등록불가

예: 산업재산권법, 경제학, 행정학, 민법총칙, 국문법, 영어, 현대문학전집, 영한사전

◦ 식별력이 있는 것: 등록가능

예: 빙점, 서울야곡 등 소설류의 제목, 삼화영한사전

(2) 캐릭터(character)

원래 캐릭터라 함은 소설이나 연극, 영화, 만화 등의 인물, 역할을 뜻하지만 여기서 문제로 되는 것은 캐릭터가 이른바 상품화권(merchandising right)의 대상이 되는 경우이다.

만화, 영화, 소설, 스포츠 등에 등장하는 가공적 또는 실재하는 인물의 형상, 명칭 등(예컨대 미키마우스, ET, 배트맨, 영심이 티셔츠)은 매스컴의 비상한 발달로 대중에게 극히 친숙한 존재이므로 이를 상품, 특히 의류품, 문방구, 장난감 등 일

---

41) 서적의 제호, 제명은 스위스나 프랑스 저작권법 등을 제외하면 저작권법의 보호대상이 되지 아니한다고 봄이 각국의 통설적 견해이다. 우리나라 심사실무는 상표등록을 인정하고 있다. 다만 서적의 제호를 상표등록하여 저작물에 대한 영구적 독점을 꾀하는 것은 저작권법의 원리와 충돌되므로 그 효력은 제한되어야 할 것이다. 李東洽, "상표의 특별현저성," 「지적소유권법의 제 문제(하)」, 44면 참조.

반 대중을 구매자층으로 삼는 상품에 사용하는 경우에는 현저한 고객흡인력을 발휘하게 된다.

따라서 캐릭터는 상표와 마찬가지로 상품에 사용되기는 하나 상품의 식별표지로서가 아니고 상품의 선전력, 고객흡인력을 강화하기 위하여 사용된다.

캐릭터가 저작물인 경우에는 저작권법의 보호대상이 되고 저작권자가 캐릭터를 영업자에게 이용케 하는 계약을 통하여 그 이용권 이른바 상품화권을 설정할 수 있다. 그러나 원래 캐릭터의 제명, 명칭, 실제인물의 성명 등은 저작권의 대상이 되지 아니하므로[42] 이를 상표로서 등록하여 보호받을 수 있는지의 여부가 문제로 된다. 캐릭터의 소유자가 예상되는 상품을 지정상품으로 하여 상표등록을 받아 이를 필요한 자에게 사용허락하는 경우도 적지 않다.[43]

제3절 등록요건

상표법은 그 법목적에 따라 상표로서의 기능적인 가치가 없는 상표와 상표권의 본질로 보아서 확보할 만한 가치가 없는 상표는 등록의 대상에서 제외시키는 동시에 이들 사유에 해당하지 않는 것으로서 상품에 대하여 사용되는 또는 사용

42) 판례는 만화제명 '또복이'는 사상 또는 감정의 표명이라고 보기 어려워 저작물로서의 보호는 인정하기 어렵다(대판 1977.7.12, 77다90)고 한다.

43) 캐릭터는 엄밀한 의미에서 재산권은 아니지만 창작자에게는 일종의 자산이며 법에 의하여 보호받을 가치 있는 이익이라 할 수 있으므로 제3자가 자기의 상업적 이익을 위하여 부정사용하는 경우에는 저작권법 · 디자인보호법 · 상표법 기타 부정경쟁방지법 등에 의한 보호가 주어져야 할 것이다. 이론상으로 캐릭터의 명칭이 상품표시로 사용되는 경우에는 상표와 관련된 문제이며, 등장인물을 그린 라벨 등을 상품에 붙이는 경우 또는 제품 자체가 예컨대, 만화 주인공의 외형을 본떠서 만들어진 인형과 같은 경우에는 저작권법과 관련된 문제(저작물의 불법복제 변형에 해당할 수 있다)이고 실제 인물에 관한 것이라면 publicity 권리와도 관련된다(상세한 것은 최연희, "캐릭터보호에 관한 연구," 이화여자대학교 1990년도 석사학위논문; 같은 필자, "캐릭터 보호에 관한 새로운 동향," 「지적재산」 1993.4월호, 28면 이하).

될 상표는 등록을 받을 수 있다는 취지를 명시하고 있다.

우리 상표법은 등록주의, 선출원주의를 채택하고 있으므로 상표권을 취득하기 위해서는 남보다 먼저 특허청에 등록하여야 한다.

◎ 사용주의와 등록주의

우리 법은 자타상품 식별력이 있는 상표에 대해서 등록을 할 수 있게 하고 또 등록한 상표에 대해서만 상표권을 인정하고 있다. 이처럼 등록이란 사실에 권리창설적 효력을 인정하는 입법주의를 등록주의라고 한다.

이에 대해서 표지의 사용이라는 사실로부터 상표권의 성립을 인정하는 입법주의를 사용주의라고 하며 미국에서 취하고 있는 입법주의이다. 어느 입법주의가 우수하냐는 일률적으로 말할 수 없으나, 권리관계의 안정을 도모한다는 견지에서 과거에 사용주의를 취하던 국가들도 상품경제사회의 진전에 따라 점차 등록주의 색채를 띠게 되는 것이 현재의 추세이다.[44]

그 주요한 이유는 첫째, 등록주의에서는 객관적으로 명백한 사실을 가지고 권리의 성립을 인정하고 또 그것이 거래사회에 대해서 제도적으로 공시되기 때문에 권리관계의 처리 및 거래사회의 법적 안정성의 확보가 용이하다. 둘째, 등록주의는 선출원주의와의 결합이 가능하기 때문에 권리의 귀속관계결정이 용이하다. 셋째, 등록주의에 있어서는 불사용상표에 대해서도 권리의 성립을 인정하는 것이 가능하기 때문에 권리침해의 기회를 감소시킬 수 있다. 넷째, 선출원주의와 불사용상표의 보호가 뒷받침된 등록주의법제는 현대적 상품경제사회의 실제적 요청에 적합하다는 것을 들 수 있다.

그러나 이러한 등록주의법제에 있어서는 상표와 사용의 결부가 사용주의법제에 있어서만큼 긴밀하지 않다. 따라서 현실적으로 사용되고 있지 않은 상표에 대해서도

44) 프랑스는 1964년 사용주의법제에서 등록주의법제로 이행했고 사용주의를 고수하여 오던 미국도 1988년 상표법 개정시 기존의 사용주의에 의하는 외에 사용의사(intent to use)가 있으면 출원을 인정하여 등록주의를 병용하고 있다. 우리 법은 상표법을 제정할 당시(1949년 11월 28일 법률 제71호)는 미국 상표법을 본따서 상표를 선사용한 자에게 등록하여 주는 선사용주의를 채택하였었다(구상표 3조).

그러나 실제로는 선사용 여부를 판단하기가 어렵고, 또 사용하지도 않은 상표를 사용한 것처럼 출원서에 표시하여 등록을 받는 사례가 많고 또 선사용하였다는 상표 자체가 등록을 신청한 상표와 동일 또는 유사한가 여부에 관한 확증을 얻기가 어려운데다가 구상표법 제24조 제4호에 의하여 선사용 아닌 상표가 등록되었을 때에는 무효심판을 제기할 수 있게 되어 법적 분쟁을 야기하는 예가 많은 등, 필요 이상의 사무처리의 지체 내지 혼란만을 초래하고 분쟁을 조장하게 되므로 1958.3.11. 법률 제480호로 개정하여 최선출원자에게 등록하여 주도록 하였으며 1973.2.8. 법률 제2506호로 "국내에서 상표를 … 사용하고자 하는 자"도 등록을 받을 수 있도록 개정하였다.

등록에 의해 상표권이 인정된다. 이는 명백히 상표제도가 상표권자가 갖는 업무상의 신용관계를 보호한다는 본래의 취지와는 거리감이 있으므로 등록주의법제의 합리화문제가 일어난다. 독일학자들이 드는 합리화의 근거는 아래와 같다. 즉 사용하기도 전에 미리 보호하면, 현실적으로 사용하지 않더라도 사용이 예정되어 선택된 상표는 상표로서의 내실을 사후적으로 충족하여 나가는 것이 가능하다. 따라서 고객흡인력(good will)의 생성과정 자체를 침해로부터 보호하는 것이 된다. 이런 의미에서 상표권자의 영업활동의 발전에 도움을 준다. 이러한 영업의 발전조성기능(Entwicklungsbegünstigung)이 등록주의를 합리화하는 이론적 근거다. 우리 법 제3조는 구법(1973.2.8. 법률 제2506호로 개정되기 전의 법) 제2조와 달리 상표를 사용하고자 하는 자도 등록을 할 수 있도록 함으로써 등록주의 기본이념을 더욱 철저히 하였다.

Ⅰ. 인적 요건 – 상표등록을 받을 수 있는 자

상표등록을 받기 위해서는 상표등록출원인이 권리능력자 즉 자연인이거나 법인이어야 한다. 재외자 중 외국인은 상호주의원칙과 조약에 의거하여 그 자격이 결정된다. 한편, 특허청 직원과 특허심판원 직원은 상속 또는 유증의 경우를 제외하고는 재직중 상표등록을 받을 수 없다(상표 3조 1항). 또한 상표권자 및 그 상표를 사용한 자는 일정한 사유로 소멸한 상표와 동일 또는 유사한 상표를 일정기간 후에 출원하지 않으면 그 지정상품과 동일 또는 유사한 상품에 대하여 상표등록을 받을 수 없는 경우가 있다(상표 34조 3항).

◎ 사용의사

상표법은 등록주의를 취하므로 상표권은 등록에 의하여 발생하고 사용사실은 등록요건이 아니다. 그러나 등록주의법제는 주지하는 바와 같이 법적 안정성의 확보와 영업의 발전조성을 목적으로 한 제도이며 불사용상표의 보호 자체를 목적으로 하는 것은 아니다. 그러므로 비록 불사용상표에 관하여 상표권의 성립은 인정한다 하여도 처음부터 전혀 사용할 뜻이 없는 상표에 대하여 아무런 제한 없이 강력한 보호를 주는 것은 상표등록제도의 목적을 벗어난 것이라 할 수 있다. 따라서 출원시에 상표의 사용사실은 요하지 아니하지만 적어도 장래에 당해 상표를 '사용할 의사'는 필요하다(상표 3조).

다만 사용의사의 존부와 같은 내심의 사정을 등록단계에서 확인하는 것은 곤란하므로 실제로 사용의사가 없는 상표가 대량으로 등록되고 있는 실정이다. 그러므로 출원시에 있어서 사용의사의 유무를 점검할 수 있는 방책을 강구할 필요가 있다. 입법론으로는 출원서류에 등록출원인의 영업 또는 업무를 기재케 하고 원서에 기재된 업무와 아무런 관련성이 없는 상품에 대하여는 사용의사가 없는 것으로 하여 등록을 거절하거나 직권으로 지정상품에서 제외할 수 있도록 하고 업무와 지정상품과의 관련성에 관하여 의문이 생길 경우에 출원인은 사업계획서 등을 제출하여 당해 상품을 상표등록 후 합리적인 기간 안에 생산 · 판매할 성실한 의사가 있음을 특허청에 소명하도록 함이 타당하다.

II. 실체적 요건

1. 상표로서의 구성요건을 갖출 것

"상표"란 자기의 상품과 타인의 상품을 식별하기 위하여 사용하는 표장(標章)을 말하며, "표장"이란 기호, 문자, 도형, 소리, 냄새, 입체적 형상, 홀로그램 · 동작 또는 색채 등으로서 그 구성이나 표현방식에 상관없이 상품의 출처(出處)를 나타내기 위하여 사용하는 모든 표시를 말한다(상표 2조 1항 1호, 2호).

2. 적극적 요건

상표가 등록을 받기 위해서는 자타상품식별력을 구비해야 한다. 상표법상 식별력이라 함은 거래자나 일반 수요자로 하여금 상표를 표시한 상품이 누구의 상품인가를 알 수 있도록 인식시켜 주는 것을 말한다. 비록 상표가 기술적 사상의 창작이 아닌 단순한 선택이기는 하지만 식별력이 없는 상표들까지도 등록을 인정한다면 자타상품식별이 불가능해지고, 부정경쟁 및 상품의 오인 · 혼동을 초래하여 상거래 질서를 문란하게 할 것이므로, 식별력은 상표로서 최소한의 등록요건인 것이다.

일반적으로 식별력 유무의 판단은 지정상품과 관련하여 판단하고 있으며 상표법 제33조 제1항 각호에서는 자타상품의 식별력이 없는 상표들로서 상표등록이 불허되는 사유를 다음과 같이 제한적으로 열거하고 있다.

i) 상품의 보통명칭　보통명칭이란 당해 상품을 취급하는 거래사회에서 그 상품을 지칭하는 것으로 인식되고 현실로 그렇게 사용하고 있는 명칭을 뜻한다.[45] 상표법에서는 "그 상품의 보통명칭을 보통으로 사용하는 방법으로 표시한 표장만으로 된 상표"는 자타상품식별력이 없어 등록을 받을 수 없는 것으로 하고 있다. 보통명칭은 그 상품 자체를 일반적으로 표시하는 데 지나지 않는 것으로서 자타상품식별이 불가능하고, 거래상 누구에게나 필요한 표장을 특정인에게 독점 배타적으로 사용케 하는 것은 공익상 바람직하지 않기 때문에 이러한 상표의 등록을 불허하고 있다.

ii) 관용상표　관용상표란 원래 특정인의 주지상표 또는 등록상표로서 식별력을 가지고 있었으나, 당해 상품을 취급하는 거래사회에서(일반수요자나 거래업계) 그 상품의 명칭 등으로 일반적으로 사용한 결과 자타상품의 식별력을 상실한 표장을 말한다. 즉 관용상표란 동종업자들 사이에서 특정 종류의 상품에 관용적으로 쓰이는 표장을 말한다.[46] 관용상표는 그 자체만으로는 자타상품식별력이 없을 뿐만 아니라, 다수인이 제조 · 판매하는 특정상품에 사용하는 상표에 대해 특정인에게 독점을 인정하면 다수인의 기득권이 침해되어 공익적인 견지에서 등록을 배제하고 있다.

iii) 성질표시표장　상품의 특성을 설명하거나 품질 · 내용 등을 설명할 목적으로 표시된 표장을 성질표시표장(기술적 상표)이라고 한다. 법에서는 "그 상품의 산지 · 품질 · 원재료 · 효능 · 용도 · 수량 · 형상(포장의 형상을 포함) · 가격 · 생산방법 · 가공방법 · 사용방법 또는 시기를 보통으로 사용하는 방법으로 표시한 표장만으로 된 상표"는 자타상품식별력이 없어 등록을 받을 수 없는 것으로 하고 있다. 기술적 상표는 상품거래상 일반적으로 누구에게나 필요한 표시로서 식별력이 없고, 특정인에게 이러한 표장을 독점사용시키는 것은 공익상 타당하지 않기 때문에 부등록사유로 하고 있다.

---

45) 예: 스낵제품-Corn Chip, 과자-호도과자, 자동차-Car. 또 처음부터 일반명칭이 었던 것(비누, 치약 등)과 처음에는 상표였던 것이 관리 소홀로 인하여 보통명칭으로 된 것(나일론, 셀로판, 아스피린, 에스컬레이터, 초코파이 등)도 있다.

46) 예: 과자류-깡, 청주-정종, 직물-Tex. 유산균 음료-'요구르트', 브랜디에-'나폴레옹' 등.

◎ 성질표시표장의 사례

· 산지표시: 당해 상품의 생산지를 표시하는 것으로서 과거에 생산되었거나 현실적으로 생산되는 경우뿐만 아니라 일반수요자 또는 거래자가 그 곳에서 생산되는 것으로 인식하고 있는 경우도 포함한다.[47] 다만 포도주와 증류주의 산지에 관한 지리적 표시에 해당하는 경우에는 법 제34조 제1항 제16호를 적용한다. 산지표시인지 여부는 지정상품과의 관계에서 구체적으로 판단하여야 한다.

· 품질표시: 당해 지정상품과의 관계에서 품질의 상태 또는 우수성을 직접적으로 표시하는 것이라고 인정되는 경우를 말하며, 상품의 품위와 등급의 표시, KS, JIS 등의 표시도 이에 포함된다.[48] 그러나 현실적으로 당해 상품에 표시된 품질의 유무는 불문한다.

· 원재료표시: 당해 원재료가 당해 지정상품에 현실적으로 사용되고 있거나 사용될 수 있다고 인정되는 경우를 말한다.[49]

· 효능표시: 당해 지정상품과의 관계에서 직접적인 물품의 성능 또는 효과를 표시하는 것으로서, 당해 상품의 객관적인 성능 또는 효과의 표시는 물론 안락감 · 쾌감 등 주관적인 만족감의 표시도 포함한다.[50]

· 용도표시: 당해 지정상품의 쓰임새를 직접적으로 표시하는 것으로서 지정상품의 사용목적 · 사용처 · 수요계층 또는 수요자 · 다용도 · 오락용 또는 기타 용도에 관한 설명적인 표시를 포함한다.[51]

· 수량표시: 당해 지정상품과의 관계에서 거래사회에서 사용되고 있는 수량의 단위기호로서, 상품의 개수 · 크기 · 규격 · 중량의 표시로 그 상품과 관계있는 것을 말한다.[52]

· 형상표시: 그 상품 또는 포장의 형상 · 모양 및 규격 등을 직접적으로 표시하는 것을 말한다.[53] 특히 입체상표의 경우에는 그 상품 또는 포장의 형상이 당해 물건의 본질적 형태를 나타내는 것이라고 인식될 때에는 이에 해당하는 것으로 본다.

· 가격표시: 거래사회에서 현실적으로 유통되고 있는 가격과 가격표시로 인식되고 있는 단위 및 그 단위의 기호 등을 표시하는 것을 말한다.

· 생산 · 가공 · 사용방법의 표시: 상품의 제조 · 재배양식, 조립 · 가공방법이나 사용방법 등을 설명적으로 표시한 것을 말한다.[54]

---

47) 예: 사과-대구, 모시-한산, 굴비-영광.

48) 예: 上, 中, 下, 특선, Super.

49) 예: 양복-Wool, 넥타이-Silk.

50) 예: TV-HITEK, 복사기-Quick Copy.

51) 가방-학생, 의류-Lady.

52) 예: 2컬레, 100미터 등.

53) 예: 소형, 대형, 캡슐, SLIM.

54) 예: 농산물-자연농법, 구두-수제, 책상-조립.

· 시기표시: 상품의 판매나 사용의 시기 등을 직접적으로 표시하는 경우를 말한다.[55]

iv) 현저한 지리적 명칭, 그 약어 또는 지도　상표법은 현저한 지리적 명칭·그 약어 또는 지도만으로 된 상표 즉 일반인에게 널리 알려진 지명·지도만으로 된 상표를 제33조 제1항 제4호에서 부등록사유로 규정하고 있다. 구체적으로는 국가명, 국내의 서울특별시, 광역시 또는 도의 명칭, 시 또는 서울특별시의 구, 광역시의 구, 군의 명칭, 저명한 외국의 수도명, 대도시명, 주 또는 이에 상당하는 행정구역의 명칭 그리고 현저하게 알려진 국내외의 고적지, 관광지, 번화가 등의 명칭 등과 이들의 약칭을 말한다.[56] 또 상표법 제33조 제1항 제3호(산지에 한한다) 또는 제4호(현저한 지리적 명칭·그 약어 또는 지도만으로 된 상표)의 규정에 해당하는 표장이라도 그 표장이 특정 상품에 대한 지리적 표시인 경우에는 그 지리적 표시를 사용한 상품을 지정상품으로 하여 지리적 표시 단체표장등록을 받을 수 있다.

◎ 지리적 명칭에 관한 우리 상표법의 태도[57]

원 칙	현저한 지리적 명칭은 상표등록을 받을 수 없다.
예외1	현저한 지리적 명칭으로 구성된 상표라 하더라도 출원인이 상표등록출원 전에 당해 상표를 사용함으로써 식별력이 생긴 때에는 상표등록을 할 수 있다.
예외2	당해 지리적 표시가 특정 상품에 대한 지리적 표시인 경우에는 그 지리적 표시를 사용한 상품을 지정상품으로 하여 지리적 표시 단체표장등록을 하는 경우 등록을 받을 수 있다.

v) 흔한 성 또는 명칭　상표법은 부등록사유 중 하나로 "흔히 있는 성 또는 명칭을 보통으로 사용하는 방법으로 표시한 표장만으로 된 상표"를 규정하고 있다.[58]

55) 예: 타이어-전천후, 의류-봄·여름·가을·겨울.
56) 예: 금강산, 백두산, 뉴욕 등.
57) 그 밖에 부정경쟁방지법 제2조 제1호 라, 마목 참조.
58) 예: 이씨, 김씨, 사장, 총장 등.

vi) 간단하고 흔히 있는 표장　간단하고 흔히 있는 표장만으로 된 상표는 자타상품식별력이 없을 뿐만 아니라 특정인에게 이를 독점시키는 것이 부적당하므로 공익적 이유에서 그 등록을 허용하지 않는다. 일반적으로 상표의 구성이 간단하고 또한 흔히 있는 표장을 말한다.59)

vii) 기타 식별력이 없는 표장　이에는 일반적으로 쓰이는 구호, 표어, 인사말 등이 해당한다.60)

그러나 iii), iv), v), vi)의 사유에 해당하는 상표라도 상표등록출원 전부터 그 상표를 사용한 결과 수요자 간에 특정인의 상품에 관한 출처를 표시하는 것으로 식별할 수 있게 된 경우에는 그 상표를 사용한 상품에 한하여 상표등록을 받을 수 있다(상표 33조 2항). 즉 자타상품의 식별력은 적극적 등록요건에 해당하며 이를 흠결한 경우에는 상표등록을 받을 수 없는 것이 원칙이지만, 식별력이 없거나 약한 상표라 하더라도 특정인이 독점적으로 사용함으로써 거래자 · 수요자에게 특정인의 상품에 관한 출처를 표시하는 것으로 식별할 수 있게 된 경우 상표로서의 실질적 보호요건을 사후적으로 취득한 것으로 보아 예외적으로 그 등록을 인정하고 있다.

◎ 사용에 의한 식별력의 취득

등록주의 법제하에서 상표로서 등록되기 위해서는 어느 표장이 특정 상품의 출처표시 기능을 수행함에 적합한 능력 내지 적격을 갖추어야 한다. 상표가 지녀야 할 상품표시로서의 능력 내지 적합성을 상표의 표지력 또는 상품표지력(Kenzeichnungskraft)이라 한다. 예컨대, 조어상표나 특수한 도형과 같은 것은 처음부터 상표로서의 적격, 즉 자타상품의 식별표지로서의 실질적인 보호요건을 갖춘 표장이라 할 수 있으므로 구체적인 거래상의 식별력의 유무를 묻지 않고 등록을 허용한다.

그러나 처음에는 식별력이 없거나 약한 상표로서 처음에는 등록될 수 없었다 하더라도 특정인이 오랜 기간에 걸쳐 자기의 상품표지로서 사용하고 이로 인하여 거래자 · 수요자에게 상품의 명칭으로 현저하게 인식되어 거래상의 식별력을 획득하면 상표로서의 기능을 수행할 수 있게 된다. 말하자면 처음에는 아무런 가치도 없던 표장이 사용자의 노력에 힘입어 법에 의하여 보호받을 가치 있는 상표로 승격된 것이라 할 수 있다. 그러므로 상표법도 사용에 의하여 식별력을 취득한 상표는 예외적으로 등록을 할 수 있도록 규정하고 있다(상표 6조 2항).

---

59) 예: 123, ONE, TWO, β 등.

60) 예: Believe it or not, I can do, www 등.

미국 상표법도 이러한 경우에는 2차적 의미(secondary meaning)를 취득했다 하여 등록을 허용한다(미국 상표법 2조f). 2차적 의미란 문자 본래의 의미(primary meaning)가 아닌 특정인의 상품표지로서의 새로운, 제2차적인 출처표시능력을 획득하였다는 의미이다.

사용에 의해 식별력을 취득한 예로는, candy에 관한 'Butter Nut', 새우로 만든 과자에 관한 '새우깡', 자동차에 관한 '엑셀' 등을 들 수 있다.

3. 소극적 요건

비록 식별력을 구비한 상표라도 공익 또는 사익적 측면을 고려하여 일정한 경우에 상표등록이 거절될 수 있는데, 법 제34조 제1항은 이를 제한하고 있다. 즉 비록 상표가 적극적 요건으로서의 식별력을 가지고 있다하더라도 그 상표를 등록하여 독점배타적 성질의 상표권을 부여하는 경우 공익상 또는 타인의 이익을 침해하는 경우 당해 상표의 등록을 배제하도록 하는 규정을 상표법 제34조에서 제한적으로 열거해 놓고 있다.

1) 국기 · 국장 등과 동일 또는 유사한 상표(상표 34조 1항 1호)

i) 대한민국의 국기(國旗), 국장(國章), 군기(軍旗), 훈장, 포장(褒章), 기장(記章), 대한민국 또는 공공기관의 감독용이나 증명용 인장(印章) 또는 기호와 동일하거나 유사한 상표(가목), ii) 파리협약 동맹국, 세계무역기구 회원국 또는 「상표법조약」 체약국의 국기와 동일하거나 유사한 상표(나목), iii) 국제적십자, 국제올림픽위원회 또는 저명(著名)한 국제기관의 명칭, 약칭, 표장과 동일하거나 유사한 상표(다목), iv) 파리협약 제6조의3에 따라 세계지식재산기구로부터 통지받아 특허청장이 지정한 동맹국 등의 문장(紋章), 기(旗), 훈장, 포장, 기장 또는 동맹국 등이 가입한 정부 간 국제기구의 명칭, 약칭, 문장, 기, 훈장, 포장, 기장과 동일하거나 유사한 상표(라목) 및 v) 파리협약 제6조의3에 따라 세계지식재산기구로부터 통지받아 특허청장이 지정한 동맹국 등 또는 그 공공기관의 감독용이나 증명용 인장 또는 기호와 동일하거나 유사한 상표로서 그 인장 또는 기호가 사용되고 있는 상품과 동일하거나 유사한 상품에 대하여 사용하는 것(마목)은 상표등록을 받을 수 없다.[61] 공익적 견지에서 특정국가나 저명한 국제기관의 존엄을 유지하고 국제적

---

61) 예: 무궁화 도형, IMF, WTO 등.

인 신의를 준수하는 데 있어 그 칭호나 표장과 동일 또는 유사한 상표에 대하여 등록을 인정하여 개인에게 독점적 사용을 하게 하는 것은 국가 등의 존엄성과 국제적 신용을 해친다는 데에 있다.[62] 또한 지정상품이 국제기관 등과 특수한 관계가 있는 것처럼 오인 · 혼동을 초래할 가능성이 있기 때문에 그 권위를 손상하게 되므로 등록을 배제하고 있다. 한편 감독용이나 증명용 인장과 기호는 품질보증적 성격이 강하므로 수요자 보호차원에서 거절을 하고 있다. 다만, 국제적십자, 국제올림픽위원회 또는 저명한 국제기관이 자기의 명칭, 약칭 또는 표장을 상표등록출원하거나 동맹국 또는 동맹국 등이 가입한 정부 간 국제기구가 자기의 명칭 · 약칭(동맹국 등이 가입한 정부 간 국제기구에 한정한다), 표장을 상표등록출원한 때에는 위 규정이 적용되지 아니한다.

2) 국가 · 인종 · 민족 · 공공단체 · 종교 또는 저명한 고인과의 관계를 허위로 표시하거나 이들을 비방 또는 모욕하거나 이들에 대하여 나쁜 평판을 받게 할 염려가 있는 상표는 등록을 받을 수 없다(상표 34조 1항 2호).[63] 본호의 입법 취지는 국가, 민족 등의 권위와 존엄을 인정하여 국제적 신의를 지킬 필요가 있을 뿐만 아니라, 저명한 고인과 그 유족의 명예감정과 인격보호하기 위한 것이다. 또한 이러한 표장은 누구나 사용하기를 원하는 것이기 때문에 특정인에게 독점 배타적으로 행사할 수 있도록 권리로서 등록을 인정하는 것은 타당하지 않다는 공익적 요청에 따른 것이다.[64]

◎ 征露丸과 正露丸

배탈나서 설사할 때 먹는 냄새 고약한 정로환은 1904년쯤 개발된 약으로 러일전쟁을 반영하여 그 이름도 러시아를 정복한다는 의미가 담긴 '征露丸'. 征露丸은 1905년 출원되어 러일전쟁이 끝난 후 등록되었다. 그런데 1922년 다툼이 생겼다. 즉 征露는 러시아를 정복한다는 뜻으로 공서양속에 반한다는 것이다. 이로써 상표등록이 무효화되었다. 그 후 1950년 '正露丸'으로 개명하여 출원되어 1954년에 등록되었다. 그런데 이에 대해서 또 다툼이 일어났다. '正露丸'이 크레오소트제로 만든 약의 보통명칭인가 아닌가에 대해서였다. 日本특허청은 이를 부인했으나 1975.3.6. 일본 최고재판소는 '正露丸'은 보통명칭이라고 판시하였다. 우리 대법원도 1977.5.10. '정

62) 대법원 1987.4.28.선고 85후11 판결.
63) 예: 양키, Negro 등.
64) 대법원 1989.7.11.선고 89후346 판결.

로환'은 보통명칭이라고 판시하였다.

3) 국가 · 공공단체 또는 이들의 기관과 공익법인의 영리를 목적으로 하지 아니하는 업무 또는 영리를 목적으로 하지 아니하는 공익사업을 표시하는 표장으로서 저명한 것과 동일 또는 유사한 상표는 등록을 받을 수 없다. 다만 국가 · 공공단체 또는 이들의 기관과 공익법인 또는 공익사업체에서 자기의 표장을 상표등록출원한 때에는 그러하지 아니하다(상표 34조 1항 3호).[65] 본호는 업무표장을 가진 공익단체의 업무상의 신용과 권위를 보호할 뿐만 아니라 그것이 상품 및 서비스에 사용되면 수요자, 거래자에게 상품 및 서비스의 출처에 관한 오인, 혼동의 우려가 있으므로 일반수요자를 보호하기 위한 규정이다.

4) 상표 그 자체 또는 상표가 상품에 사용되는 경우 수요자에게 주는 의미와 내용 등이 일반인의 통상적인 도덕관념인 선량한 풍속에 어긋나는 등 공공의 질서를 해칠 우려가 있는 상표는 등록을 받을 수 없다(상표 34조 1항 4호).[66] 본호에 해당하는 상표라 함은 상표의 구성자체가 과격한 슬로건으로 이루어진 상표, 문자나 도형을 읽는 방법 또는 보는 방법에 따라서 일반인에게 외설한 인상을 주거나, 성적 흥분 또는 수치심을 유발할 수 있는 상표, 특정의 나라나 그 국민을 모욕하는 것과 같은 국제신의에 반하는 상표 기타 공공의 이익이나 도덕관념에 반하는 상표를 말한다. 공서양속을 문란하게 할 염려가 있는 상표란 상표의 구성 자체는 물론이고 상표의 구성 자체는 그러하지 아니하더라도 지정상품에 사용하는 것이 사회의 공공이익이나 도덕적 관념에 위배되는지 상대적으로 판단되어야 한다.[67] 모방상표의 본호 적용여부에 대해서 논란이 있었으나, 2007년 개정법은 타인의 주지 · 저명상표 보호를 위한 구법 제7조 제1항 제6호, 제9호 내지 제12호에 이르는 다수의 규정이 존재하는 상황에서 주지 · 저명상표의 보호와 관련하여 일반법 규정 성격의 본규정이 중복하여 적용되지 아니한다는 것을 분명히 하였다.

5) 정부가 개최하거나 정부의 승인을 얻어 개최하는 박람회 또는 외국정부가 개최하거나 외국정부의 승인을 얻어 개최하는 박람회의 상패 · 상장 또는 포장과 동일 또는 유사한 표장이 있는 상표는 등록을 받을 수 없다. 다만 그 상패 · 상장

65) 예: YMCA, KBS, 적십자 등.
66) 예: 외설적인 도형이나 문자, 사기꾼, 소매치기 등의 문자.
67) 예: Jesus를 주류에 사용하는 것.

또는 포장을 받은 자가 당해 박람회에서 수상한 상품에 관하여 상표의 일부로서 그 표장을 사용할 때에는 그러하지 아니하다(상표 34조 1항 5호). 본호의 입법취지는 박람회의 권위를 유지하는 동시에 상품의 품질의 오인을 방지하는 데 있다. 즉, 박람회에 관계없는 자가 박람회의 상패 등이나 이들과 유사한 것을 상표 또는 상표의 일부로 사용할 때에는 상품의 품질에 대하여 일반인이 마치 이들의 박람회와 관계가 있는 듯이 오인할 우려가 있기 때문이다. 그러므로 상표를 구성하는 것 중에서 부기적인 부분에 박람회의 상패 등이 나타나 있더라도 본호에 해당된다. 그러나 박람회에서 수상한 사람은 이것을 상품에 표시하여도 무방하나 상표의 일부로만 표시하여 사용할 수 있다.

6) 저명한 타인의 성명 · 명칭 또는 상호 · 초상 · 서명 · 인장 · 아호 · 예명 · 필명 또는 이들의 약칭을 포함하는 상표는 등록을 받을 수 없다. 다만 그 타인의 승낙을 얻은 경우에는 그러하지 아니하다(상표 34조 1항 6호).[68] 본호의 입법취지는 타인의 명칭 등의 모용에 의한 출처혼동을 방지하기 위한 것이라는 견해가 있으나, 타인의 인격권 보호를 위한 것으로 보는 것이 타당하다. 왜냐하면, 타인의 승낙을 조건으로 등록이 허용되고 타인의 성명, 명칭의 모용에 의한 출처 혼동의 방지는 제10호에 의하여 할 수 있으며 또 등록무효심판을 청구하는 경우에 사익의 보호를 목적으로 하는 조항에만 적용되는 제척기간이 적용된다는 점에 비추어 인격권의 보호로 봄이 상당하다 할 것이다.[69]

7) 선출원에 의한 타인의 등록상표와 동일 또는 유사한 상표로서 그 등록상표의 지정상품과 동일 또는 유사한 상품에 사용하는 상표는 등록을 받을 수 없다(상표 34조 1항 7호). 본호는 선출원 등록상표권자의 이익을 보호하기 위한 사익적 규정의 성격과 중복등록으로 인한 수요자의 오인 · 혼동을 방지하기 위한 공익적 규정의 성격을 가지고 있다. 한편, EU 및 독일 상표법은 선행 상표권자의 이의신청이 없으면 등록을 허용하고 있다(상대적 부등록사유). 우리나라는 선행권리자의 동의가 있는 경우에도 중복등록을 불허한다는 점에서는 공익적이지만 무효심판 청구시 5년의 제척기간이 적용된다는 점에서 사익적이다.

상표법은 선원의 등록상표와 동일 또는 유사한 상표를 동종상품에 사용하는

---

68) 예: DJ, YS, 한전, 주공 등.

69) 대판 1971.3.23, 71후1.

것을 금하며 이른바 1 상표1 등록주의를 채택하고 있다. 상표법에 의하여 등록이 허용되지 아니하는 상표는 "선행의 등록상표와 동일 또는 유사한 상품에 사용하는 동일 또는 유사한 상표"이다. 그러나 동일상표 및 동일상품에 관하여는 실제로 그리 문제될 것이 없고, 선행의 등록상표에 저촉하는 상표냐 아니냐 하는 문제는 '상표의 유사성' 및 '상품의 유사성'에 관한 문제에 귀착된다고 할 수 있다. 먼저 상표의 유사성에 대해서 알아본다.

상표의 유사여부는 거래의 경험칙에 비추어 두 개의 상표가 외관(appearance), 칭호(sound), 관념(meaning) 중 어느 하나 이상이 근사하기 때문에 그 결과 이들 상표가 동일 또는 유사한 상품에 사용될 경우에, 거래자나 일반 수요자로 하여금 상품의 출처에 관한 혼동을 일으킬 염려(likelihood of confusion)가 있느냐 없느냐 하는 관점에서 판단하여야 한다.

판례는 영문자 'POCARI'를 횡서한 문자상표와 영문자 'POKKA'를 횡서한 문자상표, 'Selfeeder'와 'SHEFFIELD', 'CROWN RUSSE'와 'CROWN', 'REVILLON'과 'REVLON', 영문자 'GIN KOR'만으로 구성된 상표와 영문자 'GINGKOMIN'과 한글 '징코민'이 병기된 상표, 'CHAMP'와 'CHAMPION (KUKJE RUBBER)'은 상호간에 유사성이 있다고 본다. 이에 대해 'Ceenu'와 'Sinusol', 'TANG 탕'과 'TEN 텐', 'PILLAR'와 'CATERPILLAR', '포타딘'과 'BETADINE' 상호간에는 유사성이 없다고 한다.

한편 두 개의 상표가 서로 유사하여 혼동의 염려가 있다고 하기 위하여는 그 전제로서 상품이 동일 또는 유사한 관계가 있어야 하고 전혀 종류가 다른 상품 사이에는 비록 동일한 상표를 사용하더라도 특별한 경우를 제외하고는 혼동이 생길 리가 없다. 상표의 유사여부 판단의 전제가 되는 상품의 유사성 여부에 관하여는 종래 학설·판례가 구구하여 통일을 보지 못하고 있다. 다만 등록단계에 있어서 상품의 유사성은 사법적 판단과는 달리 상품 자체의 속성에 따라 판단하면 충분하고, 실제로는 특허청이 마련하고 있는 「유사상품심사기준」에 따라 처리되고 있다.

◎ 판례가 상품의 유사성을 부인하는 경우

1) 출원상표와 인용상표가 모두 'DIXIE'인 때, 전자의 지정상품은 컵, 접시, 밥그릇, 수저, 포크, 젓가락 등이고 후자의 지정상품은 취사용 레인지, 오븐, 부엌용 싱크 등으로 양자의 지정상품이 모두 상품류구분 제18류에 속하는 경우(대판 1982.11.23,

80후74)
2) '단화 등'과 '구두중창'이 완제품과 그 원재료인 부품의 관계가 있다고 하더라도 일반거래에서 그 수요자가 다르고 양자가 동일점포에서 판매되기 힘든 경우(대판 1982.12.28, 82후8)
3) 전동기, 전기선풍기, 전기아이롱, 전기믹서 등과 전기보온밥통, 전기밥솥, 전기냄비, 전기신선로 등(대판 1982.12.28, 81후41)
4) 가스레인지와 전자레인지(대판 1983.2.8, 81후18; 同旨: 1984.9.11, 83후51)
5) 침구인 이불, 요, 베개 등과 가구인 의자, 침대, 농, 진열장(대판 1985.4.9, 84후83; 同旨: 대판 1985.7.23, 84후84)

8) 선출원에 의한 타인의 지리적 표시 등록단체표장과 동일 또는 유사한 상표로서 그 지정상품과 동일하거나 동일하다고 인식되어 있는 상품에 사용하는 상표는 등록을 받을 수 없다(상표 34조 1항 8호).

9) 타인의 상품을 표시하는 것이라고 수요자 간에 현저하게 인식되어 있는 상표와 동일 또는 유사한 상표로서 그 타인의 상품과 동일 또는 유사한 상품에 사용하는 상표는 등록을 받을 수 없다(상표 34조 1항 9호). 특정인의 상품을 표시하는 것이라고 수요자 사이에 현저하게 인식되어 있는 상표를 강학상 주지상표라 한다. 상표법은 등록요건에서 주지상표를 선출원등록상표와 똑같이 취급하여, 그와 동일 · 유사한 상표를 특정인의 상품과 동일 · 유사한 상품에 사용하는 상표인 경우에는 등록을 금지하고 있다.

10) 특정 지역의 상품을 표시하는 것이라고 수요자 간에 현저하게 인식되어 있는 타인의 지리적 표시와 동일 또는 유사한 상표로서 그 지리적 표시를 사용하는 상품과 동일하거나 동일하다고 인식되어 있는 상품에 사용하는 상표는 등록을 받을 수 없다(상표 34조 1항 10호).

11) 수요자 간에 현저하게 인식되어 있는 타인의 상품이나 영업과 혼동을 일으키게 하거나 그 식별력 또는 명성력을 손상시킬 염려가 있는 상표는 등록을 받을 수 없다(상표 34조 1항 11호). 동일 · 유사한 상품뿐만 아니라 이종상품 및 영업에 이르기까지 특정인의 상표로 일반수요자에게 현저하게 인식되어 있는 상표를 저명상표라 한다. 우리 상표법은 기업의 다각경영화 추세에 부합하여 형식적 유사개념을 벗어나 저명상표와 혼동을 일으키게 할 염려가 있는 상표와 저명상표의 식별력 또는 명성을 손상시킬 염려가 있는 상표를 부등록사유로 규정하고 있다.

제11호는 저명상표 영업주의 보호를 직접적인 목적으로 하는 것이 아니라, 상품출처의 혼동방지 또는 사용사실보호[70]와 저명한 상품 또는 영업과의 오인 · 혼동으로 인한 부정경쟁방지를 직접적인 목적으로 하는 공익규정이다.

12) 상품의 품질을 오인하게 하거나 수요자를 기만할 염려가 있는 상표는 등록을 받을 수 없다(상표 34조 1항 12호). 상품의 품질을 오인하게 할 염려가 있는 상표란 상표의 외관 · 칭호 · 관념 등으로 판단하여 지정상품이 현실로 가지고 있는 품질과 상이한 것으로 일반수요자에게 오인을 줄 염려가 있는 상표를 의미한다. 그리고 수요자를 기만할 염려가 있는 상표란 상품의 품질과 관계없이 상품출처의 오인을 초래할 염려가 있는 상표, 그 상품 또는 상표가 수요자로 하여금 외국 또는 다른 기업의 상품 또는 상표로 오인을 유발할 우려가 있는 경우를 말하며 출원인의 기만의 의사 유무를 불문한다.

13) 국내 또는 외국의 수요자 간에 특정인의 상품을 표시하는 것이라고 인식되어 있는 상표와 동일 또는 유사한 상표로서 부당한 이익을 얻으려 하거나 그 특정인에게 손해를 가하려고 하는 등 부정한 목적을 가지고 사용하는 상표는 등록될 수 없다(상표 34조 1항 13호). 2007년 개정 상표법은 모방상표의 등록차단을 강화하기 위해 제7조 제1항 제12호의 적용요건을 종전의 "국내 또는 외국의 수요자 간에 특정인의 상품을 표시하는 것이라고 현저하게 인식되어 있는 상표(지리적 표시를 제외한다)와 동일 또는 유사한 상표"에서 "국내 또는 외국의 수요자 간에 특정인의 상품을 표시하는 것이라고 인식되어 있는 상표(지리적 표시를 제외한다)와 동일 또는 유사한 상표"로 하여 모방 대상 상표의 주지성의 정도를 완화함으로써, 모방상표의 등록배제 범위를 확대하고, 모방 대상 상표의 주지성여부를 용이하게 입증할 수 있도록 하였다.

14) 국내 또는 외국의 수요자들에게 특정 지역의 상품을 표시하는 것이라고 인식되어 있는 지리적 표시와 동일 · 유사한 상표로서 부당한 이익을 얻으려 하거나 그 지리적 표시의 정당한 사용자에게 손해를 입히려고 하는 등 부정한 목적으로 사용하는 상표는 등록될 수 없다(상표 34조 1항 14호).

15) 상표등록을 받고자 하는 상품 또는 그 상품의 포장의 기능을 확보하는 데 꼭 필요한(서비스의 경우에는 그 이용과 목적에 꼭 필요한 경우를 말한다) 입체적 형상,

70) 대판 1985.2.26, 84후15(절충설).

색채, 색채의 조합, 소리 또는 냄새만으로 된 상표는 등록될 수 없다(상표 34조 1항 15호). 상표법 제33조 제1항 제3호에서는 상품의 형상(포장의 형상을 포함)만으로 된 상표는 등록을 받을 수 없는 것으로 규정하고 있지만, 사용에 의하여 식별력을 획득한 경우에는 등록을 인정하고 있다. 그러나 사후적으로 식별력을 취득한 경우라도 상품이나 그 포장의 기능을 확보하는 데 불가결한 입체적 형상인 경우에는 공익적 측면에서 특정인에게 독점시킬 수 없으므로 거절사유로 하고 있다.

16) 세계무역기구 회원국 내의 포도주 및 증류주의 산지에 대한 지리적 표시로서 구성되거나 동 표시를 포함하는 상표로서 포도주 · 증류주 또는 이와 유사한 상품에 사용하고자 하는 상표는 등록될 수 없다. 다만, 지리적 표시의 정당한 사용자가 그 해당 상품을 지정상품으로 하여 제36조 제5항의 규정에 따른 지리적 표시 단체표장등록출원을 한 때에는 그러하지 아니하다(상표 34조 1항 16호). TRIPs협정은 공중에게 원산지의 오인 · 혼동을 유발할 염려가 있는 상표의 사용을 금지(TRIPs 제22조 제2항), 등록을 거절 · 무효(TRIPs 제22조 제3항)하도록 요구하고 있으며, TRIPs협정 제23조 제1항 및 제2항에서는 포도주 및 증류주에 대한 사용금지 및 등록금지를 추가적으로 요구하고 있는데[71] 이를 반영한 부등록사유이다.

17) 「식물신품종보호법」 제109조에 따라 등록된 품종명칭과 동일하거나 유사한 상표로서 그 품종명칭과 동일 또는 유사한 상품에 대해서 사용하는 상표는 등록을 받을 수 없다(상표 34조 1항 17호).

18) 「농수산물품질관리법」 제32조에 따라 등록된 타인의 지리적 표시와 동일하거나 유사한 상표로서 그 지리적 표시를 사용하는 상품과 동일하거나 동일하다고 인식되어 있는 상품에 사용하는 상표는 등록을 받을 수 없다(상표 34조 1항 18호).

19) 대한민국이 외국과 양자간(兩者間) 또는 다자간(多者間)으로 체결하여 발

---

71)

	TRIPs 협정 제22조 일반보호	TRIPs 협정 제23조 특별보호(추가적 보호)
대상품목	제한 없음	포도주와 증류주
보호내용	진정한 원산지가 아닌 산지의 표시는 금지	
	대중의 오인을 유발하거나 불공정 경쟁행위를 구성하는 방법인 경우에 한하여 금지	무조건 금지("종류", "유형", "양식", "모조품" 등의 표현이 수반되어 있거나 진정한 원산지가 병기되어 있다 하더라도 금지, 지리적 표시의 번역사용금지)

효된 자유무역협정에 따라 보호하는 타인의 지리적 표시와 동일하거나 유사한 상표 또는 그 지리적 표시로 구성되거나 그 지리적 표시를 포함하는 상표로서 해당 지리적 표시를 사용하는 상품과 동일하거나 동일하다고 인식되어 있는 상품에 사용하는 상표는 등록을 받을 수 없다(상표 34조 1항 19호).

20) 동업 · 고용 등 계약관계나 업무상 거래관계 또는 그 밖의 관계를 통하여 타인이 사용하거나 사용을 준비 중인 상표임을 알면서 그 상표와 동일 · 유사한 상표를 동일 · 유사한 상품에 등록출원한 상표는 등록을 받을 수 없다(상표 34조 1항 20호). 본호의 취지는 타인과의 계약관계 등을 통해 타인이 사용하거나 사용 준비 중인 상표(선사용상표)를 알게 되었을 뿐 그 상표등록을 받을 수 있는 권리자가 아닌 사람이 타인에 대한 관계에서 신의성실의 원칙에 위반하여 선사용상표와 동일 · 유사한 상표를 동일 · 유사한 상품에 등록출원한 경우 그 상표등록을 허용하지 않는다는 데에 있다.

21) 조약당사국에 등록된 상표와 동일 · 유사한 상표로서 그 등록된 상표에 관한 권리를 가진 자와의 동업 · 고용 등 계약관계나 업무상 거래관계 또는 그 밖의 관계에 있거나 있었던 자가 그 상표에 관한 권리를 가진 자의 동의를 받지 아니하고 그 상표의 지정상품과 동일 · 유사한 상품을 지정상품으로 하여 등록출원한 상표는 등록을 받을 수 없다(상표 34조 1항 21호).

Ⅲ. 절차적 요건

1상표 1출원주의에 합치될 것, 선출원일 것, 대리인 또는 대표자에 의한 출원의 경우 외국의 정당권리자의 동의가 있을 것 등이 요구된다.

1. 선출원주의

상표법은 절차적 요건으로 선출원주의를 채택하고 있다(상표 35조). 선출원주의란 동일 · 유사한 상표가 동일 · 유사한 상품에 대하여 경합출원된 경우에 최선출원인이 등록을 받을 수 있도록 하는 것을 말한다.

선후원의 판단은 출원일을 기준으로 하고 있으며, 출원된 상표와 지정상품의 동일 또는 유사범위 내에서 선후원관계를 판단한다.

이일출원의 경우 먼저 상표등록출원한 자만이 그 상표에 관하여 상표등록을 받을 수 있다(상표 35조 1항). 동일출원의 경우에는 출원인의 협의에 의해 정하여진 하나의 출원인만이 그 상표에 대해 상표등록을 받을 수 있는 것을 원칙으로 하며, 협의가 불성립한 때에는 특허청장이 행하는 추첨에 의해 등록받을 출원인을 결정한다(상표 35조 2항).

그러나 출원이 포기·취하 또는 무효가 된 때 또는 거절결정이나 심결이 확정된 경우에는 선출원의 지위가 없다(상표 35조 3항). 즉 처음부터 출원이 없었던 것으로 본다.

2. 1상표 다류 1출원 주의

1997년 개정 상표법은 제10조 제1항에서 "상표등록출원을 하고자 하는 자는 산업통상자원부령이 정하는 상품류 구분상 1류구분 이상의 상품을 지정하여 상표마다 출원하여야 한다"라고 규정하여 종전의 1상표 1류1출원주의를 폐지하고 1상표 다류1출원주의를 채택하고 있다.

상표등록출원은 1류1출원이건 다류1출원이건 상표마다 각기 별개로 출원하여야 한다. 상표등록출원을 하려는 자는 상품류의 구분에 따라 1류 이상의 상품을 지정하여 1상표마다 1출원을 하여야 한다(상표 38조 1항). 다만, 여기서 상품류의 구분은 상품의 유사범위를 정하는 것은 아니다(상표 38조 3항).

1상표 1출원의 원칙에 위반된 때에는 거절이유에 해당된다(법 제54조 제1항). 심사관은 거절이유가 일부 유(類)구분에만 있을 경우에는 그 거절이유는 해당 류구분에 대해서만 적용되며 거절이유가 없는 다른 유(類)구분에 대해서는 분할출원할 수 있다는 취지를 거절이유에 함께 통지한다.

◎ 등록요건의 판단시기

적극적 요건 중 사용에 의한 특별현저성 취득 여부 및 소극적 요건 중 제34조 제1항 제11호·제13호·제14호·제20호 및 제21호의 경우는 출원시를 기준으로 판단한다(상표 34조 2항). 그러나 상표법의 공익적 특성상 대부분의 등록요건에 대하여는 별도의 규정이 없는 한 등록결정시를 기준으로 판단함이 원칙이다.

◎ 등록요건 흠결시 효과와 그 극복

출원상표가 등록요건을 흠결하면 거절결정 대상이 된다(상표 54조). 출원공고되면 이해관계 여부를 불문하고 제3자에 의한 이의신청의 대상이 된다(상표 60조 1항).[72] 착오로 등록된 경우 법정무효사유에 해당하면 심판에 의하여 무효가 된다. 한편 출원보정 · 분할 · 변경 등의 제도를 통하여 일정한 경우에는 거절이유가 극복될 수 있다.

제4절 상표등록출원 및 심사절차

Ⅰ. 상표등록출원

1. 서 설

상표등록 출원은 서면에 의해서만 가능하며 구두에 의한 출원은 불가능하다. 이는 특허출원의 경우에도 마찬가지로서 출원의 내용을 명확히 할 필요가 있기 때문이다.

상표등록출원서에는 i) 출원인의 성명 및 주소(법인의 경우에는 그 명칭 · 영업소의 소재지), ii) 출원인의 대리인이 있는 경우에는 그 대리인의 성명 및 주소나 영업소의 소재지, 단 대리인이 특허법인인 경우에는 그 명칭, 사무소의 소재지 및 지정된 변리사의 성명, iii) 상표, iv) 지정상품 및 그 유(類)구분, v) 우선권주장을 하고자 하는 경우에는 상표등록출원시 상표등록출원에 그 취지 · 최초로 출원한 국명(國名) 및 출원의 연월일, vi) 기타 상표법시행규칙이 정한 서식에 따른 기재를 하여야 한다(상표 36조 1항).

72) 1상표 1출원의 원칙에 위반된 출원이 착오로 출원공고되면 이의신청사유가 된다. 심사관은 결정이유를 붙임에 있어서 2 이상의 지정상품에 대한 결정이유가 다른 경우에는 상품마다 결정이유를 붙여야 한다(상표 27조 7항). 그러나 1상표 1출원 원칙의 위반은 무효사유에는 해당하지 않는다.

◎ 절차의 보완과 출원일의 인정

상표법은 상표법조약의 요청에 따라 상표등록출원서 제출시 중대한 하자가 있는 경우에도 일단 의견진술의 기회를 부여하고 보완에 의해 중대한 하자가 치유된 경우에 당해 보완서 제출일을 출원일로 인정하며, 지정기간 내에 보완하지 않거나 보완에 의하여 하자가 치유될 수 없는 경우에는 출원서류를 반려케 하고 있다(상표 37조).
특허청장은 상표등록출원이 다음에 해당하는 경우에는 상당한 기간을 정하여 보완을 명하여야 한다(상표 37조 제2항).

i) 상표등록을 받고자 하는 취지의 표시가 명확하지 아니한 경우,
ii) 상표등록출원인의 성명이나 명칭의 기재가 없거나 그 기재가 출원일을 특정할 수 없을 정도로 명확하지 아니한 경우,
iii) 상표등록출원서에 상표등록을 받고자 하는 상표의 기재가 없거나 그 기재가 상표로서 인식할 수 없을 정도로 선명하지 아니한 경우,
iv) 지정상품의 기재가 없는 경우,
v) 한글로 기재되지 아니한 경우.

절차보완을 하는 경우에는 절차보완서를 제출하여야 한다(상표 37조 제3항). 절차보완서는 특허청의 사무처리상 출원인의 절차 혼란방지의 요청에서 방식요건 불비에 의한 절차보정서와 구별된다. 보완명령에 따라 상표등록출원에 대하여 보완하는 경우에는 그 절차보완서가 특허청에 도달된 날을 상표등록출원일로 인정된다(상표 37조 제4항). 또한 출원인이 보완명령이 없음에도 불구하고, 자발적으로 절차보완서를 제출한 경우에도 마찬가지로 취급된다. 특허청장은 보완명령을 받은 자가 지정기간 내에 그 보완을 하지 않은 경우에는 당해 상표등록출원을 부적합한 출원으로 보아 반려할 수 있다(상표 37조 제5항).

2. 상표등록출원의 효과

출원서류가 특허청에 제출되면 출원은 특허청에 계속하고, 제출시기에 출원의 효과가 발생하며, 방식불비의 경우에는 그 불비를 보정하는 것을 조건으로 하여 출원의 실체적 요건 심사를 받는 효력 등이 발생한다.

또한 출원에 의하여 상표등록을 받을 수 있는 권리가 발생한다. 이 권리는 상표등록출원에 의하여 발생하는 것이며, 국가에 대해서 독점권인 상표권의 부여를 청구할 수 있는 권리로서, 이전가능한 재산권이다. 상표는 독창성을 문제로 하지 않기 때문에, 상표자체에 창작적 가치는 인정하지 않고 있으며, 상표법은 등록주의를 채택하고 있기 때문에 특허를 받을 수 있는 권리와는 달리 상표등록을 받을 수 있는 권리는 출원 전에 인정할 필요는 없다. 그러나 출원 후에는 상표등록을

받을 수 있다고 하는 출원인의 기대권을 보호할 필요가 있고, 이러한 기대권을 이전할 수 있도록 하는 개념도 필요한 것이다. 따라서 법은 상표등록출원에 의해 발생하는 권리를 인정하고 있다.

그 외에 출원에 의하여 선출원권의 발생, 파리협약상의 우선권의 발생 및 기타 절차상의 효과가 발생한다.

3. 상표등록출원

(1) 1상표 1출원주의 원칙 및 상품의 지정

상표법은 제38조 제1항에서 "상표등록출원을 하고자 하는 자는 상품류의 구분[73]에 따라 1류 이상의 상품을 지정하여 1상표마다 1출원을 하여야 한다."라고 규정하여 '1상표 다류1출원주의'를 채택하고 있다.[74] 따라서 동일류 구분 내의 상품·서비스업에 국한되지 않으며, 2 이상의 상품·서비스업이 유사할 것을 요하지도 않는다. 상품류에 속하는 구체적인 상품은 특허청장이 정하여 고시한다(상표 38조 2항). 출원인은 상품류 구분상 1류구분 이상의 상품이나 서비스업을 하나의 출원서에 기재하여 동시에 출원할 수 있다. 즉 하나의 출원서로 동시에 2 이상의 상표를 출원할 수 없다. 1상표 1출원주의 원칙은 신규 상표등록출원, 지정상품의 추가등록출원, 상표권의 존속기간갱신등록출원에 적용되는 기본 원칙이다.

(2) 지정상품추가등록출원

상표권자 또는 출원인이 등록상표 또는 상표등록출원의 지정상품을 추가하여 등록을 받을 수 있는 제도이다(상표 86조 1항). 이 경우 심사상의 규정이 준용되며 존속기간갱신등록신청과는 달리 출원공고제도 및 이의신청제도를 두고 있다(상표 88조 2항). 상표권자 또는 상표등록출원인은 출원 또는 등록 후의 사정변화

73) 우리나라는 1998.3.1. 이전에는 우리나라의 고유한 상품류구분을 채택·사용하였으나, 1998.3.1. 이후에는 표장의 등록을 위한 상품 및 서비스업에 관한 국제분류인 니스협정에 의한 국제상품분류를 채택·사용하고 있다.

74) 다류 1출원·등록제도의 도입: 1997년 개정법까지는 상표출원시 상표법 시행규칙 별표에서 정하는 상품류 구분 내에서 상품을 지정하여 출원하도록 강제하였다. 그러나 현행법은 위 규정을 개정하여 2개 이상의 상품류 구분도 1출원서에 기재하여 출원 및 등록할 수 있도록 하였다(구상표 10조). 또 등록 후에는 언제든지 분할이 가능하도록 하였다(상표 45조).

에 따라 지정상품의 범위를 확대할 필요가 있는 경우 등록상표 또는 상표등록출원의 지정상품에 상품을 추가하는 지정상품의 추가등록을 받음으로써 상표권의 권리범위를 확장하여 상표권자의 이익을 보호받을 수 있다. 즉 상표등록출원인은 상표등록출원시에 1 또는 2개 이상의 상품을 일시에 지정할 수 있으나, 상표등록출원 후 또는 상표등록 후에 지정상품을 추가할 필요가 있을 경우 별도로 지정상품의 추가등록출원서를 제출하여 지정상품을 추가할 수 있다.

(3) 상표권의 존속기간갱신등록신청

상표권의 존속기간은 설정등록이 있는 날부터 10년으로 하고 있으며, 10년마다 갱신등록을 할 수 있다(상표 84조). 이에 따라 상표권의 존속기간 만료 전 1년 이내에 일정 요건과 절차를 갖추어 갱신등록신청하면 존속기간을 계속 갱신해 주는 제도가 존속기간의 갱신등록신청제도이다.[75] 구법에 의하면 상표권의 존속기간을 갱신하려 할 경우 상표권의 존속기간갱신등록출원을 하여야 하나, 현행 상표법은 상표권의 존속기간갱신등록신청 제도로 간소화하여 기간 내에 상표등록료를 납부하고 존속기간갱신등록신청서를 제출하면 별도의 심사절차 없이 존속기간이 연장될 수 있도록 하고 있다.

II. 출원의 보정, 분할, 변경

1. 출원의 보정

상표등록출원의 보정이란 상표등록출원 후 그 출원에 절차상의 흠결이나 미비가 있거나 또는 내용상의 불비가 있는 경우에 요지를 변경하지 않는 범위 내에서 출원인이 자진하여 출원서에 기재한 상품이나 상표를 보충 또는 정정하는 제도를 말한다.

출원인은 최초 상표등록출원의 요지를 변경하지 아니하는 범위 안에서 결정

75) 존속기간이 만료된 후라도 6개월이 경과하기 이전에는 상표권의 존속기간갱신 등록신청을 할 수 있으나 일정액의 과태료를 납부하여야 한다.

의 통지서가 송달되기 전에 출원상표 및 그 지정상품을 보정할 수 있는데 요지가 변경되지 않는 범위의 보정이란 i) 지정상품의 범위의 감축, ii) 오기의 정정, iii) 불명료한 기재를 명확하게 하는 것 및 iv) 상표의 부기적인 부분의 삭제를 말한다(상표 제40조).

2. 출원의 분할

출원의 분할이란 2 이상의 상품을 지정상품으로 하여 상표등록출원한 경우에 이를 2 이상의 상표등록출원으로 분할하여 출원할 수 있는 제도를 말한다(상표 45조 1항). 상표법상의 출원분할은 지정상품의 분할을 의미하며, 결합상표라 하더라도 그 요부별로 분할이 인정되지는 않는다.

3. 출원의 변경

출원의 변경이란 상표등록출원, 단체표장등록출원(지리적표시 단체표장등록출원 제외), 그리고 증명표장등록출원(지리적표시 증명표장등록출원 제외) 상호간에 출원의 주체 및 내용의 동일성을 유지하면서 출원의 형식만을 변경하는 제도를 말한다(상표 44조 1항).

상표법은 상표, 단체표장, 증명표장 상호간의 변경출원을 인정하고(상표 44조 1항), 지정상품의 추가등록출원의 상표등록출원으로의 변경출원을 인정한다(상표 44조 2항). 다만, 변경출원제도가 남용되지 않도록 원등록상표권에 대하여 무효나 취소 심판이 청구되거나 원등록상표권이 무효나 취소심판으로 소멸되거나, 지정상품의 추가등록출원의 기초가 된 등록상표에 대하여 무효심판 또는 취소심판이 청구되거나 그 등록상표가 무효심판, 취소심판 등으로 소멸된 경우에는 허용하지 아니하고 있다(상표 44조 2항). 상표법은 상표, 통상의 단체표장, 통상의 증명표장 상호간의 출원변경만 인정하며, 상표 · 지리적 표시 단체표장 · 지리적 표시 증명표장 상호간의 출원변경과 상표등록출원을 지정상품추가등록출원으로 출원변경을 인정하지 아니한다.

Ⅲ. 상표심사절차

우리나라는 심사주의를 채택하고 있어 상표등록출원을 하면 모두 심사하게 된다. 이때 심사는 형식적인 구비서류(출원서 양식, 첨부서류 등)의 불비만을 체크하는 방식심사와 출원한 내용의 절차적 요건과 실체적 요건을 심사하는 실체심사로 나누어진다.

상표등록출원에 대한 심사는 출원의 순위에 따른다(상표 53조 제1항). 다만, 특허청장은 i) 상표등록출원 후 출원인이 아닌 자가 정당한 이유 없이 업으로서 상표등록출원된 상표와 동일 또는 유사한 상표를 동일 또는 유사한 지정상품에 사용하고 있다고 인정되는 경우, ii) 상표등록출원인이 상표등록출원한 상표를 지정상품의 전부에 사용하고 있는 경우 등 대통령령으로 정하는 상표등록출원으로서 긴급한 처리가 필요하다고 인정되는 상표등록출원에 대하여는 심사관이 다른 상표등록출원에 우선하여 심사하게 할 수 있다(상표 53조 제2항).

출원공고는 심사관이 상표등록출원에 대하여 심사한 결과 거절이유를 발견할 수 없는 때에는 그 출원내용을 공고(공중에 공표)하여 일반공중의 열람에 제공함으로써 심사의 공정성확보, 상표정보의 제공을 함과 동시에 그 내용에 이의가 있는 때에는 이의신청을 제기할 수 있도록 하여 심사관의 심사의 공정을 기함과 동시에 등록 후에 있어서의 상표분쟁을 미연에 방지하고자 하는 제도이다(상표 57조). 출원인은 원칙적으로 출원공고 후 타인이 무단으로 당해 출원된 상표와 동일 · 유사한 상표를 동일 · 유사한 상품에 대하여 사용함으로 인하여 출원인에게 업무상의 손실이 발생하는 경우 그 타인에게 경고를 하고 업무상의 손실에 상당하는 보상금을 청구할 수 있도록 하되, 상표등록 출원의 사본(국제상표등록출원의 경우에는 국제출원의 사본)을 제시하고 경고하는 경우에는 출원공고 전에도 보상금을 청구할 수 있도록 규정하고 있다(상표 58조). 다만, 상표권의 설정등록된 이후에만 당해 권리를 행사할 수 있다(상표 58조 3항).

한편, 출원공고된 상표에 대하여 이의가 있을 때에는 누구든지 출원공고일로부터 2개월 이내에 이의신청을 할 수 있고 이의신청서는 소정의 양식에 의거 작성하되 반드시 이의신청의 이유를 기재하고 이에 필요한 증거를 첨부하여야 하며, 이의신청 기간의 경과 후 30일 이내에 이의신청서에 기재한 이유 및 증거를 보정할 수 있다(상표 60조, 61조). 이의신청을 할 수 있는 사유는 출원공고된 상표가 법 제54조에 규정된 거절이유에 해당하는 경우이다(상표 60조 1항).

◎ 직권보정(상표 59조)

심사관은 출원공고결정을 할 때에 상표등록출원서에 기재된 지정상품 또는 그 유구분(類區分)에 명백히 잘못 기재된 내용이 있으면 직권으로 보정할 수 있다. 심사관이 직권보정을 하려면 출원공고결정의 등본 송달과 함께 그 직권보정 사항을 출원인에게 알려야 한다. 출원인은 직권보정 사항의 전부 또는 일부를 받아들일 수 없으면 출원공고기간까지 그 직권보정 사항에 대한 의견서를 특허청장에게 제출하여야 한다. 출원인이 의견서를 제출한 경우 해당 직권보정 사항의 전부 또는 일부는 처음부터 없었던 것으로 본다. 또한 명백히 잘못 기재된 것이 아닌 사항에 대하여 직권보정이 이루어진 경우 그 직권보정은 처음부터 없었던 것으로 본다. 직권보정제도는 상표등록출원서 등에 명백한 오기 등으로 판단되는 사항이 있는 경우에 대해서는 출원인에게 보정요구서를 발송하지 아니하고도 심사관이 직권으로 정정할 수 있도록 함으로써 출원인의 편의를 높일 수 있는 제도이다.

제5절 상표권 · 상표권자의 보호

Ⅰ. 서 언

상표권은 상표를 특허청에 등록한 자가 자기가 등록한 그 등록상표를 지정상품에 일정기간(우리나라에 있어서는 10년) 동안 독점적으로 사용할 수 있는 권리이며, 다른 산업재산권의 경우와 마찬가지로 특허청에 등록출원을 한 후, 그 상표가 등록적격이 있는지 여부에 관한 심사를 거쳐 특허청에 등록이 됨으로써 발생한다.

그러나 상표권은 특허권이나 디자인권 등과는 달리 일정기간이 경과한 후에도 갱신을 통하여 계속 사용할 수 있으므로 권리자가 하려고만 하면 영구적으로 사용할 수도 있다. 이것은 상표제도가 상표에 화체된 상표사용자의 영업상의 신용을 유지시키고 수요자로 하여금 상표를 통한 상품을 식별시킴으로써 상품에 대한 오인과 혼동을 막으려는 데 그 목적이 있으므로 상표의 영속적인 독점사용을 허용한다고 해서 타인의 업무에 지장을 주거나 국가산업발전에 장애가 되는 것은 아니기 때문이다. 다만 일단 10년의 존속기간을 정하고 갱신제도를 둔 것은 10년이란 기간의 경과로 상표권자도 사정이 달라져서 등록상표를 사용하지 아니하는 경우도 있으므로 그러한 경우에는 등록상표를 정리할 필요가 있기 때문이다.

II. 상표권

1. 상표권의 내용

상표권은 설정등록에 의하여 발생된다(상표 82조 1항). 상표권은 설정등록에 의하여 발생하는데 상표권의 존속기간은 설정등록이 있는 날로부터 10년이며, 상표권의 존속기간 갱신등록신청에 따라 10년간씩 그 기간을 갱신할 수 있으므로 계속 사용을 하는 한 반영구적인 효력을 갖는다. 상표권은 상표권자만이 등록상표를 지정상품에 대해 독점적으로 사용할 수 있는 전용권으로서의 적극적 효력과 상표권자 이외의 제3자에 대해 그와 저촉되는 상표사용을 금지케 할 수 있는 배타권으로서의 소극적 효력으로 구성되어 있다. 상표법은 또한 상표권자에게 독점 · 배타권을 부여함과 동시에 공익 또는 사익적 보호를 위해 그 내용을 제한하거나 한계를 두고 있다.

2. 상표권의 효력 및 상표권의 효력이 미치지 아니하는 경우

(1) 상표권의 효력

상표권자는 지정상품에 관하여 그 등록상표를 사용할 권리를 독점한다. 다만, 그 상표권에 관하여 전용사용권을 설정한 때에는 제95조 제3항의 규정에 의하여 전용사용권자가 등록상표를 사용할 권리를 독점하는 범위 안에서는 그러하지 아니하다(상표 89조).

(2) 상표권의 효력이 미치지 아니하는 범위

법이 상표를 보호한다고 할 때에는 법이 상표가 가지는 기능, 즉 출처표시기능 · 품질보장기능 · 광고적 기능 등을 인식하고, 이를 보호하기 위한 것이지 상표를 구성하는 기호 · 도형 · 문자 그 자체를 보호하기 위한 것이 아니다. 따라서 특정상표와 동일한 문자 등을 업으로 사용한다고 하더라도 그것이 특정 상품의 출처나 품질을 보증하는 상표적 사용이 아닌 경우에는 특정상표의 독점적 효력은 이러한 문자 등에는 미치지 아니한다. 예컨대 "이 필름은 KODAK 카메라에 사용할 수 있습니다"라는 설명문은 KODAK상표를 침해하는 것이 아니다.

이는 해석상 당연한 것이나 이 외에도 공익상 이유 내지 상표권의 한계로서 다음과 같은 제한이 법정되어 있다.

1) 자기의 성명 · 명칭 또는 상호 · 초상 · 서명 · 인장 또는 저명한 아호 · 예명 · 필명과 이들의 저명한 약칭을 보통으로 사용하는 방법으로 표시하는 상표에는 상표권의 효력이 미치지 아니한다(상표 90조 1항 1호). 다만 상표권의 설정등록이 있은 후에 부정경쟁의 목적으로 자기의 성명 · 명칭 또는 상호 · 초상 · 서명 · 인장 또는 저명한 아호 · 예명 · 필명과 이들의 저명한 약칭을 사용하는 경우에는 적용하지 아니한다(상표 90조 3항).

2) 등록상표의 지정상품과 동일, 유사한 상품의 보통명칭 · 산지 · 품질 · 원재료 · 효능 · 용도 · 수량 · 형상 · 가격 또는 생산방법 · 가공방법 · 사용방법 및 시기를 보통으로 사용하는 방법으로 표시하는 상표에는 상표권의 효력이 미치지 아니한다(상표 90조 1항 2호).

3) 입체적 형상으로 된 등록상표에 있어서 그 입체적 형상이 누구의 업무에 관련된 상품을 표시하는 것인지 식별할 수 없는 경우에 등록상표의 지정상품과 동일하거나 유사한 상품에 사용하는 등록상표의 입체적 형상과 동일하거나 유사한 형상으로 된 상표에는 상표권의 효력이 미치지 아니한다(상표 90조 1항 3호).

4) 등록상표의 지정상품과 동일 · 유사한 상품에 관용하는 상표와 현저한 지리적 명칭 및 그 약어 또는 지도로 된 상표에는 상표권의 효력이 미치지 아니한다(상표 90조 1항 4호).

5) 등록상표의 지정상품 또는 그 지정상품의 포장의 기능을 확보하는 데 불가결한 형상, 색채, 색채의 조합, 소리 또는 냄새로 된 상표에는 상표권의 효력이 미치지 아니한다(상표 90조 1항 5호).

그 밖에도 타인의 특허권 · 디자인권 · 저작권과의 관계에서 오는 제한과 상표권의 사용이 부정경쟁행위에 해당하게 될 경우 사용권의 제한이 있고(상표 92조), 특허권 등의 존속기간 만료후에 상표를 사용할 권리(상표 98조), 선사용에 따른 상표를 계속 사용할 권리(상표 99조)에 의한 제한이 있다. 또 재심에 의하여 회복한 상표권의 효력이 제한되는 경우가 있다(상표 160조).

3. 상표권의 사용

(1) 서 언

상표권은 지정상품에 대해서 독점배타적으로 등록상표를 사용하는 사법상의 재산권이기 때문에 상표법의 규정에 의해 제한을 받고 있는 경우를 제외하고는 상표권의 본질에 반하지 않는 한 상표권자는 자기의 상표권을 자유로이 이용할 수 있다. 현행법은 사용권의 설정 및 질권설정에 관하여 규정한다. 본서에서는 사용권에 관해서만 간단히 살펴보는 것으로 한다.

(2) 사용권

1) 사용권의 인정과 그 제한 상표란 과거에는 상표가 부착된 상품의 출처를 표시하는 것이며, 상표보호란 오로지 이러한 출처표시의 보호라고 보았다. 이러한 출처이론(source theory)에 의하면 상표의 사용허락이란 이론상 불가능한 것으로 된다. 그러나 그 후 상표의 역할에 대해서 새로운 해석이 시도되었다. 그것은 상표란 출처표시이기도 하지만 아울러 품질표시이며 소비자는 동일상표가 동일품질을 보증하기만 한다면 사실상의 출처나 제조자가 누구인지는 전혀 개의치 않는다는 것이다. 이러한 품질보증이론(quality theory)은 상표의 사용허락을 이론상 긍정시키는 근거가 되지만 한편 그 자체 상표사용허락에는 일정한 제한이 있음을 나타낸다. 오늘날 각국의 입법례는 이러한 기본적 전제하에서 자국의 사정에 맞춰 상표사용허락을 규제하고 있다. 우리 현행법은 사용권설정에 따르는 품질의 동일성보장에 대해서는 제119조 제1항 제2호에 의한 사후규제만을 하고 있다. 이것은 상표권자도 자기의 업무의 신용을 해칠 우려가 있는 자에게는 사용허락을 하지 않을 것이며 또 상표사용에 대해서 충분한 감독을 하면서 사용시킬 것이다는 기본전제에 서 있으나 소비자보호를 위해서는 불충분한 규정이라고 할 것

이다.

2) 사용권의 종류　　사용권에는 전용사용권과 통상사용권이 있다.

㈎ 전용사용권　　상표권자는 그 상표권에 대해서 전용사용권을 설정할 수 있다(상표 95조). 전용사용권의 설정을 받은 전용사용권자는 그 설정행위로 정한 범위 내에서 지정상품에 관하여 등록상표를 사용할 권리를 독점한다(상표 95조 3항).

전용사용권은 물권적 권리이며 배타성이 있다. 그 범위 내에서는 상표권자도 그 등록상표를 사용할 수 없다. 물론 특약을 하면 상표권자는 여전히 사용을 계속할 수 있다. 모두 설정계약의 내용에 의한다.

일반적으로 전용사용권을 설정하면서 사용상품, 사용기간, 사용지역을 제한한다. 그 밖에도 수량 · 판매형태 · 상표품의 거래처 등을 제한하는 것도 상표법상은 가능하다. 다만 경우에 따라서는 독점규제법 위반으로 되는 경우도 있을 것이다.

한편 전용사용권자는 상품에 자기의 성명 또는 명칭을 표시하여야 한다(상표 95조 4항). 이를 통해 소비자는 출처의 혼동을 피할 수 있다. 따라서 표시의 정도는 출처의 혼동을 방지할 수 있는 정도이어야 하며, 명백하여야 한다. 그렇지 아니하면 상표등록이 취소될 수도 있다(상표 119조 1항 2호).

㈏ 통상사용권　　상표권자 또는 전용사용권자는 그 상표권 또는 전용사용권에 대하여 타인에게 통상사용권을 설정할 수 있다(상표 97조 1항, 95조 6항). 통상사용권은 상표권자 또는 전용사용권자와의 설정행위에서 정한 범위 내에서 지정상품에 관하여 등록상표를 사용할 권리이다. 상표법은 통상사용권의 설정을 받은 통상사용권자는 그 설정행위로 정한 범위 안에서 지정상품에 관하여 등록상표를 사용할 권리를 가진다(상표 97조 2항)고 규정한다. 통상사용권의 범위 · 기간 · 조건 등은 설정계약에서 자유로이 정할 수 있다.

채권적인 권리이므로 상표권자나 전용사용권자는 동일내용의 통상사용권을 다수인에게 설정하는 것도 가능하다. 상표권은 무형의 권리이므로 동일내용의 사용권이 다수 병존하더라도 채무불이행의 문제는 발생하지 아니하며, 통상사용권 설정 후에도 상표권자 등은 스스로 사용할 수 있다.

다만 통상사용권 설정 후 상표권자가 전용사용권을 설정한 경우에는 등록되어 있지 아니한 통상사용권자는 전용사용권의 범위 내에서는 더 이상 상표를 사용할 수 없다. 오직 상표권자에게 계약불이행의 책임만을 물을 수 있을 뿐이다.

문제는 다른 자에게 중복해서 통상사용권을 설정하지 않겠다는 특약이 있는 경우이다. 이러한 특약이 있는 '독점적 통상사용권'이라고 하더라도 통상사용권임에는 변함이 없고 또 계약내용을 등록할 수도 없으므로 계약에 위반해서 상표사용권자가 나타난다 하더라도 상표권자에게 채무불이행 책임만을 물을 수 있을 뿐이다.

통상사용권자도 전용사용권자와 마찬가지로 그 상품에 자기의 성명 또는 명칭을 표시하여야 한다(상표 97조 5항, 95조 4항).

(다) 전용사용권 · 통상사용권 등의 등록의 효력

한미 FTA 이행을 위한 개정상표법은 전용사용권의 등록의무 제도를 폐지하였다(상표 96조 및 98조). 개정전의 법은 상표사용권 중 전용사용권은 등록을 효력발생 요건으로 하고 있어 등록하지 않는 경우 그 효력이 발생하지 않았으나, 현행법은 전용사용권을 등록하지 않더라도 그 효력이 발생하도록 하고 등록을 제3자 대항요건으로 변경하였다. 따라서 전용사용권 또는 통상사용권에 관한 사항의 등록은 대항요건이다. 전용사용권 또는 통상사용권 및 전용사용권 또는 통상사용권을 목적으로 하는 질권의 설정 · 이전(상속 기타 일반승계의 경우를 제외) · 변경 · 포기에 의한 소멸 또는 처분의 제한은 이를 등록하지 아니하면 제3자에게 대항할 수 없다(상표 100조 1항). 전용사용권 또는 통상사용권을 등록한 때에는 그 등록 후에 상표권 또는 전용사용권을 취득한 자에 대해서도 그 효력이 발생한다(상표 100조 2항). 즉 대항할 수 있다.

4. 상표권의 이전

상표권의 이전이라 함은 상표권의 내용의 동일성을 유지하면서 소유주체만을 교체하는 것을 말한다. 상표권도 무체재산권의 일종으로 일반재산권과 마찬가지로 자유로운 이전이 허용되어야 할 것이나, 상표법의 목적에 비추어 수요자 이익 보호 등을 위해 필요한 경우에 일정한 제한이 가해지고 있다. 일반적으로 상표권은 그 자체만을 특정하여 영업과 함께 하지 아니하고도 매매, 증여 등에 의하여 자유롭게 양도될 수 있고, 또한 지정상품마다 분할이전 할 수도 있다(상표 93조 1항).

5. 상표권의 소멸

상표권의 소멸이란 일단 설정등록에 의하여 유효하게 발생된 상표권이 일정한 사실의 발생으로 인해 그 후 효력이 상실되는 것을 말한다. 상표권의 소멸원인으로는 존속기간의 만료, 권리의 포기, 상속인의 부존재, 상속인의 이전등록불이행, 상표등록의 취소[76] 및 상표등록의 무효[77] 등이 있다.

6. 상표권자의 의무

상표법은 상표권자에게 독점배타권을 부여함과 아울러, 상표가 거래상 식별표지로서 정상적인 기능을 발휘하도록 다음과 같은 여러 가지 의무를 과하고 있다.

(1) 사용의무

상표법은 등록주의법제를 채택하여 현실적으로 사용하고 있지 아니한 상표라도 출원이 있으면 등록하여 이를 보호하고 있으나 그것은 어디까지나 법적 안정성의 확보와 상표권자의 영업에 대한 발전조성을 꾀하기 위한 제도이지, 불사용상표 그 자체를 무제한 보호하려는 것은 아니다. 불사용상표를 일반상표와 같이 언제까지나 무제한 보호하게 되면, 다른 사람의 상표선택의 자유를 부당하게 제한하고 이른바 공권(空權)에 의한 폐해가 크므로 상표법은 정당한 이유 없이 계속하여 3년 이상 국내에서 사용하지 아니한 상표에 대해서는 심판을 통해 그 등록을 취소하는 제도를 마련하고 있다.

---

76) 일단 유효하게 성립된 상표권이라도 사후에 일정한 법정사유에 해당되면 심판절차에 의한 취소심결의 확정시 장래를 향해 그 상표권의 효력이 소멸한다.

77) 상표권은 설정등록에 의해 발생되는 것이나, 처음부터 상표등록요건에 흠결이 있어서 설정등록이나 지정상품추가등록 또는 갱신등록 되어서는 안 될 상표가 일정한 법정사유에 해당하는 때에는 심판절차에 의한 무효심결에 의해 등록일로 소급하여 그 효력이 소멸된다.

◎ 콘티넨탈 사건(대법원 2013.9.26.선고 2012후2463 전원합의체 판결)

1) 불사용으로 인한 상표등록취소 제도의 취지에 비추어 볼 때, 여기서 '등록상표를 사용'한다고 함은 등록상표와 동일한 상표를 사용한 경우를 말하고 유사상표를 사용한 경우는 포함되지 않으나, '동일한 상표'에는 등록상표 그 자체뿐만 아니라 거래통념상 등록상표와 동일하게 볼 수 있는 형태의 상표도 포함된다.

2) 영문자와 이를 단순히 음역한 한글이 결합된 등록상표에서, 그 영문 단어 자체의 의미로부터 인식되는 관념 외에 그 결합으로 말미암아 새로운 관념이 생겨나지 않고, 영문자 부분과 한글 음역 부분 중 어느 한 부분이 생략된 채 사용된다고 하더라도 일반 수요자나 거래자에게 통상적으로 등록상표 그 자체와 동일하게 호칭될 것으로 보이는 한, 그 등록상표 중에서 영문자 부분 또는 한글 음역 부분만으로 구성된 상표를 사용하는 것은 거래통념상 등록상표와 동일하게 볼 수 있는 형태의 상표를 사용하는 것에 해당하며, 이를 두고 등록상표 취소사유인 등록상표를 사용하지 않은 것이라고 볼 수 없다.

[이 사건 등록상표]

[실사용상표]

(2) 정당사용의무

등록한 상표는 그대로 사용하여야 한다. 널리 알려진 타인의 상품인 것처럼 꾸미기 위하여 자기의 등록상표에 부기(附記) 변경을 가하여 사용하는 것은 일종의 기망행위이다. 이러한 사용은 정당한 사용이라고 볼 수 없으므로 상표법은 이러한 경우에 심판을 통해 상표등록을 취소할 수 있도록 규정한다.

◎ 부당사용의 예

도자기 모양의 도형 아래 '정자표 고려당'이라는 상표를 등록한 후 실제로는 '고려당'만 상표로 사용한 경우에 대법원은 다음과 같이 판결하였다.

"주지상표의 유사범위 내에서 일응 벗어난 상표를 출원하여 등록한(등록상표) 연후에, 주지상표의 현저한 명성에 편승할 의도로써 등록상표는 이를 거의 사용하지 아니하고 실제로는 등록상표의 유사범위 내에 속하면서 주지상표와도 오인 · 혼동될 수 있는 상표를 등록상표의 위 지정상품에 사용하는 경우(실사용상표), 위 등록상표 취소에 관한 객관적 요건인 등록상표와 실사용상표, 실사용상표와 주지상표 상호간의 유사성 유무를 판단함에 있어서는 각 상표의 외관 · 칭호 · 관념 등을 객관적 · 전체적으로 관찰하되, 그 궁극적 판단기준은 결국 당해 실사용상표의 사용으로 상품 출처의 오인 · 혼동이 야기될 우려가 객관적으로 존재하는 여부에 두어져야 할 것이고, 또한 등록상표 취소의 주관적 요건인 상품출처의 오인 · 혼동을 유발시키려는 고의는 실사용상표의 사용자, 즉 등록상표권자가 주지상표 및 그 표장상품의 존재를 인식하지 못한 특단의 사정이 없는 한 추정된다 할 것이다"(대판 1984.11.13, 83후70).

(3) 감독의무

상표의 사용허락을 하였을 경우에는 감독의무가 있으며, 이에 위반하면 상표등록취소를 면할 수 없다.[78]

(4) 기 타

그 밖에도 상표권자에게는 등록료 납부의무가 있으며, 상표권 상속 후 3년 이내에 그 상표권의 이전등록을 하지 아니하면 상표권은 소멸한다(상표 106조).

Ⅲ. 상표권자의 보호

1. 서 언

상표권은 물권적인 독점배타적 권리이지만 그 대상물을 물리적으로 사실상 지배할 수 없어 은밀한 모용자에 의하여 용이하게 침해될 수 있고 한번 훼손된 당해 상표의 신용, 이미지 등 가치는 손쉽게 회복되지 아니한다.

상표모용에 의한 상표권의 침해는 단순히 상표소유자의 업무상 신용(good will)을 해칠 뿐만 아니라 공정한 경업질서를 혼란케 하고 상품선택에 대한 소비자의 이익까지 저해한다. 따라서 상표법은 상표 자체에 관한 동일한 영역에서의 침해뿐만 아니라 유사범위에서의 사용에까지 방어구역을 확장하여 상표권자의 신용, 경업질서의 공정 및 소비자의 이익을 보호하려고 한다.

또한 상표법은 등록상표와 동일 · 유사한 상표를 동일 · 유사상품에 사용하는 행위를 상표침해로 단정하여 정형적 · 획일적인 보호를 꾀하는 점에서 부정경쟁방지법과 구별된다. 부정경쟁방지법은 주지의 상표, 상호, 영업표, 업무표장, 상품의 용기,

---

78) 상표법 제119조 제1항 제2호 참조.

포장 등 영업상 사용되는 일체의 상품표지에 대한 부정사용을 금지함으로써 공정한 경업질서의 유지를 목적으로 하며 따라서 영업상의 표지보호에 관한 일반법이라고 할 수 있다. 상표모용은 이러한 부정경쟁행위의 대표적인 예이며 상표법과 부정경쟁방지법은 밀접한 관련을 맺고 있다.

2. 상표권침해

(1) 개 요

상표를 등록할 경우 상표권자는 적극적으로 지정상품에 관하여 그 등록상표를 사용할 권리를 독점하는 독점권과 타인이 등록상표와 동일 또는 유사한 상표를 사용하는 경우 그 사용을 금지할 수 있는 금지권을 행사할 수 있으며 아울러 타인이 자기의 등록상표 또는 등록상표와 유사한 상표를 사용하는 등 상표권을 침해하는 경우 상표권자는 그 자를 상대로 하여 침해금지청구권 · 손해배상청구권 등을 행사할 수 있다. 한편 상표권 침해죄는 특허권 침해죄와는 달리 비친고죄로서 상표권자의 고소를 불문하고 처벌할 수 있다(상표 230조).

(2) 침해의 태양

상표권자는 지정상품에 대하여 그 등록상표를 사용할 권리를 독점하는 독점배타적인 권리를 가지므로 제3자는 그 권리를 침해하지 못한다. 제3자가 정당한 이유 없이 등록상표를 지정상품과 동일한 상품에 사용하는 행위는 독점권을 침해하는 행위이므로 상표권 또는 전용사용권의 침해에 해당된다(상표 89조). 또한 제3자가 등록상표와 동일한 상표를 그 지정상품과 유사한 상품에 사용하거나 등록상표와 유사한 상표를 그 지정상품과 동일 또는 유사한 상품에 사용하는 행위도 상표권 또는 전용사용권을 침해한 것으로 본다(상표 108조 1항 1호). 침해의 태양을 정리하면 다음과 같다.

상표권의 침해는 첫째, 동일영역에서의 침해가 있다.[79] 타인의 등록상표와 동일한 상표를 그 지정상품과 동일한 상품에 사용하는 것이다. 이른바 사용권에

79) 광고로서 사용되고 있는 타인의 상표를 말소하는 행위, 타인의 상표가 붙여진 용기 · 포장 등에 당해 상표를 말소하지 않고 그 속에 유사상품을 넣어 판매하는 행위는 상표권에 대한 동일영역에서의 침해라 할 수 있다.

대한 침해라 할 수 있다.

둘째, 유사범위에서의 침해로서 이른바 금지권에 대한 침해에 속한다. 법 제108조 제1항 제1호에서 규정하는 "타인의 등록상표와 동일한 상표를 그 지정상품과 유사한 상품에 사용하거나 타인의 등록상표와 유사한 상표를 그 지정상품과 동일 또는 유사한 상품에 사용하는 행위"이다. 상표권침해 중 실제로 가장 문제로 되는 점이며 다른 산업재산권에 있어서와 마찬가지로 "큰 이익에 대하여는 큰 보호, 작은 이익에 대하여는 작은 보호"의 원칙에 따라 저명주지상표에는 일반상표의 경우보다 큰 보호가 주어지고 강한 상표는 약한 상표보다 그 보호범위가 넓다. 따라서 상표의 방어구역인 유부를 판단함에 있어서 상표의 저명주지성, 자타상품의 식별력, 거래통용성 등이 고려되어야 한다.

셋째, 상표법은 상표권침해의 예비적 행위를 이른바 간접침해로 규정함으로써 상표보호의 폭을 넓히고 있다.[80] 이 점은 특허에 있어서와 마찬가지라 할 것이다(특허 127조 참조).

간접침해로 되는 행위는

i) 타인의 등록상표와 동일 또는 유사한 상표를 그 지정상품과 동일 또는 유사한 상품에 사용하거나 사용하게 할 목적으로 교부 또는 판매하거나 위조 · 모조 또는 소지하는 행위(상표 108조 1항 2호)

ii) 타인의 등록상표를 위조 또는 모조하거나 위조 또는 모조하게 할 목적으로 그 용구를 제작 · 교부 · 판매 또는 소지하는 행위(상표 108조 1항 3호)를 말하며 어느 것이나 주관적인 목적을 요건으로 하는 점에서 특허의 경우와 다르다.[81]

iii) 타인의 등록상표 또는 이와 유사한 상표가 표시된 지정상품과 동일 · 유사한 상품을 양도 또는 인도하기 위하여 소지하는 행위(상표 108조 1항 4호).

---

80) 등록상표의 기능을 효과적으로 보호하기 위하여 그 독점권이나 유사범위를 침해하는 행위 외에 등록상표의 기능을 해칠 염려가 있는 침해의 예비적 행위에 대해서도 이를 배제하기 위하여 일정한 행위를 침해로 간주하는 규정을 두고 있는바 이를 간접침해라 한다. 법이 간접침해로 되는 행위로 규정한 "타인의 등록상표와 동일한 상표를 그 지정상품과 유사한 상품에 사용하거나 타인의 등록상표와 유사한 상표를 그 지정상품과 동일 또는 유사한 상품에 사용하는 행위"(상표 108조 1항 1호)는 예비행위가 아니라 바로 상표권을 직접 침해하는 행위이다.

81) 판매목적으로 소지한 경우에는 그 내용품이 진정한 상품인지 업으로서 한 것인지 아닌지를 묻지 않으며, 소지하였다가 판매행위에까지 이른 경우에 소지행위는 판매행위에 흡수된다.

3. 상표권침해에 대한 구제방법

타인이 자기의 등록된 상표와 동일하거나 이와 유사한 상표를 동일하거나 이와 유사한 상품에 사용하고 있음이 명백하여 사업상의 손해를 입었을 경우에는 상표권자는 상표법이 정하는 바에 따라 정당한 보호를 받을 수 있다. 상표권 침해에 대한 구체적인 구제 방법으로는 침해자에 대하여 사직당국에 고소하여 형사상 제재를 가하도록 함과 동시에, 민사상으로는 금지청구 또는 타인이 고의 또는 과실로 상표권을 침해하여 초래된 재산적 · 정신적 손해에 대하여 법원에 손해배상청구의 소를 제기하여 손해에 대한 응분의 배상을 받을 수 있으며, 영업상의 신용을 실추케 한 자에 대하여는 신용회복조치 등을 강구할 수 있다(상표 109조, 110조, 113조). 2020년 개정상표법은 법원은 고의적으로 상표권자 또는 전용사용권자의 등록상표와 동일 · 유사한 상표를 그 지정상품과 동일 · 유사한 상품에 사용하여 상표권 또는 전용사용권을 침해한 자에게 손해로 인정된 금액의 3배를 넘지 아니하는 범위에서 배상액을 정할 수 있도록 하고(상표 110조 7항), 나아가 법정손해배상액제도를 강화하여(상표 제111조), 상표권 침해에 따른 손해배상소송에서 손해의 입증이나 손해액을 추정하기 곤란한 경우 상표권자 등의 권리 보호가 어려운 경우가 있어 1억원(고의적으로 침해한 경우에는 3억원) 이하의 손해액에 대하여는 상표권자 등의 입증책임을 완화하는 법정손해배상제도를 신설하여 상표권자 등이 실손해액과 법정손해액 중 선택하여 청구할 수 있도록 하고 있다.

특히 가처분이 실무상 중요한 비중을 차지함은 특허에 있어서와 마찬가지이다. 또 상표권 침해물도 다른 지적재산권 침해물과 마찬가지로 몰수의 대상이 된다(상표 236조). 특기할 점은 다른 지적재산권침해죄와 달리 비친고죄라는 점이다.[82]

---

82) 상표법이 비친고죄로 규정한 것은 상표권 침해는 권리자에게도 피해를 주지만 무엇보다도 소비자의 이익을 해치기 때문이다. 다만, 저작권법 140조는 영리 · 상습적인 저작권 침해에 대해서는 비친고죄로 규정하고 있다.

5 chapter 저작권법

제1절 서 설

저작권제도는 학문적 또는 예술적 저작물의 저작자를 보호하여 문화발전에 이바지하기 위한 제도이다. 우리 저작권법은 "이 법은 저작자의 권리와 이에 인접하는 권리를 보호하고 저작물의 공정한 이용을 도모함으로써 문화 및 관련산업의 향상발전에 이바지함을 목적으로 한다"고 규정하여 '문화 및 관련산업의 향상발전'이라는 보다 궁극적인 목적을 위하여 저작권 및 저작인접권의 보호와 저작물의 공정한 이용 보장이라고 하는 서로 대립적인 이익을 균형 있게 보호하고자 하는 취지를 분명히 하고 있다(저작 1조).

그러므로 저작권법은 일차적으로 저작자를 보호하는 법이다. 저작자란 저작물을 창작한 자를 말한다(저작 2조 2호). 시인 · 소설가 · 화가 등이 쉽게 머리에 떠오른다. 그러나 실은 명절 때 가족이 모여 찍은 가족사진도 저작물이고, 틈틈이 써보는 일기도 저작물이다. 그러므로 우리 모두가 저작자인 셈이다. 저작권법만큼 우리 가까이 있는 법도 드물다.

한편 저작권법은 이러한 저작자 이외에도 가수나 무용수 · 배우와 같은 실연자(實演者)나 음반제작자, 방송사업자도 아울러 보호한다. 가수를 예로 들어 보면 아무리 훌륭한 작곡이나 작사가 있더라도 가수가 이를 잘 소화하여 노래를 부르지 않으면 우리의 심금을 울릴 수 없다. 그것은 마치 영어로 된 아무리 훌륭한 문학작품이 있더라도 영어를 잘 모르는 사람에게는 번역되어 있지 않으면 아무 쓸모가 없는 것과 비슷하다. 따라서 이들 실연자에게 아무런 권리도 인정하지 않는다는 것은 상식에도 맞지 않는다. 그래서 우리 1957년법에도 연주(演奏), 가창(歌唱)은 저작물로 예시되어 있었으나 원래 연주, 가창은 저작물이라고 보기는 힘들다. 여기서 1986년법은 이들이 갖는 권리를 저작인접권이라 하여 저작권 이외의 별도의 권리를 인정하고 있다. 이것은 가창 등은 저작물은 아니나 저작물의 이웃에 있는 것으로 보고 실연자들이 그 자신의 실연에 대해서 갖는 권리를 저작권의 옆에 있는 권리라 하여 저작인접권이라 이름을 붙이고 있다. 이렇게 보면 음반제작자나 방송사업자의 권리는 저작권이웃의 이웃에 있으므로 저작'인접인접'권이라고 불러야 할 것 같으나 이들도 모두 저작인접권이다.

그 밖에 저작권법은 저작권자 이외의 제3자의 이익도 도모하여야 한다. 타인 저작물을 인용한다든가, 비평한다든가, 이를 이용하여 교육하지 못한다면 문화발전이란 생각하기 힘들다.

결국 저작권법리의 기본원리는 지식의 성과를 이용하려는 일반공공의 필요와 저작자에게 보답함으로써 창작활동을 자극시키려는 당연한 필요성에 입각해 있다고 할 것이다. 세계인권선언 제27조는 이를 잘 나타낸다.

1) 인간은 누구나 공동체의 문화에 자유롭게 참여하고 예술을 향유하고, 또 과학적 발전과 그 혜택에 함께 참여할 수 있는 권리를 갖는다.

2) 인간은 누구나 자신이 제작한 모든 형태의 과학적 · 문학적 · 예술적 저작물로부터 발생하는 경제적 · 인격적 이익을 보호받을 수 있는 권리를 갖는다.

이러한 공공의 필요와 저작자이익의 조화를 위하여 저작권법은 저작권에 대해 몇 가지 특유한 제한을 하고 있다. 저작물의 자유이용, 저작물의 강제이용, 일정기간 경과 후 저작권의 소멸이 그것이다.

이하 저작권법을 이해하는 데 가장 긴요한 저작물, 저작자부터 설명해 가기로 한다.

제2절 저작물

Ⅰ. 의 의

저작물이란 인간의 사상 또는 감정을 표현한 창작물을 말한다. 2006년 개정법은 저작물의 정의를 "문학 · 학술 또는 예술의 범위에 속하는 창작물"에서 "인간의 사상 또는 감정을 표현한 창작물(創作物)"로 변경하였다. 이를 나누어 설명하면 다음과 같다.

1) 저작물은 인간의 사상 또는 감정을 표현한 것이며, 인간의 지적 · 문화적 활동의 모든 영역에 속하는 것을 포함하는 개념이다.

2) 저작물은 창작물이다. 창작물이란 독창적으로 표현한 것이라는 의미이다.

㈎ 창작물이 되기 위해서는 사상이나 감정 등이 색채 · 언어 등에 의해 외부로 표현됨으로써 객관적 존재로 되어야 하며 독창적으로 만들어진 것을 의미한다. 인간의 두뇌로부터 분리되어 제3자가 이해할 수 있도록 예컨대, 소설이면 원고에 정리되어 있다든지, 음악이면 악보에 표시되어 있다든지 혹은 테이프에 녹음되어 있다든지 어쨌든 구체적 객관화가 필요하다. 다만 유체물에 반드시 고정될 필요는 없다.[1)]

㈏ 저작권법의 보호를 받는 저작물로 되기 위해서는 창작성이 있어야 한다. 이러한 창작성이란 극히 상대적 개념이다. 타인의 저작물에 직접 의거한 것이 아니고 저작자 스스로의 능력과 노력에 의해 만든 것이면 창작성이 있다고 본다.[2)] 무릇 인간의 사상이나 감정은 선인(先人)의 문화를 기초로 하여 또는 그 영향을 받

---

1) 영미법처럼 유형물에의 고정(fixation in tangible medium of expression)을 요건으로 하는 입법례도 있으나 베른조약에서는 동맹국의 입법에 맡기고 있다(조약 2조 1항). 우리 법은 이를 요건으로 하고 있지 않다(저작 2조 1호). 단 영상저작물(저작 2조 13호)의 경우에는 "기계 또는 전자장치에 의한 재생"을 요건으로 하고 있으므로 유형물에의 고정을 요건으로 한다고 해석된다.

2) 결국 창작성(originality)이란, 당해 저작물의 기원이 저작자에게 있으며(have originated with him) 타인의 것을 베낀 것은 아니다(have not copied it from another)라는 의미이다 (Miller and Davis, Intellectual Property, West Publishing Co., 1983, 287면 참조).

아서 성립하는 것이므로 완전한 독창성이라고 하는 것은 있을 수 없다. 그러므로 저작권법에서 요구되는 창작성이란 특허법에서 요구되는 신규성(novelty)과는 다른 개념이다. 유사한 작품이 그전에 수없이 존재했다 하더라도 창작성을 인정하는 데는 조금도 지장이 없으며 심지어는 똑같은 작품이 존재했다 하더라도 마찬가지이다.

또 저작권법의 보호를 받는 저작물이 되기 위해서는 특허법이 요구하는 것과 같은 진보성이 필요한 것도 아니다. 그러므로 표현물의 학문적 가치 혹은 예술적 가치의 고저는 문제가 아니다.

◎ Ladbroke (Football) Ltd. v. William Hill (Football) Ltd. 사건

돈을 건 자(punter)가 승 · 패 · 무승부 여부를 표시할 수 있는 공간을 가진 축구게임 대진표의 단순한 집적(쿠퐁)에 불과한 것도 저작권으로 보호된다고 하는 것이 영국 판례이다[Ladbroke (Football) Ltd. v. William Hill (Football) Ltd. (1964). All ER 465].

피고는 그것은 누구라도 만들 수 있다고 항변했다. 이에 대해 귀족원은 "당신 스스로 할 수 있다면 당신 스스로 하라. 그러나 타인의 저작물을 모방했다면 그에게 대가를 지급하여야 한다"("If you can do it yourself then do it yourself, but if you copy someone else's work you must pay for it")고 답했다. 똑같은 이유에서 시험지(examination papers), 거리안내도, 시간표 등도 저작물이라고 보았다. 영국법원은 저작물로서 보호의 가치가 있느냐 여부를 극히 실질적으로 판단하고 있다. 즉 복제할 가치가 있는 것은 모두 보호할 가치가 있다고 본다(In this regard the courts tend to take the practical view that what is worth copying is worth protecting).

그러나 단순한 사실의 집적에 불과한 알파벳순의 전화번호부에 대해서 미국 법원은 저작물성을 인정하지 아니한다.

◎ Feist Publications, Inc. v. Rural Telephone Service Co., Inc. 사건[3)]

Feist Publications, Inc. v. Rural Telephone Service Co., Inc.사건에서는 전화번호부의 저작물성이 문제되었는데, 지방법원과 항소법원은 상당한 노력과 자본이 투입되어서 만들어진 전화번호부의 저작물성을 전제로 해서 저작권침해를 인정했는데, 미국연방대법원은 전화번호의 수집에 노력과 자본을 투입한 것만으로 창작성이라

3) 499 U.S. 340, 111 Sup. Ct 1282(1991).

는 요건이 충족된 것이라고 볼 수 없고 수집한 전화번호의 선택에 창작적인 기준이 있었던 것도 아닐 뿐만 아니라 알파벳순이라고 하는 극히 평범한 방법으로 전화번호를 배열한 전화번호부는 창작적인 저작물이라고 볼 수 없기 때문에 그러한 전화번호부에 저작권이 성립될 수 없다고 판시하였다. Feist사건에서 연방대법원은 사실저작물의 창작성의 기준으로서 "노력과 자본의 투입 여부"라고 하는 기존의 기준을 버리고 "구성사실 및 정보(facts)의 선택, 정리 또는 배열"이 창작적인가의 여부를 그 기준으로 채택함으로써, 사실저작물의 창작성의 기준에 관한 항소법원들의 상호 모순되는 판결들에 대해서 중대한 결론을 제시해 주었다.

3) 사상 또는 감정을 표현하여야 한다. 우리 구저작권법에서는 이러한 요건을 요구하고 있지 않았으나 판례는 이 요건을 저작물의 요건으로 인정하고 있었으며(대판 1977.12.13, 77누76; 1979.12.28, 79도1482), 대부분의 입법례도 이 요건을 요구하고 있다. 다만 여기서의 사상 · 감정은 철학적이거나 숭고한 것을 요하는 것은 아니며, 지적창작물로서의 저작물에 정신적인 내용이 표현되면 족하다

◎ 공서양속 위반과 저작권 보호

우리나 일본은 저작물의 내용이 공서양속에 위반되어 저작자가 설사 형사상 처벌을 받은 경우라 하더라도 그 저작물의 저작권 보호에 어떤 영향을 미치는 것은 아니라고 본다.[4] 산업재산권의 경우(특허 32조; 디자인 34조 2호; 상표 7조 4호)와는 전혀 다르다.

II. 저작물의 보호범위

저작물이란 사상이나 감정이 외부로 표현된 것이다. 따라서 저작권으로 보호되는 것은 저작자의 사상 그 자체가 아니라 사상의 표현이다. 예를 들어, 한 저작자가 조선방법에 관한 논문을 썼다면 그의 저작권은 그 논문에 대해서 존재하며 다른 사람이 저작자의 승낙 없이 그 논문을 복제하여 판매하였을 때는 저작자를 저작권으로 보호하지만 그러나 다른 사람이 그 논문 속에 들어 있는 아이디어 또는 기술이론을 이용하여 배를 건조하는 것을 막는 것이 저작권보호는 아니다. 또 부기방

4) 대법원 2015.6.11.선고 2011도10872 판결.

식을 설명한 책을 읽고 책에서 설명된 부기방식을 회계장부로 만들어 판매한 경우는 저작권침해가 아니다[Baker v. Selden, 101 U. S. 99, 25 L. Ed 841(1879)]. 왜냐하면 부기방식은 저작권으로 보호받을 수 없는 아이디어에 해당하기 때문이다. 이를 아이디어/표현 이분법(idea-expression dichotomy)이라고 한다. 뿐만 아니라 어느 아이디어를 표현하는 방법이 제한되어 누가 하더라도 그렇게 될 수밖에 없는 경우[아이디어와 표현의 혼동(융합): Merger Doctrine(융합의 법리, 혼동이론)]나 처음에는 설사 창작적인 표현으로서 저작권의 보호를 받을 수 있었던 것이라도, 그 특정한 주제를 표현하기 위해서는 그 장면이나 표현을 사용하는 것이 일반적인 것으로 되었거나 혹은 불가결한 것으로 된 경우(흔한 장면, 필수장면: scènes à faire의 법리)에는 저작권보호를 받을 수 없다. 그러나 단순한 매체의 변환에 불과한 경우는 저작권침해가 된다.

또 표현의 형식만을 바꾸어도 저작권의 침해이다. 예컨대 소설을 영상화하거나 연극화하는 경우라든가 음악적 저작물의 편곡의 경우 등은 모두 저작권자의 허락을 받아야 하며, 허락 없이 하는 형식의 변환은 저작권침해이다(저작 5조, 22조 참조).

◎ 미국 저작권법 제102조(b)

미국 저작권법 제102조(b)는 "어떠한 경우에 있어서도, 창작성 있는 저작물에 대한 저작권 보호는 그 형태 여하를 불문하고, 당해 저작물에 기술, 설명, 예시, 또는 그것에 포함되는 아이디어, 절차, 공정, 체제, 조작 방법, 개념, 원칙, 또는 발견에 대하여는 적용하지 아니한다"고 규정한다. 이에 대한 下院報告書[5]는 "저작권은 저작자의 작품을 통해 나타난 아이디어나 정보를 타인이 사용하는 것을 방해하지 않는다. 이것은 저작자가 지적인 개념을 표현하는 바의, 문학적, 음악적, 회화적 내지 미술적 양식과 관련된다. 제102조(b)는 저작권의 보호는 그것이 여하한 형식으로 기술되거나, 설명되거나, 도해되거나 혹은 실체화되어 있더라도 아이디어, 절차, 工程, 체제, 조작 방법, 개념, 원칙, 또는 발견에는 미치지 않는다는 것을 명백히 하고 있다. … 제102조(b)는 현행법에 있어서 저작권법의 보호를 확장한 것도 아니고, 축소한 것도 아니다. … 이것은 … 표현과 아이디어 2분법이 그대로 변함이 없다는 것을 확인하고 있는 것"이라고 설명하고 있다.

5) H. R. Rep. No. 94-1476, 94th Cong., 2d Sess. 56-57 (1976).

Ⅲ. 저작물의 예시

저작물이란 "인간의 사상 또는 감정을 표현한 창작물"을 말하지만, 이러한 정의규정만으로는 어떠한 것이 저작권법상 보호를 받는 저작물인가 그 판정기준이 아주 어렵다. 여기서 정의규정과 별도로 저작권법은 제4조 제1항을 설정하여 보호를 받는 주된 저작물을 표현형식별로 분류하여 열거하고 있다(예시적 열거주의).

저작권법이 예시하는 저작물의 제 유형은 아래와 같다.

1) 어문저작물　소설 · 시 · 논문 · 강연 · 연술 · 각본 등 언어나 문자에 의해 표현된 저작물이다. 그러나 단순한 표어, 슬로건(slogan), 캐치프레이즈(catchphrase), 제호(題號)[6] 등에 대해서는 일반적으로 저작물성이 인정되기 힘들다.

2) 음악저작물　음악저작물이란 음에 의해 표현된 저작물이다. 음의 표현 방식은 악기에 의한 것이든, 육성에 의한 것이든 그 여하를 불문하기 때문에 음악저작물에는 교향곡, 오페라(opera), 오페레타(operetta), 재즈(jazz), 샹송(chanson), 민요(folk song) 등등 여러 가지가 포함된다. 이들 중 오페라나 가요곡 등과 같이 악곡만이 아니고 가사도 수반하는 경우는 음악저작물과 어문저작물의 양쪽에 해당된다. 또 이 음악저작물에 있어서도 음의 표현이 악보 등에 고정되어 있을 필요가 없음은 어문저작물에 있어서와 같다. 따라서 악보를 수반하지 아니한 즉흥연주 등도 음악저작물이다. 그러나 전승되어 내려온 민요 등을 적절한 독창적 채보방식에 의하여 연주할 수 있도록 작성한 것은 음악저작물이 아니다. 악보는 음악저작물의 고정수단에 불과하고, 곡을 떠나서 그 자체 독립한 저작물로 볼 수 없기 때문이다.

3) 연극저작물　연극 중 각본 등은 어문저작물(1호)에 속하며, 연기 자체는 실연으로서 저작인접물로서 보호를 받기 때문에 연극 및 무용 · 무언극 등을 포함하는 연극저작물에서 문제가 되는 것은 연기의 형으로서 이미 구성되어 있는 안무(choreographic works) 그것이다. 따라서 연극저작물에 있어서는 사상이나 감정이 동작에 의하여 표현된다. 여기서 안무(choreography)란 무도작품의 연출이 아

---

6) 대판 1977.7.12, 77다90: 만화제명 '또복이'는 사상 또는 감정의 표현이라고 볼 수 없어 저작물로서 보호받을 수 없다. 따라서 빵에 '또복이'라는 만화제명을 사용한 것은 저작권 침해가 아니다.

니라 무도저작물의 창조를 가리키는 것이다. 안무도 무보(舞譜) 등에 고정되어 있을 필요가 없다. 한편 저작권법으로 보호되는 것은 발레 등의 안무인 것이며, 사교댄스의 스텝이나 피겨스케이트, 체조의 마루운동 등의 안무와 같이 스스로의 오락을 위하여 혹은 스포츠경기를 위한 것은 저작물성이 인정될 수 없다고 본다.

4) 미술저작물　형상 또는 색채에 의해 미적으로 표현되어 있는 저작물이다. 회화 · 서예 · 조각 · 공예 · 응용미술작품(물품에 동일한 형상으로 복제될 수 있는 미술저작물로서 그 이용된 물품과 구분되어 독자성을 인정할 수 있는 것을 말하며, 디자인 등을 포함한다) 등이 명시되어 있으나 그 외에도 무대장치 · 만화 · 삽화 등도 미술저작물에 포함된다.

◎ 히딩크 넥타이 사건(대법원 2004.7.22.선고 2003도7572 판결)

일명 '히딩크 넥타이'의 도안이 우리 민족 전래의 태극문양 및 팔괘문양을 상하 좌우 연속 반복한 넥타이 도안으로서 응용미술작품의 일종이라면 위 도안은 '물품에 동일한 형상으로 복제될 수 있는 미술저작물'에 해당한다고 할 것이며, 또한 그 이용된 물품과 구분되어 독자성을 인정할 수 있는 것이라면 저작권법 제2조 제11의2호에서 정하는 응용미술저작물에 해당한다.

◎ '군마상' 사건(서울중앙지법 2008.8.28.선고 2007가합97919 판결)

원고가 피고의 요청에 따라 스케치 등을 연속해서 그리거나 제작함에 있어 가장 초보적인 단계의 작품구상을 표현한 것이 원고의 스케치인데, 피고는 원고의 스케치를 미술저작물로 등록하기도 하였다. 이러한 사정에 비추어 보면, 원고가 그 사상 등을 구체적으로 표현한 원고의 스케치 등은 원고의 창작적 개성이 충분히 표현되어 있으므로 미술저작물에 해당한다고 봄이 상당하다.

5) 건축저작물　건축저작물에는 건축물 · 건축을 위한 모형 및 설계도서가 포함된다. 원래는 응용미술작품에 속하는 것이지만 현재는 독립한 저작물로 보호된다. 건축저작물은 동일성 유지권에 있어서 특별취급을 받고 있다.[7]

---

7) 제13조(동일성유지권) ① (생략)

② 저작자는 다음 각호의 어느 하나에 해당하는 변경에 대하여는 이의할 수 없다. 다만, 본질적인 내용의 변경은 그러하지 아니하다.

1. (생략)
2. 건축물의 증축 · 개축 그 밖의 변형

◎ [일본판례] 大阪高裁 2004.9.29 판결[平成15년(ネ)第3575号]

Y 건물이 X 건물의 저작권을 침해했는지가 문제된 사건이다. 법원은 다음과 같은 이유로 X 건물의 저작물성을 부인하였다.

X 건물

Y 건물

본건과 같이 고급주문주택이라고는 하더라도 건축회사가 시리즈로서 기획하여 모델하우스를 통해 고객을 끌어 모으며, 일반인용으로 다수의 동종 설계에 의한 일반주택을 건축하는 경우에는 — 실용품과 유사성이 한층 높게 되어 당해 모델하우스의 건축물의 건축에 있어서 통상 갖추어야 할 정도의 미적 창작이 베풀어져 있더라도 건축저작물이라고 말하기는 힘들다.
이에 반해 드물기는 하나 객관적 · 외형적으로 보아 — 거주용 건물로서의 실용성이나 기능성과는 별도로 독립해서 미적 감상의 대상으로 되고, 건축가 · 설계자의 사상 또는 감정이라고 하는 문화적 정신성을 감득시킬 수 있을 만한 조형예술로서의 미술성을 구비하고 있다고 인정되는 경우에는 건축저작물성이 긍정될 수 있다.

6) 사진저작물 사진저작물이란 일정한 영상에 의해 표현된 저작물이다. 사진은 빛의 물리적 · 화학적 작용을 이용해서 피사체를 필름 등에 재현하는 방법으로 제작하는 것이나, 이러한 사진의 제작방법과 유사한 방법에 의해 제작된 저작물도 사진저작물에 포함된다. 사진유사의 저작물에는 예컨대 청사진, 전송사진 기타 인쇄술에 이용하는 콜로타이프(Collotype), 사진요철(gravure) 등 수없이 많다. 사진저작물이 탄생된 당초에는 그 저작물성이 문제되었으나 "어떠한 사진이 아무리 단순한 것일지라도 사진작가의 개인적인 영향력에 관계되는 것이어서 사진작가에 의하여 주관적으로 행하여지는 피사체의 선택, 사진 찍는 위치, 조도 및 촬영속도를 선택함으로써 저작권이 인정되기 위한 독창성이라는 요건을 충족"하므로 저작물로 인정하는 것은 당연하다 할 것이다.[8]

---

3. (생략)

7) 영상저작물 영상저작물은 연속적인 영상(음의 수반여부는 가리지 아니한다)이 수록된 창작물로서 그 영상을 기계 또는 전자장치에 의하여 재생할 수 있거나 보고 들을 수 있는 것을 말한다(저작 2조 13호).

8) 도형저작물 지도 · 도표 · 설계도 · 약도 · 모형 그 밖의 도형에 의해 표현된 저작물이다.

◎ 지도의 저작물성(대법원 2003.10.9.선고 2001다50586 판결)

[1] 일반적으로 지도는 지표상의 산맥 · 하천 등의 자연적 현상과 도로 · 도시 · 건물 등의 인문적 현상을 일정한 축척으로 미리 약속한 특정한 기호를 사용하여 객관적으로 표현한 것으로서 지도상에 표현되는 자연적 현상과 인문적 현상은 사실 그 자체로서 저작권의 보호대상이 아니라고 할 것이어서 지도의 창작성 유무의 판단에 있어서는 지도의 내용이 되는 자연적 현상과 인문적 현상을 종래와 다른 새로운 방식으로 표현하였는지 여부와 그 표현된 내용의 취사선택에 창작성이 있는지 여부가 기준이 된다고 할 것이고, 한편 지도의 표현방식에 있어서도 미리 약속된 특정의 기호를 사용하여야 하는 등 상당한 제한이 있어 동일한 지역을 대상으로 하는 것인 한 그 내용 자체는 어느 정도 유사성을 가질 수밖에 없는 것이다.
[2] 저작자의 지도책들에 있는 표현방식과 그 표현된 내용의 취사선택이 이전에 국내 및 일본에서 발행되었던 지도책들이 채택하였던 표현방식과 그 표현된 내용의 취사선택에 있어 동일 · 유사하거나 국내외에서 보편적으로 통용되는 기호의 형태를 약간 변형시킨 것에 불과하여 창작성을 인정할 수 없다.[9)]

9) 컴퓨터프로그램저작물 컴퓨터프로그램저작물이란 특정한 결과를 얻기 위하여 컴퓨터 등 정보처리능력을 가진 장치(이하 '컴퓨터'라 한다) 내에서 직접 또는 간접으로 사용되는 일련의 지시 · 명령으로 표현된 창작물을 말한다(저작 2조 16호). 이를 분설하면,

① 컴퓨터프로그램이란 정보처리능력을 가진 장치를 기능시키는 것이어야 한다. 통상 컴퓨터가 가지고 있는 연산, 제어, 기억, 입력, 출력의 5종류의 기능 중 입력, 출력의 기능이 없더라도 연산 · 제어 · 기억의 기능만 가지고 있으면 여기서 말하는 정보처리능력을 가진 장치라고 보여진다(예컨대, 전화교환기, 마이크로프로

---

8) Time Inc. v. Bernard Geis Associates, 293 F. Supp. 130 (S.D.N.Y. 1968).
9) 평석: 이상정, 「정보법판례백선(1)」, 447면. 원심판결: 서울고법 2001.5.29.선고 2000나16673판결.

세서 등). 소위 중앙처리장치(CPU)의 기능만 갖추고 있으면 족하다고 본다. 또 기능시킨다라고 함은 컴퓨터를 그 용법에 따라 실제로 가동시키는 것을 의미한다. 다만 소위 '버그'가 있더라도 버그 부분만을 바로 고치면 제대로 기능하는 것은 역시 프로그램이다. 그러나 버그가 치명적이며 기본적인 것이라서 이를 바로잡으려면 많은 노력과 창작성이 필요한 경우에는 달리 보아야 할 경우가 많을 것이다.

◎ bug

버그란 잘못된 부분, 착오 등의 의미이다. 그 유래는 아래와 같다. Hopper라는 미국 여자해군장교가 하버드대학에서 Mark I이라고 하는 시험용기계를 가지고 일을 하고 있을 때 회로가 제 기능을 발휘하지 못하고 있었다. 한 동료 개발자가 2인치 길이의 나방을 핀셋으로 회로에서 제거했다. Hopper는 이 벌레를 자신의 연구노트에 테이프로 붙여 놓고 이렇게 말했다. "이제부터 컴퓨터로 무언가 할 때 잘 안 되면 그 속에 bug가 있다고 하자"(신관호, 「발명특허」 1984.8, 27면 참조).

② 컴퓨터프로그램이란 특정한 결과를 얻을 수 있는 것이어야 한다. 특정한 결과를 얻을 수 있다고 함은 어떠한 의미를 갖는 하나의 일을 할 수 있다는 의미이다. 그 일의 대소, 가치의 고저는 전혀 문제가 안 된다. 응용프로그램(application program)이 전체로서 하나의 프로그램인 것은 명백하나, 그것이 몇 개의 모듈이나 서브루틴으로 구성되어 있으면 이들도 본래의 프로그램이다.

③ 컴퓨터프로그램은 컴퓨터 내에서 직접·간접으로 사용되는 일련의 지시·명령이다. 컴퓨터프로그램저작물은 일련의 지시·명령이다. 그러므로 단 하나의 단계(step)만으로는 컴퓨터프로그램저작물이라고 인정될 수 없을 것이다[몇 단계(step)이 필요한지는 케이스 바이 케이스로 해결해야 한다]. 따라서 지시나 명령의 조합이 프로그램의 본질적인 것이며, 이러한 지시나 명령이 특정한 결과를 얻을 수 있도록 창작적으로 조합되어 있는 것이 필요하다. 또 컴퓨터프로그램이란 컴퓨터 내에서 직접·간접으로 사용되는 것이다. 이것은 프로그램이라고 할 수 있기 위해서는 당해 지시나 명령이 컴퓨터에 대한 것이 아니면 안 된다는 의미이다. 따라서 흐름도(flow chart) 등은 컴퓨터에 대한 지시·명령이 아니므로 컴퓨터프로그램이 아니다. 또 "직접 또는 간접으로 사용되는 일련의 지시, 명령으로"에서 직접 또는 간접이란 프로그램이 컴퓨터 내에서 사용되는 방법에 관계 없이라는 말로 해석될 수 있고, 따라서 원시프로그램(source program: 컴퓨터에 간접사용)과

목적프로그램(object program: 컴퓨터에 직접사용)이 모두 포함됨을 의미한다.

④ 컴퓨터프로그램은 표현된 창작물이어야만 한다. 이것은 컴퓨터프로그램이 저작물인 한 당연한 규정임과 동시에 저작권적 보호는 아이디어에까지 미치지 아니함을 명백히 한 것이다. 그러나 컴퓨터프로그램의 경우 표현과 아이디어의 구별이 반드시 용이하지는 아니하므로 구체적 침해사건에 있어서는 그 경계를 둘러싸고 크게 논란될 여지가 많다. 한편 컴퓨터프로그램의 경우 표현에는 종이에 씌어진 원시프로그램과 같이 비교적 종래의 표현의 개념에 가까운 것에서부터 종이에 천공한다든지, 자기디스크나 테이프 등에 수납한다든지, 마이크로칩이나 기계장치에 기억시키는 것 등 수없이 많다.

◎ 컴퓨터프로그램과 소프트웨어(software)

소프트웨어는 하드웨어에 대립되는 개념이며 결국 컴퓨터의 사용방법 내지는 계산방법이라고 말할 수 있다. 그 중심은 프로그램이나 프로그램만이 소프트웨어는 아니며 시스템설계서, 흐름도(flow chart), 사용설명서(User Manual) 등도 모두 소프트웨어에 포함된다(소프트웨어개발촉진법 2조 2호 참조).

소프트웨어란 이들을 종합한 추상적 개념이다. 환언하면 소프트웨어란 일정한 작업을 컴퓨터가 할 수 있도록 프로그램을 작성하고 실행시키기 위한 시스템이라고 말할 수 있을 것이다.

한편 설계서 및 flow chart 등은 컴퓨터프로그램과는 구별되므로 프로그램보호법 보호대상에서 제외된다.

◎ 원시프로그램과 목적프로그램

원시프로그램, 즉 소스프로그램(source program)은 COBOL이나 FORT- RAN 등의 고급언어로 씌어진 프로그램으로서 변환프로그램(Compiler) 등에 의하여 목적프로그램, 즉 오브젝트 프로그램(opject program)으로 변환될 수 있는 것을 말한다. 원시프로그램은 고급언어로 씌어져 있는 것이기 때문에 당해 고급언어를 아는 사람에게는 쉽게 이해될 수 있고 이것은 마치 에스페란토어를 아는 사람에게 에스페란토어로 씌어진 글이 쉽게 감지될 수 있는 것과 마찬가지이므로 통상의 저작물과 마찬가지의 표현형식으로 된 것이라고 볼 수도 있다.

한편 컴퓨터는 원시프로그램을 읽고 이해할 수 없으므로 원시프로그램을 컴파일러라고 부르는 일종의 번역기를 거쳐 0과 1의 나열에 의한 목적프로그램으로 변환시켜야 한다. 이러한 목적프로그램은 사람에게 사상이나 감정을 전달하기 위한 것이 아니라 순전히 컴퓨터를 작동시키기 위한 실용적인 것이므로 종래 논자에 따라서는 그 저작물성을 부인하였다. 그러나 이러한 목적프로그램이 보호되지 아니하면 프로그램보호의 목적은 거의 그 의의를 잃게 될 것이다. 컴퓨터프로그램 보호법이 제정된 것은 목적프로그램도 "컴퓨터 내에서 직접 또는 간접으로 사용되는 일련의 지시로서 이를 창작적으로 표현한 것"으로서 보호대상에 포함된다는 점을 명백히 하기 위한 것이기도 하다.

◎ 프로그램의 저작물성에 관한 미국 판례의 발전

(1) 소스코드 대 오브젝트코드　인간이 읽을 수 있는 소스코드형의 컴퓨터프로그램이 저작권의 대상으로 되는 것에 대해서는 크게 의문이 없다. 그것은 작성방법에 있어서도 쓰여진 외형에 있어서도 전통적인 언어저작물과 비슷한 점이 많다. 그러나 기계만이 읽을 수 있는 오브젝트 코드로 되면 문제는 간단치 않다. 그러나 이 문제도 Williams Electronics, Inc. v. Artic International, Inc.(1982)의 비디오게임 사건을 고비로 보호하는 것으로 해결을 보았다.

(2) 응용소프트웨어와 운영체계(OS) 소프트웨어　그 다음에 법원이 직면한 커다란 쟁점은 응용소프트웨어와 OS 소프트웨어는 저작권법상 차이가 있는가라고 하는 것이었다. Apple Computer, Inc. v. Franklin Computer Corp.(1982, 1983) 사건에서 항소법원은 기능적 관점으로부터 응용프로그램과 OS프로그램과의 사이에 실질적 차이를 인정하지 않고 "양종의 프로그램은 모두 컴퓨터에 무엇인가를 하도록 지령하는 것이다"라고 판시하면서 OS 프로그램의 저작물성을 긍정하였다.

Ⅳ. 저작물의 분류

저작물에는 수많은 종류가 있고 분류방법에 따라 여러 가지 설명이 가능하다. 저작권법 제2조 제1호에 규정된 문학적 저작물, 학술적 저작물, 예술적 저작물 및 그 구체적 예시로서 제4조 제1항에 규정된 어문저작물, 음악저작물 등 저작물의 내용에 의한 분류 외에 구별의 실익이라는 관점에서 아래와 같이 분류할 수 있다.

(1) 저작자 명의표시의 유무에 의한 분류

1) 실명저작물　저작자의 실명을 저작물에 표시한 것.

2) 이명저작물　저작자의 아호, 필명 등 실명 이외의 명칭이 저작물에 표시되어 있는 것.

3) 무명저작물 저작자의 표시가 없는 것.

(2) 성립순서에 의한 분류

1) 1차적 저작물(원저작물) 2차적 저작물의 기초로 된 저작물.

2) 2차적 저작물 원저작물을 번역, 편곡, 변형, 각색, 영화화 기타의 방법으로 창작한 저작물.

(3) 공표의 유무에 의한 분류

공표의 유무에 따라 공표저작물과 미공표저작물로 구분된다. 공표란 저작물을 공연, 방송 또는 전시 그 밖의 방법으로 일반공중에게 공개하는 경우와 저작물을 발행하는 경우를 말한다.

(4) 저작자의 수에 의한 분류

1) 단독저작물 저작자가 1인인 저작물.

2) 공동저작물 저작자가 복수인 단일저작물.

(5) 저작물의 결합방법에 의한 분류

저작물의 결합방법에 따라 결합저작물과 공동저작물로 구분된다. 공동저작물이란 2인 이상이 공동으로 창작한 저작물로서 각자의 이바지한 부분을 분리하여 이용할 수 없는 것을 말하며, 각자의 이바지한 부분을 분리하여 이용할 수 있는 것은 결합저작물이다.

◎ [판례 1] 뮤지컬이 공동저작물인지 여부(대법원 2005.10.4.고지 2004마639 결정)

뮤지컬은 음악과 춤이 극의 구성・전개에 긴밀하게 짜 맞추어진 연극으로서, 각본, 악곡, 가사, 안무, 무대미술 등이 결합된 종합예술의 분야에 속하고 복수의 저작자에 의하여 외관상 하나의 저작물이 작성된 경우이기는 하나, 그 창작에 관여한 복수의 저작자들 각자의 이바지한 부분이 분리되어 이용될 수도 있다는 점에서, 공동저작물이 아닌 단독 저작물의 결합에 불과한 이른바 '결합저작물'이라고 봄이 상당하다.

* 同旨: 뮤지컬 '사랑은 비를 타고' 사건(제1심: 서울중앙지법 2006.4.26.선고 2005가합485 판결; 항소심: 서울고법 2007.5.22.선고 2006나47785 판결)[10)]

◎ [판례 2] 만화가 공동저작물인지 여부(서울북부지법 2008.12.30.선고 2007가합 5940 판결)

사실관계: 甲은 乙의 의뢰를 받아 만화 스토리를 작성하였다. 甲은 스토리를 작성함에 있어 乙의 어떠한 지시나 지원도 받음이 없이 만화의 제목, 주제, 줄거리, 시간적·장소적 배경 등을 기획, 구상하고, 등장인물의 캐릭터를 설정한 후, 말풍선의 위치 등을 배치하는 등의 방법으로 만화스토리를 작성하여 乙에게 제공하였다.
乙은 甲으로부터 제공받은 위와 같은 만화스토리에 대하여 일정한 대가를 지급하였고, 甲의 만화스토리에 기초하여 다양한 세부적 그림을 그리고, 말풍선의 지문, 대화 등을 통하여 전개과정이나 주제, 내용 등이 표현될 수 있도록 함으로써 만화를 완성하였다.
법원의 판단: 만화스토리작가가 창작하여 제공한 스토리 등과 이에 기초한 만화가의 그림 등이 결합하여 완성된 만화는 만화스토리작가와 만화가의 공동저작물이다.

(6) 계속성 유무에 의한 분류

1) 1회적 저작물　　단행본 또는 그림, 조각, 건축 등 미술적 저작물과 같이 1회의 발행 또는 공표로써 종료하는 것.

2) 계속적 저작물　　계속적으로 발행 또는 공표되는 저작물 · 계속적 저작물 중 축차간행물(책 · 호 또는 회 등으로 공표하는 저작물)의 경우는 매책 · 매호 또는 매회의 공표시를 공표시기로 보며, 순차저작물(일부분씩 순차적으로 공표하여 완성하는 저작물)의 경우에는 최종부분의 공표시를 공표시기로 본다(저작 43조 참조).

Ⅴ. 특수한 저작물

1. 2차적 저작물

외국소설을 우리말로 번역한다든지, 클래식음악을 경음악화한다든지, 소설을 각본화하거나, 또는 이를 영화화한다든지 하는 것은 아주 흔한 일이다. 이렇듯 기존의 저작물을 토대로 이것에 새로운 창작성이 가하여져 새로운 저작물이 작성된 경우 이 새로운 저작물을 2차적 저작물이라 한다. 이러한 2차적 저작물은 기존

10) 저작권위원회, 「한국저작권 판례집[11]」, 2007, 324면 이하.

의 저작물(원저작물)과는 별도로 저작권법에 의하여 보호된다. 법은 "원저작물을 번역·편곡·변형·각색·영상제작 그 밖의 방법으로 작성한 창작물(이하 '2차적 저작물'이라 한다)은 독자적 저작물로서 보호된다"고 규정하고 있다.

따라서 2차적 저작물로 보호받기 위해서는 원저작물과는 별도로 새로운 창작성이 가하여져 있어야 하며, 기존저작물에 다소의 수정증감을 가한 데 불과한 것(예컨대 구두점, 용어의 변경 등)은 기존저작물의 복제물에 불과하며, 2차적 저작물이 아니다. 또한 2차적 저작물을 토대로 다시 번역, 편곡 등으로 작성된 새로운 저작물 역시 2차적 저작물이다(3차적 저작물이 아님).

한편 2차적 저작물의 작성은 원작자의 2차적 저작물 등의 작성권(저작 22조)의 범위에 속하기 때문에 원저작자의 허락을 필요로 한다. 또 2차적 저작물의 보호는 그 원저작물의 저작자의 권리에 영향을 미치지 아니하므로(저작 5조 2항 참조) 제3자가 2차적 저작물을 이용하려는 경우에는 2차적 저작물의 저작권자는 물론 원저작권자의 허락도 얻어야 한다. 즉 쌍방의 허락을 필요로 한다.

2. 편집저작물

백과사전, 문학전집, 판례집, 신문, 잡지 혹은 영어단어장, 직업별전화번호부 등과 같이 소재의 저작물성을 묻지 않고, 소재의 창작적인 선택·배열에 의해 이루어지는 편집물은 그 중에 수록되어 있는 개개의 저작물 등과는 별도로 그 전체가 독립한 저작물로서 보호된다. 법은 "편집물로서 그 소재의 선택 또는 배열이 창작성이 있는 것(이하 '편집저작물'이라 한다)은 독자적인 저작물로서 보호된다"고 규정한다. 단지 편집물의 구성부분이 되는 저작물(원저작물이라고는 말할 수 없다)의 저작권은 전혀 영향을 받지 아니하므로 의연히 구성부분저작물의 저작권은 당해 부분의 저작자에게 속한다(저작 6조 2항). 그러므로 잡지에 게재되어 있는 하나의 논문을 이용하는 경우에는 개개 논문 집필자의 허락을 얻으면 족하고 편집자의 허락은 얻을 필요가 없다. 다만 편집물 전체를 복제하는 등 이용하는 경우에는 편집자와 저작자 양자의 허락을 얻어야 한다.

◎ 데이터 베이스(Data Base)

데이터 베이스란 다수의 정보를 체계적으로 정리 통합하여 컴퓨터에 의하여 검색할 수 있는 기계가독형태로 한 정보의 집합체라고 정의할 수 있을 것이다. 일본 저작권법(2조 1항 10호의3)은 "논문, 수치, 도형 기타의 정보의 집합물로서, 이들 정보를 전자계산기를 이용해서 검색할 수 있도록 체계적으로 구성한 것"을 말한다고 정의하고 있다. 혹자는 이를 컴퓨터 속에 들어 있는 자료실이라고 비유적으로 표현하기도 한다. 데이터 베이스는 통상 i) 정보의 수집 · 선정, ii) 체계의 설정, iii) 정보의 분석 · 가공, iv) 정보의 축적이라는 수순을 거쳐 작성된다.

이러한 데이터 베이스 자체를 어떻게 법적으로 보호하느냐 하는 점에 관하여는 크게 두 가지 견해가 있다.

하나는 데이터 베이스를 저작권법상의 편집물이나 수집물로 보아 보호하려는 것이다. 미국, 영국이 이에 속한다.

또 하나는 일본과 같이 데이터 베이스의 저작물을 일반 편집저작물과는 구별하여 보호하는 것이다. 일본이 데이터 베이스 저작물을 일반 편집저작물과 구별하여 보호하는 이유는 편집저작물은 소재의 선택 또는 배열에 창작성을 가지는 저작물을 가리키는 데 대해 데이터 베이스의 경우는 소재로 되는 정보의 선택 · 배열에 창작성을 가질 뿐만 아니라 문헌 데이터 베이스의 경우에는 抄錄이 작성되는 경우가 많고, 수치정보나 화상처리 데이터 베이스의 경우에는 통계적으로 처리한다든지 그래프나 일람표를 만드는 등 가공이 되며, 그 밖에도 원자료의 내용을 분석하여 그 결과 추출된 주제나 중요개념을 표현하는 키워드(key word)가 부여되는 등 단순한 편집저작물과는 다른 창작성이 보여지기 때문이라는 것이다.

우리 현행법은 창작성 있는 데이터베이스를 편집저작물로서 보호함과 아울러 창작성 없는 데이터베이스는 2003년 7월 1일부터 저작인접권 유사의 권리로서 5년간 보호한다(저작 91조 이하 참조).

VI. 보호받지 못하는 저작물

1. 국민에게 널리 알려져야 할 저작물

저작물로서의 요건을 충족시키고 있다 하더라도, 사회공공의 이익이라는 견지에서 정책적으로 특정한 저작물을 저작권법의 보호범위 밖에 두고 있다. 국민에게 널리 알려져야 할 성질을 갖는 관공문서 등은 누구라도 자유로이 이용할 수 없으면 목적을 달성할 수 없으므로 다음의 저작물에는 저작권법에 의한 보호가 미치지 아니한다(저작 7조 1호~4호).

1) 헌법 · 법률 · 조약 · 명령 · 조례 및 규칙

2) 국가 또는 지방자치단체의 고시 · 공고 · 훈령 그 밖의 이와 유사한 것

3) 법원의 판결 · 결정 · 명령 및 심판이나 행정심판절차 그 밖의 이와 유사한 절차에 의한 의결 · 결정 등

4) 국가 또는 지방공공단체가 작성한 것으로서 제1호 내지 제3호에 규정된 것의 편집물 또는 번역물

2. 사실의 전달에 불과한 시사보도

인사왕래 · 사망기사 · 화재 · 교통사고 등 사실의 전달에 불과한 시사의 보도는 사상 · 감정의 창작적 표현은 아니므로 이들은 어문저작물로서 보호를 받지 못한다(저작 7조 5호). 그러나 보도사진은 이에 포함되지 아니하며, 또 기자의 사상 감정이 표출된 보도기사는 저작물로서 저작권법의 보호를 받는다.

3. 프로그램 언어, 규약 및 해법

우리 저작권법은 프로그램을 작성하기 위하여 사용하고 있는 프로그램 언어, 규약 및 해법에는 적용하지 아니한다고 규정한다(저작 101조의2).

1) '프로그램 언어'라 함은 프로그램을 표현하는 수단으로서의 문자, 기호 및 그 체계를 말한다.

체계란 주로 문법이나, 프로그램 체계에는 자연언어와는 달리 약속사항이 많으며, 이들은 모두 이 체계에 포함된다.

프로그램 언어란 구체적으로는 FORTRAN, COBOL, BASIC 등을 가리킨다. 이들 범용성이 있는 프로그램 언어에 저작권적 보호를 줄 수 없는 것은 마치 어느 사람이 에스페란토어를 고안했다 하더라도 이를 저작권으로 보호할 수 없는 것과 같다.

2) '규약(規約)'이라 함은 특정한 프로그램에 있어서 프로그램 언어의 용법에 관한 특별한 약속을 말한다. 구체적으로는 프로그램의 인터페이스(interface)나 통신규약(protocol)이 그 예이다.

이러한 규약 자체는 스포츠나 게임의 규칙과 같은 것이며, 아무리 독창적이라 하더라도 저작물이 아닌 것은 당연하다. 다만 프로그램의 경우는 스포츠나 게

임의 규칙의 경우와는 달리, 네트워크화를 위하여 혹은 호환성을 유지키 위하여, 규약에 저작권보호를 인정치 않는 것은 특히 중요한 의미를 갖는다. 이러한 취지를 관철키 위하여 설사 프로토콜 등이 구체적인 프로그램 형태로 기술되어 있는 경우라 하더라도 본법의 보호를 받을 수 없다고 해석된다.

◎ 사용자 인터페이스(user interface)의 보호와 경쟁

컴퓨터프로그램은 당연한 말이지만 사용자를 전제로 하여 작성되어 있다. 그러므로 프로그램이 그 기능을 완수하기 위해서는 프로그램과 사용자와의 상호작용이 필요하다. 이것은 사용자측에서 보면 사용자는 자기의 목적을 달성하기 위하여는 당해 프로그램의 사용방법을 알아야 한다. 사용방법을 알기 위해서는 무엇보다도 당해 프로그램의 스크린에 표시된 메뉴의 의미를 알고 이에 익숙하게 되어야 한다. 왜냐하면 스크린에 표시된 메뉴화면은 컴퓨터와 사용자를 연결하는 인터페이스이기 때문이다. 인간은 습관의 동물이므로 한번 익숙하게 된 메뉴를 바꾸는 데는 어려움이 따른다. 예컨대 아래한글의 메뉴화면에 익숙한 사용자는 다른 프로그램이 설사 아래한글보다 좋은 기능을 가지고 있더라도 쉽게 그 프로그램으로 변경하려고 하지 아니한다. 그러므로 먼저 프로그램을 작성한 자가 설정한 사용자 인터페이스에 저작권의 보호를 인정하면 경쟁자는 다른 메뉴화면을 작성하여야 하나 기존의 메뉴화면과 다른 메뉴화면을 이용하면 기존의 사용자는 특별한 사정이 없는 한 새로운 프로그램을 선택하지 아니한다. 말하자면 기존의 이용자는 자기가 이용하는 프로그램에 빠져 있는 것이다. 따라서 새로운 작성자가 파고 들어갈 시장은 극히 좁게 된다. 즉 신참자의 시장진입이 제한되는 것이다. 이것은 프로그램이 우수해서가 아니라 인간의 습관 때문에 독점력을 획득한 것이다. 또 기존의 작성자는 시장을 독점하여 프로그램의 개량의 필요를 느끼지 않게 된다.

반면 사용자 인터페이스인 스크린표시에 저작권을 인정하지 않으면 새로운 프로그램작성자는 기존의 메뉴화면을 이용할 수 있고 사용자는 새로운 프로그램의 사용방법을 새로이 익힐 필요가 없다. 그러므로 화면표시는 그대로 두면서 프로그램의 기능 향상을 위한 경쟁이 일어나게 되며, 결과적으로 당해 인터페이스가 표준화되고 효율을 증대시키며, 원치 않는 재훈련도 필요 없게 된다. 타이프라이터의 키보드의 배열을 저작권으로 보호하지 않듯, 사용자 인터페이스에도 저작권의 보호를 인정해서는 안 된다.

◎ 애플과 마이크로소프트 간의 GUI(Graphic User Interfaces)에 관한 분쟁[11)]

제9순회항소법원은 GUI는 부분적으로 기능적이고, 애플의 GUI의 기본적 아이디어

11) 이 사건에 대한 보다 자세한 것은, 전석진 · 정상조, 「컴퓨터와 법률」, 132면 이하 참조.

는 제한된 몇 가지 방법에 의해서만 표현될 수 있는 것이므로 두 저작물이 동일하지 않은 한 침해는 있을 수 없다고 판시하였다.

◎ Lotus Development Corp.과 Borland International Inc. 사이의 메뉴명령체계에 관한 분쟁(1995)[12)]

제1순회항소법원은 Lotus의 메뉴명령체계는 저작권으로 보호받을 수 없는 운영방법(Method of Operation)이라고 판시하였다.

3) '해법(解法)'이라 함은 프로그램에 있어서의 지시, 명령의 조합방법을 말한다. 그러므로 해법이라 함은 소위 알고리즘(algorithm)이며 문제처리의 논리수순을 가리킨다.

알고리즘이란 어떤 문제를 유한개의 절차로 풀기 위해 주어진 입력으로부터 원하는 출력을 유도해 내는 정해진 일련의 과정이나 규칙들의 집합이라고 할 수 있다. 예를 들면 π의 값을 어느 일정한 단위까지 구하는 연산절차의 완전한 기술내역(또는 계산방식)이 π값을 구하는 알고리즘이다. 그리고 이 알고리즘을 컴퓨터언어(computer language)로 표현한 것을 프로그램(program)이라고 부른다.

따라서 어떤 문제를 해결하도록 컴퓨터에게 지시하는 과정이 명확하여야 하며 반드시 특정한 해답에 도달하는 알고리즘이 성립되어야 이 알고리즘에 따라 프로그램작성이 가능해지는 것이다. 그러므로 프로그램을 보호하는 법에서 그 해법을 보호하지 않는다는 것은 이상하게 느껴질지 모르나 입법자는 아이디어-표현의 2분법에 기해 아이디어 부분에 속하는 알고리즘은 저작권법으로 보호되지 아니한다고 규정하였다.

◎ 프로그램 보호범위(소위 2세대논의)

프로그램의 어느 부분이 보호되는 것인가라는 문제는 1985년 초 Whelan Associates v. Jaslow Dental Laboratory, Inc. 사건의 1심판결과 1986년의 동 항소심 판결을 시발로 한다. 제1세대 논의가 씌어진 부분(literal code)의 저작물성에 관한 논의라면 제2세대 논의는 씌어지지 않은 부분(non-literal elements of the program), 즉 내부적 논리구조에도 저작권의 효력이 미치는가, 또 미친다면 어느 범위에 미치는가 하는 보

12) 이에 대한 보다 자세한 것은, 송상현, "컴퓨터소프트웨어의 법적 보호에 관한 새로운 경향," 厚巖郭潤直先生古稀紀念「民法學論叢 · 제2」(1995), 709면 이하 참조.

호범위에 관한 논의로서 소위 프로그램의 구조, 순서, 조직(Structure, Sequence, Organization), 소위 S.S.O.도 프로그램 저작권의 보호의 대상이 되느냐라는 것이 그것이다. Whelan 판결 이래 외견상 이에 동조하는 판례, 혹은 이에 반대하는 판례가 이어졌으나 1992년의 Altai 판결에 이르기까지 미국 판례와 학설은 적절한 보호의 범위를 찾기 위하여 노력해 왔고 Altai 판결을 통해 이 논의도 어느 정도 정리된 듯하다. 실로 보호되는 표현과 보호의 범위 밖에 있는 아이디어를 구분하는 것이 과연 가능할 것인가 하는 기본적 의문을 던져 주는 문제이며, 프로그램을 저작권으로 보호하는 한 끊임없이 논의될 수밖에 없는 숙명적 과제인 것같이 보인다.

D. Nimmer 등은 다음과 같은 구체적 분석수순을 제안하고 있다.

1) 추상적인 아이디어로만 구성되어 있는 프로그램 요소를 제외한다.

2) 프로그램의 효율성제고라고 하는 관점에서 채택된 요소를 제외시킨다.

3) 외부적 요인에 의해서 지배되고 있는 다음과 같은 프로그램요소를 제외한다.

(가) 하드웨어의 표준으로부터 오는 제약

(나) 소프트웨어의 표준으로부터 오는 제약

(다) 컴퓨터 메이커가 설정한 설계표준으로부터 오는 제약

(라) 프로그램이 사용되는 산업의 관행으로부터 오는 제약

(마) 컴퓨터산업의 표준적인 프로그래밍기법으로부터 오는 제약

4) 공유(public domain)의 프로그램으로부터 취득한 프로그램 요소를 제외시킨다.

5) 앞의 여과를 통해서 남겨진 부분만을 가지고 유사여부를 판단한다.

Ⅶ. 외국인의 저작물

외국인저작물은 우리나라가 가입 또는 체결한 조약에 따라 보호함을 원칙으로 하되 우리나라에 상시 거주하는 외국인(우리나라에 주된 사무소가 있는 외국법인 포함)의 저작물과 우리나라에서 맨 처음 공표된 외국인의 저작물(외국에서 공표된 날로부터 30일 이내에 우리나라에서 공표된 저작물 포함)은 내국인 저작물과 동일하게 보호한다. 다만 이 경우에도 그 외국에서 대한민국 국민의 저작물을 보호하지 아니하는 경우에는 그에 상응하게 조약 및 이 법에 의한 보호를 제한할 수 있도록 하여 상호주의를 취하고 있다(저작 3조).

제3절 저작자

Ⅰ. 의 의

저작자란 저작물을 창작한 자이다(저작 2조 2호). 그 결과 ⅰ) 창작의 힌트나 테마를 제공한 것에 불과한 자는 저작자는 아니다. 따라서 소설가나 화가에게 힌트나 테마를 준 자를 저작자라고 말할 수 없다. ⅱ) 저작자의 조수는 저작자가 아니다. 저작물을 작성할 때 저작자의 지휘감독하에 그의 손발이 되어 작업에 종사한 자는 저작자의 창작활동을 돕는 데 불과하고 스스로의 창의에 기해서 제작에 힘쓰는 자는 아니므로 저작자로는 될 수 없다. ⅲ) 의뢰자는 저작자가 아니다. 그림의 주문자, 건축주 등 제작기회의 제공자는 저작자라고 말할 수 없다. 문제가 되는 것은 종업원 등이 그의 의무이행으로 저작한 경우이다. 이때도 저작자는 당해 종업원이며, 그가 원시적으로 저작권을 갖는다고 할 것이다.

Ⅱ. 저작자 추정

누가 진정한 저작자인가에 대해서 분쟁이 생긴 경우에 제3자로서는 이를 용이하게 판단하기 힘들고 또 저작자 본인에게는 자명한 것이지만 제3자에게 이를 입증한다는 것도 그리 쉬운 일은 아니다. 여기서 법은 입증을 용이하게 하기 위하여 저작자 추정규정을 두고 있다. 즉

1) 저작물의 원작품이나 그 복제물에 저작자로서의 성명(이하 '실명'이라 한다) 또는 그의 예명·아호·약칭 등(이하 '이명'이라 한다)으로서 널리 알려진 것이 일반적인 방법으로 표시된 자(저작 8조 1항 1호).

2) 저작물을 공연 또는 공중송신에 있어서 저작자로서의 실명 또는 저작자의 널리 알려진 이명으로 표시된 자(저작 8조 1항 2호)는 저작자로 추정한다.

일반적인 방법이란 사회관행에 비추어 보통 저작자의 성명을 표시하는 방법이란 의미이다.

Ⅲ. 저작자와 저작권자

1. 양자의 관계

저작권자는 저작권의 귀속주체를 말한다. 원칙적으로는 저작자가 저작권자로 된다. 다만 저작재산권은 양도·상속에 의한 이전이 가능하나 저작인격권은 일신전속적이므로 경우에 따라서 저작재산권자와 저작인격권자의 분리현상이 일어난다.

2. 저작권자 추정

저작자의 표시가 없는 저작물에 있어서는 발행자·공연자 또는 공표자로 표시된 자가 저작권을 가지는 것으로 추정한다(저작 8조 2항).

3. 추정의 효과

추정의 효과는 저작자/저작권자로 추정되고 있는 자가 반증이 없는 한, 그 저작물의 저작자/저작권자로서 취급되는 것이다.

한편 이 추정은 저작자의 이익을 위해서만이 아니고 그 불이익의 경우에도 인정되며 또한 저작물의 보호기간의 산정에까지도 미친다.

추정의 효과는 소급하므로 저작명의인은 저작물의 창작시부터 그 저작물의 저작자인 것으로 추정되며, 반증에 의하여 이 추정이 깨어지는 경우에는 창작시부터 그 저작물의 저작자가 아닌 것으로 취급된다.

Ⅳ. 특수한 경우

1. 업무상저작물의 저작자

저작자는 원래 자연인만이 될 수 있다. 왜냐하면 창작은 사상 또는 감정을 독창적으로 표현하여 외부에 구체화하는 사실행위를 말하기 때문이다. 그러나 저작권법은 법인 등에 대하여도 일정한 요건 하에 저작자로서의 지위를 인정하고 있다. 즉 법인 등의 명의로 공표되는 업무상저작물의 저작자는 계약 또는 근무규칙 등에 다른 정함이 없는 때에는 그 법인 등이 된다. 다만, 컴퓨터프로그램저작물의 경우 공표될 것을 요하지 아니한다(저작 9조).

법이 이렇게 규정한 것은 오늘날 저작물의 상당부분이 법인 등 단체의 내부에서 복수인의 협동작업에 의해 창작되는 경우가 많고 이들의 경우에 복수인의 관여의 정도나 태양 등이 다양하며 이런 경우에 창작자를 자연인 중에서 찾는 것은 실상에 반하는 경우도 있으므로 이런 경우에는 예외적으로 법인 등을 저작자로 간주한 것이다. 따라서 이 규정은 직무저작 일반을 규율하는 것은 아니나, 법인 등의 명의로 공표되거나 공표가 예정된 저작물은 특약 등이 없는 한 법인이 저작자가 된다.

2. 공동저작물

저작물의 저작자는 1인에 한정되지 아니하므로 2인 이상이 공동으로 창작한 저작물로서 각자의 이바지한 부분을 분리하여 이용할 수 없는 공동저작물의 저작자는 공동하여 창작한 자 전원이 된다. 결합저작물의 경우에는 창작에 관여한 각자가 각 분담부분에 대한 저작자가 된다.

3. 대 작

대작(代作)의 경우에는 제8조가 적용되어 일응 저작자 및 저작권자는 대작자가 아니라 저작명의인이다. 그러나 대작자는 자기가 저작자임을 입증함으로써 저작물의 저작시에 소급하여 저작자의 지위를 갖는다.

4. 감수 · 교열

이때에는 창작에의 기여 정도에 따라 그 취급이 달라진다. 서적의 내용이 권위가 있도록 하기 위하여 저명인의 성명을 차용한 경우에는 저작자가 되지 못한다. 그러나 저작물을 보정, 가필하는 등 창작적으로 참가한 경우에는 저작자와 공동저작자가 된다.

제4절 저작권

Ⅰ. 서 론

1. 의 의

저작권이란 저작자가 그 자신이 창작한 저작물에 대해서 갖는 권리를 의미하며 크게 저작재산권과 저작인격권으로 구분된다.[13)]

- 저작권
  - (협의의)저작권
    - 저작재산권 – 복제권, 공연권, 공중송신권, 전시권, 배포권, 대여권, 2차적 저작물의 작성권
    - 저작인격권 – 공표권, 성명표시권, 동일성유지권
  - 저 작 인 접 권
    - (실연) – 성명표시권, 동일성유지권, 복제권, 배포권, 공연권, 방송권, 전송권, 보상청구권, 대여권
    - (음반) – 복제・배포권, 전송권, 대여권, 보상청구권
    - (방송) – 복제 및 동시중계방송권, 공연권

저작재산권은 저작자의 재산적 이익을 보호하고자 하는 권리로서 주로 저작물을 제3자가 이용하는 것을 허락하고 대가를 받을 수 있는 권리이다. 이에는 복제권・공연권・공중송신권・전시권・배포권 등이 포함된다.

저작인격권은 정신적 창조물로서 지적재산은 저작자의 인격을 반영하기 때

---

13) 우리 현행법은 대륙법계인 저작자 권리체계를 택한 결과 저작권에는 저작재산권과 저작인격권이 모두 포함된다(저작 10조).

문에 인정되는 것이다. 이러한 인격적 이익은 인격 밖에 존재하는 물적 재산보다 한층 더 존귀하게 평가되어야 한다. 이와 같은 비금전적인 제2의 권리를 '저작인격권'이라 한다. 이에는 공표권 · 성명표시권 · 동일성유지권 등이 포함된다.

2. 저작권의 발생 – 무방식주의

저작권은 저작한 때부터 발생하며 어떠한 절차나 형식의 이행을 필요로 하지 아니한다(저작 10조 2항). 즉 저작의 사실로부터 저작권이 발생하며 특별한 절차를 밟거나 형식을 요하지 아니한다는 것이다. 이러한 입법주의를 무방식주의라 하며 우리나라, 일본, 독일, 프랑스 등과 베른조약이 취하는 바이다. 이에 반해 라틴아메리카의 여러 나라는 저작권의 발생에 저작물의 납본이나 등록 등을 필요로 한다. 이러한 국가들을 방식주의국가라 한다. UCC(Universal Copyright Convention)는 가입국 국민이 방식주의국가에서 저작권향유를 보다 손쉽게 하도록 © 표시제도를 마련하고 있다.

3. 저작권의 법적 성격

(1) 저작권은 지적재산권의 일종이다

저작권은 그 객체가 관념적 무체물이라는 점에서 동산, 부동산 등 유체물을 객체로 하는 소유권 등과 구별되나, 그의 두뇌의 소산(brain child)인 저작물을 완전히 매각하거나(저작권의 양도) 사용허락에 의해 처분할 수 있다는 점에서 일반소유권 등과 크게 다를 바 없다.

다만 인간의 정신에서 기원되었다는 점에서 지적재산권이다. 또 동일한 지적재산권의 범주에 속하는 산업재산권과는 권리의 발생, 성격, 유지, 존속기간, 속지성 등에서 차이가 난다.

(2) 저작권은 유한한 권리이다

유체물의 소유권은 목적물이 존재하는 한 존속(소유권의 항구성)하나 저작재산권의 존속기간은 유한하다.

예컨대, 우리 저작권법은 저작자의 생존간 및 상속인이 있는 경우 저작자 사망 후 70년간 존속한다고 규정하고 있으며, 그 이후에는 공유(公有: public domain)로 되어 누구라도 자유로이 이용할 수 있다.

(3) 저작권은 배타적 권리이다

저작자는 자기의 저작물을 타인이 허락 없이 이용하는 것을 금지시킬 수 있는 배타적 권리를 가지고 있다. 그러나 저작권은 산업재산권과 같은 차단효가 있는 독점적 권리가 아니므로 우연히 동일내용의 저작물이 다수 작성된 경우에도 작성 선후에 관계없이 모두 저작권을 향유한다.

◎ 우연의 일치

어느 작품이 기존의 특정작품과 극히 유사하더라도(심지어는 똑같다고 하더라도) 우연의 일치인 경우에는 저작권침해로는 되지 않는다. 예컨대, 어느 정물을 여러 사람이 그린 경우 혹은 카메라로 촬영을 한 경우 다른 작품을 복제하거나 모방하지 않더라도 비슷하거나 똑같은 작품이 다수 존재할 수 있다. 이러한 경우는 보통 있을 수 있는 예이나 음악저작물에 관하여 우연의 일치라고 본 특이한 사례도 있다. '원 레이니 나이트 인 도쿄'사건이 그것이다(일본 최고재판소 1978.9.30). 내용은 다음과 같다.

'원 레이니 나이트 인 도쿄'에 대해서 미국 음악출판사의 일본대리점이 그것은 「꿈깨진 가로수길」(The boulevard of broken dreams)이라고 하는 곡의 침해라고 제소했던바 제1심 판결에서는 아주 비슷하지만 침해는 아니라고 하였다(동경지방재판소 68.5.13). 감정작곡가들도 둘로 나뉘어져 한쪽은 침해라고, 다른 쪽은 침해가 아니라고 감정하였다. 제2심인 동경고등재판소(1974.12.24)와 제3심인 최고재판소에서는 피고가 원고작품을 본 적도 들은 적도 없다는 사실을 감안하여 결국 우연의 일치라고 판시하였다.

(4) 저작권은 권리의 다발(bundle of rights)이다

저작권은 예컨대, 복제권 · 방송권 · 공연권 등과 같은 다수 권리의 집합이며 권리의 다발이다(학자에 따라서 전자를 모권, 후자들을 지분권이라 부르기도 한다).

저작권으로 보호받는 저작물의 카테고리 및 저작권의 범위로 알려진 권리의 다발을 이루고 있는 개개의 권리(지분권)는 기술의 진보에 따라 점차 확장되고 있는 추세이다. 컴퓨터프로그램이나 데이터 베이스가 저작권에 의해 보호되기 시작했으며, 유선방송권, 음악저작물 등의 대여권이 많은 나라에서 입법화된 것은 그

좋은 예이다.

II. 저작인격권(moral right, droit moral)

1. 의 의

저작인격권이란 저작자가 자기의 저작물에 대해서 갖는 인격적 이익의 보호를 목적으로 하는 권리이며, 저작재산권과는 달리 그 성질상 일신전속권(一身專屬權)이다(저작 14조 1항 참조).

오늘날 대다수의 국가는 어떠한 방법으로든 저작인격권을 보호하고 있으며, 베른조약도 성립 당초에는 저작인격권에 관한 규정이 없었으나 1928년의 로마 개정회의에서 명문으로 승인하기에 이르렀다(moral right라는 용어를 사용함).

우리법상 저작인격권에는 공표권, 성명표시권, 동일성유지권의 3종이 있으며 각각의 권리에 대해서 추정규정 또는 특례가 마련되어 있다. 또 저작권법상의 규정 중에는 명시된 위의 저작인격권 이외에도 수정증감권 등 실제로 저작자의 인격적 이익을 보호하는 기능을 하는 규정도 있다.

2. 공표권

미공표저작물에 대해서 공표여부를 결정할 권리, 즉 저작물을 공표할 것인가 말 것인가, 공표한다면 언제 어떠한 방법으로 할 것인가를 결정할 수 있는 저작자의 권리를 공표권(저작 11조)이라 한다. 공표권은 저작자와 저작권자가 동일인인 경우는 크게 문제가 없으나 저작자와 저작재산권자 내지는 저작물소유자가 분리되어 있는 경우에는 저작자가 갖는 공표권과 저작재산권이나 소유권행사 사이에 조정이 필요하므로 법은 다음과 같은 추정 및 간주규정을 두고 있다.

1) 저작자가 공표되지 아니한 저작물의 저작재산권을 제45조의 규정에 의한 양도 또는 제46조의 규정에 의한 이용허락, 제57조에 따른 배타적발행권의 설정 또는 제63조에 따른 출판권의 설정을 한 경우에는 그 상대방에게 저작물의 공표를 동의한 것으로 추정한다.

2) 저작자가 공표되지 아니한 미술저작물 · 건축저작물 또는 사진저작물(이하 '미술저작물 등'이라 한다)의 원작품을 양도한 경우에는 그 상대방에게 저작물의 원작품의 전시방식에 의한 공표를 동의한 것으로 추정한다.

3) 원저작자의 동의를 얻어 작성된 2차적 저작물 또는 편집저작물이 공표된 경우에는 그 원저작물도 공표된 것으로 본다.

3. 성명표시권

저작물의 창작자인 것을 주장할 수 있는 권리, 즉 저작물의 원작품이나 그 복제물에 또는 저작물의 공표에 있어서 그의 실명 또는 이명(펜네임, 예명)을 표시할 수 있는 저작자의 권리를 성명표시권이라 한다. 저작자는 자기 자신의 저작물에 대하여 저작자임을 주장할 수 있고 그 저작물에 이름을 붙일 수도, 안 붙일 수도 있으며 실명을 표시하거나 가명이나, 이명을 표시하거나 자유롭게 결정할 권리가 있다(저작 12조 1항).

특허에 있어서 발명자게재권(특허 42조 1항 5호)과 마찬가지로 공중에게 저작물을 창작자와 연결시켜 주는 명예권 내지 인격권에서 유출되는 권리로 보아 부권(paternity) 또는 성명존중권(right to respect for one's name)이라고 부르기도 한다.

타인의 저작물을 이용하는 자는 저작자가 실명으로 하였으면 실명으로, 익명으로 하였으면 익명으로 그대로 표시를 하여야 한다(저작 12조 2항 참조). 다만, 저작물의 성질, 그 이용목적 또는 형태 등에 비추어 부득이하다고 인정되는 경우에는 그러하지 아니하다.

4. 동일성유지권

저작권자는 저작물의 내용, 형식 및 제호의 동일성을 유지할 권리를 가진다(저작 13조 1항).

저작물은 원형 그대로 존재하여야 하고 제3자에 의해 무단히 변경 · 삭제 · 개변 등에 의해서 손상되지 않도록 이의를 할 권리가 저작자에게 보장되어 있다. 이를 동일성 유지권(right to the intergrity of the work), 저작물존중권(right to respect for the work), 저작물의 불가침권(right to inviolability of the work)이라고 한다. 아무리 고쳐진 내용·형식·제호가 원래의 것보다 좋게 되었다 하더라도 오자나 탈자의 정정이라면 모르되 저작자의 동의 없는 개변은 인정되지 아니한다. 저작물이란 저작자의 사상 감정을 표현한 것이므로 저작물의 수정·변개는 저작자만이 할 수 있는 것이기 때문이다.

다만 i) 학교교육목적상 부득이하다고 인정되는 범위 안에서의 표현의 변경, ii) 건축물의 증축, 개축 그 밖의 변형, iii) 특정한 컴퓨터 외에는 이용할 수 없는 프로그램을 다른 컴퓨터에 이용할 수 있도록 하기 위하여 필요한 범위에서의 변경, iv) 프로그램을 특정한 컴퓨터에 보다 효과적으로 이용할 수 있도록 하기 위하여 필요한 범위에서의 변경, v) 기타 저작물의 성질이나 그 이용의 목적 및 형태에 비추어 부득이하다고 인정되는 범위 안에서의 변경은 허용되나 그 경우에도 본질적 내용의 변경은 허용되지 아니한다. 예컨대 그림을 사진복제하는 경우 기술적 제약 때문에 원색대로의 색이 나오지 아니한 경우라든가 극장용영화를 텔레비전에 방영함에 있어 텔레비전 수상기의 성질상 그 화면의 네 귀퉁이가 잘려진 형으로 되는 경우 등은 개변으로서 허용된다.

그러나 예컨대, 극장용영화를 텔레비전 방영을 위하여 필요한 단축·재편집 등을 위해서는 저작자의 동의를 받아야 한다. 문학작품에 있어서는 구두점이나 느낌표 또는 단어들을 고치는 것도 동일성유지권의 침해로 된다. 나체화에 옷을 입은 것과 같은 효과를 얻기 위하여 그림의 소유자가 그림 위에 색을 칠하거나, 영화제목을 멋대로 바꾸거나, 영화의 결말을 변경하거나, 흑백영화를 컬러화하거나 시대나 장소의 배경을 대체하는 것은 모두 동일성유지권을 침해하는 행위이다. 컴퓨터프로그램에 있어서는 실제사용에 따르는 필연적인 개작, 변형(adaptation, adjustment)은 허용된다. 이처럼 동일성유지권의 한계는 각 저작물의 성격에 따라 달라진다.

또 영문서적을 한글로 번역한다거나 소설을 영화화하는 것과 같이 표현형식을 변경하는 것과 같은 2차적 저작물 작성행위 그 자체는 저작물 이용에 필연적으로 수반되는 표현의 변경(개작)이므로 동일성유지권이 미치는 것이 아니다.

◎ 변경에 대한 묵시적 동의를 인정한 판례(대판 1992.12.24, 92다31309)

동일성유지권의 묵시적 포기를 인정한 판례로 이른바 롯티사건이 있다.

"신청인이 제작한 위 너구리도안은 순수미술작품과는 달리 그 성질상 주문자인 피신청인(롯데백화점)의 기업활동을 위하여 필요한 경우 변경되어야 할 필요성이 있었고, 위 캐릭터 제작계약에 의하여 피신청인측에서 도안에 관한 소유권이나 저작권 등의 모든 권리는 물론 도안의 변경을 요구할 권리까지 유보하고 있었음을 알 수 있을 뿐 아니라 신청인이 피신청인측의 수정요구에 대하여 몇 차례 수정을 하다가 자기로서는 수정을 하여도 같은 도안밖에 나오지 않는다면서 더 이상의 수정을 거절한 사실까지 보태어 보면, 신청인은 그의 의무인 위 도안의 수정을 거절함으로써 피신청인측이 위 도안을 변경하더라도 이의하지 아니하겠다는 취지의 묵시적인 동의를 하였다고 인정함이 상당하다 할 것이다. 따라서 피신청인측이 신청외 甲으로 하여금 신청인이 제작한 너구리 도안을 일부 변경하게 한 다음 변경된 기본도안과 응용도안을 그 기업목적에 따라 사용하고 있다 하더라도 위 변경은 신청인의 묵시적인 동의에 의한 것이므로 저작권법 제13조 제1항에 규정된 동일성유지권의 침해에는 해당되지 아니한다."

◎ 작품의 파괴와 동일성유지권

저작인격권은 저작자와 무체물인 저작물과의 관계를 보호하는 것으로 당해 저작물이 화체된 유형물과는 원칙적으로 무관하다. 음악저작물을 보호하는 것은 음악저작물이 화체된 악보를 보호하는 것은 아니며, 어문저작물을 보호하는 것은 그것이 처음으로 표현된 원고를 보호하는 것은 아니다. 또 악보가 파기되었다고 음악저작물이 사라지는 것도 아니다. 그러나 저작물의 특성에 따라서는 유체물과 필연적으로 결합되어 있어 당해 저작물의 발생, 변경, 소멸이 당해 유체물의 변경이나 폐기(소멸)에 필연적으로 영향을 받는 경우가 있다. 미술저작물의 경우가 그것이다. 그러므로 미술저작물의 경우는 매체의 파괴가 저작물의 파괴로 이어지는 경우도 있다. 따라서 저작물의 내용이 하나의 작품 속에 화체되어 있는 순수미술작품의 경우는 그 작품에 대한 훼손은 곧바로 저작자의 인격적 이익과 연결된다. 그럼에도 종래 이 부분은 전적으로 소유권의 행사로 보고 저작권법의 관심 밖이었으며, 그 작품의 운명을 소유자에게 일임하였던 것이다. 이러한 종래의 해석론은 매우 안일한 판단이었다고 본다. 그렇다고 파괴가 어느 경우나 동일성유지권 침해로 이어진다고 볼 수도 없다. 소유자의 권리 역시 헌법이 보장하는 재산권이기 때문이다. 모든 파괴를 금지하는 것은 본질적 내용의 침해요, 온 세상이 미술품으로 넘쳐날 것이다. 결국 순수미술작품의 파괴의 경우에는 저작자와 소유자 사이의 이익의 조화, 형량이 필요하다. 또 이러한 내용이 저작권법 등에 반영될 필요가 있다.

◎ 도라산역 벽화 철거 사건(대판 2015.8.27, 2012다204587)

갑이 국가의 의뢰로 도라산역사 내 벽면 및 기둥들에 벽화를 제작 · 설치하였는데, 국가가 작품 설치일로부터 약 3년 만에 벽화를 철거하여 소각한 사안에서, 갑은 특별한 역사적, 시대적 의미를 가지고 있는 도라산역이라는 공공장소에 국가의 의뢰로 설치된 벽화가 상당 기간 전시되고 보존되리라고 기대하였고, 국가도 단기간에 이를 철거할 경우 갑이 예술창작자로서 갖는 명예감정 및 사회적 신용이나 명성 등이 침해될 것을 예상할 수 있었음에도, 국가가 벽화 설치 이전에 이미 알고 있었던 사유를 들어 적법한 절차를 거치지 아니한 채 철거를 결정하고 원형을 크게 손상시키는 방법으로 철거 후 소각한 행위는 현저하게 합리성을 잃은 행위로서 객관적 정당성을 결여하여 위법하므로, 국가는 국가배상법 제2조 제1항에 따라 갑에게 위자료를 지급할 의무가 있다.

5. 공동저작물의 저작인격권

공동저작물의 저작인격권은 저작자 전원의 합의에 의하지 아니하고는 이를 행사할 수 없다. 이 경우 각 저작자는 신의에 반하여 합의의 성립을 방해할 수 없다(저작 15조 1항). 또한 공동저작물의 저작자는 그들 중에서 저작인격권을 대표하여 행사할 수 있는 자를 정할 수 있다(저작 15조 2항). 이 경우에 대표권에 가하여진 제한이 있을 때에 그 제한은 선의의 제3자에게 대항할 수 없다(저작 15조 3항).

6. 저작자 사후의 저작인격권 보호

저작인격권은 저작재산권과 달리 일신전속권이며, 양도불가능한 권리이므로 저작자의 사망과 더불어 소멸하는 것으로 하는 것이 오히려 자연스러울 것이나, 저작자 사후 저작물의 동일성 변경 등에 의해 저작자의 명예가 침해될지도 모르므로 이를 막기 위하여 저작권법은 일정한도에서 저작자의 사후에도 의연 그의 인격적 이익을 보호하는 제도를 별도로 규정하고 있다. 즉 저작자의 사망 후에 그의 저작물을 이용하는 자는 저작자가 생존하였더라면 그 저작인격권의 침해가 될 행위(그 행위의 성질 및 정도에 비추어 사회통념상 저작자의 명예를 훼손하는 것이 아니라고 인정되는 경우는 제외)를 하여서는 아니 되며(저작 14조 2항), 이를 보장하기 위하여 저작자가 사망한 후에 그 유족(사망한 저작자의 배우자, 자, 부모, 손, 조부모 또는 형제자매를 말한다)이나 유언집행자는 위와 같은 침해나 침해우려가 있는 경우에 침해금지청구를 할 수 있으며 고의 또는 과실로 저작인격권을 침해하거나 저작자의 명예를 훼손한 경우 명예회복 등의 청구를 할 수 있다고 규정하고 있다(저작 128조).

Ⅲ. 저작재산권

1. 서 언

저작권법은 저작물의 이용형태에 따라 각종의 저작재산권을 저작권자에게 인정하고 있다. 저작재산권에는 복제권(저작 16조), 공연권(저작 17조), 공중송신권(저작 18조), 전시권(저작 19조), 배포권(저작 20조), 대여권(저작 21조), 2차적 저작물 등의 작성권(저작 22조) 등이 있다.

이러한 저작재산권은 물권유사(物權類似)의 배타적 지배권이라고는 하나 물권의 경우와는 달리 저작자 자신이 이 권능을 직접 행사하는 경우는 드물며, 보통의 경우에는 타인, 특히 전문적 사업자로 하여금 이를 배타적으로 이용할 수 있도록 허락하고 그로부터 대가를 취득하는 권리로서 타인의 무단이용을 금지시킴으로써 권리의 효용을 확보할 수 있는 점에서 다른 지적소유권과 공통적이다. 또한 저작재산권은 저작인격권과 달리 양도가 가능하며, 유체재산권과 달리 독특한 소멸사유를 가지고 있다.

2. 저작재산권의 종류

(1) 복제권

저작자는 그 저작물을 복제할 권리를 가진다. 복제란 인쇄 · 사진촬영 · 복사 · 녹음 · 녹화 그 밖의 방법으로 일시적 또는 영구적으로 유형물에 고정하거나 다시 제작하는 것을 말하며, 건축물의 경우에는 그 건축을 위한 모형 또는 설계도서에 따라 이를 시공하는 것을 포함한다(저작 2조 22호 참조).

한미 FTA 이행을 위한 개정저작권법은 복제의 개념에 '일시적' 복제가 포함됨을 명시하고, 일정한 기준을 충족하는 다양한 형태의 일시적 복제에 대하여 포괄적으로 예외를 인정하고 있다(2조 22호 및 제35조의2 본문 참조).

그러므로 복제권이란 구체적으로 말하면 소설이나 논문 등을 필사, 등사, 복사인쇄한다든지, 그림이나 조각을 모사 · 사진촬영한다든지, 강연을 녹음한다든지, 음악을 레코드에 취입한다든지 하는 행위 등에 미치는 권리이며 저작권 중에서 가장 기본적인 권리라고 말할 수 있다.

또 건축저작물의 경우에 설계도를 인쇄 · 출판하는 것은 복제로 되지만 설계도서에 따라 이를 시공하는 것에 대해서는 의문이 있을 수 있으므로 이를 해결하기 위하여 이 경우에도 복제권이 미침을 명백히 하고 있다.

이와 관련하여 문제가 되는 것은 캐릭터의 보호문제이다. 텔레비전 만화 주인공 등(예컨대, ET, 스타에이스)을 인형으로 만든다든지 각종의 상품에 표시하는 등 캐릭터(character)가 저작물의 일부라고 생각되는 경우에 저작권자의 허락 없이 이것을 상품화하는 것은 복제권침해로 된다.[14)]

(2) 공연권

저작자는 그 저작물을 공연할 권리를 가진다(저작 17조). 공연이란 저작물을 상연 · 연주 · 가창 · 연술 · 상영 그 밖의 방법으로 공중에게 공개하는 것을 말하며, 동일인의 점유에 속하는 연결된 장소 안에서 이루어지는 송신을 포함한다(저작 2조 3호).

(3) 공중송신권

저작자는 자기 저작물을 공중송신할 권리를 가진다(저작 18조). 공중송신이란 저작물 등을 공중이 수신하거나 접근하게 할 목적으로 무선 또는 유선통신의 방법에 의하여 송신하거나 이용에 제공하는 것을 말한다. 공중송신의 개념 속에는 방송, 전송, 디지털음성송신 등이 포함된다. 방송이란 "공중송신 중 공중이 동시에 수신하게 할 목적으로 음 · 영상 또는 음과 영상 등을 송신하는 것"을 말하며(저작 2조 8호), 전송이란 "공중송신 중 공중의 구성원이 개별적으로 선택한 시간과 장소에서 접근할 수 있도록 저작물 등을 이용자에게 제공하는 것을 말하며, 그에 따라 이루어지는 송신을 포함"하는 개념이다(저작 2조 10호). 디지털음성송신이란 공중송신 중 공중으로 하여금 동시에 수신하게 할 목적으로 공중의 구성원의 요청에 의하여 개시되는 디지털 방식의 음의 송신을 말하며, 전송을 제외한다(저작 2조 11호).

2006년 개정 저작권법은 방송 및 전송, 새로운 융합영역을 포괄하는 개념인

---

14) 상품화 문제에 대해서는 후술 '상품화권' 참조.

'공중송신'을 신설함으로써 저작자는 새로운 형태의 저작물 이용형태가 등장하더라도 보호를 받을 수 있게 되었다.

(4) 전시권

저작자는 미술저작물 등의 원작품이나 그 복제물을 전시할 배타적 권리를 가진다(저작 19조). 이러한 전시권은 원본이 양도된 경우에는 가로 · 공원 · 건축물의 외벽 등 일반공중에게 개방된 장소에서 항시 전시하는 경우에만 그 효력이 미친다(저작 35조 참조).

(5) 배포권

저작자는 저작물의 원작품이나 그 복제물을 배포할 권리를 가진다(저작 20조). 배포란 저작물의 원작품 또는 그 복제물을 공중에게 대가를 받거나 받지 아니하고 양도 또는 대여하는 것을 말한다(저작 2조 23호).

다만 "저작물의 원본이나 그 복제물이 당해 저작재산권자의 허락을 받아 판매 등의 방법으로 거래에 제공된 경우에는 그러하지 아니하다"(저작 20조 단서)는 규정을 두어 소위 최초판매이론(First Sale Doctrine)[15]을 받아들임으로써 배포권의 행사범위를 제한하고 있다.

◎ 대여권과 공공대출권(공대권)

대여권(rental right)이란 대여에 대해서 저작권자가 가지는 권리이다. 대여(rental)란 "영리목적으로 일정기간 이용제공"을 의미한다. 공대권(public lending right)이란 공공대출에 대해서 저작권자가 가지는 권리이다. 공공대출(public lending)이란 "공중이 접근할 수 있는 기관을 통해서 행해지는, 직접적인 영리 이외의 목적으로 일정기간 이용을 위한 제공"을 의미한다. 좀더 쉽게 말하면, 도서관에서 책을 빌려 주는 것은 lending이며, 비디오가게에서 테이프를 빌려 주는 것은 rental이다.

(6) 대여권

저작자는 제20조 단서의 규정에 불구하고 상업적 목적으로 공표된 음반(이하

15) 복제권자가 정당한 방법으로 복제물을 판매한 경우 이후의 전전 배포는 자유이고 배포권은 최초의 판매(first sale)에 의하여 소멸하는 원칙이다. 특허권이나 상표권의 소진이론과 마찬가지 법리이다.

"상업용 음반"이라 한다)이나 상업적 목적으로 공표된 프로그램을 영리를 목적으로 대여할 권리를 가진다(저작 21조). 음반이나 컴퓨터 프로그램에 대해서는 대여권이 인정되므로 음반이나 컴퓨터 프로그램을 대여하는 경우에는 권리자의 허락을 얻어야 한다. 대여권은 최초판매원칙에 대한 하나의 예외라고 할 것이다.

(7) 2차적 저작물 작성권

저작자는 그 저작물을 원저작물로 하는 2차적 저작물 또는 그 저작물을 구성부분으로 하는 편집저작물을 작성하여 이용할 권리를 가진다(저작 22조). 제22조는 주의적 규정이며 당연한 사리를 규정한 것이다.

3. 저작재산권의 양도 등

(1) 양도성

저작재산권은 전부 또는 일부를 양도할 수 있다(저작 45조 1항). 저작재산권의 일부양도가 가능하므로 예컨대, 복제권, 공연권, 방송권 등 저작재산권의 내용을 구성하는 지분권을 개별적으로 양도할 수 있는 것은 말할 나위도 없고, 권리를 행사할 수 있는 지역이나 장소를 한정해서 혹은 분할해서 양도하는 것도 가능하다. 또 번역권의 경우에는 특정국어에 대한 번역권만 양도하는 것도 가능하다. 다만 법은 저작재산권의 전부를 양도하는 경우에도 원저작물의 원형을 해칠 우려가 있는 2차적 저작물 등의 작성권은 특약이 없는 한 원저작권자에게 유보되어 있는 것으로 추정하고 있다. 한편, 프로그램의 경우 특약이 없는 한 2차적저작물작성권도 함께 양도된 것으로 추정한다(저작 45조 2항 참조).

저작재산권의 양도에는 특별한 방식이 필요 없다.

(2) 저작물의 이용허락

저작재산권자는 다른 사람에게 그 저작물의 이용을 허락할 수 있다(저작 46조 1항). 허락은 저작재산권자의 이용승낙의 의사표시이며, 따라서 이용권은 계약에 의해서 발생한다. 저작물의 이용허락을 받은 자는 허락을 받은 이용방법 및 조건의 범위 안에서 그 저작물을 이용할 수 있다(저작 46조 2항). 피허락자에게 주어진 이용권의 성질은 '출판권'과 '배타적 발행권'의 경우를 제외하고는 채권이다. 따라서 저작재산권이 제3자에게 양도된 경우는 이용권자는 양수인에게 자기의 이용권을 주장할 수 없다. 뿐만 아니라 허락에 의하여 저작물을 이용할 수 있는 권리는 신뢰관계에 기초하고 있기 때문에 저작재산권자의 동의 없이는 제3자에게 이를 양도할 수 없다(저작 46조 3항).

◎ 참고: 저작물이용의 단계

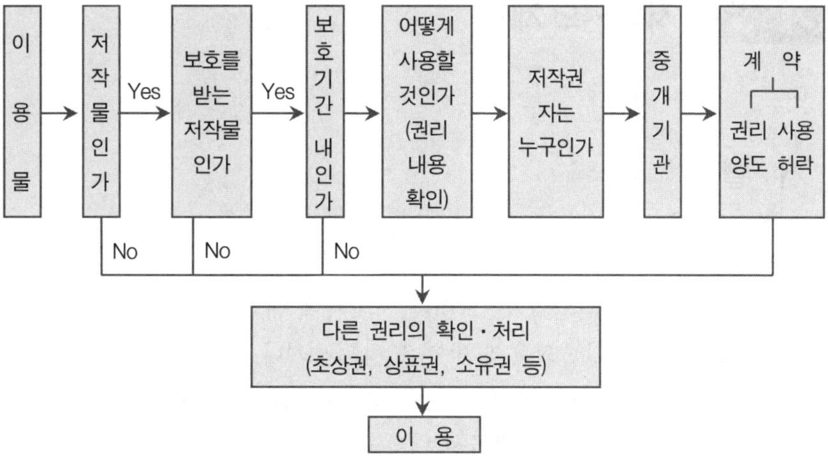

자료: 田代貞之 外, 「광고와 저작권」, 29면.

(3) 저작권의 질권설정

저작재산권에 대해서는 질권설정이 가능하다(일종의 權利質). 저작재산권을 목적으로 하는 질권은 그 저작재산권의 양도 또는 그 저작물의 이용에 따라 저작재산권자가 받을 금전 그 밖의 물건(출판권 및 프로그램배타적발행권 설정의 대가를 포함한다)에 대하여도 행사할 수 있다. 다만, 이들의 지급 또는 인도 전에 이를 압류하여야 한다(저작 47조 1항). 질권의 목적으로 된 저작재산권은 설정행위에 특약이 없는 한 저작재산권자가 이를 행사한다(저작 47조 2항).

(4) 저작재산권의 소멸

저작재산권은 그 보호기간이 만료하면 소멸한다. 저작권법은 문화자산으로서의 저작물의 특수성에 비추어 i) 저작재산권자가 상속인이 없이 사망한 경우, ii) 저작재산권자인 법인 또는 단체가 해산된 경우에는 저작재산권은 소멸한다(저작 49조).

제5절 저작권의 제한

Ⅰ. 서 설

저작권은 18세기 초기 저작권법 하에서는 신성불가침이며 절대적 · 배타적으로 보호받는 권리로 인식되었다. 그러나 저작자에 대한 법률상 보호가 국가의 학문 · 예술 또는 지식전달 · 교육의 발전을 방해하거나 과학적 · 기술적 연구나 정보의 전달을 차단해서는 안 될 것이다. 저작권도 다른 재산권과 마찬가지로 권리 자체에 내재하는 제한이 있을 뿐만 아니라 공공복리를 위하여 제한될 수도 있다. 무엇보다도 저작권은 일정한 기간 동안만 경제적인 이익을 독점하는 유한적인 권리이다. 존속기간이 종료되면 누구나 자유롭게 이용할 수 있는 공유재산(public domain)이 된다.

Ⅱ. 자유사용

1. 서 언

특정한 경우 일반공중이 저작권자의 허락을 받지 않고 저작물을 자유로이 사용할 수 있는 것을 자유사용(free use)이라 한다.[16] 우리 저작권법 제2장 제4절 제

---

16) 저작물의 자유사용(Free Use)을 영국법에서는 Fair Dealing, 미국법에서는 Fair Use라 부

2관은 저작재산권의 제한으로 규정하고 있다.

우리는 종래 저작재산권이 제한되는 경우를 구체적으로 한정하여 열거하고 있었으나 2011년 개정을 계기로 일반조항인 미국식의 '공정이용' 제도를 도입하였다. 어느 경우가 공정한 이용에 해당하는지 여부는 궁극적으로 법원의 판단에 맡겨진다.

2. 우리법상 저작재산권의 제한

다음의 경우에는 저작재산권자의 허락 없이 저작물을 자유로이 사용할 수 있다.

(1) 재판 등에서의 복제(저작 23조)

재판 또는 수사를 위하여 필요한 경우이거나 입법·행정의 목적을 위한 내부자료로서 필요한 경우에는 그 한도 안에서 저작물을 복제할 수 있다. 다만 이러한 재판 등에서의 복제에는 출처를 명시하여야 하며, 그 저작물의 종류와 복제의 부수 및 형태 등에 비추어 저작재산권자의 이익을 부당하게 침해하여서는 아니된다.

(2) 정치적 연설 등의 이용(저작 24조)

공개적으로 행한 정치적 연설 및 법정·국회 또는 지방의회에서 공개적으로 행한 진술은 어떠한 방법으로도 이용할 수 있다. 단, 동일한 저작자의 연설이나 진술을 편집하여 이용하는 경우에는 그러하지 아니하다.

(3) 공공저작물의 자유이용(제24조의2)

국가 또는 지방자치단체가 업무상 작성하여 공표한 저작물이나 계약에 따라 저작재산권의 전부를 보유한 저작물은 허락 없이 이용할 수 있다. 다만, 저작물이 다음 각 호의 어느 하나에 해당하는 경우에는 그러하지 아니하다.

1) 국가안전보장에 관련되는 정보를 포함하는 경우

2) 개인의 사생활 또는 사업상 비밀에 해당하는 경우

3) 다른 법률에 따라 공개가 제한되는 정보를 포함하는 경우

르며, 입법에 따라서는 저작권의 제한(restrictions) 또는 예외(exceptions)로 규정하고 있다.

4) 제112조에 따른 한국저작권위원회에 등록된 저작물로서 「국유재산법」에 따른 국유재산 또는 「공유재산 및 물품 관리법」에 따른 공유재산으로 관리되는 경우. 다만 자유로운 이용을 위하여 필요하다고 인정하는 경우 「국유재산법」 또는 「공유재산 및 물품 관리법」에도 불구하고 대통령령으로 정하는 바에 따라 사용하게 할 수 있다(저작 24조의2 3항).

(4) 학교교육목적 등에의 이용(저작 25조)

공표된 저작물을 학교교육목적을 위하여 사용하는 경우 우리법 제25조는 자유사용이라고 볼 수 있는 경우와 후술하는 법정허락(statutory licences)의 일종이라고 볼 수 있는 경우를 동일조문에서 규정하고 있다.

1) 고등학교 및 이에 준하는 학교 이하의 학교의 교육목적상 필요한 교과용도서에는 공표된 저작물을 게재할 수 있고(저작 25조 1항), 교과용도서를 발행한 자는 교과용도서를 본래의 목적으로 이용하기 위하여 필요한 한도 내에서 제1항에 따라 교과용도서에 게재한 저작물을 복제 · 배포 · 공중송신할 수 있되(저작 25조 2항), 문화체육관광부장관이 정하여 고시하는 보상금을 저작재산권자에게 지급하여야 한다. 본조는 교과용도서라고 규정하고 있으므로 소위 학습참고서류는 포함하지 아니한다.

2) 특별법에 따라 설립되었거나 「유아교육법」, 「초 · 중등교육법」 또는 「고등교육법」에 따른 학교, 국가나 지방자치단체가 운영하는 교육기관 및 이들 교육기관의 수업을 지원하기 위하여 국가나 지방자치단체에 소속된 수업지원기관은 그 수업 지원을 위하여 필요한 경우에는 공표된 저작물의 일부분[17]을 복제 · 배포 · 공연 · 전시 또는 공중송신할 수 있으나 당해 교육기관이 고등학교 및 이에 준하는 학교 이하의 학교라면 자유사용할 수 있되 대학이나 그 이상의 교육기관이라면 문화체육관광부장관이 정하여 고시하는 보상금을 지급하여야 한다(저작 25조 3항 내지 6항). 또 교육기관에서 교육을 받는 자도 수업목적상 필요하다고 인정되는 경우에는 제25조 제3항의 범위 내에서 공표된 저작물을 복제하거나 공중송신할 수 있다(저작 25조 5항).

17) 다만, 공표된 저작물의 성질이나 그 이용의 목적 및 형태 등에 비추어 해당 저작물의 전부를 복제 등을 하는 것이 부득이한 경우에는 전부 복제 등을 할 수 있다(저작 25조 3항 단서).

한편 공표된 저작물을 교육목적 등을 위하여 이용하는 경우에는 부득이 한 범위 안에서 표현의 변경은 가능하나(저작 13조 참조), 출처는 명시하여야 한다(저작 37조 참조).

(5) 시사보도를 위한 이용(저작 26조)

방송·영화·신문 그 밖의 방법에 의하여 시사보도를 하는 경우에 있어서 그 과정에서 보이거나 들리는 저작물은 보도를 위한 정당한 범위 안에서 복제·배포·공연 또는 방송할 수 있다.

(6) 시사적인 기사 및 논설의 복제 등(저작 27조)

정치·경제·사회·문화·종교에 관하여 「신문 등의 진흥에 관한 법률」 제2조의 규정에 의한 신문 및 인터넷신문 또는 「뉴스통신진흥에 관한 법률」 제2조의 규정에 의한 뉴스통신에 게재된 시사적인 기사나 논설은 다른 언론기관이 복제·배포 또는 방송할 수 있다. 이른바 전재(轉載)규정의 신설은 이러한 내용들의 기사 등이 국민들의 알권리 충족 등을 위하여 국민에게 원활하게 전달될 필요가 있다는 점을 고려한 것이다. 다만, 이용을 금지하는 표시가 있는 경우에는 그러하지 아니하다.

(7) 공표된 저작물의 인용(저작 28조)

공표된 저작물은 보도·비평·교육·연구 등을 위하여는 정당한 범위 안에서 공정한 관행에 합치되게 이를 인용할 수 있다.

◎ 미국법상의 공정이용과 인용에 관한 두 사건

인용에 관하여 공정이용 여부가 논란되었던 두 사례를 소개하고자 한다. 둘 다 모두 대통령과 관계된 사건이고 그들 사후에 문제가 되었다.

(1) Folsom v. Marsh, 9 Fed Cas. 342, (C.C.D. 1841)　폴섬은 출판업자로서 일찍이 「워싱턴의 저작」이라는 700페이지에 달하는 서간문전집을 발행하였다. 그 후, 업햄(Upham)은 866페이지의 워싱턴전기(Life of Washington in the Form of an Autobiography)를 마시에 의해서 펴내게 되었는데 그 3분의 1 이상(약 350페이지)이 이전에 발간된 폴섬의 전집물에서 베낀 것이었다. 이에 폴섬이 저작권침해로 제소하였고, 피고는 항변으로서 "저작자는 원래 저작을 함에 있어서 다른 저작물에서 인용할, 발췌할, 간추릴 혹은 요약할 권리가 있다"고 주장하였다.

스토리 판사는 저작권 침해를 인정하면서 "어떤 저작물 사용이 공정한가 여부를 판단함에 있어서 법원은 사용된 발췌부분의 성질 및 목적, 사용된 저작물의 분량 및 그 가치 그리고 문제의 사용이 원저작물의 판매에 해를 끼치는 정도, 원저작물을 대체하여 그 이익을 감경시키는 정도 등에 유의하여야 한다"고 판시하였다.

(2) Time Inc. v. Bernard Geis Associates, 293 F. Supp. 130(S.D.N.Y. 1968)

Thomson이라는 사람이 케네디 대통령 암살에 대한 책을 써서 Bernard Geis Associates 사를 통해서 발행 배포하고 있었다. 그 책(Six Seconds in Dallas)에는 Time사 발행 Life 잡지에 실린 케네디 대통령의 암살 장면의 사진(원래의 사진을 그대로 묘사하여 목탄화로 그린 것)이 실려 있었다. 이에 Time 사가 Bernard Geis Associates 사를 상대로 저작권침해소송을 제기한 것이 이 사건이다.

법원은 피고의 fair use 항변을 인정하였다. 즉 케네디 대통령의 암살에 대하여 가능한 한 많은 정보를 얻고자 하는 공공의 관심이 있는데, 톰슨은 그 사건의 인과관계에 관해서 공공의 주목을 끌기에 충분한 추론을 하여 책으로 내어 놓았다. 피고는 각개의 사진을 실제로 카피한 사진이 피고의 책을 보다 이해하기 쉬운 것으로 하였고, 또 공중은 그 암살의 진면목을 볼 수 있었기 때문에 피고의 카핑은 공정사용에 해당한다. 또 톰슨의 책은 사진이 실려서 팔리는 것이 아니라 사진에 의해서 보조되는 톰슨의 추론 내지 설명 때문에 팔리며 원고와 피고는 경쟁관계에 있는 것도 아니므로 사진의 저작권자인 원고에게 손해를 주었다고 보기도 힘들다. 즉 원고 사진의 시장성에 영향을 주었다고 보기 힘들다. 설사 앞으로 원고가 사진첩을 발행하려는 계획이 있더라도 몇 개의 사진을 카피했다고 하여 그 계획에 영향을 미칠지도 의문이며 경우에 따라서는 톰슨의 책이 원고 사진의 가치를 높여 줄지도 모른다. 결국 피고의 카핑은 공정사용에 해당한다.

이 두 사건의 구별은 극히 교훈적이다. 타임사 사건에 있어서는 법원은 피고 책이 팔리는 것은 저자의 암살사건에 대한 설명이 독창적이어서 공중의 흥미를 끌기 때문이며, 사진은 단순히 저자의 이론을 뒷받침하기 위해서 씌어졌을 뿐이라고 보았다. 이에 반해 폴섬 사건에서는 피고의 책의 매력은 주로 카피된 자료에서 또 그것들의 배치 또는 분석의 방법에서보다도, 오히려 그 자료 자체의 실체에서 나왔다고 판시하였다.

실로 작품의 핵심이 비평의 이름을 빌려서 도용되는 경우 법원은 피고에 대해 공정사용의 이름을 빌린 그 도용의 정당화를 허용치 않고 있다.

미국의 법원이 공정이용 여부를 결정함에 있어 참작하는 최대의 관심사는 피고의 사용이 원고의 저작권 있는 작품의 잠재적 수요를 얼마나 감소시켰느냐 하는 것이었다.

(8) 비영리목적의 공연·방송(저작 29조)

학예회의 연극과 같이 ⅰ) 영리를 목적으로 하지 아니할 것, ⅱ) 어떠한 명목으로든지 청중이나 관중 또는 제3자로부터 반대급부(예컨대, 요금 등)를 받지 아니할 것, iii) 실연자에게 통상의 보수가 지급되지 아니할 것의 3요건이 모두 충족된 경우에는 공표된 저작물을 저작권자의 허락 없이 공연(상업용 음반 또는 상업적 목적으로 공표된 영상저작물을 재생하는 경우를 제외한다) 또는 방송할 수 있다.

한편 분위기조성을 위하여 음반에 수록된 음악을 이용하는 경우 등과 같이 청중이나 관중으로 부터 당해 공연에 대한 반대급부를 받지 아니하는 경우에는 상업용 음반 또는 상업적 목적으로 공표된 영상저작물을 재생하여 공중에게 공연할 수 있다. 그러나 여기에는 일정한 예외가 있다. 즉 i) 식품위생법에 의한 유흥음식점영업 중 무도유흥음식점에서 하는 공연이거나, ii) 식품위생법의 규정에 의한 영업으로서 음악이나 영상저작물을 감상하게 하는 것을 영업의 일부로 하여 이를 광고하고 음악 또는 영상저작물을 감상하게 하기 위한 특별한 설비를 갖추고 있는 영업장소에서 하는 공연의 경우 등(저작령 11조 1호~8호)에는 자유이용이 허용되지 아니한다.

(9) 사적 이용을 위한 복제(저작 30조)

공표된 저작물을 영리를 목적으로 하지 아니하고 개인적으로 이용하거나 가정 및 이에 준하는 한정된 범위 안에서 이용하는 경우에는 그 이용자는 이를 복제할 수 있다. 그러나 복제기술이 발달된 오늘날 사적 이용이라는 이유만으로 어떠한 대가 없이 마음대로 복제하도록 방치하는 것은 커다란 문제이다. 이에 저작권법은 "공중의[18] 사용에 제공하기 위하여 설치된 복사기기, 스캐너, 사진기 등 문화체육관광부령으로 정하는 복제기기에 의한 복제는 그러하지 아니하다"는 단서 규정을 두어 공중복제기기에 의한 복제를 명문으로 금지하고 있다.

(10) 도서관 등에서의 복제(저작 31조)

1) 「도서관법」에 따른 도서관과 도서·문서·기록 그 밖의 자료를 공중의 이용에 제공하는 시설 중 대통령령이 정하는 시설에서는 다음의 경우에 보관된 자료(제28조 제1항 제1호의 경우에는 제3항의 규정에 의하여 당해 도서관 등이 복제·전송받은 도서 등을 포함한다)를 사용하여 저작물을 복제할 수 있다. 다만, 제1호 및 제3호의 경우에는 디지털 형태로 복제할 수 없다.

---

18) 2006년 법 개정에서 '일반공중'이 '공중'으로 변경되었다.

ⅰ) 조사 · 연구를 목적으로 하는 이용자의 요구에 따라 공표된 도서 등의 일부분의 복제물을 1인 1부에 한하여 제공하는 경우.

ⅱ) 도서관 등이 자료의 자체보존을 위하여 필요한 경우. 그러나 그 도서 등이 디지털 형태로 판매되고 있는 경우에는 그 도서 등을 디지털 형태로 복제할 수 없다.

ⅲ) 다른 도서관 등의 요구에 따라 절판 그 밖에 이에 준하는 사유로 구하기 어려운 도서 등의 복제물을 보존용으로 제공하는 경우.

허용되는 경우	허용되는 내용	허용되기 위한 요건
1. 이용자가 요구하는 경우	도서 등의 일부분의 복제(디지털복제불가)	디지털도서로부터 출력하는 경우 보상금 지급 · 공탁
	열람할 수 있도록 도서 등을 복제 · 전송	보관 또는 권리자로부터 이용허락을 받은 부수 이내 * 디지털 형태로 판매되고 있는 경우에는 디지털 형태로 복제불가
2. 자체보존을 위하여 필요한 경우	도서 등의 복제	* 디지털복제가능. 단 디지털 형태로 판매되고 있는 경우에는 디지털 형태로 복제불가
3. 다른 도서관 등의 요구	보존용으로 도서 등의 복제	디지털복제불가
	열람을 위한 도서 등을 복제 · 전송	판매용 도서 등은 발행일로부터 5년 경과 * 디지털 형태로 판매되고 있는 경우에는 디지털 형태로 복제불가 * 보상금 지급 · 공탁

2) 도서관 등은 컴퓨터를 이용하여 이용자가 도서 등을 열람할 수 있도록 이를 복제 · 전송할 수 있다. 이 경우 동시에 열람할 수 있는 이용자의 수는 그 도서관 등에서 보관하고 있거나 저작권 그 밖의 이 법에 의하여 보호되는 권리를 가진 자로부터 이용허락을 받은 그 도서 등의 부수를 초과할 수 없다.

3) 도서관 등은 컴퓨터를 이용하여 이용자가 다른 도서관 등의 안에서 열람할 수 있도록 보관된 도서 등을 복제하거나 전송할 수 있다. 다만, 그 전부 또는 일부가 판매용으로 발행된 도서 등은 그 발행일로부터 5년이 경과하지 아니한 경우에는 그러하지 아니하다. 또 복제나 전송의 경우에 문화관광부장관이 정하여 고시하는 기준에 의한 보상금을 저작재산권자에게 지급하거나 이를 공탁하여야 한다.

4) 도서 등을 디지털 형태로 복제하거나 전송하는 경우에 도서관 등은 저작권 그 밖에 이 법에 의하여 보호되는 권리의 침해를 방지하기 위하여 복제방지조치 등 대통령령이 정하는 필요한 조치를 하여야 한다.

(11) 시험문제를 위한 복제(저작 32조)

입학시험 그 밖의 학식 및 기능에 관한 시험 또는 검정을 위하여 필요한 경우에는 그 목적을 위하여 정당한 범위에서 공표된 저작물을 복제·배포 또는 공중송신할 수 있다. 다만 영리를 목적으로 하는 경우에는 그러하지 아니하다.

(12) 시각장애인 등을 위한 복제 등(저작 33조)

공표된 저작물은 시각장애인 등을 위하여 점자로 복제·배포할 수 있다. 시각장애인 등의 복리증진을 목적으로 하는 시설 중 대통령령이 정하는 시설은 영리를 목적으로 하지 아니하고 시각장애인 등의 이용에 제공하기 위하여 공표된 어문저작물을 녹음하거나 시각장애인 등 전용 기록방식으로 복제·배포 또는 전송할 수 있다.

(13) 청각장애인 등을 위한 복제 등(저작 제33조의2)

1) 누구든지 청각장애인 등을 위하여 공표된 저작물을 한국수어로 변환할 수 있고, 이러한 한국수어를 복제·배포·공연 또는 공중송신할 수 있다.

2) 청각장애인 등의 복리증진을 목적으로 하는 시설 중 대통령령으로 정하는 시설(해당 시설의 장을 포함한다)은 영리를 목적으로 하지 아니하고 청각장애인 등의 이용에 제공하기 위하여 필요한 범위에서 공표된 저작물 등에 포함된 음성 및 음향 등을 자막 등 청각장애인이 인지할 수 있는 방식으로 변환할 수 있고, 이러한 자막 등을 청각장애인 등이 이용할 수 있도록 복제·배포·공연 또는 공중송신할 수 있다.

(14) 방송사업자의 일시적 녹음·녹화(저작 34조)

1) 방송사업자는 저작물을 스스로의 방송을 위하여 자체수단으로 녹음 또는 녹화할 수 있다. 다만 그 저작물의 방송권자의 의사에 반한 때에는 그러하지 아니하다.

2) 위 규정에 의하여 만들어진 녹음물 또는 녹화물은 녹음일 또는 녹화일로부터 1년을 초과하여 보존할 수 없다. 다만 그 녹음물 또는 녹화물이 기록의 자료로서 특별히 지정된 장소에 보존되는 경우에는 그러하지 아니하다.

(15) 미술저작물 등의 전시 또는 복제(저작 35조)

1) 미술저작물 등의 소유자 등에 의한 전시(저작 35조 1항)　그림이나 사진저작물 등의 저작권자는 그 원작품을 타인에게 양도한 후라도 전시권을 당연히 보유하고 있으나(저작 19조), 양수인이 취득한 소유권과의 조정상, 법은 소유자나 그의 동의를 얻은 자는 저작권자의 허락이 없더라도 그 저작물을 원작품에 의하여 자유로이 전시할 수 있다고 규정한다. 다만 가로 · 공원 · 건축물의 외벽 그 밖의 공중에게 개방된 장소에 항시 전시하는 경우에는 그 저작권자의 허락을 받아야 한다.

2) 공개미술저작물 등의 복제 · 이용(저작 35조 2항)　가로 · 공원 · 건축물의 외벽 그 밖의 일반공중에게 개방된 장소에 항시 전시되어 있는 동상이나 건축물 등을 사진촬영한다든지 TV방영한다든지 하는 것은 원칙적으로 자유이다. 다만 건축물을 건축물로 복제하는 경우, 조각 또는 회화를 조각 또는 회화로 복제하는 경우, 가로 · 공원 등 개방된 장소 등에 항시 전시하기 위하여 복제하는 경우, 판매목적으로 복제하는 경우는 저작권자의 허락을 필요로 한다.

3) 미술저작물 등의 전시에 수반하는 복제(저작 35조 3항)　회화나 조각, 사진 등을 전시하는 원작품소유자나 그의 동의를 얻어 전시하는 자, 또는 미술저작물 등의 원작품을 판매하고자 하는 자는 그 저작물의 해설이나 소개를 목적으로 하는 목록형태의 책자에 이를 복제하여 배포할 수 있다.

4) 예　외(저작 35조 4항)　촉탁에 의한 초상화 또는 이와 유사한 사진저작물의 경우에는 촉탁자의 동의가 없는 때에는 이를 이용할 수 없다.

(16) 저작물 이용과정에서의 일시적 복제(저작 35조의2)

컴퓨터에서 저작물을 이용하는 경우에는 원활하고 효율적인 정보처리를 위하여 필요하다고 인정되는 범위 안에서 그 저작물을 그 컴퓨터에 일시적으로 복제할 수 있다. 다만, 그 저작물의 이용이 저작권을 침해하는 경우에는 그러하지 아니하다.

(17) 사진촬영, 녹음 또는 녹화 과정에서 보이거나 들리는 저작물의 부수적 복제(저작 35조의3)

사진 촬영, 녹음 또는 녹화(이하 "촬영 등")를 하는 과정에서 촬영 등의 주된 대상에 다른 사람의 저작물이 포함되는 경우, 저작재산권자의 이익을 부당하게 해치지 않는 범위에서 저작권자의 허락 없이도 그 촬영 등의 결과물을 복제・배포・공연・전시 또는 공중송신의 방법으로 이용할 수 있다. 촬영 등의 과정에서 다른 사람의 저작물이 부수적으로 포함된 경우, 이러한 저작물의 이용에 대한 저작권 침해 책임이 면제되고, 출처 명시 의무에서도 제외됨으로써, 가상・증강 현실 관련 기기의 활용이 가능하게 되었다.

(18) 문화시설의 권리자 불명 저작물 이용을 위한 복제(저작 35조의4)

도서관, 박물관 등 문화시설은 자체보관된 자료에 기반한 서비스를 통하여 문화・예술의 발전에 기여할 수 있으나, 대부분의 자료가 권리자 불명 저작물(Orphan works)에 해당하여 활용에 한계가 있다. 저작권법은 문화시설이 자체 보관하고 있는 자료에 대하여 '상당한 조사'를 하였어도 저작재산권자나 그의 거소를 알 수 없는 경우, 공중에게 제공하기 위한 목적의 이용(영리 목적인 경우 제외)에 대하여 저작재산권자의 허락 없이 이용할 수 있도록 하고 있다. 문화시설 이용 이후 저작재산권자가 그 사실을 알게 된 경우, 저작재산권자는 문화시설에 이용을 중단할 것을 요구하거나 이용에 따른 보상금을 청구할 수 있도록 하고, 문화시설은 협의한 보상금을 지급하여야 한다(저작 35조의4 2항 내지 4항)

(19) 공정이용(저작 35조의5)

저작권법은 저작재산권 제한 규정(제23조~제35조의4, 제101조의3~제101조의5) 이외에 저작물의 통상적인 이용 방법과 충돌하지 아니하고 저작자의 정당한 이익을 부당하게 해치지 아니하는 경우에는 저작물을 이용할 수 있다고 하는 포괄적 공정이용 조항을 신설하였다.[19]

---

19) 저작권법에서는 '저작물의 통상적인 이용 방법과 충돌하지 아니하고 저작자의 정당한 이익을 부당하게 해치지 아니한 경우'와 더불어 아래와 같이 4가지를 고려 사항으로 하고 있다:

1. 이용의 목적 및 성격
2. 저작물의 종류 및 용도

(20) 번역 등에 의한 이용(저작 36조)

자유사용이 허용된 공공저작물의 자유이용(저작 24조의2), 학교교육목적 등에의 이용(저작 25조), 비영리 공연 · 방송(저작 29조) 또는 사적 이용을 위한 복제(저작 30조), 공정이용(저작 35조의3)의 경우에는 그 저작물을 번역 · 편곡 또는 개작하여 이용할 수 있다. 재판절차 등에서의 복제(저작 23조), 정치적 연설 등의 이용(저작 24조), 시사보도를 위한 이용(저작 26조), 시사적인 기사 및 논설의 복제 등(저작 27조), 공표된 저작물의 인용(저작 28조), 시험문제로서의 복제(저작 32조), 점자에 의한 복제(저작 33조), 청각장애인 등을 위한 복제(저작 33조의2) 등 저작물을 자유이용할 수 있는 경우에는 그 저작물을 번역하여 이용할 수 있다.

3. 프로그램의 저작재산권 제한

프로그램에 대하여는 제23조(재판절차 등에서의 복제) · 제25조(학교교육 목적 등에의 이용) · 제30조(사적 이용을 위한 복제) 및 제32조(시험문제로서의 복제)를 적용하지 아니한다. 한편 저작권법 제101조의3은 프로그램의 저작재산권제한에 관한 특례를 규정하고 있다. 즉 i) 재판 또는 수사를 위하여 복제하는 경우, ii) 유아교육법, 초 · 중등교육법, 고등교육법에 의한 학교 및 다른 법률의 규정에 의하여 설립된 교육기관(상급학교 입학을 위한 학력이 인정되거나 학위를 수여하는 교육기관에 한한다)에서 교육을 담당하는 자가 수업과정에 제공할 목적으로 복제 또는 배포하는 경우, iii) 초 · 중등교육법에 의한 학교 및 이에 준하는 학교의 교육목적을 위한 교과용 도서에 게재하기 위하여 복제하는 경우, iv) 가정과 같은 한정된 장소에서의 개인적인 목적(영리를 목적으로 하는 경우를 제외한다)으로 복제하는 경우, v) 초 · 중등교육법, 고등교육법에 의한 학교 및 이에 준하는 학교의 입학시험 그 밖의 학식 및 기능에 관한 시험 또는 검정을 목적(영리를 목적으로 하는 경우를 제외한다)으로 복제 또는 배포하는 경우, vi) 프로그램의 기초를 이루는 아이디어 및 원리를 확인하기 위하여 프로그램의 기능을 조사 · 연구 · 시험하는 경우(정당한 권원에 의하여 프로그램을 사용하는 자가 당해 프로그램을 사용하는 때에 한한다)에는

---

3. 이용된 부분이 저작물 전체에서 차지하는 비중과 그 중요성
4. 저작물의 이용이 그 저작물의 현재 시장 또는 가치나 잠재적인 시장 또는 가치에 미치는 영향

그 목적상 필요한 범위 안에서 공표된 프로그램을 복제 또는 사용할 수 있다고 규정한다.

제3호의 규정에 의하여 프로그램을 교과용 도서에 게재하고자 하는 자는 문화체육관광부장관이 정하여 고시하는 기준에 따른 보상금을 해당 저작재산권자에게 지급하여야 한다(저작 101조의3 제2항).

제6호의 "프로그램의 기초를 이루는 아이디어 및 원리를 확인하기 위하여 프로그램의 기능을 조사 · 연구 · 시험하는 경우(정당한 권원에 의하여 프로그램을 사용하는 자가 당해 프로그램을 사용하는 때에 한한다)"란 소위 '리버스엔지니어링(Reverse Engineering: 역분석)'이라고 하는 것으로 '기존의 프로그램 목적코드를 분석하여 소스코드(Source Code)로 변환하는 방법 등으로 당해 기존 프로그램의 기초가 되는 아이디어와 원칙들을 추출하는 것을 말한다. 이와 같은 프로그램역분석은 프로그램산업의 발전을 위하여 필요한 것으로 미국에서도 공정사용으로 보고 있다. 또 법은 더 나아가서 이러한 조사 · 연구 · 시험 목적 외에 호환성확보를 위해서도 역분석을 인정한다(저작 101조의4). 이렇게 얻은 정보는 다음 각호의 1에 해당하는 경우에는 이를 사용할 수 없다.

ⅰ) 호환목적 외의 다른 목적을 위하여 이용하거나 제3자에게 제공하는 경우

ⅱ) 프로그램코드역분석의 대상이 되는 프로그램과 표현이 실질적으로 유사한 프로그램을 개발 · 제작 · 판매하거나 기타의 프로그램저작권을 침해하는 행위에 이용하는 경우.

나아가 법은 정당한 이용자에 의한 보존을 위한 프로그램의 복제를 허용하고 있다(저작 101조의5). 프로그램은 보통 플로피디스켓이나 하드디스크 또는 CD와 같은 광디스크에 기록되는데, 이러한 기록매체들은 보통의 저작물보다 쉽게 멸실 · 훼손 또는 변질되기 쉽다. 따라서 법은 이용자의 합리적인 이용권을 보장하기 위하여 보존용 복제물, 이른바 백업카피를 만들 수 있도록 하고 있다.

4. 저작권제한과 출처표시

저작물을 자유이용 할 수 있는 경우라 하더라도 그 이용자는 그 저작물의 출처를 명시하여야 한다(저작 37조 1항 참조). 출처의 명시는 저작물의 이용상황에 따라 합리적이라고 인정되는 방법으로 하여야 하며, 저작자의 실명 또는 이명이 표

시된 저작물인 경우에는 그 실명 또는 이명을 명시하여야 한다(저작 37조 2항).

5. 저작재산권의 제한과 저작인격권

저작재산권을 제한하는 규정은 저작인격권에 영향을 미치는 것으로 해석되어서는 아니 된다(저작 38조). 이 규정은 주의적 규정이다. 즉 저작재산권제한에 관한 규정(저작권법 제2장 제4절 제2관)은 오로지 저작재산권만을 제한할 뿐이며, 저작인격권까지 제한하거나 또는 저작인격권이 영향을 받거나 하는 것은 아님을 주의적으로 규정한 것이다.

Ⅲ. 저작물이용의 법정허락

1. 개　설

저작권자의 허락을 받지 못한 경우라도 저작물의 이용이 공중입장에서 필요불가결한 경우에 적정한 대가(adequate remuneration)를 지급하거나 공탁하고 이를 이용케 할 수 있도록 한 제도가 법정허락 또는 강제허락(non-voluntary licences) 제도이다.

강학상으로는 법에서 정한 사유가 있으면 저작권자와의 협의를 거치지 아니하고 소정의 보상금을 지급 또는 공탁하고 그대로 이용할 수 있는 경우를 법정허락(statutory license)제도라고 하고, 저작권자에게 이용조건을 협상할 수 있도록 보장하고 그것이 잘 안 되는 경우에는 권한 있는 기관의 승인을 얻고, 소정의 보상금을 지급 또는 공탁함을 조건으로 저작물을 이용할 수 있는 경우를 강제허락(compulsory license)제도라고 하나 우리 법은 이를 구별치 아니하고 법정허락이라는 용어를 사용하고 있다. 법정허락은 법에서 정한 사유에 해당하면 일정한 요금(fee)을 권한 있는 기관이 지정한 단체에 지급 또는 공탁하고 저작물을 사용할 수 있는 제도로서 법으로부터 직접 사용권한이 부여되는 점에서 다음의 강제허락과 다르다.

강제허락은 저작권자나 그 대리인과 저작물 사용희망자 사이에 저작물 사용

교섭이 결렬된 경우, 저작권자의 사용조건을 교섭할 권한을 박탈함이 없이, 권한 있는 행정 또는 사법기관이 보상금을 결정한다는 조건으로 저작권자의 저작물사용 허락을 강제하는 제도로서 반드시 저작권자 또는 그 대리인과 협상하되, 다만 법적 절차를 밟아 적정한 보상금을 지급 또는 공탁하고 강제적으로 이용할 수 있는 점이 법정허락과 다르다. 이러한 강제허락제도는 실제로는 저작권자의 교섭력을 약화하는 결과가 된다는 비판이 있으나 새로운 기술의 발달로 새로운 문제 상황을 야기할 때마다 이를 해결하기 위한 부득이한 방법으로 채택되었다.[20]

2. 우리법상 법정허락제도

현행 저작권법은 저작재산권자 불명인 저작물의 이용(저작 50조),[21] 공표된 저작물의 방송(저작 51조) 및 상업용음반의 제작(저작 52조)의 경우에 광의의 강제허락을 인정하고 있다.

Ⅳ. 저작권의 보호기간

1. 보호기간의 원칙

우리 저작권법은 저작재산권은 저작물의 창작시를 시기로 하여(저작 10조 2항 참조) 원칙적으로 저작자 생존 중 및 저작자 사후(공동저작물의 저작재산권은 맨 마지막으로 사망한 저작자의 사망 후) 70년간 존속한다고 규정한다(저작 39조 참조). 저작재산권의 보호기간을 계산하는 경우에는 저작자가 사망하거나 저작물을 창작 또는 공표한 다음 해부터 기산한다(저작 44조). 만약 저작자가 2009.10.1. 사망한 경우는 그 이듬해인 2010.1.1.부터 70년인 2079년 12월 31일까지 저작재산권이 존속하며, 2080년 1월 1일부터 누구나 자유로이 이용할 수 있다.

---

20) 특허에 있어서 법정실시권 및 강제실시권과 마찬가지 취지로 인정되고 있는 제도로서 공공이익을 고려한 제도이다.

21) 2020년 개정 저작권법은 외국인의 저작물도 법정허락이 가능하도록 하고 있고, 법정허락 보상금을 법원에 공탁하도록 규정한 절차를 한국저작권위원회에 직접 지급하고 이를 이용할 수 있도록 개정하였다(저작 50조 1항).

2. 보호기간의 특례

(1) 무명 또는 이명 저작물 등의 보호기간(저작 40조)

무명 또는 널리 알려지지 아니한 이명이 표시된 저작물의 저작재산권은 공표된 때부터 70년간 존속하되 그 기간 내에 i) 저작자의 실명 또는 널리 알려진 이명이 밝혀진 경우나 ii) 저작자의 실명등록이 있는 경우에는 저작자 사후 70년간 존속한다. 다만 이 기간 내에 저작자가 사망한 지 70년이 경과하였다고 인정할 만한 정당한 사유가 발생한 경우에는 그 저작재산권은 저작자 사망 후 70년이 경과하였다고 인정되는 때에 소멸한 것으로 본다.

(2) 업무상저작물의 보호기간(저작 41조)

업무상저작물의 저작재산권은 공표한 때부터 70년간 존속한다. 다만, 창작한 때부터 50년 이내에 공표되지 아니한 경우에는 창작한 때부터 70년간 존속한다.

(3) 영상저작물의 보호기간(저작 42조)

영상저작물의 저작재산권은 제39조 및 제40조에도 불구하고 공표한 때부터 70년간 존속한다. 다만, 창작한 때부터 50년 이내에 공표되지 아니한 경우에는 창작한 때부터 70년간 존속한다.

(4) 계속적 간행물 등의 공표시기(저작 43조)

신문 · 잡지와 같은 정기간행물이나 백과사전과 같은 축차간행물의 공표시기는 매책 · 매호 또는 매회의 공표시를 공표시기로 보며, 수회에 걸쳐 동일주제에 관한 논문을 발표하는 경우와 같이 일부분씩 순차적으로 공표하여 완성하는 저작물에 있어서는 최종부분이 공표된 때를 공표시기로 보되, 계속되어야 할 부분이 3년 이상 중단된 경우에는 그때까지 공표된 부분 중 맨 뒤의 부분이 공표된 때를 공표시기로 본다.

제6절 저작인접권

음악이나 연극과 같이 문학적 · 예술적 저작물은 창작자 이외에도 이를 실연하고 녹음 · 방송 등 배포에 기여하는 자가 관여하며, 이들은 필요불가결한 동반관계를 유지한다. 실로 "실연자는 작곡이나 연극 저작물의 운명을 결정하고 녹음회사는 금방 사라져 버릴 감동을 영원하게 해 주며 방송기관은 거리의 장애를 없애 준다."

이렇듯 저작물창작자의 권리와는 성격이 다르지만 저작물배포에 기여하는 저작물에 인접해 있는 이들 보조자들에게도 정당한 이익을 보장해 줄 필요가 있다.

저작인접권(Neighbouring Rights)이란 이와 같이 저작권에 인접하는(이웃하는) 권리(Certain rights called neighbouring on copyrights)라는 의미에서 붙여진 명칭이며, 실연자가 갖는 복제권, 방송권, 전송권, 방송사업자에 대한 보상금청구권, 대여권과 음반제작자가 갖는 복제 · 배포권, 대여권, 전송권 및 방송사업자에 대한 보상금청구권 그리고 방송사업자의 복제 및 동시중계방송권이 그것이다.

한편 이들 3자가 저작인접권으로 보호되기는 하지만 실연자의 권리는 특히 복제기술의 발달에 수반하는 실연자의 기술적 실업을 구제한다고 하는 생활보장적 목적이 강한 데 비해 음반제작자 및 방송사업자의 권리는 주로 독점적 이익의 확보에 의한 기업유지라고 하는 측면이 강조되고 있다.

2006년 개정 저작권법은 실연자에게 성명표시권과 동일성유지권과 같은 인격권을 새로이 부여하였을 뿐만 아니라(저작 66조~68조, 127조), 실연자의 배포권 신설(저작 70조, 100조 3항, 101조), 음반제작자의 대여권 강화(저작 71조, 80조), 실연자의 생실연(Live 공연) 공연권 신설(저작 72조), 외국의 실연자 및 음반제작자의 상업용음반의 방송보상청구권 인정(저작 75조 1항, 82조 1항), 실연자 및 음반제작자의 디지털음성송신 보상 청구권 신설(저작 76조, 83조) 등 저작인접권자의 권리를 대폭 강화하였다. 2009년 개정 저작권법은 실연자 및 음반제작자에게 공연보상청구권을 새로이 부여함에 따라 실연이 녹음된 상업용 음반을 사용하여 공연을 하는 자는 상당한 보상금을 해당 실연자 및 음반제작자에게 지급하여야 한다(저작 76조의2, 83조의2). 또 2011년 개정법은 "방송사업자는 공중의 접근이 가능한 장소에서 방송의 시청과 관련하여 입장료를 받는 경우에 그 방송을 공연할 권리를 가진다"고 규정한다(저작 85조의2). 이상의 실연자, 음반제작자, 방송사업자가 가지는 권리를 정리하면 다음 표와 같다.

	실 연 자	음반제작자	방송사업자
재산적 권리	복제권, 배포권, 대여권, 공연권, 방송권, 전송권, 방송사업자/디지털음성송신사업자/공연자에 대한 보상청구권	복제권, 배포권, 대여권, 전송권, 방송사업자/디지털음성송신사업자/공연자에 대한 보상청구권	복제권, 동시중계방송권, 공연권
인격적 권리	성명표시권, 동일성유지권	없음	없음

제7절 배타적발행권 및 출판권

Ⅰ. 배타적발행권제도

1. 서 설

한미 FTA 이행을 위한 개정 저작권법은 기존 저작물의 출판과 컴퓨터프로그램에만 인정되던 배타적 권리를 다른 형태의 저작물 발행 등에도 인정토록 그 근거 규정을 마련하고, 이 경우 발행의 범위를 전송까지 포괄하는 것으로 확대하였다(저작 57조 내지 62조).

다만, 프로그램배타적발행권은 배타적발행권의 하나의 유형이므로 이를 배타적발행권에 포섭하되, 출판권은 출판업계의 의견을 반영하여 기존 출판권에 적용되었던 표지의무, 소멸 후 배포 등은 배타적발행권의 내용으로 포섭하고 설정에 대해서만 별도의 특례를 유지하고 있다(저작 63조, 63조의2).

제57조의 발행 등	[복제 · 배포 + 복제 · 전송] − 출판(제63조)
제63조의 출판	인쇄 그 밖에 이와 유사한 방법으로 문서 또는 도화로 발행

2. 배타적발행권의 설정

저작물을 발행하거나 복제 · 전송(이하 '발행 등'이라 한다)할 권리를 가진 자는 그 저작물을 발행 등에 이용하고자 하는 자에 대하여 배타적발행권(63조에 따른 출판권은 제외한다)을 설정할 수 있다(저작 57조 1항). 또한 저작재산권자는 그 저작물에 대하여 발행 등의 방법 및 조건이 중첩되지 않는 범위 내에서 새로운 배타적발행권을 설정할 수 있다(저작 57조 2항). 다만, 저작재산권자는 복제권 · 배포권 · 전송권에 질권이 설정되어 있는 경우에는 질권자의 허락을 얻지 아니하면 배타적발행권을 설정할 수 없다(저작 57조 4항).

3. 배타적발행권의 내용

배타적발행권이 설정되면 배타적발행권자는 저작물을 발행할 독점배타적인 권리를 갖는다. 따라서 저작권자라도 그 이후는 저작물을 원작대로 발행할 수 없게 되는 것은 물론, 그 저작물을 전집 기타의 편집물에 수록하는 것도 허용되지 아니한다. 다만 법은 일정한 경우, 즉 그 저작물의 저작자가 사망한 때에는 그 저작자를 위하여 저작물을 전집 그 밖의 편집물에 수록하거나 전집 그 밖의 편집물의 일부인 저작물을 분리하여 이를 따로 발행 등의 방법으로 이용할 수 있다고 예외를 인정하고 있다(저작 59조 2항 참조).

배타적발행권의 존속기간은 그 설정행위에 특약이 없는 때에는 맨 처음 발행 등을 한 날로부터 3년간 존속한다(저작 59조 1항). 다만, 저작물의 영상화를 위하여 배타적발행권을 설정하는 경우에는 5년으로 한다(저작 59조 1항 단서).

배타적발행권은 재산적 권리이므로 이전성을 갖는다. 따라서 양도 · 질권설정도 가능하다. 다만 저작권법은 "배타적발행권은 저작재산권자의 동의 없이 이를 양도 또는 질권의 목적으로 할 수 없다"(저작 62조)고 하여 일정한 제한을 가하고 있다.

4. 배타적발행권자의 의무

1) 9개월 이내에 발행할 의무　배타적발행권자는 그 설정행위에 특약이 없

는 때에는 배타적발행권의 목적인 저작물을 복제하기 위하여 필요한 원고 또는 이에 상당하는 물건을 받은 날부터 9개월 이내에 이를 발행 등의 방법으로 이용하여야 한다(저작 58조 1항). 9개월의 기간은 원고 등의 인도가 완료된 날로부터 기산된다.

9개월 이내 출판의무를 이행하지 아니한 때에는 6개월 이상의 기간을 정하여 그 이행을 최고하고, 그 기간 내에 이행을 하지 아니한 경우는 소멸을 통고할 수 있다(저작 60조 1항 참조).

2) 계속발행의무　배타적발행권자는 그 설정행위에 특약이 없는 때에는 관행에 따라 그 저작물을 계속하여 발행 등의 방법으로 이용하여야 할 의무가 있다(저작 58조 2항 참조). 계속 발행할 의무를 해태한 경우에는 배타적발행권 소멸통고의 대상이 된다(저작 60조 1항 참조).

3) 저작재산권자표지의무　배타적발행권자는 특약이 없는 때에는 각 복제물에 저작재산권자의 표지를 하여야 한다(저작 58조 3항). 다만 등록된 정기간행물(신문 등의 자유와 기능보장에 관한 법률 12조 1항)의 경우에는 예외이다.

4) 재발행통지의무　배타적발행권자는 배타적발행권의 목적인 저작물을 발행 등의 방법으로 다시 이용하고자 하는 경우에 특약이 없는 때에는 그때마다 미리 저작자에게 그 사실을 알려야 한다(저작 58조의2 2항).

5) 원고반환의무　원고의 인도는 복제를 행하기 위하여 필요하기 때문에 점유를 이전한 데 불과한 것이다. 따라서 원고의 소유권은 여전히 저작권자에게 있으므로 반환청구시 반환하여야 한다.

6) 기 타　배타적발행권의 설정이 유상인 경우에는 배타적발행권자는 저작권자에게 저작물의 사용료로서 소위 인세를 지급할 의무가 있다. 그 지급방법 및 액수는 당사자의 약정에 의한다.

5. 저작자 등의 권리

1) 저작자 사후 전집 등에 수록할 수 있는 권리

2) 배타적발행권소멸통고권　저작재산권자는 배타적발행권자가 원고 또는 이에 상당하는 물건을 받은 날로부터 9개월 이내에 출판하지 아니하거나(저작 58조 1항 참조), 계속 발행하지 아니한 경우(저작 58조 2항 참조)에는 6월 이상의 기간

을 정하여 그 이행을 최고하고 그 기간 내에 이행하지 아니한 때에는 배타적발행권의 소멸을 통고할 수 있다(저작 60조 1항). 또 저작재산권자는 배타적발행권자가 그 저작물을 발행 등의 방법으로 이용하는 것이 불가능하거나 이용할 의사가 없음이 명백한 경우에는 즉시 배타적발행권의 소멸을 통고할 수 있다(저작 60조 2항). 저작재산권자가 소멸을 통고한 경우에는 배타적발행권자가 통고를 받은 때에 배타적발행권이 소멸한 것으로 본다(저작 60조 3항). 이 경우에 저작재산권자는 배타적발행권자에 대하여 언제든지 원상회복을 청구하거나 발행 등을 중지함으로 인한 손해의 배상을 청구할 수 있다(저작 60조 4항).

3) 수정증감권　배타적발행권자가 배타적발행권의 목적인 저작물을 발행 등의 방법으로 다시 이용하는 경우에 저작자는 정당한 범위 안에서 그 저작물의 내용을 수정하거나 증감할 수 있다(저작 58조의2 1항).

6. 배타적발행권소멸 후의 복제물의 배포

배타적발행권이 그 존속기간의 만료 또는 그 밖의 사유로 소멸된 경우에는 i) 출판권 설정행위에 특약이 있는 경우 및 ii) 발행권의 존속기간 중 저작재산권자에게 그 저작물의 발행에 따른 대가를 지급하고 그 대가에 상응하는 부수의 복제물을 배포하는 경우를 제외하고는 그 배타적발행권의 존속기간 중 만들어진 복제물을 배포할 수 없다(저작 61조 참조).

II. 출판에 관한 특례

1. 출판의 의의

출판이란 인간이 자기의 사상·감정을 기록에 의해 다른 사람에게 전달하는 수단이며 인쇄술, 기타 이와 유사한 방법에 의하여 저작물을 문서 또는 도화로써 복제·배포하는 것을 말한다. 이러한 출판은 본래 저작권의 일부로서 저작권자만이 행사할 수 있다. 그러나 일반적으로는 저작권자가 이러한 출판의 권능을 제3자에게 맡길 경우가 많으며, 그 경우 우리 저작권법상 출판권이 설정된 것으로 본다. 법은 "저작물을 복제·배포할 권리를 가진 자(이하 '복제권자'라 한다)는 그 저작물을 인쇄 그 밖의 이와 유사한 방법으로 문서 또는 도화로 발행(저작물 또는 음반을 공중의 수요를 위하여 복제·배포하는 것: 저작 2조 24호)하고자 하는 자에 대하여 이를 출판할 권리(이하 '출판권'이라 한다)를 설정할 수 있다(저작 63조)"고 규정한다. 따라서 저작권자가 자기의 저작물에 관하여 제3자에게 출판권을 설정한 경우 출판권의 설정을 받은 자를 출판권자라 하며, 출판권자는 설정기간 동안 당해 저작물을 출판할 수 있는 독점적 권리를 가진다. 따라서 출판권은 물권유사의 권리이며 마치 부동산에 대한 용익물권과 같은 권리이다.

원래 저작권의 부분적 권능인 출판권을 저작권법상 독립한 권리로서 인정한 것은 "출판자의 권익을 보호하여 그들로 하여금 안전한 지위에 놓이게 함으로써 출판의 원활을 기하기 위하여 출판자에게 준물권적·배타적 권리를 부여할 필요가 있기 때문"이다.[22)]

출판이 행해지는 경우에 일반적으로 세 가지 형태의 계약을 생각해 볼 수 있다. 제1은 보통 출판허락계약이며, 제2는 허락받은 자가 독점적으로 출판할 수 있는 계약이며, 제3은 저작권법 제3장 이하의 출판권설정계약이다.

각 계약의 차이는 제1의 경우는 배타성도 없고 제3자의 출판행위를 금지할 권능도 없다. 제2의 경우는 제3자의 출판행위에 대해 저작권자에게 채무불이행의 책임만을 물을 수 있을 뿐 제3자의 이용행위는 금지시킬 수 없다. 제3의 경우가 출판권을 설정하는 것이며 출판권자는 제3자의 출판행위에 대해서 직접 손해배상은 물론 출판행위 자체도 금지시킬 수 있다.

◎ 소위 매절(買切)에 대하여

출판업계에서 매절이라는 용어가 흔히 쓰인다. 그 의미하는 바는 대략 저작물 이용대가를 판매부수에 따라 지급하지 아니하고, 한꺼번에 미리 일괄 지급하는 모든 경우를 통칭하는 개념이다. 국어사전에 의하면 매절이란 "상인이 팔다가 남더라도 반품하지 않는다는 약속으로 모개로 사는 일"로 정의되어 있다. 이에 유추하여 본다면 결국 매절이란 잘 팔려 이익을 보든 전혀 안 팔려 손해를 보든 일체의 위험부담은 출판자가 하고, 당해 저작물에 관한 권리를 사는 것이며, 실무에서도 대략 이렇게 인식하고 있다. 문제는 저작물에 관한 권리라고 막연히 인식되고 있는 거래내용이

22) 장인숙, 「저작권법개론」(1960), 172면.

빈번히 저작자쪽 인식과 출판자쪽 인식이 서로 달라 분쟁의 불씨가 되고 있다. 출판자가 위험부담을 한다는 점을 강조하여 그 대가로서 출판자에게 저작재산권 등이 양도된 것으로 출판자쪽에서 주장할 여지가 전혀 없는 것은 아니나 판매부수에 따른 인세제의 경우에도 인세의 지불이 선급되지 않을 뿐 복제물이 팔리지 않는다고 저작자가 책임을 지는 것도 아닌 이상 위험부담을 전면에 내세우는 것은 근거가 박약하며, 사용료의 선급은 다만 저작의욕을 부추기기 위한 인센티브 이상의 의미는 없다고 볼 것이다. 결국 저작자와 출판자 사이에 행하여진 매절계약의 법적 의미를 어떻게 볼 것인가는 기본적으로 당사자의 의사표시의 해석문제이며, 구체적인 경우에 개별적으로 판단하여야 할 일이나, 출판자가 지급한 대가가 현저히 고액이라는 등 특단의 사정이 없는 한 이를 저작재산권(혹은 복제권 및 배포권)의 양도계약으로는 볼 수 없으며, 독점적인 출판허락이나 출판권설정계약으로 해석하여야 할 것이다.

2. 출판권의 설정

출판권 설정에 대하여는 기존 출판권 규정이 그대로 적용되므로, 기존 출판권 설정 내용이 그대로 적용되며, 출판권과 관련하여서는 기존 출판권자의 권리 및 의무에 관한 규정을 모두 배타적발행권 규정에 준용(제63조의2)하도록 하고 있다.

따라서 구두합의만으로도 배타적 권리인 출판권 설정이 가능하다. 그러나 등록하지 아니하면 제3자에게 대항할 수 없다. 한편 전자출판의 경우는 기존의 출판권의 내용에 포함되지 않으며, 전자출판을 하려면 '복제 · 전송'에 대한 허락이 있어야 하므로, 기존의 출판계약에 '복제 · 전송'할 권리가 포함되어 있다면 문제되지 않겠으나, 포함되어 있지 않다면 전자출판을 위해서는 기존 출판권과는 별도의 계약이 있어야 한다. 나아가 기존의 계약에 전자출판에 관한 사항이 포함되어 있다고 하더라도 그것이 배타적발행권의 설정에 관한 것인지 아니면 단순히 (채권적인) 출판허락에 관한 것인지에 대해서는 구별이 필요하다. 결국 종이책 출판과 전자책 출판을 아울러, 그리고 타인을 배제하고 혼자서만 하려고 하면 출판권 설정은 물론, 배타적발행권의 설정도 함께 하여야 한다.

제8절 등 록

저작권의 등록이란 저작재산권의 이전 등 저작권법상의 소정의 사항을 저작권등록부에 기재하는 것 또는 그 기재를 말한다. 저작권법에는 이러한 저작권 등록 외에도 출판권, 배타적 발행권이나 저작인접권에 대해서도 등록제도가 마련되어 있다(저작 63조, 90조 참조). 우리 저작권법은 무방식주의를 채택하고 있으므로 저작권의 등록은 권리발생의 요건이 아님은 물론 저작재산권의 이전 등에 있어서도 효력발생요건이 아니라 대항요건으로 되어 있다.

그 외에도 법은 저작자나 저작권자를 이익보호를 위한 특별한 등록제도를 마련하고 있다. 우리법이 인정하는 등록에는 i) 저작자 관련 등록, ii) 저작물 관련 등록, iii) 최초발행 · 공표일의 등록, iv) 저작재산권의 변동 등에 관한 등록, v) 기타 대통령령으로 정한 사항에 대한 등록이 있다. 그리고 등록된 저작물에 대해서는 다음과 같은 혜택을 주고 있다: ① 손해배상청구시 등록된 저작권을 침해한 경우는 침해자에게 과실이 있는 것으로 추정(저작 125조 4항), ② 법정손해배상의 청구(저작 125조의2 3항).

◎ 무등록 양수인의 고소권여부(대법원 2002.11.26.선고 2002도4849 판결)

저작재산권을 양도받은 사람은 그 양도에 관한 등록여부에 관계없이 그 저작재산권을 침해한 사람을 고소할 수 있다. * 동일한 취지의 판결에 「대법원 2006.7.13.선고 2004다10756 판결」이 있다.

◎ 프로그램의 임치

저작권법은 2002년 컴퓨터프로그램보호법 개정시 도입된 프로그램의 임치재도를 도입하였다. 프로그램의 임치는 프로그램저작권자와 프로그램의 사용허락을 받은 자가 프로그램 거래시 그 원시코드 및 기술정보 등을 제3자(수치인)에게 위탁해 두고, 저작권자가 폐업 기타 불가피한 사유로 사업을 계속할 수 없을 경우, 미리 정해진 일정의 조건(개시조건)하에 그 원시코드 등을 사용자에게 공개함으로써 사용자의 보호와 소프트웨어의 사장화를 방지하기 위한 제도이다. 프로그램의 저작재산권자와 프로그램의 이용허락을 받은 자는 대통령령으로 정하는 자("수치인")와 서로 합의하여 프로그램의 원시코드 및 기술정보 등을 수치인에게 임치할 수 있으며, 프로그램의 이용허락을 받은 자는 제1항에 따른 합의에서 정한 사유가 발생한 때에 수치인에게 프로그램의 원시코드 및 기술정보 등의 제공을 요구할 수 있다(저작 101조의7).

제9절 저작권침해에 대한 구제

Ⅰ. 권리침해의 의의 · 태양

1. 권리침해의 의의

권리침해라 함은 권원 없이 권리목적물을 이용해서 타인의 권리를 해하는 것이다. 권원 없이 이용한다라는 것은 저작권자 등의 승낙 기타 정당한 권한 없이 이용한다는 의미이며, 저작권 제한규정에 의해 자유이용이 인정되는 경우나 법정허락규정에 의해 권한 있는 기관의 허락을 받은 경우 등은 권원 있는 이용이고 저작권침해를 구성하지 아니한다. 권리목적물이란 저작물, 2차적 저작물 등과 실연 · 음반 · 방송 등 저작인접권의 대상을 말한다.

2. 저작권침해의 태양

저작권법상의 권리침해는 ⅰ) 저작재산권 침해, ⅱ) 저작인격권 침해, ⅲ) 출판권침해, ⅳ) 저작인접권 침해의 4가지 태양으로 분류할 수 있다. 또 저작권자 등의 권리보호에 만전을 기하기 위하여 이들 분류에는 직접 해당하지 아니하나 실질적으로는 이들 침해행위와 동시할 수 있는 일정한 행위에 대해서도 법은 권리침해행위로 보고 있다(저작 124조 참조).

(1) 저작재산권 침해의 유형

1) 무단이용 저작물의 무단이용에는 완전한 의미에 있어서의 복제, 즉 해적행위가 있고 이 경우는 이론상 문제가 되지 아니한다. 실제로 어려운 문제는 유

사한 형태의 침해에 있어 일어난다. 원래 작풍이나 style의 모방, 아이디어의 이용은 저작권을 침해하는 것은 아니고 표현형식의 도용(盜用: plagiarism)만이 침해를 구성한다.

저작권침해냐 아니냐를 판단하기 위해서는 두 가지 요소를 고려하여야 한다. 첫째, 독자적으로 창작한 것이 아니고 저작물을 도용하였다고 볼 만한 증거[이를 미국 판례들은 접근(access)이라고 표현한다]가 있어야 한다. 이는 정황증거에 의하여 판단되지만 원고의 저작물이 널리 알려져 있다거나 피고가 원고의 저작물에 접근할 기회가 있었다거나 유사성이 현저하거나(striking similarity) 또는 공통의 오류(common error, 지도저작물 등에 일부러 오류를 만들어 두는 예도 있다고 한다)가 있다면 접근(access)이 사실상 추정되며 피고의 단순한 우연일치라는 주장에 법원은 회의적이 될 수밖에 없을 것이다. 유사성이 크면 클수록 우연의 일치나 독립제작 또는 공통소재나 공유저작물의 이용이라는 항변은 고도의 반증을 요한다.

둘째, 두 작품 간에 실질적 유사성(substantial similarity)이 있어야 한다.[23]

<table>
<tr><td colspan="4">동일한 아이디어</td></tr>
<tr><td rowspan="3">표현</td><td>실질적 동일</td><td>복제</td><td rowspan="2">저작권침해</td></tr>
<tr><td>실질적 유사</td><td>2차적 저작물 작성</td></tr>
<tr><td>비유사</td><td colspan="2">독립한 저작물(비침해)</td></tr>
</table>

대비된 저작물이 질적 또는 양적으로 어느 정도로 이용되었으면 저작권침해가 긍정되는 실질적 유사성이 인정될 수 있는지는 대단히 어려운 문제이다.

㈎ 당해 저작물의 창작성이 어디에 있고 창작성의 크기가 어느 정도이냐에 따라 달라진다. 실질적 유사성은 창작성 있는 부분, 즉 개인적 연원(individuelle Quelle)인 것에 한정되어야 하므로 창작성이 없는 부분만 유사하다면 저작권침해는 성립될 수 없다.

㈏ 창작적 표현이 유사하여야 하며 아이디어를 이용하였다는 것만으로는 저작권침해가 성립될 수 없다. 소설과 같은 픽션저작물은 사건구성, 전개과정, 등장인물의 성격부여, 문장표현 등에 있어서 구체적이고 특징적인 점을 추출하여

23) 이렇게 실질적 유사성, 또는 일본 판례들이 즐겨 사용하는 '표현상의 본질적 특성의 직접감득성'을 요구하는 이유는 우리법이 저작자의 권리로 복제권은 물론 2차적 저작물작성권까지 인정하고 있기 때문이다. 즉 2차적 저작물에도 권리가 미치기 때문이다.

제거해 나가면 어느 시점에 이르러 일반적인 이야기와 비슷한 경향을 띠게 되므로 그 시점을 포착하여 유사성을 찾아야 한다(abstractions test 또는 pattern test). 역사물과 같은 논픽션 저작물은 사건구성, 전개과정, 등장인물이 동일하거나 비슷할 수밖에 없으므로 원저작물이 거의 그대로 복제되어야 할 것이다. 미술저작물, 건축저작물, 사진저작물, 응용미술품은 유사성이 보편적 특징이나 속성 또는 보편적 제작기법에 기인한 것이라면 저작권 침해를 구성하지 아니한다(이들 저작물은 일반적으로 유사성의 범위가 좁다).

◎ 저작권침해 여부의 판단(어문저작물의 경우)

1) 저작물의 특정한 행이나 절, 기타 세부적인 부분이 복제된 경우(이른바 부분적 문자적 유사성, fragmented literal similarity)에는 어느 정도의 양이어야 저작권침해로 볼 것이냐가 문제된다. 공정한 '인용'의 경우 또는 양적으로 소량인 경우는 물론 저작권침해가 성립되지 아니하나 당해 저작물의 잠재적 수요를 감소시킬 가능성이 있는 정도라면 저작권침해를 구성한다고 보아야 할 것이다.
2) 어문저작물이 문장 대 문장으로 대칭되는 유사성이 없더라도 전체로서 포괄적인 유사성이 인정되는 경우(이른바 포괄적 비문자적 유사성, comprehensive nonliteral similarity)에도 실질적 유사성이 긍정될 수 있다. 이 경우는 통상인(ordinary observer)의 입장에서 전체적인 개념과 느낌(total concept and feel)을 중심으로 판단해야 한다. 부분적이고 미세한 것, 유사목록과 차이점 목록을 만들어 대비하는 것은 적절하지 못하다.

2) 부정이용　　저작물에 대하여 허락된 범위 외의 이용도 역시 무단이용으로 되어 저작권침해를 구성한다. 예컨대, 출판을 허락하였는데 출판권자가 무단히 영화제작자와 합의하여 영화화한 경우 등이다.

3) 침해의 의제　　저작권 자체의 직접적인 침해는 아니지만 저작권침해에 직결되는 행위로서 ⅰ) 국외에서 작성된 해적판의 수입행위 등과 같이, 수입시에 대한민국 내에서 만들어졌더라면 저작재산권의 침해로 될 물건을 대한민국 내에서 배포할 목적으로 수입하는 행위, ⅱ) 저작재산권을 침해하는 행위에 의하여 만들어진 물건(ⅰ의 수입물건을 포함)을 그 정을 알면서 배포하는 행위 및 ⅲ) 프로그램의 저작권을 침해하여 만들어진 프로그램의 복제물(제1호에 따른 수입 물건을 포함한다)을 그 사실을 알면서 취득한 자가 이를 업무상 이용하는 행위를 저작권침해로 보고 있다(간주규정: 저작 124조 1항).

4) 기술조치 및 권리관리정보의 보호 "기술적 보호조치"라 함은 저작권 그 밖에 이 법에 따라 보호되는 권리에 대한 침해 행위를 효과적으로 방지 또는 억제하기 위하여 그 권리자나 권리자의 동의를 얻은 자가 적용하는 기술적 조치를 말하며(저작 2조 28호), "권리관리정보"는 i) 저작물 등을 식별하기 위한 정보, ii) 저작자 · 저작재산권자 · 출판권자 · 프로그램배타적발행권자 · 저작인접권자 또는 데이터베이스제작자를 식별하기 위한 정보, 또는 iii) 저작물 등의 이용 방법 및 조건에 관한 정보나 그 정보를 나타내는 숫자 또는 부호로서 각 정보가 저작물 등의 원본이나 그 복제물에 부착되거나 그 공연 · 실행 또는 공중송신에 수반되는 것을 말한다(저작 2조 29호).

저작권법은 이러한 기술적 보호조치나 권리관리정보를 제거하거나 변경하는 것 등을 금지하고 있다(저작 104조의2, 104조의3 참조).

(2) 저작인격권 침해의 유형

저작인격권 침해의 유형은 그 내용을 구성하는 지분권에 따라 i) 공표권침해, ii) 성명표시권 침해, iii) 동일성유지권 침해, iv) 저작자 사후의 인격권침해(저작 14조 2항)로 분류할 수 있고, v) 저작인격권 침해의 간주규정을 두어 저작자의 명예를 훼손하는 방법으로 그 저작물을 이용하는 행위는 저작인격권을 침해하는 행위로 본다(저작 124조 2항).

(3) 배타적발행권 및 출판권 침해의 유형

저작권자와의 사이에 배타적발행권 설정이나 출판권설정이 되어 있는 경우에 배타적발행권자나 출판권자 이외의 자가 당해 저작물을 무단발행 · 출판하는 것(불법출판)은 배타적발행권 · 출판권(이하 '출판권 등'이라 한다)이 제한되는 경우(저작 62조 2항, 63조 2항)를 제외하고는 출판권 등 침해로 된다. 즉 출판권 등 침해란 권한 없이 출판권 등이 설정된 타인의 저작물을 발행 · 출판함으로써 출판권 등을 침해하는 것이다. 한편 법은 더 나아가 출판권 등 침해의제규정을 두고 있다(저작 124조 참조).

(4) 저작인접권 침해의 유형

법이 특히 허용하는 경우를 제외하고 저작인접권자의 허락 없이 실연 · 레코드 및 방송을 무단이용하는 경우는 저작인접권 침해로 된다. 허락범위 밖의 이용은 범위 외의 부분은 무단이용이므로 저작인접권침해로 된다. 또 일정한 경우에 침해가 의제됨은 저작권 등과 같다(저작 124조 참조).

II. 민사상의 구제제도

1. 서 언

민사적 구제제도의 2대 지주는 침해금지제도(Injunction, Unterlassung)와 손해배상제도이다. 현행법은 부당이득반환청구권에 관한 규정을 두고 있지 아니하나 동 청구권을 부정하는 것이 아니고 민법의 부당이득반환에 관한 규정(민법 741조)에 의하여 동 권리를 행사할 수 있음은 당연하다 하겠다.

2. 저작권침해행위 금지청구권

권리자는 침해자에 대하여 침해행위의 금지를 청구할 수 있음과 아울러 침해행위에 의하여 만들어진 물건의 폐기나 그 밖에 필요한 조치를 청구할 수 있다.

침해행위에 의하여 만들어진 물건이란 무단출판된 인쇄물(그러나 예컨대 어느 서적 중 사진만이 무단복제되어 사진저작권을 침해한 것이라면 인쇄물 자체의 폐기청구는 과잉청구이고 그 중 무단복제된 사진부분만의 폐기를 청구하여야 한다), 무단작성된 연주레코드, 저작자의 허락 없이 저작물의 내용을 개변한 저작복제물 등이다. 그 밖에 필요한 조치에는 장래 침해의 금지를 담보하기 위한 담보제공 등을 생각할 수 있다. 또 법은 '보증금'의 공탁 없이 가처분결정을 내릴 수도 있도록 규정한다(저작 123조 3항).

3. 손해배상청구권

지적창작물의 도용에 기인한 경제적 이익을 불법행위자로부터 효과적으로 박탈하여 저작권자에게 보상케 해 주는 제도가 극히 필요함에 반하여 현실의 세계에 있어서는 그 입증의 곤란 때문에 법규정이 거의 유명무실하게 되어 버리는 경우가 많은 실정이다.

입증의 곤란을 구제하기 위하여 현행 저작권법은 손해액추정규정의 신설, 손해액의 재량 인정[24] 등 권리보호에 상당한 배려를 하고 있다. 또 저작인격권의 침해에 대하여는 손해배상청구와 함께 또는 이에 갈음하여 명예회복을 위한 필요한 조치를 청구할 수도 있다(저작 127조).

한미 FTA 이행을 위한 개정저작권법은 권리자의 손해액 입증의 어려움을 감경하고 손해배상의 실효성을 보장하기 위하여 사전에 일정한 범위 내에서 법에서 정하는 금액을 청구할 수 있는 법정손해배상의 청구제도를 규정하고 있다. 저작재산권자 등은 고의 또는 과실로 권리를 침해한 자에 대하여 사실심(事實審)의 변론이 종결되기 전에는 실제 손해액이나 제125조 또는 제126조에 따라 정하여지는 손해액을 갈음하여 침해된 각 저작물 등마다 1천만원(영리를 목적으로 고의로 권리를 침해한 경우에는 5천만원) 이하의 범위에서 상당한 금액의 배상을 청구할 수 있다(저작 125조의2).

4. 정보제공명령제도

2011년 개정법은 정보제공명령제도를 도입하였다. 정보제공명령제도란 법원이 저작권, 그 밖에 이 법에 따라 보호되는 권리의 침해에 관한 소송에서 당사자의 신청에 따라 증거를 수집하기 위하여 필요하다고 인정되는 경우에는 다른 당사자에 대하여 그가 보유하고 있거나 알고 있는 ① 침해 행위나 불법복제물의 생산 및 유통에 관련된 자를 특정할 수 있는 정보, ② 불법복제물의 생산 및 유통 경로에 관한 정보를 제공하도록 명할 수 있는 제도이다(저작 129조의2 1항).

5. 비밀유지명령제도

2011년 개정법은 비밀유지명령제도를 도입하였다. 비밀유지명령이란 저작권 등 침해소송에서 법원이 당사자가 보유한 영업비밀에 대하여 일정한 경우에는

24) 법원은 손해가 발생한 사실은 인정되나 제125조의 규정에 의한 손해액을 산정하기 어려운 때에는 변론의 취지 및 증거조사의 결과를 참작하여 상당한 손해액을 인정할 수 있다(저작 126조).

그 당사자의 신청에 따라 결정으로 다른 당사자, 당사자를 위하여 소송을 대리하는 자, 그 밖에 해당 소송으로 인하여 영업비밀을 알게 된 자에게 해당 영업비밀을 해당 소송의 계속적인 수행 외의 목적으로 사용하거나 해당 영업비밀에 관계된 비밀유지명령을 받은 자 외의 자에게 공개하지 아니할 것을 명할 수 있는 제도이다(저작 129조의3).

Ⅲ. 형사상의 제재

저작권법이 규정하는 특정사항에 관한 의무위반에 대해서 저작권법은 벌칙으로 제재를 가하고 있다. 벌칙의 적용에 대해서 형법총칙 및 형사소송법상의 제 규정의 적용이 있음은 말할 나위도 없다.

저작권범죄에 대해서는 원칙적으로 고의범만을 처벌하였다. 그러나 최근 저작권 환경의 변화로 일정한 경우에는 미수범(영상물녹화 등의 금지 위반의 경우), 과실범(암호화된 방송신호의 무력화 등의 금지)도 처벌한다(저작 136조 3항 3의5, 저작 137조 2항).

저작권 범죄에 대한 공소는 원칙적으로 고소가 있어야 한다(친고죄). 다만, 인터넷 환경에서 대규모 또는 반복적으로 이루어지는 저작권 침해는 권리자의 법익뿐만 아니라 사회 전체의 법익도 침해되므로 이에 대하여 권리자의 고소와 관계없이 검찰이 직권(ex officio)으로 공소를 제기할 수 있도록 비친고죄 적용범위를 확대할 필요가 있다. 한미 FTA 이행을 위한 개정 저작권법 제140조는 비친고죄 대상범위를 '영리를 위하여 상습적인(영리 & 상습)' 저작권 침해에서 '영리목적으로 또는 상습적인 경우(영리 or 상습)'로 확대하고 있다.

Ⅳ. 온라인서비스제공자의 책임제한 등

1. 온라인서비스제공자의 책임제한

오늘날 통신망상에서 많은 저작권 침해가 일어나고 있다. 통신망을 이용한 저작권 침해에 대해서는 타인의 저작물을 무단으로 전송한 직접침해자가 책임을 지는 것은 당연하나, 많은 경우에 직접적 침해자는 배상능력이 없는 개인이므로 실효성 있는 배상을 위해서는 온라인서비스제공자에 의한 저작권침해 방지의무를 부과하는 문제가 중요하게 떠오르고 있다.

그래서 우리 판례도 P2P 등의 경우에는 민법 제760조의 방조책임을 인정하고 있다. 그러나 책임을 가중하면 온라인서비스사업자의 사업은 위축될 수밖에 없다. 이것 또한 바람직하지 않다. 이에 미국저작권법 및 유럽연합의 전자상거래지침이 온라인서비스제공자의 책임감면사유를 개별적인 사유로 유형화시키는 것과 같이, 현행 저작권법 체제도 이를 유형화하여 책임을 감면하는 규정을 두고 있다(저작 102조, 103조 참조, 특수한 유형의 온라인 서비스제공자의 의무에 대해서는 104조 참조).[25]

2006년 개정 저작권법은 불법복제방지를 위하여 온라인서비스제공자의 책임강화(저작 103조 2항)와 특수한 유형의 온라인서비스제공자의 의무조항의 신설(저작 104조), 불법복제물의 수거 · 폐기 및 삭제명령제도의 도입(저작 133조)하였다. 지금까지 온라인서비스제공자들이 전송중단을 요청받은 뒤에도 그 대응이 늦은 경우가 많아 이로 인해 불필요한 또 다른 분쟁이 야기되었던 점을 감안하여, 요청을 받은 즉시 이에 대한 대응을 취하도록 명문화하였고, P2P 등과 같은 특수한 유형의 온라인서비스제공자에게도 권리자의 요청이 있을 경우 불법전송을 차단할 수 있는 기술적 조치(필터링) 등의 법적 의무도 명문화하였다. 또한 불법복제물의 수거 · 폐기 및 삭제명령제도는 그 동안 「음반 및 비디오게임물에 관한 법률」

25) 대체로 미국 저작권법 제512조의 경우와 유사하다. 즉, 저작권법 제102조는 온라인서비스제공자의 책임이 감면되는 것을 네 가지의 개별적인 사유, 곧 i) 콘텐츠를 수정하지 않고 자료를 전송(transmitting), 전송연결(routing), 연결제공하거나, 이러한 전송 등의 과정에서 자료를 중간적이고 일시적으로 저장하는 경우(1항 1호), ii) 자동적인 과정으로 이루어지는 캐싱(cashing)(1항 2호), iii) OSP가 통제하거나 운영하는 시스템에 존재하는 자료를 이용자의 지시에 따라 저장하는 경우(1항 3호 전단), iv) 정보검색도구를 이용하여 온라인상의 일정한 위치에 이용자를 전송시키거나 연결시키는 경우(1항 3호 후단) 등으로 유형화하고 있다. 예컨대, 정보검색도구 서비스제공자가 면책되기 위해서는 ① 저작물의 송신을 개시하지 않을 것, ② 저작물 등이나 수신자를 선택하지 않을 것, ③ 저작권 등을 침해하는 자의 계정을 해지하는 방침을 채택하고 합리적으로 이행할 것, ④ 저작물 등을 식별하고 보호하기 위하여 권리자가 이용한 기술조치를 수용하고 방해하지 않을 것이라는 요건을 충족하여야 한다(저작 102조, 103조 참조).

과 「출판 및 인쇄진흥법」, 컴퓨터프로그램보호법 등에 흩어져 있던 행정강제의 근거규정을 저작권법으로 통합하거나 확대적용한 것으로, 이를 통하여 사법상 구제절차에 비하여 보다 더욱 신속한 권리구제가 가능할 것으로 생각된다.

2. 온라인 불법복제 근절과 저작물 유통활성화를 위한 법체계 정비

2009년 개정법에서는 온라인상 불법복제를 효과적으로 근절하기 위해 보다 강력한 규제를 할 수 있는 근거를 두고 있다(제133조의2). 이에 따라 문화체육관광부장관은 일정한 경우 온라인서비스제공자에게 '불법복제물 전송자의 계정 정지' 및 '불법복제물 유통 게시판에 대한 서비스 정지'를 명령할 수 있다.

한편, 개정법에서는 한국저작권보호원은 온라인서비스제공자의 정보통신망을 조사하여 불법복제물 등이 전송된 사실을 발견한 경우, 이를 심의의원회 심의를 거쳐 온라인서비스제공자에 대하여 ⅰ) 경고, ⅱ) 불법복제물 등의 삭제 또는 전송 중단, ⅲ) 반복적으로 불법복제물 등을 전송한 복제·전송자의 계정정지 등의 시정조치를 권고할 수 있도록 규정하고 있다(제133조의3).

3. 불법침해자 정보제공 청구제도

한미 FTA 이행을 위한 개정저작권법은 권리주장자가 온라인서비스제공자로부터 저작권을 침해한 것으로 주장되는 가입자의 신원정보를 소송에 필요한 범위 내에서 획득할 수 있도록 하는 절차를 새로이 도입하였다(저작 제103조의3).

권리주장자는 민·형사상의 소제기를 위하여 필요한 최소한의 정보를 온라인서비스제공자에게 요청하였으나 온라인서비스제공자가 이를 거절하였을 경우, 문화체육관광부장관에게 정보제공을 명령할 것을 청구할 수 있다. 다만, 개인정보의 보호를 위하여 성명·주소 등 소제기를 위하여 필요한 최소한의 정보로 제한하고, 목적 이외의 사용을 금지하고, 금지를 위반한 경우에 3년 이하의 징역 또는 3천만원 이하의 벌금에 해당하는 벌칙을 규정하고 있다(저작 136조 2항 3호의2).

6 chapter 기타 지적재산법

제1절 부정경쟁방지법

Ⅰ. 서 설

우리 경제질서는 자유경쟁을 전제로 하나 거기에는 일정한 한계가 있고 적어도 공서양속 내지 신의성실의 원칙에 어긋나는 경쟁은 원래 허용될 수 없는 것이다. 자기의 경업(영업에 있어서 경쟁)상의 지위를 유리하게 하기 위하여 다른 사람의 창작(발명 · 디자인 · 저작물 등)을 몰래 훔쳐 쓰거나 널리 알려진 타인의 영업상 표지(상표 · 상호 · 서비스표 등)와 비슷한 표지를 사용하여 그가 힘들여 쌓아 올린 경제상의 유리한 지위 내지 경쟁력을 부정 이용하거나 거기에 기생하는 행위는 물론 그 밖에도 허위광고 · 영업비방 · 종업원매수 · 산업스파이 · 덤핑 등은 어느 것이나 경업상 지켜져야 할 경쟁윤리 내지 Fair Play 정신에 어긋나는 불공정한 경쟁행위에 속한다고 할 수 있다.

◎ 자유경쟁 위반과 공정경쟁 위반

리트너 교수는 다음과 같이 자유경쟁위반과 공정경쟁위반(부정경쟁)을 설명한다. "프로권투선수가 서로 짜고 승부를 조작하면 자유경쟁위반이며, 한 선수가 다른 선수의 벨트 아래를 가격하여 쓰러뜨리면 공정경쟁위반(부정경쟁)이다."

그러므로 세계 여러 나라의 입법 · 판례는 이러한 비건설적 내지 비기여적 경업을 금지함으로써 경업에 있어서 공정을 꾀하려고 하고 있다. 다만 발명 · 실용신안 · 디자인 · 저작물은 각각 특별법에 의하여 보호되고 있으므로 부정경쟁방지법의 영역에서는 이들은 직접 보호되지 아니하지만, 경업상 보호받을 만한 가치 있는 이익이 존재하는 경우에 특히 문제된다.

따라서 부정경쟁방지법은 지적재산권 보호측면에서는 특허법이나 상표법 등에 의하여 보호되지 아니하는 주지상표나 영업비밀의 보호에 커다란 역할을 하고 있다. 이하 우리 법이 규정한 부정경쟁행위유형 및 영업비밀에 대해서 간단히 살펴보는 것으로 한다.

II. 우리법이 인정하는 부정경쟁행위

종래 우리 법은 부정경쟁행위 일반을 규제할 수 있는 일반조항을 두고 있지 아니하며, 단지 부정경쟁행위로서 금지청구를 할 수 있는 행위유형을 다음과 같이 한정열거하고 있었다: 상품주체혼동행위, 영업주체혼동행위, 저명표시모용행위, 도메인이름에 관한 부정경쟁행위, 원산지허위표시, 출처지오인야기행위, 상품질량오인야기행위, 상품형태모방행위 및 영업비밀의 부정이용행위(한정열거주의). 그러나 2013년 개정으로 타인성과의 모방에 한정되지만 보충적 일반규정을 도입하였다.

1. 상품주체 혼동행위

상품주체 혼동행위는 국내에 널리 인식된 타인의 성명, 상호, 상표, 상품의 용기, 포장 기타 타인의 상품임을 표시한 표지와 동일 또는 유사한 것을 사용하거나 이러한 것을 사용한 상품을 판매, 반포 또는 수입, 수출하여 타인의 상품과 혼동을 일으키는 행위를 말한다. 이른바 주지상표 등 모용에 의한 혼동초래행위이다.

상품주체 혼동행위(부정 2조 1호 가목)는 다음의 영업주체 혼동행위(부정 2조 1호 나목)와 더불어, 이른바 passing-off 또는 palming off라고 불리어지는 유형의 전형적인 부정경쟁행위이다.

이러한 혼동초래행위의 금지는 단순한 사적 이익의 보호는 물론 더 나아가서 공정경쟁질서의 유지에도 봉사하고 있다고 할 수 있다. 그러나 개인보호가 현재 우리 부정경쟁방지법의 기본적인 보호법익임을 잊어서는 안 된다.

부정경쟁방지법에서 보호되는 상표나 상호는 주지성(周知性)을 취득하여 거래계에 공시되어 있으면 충분하고, 등록·등기되어 있음을 요하지 않는다. 주지, 즉 널리 알려진 상품표지(상표가 대표적임), 영업표지(상호가 대표적임) 등 영업상 사용되는 표지는 상표법이나 상법 기타 법령에 따른 등록이나 등기 등의 여부에 불문하고 부정경쟁방지법의 보호를 받으므로 등록된 상표나 서비스표, 등기된 상호와 같은 영업상 사용되는 표지가 주지로 되면 상표법, 상법 등과 부정경쟁방지법에 의해 중복적으로 보호를 받게 된다.

2. 영업주체 혼동행위

영업주체 혼동행위는 국내에 널리 인식된 타인의 성명, 상호, 표장 기타 타인의 영업임을 표시하는 표지(상품 판매·서비스 제공방법 또는 간판·외관·실내장식 등 영업제공 장소의 전체적인 외관을 포함)와 동일 또는 유사한 것을 사용하여 타인의 영업상의 시설 또는 활동과 혼동을 일으키게 하는 행위를 말한다(부정 2조 1호 나목).

여기에서 규정하는 성명, 상호, 표장은 영업표지의 예시에 불과하며, 기업표나 영업표장 등 그것이 영업을 나타내는 표지인 이상 모두 이에 포함된다. 영업표지 중에는 상호가 주요한 것이나 여기에 있어서 상호는 약칭·애칭을 포함하며 상법에 의한 상호보호의 대상보다 넓고 탄력적인 개념이다. 등기상호일 필요는 없다. 등록되지 아니한 트레이드 드레스(trade dress), 서비스표, 프랜차이즈, 표장, 상품화권자 등도 주지성을 획득하여 영업표지화된 경우에는 여기에 해당한다.

◎ 혼동의 구조

(1) 혼동의 의의 　혼동에는 상품표시와 상품표시 사이의 혼동과 상품출처와 상품출처 사이의 혼동이 있다. 또 출처의 혼동에는 출처가 동일이라고 생각하는 혼동(협의의 혼동)과 양자 사이에 어떤 관계가 존재하는 것은 아닌가라고 생각하는 혼동(광의의 혼동)이 있다.

상품주체 혼동행위에 있어서의 혼동은 상품과 상품 사이의 혼동뿐만 아니라 상품주체간의 광의의 혼동까지 포함하는 넓은 개념으로 봄이 지배적 견해이다. 과거의 전통적 이론은 공통의 활동분야(common field of activity)에서의 혼동, 즉 현실의 경쟁관계를 전제로 해서 동종의 상품 혹은 영업의 범위 사이에만 출처의 혼동이 생기는 것이지 상품이나 영업이 전혀 다른 경우는 속칭 "메이커가 같다"라는 출처의 혼동이 생길 리가 없으므로 혼동개념을 좁게 해석하였었다.

그러나 식별력이 특히 강한 저명상표나 저명상호의 경우에는 관계가 없는 이종상품이나 영업에 사용되어도 특히 기업의 다각화 경향에 따라 어느 정도 혼동을 일으키며, 심리적인 연상작용에 의해 양자는 일정한 관계(예: 계열회사)에 있는 것은 아닌가라는 인상을 준다(confusion of sponsorship). 이러한 행위는 직접적·유형적 손해(예컨대, 매출감소 등)는 발생시키지 아니할지 모르나 많은 노력과 비용을 들여 획득한 타인상표 등의 저명성에 무단편승하여 부당히 이용하는 것(free ride)이 될 뿐 아니라, 나아가서 그 상표 등의 독특한 이미지를 손상시켜, 그 이미지를 약화 내지 희석화(dilution)시킨다. 이러한 현상은 경쟁관계의 존재를 전제로 하는 전통적인 혼동이론으로는 해결하기 어려우므로 2001년 개정법은 희석화에 대한 규정을 신설하였다.[1] 혼동은 반드시 현실의 혼동을 초래함을 요하지 아니하며 혼동의 구체적 위험으로 족하다.

(2) 혼동과 유사의 관계　혼동은 경쟁관계의 근사성과 표지의 근사성에 의해서 일어난다. 경쟁관계에 있어서 상품이나 영업의 동종성이 강하면 강한 만큼 혼동의 위험이 크며 또 표지의 근사성이 강하면 강한 만큼 혼동의 위험이 크다. 상표법은 유사하면 혼동이 생길 개연성이 크므로 유사라는 형식적 기준에 의해 등록상표의 간이신속한 보호를 꾀하기 위하여 이를 법적인 개념으로 끌어올려 상품유사·상표유사는 등록상표권 침해로 정형화하고 있으나 부정경쟁방지법은 실질적인 혼동초래행위를 금지시키려는 것이므로 실질적인 혼동의 개념이 중요하며 유사하다는 것(즉 상표법상 유사개념)은 혼동초래 여부를 판단키 위한 보조적·자료적 사실로서의 의미를 가진다. 따라서 주지성을 획득한 상품표지와 동일 또는 유사한 상품표지를 사용하여 상품을 생산·판매하는 경우 비록 그 상품이 주지성을 획득한 상품표지의 상품과 다른 상품이라 하더라도, 한 기업이 여러 가지 이질적인 산업분야에 걸쳐 여러 가지 다른 상품을 생산·판매하는 것이 일반화된 현대의 산업구조에 비추어 일반 수요자들로서는 그 상품의 용도 및 판매거래의 상황 등에 따라 당해 상품표

---

1) 후원관계 또는 계열관계의 혼동은 광의의 혼동개념에 포함시킬 수 있지만 전혀 이종의 상품·영업에 사용되어 혼동의 가능성이 없는 희석화(dilution)는 원래는 혼동개념의 확장으로는 해결할 수가 없는 영역이므로 특별한 보호규정을 두는 것이 현재의 추세이다[미국 제너럴 모터스(GM)의 자동차에 관한 저명상표 Pontiac을 프랑스 기업이 냉장고에 사용한 사건에 관하여 1962년 프랑스법원은 상표권침해도 부정경쟁행위도 아니지만 고객흡인력을 손상하는 불법행위를 구성한다고 판결하였다].

지의 소유자나 그와 특수관계에 있는 자에 의하여 그 상품이 생산 · 판매되는 것으로 인식하여 상품의 출처에 혼동을 일으킬 수가 있으므로 부정경쟁행위에 해당한다 할 것이다.[2)]

3. 저명상표 희석행위

유명상표의 혼동 외에 비상업적 사용 등 정당한 사유 없이 유명상표의 표지(상품 판매 · 서비스 제공방법 또는 간판 · 외관 · 실내장식 등 영업제공 장소의 전체적인 외관을 포함)의 식별력이나 명성을 부당한 방법으로 손상시키는 것은 부정경쟁행위이다. 종전에는 국내에 널리 인식된 유명상표 등과 혼동을 일으키는 행위만 부정경쟁행위로 규정하였으나, 2001년 개정법 제2조 제1호 다목은 전국적으로 널리 인식된 저명상표의 식별력이나 명성을 손상시키는 행위를 부정경쟁행위 유형으로 추가하고, 법 제5조와 제6조에서는 이러한 행위는 소비자에게 직접적인 손해를 가져오는 다른 부정경쟁행위와 다르므로 고의가 있는 경우에만 손해배상과 신용회복의 책임을 묻도록 규정하고 있다.[3)]

4. 원산지 허위표시행위

원산지 허위표시행위는 상품이나 그 광고에 의하여 또는 공중이 알 수 있는 방법으로 거래상의 서류 또는 통신에 허위의 원산지의 표지를 하거나 또는 이러한 표지를 한 상품을 판매 · 반포 또는 수입 · 수출하여 원산지의 오인을 일으키게 하는 행위이다(부정 2조 1호 라목).

원산지(origin, Ursprung, origine)는 원래는 포도주, 치즈 등과 같이 특정 토지의 자연적 조건과 생산물의 특성, 품질과의 사이에 밀접한 관련이 있는 경우, 주로 농업생산물의 원래의 산지명칭(좁은 의미의 원산지명칭)을 보호하기 위하여 프랑스 등 유럽에서 발전된 개념이다.

원산지는 특정 생산품과 관련하여 널리 알려지고 특별현저성을 취득한 일정한 장소[예: 코냑(술), 뮌헨(맥주) 등], 지방[예: 샴페인(술), 라인(술) 등], 國[예: 스위스

---

2) 대판 2000.5.12, 98다49142; 대판 2001.4.10, 2000다4487.

3) 유명상표 보호에 관해서는 본서, 제6장 제4절 III(저명상표의 보호) 참조.

(시계), Korea(인삼)]을 모두 포함하며 행정구획명이라도 지장이 없으나 가공의 지명은 포함되지 아니한다.

원산지는 천연의 산출물(농산물 · 수산물 등)을 생산하는 지명만이 아니고, 가공 · 제조된 상품(술, 섬유, 화학제품, 기계류)을 산출하는 지명도 포함하는 것으로 해석되고 있다.

5. 출처지 오인야기행위

출처지 오인야기행위는 상품이나 그 광고에 의하여 또는 공중이 알 수 있는 방법으로 거래상의 서류 또는 통신에 그 상품이 생산, 제조 또는 가공된 지역 이외의 곳에서 생산 또는 가공된 듯이 오인을 일으키게 하는 표지를 하거나 또는 이러한 표지를 한 상품을 판매, 반포 또는 수입, 수출하는 행위를 말한다(부정 2조 1호 마목).

여기의 출처지는 생산지, 제조지, 가공지를 의미하며 원산지보다 넓은 개념이다. 유명한 생산지는 원산지 명칭에 해당하는 경우가 전형적이고, 유명한 제조 · 가공지의 예로는 Solinger(독일 철강제품), 런던(바바리 코트), 파리(향수) 등이다. 이러한 출처지표지는 허위일 필요는 없고 오인을 일으키게 하면 충분하므로 예컨대 국산품을 단순히 '외제'라고 표시한 것 또는 Made in U.S.A.라고 표시한 것은 물론 일본의 유명한 후지산을 배경으로 넣어 마치 일본제품인 것처럼 가공 · 암시적인 표시를 하는 것 등에까지 널리 적용되고 "-식, -스타일, -풍"(type, kind, nature) 등 용어를 사용하는 경우에도 소비자에게 오인가능성이 있는 한 여기에 해당한다고 보아야 할 것이다.

6. 품질 등 오인 야기행위

품질 등 오인 야기행위는 타인의 상품을 사칭하거나 상품 또는 그 광고에 상품의 품질, 내용, 제조방법, 용도 또는 수량의 오인을 일으키게 하는 선전 또는 표지를 하거나 이러한 방법이나 표지로써 상품을 판매, 반포 또는 수입 · 수출하는 행위이다(부정 2조 1호 바목).

품질 등 오인 야기행위는 수요자에 대한 부정수요 조종행위의 하나로서 허위

사기광고가 전형적인 것이다. 그것은 정당한 노력에 의하지 않고서, 자기의 불리한 조건의 감소, 유리한 조건의 증대를 꾀함으로써 부당히 경업상의 유리한 지위를 획득코자 하는 행위이며, 부정경업의 유형으로서는 원산지허위표시, 생산지 등 오인야기행위 등과 같이 고객의 부정획득행위(unfair catching of customers)의 유형에 속한다.

품질 등 오인 야기행위는 경쟁자 개인의 이익을 해치는 행위라기보다는 정당하게 영업 중인 경쟁자 전체에 대한 이미지 훼손, 고객획득가능성의 훼손을 초래하는 행위이자 시장의 일반적 파괴를 가져오는 행위이며 그 직접적 · 1차적 피해자는 일반소비자이므로 일반 소비자에게 금지청구권을 인정할 필요성이 있다.[4)]

7. 대리인의 상표권자의 동의 없는 사용행위

법 제2조 제1호 사목에서는 파리협약 당사국이나 세계무역기구 회원국 또는 상표법조약의 체약국에 등록된 상표권자의 대리인이나 대표자, 또는 대리인이나 대표자이었던 자가 정당한 사유 없이 상표권자의 등록상표와 동일 또는 유사한 상표를 그 상표의 지정상품과 동일 또는 유사한 상품에 사용하거나 그 상표를 사용한 상품을 판매 · 반포 또는 수입 · 수출한 경우를 부정경쟁행위 유형에 추가하고 있다.

이는 파리협약의 내용을 반영한 것으로서, 우리나라의 경우 권한이 없는 자의 상표출원과 등록을 방지하는 규정은 상표법에 반영하고 있었으나 상표권자의 허락을 받지 않은 대리인 등의 상표사용행위를 저지하는 규정은 그 동안 국내법에 이행규정이 없었는바, 2001년 개정법에 이를 반영한 것이다.

8. 주지상표 등을 도메인이름으로 사용하는 행위

정당한 권원이 없는 자가 다음의 어느 하나의 목적으로 국내에 널리 인식된 타인의 성명 · 상호 · 상표 그 밖의 표지와 동일하거나 유사한 도메인이름("도메인

---

4) 이러한 유형의 부정경업행위는 다수의 특별법에 의해 보호되고 있고 특히 표시 · 광고의 공정화에 관한 법률에 의한 행정적 규제로 허위, 과대광고에 관하여 매년 수십건씩 시정명령이 내려져 소비자 보호에 커다란 역할을 수행하고 있다.

이름"이라 함은 인터넷상의 숫자로 된 주소에 해당하는 숫자 · 문자 · 기호 또는 이들의 결합을 말한다)을 등록 · 보유 · 이전 또는 사용하는 행위는 부정경쟁행위이다(부정 2조 1호 아목).

i) 상표 등 표지에 대하여 정당한 권원이 있는 자 또는 제3자에게 판매하거나 대여할 목적

ii) 정당한 권원이 있는 자의 도메인이름의 등록 및 사용을 방해할 목적

iii) 그 밖의 상업적 이익을 얻을 목적

종래 타인의 주지 저명상표 등을 미리 선점하여(소위 cybersquatting) 부정한 이익을 꾀하려는 시도가 많았던 바 본호는 이를 정면으로 규제하기 위한 것이다.[5)]

9. 상품형태 모방행위

타인이 제작한 상품의 형태(형상 · 모양 · 색채 · 광택 또는 이들을 결합한 것을 말하며, 시제품 또는 상품소개서상의 형태를 포함한다)를 모방한 상품을 양도 · 대여 또는 이를 위한 전시를 하거나 수입 · 수출하는 행위는 부정경쟁행위이다(부정 2조 1호 자목). 다만, 다음 어느 하나에 해당하는 행위를 제외한다.

i) 상품의 시제품 제작 등 상품의 형태가 갖추어진 날부터 3년이 경과된 상품의 형태를 모방한 상품을 양도 · 대여 또는 이를 위한 전시를 하거나 수입 · 수출하는 행위

ii) 타인이 제작한 상품과 동종의 상품(동종의 상품이 없는 경우에는 그 상품과 기능 및 효용이 동일 또는 유사한 상품을 말한다)이 통상적으로 갖는 형태를 모방한 상품을 양도 · 대여 또는 이를 위한 전시를 하거나 수입 · 수출하는 행위[6)]

10. 아이디어의 부정사용

사업제안, 입찰, 공모 등 거래교섭 및 거래과정에서 경제적 가치를 가지는 타인의 기술적 또는 영업상의 아이디어를 그 제공목적에 위반하여 자신 또는 제3자

5) 본서 제6장 제4절 Ⅷ. 2. 이하 참조.

6) 이에 대해 자세한 것은, 배상철, "형태모방(데드카피) 방지제도에 관한 연구(연구보고서 2002-4)," 지식재산권연구센터, 2002 참조.

의 영업상 이익을 위하여 부정하게 사용하거나 타인에게 제공하여 사용하게 하는 행위는 부정경쟁행위이다(부정 2조 1호 차목). 다만, 제공받은 아이디어가 동종업계에서 널리 알려진 것이거나 아이디어를 제공받은 자가 제공받을 당시 이미 알고 있었던 사실을 입증하는 경우에는 면책된다.

11. 기타 타인성과 도용행위

제2조 1호 카목은 "그 밖에 타인의 상당한 투자나 노력으로 만들어진 성과 등을 공정한 상거래 관행이나 경쟁질서에 반하는 방법으로 자신의 영업을 위하여 무단으로 사용함으로써 타인의 경제적 이익을 침해하는 행위"를 부정경쟁행위로 추가하는 포괄규정을 둠으로써 성과모용행위에 한정된 것이기는 하지만 타인성과 도용행위를 효과적으로 금지할 수 있게 되었다.[7]

12. 국기 · 국장 등의 무단사용행위

부정경쟁방지법 제3조는 파리조약 당사국의 국기 등이나 국제기구의 표장을 허가 없이 사용하는 것을 금지하고 있다. 이는 주권의 상징이라 할 수 있는 국

7) (카)목은 보호대상인 '성과 등'의 유형에 제한을 두고 있지 않으므로, 유형물뿐만 아니라 무형물도 이에 포함되고, 종래 지식재산권법에 따라 보호받기 어려웠던 새로운 형태의 결과물도 포함될 수 있다. '성과 등'을 판단할 때에는 위와 같은 결과물이 갖게 된 명성이나 경제적 가치, 결과물에 화체된 고객흡인력, 해당 사업 분야에서 결과물이 차지하는 비중과 경쟁력 등을 종합적으로 고려해야 한다. 이러한 성과 등이 '상당한 투자나 노력으로 만들어진' 것인지는 권리자가 투입한 투자나 노력의 내용과 정도를 그 성과 등이 속한 산업분야의 관행이나 실태에 비추어 구체적 · 개별적으로 판단하되, 성과 등을 무단으로 사용함으로써 침해된 경제적 이익이 누구나 자유롭게 이용할 수 있는 이른바 공공영역(public domain)에 속하지 않는다고 평가할 수 있어야 한다. 또한 위 (카)목이 정하는 '공정한 상거래 관행이나 경쟁질서에 반하는 방법으로 자신의 영업을 위하여 무단으로 사용'한 경우에 해당하기 위해서는 권리자와 침해자가 경쟁관계에 있거나 가까운 장래에 경쟁관계에 놓일 가능성이 있는지, 권리자가 주장하는 성과 등이 포함된 산업분야의 상거래 관행이나 경쟁질서의 내용과 그 내용이 공정한지, 위와 같은 성과 등이 침해자의 상품이나 서비스에 의해 시장에서 대체될 수 있는지, 수요자나 거래자들에게 성과 등이 어느 정도 알려졌는지, 수요자나 거래자들의 혼동가능성이 있는지 등을 종합적으로 고려해야 한다(대법원 2020.3.26.선고 2016다276467 판결).

기 · 국장에 대한 국가의 관리권 침해를 규제하며 나아가 상품출처에 관한 소비자의 오인 우려를 금지하는 규정으로 파리협약 제6조 3에 의해 동맹국에 부과된 의무를 이행하기 위한 규정이기도 하다.

◎ 부정경쟁행위의 금지청구

공정한 경쟁질서를 유지하기 위해서는 부정경쟁행위 그 자체를 중지시키는 것이 가장 직접적이며 유효한 수단이므로, 법은 부정경쟁행위로 인하여 이익을 침해받은 자 또는 침해될 우려가 있는 자는 그 행위의 금지 또는 예방을 청구할 수 있다(부정4조)고 규정한다. 민법상 일반불법행위에 있어서는 금전배상이 원칙이나, 소비자보호와도 밀접한 관계를 가지고 있는 부정경쟁행위는 부정경쟁의 목적이나 고의 · 과실을 요하지 아니하고 즉시 금지시킬 필요성이 있기 때문이다. 그러나 우리 법은 부정경쟁행위에 대한 민사적 구제의 가장 유효한 수단인 금지 및 예방청구권을 영업상 이익이 침해된 자 및 침해될 우려가 있는 자에로 한정함으로써 독일처럼 사업자단체나 소비자단체에게, 나아가서 스위스처럼 소비자에게도 금지청구권 등을 인정하는 법제에 비하여 소비자 보호가 미흡하다.[8)]

Ⅲ. 영업비밀의 보호

1. 서 언

코카콜라의 제조비법이 엄청난 재산적 가치를 가지고 있음은 널리 알려져 있다. 고객명부나 판매계획 등의 영업상의 비밀이나 설계도면이나 제조기술 등 기술자료 등은 사업경영상 대단히 중요한 재산이다.

◎ 코카콜라의 제조비법

코카콜라는 세계인이 널리 마시는 음료수이나 그 원액의 성분이나 배합은 대표적인 영업비밀이다. 이를 전문적으로 분석하여도 알 수 없다고 한다. 코카콜라의 용기에는 그 성분으로서 물 · 설탕 · 인산 · 카페인 등 외에 '천연향료'가 표시되어 있지만 향료의 종류와 성분은 표시되어 있지 않다. 이들의 성분과 그 조정법은 극비로서 은

8) 다만 「소비자기본법」은 소비자단체소송을 인정한다(제70조 이하). 소를 제기할 수 있는 경우는 위해방지기준이나 표시시준, 광고기준 등을 위반한 경우이다.

> 행의 금고에 엄중하게 보관되어 있다고 하며, 이것은 100년이 넘는 역사를 가진 영업비밀임에 틀림없다. 그런데 최근 코카인의 마취성이 문제로 되어 코카콜라사는 원료는 코카에서 추출되는 액체를 사용하고 있지만 코카인은 20세기 초경에 사용을 금지하고 있다는 것, 원료인 코카는 페루에서 구입하는 것 등, 비밀정보의 일부를 공개해서 화제가 된 적이 있다.

영업비밀보호에 관한 법이론은 "duty based 이론"에서 재산권(property rights) 이론으로 발전해 가고 있다. 전자의 경우 영업비밀 침해책임은 비밀유지의무 위반 내지 계약위반 또는 불법행위에 관련되어 있으며, 영업비밀보호는 신뢰내지 비밀유지 관계(confidential relationships)를 보호하는 것을 주목적으로 하고 있다. 최근에는 재산권법적 보호경향이 미국을 중심으로 전개되고 있다. 재산권적 접근방법에서 중요한 것은 비밀유지 관계가 아니라 영업비밀의 부정이용(misappropriation)이다. 영업비밀은 일종의 재산권(property)이며 재산권의 특징을 갖고 있다. 재산권적 접근방법은 금지청구(injunctive relief)를 인정하는 반면, 대부분의 불법행위 또는 계약법적 접근방법은 금지청구와 관련되지 아니하고 주로 손해배상청구만을 인정하고 있다.

그 사이 우리나라에서 영업비밀의 보호는 민법의 불법행위규정이나 형법규정에 의하여 보호되었다. 또 계약에 의한 영업비밀의 보호도 유력한 방법이었다. 그러나 종래의 전통적인 영업비밀의 보호방법의 하나인 민사적 구제수단은 영업비밀의 보호에 충분한 보호방법이 아니었다. 이미 발생한 손해의 배상은 청구할 수 있지만 장차 사용하지 못하도록 금지청구는 할 수 없기 때문이다. 한편 현행형사법도 영업비밀의 누설 등 침해행위 그 자체를 범죄행위로 보아 처벌하는 규정은 없으므로 영업비밀을 침해하는 과정에서 발생하는 구체적인 어떤 행위가 형사법상 처벌대상이 되는 경우(예컨대 주거침입, 절도, 횡령, 배임 등)에만 그 구체적인 행위를 처벌함으로써 간접적으로 보호할 수 있을 뿐이었다. 이렇게 불실한 보호방법도 영업비밀의 중요성이 강조되기 전에는 그대로 용인될 수 있었다. 심지어 영업비밀의 강력한 보호는 기술공개를 유도하는 특허정책과 배치된다는 견해도 있었다.

그러나 최근 기술혁신의 현저한 진전, 경제사회의 정보화 등과 더불어 영업비밀의 중요성이 현저하게 증대되고, 특히 종업원의 직장이동이 현저하게 증가하자 영업비밀 그 자체를 보호하지 않을 수 없게 되었다. 또 영업비밀의 보호라고 하는 것은 단순히 재산의 보호라고 하는 개인의 이익옹호에 그치는 것은 아니며, 넓은 의미에서는 경쟁질서의 유지라고 하는 공익적 측면도 가지고 있다.

2. 영업비밀의 개념

부정경쟁방지법은 제2조 제2호에서 "영업비밀이라 함은 공연히 알려져 있지 아니하고 독립된 경제적 가치를 가지는 것으로서, 합리적 노력에 의하여 비밀로 유지된 생산방법·판매방법 기타 영업활동에 유용한 기술상 또는 경영상의 정보를 말한다"고 영업비밀의 정의 규정을 두고 있다.[9] 즉 부정경쟁방지법은 영업비밀의 개념요소로서 공연히 알려져 있지 않으면서(비공지성 또는 비밀성), 생산방법 또는 판매방법 기타 영업활동에 유용한 기술상 혹은 영업상의 정보로서 독립된 경제적 가치를 지니며(경제적 유용성), 합리적 노력에 의하여 비밀로 유지될 것(비밀유지성 또는 비밀관리성)을 요건으로 하고 있다. 이들 요건은 상호 밀접 불가분의 관계에 있는 것으로서 개개로 분리될 수 있는 것은 아니다.

구 부정경쟁방지법은 제2조 제2호 영업비밀의 성립요건과 관련하여 비밀관리성 요건을 '상당한 노력'에서 '합리적 노력'으로 완화하여 규정하고 있었으나, 2019년 개정법은 일정한 요건을 갖춘 생산방법, 판매방법 및 영업활동에 유용한 기술상 또는 경영상의 정보가 합리적인 노력에 의하여 비밀로 유지되어야만 영업비밀로 인정받던 것을, 합리적인 노력이 없더라도 '비밀로 관리'되었다면 영업비밀로 인정받을 수 있도록 영업비밀의 인정요건을 완화하였다.

2015년 개정 이전 부정경쟁방지법상 비밀관리성의 기준은 '상당한 노력에 의한 비밀관리'를 요건으로 하고 있었고, 2015년 개정법은 '합리적 노력에 의한 비밀관리'를 비밀관리성 기준으로 하고 있었다. 여기서 '상당한 노력'이란 비밀관리 의사를 가지고 영업비밀을 제한된 장소에 보관(예컨대 물리적 장소뿐만 아니라 전자적인 디지털 정보의 경우에는 그 저장 서버나 폴더 등에 보관)하면서 보관장소에 대한 출입이나 접근을 제한하거나, 비밀자료의 보관, 파기방법을 지정하거나 비밀취급자

9) 우리 법의 규정은 미국 통일영업비밀법(Uniform Trade Secret Act:UTSA) 제1조 제4항 제1·2호에서 정하는 영업비밀의 개념요소, 즉 비공지성·경제성·비밀유지성 등의 요건 및 일본 부정경쟁방지법 제2조 제4항에서 규정하고 있는 내용과 대체로 일치한다. 다만 일본법은 우리 법과는 달리 경제성의 요건을 별도로 언급하지 아니하고 있다.

를 특정하거나 비밀준수 의무를 부과하는 등의 방법으로 비밀을 관리하는 경우를 말한다. 현행법상 '비밀로 관리될 것'이라는 기준은 '상당성' 기준과 `합리성` 기준들에 비해서는 완화된 비밀요건 기준이지만, 어느 정도의 인적 · 기술적 조치 등을 취해야만 '비밀로 관리되고 있다'고 볼 것인지에 대한 구체적인 내용은 결국 판례를 통하여 형성될 수밖에 없을 것이다.

◎ 유사한 개념과의 구별

(1) 노하우(Know-how)　노하우는 영미법계의 법영역에서 실무에서 형성된 개념으로 기술적 노하우와 영업적 노하우로 구별하기도 하고 이 경우는 영업비밀과 유사한 개념이나 일반적으로는 노하우라고 하면 기술적 노하우(technological Know-how)를 의미한다. 즉 영업비밀 중 경영정보를 제외한 기술정보만을 지칭하는 경우가 많고 이 점에서 영업비밀의 일종이며 영업비밀보다 좁은 개념이라 할 수 있다. 다만 노하우는 비밀성을 갖추지 아니한 기술비결도 포함하므로[10] 이 점에서는 영업비밀보다 넓은 개념이다.

(2) 재산적 정보(Proprietary Information)　재산적 정보는 WTO/TRIPs에 규정된 용어이다. 대체로 영업비밀과 같은 의미이지만 영업비밀 이외에도 예컨대, 의약품이나 농약 등의 제품 제조허가를 얻기 위하여 정부에 제출하는 실험데이터 등 재산적 가치 있는 정보 등을 포함하는 개념으로 사용되고 있다. 그러므로 재산적 정보는 영업비밀보다 넓은 개념이라 할 수 있다. 이러한 先發企業의 정부제출 데이터는 지적재산으로 비공개되어 보호받을 충분한 이유가 있으나 이를 공개하도록 하는 나라도 있다. WTO/TRIPs 제39조는 公衆을 보호하기 위하여 필요한 경우 이외에는 부정한 영업적 사용으로부터 보호하도록 요구한다.

※ 약사법　제88조【제출자료의 보호】 ① 식품의약품안전청장은 의약품의 제조허가, 신약 등의 재심사, 의약품의 수입허가의 규정에 따라 제출된 자료에 대하여 그것을 제출한 자가 이를 보호하여 줄 것을 문서로 요청하면 이를 공개하여서는 아니 된다. 다만, 자료를 공개하는 것이 공익상 필요하다고 인정되는 경우에는 그러하지 아니하다.

---

10) ICC(International Chamber of Commerce, 국제상공회의소)와 발명에 관한 개발도상국을 위한 모범법[The Model Law for Developing Countries on Inventions, 1964, BIRPI(지적재산권보호 국제합동사무국: Bureaux Internationaux Réunis pour la protection de la propriété Intellectuelle: WIPO전신)]에 있어서도 노하우의 개념을 명확히 하려고 노력하여 "산업상 기술의 이용 및 적용을 위한 지식과 생산방법"이며 "제품생산 방법, 기술적 실행에 관한 지식, 전문지식, 경험의 총체"로 규정하고 있어 반드시 비밀성을 요하는 것은 아닌 것으로 규정하고 있다. 비밀성 있는 노하우는 영업비밀 중 가장 중요한 것 중의 하나임은 말할 나위도 없다.

② 제1항의 규정에 의하여 보호를 요청한 제출자료를 열람 · 검토한 자는 이로 인하여 취득한 내용을 외부에 공개하여서는 아니 된다.

(3) 트레이드 시크리트(Trade Secrets) 우리나라나 일본에서 사용하고 있는 개념인 영업비밀은 영미에서 발전한 트레이드 시크리트와 유사한 개념이다. 트레이드 시크리트라고 그대로 사용하면 이 법리가 미국에서는 확고히 정착되어 있어 중립적 입장에서 우리법 체계를 세우는 데는 적절하지 아니하다고 보아 비록 그 번역에 다름 아니지만 우리법은 영업비밀이라는 용어를 채택하였다.

3. 영업비밀침해행위

영업비밀의 침해행위라 함은 비밀로서 관리되고 있는 영업비밀을 그러한 관리상태를 부정한 방법으로 뚫고 들어가 이를 취득, 공개 또는 사용하는 것을 말한다. 따라서 영업비밀의 보유자로부터 유래하지 아니하는, 즉 같은 정보를 독자의 방법으로 취득하여 이를 공개 또는 사용하는 행위는 침해행위에 해당하지 아니한다. 우리나라의 부정경쟁방지법은 침해행위의 유형을 6개로 나누고 있으나,[11] 개

11) 일본 부정경쟁방지법 제2조 제1항 제4호 내지 제9호와 거의 같다. 다만, 다른 점은 일본의 경우는 이를 부정경쟁[행위]로 열거하고 있는 점이다. 한편, UTSA §1은, (1) "Improper means" include theft, bribery, misrepresentation, breach or inducement of a breach of a duty to maintain secrecy, or espionage through electronic or other means(부정한 수단에는 절도, 뇌물공여, 기망, 비밀유지의무 위반 또는 그 위반의 유인, 전자적 혹은 다른 수단에 의한 스파이 행위를 포함한다); (2) "Misappropriation" means[침해행위는 다음과 같다] i) acquisition of a trade secret of another by a person who knows or has reason to know that the trade secret was acquired by improper means; or(타인의 영업비밀을 그것이 부정한 수단에 의하여 취득되었음을 알거나 이를 알 수 있는 상태에서 취득하는 것, 또는) ii) disclosure or use of a trade secret of another without express or implied consent by a person who(다음의 각 경우에 해당하는 자가 명시적 혹은 묵시적 동의 없이 타인의 영업비밀을 공개 또는 사용하는 것) (A) used improper means to acquire knowledge of the trade secret; or(영업비밀을 알기 위하여 부정한 수단을 사용하였거나, 혹은) (B) at the time of disclosure of use, knew or had reason to know that his knowledge of the trade secret was(영업비밀을 공개 또는 사용할 당시에, 그 영업비밀이 다음과 같은 경위로 알려진 점을 알았거나 이를 알 수 있는 상태에 있었던 것) (Ⅰ) derived from or through a person who had utilized improper means to acquire it(영업비밀이 부정한 수단을 사용한 자로부터 직접 혹은 간접으로 유출된 것) (Ⅱ) acquired under circumstances giving rise to a duty to maintain its secrecy or limit its use; or(비밀유지 또는 사용제한의 의무가 과하여진 상태 하에서 얻어진 것) (Ⅲ) derived from or through a person who owed a duty to maintain its secrecy or limit its use; or(영업비밀을 유지 또는 사용제한의 의무를 부담

념적으로 4개의 유형으로 분류할 수 있다.

첫째, 절취·기망·협박 기타 부정한 수단으로 영업비밀을 취득하는 행위 또는 그 취득한 영업비밀을 사용하거나 공개(비밀을 유지하면서 특정인에게 알리는 것을 포함한다)하는 행위(부정 2조 3호 가목), 둘째, 근로자 또는 라이선시 등과 같이 영업비밀에 대한 접근이 허용된 반면, 계약관계 등에 의하여 영업비밀을 비밀로서 유지하여야 할 의무가 있는 자가 부정한 이익을 얻거나 그 영업비밀의 보유자에게 손해를 가할 목적으로 영업비밀을 사용 또는 공개하는 행위(부정 2조 3호 라목), 셋째, 영업비밀에 대하여 첫째의 부정취득행위 또는 둘째의 의무위반행위가 있는 사실을 알거나 혹은 중대한 과실로 알지 못하고 그 영업비밀을 취득하는 행위 또는 그 취득한 영업비밀을 사용하거나 공개하는 행위 부정경쟁방지법 제2조 제3호 나목(전자), 마목(후자) 넷째, 일단 영업비밀을 취득함에 있어서는 선의·무중과실이었으나, 그 후에 그 영업비밀에 첫째의 불정취득행위 또는 둘째의 의무위반행위가 개재되어 있는 사실을 알거나 중대한 과실로 알지 못하고 그 영업비밀을 사용 또는 공개하는 이른바 사후적 부정사용행위로[부정경쟁방지법 2조 3호 다목(후자), 바목(전자)] 나누어 볼 수 있다.

이상의 6가지 유형을 이해의 편의를 위해 도시하면 다음과 같다.

〈1〉 정당한 보유자(A) ⋯⋯➤ (B) ⋯⋯➤ (C)

부정취득, 사용, 공개 (3호 가목)
- (1) 악의, 중과실로 취득 후 사용, 공개 (3호 나목)
- (2) 선의로 취득 후 악의, 중과실로 사용, 공개 (3호 다목)

〈2〉 정당한 보유자(A) ⋯⋯➤ (B) ⋯⋯➤ (C)

정당하게 개시 —— 부정목적으로 사용, 공개 (3호 라목)
- (1) 악의, 중과실로 취득 후 사용, 공개 (3호 마목)
- (2) 선의로 취득 후 악의, 중과실로 사용, 공개 (3호 바목)

하고 있는 자로부터 직접 또는 간접으로 유출된 것) (C) before a material change of his position, knew or had reason to know that it was a trade secret and that knowledge of it had been acquired by accident or mistake(상당한 지위의 변동이 있기 이전에, 그것이 영업비밀이라는 것과 그 영업비밀이 우연히 혹은 실수에 의하여 알게 된 것을 알았거나 이를 알 수 있었던 경우).

이상의 영업비밀의 침해행위에 대해서 법은 민사적 구제와 더불어 형사적 구제를 인정하고 있다. 즉 법은 민사적 구제로서 영업비밀보유자에게 금지청구권, 손해배상청구권, 신용회복청구권을 인정한다(부정 10조 내지 12조). 2019년 개정법은 징벌적 손해배상제도를 도입하여, 영업비밀의 침해행위가 고의적인 것으로 인정되는 경우에는 손해로 인정된 금액의 3배를 넘지 아니하는 범위에서 배상액을 인정할 수 있도록 하고 있다(부정 14조의2 6항). 또 영업비밀의 부정 취득 및 사용 등의 기존 영업비밀 침해행위뿐 아니라 부정한 이익을 얻거나 영업비밀 보유자에게 손해를 입힐 목적으로 영업비밀을 지정된 장소 밖으로 무단유출하거나 영업비밀 보유자로부터 영업비밀의 삭제 또는 반환을 요구받고도 이를 계속 보유하는 행위 등도 영업비밀 침해행위로서 처벌하도록 하고, 영업비밀 침해행위에 대한 벌칙으로 원칙적으로 영업비밀을 외국에서 사용하거나 외국에서 사용될 것임을 알면서도 한 경우에는 15년 이하의 징역 또는 15억원 이하의 벌금, 그 밖의 경우에는 10년 이하의 징역 또는 5억원 이하의 벌금에 처한다(부정 18조 1항 및 2항).

◎ 미국의 경제스파이법(Economic Espionage Act)

미국의 경제스파이법이 클린턴 대통령의 서명으로 1996년 10월 11일 발효되었다. 경제스파이법은 말하자면 「형사 영업비밀보호법」이며, 영업비밀의 침해행위를 형사처벌하기 위한 연방법이다. 종래 미국에서의 영업비밀보호는 보통법이나 각 주의 「영업비밀보호법」을 통해 주 차원에서 보호되었다. 그러나 모든 주가 영업비밀보호법을 가지고 있는 것도 아니고[12] 설사 가지고 있더라도 「영업비밀보호법」은 민사법이다. 주에 따라서는 형법 중에 영업비밀침해행위를 처벌하는 규정을 가지고 있는 곳도 있으나 그 내용이 통일되어 있는 것도 아니다. 특히 냉전체제의 종식 후 미국의 영업비밀은 과거 미국의 우방국(예컨대 프랑스나 이스라엘 등)에 의해서도 절취되어 막대한 피해를 보고 있다. 영업비밀침해가 주제 또는 국제적인 문제로 되면 주의 「영업비밀보호법」은 의미가 없다. 여기서 제정된 것이 1996년의 경제스파이법이다.

본법은 두 유형의 영업비밀침해행위를 처벌한다. 하나는 외국정부기관이 관여된 스파이 행위이고, 또 하나는 기업 또는 개인이 이익을 도모하기 위해서 영업비밀을 침해하는 행위이다. 이렇게 형사법으로 출발한 연방경제스파이법은 연방 차원에서의 민사적 구제의 요구가 점차 높아짐에 따라 2016년 제정된 '연방영업비밀방어법(Defend Trade Secrets Act: DTSA)'을 통해 연방경제스파이법에 민사적 구제 수단이 추가되었다.

---

12) 1993.5. 약 39개주가 영업비밀보호법을 가지고 있었다.

◎ 기술자의 전직과 영업비밀(대법원 2003.7.16.자 2002마4380 결정)

[1] 근로자가 전직한 회사에서 영업비밀과 관련된 업무에 종사하는 것을 금지하지 않고서는 회사의 영업비밀을 보호할 수 없다고 인정되는 경우에는 구체적인 전직금지약정이 없다고 하더라도 부정경쟁방지 및 영업비밀보호에 관한 법률 제10조 제1항에 의한 침해행위의 금지 또는 예방 및 이를 위하여 필요한 조치 중의 한 가지로서 그 근로자로 하여금 전직한 회사에서 영업비밀과 관련된 업무에 종사하는 것을 금지하도록 하는 조치를 취할 수 있다.

[2] 부정경쟁방지 및 영업비밀보호에 관한 법률 제2조 제2호의 영업비밀이라 함은 공연히 알려져 있지 아니하고 독립된 경제적 가치를 가지는 것으로서, 상당한 노력에 의하여 비밀로 유지된 생산방법 · 판매방법 기타 영업활동에 유용한 기술상 또는 경영상의 정보를 말하는 것이고, 영업비밀침해금지를 명하기 위해서는 그 영업비밀이 특정되어야 할 것이지만, 상당한 정도의 기술력과 노하우를 가지고 경쟁사로 전직하여 종전의 업무와 동일 · 유사한 업무에 종사하는 근로자를 상대로 영업비밀침해금지를 구하는 경우 사용자가 주장하는 영업비밀이 영업비밀로서의 요건을 갖추었는지의 여부 및 영업비밀로서 특정이 되었는지 등을 판단함에 있어서는, 사용자가 주장하는 영업비밀 자체의 내용뿐만 아니라 근로자의 근무기간, 담당업무, 직책, 영업비밀에의 접근 가능성, 전직한 회사에서 담당하는 업무의 내용과 성격, 사용자와 근로자가 전직한 회사와의 관계 등 여러 사정을 고려하여야 한다.

[3] 근로자가 회사에서 퇴직하지는 않았지만 전직을 준비하고 있는 등으로 영업비밀을 침해할 우려가 있어서 이를 방지하기 위한 예방적 조치로서 미리 영업비밀침해금지 및 전직금지를 구하는 경우에는 근로자가 회사에서 퇴직하지 않았다고 하더라도 실제로 그 영업비밀을 취급하던 업무에서 이탈한 시점을 기준으로 영업비밀침해금지기간 및 전직금지기간을 산정할 수 있을 것이지만, 근로자가 회사에서 퇴직한 이후 전직금지를 신청하는 경우에는, 전직금지는 기본적으로 근로자가 사용자와 경쟁관계에 있는 업체에 취업하는 것을 제한하는 것이므로, 근로자가 영업비밀을 취급하지 않는 부서로 옮긴 이후 퇴직할 당시까지의 제반 상황에서 사용자가 근로자가 퇴직하기 전에 미리 전직금지를 신청할 수 있었다고 볼 특별한 사정이 인정되지 아니하는 이상 근로자가 퇴직한 시점을 기준으로 산정하여야 한다.

Ⅳ. 자유무역협정에 따라 보호하는 지리적 표시의 사용금지 등

2011년 개정법은 제3조의2에 「자유무역협정에 따라 보호하는 지리적 표시의 사용금지 등」 규정을 신설하였다. 그 내용은 다음과 같다.

1. 정당한 권원이 없는 자는 대한민국이 외국과 양자간(兩者間) 또는 다자간

(多者間)으로 체결하여 발효된 자유무역협정에 따라 보호하는 지리적 표시(이하 '지리적 표시'라 한다)에 대하여는 부정경쟁방지법 제2조 제1호 라목 및 마목의 부정경쟁행위 이외에도 지리적 표시에 나타난 장소를 원산지로 하지 아니하는 상품(지리적 표시를 사용하는 상품과 동일하거나 동일하다고 인식되는 상품으로 한정한다)에 관하여 다음 행위를 할 수 없다(부정 3조의2 1항).[13]

1) 진정한 원산지 표시 이외에 별도로 지리적 표시를 사용하는 행위

2) 지리적 표시를 번역 또는 음역하여 사용하는 행위

3) "종류", "유형", "양식" 또는 "모조품" 등의 표현을 수반하여 지리적 표시를 사용하는 행위

2. 정당한 권원이 없는 자는 다음 각 호의 행위를 할 수 없다.

1) 부정경쟁방지법 제3조의2 제1항 각 호에 해당하는 방식으로 지리적 표시를 사용한 상품을 양도 · 인도 또는 이를 위하여 전시하거나 수입 · 수출하는 행위

2) 부정경쟁방지법 제2조 제1호 라목 또는 마목에 해당하는 방식으로 지리적 표시를 사용한 상품을 인도하거나 이를 위하여 전시하는 행위

제2절 반도체집적회로의 배치설계에 관한 법률

Ⅰ. 서 언

반도체칩 또는 반도체집적회로란 한 변이 수 mm에 불과한 반도체 기판 위에 트랜지스터, 콘덴서, 저항 등의 회로소자들을 도선으로 연결하여 집적시킨 전자회로이다.[14] 반도체집적회로의 출현은 겨우 30여년 전이다. 그러나 그 후의 눈부

13) 그러나 다음 각 호의 요건을 모두 갖춘 자는 해당 상표를 그 사용하는 상품에 계속 사용할 수 있다(부정 3조의2 3항).

1. 국내에서 지리적 표시의 보호개시일 이전부터 해당 상표를 사용하고 있을 것
2. 제1호에 따라 상표를 사용한 결과 해당 지리적 표시의 보호개시일에 국내 수요자 간에 그 상표가 특정인의 상품을 표시하는 것이라고 인식되어 있을 것

신 기술혁신의 결과로서 고집적화가 급속하게 이루어져 현재는 컴퓨터, OA기기, 가전제품, 자동차 등 산업경제, 국민생활의 모든 면에서 그 이용이 도모되고 있다. 이러한 집적회로의 생명은 그 설계에 있다. 트랜지스터 등 아무리 많은 소자를 집적시켰다고 하더라도 그것이 해내는 일이 신통치 않으면 집적의 의미가 없다. 그러므로 어느 회사가 어떤 목적을 갖는 반도체를 가장 우수하게 만들어냈는지 여부는 기업의 사활과도 직결된다.

여기서 우수한 반도체란 좀더 많은 기능을 한 개의 칩에 넣었는가, 작동속도가 빠른가, 고장률은 작은가, 에너지 절약이 되는가 등으로 평가될 수 있을 것이다. 예를 들어 A회사가 VTR용의 우수한 반도체소자를 개발해 기계의 작동에서부터 색상조절 등 모든 기능을 하나로 집적시켰다고 가정하고, B사는 동일한 효과를 내기 위해서 재래식 반도체 수십 개를 써서 제품을 만들었다고 가정하면, 아마도 B사는 경쟁에서 살아남기 힘들 것이다. 이것을 지도제작에 비유한다면 서울시의 자동차운전자들이 참고로 하는 교통지도를 A사는 1장의 종이에 건물의 위치까지 일목요연하게 만들고, B사는 엉성하게 그려 1권의 책으로 만든 것과 같다. 지도를 사는 사람이라면 자연히 값도 싸고 찾기도 쉬운 A사의 것을 사게 된다. B사의 것은 값이 비쌀 뿐만 아니라 한 지점에서 다른 지점으로 가려면 여러 장을 넘겨 가면서 찾아야 하기 때문이다.[15] 반도체의 설계는 이처럼 제품의 사활을 좌우할 수 있는 가장 중요한 요소가 된다.

오늘날 반도체칩의 집적도가 높아 감에 따라 설계비용도 더욱더 증가하고 있다. 그러나 일단 개발된 칩을 복제하는 것은 기술적으로도 극히 용이하며, 비용도 극히 적게 들어 복제의 유혹은 더욱 커지고 있다.[16] 그러한 복제를 무한정 용인한다면 새로운 반도체칩의 개발을 위한 투자는 위축될 것이다. 따라서 투자의 기술적 성과인 새로운 반도체칩, 특히 배치설계를 법적으로 보호하는 것이 반도체산

---

14) 우리법은 '반도체집적회로'라 함은 반도체재료 또는 절연재료의 표면이나 반도체 재료의 내부에 한 개 이상의 능동소자를 포함한 회로소자들과 그들을 연결하는 도선이 분리될 수 없는 상태로 동시에 형성되어 전자회로의 기능을 가지도록 제조된 중간 및 최종단계의 제품을 말한다고 정의(반도 2조 1호)하고 있다.

15) 중앙일보사간, 중앙신서 106, 「알기 쉬운 반도체이야기」, 123면.

16) 배치설계를 창작하는 경우는 기간은 3년~5년반이 걸리고 비용은 400만 달러 이상 소요되는 데 비해 복제하는 데는 3~5개월의 시간과 5만 달러 이하의 비용이면 족하다고 한다(김호원, "반도체칩 보호법의 입법추진방향과 우리의 대응," 「월간 공업소유권」 1990.3, 65면).

업의 지속적 성장을 위해서는 필수적이다. 그러나 기존법제를 가지고 반도체집적회로의 배치설계를 보호하는 데는 상당한 문제점이 있다.

1. 특허법

회로의 배치는 일정한 스페이스 내에 얼마나 효율적으로 회로기능을 집적시키느냐 하는 기술의 성과물이다. 그 연구개발과정은 물리적 제 조건의 제약을 극복회피하는 과정이며, 특허법상의 발명의 정의인 자연법칙을 이용한 기술적 사상의 창작(특허 2조 1호)에 추상적으로는 해당할 수 있다. 그러나 회로배치의 창작은 경험에 의한 시행착오의 반복이며, 특허요건인 신규성 · 진보성을 충족시킨다고는 말하기 어려워, 회로배치 그 자체에는 특허권이 성립한다고 생각하기 어렵다.

2. 디자인보호법

디자인보호법에는 디자인을 시각을 통하여 美感을 일으키게 하는 것이라고 정의(디자인 2조 1호)하고 있으나 회로배치란 육안으로 식별하는 것은 곤란함은 물론, 본래 미감을 일으키는 것을 목적으로 하는 것도 아니다. 그러므로 디자인보호법에 의한 회로배치의 보호는 생각하기 힘들다.

3. 저작권법

회로배치설계와 저작권과의 관계는 아주 미묘하다. 집적회로의 설계공정에서 얻어지는 각종의 설계도는 저작권법상의 도형저작물(저작 4조 1항 8호)에 해당한다고도 할 수 있다. 그러므로 회로배치설계는 저작권법으로 보호하면 될 것같이 보인다. 그런데 문제는 해적판 반도체칩을 제조하는 자들은 이러한 원래의 설계도를 복제하는 것이 아니라 시중에 나와 있는 반도체칩 그 자체를 모방한다.

원래 반도체칩을 제조하기 위해서는 설계공정을 거친 뒤 마스크를 작성하고, 그것을 사용하여 웨이퍼상에 전자회로를 만드는 제조공정을 거쳐야 한다. 그 때 보통은 8~12장의 마스크를 사용하고 전자빔, 이온빔을 이용한 노광기술, 프리즈마 이온법을 이용한 에칭기술, CVD장치를 이용한 성막기술 등의 최선진 기술 및 노하우 등의 200여 가지에 이르는 일련의 공정을 거치지 않으면 안 된다. 그러므로 시중에 나와 있는 반도체칩을 이용하여 반도체칩을 제작하는 자에게 저작권침해를 인정하기 위해서는 복잡한 공정을 거쳐 제작된 반도체칩을 설계도나 그 후에 작성된 마스크의 복제물로 보아야 하는데 이것은 마치 설계도에 따라 조립한 기계를 설계도의 복제물로 보거나 요리책에 따라 만들어진 요리를 요리책의 복제물로 보는 것과 마찬가지로 무리한 견해라고 할 것이다.[17)]

이에 선진국에서는 새로운 특별법을 만들어 이를 보호하여 왔다. 즉 1984년 미국의 반도체칩법과 1985년 일본의 반도체집적회로의 회로배치에 관한 법률 그리고 1986년에 발표된 지침(Directive)에 따라 정비된 EU 각국의 국내법 등이 그것이다. 한편 1989년에는 반도체칩 보호를 위한 국제조약으로서 워싱턴조약이 성립되었으며, WTO/TRIPs협정에서도 제35조 이하에서 이를 보호하고 있다.

우리나라는 1992.12.8. 「반도체집적회로의 배치설계에 관한 법률」(법률 4526호)(본서에서는 배치설계법이라 부른다)을 제정하였다.

우리법도 제 외국의 그것과 마찬가지로 특허법적 보호방법도, 저작권법적 방법도 아닌 제3의 보호방법을 채택하고 있다. 즉 ⅰ) 배치설계권은 登錄을 하여야만 권리가 발생하며, ⅱ) 기본적으로 창작성만을 요구하고 특허법과 같은 신규성이나 진보성을 요구하지 아니하며, ⅲ) 동일 유사한 배치설계라 하더라도 모방한 것이 아니면 권리의 병존을 인정하며, ⅳ) 보호기간이 단기간이며, ⅴ) 리버스 엔지니어링을 정면으로 인정한다. 이렇듯 본법은 지적재산의 보호를 위한 새로운 보호방법을 개척하였다는 커다란 의미를 가지고 있다.

Ⅱ. 배치설계법의 내용

1. 보호의 대상

배치설계법상 권리의 대상은 독자적으로 창작된 반도체집적회로의 배치설계이다. 배치설계라 함은 반도체집적회로를 제조하기 위하여 각종 회로소자 및 그

---

17) 반도체집적회로법제문제연구회 편, 「해설 반도체집적회로법」, 교세이, 1986, 19면.

들을 연결하는 도선(導線)을 평면적 또는 입체적으로 배치한 설계를 말한다(반도 2조 2호).

이렇듯 보호의 대상은 소자 및 도선의 배치설계이며, 소자나 도선 그 자체는 아니다. 개개의 소자나 도선 그 자체의 형상은 특허나 실용신안의 객체는 될 수 있어도 본법의 보호대상인 배치설계는 아니다.

2. 권리의 주체(권리자)

회로배치권의 주체는 회로설계의 창작을 한 자 또는 그 승계인이 된다. 회사 등, 법인의 업무에 종사하는 자가 업무상 창작한 배치설계는 특약이 없는 한 당해 법인 등이 창작자이다(반도 5조). 이 점은 직무상 발명의 경우에 발명을 한 개인이 특허받을 권리를 가지며 사용자는 그 통상실시권만 갖도록 규정한 발명진흥법(발명진흥 10조)과는 대조적이다.

3. 보호의 요건

배치설계법의 보호를 받기 위해서는 당해 배치설계가 독창성을 가지고 있을 것, 즉 타인이 창작한 배치설계의 모방이 아닐 것 및 설정등록이다.

(1) 독창성

독창성이란 스스로 창작한 것으로 타인의 배치설계의 모방이 아니라는 의미이며 저작권법상의 그것과 기본적으로는 같으며, 특허법상의 신규성이나 진보성과는 다르다. 다만 배치설계의 보호도 그것이 기술의 보호라면 이미 공지로 된 배치설계와 동일 · 유사한 것까지 보호할 필요는 없다. 우리법도 이러한 취지에서 통상적이 아닌 경우에만 독창성을 인정한다(반도 2조 3호).

(2) 설정등록

등록은 배치설계권의 발생요건이다. 배치설계권의 설정등록을 신청하고자 하는 자는 소정의 설정등록신청서와 자료를 제출하여야 한다(반도 19조 2항). 이렇듯 권리발생에 설정등록이 필요하다는 측면에서는 산업재산권과 유사하다. 그러나 설정등록 이전에 최대한 2년간은 상업적 이용을 통해서 기술적인 면뿐만 아니라 시장성 등 경제적인 면에서 그 배치설계의 가능성을 확인해 볼 수 있는 기회를 허용하고 있는 점 및 형식적 심사주의에 그치고 있는 점이 특허법 등 산업재산권법과 다르다.

1) 시간적 한계　　등록은 영리를 목적으로 그 배치설계를 최초로 이용한 날로부터 2년 이내에만 가능하다. 2년이 경과한 후에는 등록을 할 수 없으며 당해 배치설계는 公有(public domain)로 되어 누구나 자유롭게 이용할 수 있다.

2) 형식적 심사주의　　배치설계의 설정등록은 특허법 등에 있어서와 같이 엄밀한 심사가 사전에 행하여지는 것은 아니며 신청서 및 첨부서류로부터 설정등록을 하여서는 안 되는 것이 명백한 경우가 아닌 한 등록을 할 수 있도록 하여 신속한 등록을 보장한 점에 그 특색이 있다.

즉 설정등록의 신청이 있는 경우에 통상산업부장관은 i) 신청자가 창작자 등이 아닌 경우, ii) 창작자 등이 2인 이상으로서 공동신청을 하여야 함에도 그러하지 아니한 경우, iii) 영리를 목적으로 그 배치설계를 최초로 이용한 날로부터 2년이 지난 후에 등록신청을 하는 경우, iv) 기타 대통령령이 정하는 사유에 해당하는 경우에는 신청을 각하하되 이상의 경우를 제외하고는 설정등록을 하여야 한다(반도 20조 1항, 21조 2항).

4. 권리의 내용

배치설계의 창작자는 등록설정을 함으로써 배치설계권이라는 배타적 권리를 갖게 된다. 배치설계권이란 영리를 목적으로 등록배치설계를 독점적으로 이용하는 권리이다(반도 8조).

배치설계의 이용이란 i) 배치설계를 복제하는 행위, ii) 배치설계에 의하여 반도체집적회로를 제조하는 행위, iii) 배치설계, 그 배치설계에 의하여 제조된 물품을 양도·대여하거나 또는 양도나 대여를 위하여 전시하거나 수입하는 행위를 말한다(반도 2조 4호).

배치설계권의 존속기간은 설정등록일로부터 10년이다(반도 7조 1항). 다만 영리를 목적으로 그 배치설계를 최초로 이용한 날부터 10년 또는 그 배치설계의 창작일로부터 15년을 초과할 수 없다(반도 7조 2항).

5. 배치설계권의 효력이 미치지 아니하는 범위

배치설계법은 배치설계권의 효력이 미치지 아니하는 범위를 다음과 같이 규정하고 있다.

1) 배치설계권은 교육 · 연구 · 분석 또는 평가 등의 목적이나 개인이 비영리적으로 사용하기 위한 배치설계의 복제 또는 복제의 대행에는 미치지 아니하며(반도 9조 1항 1호), 이러한 연구 · 분석 또는 평가 등의 결과에 의하여 제작된 것으로서 창작성이 있는 배치설계에는 권리의 효력이 미치지 아니한다(반도 9조 1항 2호). 이것은 소위 리버스엔지니어링(역분석)이 산업계에서 정당한 관행으로 인정되고 있는 것을 법이 그대로 승인하여 규정한 것이다.

◎ 리버스 엔지니어링

리버스 엔지니어링이란 제품의 해석에 의하여 제품에 구현되어 있는 제조방법, 기술수준, 노하우 등을 평가하여 자신의 기술수준의 향상을 도모하는 행위이다. 종래 리버스엔지니어링 문제는 ⅰ) 해석이나 평가를 위한 전제로서 분해하는 행위 자체가 침해행위로 되는지 여부, ⅱ) 해석이나 평가행위가 위법으로 되는지 여부, ⅲ) 더 나아가서 그 결과 얻어진 정보를 기초로 하여 자사제품을 개발하는 행위가 허용되는가 하는 세 가지 문제로 대별할 수 있다. 일본 반도체칩법 제12조 제2항은 2단계까지를 허용하는 듯한 표현을 사용하고 있음에 대하여 미국 반도체칩법 제906조(a)(2)는 명백히 3단계까지 허용하고 있다. 우리 반도체칩법도 3단계까지 허용한다.

2) 배치설계권은 창작성이 있는 동일한 배치설계에는 미치지 아니한다(반도 9조 1항 3호). 이것은 독립적으로 창작된 배치설계는 아무리 동일하다 하더라도 각각 보호되는 것을 의미한다. 즉 배치설계권에는 차단효가 인정되지 아니한다. 이 점에서 저작권법과 유사하며, 특허법 등 산업재산권법과는 다르다.

3) 배치설계권의 효력은 적법하게 제조된 반도체집적회로 등(반도체집적회로 또는 그 반도체집적회로를 사용하여 제조된 물품)을 인도받은 자가 그 반도체집적회로 등에 대하여 영리를 목적으로 양도 · 대여 · 전시 · 수입하는 행위에는 그 효력이 미치지 아니한다(반도 9조 2항).

이것은 권리자가 그 권리의 객체인 물품을 타인에게 양도한 때에는 그 이상은 권리행사를 할 수 없다는 특허법에서 확립된 소모이론을 명문화한 것이다. 미국 반도체칩법상 소위 최초판매의 항변(first sale defense)과 유사한 것이다.

4) 배치설계권의 효력은 타인의 등록된 배치설계를 불법으로 복제하여 제조된 반도체집적회로 등을 선의이며 과실 없이 인도받은 자가 그 반도체집적회로 등에 대하여 영리를 목적으로 양도 · 대여 · 전시 · 수입하는 행위에는 그 효력이 미치지 아니한다(반도 9조 3항). 다만 선의자라 하더라도 자신이 구입한 반도체집적회로 등이 타인의 등록된 배치설계를 불법으로 복제하여 제조되었다는 사실을 안 이후에는 통상의 이용료 상당액을 지급하여야 한다(반도 38조).

6. 권리침해에 대한 구제조치

(1) 민사적 구제

1) 금지청구권 등 배치설계권자 또는 전용이용권자는 그의 배치설계권 또는 전용이용권을 침해하거나 침해할 우려가 있는 자에 대해서 그 침해의 금지 또는 예방을 청구할 수 있으며, 침해행위에 의하여 만들어진 집적회로 등의 회수폐기 및 기타 침해행위에 사용되는 제조장치 등의 폐기 등, 침해의 예방에 필요한 조치를 함께 청구할 수 있다(반도 35조).

2) 손해배상청구권 배치설계권자 또는 전용이용권자는 고의 또는 과실로 그 권리를 침해한 자에 대하여 손해배상을 청구할 수 있다(반도 36조).

3) 보상금청구권 배치설계권은 설정등록에 의해서 발생하나 영리적 이용을 개시한 후부터 등록할 때까지의 사이에 제3자가 악의로 배치설계를 모방하여 영리적으로 이용하는 경우에는 배치설계의 설정등록 후 권리자는 이들 침해자에 대해서 사용료 상당액을 보상금으로 청구할 수 있다. 다만 복제된 배치설계를 이용하여 제조된 반도체집적회로 등을 선의이며 과실 없이 인도받은 자에 대해서는 행사할 수 없다(반도 37조).

4) 이용료청구권 이미 본 바와 같이 선의 · 무과실로 침해품인 반도체집적회로를 인도받은 자에 대해서는 권리의 효력이 미치지 아니하나 선의 · 무과실의 양수자가 그 후 침해의 사실을 알았음에도 영리목적으로 이를 이용하거나 이용하기 위해서 보유하거나 운송 중에 있는 경우에는 권리자는 통상의 이용료에 상당하는 금액의 지급을 청구할 수 있다(반도 38조 1항).

(2) 형사처벌

권리를 침해한 자에 대해서는 3년 이하의 징역 또는 5천만원 이하의 벌금에 처한다(반도 45조 1항). 법인의 대표자 또는 법인이나 개인의 대리인, 사용인, 기타의 종업원이 그 법인 또는 개인의 업무에 관하여 본죄를 범한 경우에는 행위자를 벌하는 외에 그 법인 또는 개인도 해당조의 벌금형을 과한다(반도 49조). 본죄는 친고죄이다(반도 45조 2항).

제3절 식물신품종보호법

Ⅰ. 서 언

특허제도로는 식물품종을 보호하는 데 일정한 한계가 나타남에 따라, 서구의 육종관계자들은 국제적인 식물품종보호의 제도적 실현이 요청되었다. 식물신품종을 육성한 자를 보호하기 위해 1961년 파리에서 「식물의 신품종의 보호에 관한 국제조약」(Union pour la protection des obtentions végétales: UPOV)이 체결되어 지금까지 육종의 진흥을 통한 농업 및 관련산업의 발전에 커다란 기여를 해왔다. 그러나 최근의 생명공학의 발전은 식물품종보호제도에서 당초 예상하지 못한 새로운 형태의 식물품종의 출현, 종묘의 대량증식, 식물기능의 다양한 이용이 가능하게 되었다. 따라서 식물품종보호제도는 이에 대한 검토가 필요하게 되었다. 그런데 식물은 자기증식능력이나 개체간의 변이 등의 특수성이 있기 때문에 생명공학에 의한 성과물이 특허제도로 보호되기 위해서는 특허의 보호가능성, 특허권이 미치는 범위 등에 관하여 여러 가지 불명확한 점이 지적되고 있다. 따라서 생명공학에 의한 성과물이 보호되기 위해서는 어떤 형태로 보호하는 것이 적당한가라는 문제가 제기된다. 이에 따라 UPOV이사회는 1987년에 「1978년 조약」의 개정에 착수하여 1990년 10월에 개정안("the Basic Proposal")을 채택하였고 1991년 3월 19일에 국제외교회의에서 이 개정안이 1991년 조약("the 1991 Act")으로 채택되었다.[18] 1991년 조약에서는 품종발명자(육종자)의 지위를 강화하고 있다. 먼저 1978년 조약은 식물품종보호의 방식에 관해서 특허와의 관계에 있어서 '동일종류의 식물보호는 하나의 방식으로 행한다'고 하여, 식물품종에 대해 특허법 또는 특별법(sui generis) 양자에 의한 소위 '이중보호'를 금지하고 있었지만, 1991년 개정조약은 이 규정을 삭제하여 식물신품종에 대해서 육종자의 권리 이외에도 특허 등 다른 형태로 자유로이 보호할 수 있도록 보호방식에 대해서 각국의 판단에 위임하고 있다. 그리고 1991년 개정조약은 조약발효를 위한 5개국 이상의 비준 또는 가입요건이 충족됨에 따라(현재 7개국) 1998년 4월 24일을 기하여 발효되었다.

현재 UPOV조약은 회원국이 되기 위해서는 국내 식물품종보호법이 TRIPs협정과 부합되어야 한다는 전제규정을 두고 있다. TRIPs협정 제27조 제1항은 "… 물건이나 용도에 관한 기술분야의 발명이 신규성, 진보성 및 산업상이용가능성이 있는 때에는 특허의 대상이 되어야 한다"고 규정하고 있다. 따라서 생명체에 관한 발명도 그것이 이상의 특허요건을 충족하는 것일 때에는 원칙적으로 특허권의 보호대상이 될 수 있다고 본다. 또한 "미생물 이외의 동물과 비생물학적 또는 미생물학적 제법과는 다른 본질적으로 생물학적인 식물 또는 동물의 산출을 위한 제법을 특허대상에서 제외시킬 수 있다. 그러나 회원국은 특허 또는 별도의 다른 효과적 장치나 이들의 혼합형태를 통하여 변종식물을 보호하여야 한다"는 동조 제3항(b)의 규정에 의하여 제한을 받고 있다. 따라서 회원국은 식물변종을 반드시 보호하되 그 보호방법은 개별국의 사정에 따라 특허법으로 보호하거나 특별법으로 보호하는 것은 자유이다.

우리나라는 1946년 특허법 제정 이래 식물특허에 관한 규정을 두어 무성번식 식물에 한해 식물특허에 의해 보호하고 있었다. 유성식물의 경우에는 TRIPs협정 제27조 제3항에서 특허대상에 포함시킬 것을 규정하고 있다. 그래서 우리나라는 1995년 12월 6일 주요농작물종자법과 종묘관리법을 통합하여 종자관리체계를 일원화하고 TRIPs협정의 이행과 관련된 식물신품종육성자의 권리를 보호하는 제도를 도입하는 한편 각종 규제의 완화를 통하여 민간종자산업의 발전을 도모하고 농업 · 임업 및 수산업생산의 안정에 이바지하기 위하여 무성번식 식물품종뿐만

18) WIPO, *Introduction to Intellectual Property Theory and Practice*, Kluwer Law(1997), p.460.

아니라 유성번식 식물신품종까지 보호하는 종자산업법을 제정 1997년 12월 31일 시행함으로써 이 의무를 이행하고 있고, 1999년 1월 21일 개정에 의해서 UPOV 가입을 위한 제반 요건을 갖춤에 따라, 2002년 1월 17일 UPOV에 가입하였다. 2012년 6월 종자산업법은 개정되었는데, 식물신품종의 출원 · 심사 및 등록 등에 관한 절차적 규정은 별개의 법률인 식물신품종보호법(2013.6.2. 시행)으로, 종자의 보증 · 유통관리 등에 관한 실체적 규정은 기존 종자산업법으로 이원화되어 운영되고 있다.

식물신품종보호법은 특허법 체계를 모방하여 제정된 것으로, 식물신품종 자체를 보호하는 특허법과 유사한 규정이 다수 있으며 많은 규정이 특허법을 준용하고 있으나, 식물신품종보호법은 특허법과의 관계에 대해 어떤 언급도 없다.

II. 식물신품종보호법에 의한 신품종의 보호

1. 보호대상: 품종

특허권과 달리 식물품종보호권은 해당 식물품종에 대하여 구체적으로 인정되고 있다. 보호대상 식물에 관하여 1978년 조약에서는 최대한으로 보호 가능한 식물과 속을 점진적으로 늘려갈 수 있도록 하고 있었지만, 1991년 조약은 기존의 UPOV조약 체약국이 개정조약 가입 5년 경과 후에, 그리고 새로운 개정조약 가입국은 10년 경과 후에 각각 전체 식물의 속과 종을 보호대상으로 하여야 한다(조약 제3조). 이는 다양한 식물품종의 개발과 국제유통간의 활성화의 상황에 대응하기 위한 조치이다. 또한 여기에는 미생물의 취급이 논의되었다. 논의 결과, 결국 각국의 운용에 위임하였다. 품종보호의 대상이 되는 '식물'이란 무엇인가, 소위 미생물과 관련해서 문제가 되고 있다. 식물분류학상 광의의 해석에 의하면 식물이란 '세포벽을 가지고 있는 생물일반'이고, 이에는 균류 및 효모류도 식물로 분류된다. 이 점에 관하여 1991조약 채택을 위한 외교관회의에서는 식물의 의의에 관하여 어느 범위의 것을 품종보호의 대상으로 할 것인가에 대하여는 각국의 권한에 위임하고 있다. 한편, 1991년 조약 제1조는 품종의 개념에 대해서 상세히 규정하고 있다. 품종이란 "이미 알려진 최하위의 식물학적 분류 중의 식물집합"이고, ⅰ) 유전자형으로 유래하는 특성표현에 의하여 특정될 수 있을 것, ii) 적어도 하나의 특성 표현에 의하여 식물집합으로 구별될 수 있을 것, iii) 증식적정의 점에서 하나의 단위일 것이라는 요건을 충족시켜야 한다. 즉, 품종이란 개개의 식물체와는 구별되는 집합적인 개념이고, 유전자형에 기초를 두고 실제로 파악할 수 있는 실체를 갖는 것이다. 이 점에서 특허제도가 추상적인 기술적 사상을 보호하는 데 반해서, 품종보호제도가 현실적으로 존재하는 품종을 보호하는 것이므로 그 제도의 취지가 다른 것이다. 조약에 의하면 종간잡종 · 속간잡종도 최하위의 분류에 속하게 되지만, 세포 · 세포융합은 품종의 정의에서 제외되고 보호대상이 되지 않는다. 다만, 권리의 효력범위로서 세포를 포함하는 것은 별개의 문제이다.

구종자산업법에 의하여 품종보호를 받을 수 있는 대상작물은 벼, 보리, 야채, 과수, 임목 등 농산물 · 임산물의 생산을 위하여 재배되는 식물 중에서 농림부령으로 정한 작물의 속 또는 종에 한정하고 있었으나(구종자 11조), 신품종보호법에 따라 품종보호를 받을 수 있는 대상은 모든 식물이다(신품종 3조). 우리나라는 2002년도에 국제식물신품종보호동맹(UPOV)의 회원국이 되면서 2012년부터 모든 식물의 신품종에 대하여 보호의무가 발생하였고, 국제협약에 따른 의무를 충실히 이행하고, 신품종 육성을 확대하기 위하여 신품종 보호대상을 모든 식물로 확대하였다.

2. 품종보호의 요건

1978년 조약에 규정된 품종보호의 실체적 요건은 구별성, 균일성, 안정성, 신규성 내지 미양도성 및 적절한 명칭이다. 1991년 조약의 품종보호의 요건은 1978년 조약의 요건과 기본적으로 변경은 없지만 신규성 요건을 완화하고 있고, 해석상 명확하지 않았던 것을 명확히 하고 있다.[19]

이에 대해서 식물신품종보호법에 의한 보호를 받기 위해서는 신규성, 구별성, 균일성, 안정성을 갖추어야 하며, 또한 고유한 품종명칭이 부여되어야만 한다(신품종 16조). 즉, 출원품종이 중요한 형질에 관한 특성에 관해서 동일세대간 및 다른 세대간에 충분히 유사하여야 하고, 위 특성에 의해서 기존의 품종과 명확하

19) 예를 들면, 구별성 요건의 판단대상이 되는 공지품종의 장소적 범위에 대해서 1978년 조약은 언급하고 있지 않았으나, 1991년 조약은 명시적으로 UPOV회원국뿐만 아니라 세계의 어느 국가에서 공지이면 공지품종이 되는 것으로 하고 있다.

게 구별할 수 있어야 한다. 위 요건을 충족하면 원품종 외에 1세대잡종은 물론 돌연변이 따위의 발견에 의한 품종도 품종등록을 받을 수 있다. '중요한 형질'은 식물의 종류별로 구체적으로 정하여진다.

(1) 신규성(미판매성)

1978년 조약에 의하면 신규성은 출원시에 판단하는 것이었으나, 1991년 조약에서는 이것이 1년 전의 시점으로 개정되었다. 신규성 요건에 관해 식물신품종보호법은 1991년 조약의 취지와 마찬가지로 식물품종이 품종등록을 받기 위해서는 품종보호출원일 이전에 국내에서는 1년(과수 및 임목의 경우에는 6년) 이상, 그 밖의 국가에서는 4년(과수 및 임목인 경우에는 6년) 이상 당해 종자 또는 그 수확물이 이용을 목적으로 양도되지 아니한 경우에는 당해 품종은 신규성을 갖춘 것으로 본다(신품종 17조 1항). 그러나 i) 도용한 품종의 종자 또는 그 수확물을 양도한 경우, ii) 품종보호를 받을 수 있는 권리를 이전하기 위하여 당해 품종의 종자 또는 그 수확물을 양도한 경우, iii) 종자를 증식하기 위하여 해당품종의 종자 또는 그 수확물을 양도하여 당해 종자를 증식한 후 그 종자 또는 수확물을 육성자에게 다시 양도한 경우, iv) 품종의 평가를 위한 포장시험, 품질검사 또는 소규모 가공시험을 하기 위하여 당해 품종의 종자 또는 그 수확물을 양도한 경우, v) 생물자원의 보존을 위한 조사 또는 국가품종목록에 등재하기 위하여 당해 품종의 종자 또는 그 수확물을 양도한 경우 또는 vi) 해당품종의 품종명칭을 사용하지 아니하고 iii) 내지 v)의 규정에 의한 행위로 인하여 생산된 부산물 또는 잉여물을 양도한 경우에는 신규성을 갖춘 것으로 본다(신품종 17조 2항).

(2) 구별성

식물품종은 구별성이 있어야 하는데, UPOV조약에 의하면 다른 나라에서 육성자권이 수여되면 그 출원시에 공지된 것으로 보게 된다. 이에 대해서 우리 식물신품종보호법에 의하면 식물품종은 품종보호출원일 이전까지 일반인에게 알려져 있는 품종과 명확하게 구별되는 경우에는 당해 품종은 구별성을 갖춘 것으로 본다(신품종 18조 1항). '일반인에게 알려져 있는 품종'이란 유통되고 있는 품종, 보호품종, 품종목록에 등재되어 있는 품종 또는 농림수산식품부령이 정하는 종자산업에 관련된 협회에 등록되어 있는 품종을 말한다. 다만, 품종보호를 받을 수 있는 권리를 가진 자의 의사에 반하여 일반인에게 알려져 있는 품종의 경우를 제외한다(신품종 18조 2항). 그러나 보호품종, 품종목록에 등재되어 있는 품종의 경우 품종보호를 받기 위하여 출원하거나 품종목록의 등재를 위하여 신청한 품종은 그 출원일 또는 신청일부터 일반인에게 알려져 있는 품종으로 본다. 다만, 이 법에 의하여 품종보호를 받지 못하거나 품종목록에 등재되어 있지 아니한 품종을 제외한다(신품종 18조 3항).

(3) 균일성과 안정성

식물품종은 균일성이 있어야 한다(신품종 16조 3호). 식물품종의 본질적인 특성이 그 품종의 번식방법상 예상되는 변이를 고려한 상태에서 충분히 균일한 경우에는 당해 품종은 균일성을 갖춘 것으로 본다(신품종 19조). 식물품종은 돌연변이나 생육조건에 의한 개체의 차이가 발생할 수 있기 때문에 균일성을 확인하는 것은 매우 어렵다. 그러나 식물은 야외의 육종활동에서 형태적 · 생리적 · 생태적 특성이 관찰될 수 있기 때문에 식물품종의 본질적인 특성을 객관적인 방법으로 확인할 수 있으면 균일성이 있다고 하여야 할 것이다.[20] 또한 식물품종은 안정성이 있어야 한다(신품종 16조 4호). 따라서 식물품종은 품종의 본질적인 특성이 반복적으로 증식된 후(1대 잡종 등과 같이 특정한 증식주기를 가지고 있는 경우에는 매 증식주기 종료 후)에도 그 품종의 본질적인 특성이 변하지 않아야 한다(신품종 20조).

(4) 품종명칭

품종보호를 받기 위하여 출원하는 식물품종은 1개의 고유한 품종명칭을 가져야 한다(신품종 16조 5호, 106조 1항). 따라서 품종보호출원인은 품종보호출원서에 품종의 명칭을 기재하여야 한다(신품종 30조 1항 5호). 또한 벼 · 보리 · 콩 등과 같은 농업 · 임업 · 수산업생산의 안정상 중요한 작물의 품종을 국가품종목록에 등재하고자 하는 자는 품종목록등재신청서에 품종의 명칭을 기재하여 신청하여야 한다(종자 16조 1항, 2항). 품종명칭은 품종이용자의 오인 · 혼동을 방지하기 위해서도 부여되는 강제명칭이고, 보호기간 중에는 물론 기간 만료 후에도 해당 품

---

20) 김두안, "生命工學에 의한 식물품종의 법적 보호,"「창작과 권리」 1997년 여름호(7호), 31면.

종에 대하여 그 품종명칭을 사용하여야 한다.

3. 출원 및 심사

품종등록을 받기 위해서는 품종보호출원인은 품종보호출원서를 농림수산식품부장관에게 제출하여야 한다(신품종 30조 1항). 품종보호출원서에는 품종보호출원인의 성명 및 주소(법인인 경우에는 그 명칭, 대표자의 성명 및 영업소소재지), 품종보호출원인의 대리인이 있는 경우에는 그 대리인의 성명 · 주소 또는 영업소소재지, 육성자의 성명 및 주소(육성자와 품종보호출원인이 동일인이 아닌 경우에 한한다), 품종이 속하는 작물의 학명 및 일반명, 품종의 명칭 및 제출연월일 등을 기재하여야 한다. 당사자가 이에 따라 출원한 경우에 심사관은 품종보호출원을 심사하며(신품종 36조 1항), 품종보호권은 특허권 등과 마찬가지로 선출원주의를 취하고 있고(신품종 25조), 품종보호권의 설정 · 이전 · 소멸 또는 처분의 제한, 전용실시권 또는 통상실시권의 설정 · 이전 · 변경 · 소멸 또는 처분의 제한 및 품종보호권 · 전용실시권 또는 통상실시권을 목적으로 하는 질권의 설정 · 이전 · 변경 · 소멸 또는 처분의 제한 등은 품종보호원부에 설정등록을 함으로써 효력이 발생한다(신품종 61조 내지 63조). 그러나 특허명세서와는 달리 설명서에는 육성과정의 반복재현성의 개시는 할 필요가 없지만, 품종의 사진 및 시료를 제출하여야 한다(신품종 30조 2항). 또한, 심사도 원칙적으로 현지조사, 재배시험 등의 실시심사를 하여야 할 것이다.

4. 품종보호권

(1) 품종보호권의 내용

식물품종권의 효력에 대해서는 1991년의 개정에 의해 품종권자의 지위가 강화되었다. 1978년 조약에서는 육성자권리가 미치는 범위는 원칙적으로 종묘를 판매목적으로 생산, 판매의 신청 또는 판매이었지만, 1991년 조약에서는 목적을 묻지 않고 종묘의 생산단계에 효력이 미친다. 즉, 보호품종 번식소재에 대한 '증식', 번식목적으로 '조정(종자의 가공행위 등)', '수출', '수입', '저장' 등의 행위로 보호범위가 확대되어[조약 14조(a)], 종묘의 단계에서 권리자를 해하는 모든 행위유형을 망라하고 있다. 또한 그 외의 행위에 대해서도 국가에 의하여 규제할 수 있도록 위임하고 있다. 이것은 종묘의 대량증식의 기회가 증대 된 것을 감안한 조치이다. 그리고 수확물에도 권리가 미치게 된 것은 1991년 조약에서 새로이 규정된 것인데, 권리자의 권리행사는 우선 종묘의 단계에서 행하는 것을 원칙으로 하는 취지에서 수확물에 권리의 효력이 미치는 경우는 식물품종권자에 대해서 종묘에 관해서 권리행사의 합리적인 기회가 없는 경우에 한해서 적용된다. 예를 들면 품종보호제도가 없는 나라(A)에서 생산된 보호품종의 종묘에서 A국가에서 얻은 수확물이 보호품종이 등록된 국가에 수입, 판매되는 경우가 고려된다. 그런데 1991년 조약에서는 수확물에 대해서 권리행사의 합리적인 기회가 없었던 경우에 그 수확물로부터 직접 얻은 가공품에 대해서 식물품종권의 효력을 미치게 할 것인가의 여부는 각국의 재량에 위임하고 있다(조약 14조 3항). 그러나 1991년 조약은 제15조 및 제16조에서 권리의 효력이 미치지 않는 예외로서 ⅰ) 사적, 비상업적 목적으로 행한 실시, ⅱ) 시험목적의 육성행위, ⅲ) 다른 품종의 육성행위, ⅳ) 농가의 자가채종행위, ⅴ) 권리가 소진하는 경우를 열거하고 있다. ⅰ), ⅱ), ⅲ), ⅴ)는 필수적인 예외행위이지만, ⅳ)는 각국이 각국의 농업적 관행에 따라 적절한 규정을 두도록 하고 있다.

우리 식물신품종보호법에 의하면 품종보호권자는 업으로서 그 보호품종뿐만 아니라 그 보호품종의 종자의 수확물로부터 직접 제조된 산물에 대하여도 실시할 권리를 독점한다(신품종 56조 1항, 2항). 다만, 그 수확물에 관하여 정당한 권원이 없음을 알지 못하는 자가 직접 제조한 산물에 대하여는 그러하지 아니하다(신품종 56조 2항 단서). 그러나 영리 외의 목적으로 자가소비를 하기 위한 보호품종의 실시, 실험 또는 연구를 하기 위한 보호품종의 실시, 다른 품종을 육성하기 위한 보호품종의 실시의 경우에는 품종보호권의 효력이 미치지 아니한다(신품종 57조 1항) 또한, 농어업인에 자가생산을 목적으로 자가채종을 할 때에는 농림수신식품부장관은 당해 품종에 대한 품종보호권을 제한할 수 있다(신품종 57조 2항). 따라서 소비자의 과실생산 및 상업목적으로 하지 않는 농가의 자가채종 및 가정에서의 자가증식은 품종보호권의 효력이 미치지 않게 된다. 그러나 농가에서 이러한 행위가 대규모로 이루어지고 있는 것을 고려하면 권리자 보호에 미흡하므로 문제가 되고 있다.

한편, 1991년 조약과 마찬가지의 취지로 식물신품종보호법에 의하면, 육성자의 동의를 얻어 판매행위가 있으면 육성자권은 소진되고, 재증식된 경우와 증식이 가능한 소재를 수출한 경우에는 소진되지 않는다. 즉, 품종보호권 · 전용실시권 또는 통상실시권을 가진 자에 의하여 국내에서 판매 또는 유통된 보호품종의 종자, 그 수확물 및 그 수확물로부터 직접 제조된 산물에 대하여는 판매 또는 유통된 보호품종의 종자, 그 수확물 및 그 수확물로부터 직접 제조된 산물을 이용하여 보호품종의 종자를 증식하는 행위 및 증식을 목적으로 보호품종의 종자, 그 수확물 및 그 수확물로부터 직접 제조된 산물을 수출하는 행위에만 품종보호권의 효력이 미친다(신품종 58조).

(2) 종속의 원칙

조약 개정 전에는 보호품종을 신품종개발을 위한 종자로 사용되는 것은 허용되었기 때문에 신개발품종이 무단으로 도용되는 경우가 많았다. 이의 방지를 위하여 1991년 개정조약은 "본질적으로 유래하는(essential derivation)"이라는 개념을 도입하여 i) 보호품종에서 본질적으로 유래하는 품종, ii) 보호품종과 명확하게 구별되지 않는 품종, iii) 보호품종의 반복사용을 필요로 하는 품종은 육종자의 허락 없이는 사용할 수 없도록 규정하고 있다(조약 14조 5항). 보호품종과 명확하게 구별되지 않는 품종은 보호품종과는 식물분류학상 다른 품종이지만 등록요건인 구별성의 요건을 충족시키지 못하므로 별도로 등록할 수 없는 것이다. 따라서 품종등록제도의 관점에서 보면 보호품종과 동일하게 평가할 수 있는 것이다. 다음에 품종을 생산할 때에 보호품종의 반복사용을 필요로 하는 품종이란 소위 'F1품종(교잡품종)'을 말하는 것으로 그 품종을 생산할 경우에 반드시 보호품종을 사용하여야 하므로 보호품종 권리의 효력을 확장하는 합리적인 근거가 있다. 1978년 조약도 위 두 품종에 대해서는 권리의 효력이 미치는 것으로 하고 있었다. 한편 1991년 조약에 의해서 권리의 효력 확장이 인정된 종속품종(본질적으로 유래하는 품종)이란 보호품종(원품종)과는 구별성이 있는 다른 품종이지만 원품종에서 유래되고, 원품종의 본질적인 특성을 그 대로 유지하고 있는 품종이다.[21] 생명공학의 발전에 따라 보호품종의 형질을 약간 변경하는 품종을 만들어 내는 것이 쉽게 되

21) 河原昌一郎, "バイオテクノロジ成果物の法的保護,"「ジェリスト」第999號, 有斐閣(1991), 114면.

었다. 이러한 상황에서 원품종의 품종권자의 권리를 확실하게 보호하기 위해서는 종속품종을 이용하는 자는 원품종의 품종권자의 허락을 받아야만 한다. 즉, 1991년 조약은 등록품종에서 본질적으로 유래하는 품종에 대하여 해당 등록품종의 효력이 미치게 하는 종속관계를 새로이 도입하였다. 다만 원품종(A)이 다시 다른 품종(B)에 종속하는 관계가 성립하는 경우에는 권리관계가 복잡하게 되는 것을 피하기 위하여 B품종에 종속하는 C품종(孫品種)을 이용할 경우에는 B품종 품종권자의 허락을 필요로 하지 않는다.

식물신품종보호법은 1991년 조약과 동일한 요건하에 종속관계가 성립하는 것을 규정하고 종속품종에 대해서도 식물품종의 효력이 미치는 것으로 하고 있다. 식물신품종보호법상의 보호품종이란 품종보호요건을 갖추어 품종보호권이 부여된 품종을 말하며(신품종 2조 6호), 보호품종으로부터 기본적으로 유래된 품종(유래품종), 보호품종과 제18조의 규정(구별성)에 의하여 명확하게 구별되지 아니하는 품종 또는 보호품종을 반복하여 사용하여야 종자생산이 가능한 품종 역시 보호품종으로 보고 있다(신품종 56조 3항). 또한 유래품종이란 원품종 또는 기존의 유래품종에서 유래되고, 원품종의 유전자형 또는 그 조합에 의하여 나타나는 주요특성을 보유하고 있는 품종으로서 원품종과 명확하게 구별은 되나 특정의 육종방법으로 인한 특정한 특성만의 차이를 제외하고는 당해 품종의 주요특성이 원품종과 같은 품종을 말한다(신품종 56조 4항). 종속의 원칙은 특정형질을 일반적으로 보호하는 것이 아니라, 보호품종의 구체적인 파생품종에 그 보호품종에 관한 권리의 효력이 미치는 것이므로, 특정한 특성을 가진 품종이 개발된 경우에 그 특성을 이용했다는 것만으로 종속관계의 성립을 인정해서는 안 되고, 품종전체로서의 유사성, 중요형질의 공통성 등을 종합적으로 판단해야 한다.[22)]

(3) 식물품종권의 존속기간

1991년 조약은 식물품종권의 존속기간에 대하여 최저기준을 정하고, 보호기간이 등록일에서 과수 또는 포도 등의 다년생식물은 25년(개정 전에는 18년) 이상, 기타 식물은 20년(개정 전에는 15년) 이상으로 연장되었다(조약 19조).

식물신품종보호법은 식물의 신품종이 신규성, 구별성, 균일성, 안정성 등의

22) 河原昌一郎, 앞의 논문, 114면; 김두안, 앞의 논문, 41면.

요건을 충족하는 경우 품종보호권의 설정등록일부터 20년 동안 당해 신품종의 상업적 이용에 대한 배타적 권리를 인정하고 있다. 다만, 과수 및 임목의 경우에는 25년으로 한다(신품종 55조).

5. 권리침해에 대한 구제

품종보호권자 또는 전용실시권자는 자기의 권리를 침해한 자에 대하여 금지청구권 및 손해배상을 청구할 수 있다(신품종 83조, 85조). 또한 형사벌의 규정이 있다(신품종 131조).

Ⅲ. 특허법과 식물신품종보호법에 의한 보호제도의 비교

1. 권리의 빈약성

식물신품종보호법에 의한 식물품종의 보호가능성은 특허법과는 상이한 점이 있다. 배양조직, 세포융합, 유전자조합기술 등의 생명공학의 발전에 의하여 종묘 자체에 대한 보호는 특허법에 비해서 제한되어져 있다. 식물신품종보호법에 의한 보호는 신품종에만 이루어지고, 육종방법 및 기타 결과물(식물, 식물의 일부, 세포 등)은 보호되지 않는다. 또한, 조직배양기술의 발전에 의하여 종자가 단기간 내에 대량으로 증식·복제될 가능성과 침해의 기회가 증대되고 있다. 그러나 권리자의 금지권은 단지 육종재료(Vermehrungsmaterial)에만 한정되고, 경제적으로 중요한 식물유전자 발명의 부분에는 미치지 아니한다. 또한 세포·조직배양기술의 발전에 따라 모품종을 사용하지 않고, F1품종(1대교잡품종)의 식물체의 일 부문을 이용하여 이것을 대량증식할 가능성이 있다. 현행법에는 모품종에 이러한 권리는 F1 품종에 이러한 권리에 우선하고, 후자는 전자의 허락이 없으면 증식할 수 없지만, 증식기술의 발전에 따라 모품종의 보호가 공동화될 우려가 있다.[23] 그러나 특허법에서는 "그 특허발명이 물건의 발명인 경우에 그 물건을 생산하는 기계·기

23) 김두안, 앞의 논문, 10면.

구 · 장치 기타의 물건에 관한 발명의 경우에 하나의 총괄적 발명의 개념을 형성하는 1군의 발명에 대하여 1특허출원 할 수 있다(특허 45조). 이때에 '기타의 물건'에는 장치류 이외에 매체, 미생물 등 기타의 원료 등에 작용해서 이것에 변화가 발생하고, 생산물을 얻은 것은 모두 포함되는 것으로 해석할 수 있으므로 농업생산물도 포함된다고 해석할 수 있다. 또한 특허는 어떠한 종자라는 물건, 수확물이라는 물건자체에 부여되는 것이 아니라 그 물건 배후에 있는 기술적 사상을 보호하는 것이기 때문이다.

2. 농가의 자가채종

특허법 이론에 의하면 자가채종은 명백하게 특허권의 효력이 미치게 되는 증식행위이다. 그러나 농민이 자가생산을 목적으로 자가채종을 할 때에는 농림수산부장관이 육성자의 권리를 제한할 수 있도록 하여 영세농가를 보호할 수 있도록 하고 있다. 즉, 식물신품종보호법에 의하면 특허법에서와는 달리 농민이 자가생산을 목적으로 이용하는 경우에는 종자에 대한 권리의 효력이 미치지 아니하도록 하여 새로운 종사개발업자에 대한 실시료(royalty)부담을 완화시켜 주는 소위 농민특권(Farmers' privilege)이 인정되어 있다.[24] 자가채종이 각자의 농장에서 소규모로 행하여지는 경우에는 문제가 없지만, 예를 들면 조합조직에 의해서 대규모로 행하여지고 조합원에게 당해 품종을 무상으로 교부한 경우에도 현행 식물신품종보호법에 의하면 품종등록의 효력은 미치지 않게 되는 문제점이 있다.

3. 보호대상의 한정

현행 식물신품종보호법은 보호대상이 시행령으로 정하고 있는 지정품종에 한정하고 있으므로 종래의 속 종 등의 분류에 의하지 않는 새로운 형태의 품종이 출현한 경우에 보호를 받을 수 없게 된다. 그러나 생명공학의 발전에 의하여 병충내성식물 등의 새로운 형태의 품종을 현실적으로 만들어 내는 시대이고, 식물신

24) 특허권과 농민특권의 양립성에 관한 문제에 대하여는, Adler, Can Patents Coexist with Breeders' Rights? Developments in U.S. and International Biotechnology Law, IIC 02/1986, at 195 et seq.

품종보호법으로 이에 대처하는 데 어려움이 있다. 그러므로 농산물 · 임산물 또는 수산물의 생산을 위하여 재배되는 화훼, 약용작물 등 모든 작물의 종자가 식물신품종보호법의 적용을 받도록 법을 개정하여 종자관리를 효율적으로 하여야 할 것이다. 또한 생명공학의 발전에 의하여 식물품종에서 식물체를 생성하지 않고서 세포, 세포융합 등을 그대로 조직배양하여 유효성분을 추출하는 기술이 진전되고 있다. 그러나 세포, 세포융합 등은 현행 식물신품종보호법상 '품종'으로 해석되지 않기 때문에 품종등록을 받을 수 없다. 또한, 이 경우, 종묘의 판매의 형태를 갖는 것은 아니므로, 당해 품종의 등록을 받은 자는 전혀 보호를 받지 못하게 될 가능성이 있다.[25]

4. 모방품종

품종등록은 출원품종이 기존품종과 구별될 수 있으면 등록된다. 그러나 생명공학이 고도로 발전한 현대에서는 이 구별성에 기초를 두고 식물신품종보호법의 존재의의를 고려해야 할 것이다. 소위 모방(imitation)품종의 문제가 그것이다. 모방품종이란 생명공학 등에 의해 만들어진 획기적인 품종에 약간의 변화를 가하여 얻어 내는 품종을 말한다. 현행 식물신품종보호법이 UPOV조약과 마찬가지로 '종속의 원칙'제도를 도입하였지만, 기능적으로 진정한 의미가 없는 일부의 형질만을 변화시킨 경우에도 보호품종으로서 등록되어질 가능성이 있을 뿐만 아니라, 또한 조직배양기술 등의 경우에 배양조건에 따라 돌연변이가 발생하기 쉬운데, 이 돌연변이에 의하여 만들어진 품종과 원품종과 약간 구별되면 원품종의 품종등록효력이 미치지 않게 된다.

이에 대해서 특허법에 의한 경우는 상기의 것과 같은 단점은 없다. 또한 보호대상을 발명으로 하고 있으므로, 이 인식형태는 특허청구의 범위에 의해서 문장으로 표현된다. 따라서 특허청구범위의 해석 여지에 따라서 보호대상을 신품종 그 자체로 하고 있는 식물신품종보호법에 비하여 실질적으로 보호범위가 확대될 가능성이 있다.

---

25) 김병일, "식물신품종의 보호에 관한 연구," 과학기술법연구 제5집(1999), 109-110면.

제4절 새로운 문제들

Ⅰ. 가상 · 증강현실과 저작권법

1. 5G의 보편화와 가상 · 증강현실

디지털 기술 발전을 통해 새로운 유형의 저작물 제공 서비스가 등장하고 있다. 다보스포럼(2016.1)에서 제4차 산업혁명 시대 승자가 되는 4가지 조건 중 하나로 '강하고 유연한 지식재산 제도'를 강조한 바 있고, 선진 각국은 기존 저작권 제도의 정비를 통해 제4차 산업혁명 시대에 우위를 점하기 위한 다각적인 노력을 경주하고 있다. 인공지능 · 로봇기술 등 정보통신기술의 융합으로 인한 제4차 산업혁명 시대 도래에 대응할 수 있는 저작권 체계 개편이 필요하다. 특히 5G가 구현하는 초고속 · 초연결 · 초지연 네트워크를 이용하는 단계로 넘어가고, AR콘텐츠의 급증, VR기기의 경량화와 경쟁력 있는 가격이 형성되면, 저작권 관련 이슈들이 활발하게 제기될 것으로 예상된다. 따라서 5G 보편화에 따른 가상 · 증강현실 관련 저작권법적 쟁점을 검토하고 대응 방향을 검토하는 것은 상당한 의미가 있다.

가상현실(Virtual Reality)은 컴퓨터 기술을 이용하여 사람의 오감을 자극함으로써, 가상의 환경과 경험 등을 현실에서 실제 느끼는 것처럼 체험하도록 제공하는 것을 말하고, 증강현실(Augmented Reality)이란 현실세계에 컴퓨터 등을 사용하여 정보를 부가 제시하는 기술 및 정보를 부가 제시한 환경 그 자체를 말한다. 최근에는 가상현실과 증강현실의 경계를 나누지 않고, 현실과 가상의 정보를 융합해 진화된 가상 세계를 만드는 기술로 가상현실의 몰입감과 증강현실의 현실감이 융합된 환경에서 상호작용하는 혼합현실(Mixed Reality)로 발전하고 있다. 현재 가상 · 증강현실 서비스는 엔터테인먼트, 관광, 부동산 콘텐츠 중심으로 성장하는 단계이다. 5G 통신이 상용화되고, 관련 콘텐츠의 다양화, 기기의 경량화가 실현되면 경쟁력 있는 산업으로 발전할 것이 확실하다. 현재 자체적으로 콘텐츠를 개발하여 판매하는 사업모델이 아니라 기업 혹은 기관에서 작업 의뢰를 받아 가상 ·

증강현실 콘텐츠를 제작해 주고 저작권을 양도하는 계약이 주를 이루고 있고, 또 업계 종사자가 어떤 과정에서 저작권 침해가 발생하는지 알지 못하기 때문에 실질적으로 현장에서 발생하고 있는 저작권 문제를 파악하기 어려운 실정이다. 그러나 가상 · 증강현실 서비스가 보편화되면 저작권 이슈들이 활발하게 제기될 것으로 예상된다.

2. 가상 · 증강현실 서비스와 저작권법 과제

가상현실과 증강현실의 관계는, "현실에 기반을 둔 가상현실을 증강현실이라고 한다"로 정리할 수 있다. 개념적으로 가상현실과 증강현실은 '현실'의 물체 또는 배경 등을 '일부' 이용하느냐 '전부' 이용하느냐에 의해 구분할 수 있을 뿐이기 때문이다. 그러한 점에서 가상현실은 증강현실을 포함하는 넓은 개념으로 이해할 수도 있다.[26] 최근에는 가상현실과 증강현실의 경계를 나누지 않고, 가상현실의 몰입감과 증강현실의 현실 소통의 특징을 융합한 혼합현실(Mixed Reality)로 발전하고 있다.[27] 그런데 가상현실과 증강현실의 기능적 차이점이 존재하지만, 법리적 관점에서 가상현실과 증강현실을 구분할 실익은 크게 존재하지 않는다. 가상 · 증강현실 기술의 발전 · 상용화에 따라 발생 가능한 법적 문제들에 대하여 현실세계에 적용되는 기존 법리를 그대로 적용하기는 어렵다.

기술적으로 가상 · 증강현실은 2차원 데이터를 이용하여 3차원 데이터로 재창작되므로 저작물의 복제와 2차적 저작물작성이 이루어질 수밖에 없다. 2차원 스크린 데이터를 3차원으로 시각화하여 사용자 인터페이스에 적절하게 배치되도록 변형하는 것이 대표적 사례이다. 또 배경 속에 타인의 저작물이 포함되는 경우 혹은 타인의 저작물 그 자체가 배경으로 이용될 경우 그리고 캐릭터 및 기타 등장하는 저작물이 타인의 저작물과 동일하거나 실질적으로 유사한 경우에 저작권 침

---

26) 정진근, 가상현실과 증강현실의 저작권법 관련 쟁점에 관한 연구－저작권법 개정 필요성을 중심으로, 2018.4, 6-7면.

27) 양병석, 임영모, 조태훈, 가상현실/증강현실 기술발전 방향과 시사점, SPRi Issue Report (2016-14호), 소프트웨어정책연구소, 2017, 6-7면. 혼합현실은 "엔터테인먼트 분야에 편향된 가상현실과 스마트폰 초기에 등장했으나 킬러콘텐츠 부족한 증강현실 사이에… 혁신적인 UI와 실용적인 콘텐츠를 앞세워 ICT 시장에 새로운 바람을 불러일으킬 것으로 기대된다"고 한다. 한국인터넷진흥원, 인터넷 10대 이슈 전망, 2017, 18면.

해로 볼 수 있는지 여부도 문제가 된다. 다만, 2차원 데이터를 3차원으로 변경하는 행위는 썸네일 이미지를 이용하여 타인의 저작물을 복제하는 행위와 같이 변형적 이용으로서 공정이용으로 해석될 여지가 있고, 영리성, 이용의 목적과 성격, 각 저작물의 종류와 용도, 관련 시장에 미치는 영향 등 여러 요소들에 따라 공정이용에 해당되어 면책될 가능성이 존재한다. 이 문제는 기존의 법리와 판례를 통해 해석론으로 해결할 수 있고, 가상현실이나 증강현실에서 발생하는 특별한 문제는 아니다. 따라서 배경에 통상적으로 들어가는 저작물, 예컨대 영화의 배경이 되는 도시의 건축물, 예술품을 3차원화 하여 가상현실이나 증강현실에 포함시키는 것은 공정이용에 해당되는 것으로 볼 여지가 있지만, 특수한 캐릭터나 중요한 의미를 갖는 등장물은 경우에 따라 공정이용의 범위를 넘는 것으로 볼 여지가 있다.

가상 · 증강현실 서비스 과정에서 발생하는 필수적이고 항구적인 복제행위에 대해서는 저작권법 제16조의 복제권이 미치게 된다. 다만, 동법 제35조의2(저작물 이용과정에서의 일시적 복제) 적용가능성이 존재하는 복제 행위에 대해서는 면책된다. 일시적 복제에 관한 면책규정의 취지는 새로운 저작물 이용환경에 맞추어 저작권자의 권리보호를 충실하게 만드는 한편, 이로 인하여 컴퓨터에서의 저작물 이용과 유통이 과도하게 제한되는 것을 방지함으로써 저작권의 보호와 저작물의 원활한 이용의 적절한 균형을 도모하는 데 있다. 동법 제35조의2에서 말하는 '원활하고 효율적인 정보처리를 위하여 필요하다고 인정되는 범위'에는 일시적 복제가 저작물의 이용 등에 불가피하게 수반되는 경우와 안정성이나 효율성을 높이기 위해 이루어지는 경우도 포함되지만, 일시적 복제 자체가 독립한 경제적 가치를 가지는 경우는 제외된다.[28] 따라서 저작물을 광고에 편입하여 수익 창출을 가능하게 하는 행위가 가상 · 증강현실 서비스에서 많이 사용되고 있는데, 그러한 행위는 저작권법 제35조의2에 의하여 면책될 수는 없을 것이다.

저작권법 제19조는 저작자는 미술저작물 등의 원본이나 그 복제물을 전시할 권리를 가진다고 규정하면서도 전시에 관하여는 별도의 정의 규정을 두고 있지 않다. 전시 방법과 관련하여 미술저작물 등의 원본이나 그 복제물을 일반 공중에

---

28) 대법원 2017.11.23.선고 2015다1017 · 1024 · 1031 · 1048 판결; 대법원 2018.11.15.선고 2016다20916 판결.

게 직접적으로 보여 주는 직접전시는 저작권법의 공표방법의 하나로서 전시에 포함되지만,[29] 필름, 슬라이드, 텔레비전 영상, 또는 그 밖의 다른 장치나 공정에 의하여 보여주는 간접전시와 인터넷전시는 일반적으로 전시개념에 포섭되지 않는 것으로 보고 있다. 디지털 저작물이 일반화되고 있는 상황을 고려할 때 전시 개념 속에 간접전시를 포섭하도록 법을 개정할 필요가 있다. 인터넷을 통한 사이버 전시가 증가하고 있지만, 인터넷을 통한 전달, 즉 인터넷 전시는 전송 속에 포함되므로 전시 개념에 포섭할 필요는 없을 것이다.

증강현실은 가상현실의 빅데이터를 수집·처리해 전시할 뿐 아니라 사용자 일상에 관한 데이터를 수집함으로써 데이터베이스를 축적하는데, 이와 같이 생성된 데이터베이스 보호 가능성도 문제가 된다. 가상·증강현실을 구현하기 위하여 추출한 데이터가 저작권의 보호대상이 될 수 있는지 여부에 대한 검토도 필요하다. 추출한 데이터에 저작물이 포함되어 있는 경우 추출된 데이터가 증강현실 시스템의 내부 데이터베이스에 일시적 또는 영구적으로 저장된 후 증강현실 기기에 게시되는 과정에서 복제권, 전송권 침해가 발생할 수 있기 때문이다.

3. 저작권법 제35조 제2항(파노라마의 자유) 개정 필요성

저작권 제도와 가상·증강현실의 기술 변화가 가장 직접 관련된 사안은 가상·증강현실 구현 과정에서 이용되는 배경 정보의 저작물성과 배경 정보를 자유롭게 이용할 수 있는 범위 즉, 파노라마 자유(freedom of panorama)라 할 수 있다.[30] 파노라마의 자유란 공공장소에 항시 전시되는 건축물이나 미술저작물 등을

29) 대법원 2010.3.11.선고 2009다4343 판결.

30) 정상조 외 3인, 기술 환경 변화에 대응하기 위한 저작권 이슈 연구, 저작권정책연구 2017-11, 2017, 106면. 사진촬영이나 녹화 등의 과정에서 의도치 않게 저작물이 포함되는 경우는 드물지 않다. 저작물의 부수적 이용에 대한 면책 규정 제35조의3(부수적 복제 등)을 통하여 적극 대응하는 방법을 고려해 볼 수 있을 것이다. 또한 대법원 2014.8.26.선고 2012도10786 판결은 새로운 창작과정에서 원저작물이 간접적 부수적으로 이용된 사례에 대하여 본격적인 논의를 시작한 바 있고, 나아가 저작권법 제28조의 인용이나 제35조의5 공정이용과 같은 저작재산권제한 사유로서 접근하는 방법 외에, 실질적 유사성의 차원에서 접근하여 부수적으로 이용되어 그 양적·질적 비중이나 중요성이 경미한 정도에 그치는 것이 아니라 새로운 저작물에서 원저작물의 창작적인 표현형식이 그대로 느껴진다면 실질적으로 유사하게 복제된 것으로 볼 수 있다는 기준을 제시하였다.

사진, 동영상 등으로 복제하여 이용할 수 있는 자유를 말한다. 이 자유의 인정여부는 각 국가마다 상이하다. 즉, 공중에게 항시 전시된 저작물에만 적용되는지의 여부, 특정 저작물 또는 모든 저작물에 대해서 적용되는지의 여부에 대해서 각국은 다양한 접근 방법을 취하고 있다. 우리 저작권법 제35조 제2항이 파노라마의 자유에 대해 규정한 것으로 이해되고 있는데, ①개방된 장소일 것, ②항시 전시되고 있을 것, ③ 판매의 목적에 해당하지 않는 등 단서에서 정한 각 호에 해당하지 않을 것이란 기준을 설정하고 있다.

가상 · 증강현실의 구현에 있어서 파노라마의 자유는 제한적으로 인정될 것으로 예상된다. 우선, 증강현실은 이용자의 위치정보에 따라 예상하지 못한 정보를 시현해야 할 필요성이 크며, 가상현실도 현실에 있는 저작물을 가상으로 시현하기 위해서는 '옥외 제한'과 '항시 전시의 제한'이라는 요건을 충족시키지 못할 개연성이 크다. 따라서 파노라마의 자유에 관한 규정을 유연하게 해석하거나 불가능한 경우에는 법 개정이 필요하다. 우선, 개방된 장소에 옥내공간을 포함하여 불특정 다수가 왕래할 수 있는 공간으로 해석 또는 개정하여야 한다. 또 '항시 전시'의 판단 자체가 어려운 일이고, 이용자의 위치정보를 토대로 서비스가 제공되는 증강현실은 이 조건을 충족시키기 어려울 것으로 생각되므로, '개방된 장소에 항시 전시'를 '공중에게 개방된 장소에 전시'하는 것으로 개정할 필요가 있다. 불특정다수가 출입하거나 왕래하는 장소에서의 파노라마의 자유를 확대함으로써, 가상 · 증강현실의 등장과 같은 새로운 기술 환경의 변화에 맞는 법제도 개선이 필요하다. 또한 현행 저작권법은 파노라마 자유가 적용되는 대상 저작물을 미술저작물, 건축저작물, 사진저작물로 제한하고 있는데, 이 외의 저작물에도 확대할 필요가 있는지 검토가 필요하다. 가령 VR을 구현하는 과정에서 입력되는 정보에 개방된 장소에서 벌어지는 운동경기나 안무, 무용 또는 가수의 실연이나 방송이 포함되는 경우와 시비(詩碑)나 노래비에 새겨져 있는 시나 노래의 가사 등과 어문저작물이나 음악저작물은 공개된 장소에 항시 전시되더라도 그 이용이 제한될 수밖에 없다.[31] 다만, 파노라마의 자유가 적용되는 저작물의 범위를 미술 · 건축 · 사진 저작물 외의 모든 저작물로 확대하는 법 개정을 고려하되, 대상 저작물의 유형

31) 정상조 외 3인, 기술 환경 변화에 대응하기 위한 저작권 이슈 연구, 저작권정책연구 2017-11, 2017, 99-100면.

을 모든 저작물로 확대할 경우 저작권자의 정당한 이익을 침해할 우려가 있으므로 세심한 접근이 요망된다.

2020년부터 저작권법 전부개정안 마련을 위한 본격적인 논의가 진행되고 있다. 파노라마의 자유 등 다양한 개별 쟁점에 대한 구체적이고 깊이 있는 선행연구가 존재하지만, 구체적 법안 마련을 위한 후속 논의와 이해관계자의 의견수렴 등이 충분히 진행되어야 할 것이다. 특히 저작권제도가 갖는 본질적인 목적을 토대로 하되, 디지털 기술이 가져오는 변화와 저작권제도에의 영향에 대해 심도 깊은 논의를 전개할 필요가 있고, 디지털 환경에서 공정이용과 저작권 보호 간의 정교한 균형에 대한 논의를 전개할 필요가 있다.

II. 바이오 테크놀로지의 보호

1. 서 언

유전공학 내지 생명공학(bio-technology)은 최근 급속히 발전하고 있는 새로운 학문분야로서, 유전자조작, 세포융합 등 유전자 자체를 인위적으로 조작하는 것으로서, 생명현상의 영역에까지 산업활동이 넓혀진 것이다. 산업분야도 의약품, 식품을 위시하여, 농업, 수산, 화학, 전자, 기계 등 광범한 분야로 넓혀지고 있다. 이 유전공학을 통한 새로운 미생물, 식물, 동물의 발명은 그 보호법인 특허법과도 밀접한 관련이 있을 뿐만 아니라 윤리문제와도 관련되어 매우 어려운 문제를 제기한다. 우리나라는 1946년 특허법에서부터 무성번식식물에 한정된 것이기는 하나 식물특허를 인정하고 있으며, 미생물에 관해서도 특허를 부여한다. 또 TRIPs협정 체결을 계기로 종래의 특허법 외에 식물 신품종보호를 위한 종자산업법을 새로이 제정하였다. 이하 차례로 살펴보는 것으로 한다.

2. 식물발명

식물발명이라 함은 생존식물의 유전적 소질에 대하여 개선을 가한 변종식물의 창작에 관한 발명을 말한다. 원래 동·식물에 대한 발명 중 기존의 품종을 생산하는 방법(예컨대, 실뱀장어 양식법, 표고버섯 재배법, 씨 없는 포도 재배법 등)에 관하여 각국의 특허실무는 이를 보통의 방법발명과 같게 취급하여 특허성을 인정하여 왔으나 순생물학적 방법에 의한 신품종의 창작에 대하여는, 동 · 식물은 자연의 창조물이며 인간은 신품종을 발견함에 지나지 않는다는 발명부정설의 입장에서 또는 정책적 · 실무적 · 인도적 견지에서 특허성을 부정하여 왔다.

그 후 발명부정설은 이론상 모순 또는 잘못이라고 보는 반대설이 주장되어 특정한 신품종발명, 즉 식물발명에 대하여 특허성을 인정하기에 이르렀다. 이와 같은 식물특허는 1930년 원예계의 요망에 따라 무성번식식물의 신품종을 보호하기 위하여 미국에서 처음 그 제도가 창설되고 또 같은 시기에 독일, 프랑스, 이탈리아에서도 식물신품종을 보호하게 되었다.[32]

또한 식물신품종보호의 기운이 높아짐에 따라 독일은 특허법과 병행하여 식물신품종을 위한 특별법을 제정하였고(1953년), 또한 유럽 제국은 식물신품종보호에 관한 국제조약(International Convention for the Protection of New Varieties of Plants, 1961, 略하여 UPOV)을 체결하였다. 미국은 1970년에는 특별법을 제정하여 유성번식식물도 보호하게 되었다. 현재는 선진제국의 거대기업들이 21세기의 가장 유망한 사업분야의 하나로서 시장확보를 추구하고 있고, 최근 급속히 발전하고 있는 유전공학을 배경으로 그 속도를 가속화하고 있다. 우리나라는 1946년 특허법 제정 이래 식물특허에 관한 규정을 두고 있었으나, 2006년 개정법은 식물 관련 발명에 대한 특허권 보호대상을 확대하였다. 개정 전 특허법은 무성번식식물만을 보호대상으로 규정하였다. 즉 무성번식 식물에 대해서는 구 특허법 제31조 및 종자산업법[(현)식물신품종보호법]에 의해서 보호하였고, 유성번식 식물에 대해서는 특허를 부여하지 않고 종자산업법에서만 보호하는 것으로 되어 있었으나, 2006년 개정 특허법에서는 식물발명의 보호대상을 한정하는 구 특허법 제31조를 삭제하여 식물 관련 발명의 보호대상이 '무성적으로 반복생식할 수 있는 변종식물'에서 모든 신규식물로 확대되었다.

32) 식물특허에 관하여는 ⅰ) 특허법에 규정하는 나라, ⅱ) 특허법과 특별법으로 중복보호하는 나라, ⅲ) 특허법상 불특허사유로 하고 별도의 입법에 의해 인정하는 나라 등으로 구분할 수 있다.

◎ 미국 식물특허: 가시 없는 장미 '부드러운 천사'

3. 미생물관련발명

미생물발명에는 특정 미생물의 분리배양방법, 변이처리방법, 유전자조작방법과 같이 미생물을 생산(창제)하는 방법, 미생물을 의약이나 식품에 이용하는 발명, 미생물 그 자체의 발명 등이 있고, 앞의 두 가지는 종래부터 특허대상으로 취급되어 왔으나 미생물 자체의 발명은 특허성이 의문시되어 왔다. 즉 발명부정설의 입장에서 또는 반복가능성이 없다는 등의 이유로 오랫동안 특허의 대상에서 제외되어 왔으나 1950년대 DNA의 구조가 밝혀진 이래 유전공학기술이 급격히 발전하고 있어 반복가능성의 문제도 해결이 가능하게 되었다. 따라서 1980년 미국에서 Diamond v. Chakrabarty 사건[33]에서 특허를 부여한 이래 오늘날 대부분

33) "1972년 미생물 학자였던 Chakrabarty는 36항으로 이루어진 미생물에 관련된 특허출원을 하였으며 … 이 박테리아의 발명은 폐유를 처리하는 데 특별한 가치가 있다고 생각되었다." "항고심판소의 결정이유로는 무성적으로 반복생식할 수 있는 식물발명에 관하여 특허를 허여하기 위하여 의회는 식물특허법을 제정하였기 때문에, 미생물을 특허로써 보호하기 위해서는 또다른 법률이 필요하다는 것이었다. 다시 말해서 특허법 제101조는 신규한 미생물에까지 확대하여 보호할 수 없다는 것이었다. 그러나 항고심판소는 문제의 박테리아는 유전공학기술에 의하여 만들어지는 것으로 자연에는 그 자체가 존재하지 않기 때문에 자연의 산물이라 판단한 심사관의 이유는 옳지 못하다고 하였다. 출원인은 다시 관세 및 특허에 관한 항소법원(CCPA)에 항소하였다. 그 결과 박테리아 자체에 관한 청구범위가 특허로써 인정되게 되었다. 이 판결에 불복한 미국 특허청은 대법원에 상고하기에 이른 것이다." … "이 문제를 판단하기 위하여 대법원은 '제조물'과 '조성물'에 관한 사전적 의미를 참조하였다." … "특허대상의 범위를 정한 특허법은 지구상에서 인류에 의하여 만들어진

의 국가에서는 미생물발명을 특허로써 보호하고 있다.

우리나라에서도 판례가 미생물발명을 인정하고 있고[34] 나아가 특허법시행령에서도 미생물의 기탁, 특허출원명세서의 기재방법, 미생물시료의 분양 등에 대하여 규정하고 있어서(특허령 2조~4조) 미생물발명이 특허대상임을 명백히 하고 있다. 특허법상의 미생물발명에는 분류학상의 미생물에 속하는 발명과 미생물은 아니지만 미생물로 간주되어 보호되는 발명이 있는바, 이들을 통칭하여 미생물관련발명이라고 한다. 미생물관련발명의 출원인은 그 미생물이 용이하게 입수될 수 있는 경우를 제외하고는 그 미생물을 기탁하여야 한다. 이는 미생물관련발명은 명세서의 기재만으로 발명의 공개가 불가능하고 또 반복재현에 어려움이 많으므로 입수가 용이하도록 미생물의 기탁을 의무화한 것이다.

◎ 부다페스트 조약(Budapest Treaty, 1977)

미생물에 관한 발명의 경우는 미생물 자체의 존재를 증명하고 연구를 위한 실시를 위하여 미생물의 시료를 제출받아야 하므로 이를 국제적으로 해결하기 위하여 1977년 「특허절차상 미생물 기탁의 국제적 승인에 관한 부다페스트 조약」(Budapest Treaty on the International Recognition of Deposit of Microorganisms for the Purposes of Patent Procedure)이 체결되었고 우리나라는 1987.12.28. 이 조약에 가입(1988.3.28. 발효)하였다. 체약국은 국제기탁 당국에 대한 미생물의 기탁을 자국의 특허절차상 승인하고 국제기탁기관이 모든 조약가맹국에게 기탁자의 주소를 통보하여 주고 영속적으로 성실히 업무수행을 하므로 기탁자도 1회의 기탁으로 절차를 편리하게 밟을 수 있는 유용한 제도이다.

것은 모두 그 범위 내에 들어가지만, 그렇다고 모든 발견에 대하여 제한이 없는 것은 아니다. 즉 자연법칙, 자연현상, 추상적 개념 등은 이들의 예외가 되는데, 그 이유는 이러한 발견은 비록 신규한 것이라 할지라도 모든 인류가 이용할 수 있어야 하며 어느 특정인의 독점물이 되어서는 안 된다는 데에서 비롯된다. 이러한 관점에서 볼 때, 출원인의 미생물은 특허받을 수 있는 대상에 해당하는 것으로, 그 미생물은 자연에 존재하지 않는 일종의 조성물이나 제조물의 범위에 들어간다. 이 사건에서 출원인은 자연에서 발견되는 것과는 현저히 다른 특성을 갖는 박테리아를 만들었고 이는 산업상 이용할 수 있는 것이다. 그의 발명은 자연의 산물이 아니며 그 발명자의 것으로 특허로써 보호될 수 있는 것이다"[최덕규, 「특허법(상)」, 세창출판사, 1994, 59-61면에서 인용].

34) 우리나라의 특허법의 해석으로서도 신균종이 발견된 경우에 반드시 새로운 특허권을 부여할 수 없는 것은 아니다(대판 1963.11.28, 63후34).

4. 동물발명

식물발명이나 미생물발명을 인정하는 국가도 아직은 동물의 발명에 대해서는 부정적이다.[35] 그러나 최근 유전공학(Genetic Engineering)의 급격한 발전에 힘입어 점차 이를 허용하는 방향으로 가고 있으며, 근자에는 유전자암호 해독에 이어 인간에까지도 그 영역을 확장하려는 움직임이 있다.[36]

현재 특허법상 명문으로 동물특허를 인정하고 있는 나라는 헝가리(헝가리 특허 71조)뿐이지만, 1988년 미국이 현실로 인공쥐(일명 하버드 마우스)에 대하여 특허를 부여한 이래 일본에서도 이를 허용하고 있으며 이에 대해서는 윤리적 · 도덕적 측면에서 많은 비판이 나오고 있다. 다음에 미국과 일본의 동향에 대해서 보기로 한다.

(1) 미 국

미국에서는 1980년에 연방대법원이 Chakrabarty사건에서 생명체에 대해서도 특허를 부여한 이래 1987년 4월에는 양식굴에 관한 특허출원거절사정에 대한 심판사건[37]에서 특허청심판부가 동물 자체도 특허보호대상이 됨을 결정하였으며 드디어 1988년 4월에는 하버드 대학이 출원한 유전자이전동물(인공쥐)에 대하여 특허를 부여하기에 이르렀다. 이 새로운 쥐는 유전자접합공정에 의하여 이루어진

---

35) 영국, 독일, 프랑스, EPC는 동물신품종의 발명을 특허대상에서 제외하고 있으며, 캐나다도 미생물이나 원생동물에 관련한 발명에 한하여 특허법상 보호하고 있다.

36) 최근 인체유전자(human genome, genome은 생물의 유전적 특징을 나타내는 유전자들의 집합) 연구계획에 의해 인체의 각 세포가 지닌 24개 염색체(X와 Y로 표시되는 성인염색체와 1번~22번까지의 22개 일반염색체로 구성)에 대한 유전자 지도, 물리적 지도, DNA배열순서지도를 작성 중에 있는데 2000년 초에 그 해독을 거의 완료하였다고 발표하였다. 2003년경에 완벽한 유전자지도가 완성될 전망이다. 이 연구가 발전되면 주요 질병(심장병, 암, AIDS 등)과 유전성질환의 근본적 해결이 전망되고, 인간의 성장과 노쇠 및 질병에 걸리는 복잡한 과정이 밝혀질 것으로 예상된다. 이에 따라 미국 · 유럽 · 일본 특허청 관계자는 유전자의 염기서열의 결정만으로는 특허를 인정하지 않고 질병의 진단, 치료용 신약개발 등 유전자가 가진 기능까지 해명되어야 특허를 부여하기로 합의하였다.

37) 양식굴의 특허출원에 대하여 심사관이 양식굴은 생명체이므로 미특허법 제101조의 특허보호대상이 되지 않는다고 하여 거절사정한 사건에 대하여 특허청심판부는 Chakra-barty 사건을 들어 특허보호대상이 된다는 심결을 내렸다.

것으로 세포에 발암유전자가 내포되어 있으므로 암에 걸리기 쉬우며, 이 유전자 및 이들 특성은 후손에게도 유전될 수 있는 것으로 암의 발병원인과 전이과정 등을 편리하게 추적할 수 있어 암연구에 유용한 실험용동물이다.

이와 같은 특허청의 결정에 대해서는 각계로부터 찬반의 의견이 나오고 있다. 동물특허에 반대하는 주된 이유는 유전자조작에 의하여 기형동물을 만들어 내는 것은 윤리 · 도덕상 있을 수 없고 환경에도 나쁜 영향을 주며 安全性에도 문제가 있다는 것 등을 들고 있다.[38]

동물특허 중 사람을 다루는 특허는 인체의 私有 · 獨占化가 우려되므로 현재 그 대상에서 제외하는 것이 타당할 것이다.

(2) 일 본

일본에서는 동식물은 불특허사유로 되어 있지 않으므로 특허요건을 구비하는 한 동물도 특허보호의 대상으로 하고 있다. 따라서 1989년 4월에는 암돼지에 대해 특허가 부여되어 등록되었고 또한 1990년 12월에는 유전성 백내장쥐에 관한 특허출원이 출원공고되었다.[39]

◎ 캐나다 대법원, 하버드 마우스에 대해 특허권불허 판결

캐나다 대법원은 2002년 12월 5일에 암에 쉽게 걸리도록 유전자 변형된 쥐 또는 다른 포유동물에 대하여 특허권불허 판결을 함으로써 캐나다에서 특허를 얻으려고 17년간 하버드 대학이 벌여온 투쟁에 종지부를 찍었다. 대법관 9인 중 5대 4의 다수의견으로 하버드 마우스의 특허권을 불허하는 판결의 판결문을 쓴 캐나다 대법관 Michel Bastarache 판사는 "캐나다의 1896년 특허법에 의하면 쥐와 같은 고등생물

38) 인공쥐에 특허를 부여한 이른바 Harvard Mouse 이후 찬반 격론이 벌어져 미국 특허청은 동물에 관한 새로운 특허부여는 없었으나 5년 만인 지난 1993년 2월, 3건의 동물특허권을 인정, 동물특허시대가 본격 개막될 것임을 예고하고 있다. 이번에 특허권인정을 받은 동물은 AIDS 유발생쥐, 전립선비대증 생쥐 및 면역성이 증가된 생쥐 등 3종으로 미국은 이들 동물의 특허권인정을 계기로 동물특허에 대해 보다 전향적인 자세를 가질 것이 분명하다. 현재 계류 중인 동물에 관한 특허는 150건 이상인 것으로 알려지고 있다.

39) 암돼지 특허는 외과수술로 자궁각을 짧게 하여 수정란을 용이하게 채취할 수 있게 한 돼지에 관한 특허이고, 유전성 백내장 쥐에 관한 특허출원은 성숙기에 백내장이 발병되는 쥐로서 선택교배를 되풀이하여 만들어 낸 실험용동물이다. 그 밖에 영국이 지난 1991년 혈액응고인자를 유선에서 다량 분비하는 洋에 특허를 인정해 준 바 있고 네덜란드도 특정동물은 아니나 유전자 변형동물의 생산기술에 특허권을 부여한 적이 있다.

(higher life forms)에 대한 특허를 주도록 되어 있지 않으며 쥐는 현행 캐나다 특허법상의 발명의 정의에 맞지 않는다"라고 판시하였다.

(자료: 지식재산권연구센터, *IP Weekly* 2003. 2호)

5. 인간 유전자 관련 발명

(1) 2003년 인간 게놈 프로젝트가 완성됨으로써 앞으로는 유전자 기능규명 및 산업적 응용시대가 도래하리라고 본다. 그러나 인간을 대상으로 하는 발명 중 ⅰ) 인간을 복제하는 방법, ⅱ) 인간의 생식세포계열의 유전학적 동일성을 개변하는 방법, ⅲ) 산업상의 또는 상업상의 목적을 위한 인간배아(受精卵)의 사용은 공서양속에 반하여 특허될 수 없다고 하여야 할 것이다.[40] 우리나라 특허청의 "특허 · 실용신안 심사기준"(2020.12.14)은 ⅰ) 인체를 사용하는 발명으로서 그 발명을 실행할 때 필연적으로 신체를 손상시키거나, 신체의 자유를 비인도적으로 구속하는 발명 및 인간의 존엄성을 손상시키는 결과를 초래할 수 있는 발명에 대하여 공서양속 위반(특허 32조)으로 규정하고 있다.

(2) 생명공학관련 발명 중 인체에서 분리된 DNA와 세포를 구성요소로 하는 발명은 유용성(산업상이용가능성)이 인정되지만 DNA 단편(Fragment)에 관해서는 그 염기배열의 해명에만 그치고, 기능이 해명되지 아니한 경우 산업상 이용가능성이 부정된다.[41]

DNA 단편이라도 특정한 질병의 진단약으로서의 사용가능성이 개시되어 있는 경우에는 산업상 이용가능성이 인정된다. 신규성의 판단은 유전자 구성의 이동(異同)에 의해서 결정되지만 DNA와 세포가 자연계에 존재한다는 이유만으로 신규성이 부정되는 것은 아니다. 생명체로부터 인위적으로 분리 · 확인되고 기능이 밝혀진 경우 발명이 완성된 것으로 본다. 단백질에 관하여는 그 입체구조의 해명만으로는 발명성이 의문시되지만 그 정제(精製) · 결정(結晶)에 관하여는 특허성이 인정된다. 인간의 줄기세포(Embryonic Stem Cell)를 이용한 재생의료기술에 관

---

40) 1998년 EU 바이오지침: Directive on the Legal Protection of Biotechnological Inventions.

41) 미국특허청은 genome project에서 "출원된 인간유전자는 누구나 가지고 있는 것으로 새로운 사실이 아니어서 발명이 아닌 발견일 뿐이고 유용성이 명확하지 않아 특허요건은 충족하지 못한다"고 하고 있다.

해서는 의료의 산업성 문제, 생명윤리의 문제 등과 관련하여 논란이 많다.[42]

◎ 생명공학분야 심사기준에 따른 특허보호대상

구분	대 상	특허여부	비 고
물질	유전자(DNA서열)	특허가능	유용성이 밝혀진 경우만 가능 단순 게놈 서열만으로는 불가
	단백질 (아미노산서열)	특허가능	
	단세포 생명체 (virus, bacteria)	특허가능	관련 미생물 기탁의무
	동 물	특허가능. 단, 공서양속에 반하지 않는 것	동물 발명에 대한 심사기준 신설
	식 물	특허가능	
	인간의 신체의 부분	특허불가	인간의 존엄성을 해치는 발명은 특허대상에서 배제
방법	수술, 치료방법	사람불가, 동물가능	사람의 치료 진단 방법은 의료행위에 해당하므로 산업상 이용가능성이 없는 것으로 봄(특허 29조 1항)
	유전자 치료법	사람불가, 동물가능	
	진단방법	사람불가, 동물가능	

Ⅲ. 저명상표의 보호

1. 보호의 필요성

1) 등록상표가 극히 저명하게 되면 특정상품의 상표로서 그 상표품의 가치뿐만 아니라 당해 기업의 우수성까지 일반대중의 머릿속에 강력히 새겨지게 된다.

42) 상세한 것은, 김병일, "배아줄기세포(Embryonic Stem Cell)의 연구와 그 성과물의 특허보호가능성," 「창작과 권리」(32호), 2003년 가을호, 34면 이하; 박영규, "유전공학 산물의 산업상 이용가능성," 「창작과 권리」(34호), 2003년 봄호, 2면 이하; 이처영, 「생명공학 특허전략(개정판)」, 대광서림, 2003년; 서계원, "유전정보 관련 발명의 특허성과 효율적인 법적 보호," 서울대학교 박사학위논문, 2004.2. 각 참조.

따라서 저명상표품과 전혀 다른 비유사의 상품에 관하여 당해 저명상표가 사용되어도 일반소비자대중은 그 상품이 저명상표권자 또는 그 계열기업에서 생산·판매되는 것으로 생각하며 동일한 우량품질 또는 애프터 서비스를 기대하게 되고 그에 기하여 당해 상품을 구입하게 된다. 특히 대기업이 각종 업종에 진출하여 다각경영이 일반화되는 현상하에서 이러한 위험은 더욱 커진다. 만약 그 상품이 불량품인 경우에는 소비자의 이익을 해칠 뿐만 아니라 상표권자의 신용도 훼손된다. 이러한 광의의 혼동을 방지하기 위해서 상표법 제34조 제1항 제11호는 "수요자들에게 현저하게 인식되어 있는 타인의 상품이나 영업과 혼동을 일으키게 하거나 그 식별력 또는 명성을 손상시킬 염려가 있는 상표"는 등록을 할 수 없도록 하고 있으며, 일단 등록되었다 하더라도 무효로 할 수 있고(상표 117조 1항) 다른 사유와는 달리 5년간의 제척기간에도 걸리지 않으며, 어느 때나 무효심판을 청구할 수 있다(상표 122조 참조).[43] 그러나 등록 없이 사용하여 일으키는 광의의 혼동(confusion)에 대해서는 상표법은 어떠한 대책도 마련하고 있지 않다.

2) 한편 혼동의 위험이 전혀 없다고 하더라도 저명상표를 비유사품에 자유롭게 사용할 수 있게 하면 저명상표주가 막대한 비용과 노력을 들여 쌓아올린 당해 상표의 신용, 고객흡인력 등이 각종의 상품에 분산사용되고 그로 인하여 저명상표의 이미지, 광고선전력, 고객흡인력 등이 다른 상품에 흡수되어 희박하게 되어 버린다. 이를 상표의 희석화현상(dilution)이라 한다.

희석화의 본질은 특정한 상표가 구축한 상표와 상품의 직관적 연상작용을 파괴한다든지,[44] 상표의 광고가치의 구성부분인 긍정적 연상작용을 오염시키는 것이다.[45] 전통적인 혼동의 피해와는 근본적으로 다르다. 표장의 유사성 때문에 혼

43) 대판 1984.9.11, 83후43.

44) 직관적 연상작용이란 SONY하면 가전제품을 연상하는 것과 같은 경우이며 SONY 상표를 초콜릿이나 셔츠, 연필 등에 다수 사용하게 되면 이러한 직관적 연상작용이 파괴된다.

45) 긍정적 연상작용의 오염이란 예컨대 '미원'상표를 변기나 살충제 등 상품에 사용하는 경우, 특히 OB상표를 살충제의 상표로서 사용하면서 "젊음이 있는 곳에 OB가 있다"는 선전 대신에 "바퀴벌레 있는 곳에 OB가 있다"고 계속 선전한다면 OB상표의 이미지는 완전히 오염될 것이다. 한편 희석화의 위험은 상표의 상업적 사용만에 의해서가 아니고, 사전 등에 의하여 보통명칭적으로 사용됨에 의해서도 생길 수 있다. 따라서 dilution이론은 혼동의 필요 및 상업적 사용에 한정했던 종래의 상표권보호이론의 틀로부터 벗어나서 혼동이 없더라도 또 비상업적 사용이라 하더라도 저명상표를 보호하려는 이론이다(Harv. L. Rev., Vol.77, 523면).

동을 야기시키는 사례에 있어서는 판매의 손실은 바로 현재적인 데 대해 희석화는 상표의 광고적 가치를 침해하는 일종의 전염병이며 방치하면 상표의 판매촉진 기능은 점차로 쇠약해 간다. 그러나 전통적인 법리에 의하면 상품이나 영업의 혼동이 있어야 비로소 위법하게 된다. 여기서 저명표시와 혼동을 가져오지 않지만 저명표시를 오염하거나 약화시키는 행위를 금지하기 위해서는 새로운 이론적 근거를 필요로 한다. 그것이 희석화이론이다.

3) 이른바 기술한 혼동개념의 확대나 희석화이론은 모두 저명표장보호의 이론을 제공하는 것이나 전자는 전통적인 법리를 출발점으로 하면서 이것을 수정한 것이라면 후자는 표장 자체가 가지고 있는 가치에 대한 훼손을 위법의 근거로 한다. 이에 대해 Free-ride이론은 모용행위가 갖는 부정한 면에 착안하여 이를 금지하고자 하는 것이다.[46]

우리 법은 저명상표를 희석시킬 우려가 있는 상표의 등록에 대해서는 상표법 제34조 제1항 제11호를 통해서 이를 배제하고 있으며, 저명상표의 희석행위에 대해서는 부정경쟁방지법 제2조 제1호 다목을 통해 이를 규제하고 있다.

최근 저명상표의 보호강화의 필요성이 강하게 제기됨에 따라 각국 판례는 혼동개념을 확대(likelihood of association)하여 이 문제를 시도하고 있고, 나아가 WIPO에서도 파리협약의 관련규정을 보다 구체적으로 해석하는 "유명상표보호규범"에 관한 공동권고안[47]을 채택하였고, 미국은 1995년에 연방상표법에 희석화 침해 조항을 명문으로 삽입하였으며 EU도 상표관련 지침과 규정에서 희석화금지 조항을 두는 등 저명상표를 보호하기 위한 전통적인 출처혼동이론의 대안을 모색하기 위한 입법적 노력이 시도되고 있다.

---

46) 편승이란 저명표장을 모용함으로써 스스로의 노력 없이 타인의 노력의 성과를 흡수하려는 행위이며 기생충과 같은 행위이다. 그것은 "씨를 뿌리지도 않은 자가 수확을 거둬들이는" 파렴치한 행위이다. 상표권침해의 법리에서 보면 편승행위는 상표의 희석화 현상에의 한 과정이라고 할 수 있다.

47) Joint Recommendation concering Provision on the Protection of Well-Known Marks adopted by the Assembly of the Paris Union for the Protection of Industrial Property and the General Assembly of the World Intellectual Property Organization (WIPO) at the Thirty-Fourth Series of Meetings of the Assemblies of the Member States of WIPO September 20 to 29, 1999(http://www.wipo.int/about-ip/en/development_iplaw/pdf/pub833.pdf).

2. 희석화방지를 위한 특별법

특별입법에 의한 경우 영 · 일식의 방호표장제도,48) 미국 일부주나 연방법이 취하고 있는 희석화방지조항의 채택,49) 혹은 독일과 같이 부정경쟁방지법50)에 의하는 세 가지 방안이 생각될 수 있다.

본서에서는 최근 성립을 본 EU 및 미국에서의 저명상표 보호에 대해서 살펴보는 것으로 한다.

(1) EU에서의 저명상표의 보호

EU의 「상표에 관련된 회원국 법률을 접근시키기 위한 1988년 12월 21일의 이사회의 제1지침」 제5조와 「공동체상표에 관한 이사회규정」 제9조 및 제10조는 저명상표보호에 관해 규정한다. 여기서는 규정 제9조 및 제10조에 대해서 살펴본다.

1) 규정 제9조 (c)는 '상표권자'는 상표권자의 허락을 얻지 아니하고 거래에 있어서 제3자가 "등록되어 있는 공동체상표가 공동체 내에 있어서 명성을 얻고 있고, 이 공동체상표의 상품 또는 서비스와 유사하지 않은 상품 또는 서비스에 관한 공동체상표와 동일 · 유사한 표장을, 정당한 이유 없이 사용하는 것이 공동체 상표의 식별력 또는 명성을 부당히 이용하거나 또는 손상하는 경우"는 사용을 금지할 수 있다고 규정한다.

2) 규정 제10조는 "공동체상표를 사전, 백과사전 혹은 유사한 참고저작물에 있어서의 전재가 상표가 등록되어 있는 상품 또는 서비스의 보통명칭을 구성하는 인상을 준 경우에는 그 저작물의 발행자는 공동체상표권자의 요구에 의해 늦어도 그 저작물의 다음 판에 있어서 그 상표의 전재가 등록상표라는 취지의 표시를 부가하는 것을 보증하지 않으면 안 된다"고 규정한다. 본조가 비영업적 사용으로부터 희석

---

48) 일본법 제64조, 영국 舊상표법 제27조: 일법은 영법을 본받은 것이다.

49) 美의 매사추세츠, 뉴욕, 조지아, 코네티컷, 아이다호 등 보통 "당사자 사이에 경쟁관계가 없거나 상품이나 서비스의 출처에 관하여 혼동이 일어나지 않더라도, 기업의 명성이 훼손될 우려 또는 상표나 상호의 특징적 성질의 희석화 가능성은, 상표권 침해 또는 부정경쟁 소송에서, 사용금지 청구의 근거가 될 수 있다"고 되어 있다(Harv. L. Rev., Vol.77, 526면).

50) 주로 부정경쟁방지법 제3조 및 제4조에 의한다. 제3조는 일반조항이다.

화를 방지할 수 있도록 규정한 점은 특기할 만하다.

(2) 미국에서의 저명상표의 보호

1) 미국의 연방희석화방지 규정 1996년 1월 16일에 미국은 '연방상표희석화법(Federal Trademark Dilution Act: 이하 'FTDA'라고 한다)'을 공포했다. FTDA는 1946년 상표법(15 U.S.C. 1125)의 제43조에 새 조항(43(c))을 부가하는 형식을 취하였으며,[51] 저명상표소유자에게 양당사자의 경업관계 또는 혼동가능성의 증거가 없어도 "상표의 식별력의 희석"을 야기하는 상표의 상업적 무단사용을 금지할 수 있도록 하고 있다. 나아가 FTDA는 만약 상표소유자가 타인의 상표사용에 대한 고의적인 침해의도를 입증한다면, 사용금지청구뿐만 아니라 손해배상 및 신용회복을 청구할 수 있도록 하고 있다.

미국의 연방상표법 제43(c)에 따라 희석화 방지규정이 적용되기 위해서는 i) 상표가 저명하여야 하며, ii) 피고가 상표를 상업적으로 사용하여야 하며, iii) 원고의 상표가 저명해진 후에 피고가 상표를 채택하였어야 하며, iv) 피고의 상표가 상품이나 서비스의 출처를 나타내고 식별시키는 상표의 능력을 감소시킴으로써 원고 상표를 희석시켰어야 한다.

또 FTDA는 상표가 저명한가를 판단하는 데 있어서 법원이 고려할 만한 8가지 기준을 규정하고 있다. 즉 i) 상표의 본질적인 식별력이나 획득된 식별력의 정도, ii) 상표가 사용된 상품 또는 서비스와 관련한 상표의 사용의 기간과 범위, iii) 상표의 광고와 선전 기간 및 범위, iv) 상표가 사용된 거래지역의 지리적 범위, v) 상표가 사용된 상품 또는 서비스의 판매 경로, vi) 거래지역이나 거래경로에서의 상표소유자와 금지명령을 구하는 자가 사용한 상표의 인지의 정도, vii) 제3자가 사용한 동일 또는 유사한 상표의 사용태양 및 범위, viii) 상표가 1981.3.3.자 법 또는 1905.2.20.자 법 또는 주등록부상에의 등록되어 있는지 여부 등을 저명성 여부를 결정하는 데 고려사항으로 하고 있다. 따만 이는 열거한 것에 한정되는 것은 아니라고 하여 예시사항임을 명백히 하고 있으므로 법원은 이 밖의 다른 사항을 저명성 여부를 결정하는 데 참작할 수 있다. 부가적 사항으로 피고의 고의

51) Federal Trademark Dilution Act of 1995[P.L. 104-98](1996년 1월 16일 시행). 연방상표법 제43조(c)의 신설 및 제45조(정의)의 추가 등으로 구성되어 있다.

(intent)가 가장 우선 고려될 것이다. 상표가 2차적 의미(secondary meaning)을 획득하였는지 여부를 조사함에 있어서, 많은 법원들은 피고가 의도적으로 모방을 했다면 식별력의 획득의 가장 설득력이 있는 증거로 받아들일 수 있다고 보고 있다.

한편 FTDA에 의한 희석화 방지 규정은 우선 보통법상 형평의 원칙에 의한 제한을 받으며, 희석화법이 적용되지 않는 경우를 별도로 규정하고 있는데 명시[52]하고 있는데, 그 규정에 따르면 저명상표 소유자의 상품 또는 서비스와 경쟁관계에 있는 상품 또는 서비스를 확인하기 위하여 경쟁적 상업적 광고를 하는 타인에 의한 저명상표의 공정한 사용, 상표의 비상업적 사용, 모든 형태의 뉴스 보도 및 뉴스평론의 경우에는 희석화 방지규정이 적용되지 않는다.

2) 미국의 연방상표희석화개정법　　FTDA는 혼동가능성의 유무에 관계없이 저명상표를 희석하는 행위에 대하여 당행 행위의 금지조치 등을 인정하는 것으로 1996년 연방상표법에 신설된 보호규정이다. 그런데 동법의 경우 저명상표의 정의와 본 규정의 대상이 되는 요건 등에 관하여 불명확한 것이 많기 때문에 법원의 판단에 혼란이 발생하는 등의 문제가 나타나게 되었다. 또한 연방대법원의 판결이 동법에 의한 구제요건으로 '실제로 희석이 발생할 것(actual dilution)'을 입증하여야 한다고 하는 상표권자에게 불리한 판결이 등장함에 따라,[53] 하원공청회(2004년 4월)[54]에서 국제상표협회(INTA) 등에서 동법의 개정을 요구하는 의견이 표출되었다. 2006년 10월 6일 부시대통령이 동년 3월 8일 상원본회의 및 3월 25일 하원본회의에서 가결된 연방상표희석화개정법안[55]을 서명함에 따라 연방상표희석화개정법(Trademark Dilution Revision Act of 2006, 이하 'TDRA'라고 한다)이 발효되었다.

TDRA는 저명한 상표의 식별력을 약화시키거나 그 평판을 훼손하는 사용으로부터 저명한 상표를 보호하는 것을 목적으로 하고 있다. TDRA는 저명상표의 정의에 관하여, 본래 식별력을 가진 표장뿐만 아니라 사후적으로 사용에 의하여

52) 제43조 (c)(4).

53) FTDA에 의한 구제요건으로 '실제의 희석이 발생할 것(Actual dilution)을 증명하여야 하는가 아니면 희석가능성(likelihood of dilution)으로 족한 것인가'를 다툰 Moseley v. V Secret Catalogue Inc. 사건[537 U.S. 418 (2003), 이하 Moseley 사건이라 한다].

54) http://judiciary.house.gov/oversight.aspx?ID=52 (2006.12.20 방문).

55) Trademark Dilution Revision Act of 2006 (H.R.683).

식별력을 획득한 표장에 대해서도 저명상표에 포함된다는 것을 명확히 하였다. 즉 TDRA는 "식별력을 가진(식별력을 본래적으로 갖추고 있는지 사후에 획득했는지를 묻지 아니하고) 저명상표의 권리자는 실제의 혼동 또는 혼동가능성경쟁 또는 실제의 경제적 손해가 존재하는지의 여부에 관계없이 저명상표권자의 상표가 저명하게 된 후에 저명상표의 약화 또는 손상행위에 의하여 희석화를 야기할 가능성이 있는 동일 또는 유사한 상표(또는 상호)의 사용을 개시한 자에 대하여 그 행위의 금지를 청구할 권리를 갖는다"고 규정하고 있다. 또 TDRA는 '실제의 희석'을 입증하는 요건을 배제하고, '희석가능성'을 입증하면 요건을 충족하는 것으로 규정함에 따라 상표권자 보호의 관점에서 금지청구권 등의 요건을 완화하고 있다.

FTDA의 정의상 희석은 상품 또는 서비스의 동일성을 식별하는 능력을 약하게 하는 행위를 대상으로 하고 있었기 때문에 업무상 평판을 손상하는 행위가 포함되는지에 관하여는 부정적으로 해석될 수도 있었다. 이에 대하여 상표권자 보호의 관점에서 희석화 행위를 명확하게 하여야 한다는 의견이 표출되었기 때문에 TDRA는 식별력의 약화(Blurring)로 인한 침해뿐만 아니라 식별력의 손상으로 인한 침해(Tarnishment)를 희석화행위의 구체적 태양으로 명시적으로 규정하고 있다.

나아가 TDRA는 "어떠한 상표가 미국의 일반소비자에게 널리 인식된 경우, 그 상표는 저명하다"고 규정하고 있기 때문에, 상표가 특정시장(niche market)에서만 저명한 것을 가지고 당해 상표가 희석화의 관점에서 저명상표로 취급될 가능성은 배제하고 있다.

마지막으로 TDRA는 표현의 자유와의 관계에 대하여 기업, 제품, 서비스 등의 단순 비판 등을 행하는 등의 '표현의 자유'가 저해하지 아니하도록 공정이용(fair use)에 의한 제외 규정을 명확히 하고 있다.[56]

(3) WIPO에서의 유명상표보호논의

WIPO는 1995~97년의 WIPO 유명상표전문가회의와 1998년 이후 WIPO 상표법 · 디자인보호법 · 지리적표시상설위원회(SCT)에서 유명상표보호의 국제적인

56) 패러디, 비평 외에 記名(nominative) 또는 記述的(descriptive)인 자유이용도 본 제외규정에 포함되며 그러한 행위를 촉진하는 것(facilitation)도 그 대상이 된다는 것을 명시적으로 규정하고 있다.

가이드라인 설정을 목표로 연구 · 검토를 진행, 1999년 6월 제2차 상표법 · 디자인보호법 · 지리적표시상설위원회 제2부 회의에서 유명상표보호규범(안)을 채택하였다.

이 안은 1999년 9월 WIPO 총회에서 파리동맹과 공동권고(Joint Recommendation)의 형태로 채택되었다.

본 권고안은 향후 파리협약 및 TRIPs 협정에 의해 유명상표의 보호의무가 있는 회원국과 정부간기구에 이행을 권고할 예정이다.

본 권고안에서는 유명상표와 혼동우려가 없는 비경쟁관계인 이종상품 · 서비스에 타인이 유명상표의 식별력을 희석화하는 행위를 유명상표의 침해로 간주하여 구제받을 수 있도록 "희석화 이론"(dilution theory)을 도입하였다.

Ⅳ. 트레이드 드레스

1. 의 의

원래 트레이드 드레스(trade dress)란 그 용어에서 암시하는 바와 같이 물건의 포장, 용기, 레테르 등을 가리키는 말이었으나 그것이 확대되어 지금은 물건의 형태(product configuration), 물건의 외형적 느낌(분위기)(the "look and feel" of products), 서비스시설의 외형적 느낌(분위기)(the "look and feel" of service establish- ments), 심지어는 장난감가게의 판매방법(marketing methods)까지도 포괄하는 것으로 발전하였다. 이러한 현대적 경향을 종합하여 미국의 제11순회항소법원은 트레이드 드레스를 물건의 전체적 이미지, 예컨대 크기, 형태, 색깔이나 색깔의 조합, 질감, 도형, 심지어는 판매기법까지 포함하는 것으로 보았다. 따라서 지금은 식별력 있고 출처를 확인할 수 있는 역할을 하는 제품의 이미지나 판매의 모든 측면이 트레이드 드레스로 보호된다.

◎ 트레이드 드레스의 예

2. 트레이드 드레스로서 보호되기 위한 요건

미국에서 연방상표법에 의한 트레이드 드레스 보호의 시작은 1976년 연방순회항소법원의 소위 TESCO 판결[57]이다. 그 후 연방법에 의해 '트레이드 드레스'로 보호되기 위해서는 2차적 의미의 취득이 필요하다고 판시한 판결이 있는가 하면, 반면에 본래적으로 식별력이 있는 경우(inherently distinctive)는 2차적 의미가 필요 없다는 판결도 있었다. 이러한 혼란에 종지부를 찍은 것이 1992년, 최고법원의 Two Pesos v. Taco Cabana Inc. 판결이다. 최고법원의 판결을 통해 외관 트레이드 드레스의 보호에 있어 장애로 작용해 온 소위 '2차적 의미'의 취득이 본래적으로 식별력이 있는 경우에는 불필요하다고 판시하였다. 본 판결은 멕시코 요리를 제공하는 레스토랑 체인의 인테리어 및 상점건물의 외장 등을 종합한 '트레이드 드레스'에 관한 판결로서 이 판결이 상품의 형태에 그대로 적용될지는 앞으로 주목된다. 한편 이 판결이 그대로 상품형태에 적용된다 하더라도 상품형태가 상표법으로 보호받기 위해서는 당해 형태가 기능적이어서는 안 된다는 것이 미국 판례가 확립한 이론이다. 소위 기능성이론이라는 것이다.

3. 기능성이론에 의한 제한

기능이라고 하면 보통 실용적 기능을 의미한다. 제조업자가 이러한 상품의 기능적 특징을 보호받고자 하면 특허권, 실용신안권, 디자인권, 저작권 등 지적재산권을 취득하여야 하고 제품의 기능적 특성을 보호받기 위하여 부정경쟁의 원칙을 원용하여서는 아니 된다는 것은 미국 판례가 확립한 원칙이며,[58] 이 점에 대해서는 의문이 없다.[59]

문제는 소위 미적 기능성(aesthetic functionality)이 있는 경우에도 부정경쟁법

---

57) Truck Equipment Service Co. v. Fruehauf Corp., 536 F.2d 1210, 1213 & n.1, 1223(8th Cir.), cert. denied 429 U.S. 861(1976).

58) Vangham Novelty Mtg. Co. v. G. G. Green Mfg. Corp 사건, International Latex Corp. v. Flexees, Inc. 사건 등, Harv. L. Rev., Vol.68(1955), p.852.

59) 만약 부정경쟁방지법에 의한 보호를 인정하면 특허법 등에서 보호가 거절되거나 보호기간이 만료되어 공유(public domain)로 된 유용한 형태도 식별력이 있는 한 영구히 보호되는 것으로 되어 특허정책 등과 조화되지 않기 때문이다.

리에 의해 보호받을 수 없는가이다. 이 이론은 1938년의 제1차 불법행위 리스테이트먼트 제742조에 정식화된 이론이며,[60] 많은 논란을 불러일으켰다. 이 이론에 의하면 예컨대 하트 모양의 과자상자는 연인에게 선물할 때 필요하기 때문에 이 경우는 미적 기능성이 있다고 말할 수 있고, 따라서 그러한 형태는 누구라도 모방할 수 있으며, 부정경쟁방지법리에 의해 보호받을 수 없다는 것이다.

이 이론이 가장 모호한 형태로 확대 적용된 사례는 미적 기능성 이론에 관한 리딩 케이스라고 불리는 Pagliero사건[61]이다. 본건에서 법원은 호텔용 도기의 디자인은 시각적으로 어필하기 위한 필수적 판매요소이므로 이것은 상표적 목적과는 다른 것을 의미한다고 했다. 이렇듯 상품의 상업적 성공의 중요한 특징(디자인)은 기능적이며, 특허권이나 저작권으로 보호되지 않는 한 자유경쟁의 원칙에 비추어 모방은 자유라고 판시하였다(소위 상업적 성공 기준). 상업적 성공의 중요한 요소는 기능적이라고 하는 기준은 많은 비판을 받았지만[62] 1980년대에 들어와서도 소수이기는 하지만 이 기준을 채택한 판례도 있다.[63] 그러나 다수의 판례나 학설은 강도의 차이는 있지만 미적 기능성 이론을 배척하거나 제한하고 있다.

---

60) 742조는 다음과 같다.
"상품의 형태(features)가 당해 상품의 목적, 성능, 제조용이성, 경제성, 취급용이성, 사용용이성에 영향을 주는 경우에는 기능적이다."
또 동조 코멘트 (a)는 다음과 같이 설명하고 있었다.
"상품이 주로 그 미적 가치 때문에 구입되는 경우 상품의 형태는 기능적이라고 말할 수 있다. 왜냐하면 위 형태는 분명히 그 가치(미적 가치)에 공헌하고 있고, 상품의 의도된 목적 수행을 돕기 때문이다."
코멘트는 다음과 같이 결론을 내리고 있다.
"그러한 형태가 기능적인지 여부의 결정은 다음과 같은 사실에 달려 있다. 즉 타인에 의한 모방을 금지하는 것이 그들의 경쟁을 방해하는 것으로 되는지 여부이다"(J. Thomas McCarthy, *TRADEMARKS AND UNFAIR COMPETITION* (3d), 7. 26 [4] [a]).

61) Pagliero v. Wallace China Co. Ltd., 198 F. 2d 339(9th Cir. 1952).

62) J. Thomas McCarthy, 앞의 책, 7.26 [5] (Author's Comment on "Aesthetic Functionality"). 주된 비판내용은 제외범위가 지나치게 넓다는 것과 상품을 매력적으로 하면 보호받을 수 없다고 하는 것은 디자인 개발의욕을 저해한다는 것이었다. 또 상업적으로 성공하면 성공할수록 보호를 받을 수 없다는 기이한 결과로 된다[小泉直樹, "소위 미적 기능성에 대하여 ―아메리카 법을 중심으로," 「일본공업소유권법학회보」(제16호), 96면.

63) 예컨대 Famolare, Inc. v. Melville Corp., 472 F. Supp. 783, 203 USPQ 68(D. C. Haw. 1979), aff'd without op. mem., 652 F.2d 62(9th Cir. 1981) 등[McCarthy, 앞의 책, §7. 26 [4] [b] (p.7-137) 주 94, 95, 96, 97, 98 참조].

그러면 어떠한 경우에 미적 기능성이 있어 트레이드 드레스로서 보호받지 못하는가? McCarthy 교수는 단순한 장식형태에 불과한 경우에는 트레이드 드레스로서 보호되지 못한다고 한다. 또 Dratler 교수[64]는 일정한 경우에는 경쟁을 위하여 출처의 혼동에 관한 적절한 조치만 베풀어졌으면 산업디자인의 동일한 복제도 허용되어야 한다고 본다. 그 허용가능한 형태란 어떠한 경우인가. 문자상표에서 일반명칭이 허용된다는 이론은 산업디자인이나 트레이드 드레스에도 적용되어야 한다. 예컨대 아스피린과 같은 일반명칭은 설사 특정회사의 상표로서 등록되었다고 하더라도 한 회사에만 독점시킬 수 없듯이 일반적인 형태는 특정인에게 독점시킬 수 없다. Dratler 교수는 이 경우를 '미적 일반형태'(aesthetically generic)라고 부른다.

이에 대해 '대체디자인 유무론'이 주장된다. 이 이론은 소위 대체디자인(alternative design)이 존재하는 경우에는 트레이드 드레스로 보호되지만 그렇지 못한 경우에는 당해 디자인은 기능적이며, 트레이드 드레스로 보호를 받지 못한다는 것이다.[65] 즉 '객관적 동가치의 미적 디자인'의 발견 유무가 트레이드 드레스로서 보호받을 수 있는지 여부를 결정한다.

4. 우리 현행법과 트레이드 드레스

미국법은 일찍이 상품형태가 가지는 상표적 기능에 주목하였고, 이에 따라 입체상표의 등록 등을 허용하고 있으며, 무등록 상품형태도 그것이 '2차적 의미'를 취득하면 상표로서 보호하여 왔다. 그러나 최근 본래적으로 식별력이 있는 상품형태는 트레이드 드레스로서 상표법의 보호를 받게 되었다. 그러면 이 이론은 우리나라에서 그대로 적용될 수 있는가. 먼저 부정경쟁방지법을 살펴보자.

---

64) Dratler, "Trademark protection for industrial design," *U. Ill. L. Rev.*, 1988년 4호, 주 282 Rev., p.950 이하.

65) 부정경쟁 리스테이트먼트 초안 제17조는 기능성을 다음과 같이 정의하고 있다. "상품의 디자인, 상품 또는 서비스의 거래에 있어 사용되는 트레이드 드레스, 혹은 상품 또는 트레이드 드레스의 어떤 특징 혹은 제 특징의 조합의 디자인은, 당해 디자인을 당해 상품 또는 서비스를 거래하는 자에게 디자인의 출처표시로서의 의의와는 다른 便益을 주고, 또 그 便益이 상대방의 효율적 경쟁에 있어 중요하며, 더욱이 그 편익을 대체디자인에 의해 얻을 수 없는 경우에는 그 디자인은 기능적이다."

우리나라 부정경쟁방지법은 “국내에 널리 인식된 타인의 성명, 상호, 상표, 상품의 용기, 포장 기타 타인의 상품임을 표시한 표지와 동일 또는 유사한 것을 사용하거나 이러한 것을 사용한 상품을 판매, 반포 또는 수입, 수출하여 타인의 상품과 혼동을 일으키는 행위”는 부정경쟁행위로 보고(부정 2조 1호 가목), 이에 대한 금지청구(부정 4조)나 손해배상청구(부정 5조), 혹은 형사처벌(부정 18조)에 관하여 규정한다. 그러므로 상품형태 등이 현행 부정경쟁방지법하에서 보호받기 위해서는 사용결과 ‘상품표시’로서의 ‘주지성’을 취득하여야 한다. 또 제2호 나목의 경우에는 ‘영업표시’로서의 ‘주지성’을 취득하여야 한다. 소위 ‘2차적 의미’(secondary meaning)를 취득하여야 한다. 그러므로 당해 트레이드 드레스가 독특하다고 하더라도 2차적 의미를 취득하지 못하면 부정경쟁방지법으로 보호받을 수 없다. 그렇다면 민법의 불법행위규정으로는 보호될 수 있는가. 타인의 트레이드 드레스를 그대로 모방하였고 이 때문에 손해를 보았다면 손해배상청구는 가능하다고 본다. 그러나 불법행위규정에 기해서 손해배상청구권 외에 방해배제 내지 예방을 위한 금지청구권까지 인정할 수 있을 것인가의 문제는 매우 중요하다.[66]

2018년 개정법은 부정경쟁방지법 제2조 제1호 (나)목에서 보호하던 영업표지의 정의를 확장하여 “상품 판매 · 서비스 제공방법 또는 간판 · 외관 · 실내장식 등 영업제공 장소의 전체적인 외관을 포함한다”고 명시함으로써 ‘트레이드 드레스’가 영업표지로서 보호된다는 점을 입법으로 명확히 하였고, 나아가 희석화 방지 조항인 부정경쟁방지법 제2조 제1호 (다)목에서 보호하는 표지의 개념에도 “타

66) 최근 대법원 2008마1541 결정은 위법성의 판단 요소로서의 ‘특별한 사정’에 대한 구체적 검토 여부와 관련하여, “경쟁자가 상당한 노력과 투자에 의하여 구축한 성과물을 상도덕이나 공정한 경쟁질서에 반하여 자신의 영업을 위하여 무단으로 이용함으로써 경쟁자의 노력과 투자에 편승하여 부당하게 이익을 얻고 경쟁자의 법률상 보호할 가치가 있는 이익을 침해하는 행위는 부정한 경쟁행위로서 민법상 불법행위”에 해당한다고 판단하였고, 이러한 상태가 계속되는 경우 금전배상만으로는 피해자를 실질적으로 구제하기 어려우므로 피해자와 가해자의 제반 이익을 비교형량할 때 “피해자의 이익이 더 큰 경우에는 그 행위의 금지 또는 예방을 청구할 수 있다”고 하였다. 그러나 부정경쟁방지법과 민법의 일반 불법행위 간에 가장 큰 차이는 부정경쟁방지법에는 금지청구권을 인정하는 규정이 있지만(제4조) 일반 불법행위에는 이를 인정하는 법조문이 없다. 그러한 점에서 위 대법원 2008마1541 결정과 같이 민법 제750조의 일반조항에 의해 지적재산법을 보완하는 방법뿐만 아니라 넓은 의미의 부정경쟁행위를 포섭할 수 있는 일반조항을 두어 금지청구권을 인정하는 입법론적 해결방법을 적극 고려할 필요가 있을 것이다.

인의 영업임을 표시하는 표지에 관하여는 상품 판매 · 서비스 제공방법 또는 간판 · 외관 · 실내장식 등 영업제공 장소의 전체적인 외관을 포함한다"고 정함으로써 '트레이드 드레스'가 식별력 손상 행위로부터도 보호될 수 있다는 점을 분명히 함으로써, '트레이드 드레스'에 대한 권리가 한층 강화되었다.

V. 진정상품 병행수입

1. 서 설

'진정상품의 병행수입'이란 "진정상품을 권원 없는 제3자가 타국의 상표권자 또는 전용사용권자의 허락 없이 수입하여 판매하는 행위"를 말한다.[67] 진정상품의 병행수입은 보통 수입국의 상품가격이 타국보다 현저히 높을 때 발생하는데, 그것을 상표권 침해행위로 보아 규제할 것인지 아니면 전체적으로 이익이 되는 것으로 보아서 허용할 것인지 여부가 문제되고 있다.[68]

2. 병행수입의 허용여부에 관한 학설

(1) 금지론

병행수입의 금지론은 파리협약 제6조 제3항에 의한 속지주의 원칙(principle of territoriality)에 근거한다. 즉 상표권은 각국마다 독립적이므로 상표권의 효력은 당해 국가에 한정되는 것이고 따라서 진정상품인지의 여부에 관계없이 수입국의 상표권자 또는 전용사용권자의 허락 없이 동일한 상표가 부착된 상표품을 수입하는 것은 상표권의 침해라고 한다.

구체적으로 i) 병행수입업자는 정당권리자의 광고 및 투자, 대고객 서비스

---

67) "진정상품"이라 함은 상표가 외국에서 적법하게 사용할 수 있는 권리가 있는 자에 의하여 부착되어 배포된 상품을 말한다. 한편, 외국에서 정당하게(with authorized) 생산되고 지불된 상품을 상표를 사용할 권리가 없는 시장에 수입하여 판매하는 경우에 그 상품을 회색상품(gray market goods)이라고 한다.

68) 사법연수원, 상표법(2007), 227면.

체제에 무임승차함으로써 부당한 이득을 취하게 된다. 결국 상표권자는 그 상표품의 품질, 서비스의 향상, 유지를 위해 자본을 투하하려는 인센티브를 상실하게 되고 길게 보면 이는 소비자의 손실이 된다. ii) 병행수입품은 품질관리가 허술하고 A/S가 미치지 않아 소비자에게 불측의 손해를 줄 수 있고 이러한 경우 정당 권리자의 신용만 훼손된다. iii) 다국적기업은 국가별로 다른 품질의 상품을 공급하는 경우가 많은데, 동일상표라도 열등품이 수입되면 정당권리자 및 소비자에게 피해를 준다. iv) 등록은 각국별로 하게 하면서 금지권이 미치지 않게 한다면 상표권의 독점배타성이 약화되고 사용권제도가 무의미해진다.

(2) 허용론

상표를 일단 적법하게 사용하여 상표품을 유통하였으면 국내외를 막론하고 상표권은 이미 소진되어 버린 것이라거나(국제적 소진이론: doctrine of exhaustion of rights) 또는 상표의 출처표시기능을 해하지 않고 공중에게 오인·혼동을 생기게 할 위험성이 없는 때에는 상표의 기능이 침해당하는 것이 아니므로 상표권의 침해가 아니라고 한다(상표기능론 또는 공중오인설).

구체적으로 i) 병행수입을 허용하게 되면 소비자들은 다양한 종류의 상품을 저렴한 가격으로 구입할 선택권을 부여한다. ii) 병행수입을 금지하면 자유로운 국제유통을 제한함으로써 가격차별 및 재판매가격유지를 통해 국제시장을 통제하려는 다국적 기업의 독점이윤만을 보장하는 것이 되어 자국내소비자에게 가격부담만 안겨 주게 된다. iii) 증가된 경쟁은 시장의 효율성을 향상시키고 자유무역에 따른 국가의 이익을 증진한다. iv) 상표의 출처표시기능이 약화되고 품질보증기능이 강화되는 현실에서 수요자의 신뢰이익을 해칠 염려가 크지 않다.

3. 진정상품의 병행수입 허용여부의 판단

병행수입이 허용되기 위해서는 i) 수입상품이 진정상품이어야 하며, ii) 광의의 출처원이 동일하여야 할 뿐만 아니라, iii) 품질보증기능이 침해되지 않도록 상품형태의 변경 또는 품질의 변화가 있거나 또는 재포장되거나 내용물이 교체되어서는 아니 된다.[69] 그러나 상표권자 자신이 나라마다 상품의 소재·품질 등을 달리한 경우라면 상표권자의 신용을 해하는 바가 없으므로 상표권 침해는 부정된다.[70] 진정상품의 병행수입 허용여부의 구체적인 판단은 다음과 같다.

(1) 국내외 상표권자가 동일인인 경우

동일상표가 동일권리자에게 속하는 경우에는 병행수입을 허용하는 것이 국제적 추세이다.[71]

① 국내에 그 상표권에 대한 전용사용권이 설정되지 아니한 경우(허용)

동일상표권자가 일국에서 스스로 권리를 행사하면서 다른 나라에서 제3자에게 사용허락(license)하여 그로 하여금 전용권을 행사하도록 한 경우에도 병행수입은 허용된다. 왜냐하면 사용자의 권리는 원래 상표권에서 파생된 것이므로 상표권자의 권리보다 클 수 없고, 따라서 상표권자가 자기상품수입을 금지시킬 수 없다면 사용권자도 그러한 권한을 가질 수가 없기 때문이다.

② 국내에 그 상표권에 대한 전용사용권이 설정된 경우

국내의 전용사용권자가 상표품을 외국의 상표권자로부터 수입만을 하는 경우에는 결국 품질이 동일한 상품이므로 병행수입이 허용된다. 그러나 국내의 전용사용권자가 국내에서 상표품을 직접 생산하여 판매하는 경우에는 병행수입이 원칙적으로 허용되지 아니한다.[72]

(2) 국내외 상표권자가 동일인이 아닌 경우

① 국내외 상표권자가 타인이지만 이들 사이에 법적, 경제적으로 밀접한 관계가 있는 경우

ⅰ) 품질이 동일한 경우　　외국의 제조업자에 의하여 제조되어 상표가 부

---

69) 수입된 상품과 우리나라의 상표권자가 등록상표를 부착한 상품 사이에 품질에 있어 실질적인 차이가 없어야 하고, 여기에서 품질의 차이란 제품 자체의 성능, 내구성 등의 차이를 의미하는 것이지 그에 부수되는 서비스로서의 고객지원, 무상수리, 부품교체 등의 유무에 따른 차이를 말하는 것이 아니다(대판 2006.10.13, 2006다40423 - Starcraft).

70) 田村, 상표법 개설 416면.

71) 상세한 것은 최순용, 병행수입과 상표권, 지적재산권법강의 홍문사(1997), 519면 이하 참조.

72) Polo사건에서 대법원은 국외에서 제조·판매되는 상품과 국내 전용사용권자가 제조·판매하는 상품 사이에 품질상의 차이가 없다거나 출처가 동일하다고 볼 수 없고 국내외 상표권자가 공동지배 통제관계에 있지도 아니한 경우는 진정상품의 병행수입이 허용되지 않는다고 하였다(대판 1997.10.10, 96도2191 - 폴로).

착된 상품이 수입국의 상표권자인 총대리점 또는 독점적 판매회사를 통하여 판매되는 경우로서, 수입국의 상표권자는 외국의 제조자와 타인간이나 사전에 양도 또는 동의에 의하여 계약적 또는 경제적으로 관련 있는 경우와 같이 일반적으로 품질의 동일성이 유지되는 경우에는 병행수입이 허용된다.[73]

ii) 품질이 상이한 경우 국내 상표권자가 외국 상표권자의 총대리점 또는 독점적 판매업자의 관계에 있거나 국내외 상표권자가 계열회사 관계에 있어 동일시할 수 있는 경우에 원칙적으로 병행수입이 허용된다. 그러나 동일기업집단에 속하는 동계(同系)회사이지만, 자회사 각각이 그 상표에 대한 각국에서의 상표권자이고 시장공급이 분산되어 있어 독자적인 업무상 신용(good will)을 형성하여 온 경우에는 이를 특별히 보호할 필요가 있으므로 병행수입은 허용되지 아니한다.[74]

② 국내외 상표권자가 법적, 경제적 관계는 없으나 상표가 동일출처를 표시하는 경우

상표가 동일인의 소유였으나 그 후 1국의 상표권이 양도된 경우와 같이, 당초에는 상표가 동일출처를 표시하는 것이었지만 국내외의 상표권자가 현재에는 법적, 경제적으로 아무런 관계가 없는 경우에는 병행수입이 허용되지 않는다.[75]

---

73) 일본의 BBS사건(1988)에서는 원고가 상표권자로서 갖는 업무상의 신용은 외국제조사가 세계시장에서 갖고 있는 명성 이상의 것이 아니고 그 출처표시 및 품질보증기능은 피고의 병행수입에 의하여 손상되지 않으므로 결국 원고와 외국회사 사이에는 동일업체와 같은 관계가 생긴 것으로 볼 수 있어 피고의 병행수입이 허용된다고 했고, Revlon 사건(1963)에서 뒤셀도르프고등재판소는 미국에서의 모회사의 판매행위는 독일에서의 자회사의 의사에 기한 것으로 볼 수 있고 그 상표권은 이미 행사되어 소진되어 버렸으므로 병행수입이 허용된다고 했다.

74) Lux사건(1952) 및 Columbia사건(1963)에서 스위스 법원은 이 견해를 취하였다. Lux사건의 개요는 다음과 같다. 스위스의 비누회사인 Sunlight사는 미국의 비누제조업자인 American Lever Bros. Co.와 동일기업체에 속하여 두 회사는 모두 비누에 Lux라는 상표를 사용하였다. Sunlight社는 스위스 수입업자가 미국에서 Lux비누(진정상품)를 수입하는 것에 대하여 자기의 상표권에 기하여 금지청구를 하였다. 법원은 Sunlight사가 과거 30년 이상 스위스에서 독립하여 업무상 신용(good will)을 형성하여 온 점에 결정적인 중요성을 부여하고 혼동의 염려가 있다는 이유로 원고의 청구를 인용하였다. 그러나 Philips 사건(1960)에서는 스위스에서 필립스제품을 구입하는 자는 그것이 필립스 콘체론 소속의 어느 회사의 제품이라고 생각하지 특별히 원고(내국 제조자)의 제품이라고 생각하지는 않으므로 공중의 오인의 위험성이 없다는 점에서 병행수입을 허용하였다.

75) Pemier Dental 사건 1986.

③ 국내외 상표권자가 전혀 별개인 경우

동일상표에 관한 국내외 상표권자가 법적으로 완전히 별개의 독립한 자로서 그 사이에 어떠한 계약상, 경제상의 결합관계도 존재하지 않는 경우에는 속지주의원칙이 적용되어 진정상품의 병행수입이 허용되지 않는다.[76]

4. 여 론

(1) 상표법의 태도

상표법은 진정상품의 병행수입에 관한 명문의 규정은 없지만, '수입'을 상표의 사용의 하나로 정의하고(상표 2조 1항 6호), 정당한 권원 없이 제3자가 등록상표와 동일 또는 유사한 상표를 동일 또는 유사상품에 사용하는 것을 상표권의 침해로 규정하고 있다(상표 66조). 상표법의 각 규정은 상표법의 목적과 기능에 비추어 합목적적으로 해석되어야 한다는 점에서 국제적 소진이론이나 상표기능론에 기초하여 병행수입을 긍정할 수 있을 것이다. 대법원은 병행수입 그 자체는 위법성이 없는 정당한 행위로서 상표권 침해 등을 구성하지 아니하므로 병행수입업자가 상표권자의 상표가 부착된 상태에서 상품을 판매하는 행위는 상표제도의 목적과 기능에 비추어 볼 때 당연히 허용되는 것으로 보고 있다.[77] 요컨대, 진정상품의 병행수입의 허용여부는 상표권자와 소비자 및 병행수입업자의 이익이 첨예하게 대립되는 문제로서 병행수입이 과연 상표권을 침해하는 행위인가는 상표법의 목적과 제 규정을 기초로 하고 상품유통의 촉진, 경쟁촉진, 물가안정 및 수요자의 후생증대와 같은 국가정책적인 목적을 고려하여 결정되어야 할 문제이다.

(2) 행정부의 태도

관세법에 기초한 「지식재산권 보호를 위한 수출입통관 사무처리에 관한 고

76) EMI 사건(1959), Columbia 사건(1963)에서는 내외상표권리자 간의 관계가 親子會社에 있어서만큼 밀접하지 않고 개별독립적이라는 이유로 모두 병행수입을 인정하지 않았다. 한편, 도로테비스사건(1982)은 세계적으로 저명한 외국상표에 대해서 국내상표권을 취득한 자가 외국권리자와의 계약이 소멸된 후에 자기의 상표권에 의하여 당해 외국권리자의 상품의 병행수입을 금지하려고 한 사안으로서 법언은 권리남용이라는 이유로 그 권리행사를 인정하지 않았다.

77) 대판 2002.9.24, 99다42322 - 버버리.

시」에 의하면 등록된 상표권을 침해하는 물품은 수출입할 수 없지만, 일정한 경우에는 진정상품에 대하여 세관에서 통관압류를 하지 않도록 하였다.[78] i) 국내외 상표권자가 동일인이거나 계열회사관계(주식의 30% 이상을 소유하면서 최다 출자자인 경우), 수입대리점 관계 등 동일인으로 볼 수 있는 관계가 있는 경우와 ii) 외국의 상표권자와 앞의 i)의 관계에 있는 국내상표권자로부터 전용사용권을 설정받은 경우에는 병행수입이 허용된다.[79]

공정거래위원회는 「병행수입에 있어서의 불공정거래행위 유형에 관한 고시」를 제정하여,[80] i) 해외유통경로로부터의 진정상품 구입방해, ii) 판매업자에 대한 병행수입품의 수입제한, iii) 병행수입품을 취급한 판매업자에 대한 차별적 취급, iv) 병행수입품을 취급한 판매업자에 대한 제품공급거절 및 중단, v) 병행수입품을 취급하는 소매업자에 대한 독점수입품의 판매제한 등을 부당한 병행수입 저지행위로 규정하고 있다.

◎ 병행수입업자의 광고행위의 허용여부

병행수입에 관하여 광고가 행하여지는 경우는 상표가 부착된 병행수입품의 단순한 수입판매(소극적 행위)가 아닌 적극적 행위를 포함하므로 상표권침해가 성립한다는 견해도 있을 수 있으나, 진정상품에 관한 출처, 식별기능을 해치는 것은 아니므로 상표권침해가 되지 아니한다.[81] 그러나 병행수입이 허용되었다고 해서 병행수입업자가 상표를 사용할 정당한 권원을 갖는 것은 아니므로 그 광고행위도 원칙적으로 상표권 소진의 효과가 미치는 범위 내, 즉 병행수입된 대상물품 그 자체의 판매행위에 한정해야 할 것이다.[82]

---

78) 高勇夫, "관세법령상 병행수입의 허용기준에 관한 연구," 企業法硏究 제15집(2003), 401면 이하.

79) 다만, 국내전용사용권자가 당해 상표가 부착된 물품을 제조·판매만 하는 경우에는 국내전용사용권자와 외국의 상표권자가 동일인이거나 동일인으로 볼 수 있는 관계에 있는 경우에 한한다.

80) 법적 투명성을 높일 필요가 있기 때문이라고 하나 병행수입의 허용여부는 이론상 문제점이 많고 구체적인 사안에 따라 허용여부가 달라지는 것인만큼 국가에서 과도하게 간여하는 것은 국제통상에 있어 원활한 상품교역을 방해할 우려가 있다. 구체적 사안마다 사법절차에 의해 해결토록 함이 타당할 것이다.

81) 대판 2002.9.24, 99다42322－버버리.

82) 다만 병행수입업자의 광고행위는 실질적으로 상표권 침해의 위법성이 있다고 볼 수 없어 상표권 침해가 성립하지 아니한다고 하더라도, 그 사용태양 등에 비추어 영업표지로서의

병행수입업자가 적극적으로 상표권자의 상표를 사용하여 광고 · 선전행위를 한 것이 실질적으로 상표권 침해의 위법성이 있다고 볼 수 없어 상표권 침해가 성립하지 아니한다고 하더라도, 그 사용태양 등에 비추어 영업표지로서의 기능을 갖는 경우에는 일반 수요자들로 하여금 병행수입업자가 외국 본사의 국내 공인 대리점 등으로 오인하게 할 우려가 있으므로, 이러한 사용행위는 부정경쟁방지 및 영업비밀보호에 관한 법률 제2조 제1호 나목 소정의 영업주체 혼동행위에 해당되어 허용될 수 없는 것이다.[83]

(3) 특허권 등과 병행수입

이상 본 바와 같이 상표권의 경우에는 상당히 광범위하게 병행수입을 인정한다. 그러면 특허권 · 실용신안권 · 디자인권 · 저작권의 경우에도 병행수입이 허용되는가.

그런데 종래 특허권 · 실용신안권 · 디자인권의 경우는 상표권의 경우와는 달리 취급하여 왔다. 그 이유는 이들 권리는 공개의 대가로서 당해 국가에서 독점권을 인정하는 것이기 때문에 각국에서 보상을 받아야 하기 때문이라는 것이다. 또 이 경우에는 소진이론을 당연히 적용할 수도 없다. 왜냐하면 1국 1특허의 원칙상 각국의 특허는 서로 독립적이므로(속지주의, 각국 특허권독립의 원칙) 특허권소진이론이 적용되는 것은 그 특허권이 부여된 나라의 영역 내에만 한정되기 때문이다.

다만 수출국과 수입국의 특허가 동일인의 소유이고 수출국에서 특허권자가 생산한 상품을 수입한 경우에는 속지주의의 예외를 인정하여 특허침해를 구성하지 아니하는 것으로 봄이 세계적 경향이다. 그러나 수출국의 특허와 수입국의 특허가 동일인의 소유라 하더라도 수출국에서 그 나라의 특허를 타인에게 실시허락을 주어 그 실시권자(licensee)가 제조한 상품을 수입국에서 수입하는 경우에는 그 실시허락계약의 효력이 수입국에까지 미치는 것은 아니므로 수입국의 특허를 침해하는 것으로 된다.[84] 그러나 최근에는 기업의 다국적화, 거래의 글로벌화의 경

기능을 갖는 경우에는 일반 수요자들로 하여금 병행수입업자가 외국 본사의 국내 공인 대리점 등으로 오인하게 할 우려가 있으므로, 이러한 사용행위는 부정경쟁방지법 제2조의 영업주체혼동행위에 해당되어 부정경쟁행위가 될 수 있을 것이다(대법원 2002.9.24.선고 99다42322 판결—버버리). 田村善之, 상표법개설 151면 이하 참조.

83) 대법원 2002.9.24.선고 99다42322 판결 — 나이키.

84) 미국회사가 일본과 오스트레일리아에 볼링의 핀 · 세트 장치에 관한 특허를 가지고 있었던 바, 오스트레일리아 회사에 특허실시권을 주어 오스트레일리아에서 제조된 위 장치를 일

향에 의해 국제적 소진(worldwide exhaustion)이론이 유력하게 주장되고 있다. 이러한 경향에 부합하는 판결이 최근의 일본 BBS판결이다. 그 내용은 다음과 같다.

"독일과 일본에서 자동차 휠에 대한 특허권을 가지고 있는 독일의 BBS사가 독일에서 BBS사가 제조 · 판매한 특허제품의 자동차 휠을 일본에 병행수입한 일본회사에 대해 특허권 침해를 이유로, 당해 자동차 휠의 수입중지와 손해배상을 청구하는 소송을 제기했던바, 제1심인 동경지방재판소는 BBS사의 주장을 인정하여 원고청구를 인용하였다. 이에 피고가 동경고등재판소에 항소하였고, 동경고등재판소는 소위 국제적 소진이론에 입각하여 외국에서 적법하게 배포된 특허제품의 병행수입은 일본 내 특허권을 침해하는 것은 아니라고 하였다. 항소심판결 후 2년여 만인 1997년 7월 1일 일본 최고재판소는 항소심판결을 지지하는 판결을 하였다. 다만 그 근거로서 국제적 소진이론을 채택하지는 아니하였다."

본회사가 수입하여 자기가 경영 중인 볼링장에서 이를 사용하고 있어 특허권자인 미국회사가 일본회사를 상대로 특허침해금지청구소송을 제기한 사건에 관하여 일본 오사카 지방재판소 1969.6.9. 판결은 다음과 같은 이유로 원고의 청구를 인용하였다.

"특허제품이 적법하게 판매된 때에는 특허권자는 그에 의하여 실시의 목적을 달성하고 그 제품에 관하여 특허권에 기한 추급권은 소모한다고 해석되고 있다. 이것은 당해 제품이 특허권자 자신에 의하여 유통되게 되었거나 특허의 실시권자에 의하여 유통되게 되었거나를 묻지 아니한다.

특허권소모이론은 기본인 특허권 그것에 관한 것이 아니라 당해 상품에 관한 것이다. 그러나 전술한 바와 같이 특허권에는 지역상의 제한이 있고 각국의 특허권은 서로 독립하고 있으므로 특허권소모이론이 적용되는 것은 그 특허권이 부여된 영역 내에 한정된다고 해석하여야 할 것이다. 그렇다면 어느 제품에 관하여 한 나라에서 특허권의 소모를 가져올 사유가 생겼다 하더라도 그에 따라 당연히 다른 나라의 특허권 역시 소모한다고 해석할 수는 없다.

본건에 있어서 원고의 오스트레일리아 특허권의 실시권자인 A사의 손에 의하여 특허품이 그 나라에서 정당하게 판매되었으므로 그 제품에 관한 원고의 오스트레일리아에서의 특허권은 소모하였다고 인정할 수 있지만 A사는 원고로부터 특허발명의 실시허락을 받은 B사로부터 실시지역을 오스트레일리아 등에 한정하여 그 재실시허락을 받은 자에 불과하고 위 재실시허락이 일본에서의 실시에까지 허락하는 내용의 것이라고는 도저히 인정할 수 없으므로 특허발명에 대한 원고의 일본에서의 특허권의 효력은 A사의 오스트레일리아에서의 동국 특허권의 실시에 의하여 아무런 영향을 받을 수 없는 것이다."

VI. 상품화권

상품화권이란 일반적으로 만화나 텔레비전에 등장하는 인물이나 동물 등(둘리, 미키마우스 등 소위 캐릭터)의 그림이나 대학명칭이나 야구팀 등의 명칭을 아동용의 셔츠나 학용품 등의 상품에 이용하여 경제적 이득을 얻는 권리를 말하며, 우리나라 지적재산권법제상 상품화권이라는 독립한 권리는 아직 인정되고 있지 않다. 다만 캐릭터 등 저작권법의 보호를 받는 저작물을 복제하거나 이를 이용하여 인형 등을 만든 경우는 저작권법에 의하여 보호를 받는다. 그러나 단순한 마크나 기호, 야구팀의 명칭 등은 저작권법으로 보호받을 수 없으나 이들이 주지성을 획득한 경우는 부정경쟁방지법의 보호를 받을 수 있다.

결국 상품화권이란 상표권, 저작권 등과 같은 독자적인 권리는 아니며, 고객흡인력을 갖는 도형, 캐릭터, 기호 등이 영업적으로 이용되는 경우, 즉 상품화되는 경우 이들 원도형, 캐릭터 등에 대해서 권리를 갖는 자를 보호하기 위해서 생각해낸 개념이며, 현행법 아래에서는 상품화된 대상물이 지적재산법 중의 어느 것에 의해 보호되면 당해 법에 의존할 수밖에 없다.

◎ 사자에상 사건[85)]

· **관광버스의 서비스 마크로서 만화캐릭터를 무단 사용한 경우**

사실관계: 원고 長谷川町子는 1946년 이래 만화 「사자에상」을 저작하여 처음에는 석간 후타니치에 게재하여 공표했으나 그 3년 후에는 아사히신문에 연재하여 현재에 이르고 있다. 피고 立川버스주식회사가 저작자의 허락 없이 1951년경부터 원고의 사용금지 청구가 있었던 1970년 말까지, 27대의 버스의 차체 양측에 사자에상, 가쓰오, 와가메의 머리부분 그림을 그려, 버스를 운행했다. 원고는 피고의 본건행위는 사자에, 가쓰오, 와가메의 캐릭터를 복제한 것으로, 이것은 미술저작물의 복제권 침해라고 주장하면서 손해배상을 청구하였다. 피고는 이에 대해서, 저작권침해를 주장한다면, 본건 만화의 사자에, 가쓰오, 와가메는 언제 발행된 신문에 발표된 한 장면의 복제가 되는가를 다투었다.

판결요지: 청구인용.

1) 법원은 "만화의 등장인물 자체의 역할, 용모, 자태 등 항구적인 것으로서 주어지

---

85) 일본동경지방재판소 1971년 5월 26일.

는 표현은 언어로써 표현된 화제 내지는 줄거리나 특정 장면에 있어서 특정 등장인물의 표정, 머리부분의 방향, 신체의 움직임 등을 뛰어넘는 것이라고 해석된다. 그래서 캐릭터라고 하는 말은 … 연재만화에서 예를 들면 여기에 등장하는 인물의 용모, 자태, 성격 등을 표현하는 것"으로서 받아들여질 수 있을 것이다.

2) "만화의 등장인물의 외관, 역할, 자태 등 항구적인 것으로서 주어진 표현이 전체로서 또한 누가 이것을 보아도 거기에 연재만화 「사자에상」의 등장인물인 사자에, 가쓰오, 와가메가 표현되고 있다고 느껴진다. 즉 여기에는 연재만화 「사자에상」의 등장인물의 캐릭터가 표현되어 있는 것이라고 말할 수 있다. 그런데 본건 머리부분 그림과 동일 유사한 것을 만화 「사자에상」의 특정 장면 중에 혹은 볼 수 있을지도 모른다. 그러나 그러한 대비를 할 것까지도 없이 본건에 있어서는 피고의 본건행위는 원고가 저작권을 갖는 만화 「사자에상」이 오랫동안에 걸쳐 신문지상에 게재되어 구성된 만화 사자에상의 캐릭터를 이용하는 것이며, 결국 원고의 저작권을 침해하는 것이다."

3) 캐릭터 상품의 사용허락의 경우, 그 사용료로서 상품의 판매가격의 적어도 3%를 밑돌지 않는 액이 저작자에게 지급되는 것이 업계의 관행이며, 피고의 본건행위의 경우는 관광버스의 운행수입이 위 상품의 판매액에 상당한 것이라고 해석된다. 결국 피고의 저작권침해액은 버스 운행수입의 3%이며, … 원고의 청구기간 중의 관광버스 27대에 대해서 본건행위에 대한 통상 받아야 할 금전의 액은 금 1824만 4099엔이다.

Ⅶ. 프라이버시권과 퍼블리시티권

영화배우, 탤런트, 운동선수 등 유명인의 성명이나 초상을 사용해서 이것을 상품 등의 선전에 이용하는 것을 흔한 일이다. 이 경우 당해 유명인이 가지는 권리를 퍼블리시티권이라 한다. 이미 설명한 상품화권과 일맥 상통한다.

탤런트 등 유명인이 매스컴에 등장하는 것은 유명인으로서는 피할 수 없는 일이며, 역으로 탤런트 등이 적극적으로 매스컴을 이용하는 경우도 있으므로 영리목적이 아닌 사적으로, 혹은 보도목적으로 유명인의 성명이나 초상을 이용한다든지, 사진을 촬영하는 것은 어느 정도 용인되지 않으면 안 된다. 그러나 탤런트의 사진 등(소위 브로마이드 등)을 상품 등에 무단으로 이용하면 이것은 영리행위이며, 탤런트 등의 허락을 얻지 않으면 사용할 수 없다. 만약 허락 없이 사용하면 유명인의 초상권이나 사진저작물의 저작권을 침해하는 것으로 된다.

		권리의 내용	침해의 태양	법적 구제
초상	인격적 이익 (프라이버시권)	함부로 촬영 · 공표되지 않을 권리(일신전속)	정신적 고통을 준다.	금지 · 위자료의 청구 명예회복 청구
	재산적 이익 (퍼블리시티권)	초상의 사용을 독점하는 권리(양도 가능)	경제적 손실을 준다.	금지 · 손해배상 · 부당이득반환청구

문제는 이러한 인격권에 의존하지 아니하고 별도의 퍼블리시티권을 인정할 것인지 여부이다.[86)]

최근의 판례나 학설의 동향은 i) 인격적 이익은 인격 그 자체로서 보호를 받을 뿐만 아니라, 인격이 가지는 재산적 가치도 보호된다고 보는 견해, ii) 퍼블리시티권을 하나의 독자적인 재산권으로 보는 견해, iii) 퍼블리시티권이 기본적으로 재산권으로서의 성격을 가지고 있으나, 이는 인격권 내지 다른 권리로부터 파생 내지 혼재하고 있다는 견해 등으로 나누어지나[87)] 대체로 다음 판결과 같이 볼 수 있을 것이다.

◎ 유명인의 성명이나 초상 · 서명 등이 갖는 재산적 가치를 독점적 · 배타적으로 지배하는 권리인 퍼블리시티권(Right of Publicity)을 인정할 수 있는지 여부 [판례] 서울서부지법 2014.7.24.선고 2013가합32048 판결

[1] 고유의 명성, 사회적 평가, 지명도 등을 획득한 배우, 가수, 운동선수 등 유명인의 성명이나 초상 등이 상품에 부착되거나 서비스업에 이용되는 경우 상품의 판매촉진이나 서비스업의 영업활동이 촉진되는 효과가 있는데, 이러한 유명인의 성명, 초상 등이 갖는 고객흡인력은 그 자체가 경제적 이익 내지 가치로 취급되어 상업적으로 거래되고 있으므로, 성명권, 초상권 등 일신에 전속하는 인격권이나 종래의 저작권, 부정경쟁방지 및 영업비밀보호에 관한 법률의 법리만으로는 이를 설명하거나 충분히 보호하기 어렵다. 우리나라에서도 근래에 이르러 연예, 스포츠 산업 및 광고산업의 급격한 발달로 유명인의 성명이나 초상 등을 광고에 이용하게 됨으로써 그에 따른 분쟁이 적지 않게 일어나고 있으므로 이를 규율하기 위하여, 성명이나 초

86) 퍼블리시티권과 관련된 최근까지의 논의에 대해서는, 계승균, "퍼블리시티권(the right of publicity) 보호에 관한 소견," 「정보법학」(제17권 제3호), 한국정보법학회, 2013.12, 75면 이하; 홍승기, 「퍼블리시티권에 관한 국내 실태 조사」, 한국저작권위원회, 2012; 김성환, 「퍼블리시티권의 이론과 실제」, 진원사, 2009, 각 참조.

87) 계승균, 앞의 글, 80-81면.

상, 서명 등이 갖는 재산적 가치를 독점적, 배타적으로 지배하는 권리인 퍼블리시티권(Right of Publicity)이라는 새로운 권리 개념을 인정할 필요성은 충분히 수긍할 수 있다.
그러나 민법 제185조는 "물권은 법률 또는 관습법에 의하는 외에는 임의로 창설하지 못한다."라고 규정하여 이른바 물권법정주의를 선언하고 있고, 물권법의 강행법규성은 이를 중핵으로 하고 있으므로, 법률(성문법과 관습법)이 인정하지 않는 새로운 종류의 물권을 창설하는 것은 허용되지 아니한다. 그런데 재산권으로서의 퍼블리시티권은 성문법과 관습법 어디에도 근거가 없다. 따라서 법률, 조약 등 실정법이나 확립된 관습법 등의 근거 없이 필요성이 있다는 사정만으로 물권과 유사한 독점배타적 재산권인 퍼블리시티권을 인정하기는 어렵고, 퍼블리시티권의 성립요건, 양도·상속성, 보호대상과 존속기간, 침해가 있는 경우의 구제수단 등을 구체적으로 규정하는 법률적인 근거가 마련되어야만 비로소 퍼블리시티권을 인정할 수 있다.

◎ 사망한 유명인의 성명보호 문제

생존 중의 인물에 대한 성명, 초상 등의 상업적 사용은 프라이버시권이나 퍼블리시티권으로 해결될 수 있으나 사망한 저명인사의 성명, 초상을 상업적으로 이용하는 경우에 어떠한 문제가 발생하는가가 문제되고 있다(예, 제임스딘 상표사건). 종래에는 이러한 문제는 법의 보호 밖에 있었다. 심지어 아무런 연고도 없는 제3자가 상표등록을 받아 독점사용을 주장하는 예도 있었다. 우선 상표법 제7조 제1항 제6호의 저명한 타인이란 생존자에 한하므로 사자(死者)의 경우는 등록은 가능할지 모른다. 일본의 경우에도 제임스딘, 마릴린몬로 등이 상표등록되었다. 그러나 학설로는 이러한 것은 상표법 제7조 제1항 제4호(공서양속)에 해당하는 무효인 상표라는 주장도 있다.

◎ 목소리의 보호

1) 미국에 있어서 개인의 특징적인 목소리는 이미 1962년의 Lahr v. Adel사건에서 보호를 인정했으며, 1992년 Waits v. Frito-Lay, Inc., 978 F. 2d 1093(9th Cir. 1992)에서도 Toms Waits의 곡을 Doritos Corn Chip 광고에 사용한 행위를 퍼블리시티권 침해로 판시하여 모방된 목소리에 대한 퍼블리시티권을 인정했다고 한다.[88)]
2) 성대모사란 특정한 사람이나 또는 새, 짐승의 음색을 모방하는 일이므로 통상 모방당하는 측에 어떠한 권리가 인정되느냐와 모방한 사람의 성과를 저작권법 등으로 보호할 수 있느냐로 나누어 살펴보자. 우선 모방당한 측이 사람(정치인, 배우 등)이라고 하더라도 명예훼손적인 사용이 아닌 통상의 경우에 그 자신의 목소리를 흉내

88) 자세한 것은 공보처, 「광고와 저작권」, 1994, 139면 이하 참조.

내지 못하도록 금지할 권리는 없는 것 같다. 다만 그 자신의 특색 있는 목소리로 고객의 이목을 끌어 이를 상품화하고 있을 경우에는 달리 보아야 할 것이다. 그러나 이 경우에도 우리법상 의거할 수 있는 법리는 민법밖에 없고 당해 모방으로 인하여 손해가 발생했다는 것을 입증하면 배상청구는 가능하다고 본다.
한편 성대모사한 자에게 어떠한 권리가 인정될 것인가. 성대모사가 저작물이 아님은 명백하나 이를 "예능적 방법에 의한 표현"이라고 한다면 이는 '실연'으로는 볼 수 있을 것이다. 다만 '실연'이라고 하더라도 그 실연을 제3자가 다시 흉내내는 것은 저작권법 제69조, 제73조의 복제도, 방송도 아님은 분명하므로 방임된 행위라고 할 것이다.

Ⅷ. 사이버 스페이스에서의 지적재산권

1. 서 설

오늘날 비트와 네트의 결합으로 일어나는 복제의 용이성 · 신속성 · 광범성, 복제의 질의 고도성 등으로 인한 저작권법상의 문제에 대해서는 현재 연구가 진행 중이거나 일부 해결책이 제시되고 있지만 사이버 세계 자체에서 일어나는 지적재산권 문제도 적지 않다. 특히 사이버 세계는 국경이 없으므로 사이버 세계에서 일어나는 문제를 어느 곳에서 해결해야 할 것인지 하는 제1차적인 문제도 그 답이 결코 쉽지 않다.

이러한 재판관할과 관련된 문제 외에도 사이버 세계에서의 지적재산권 문제로서 들 수 있는 것은 여러 가지가 있다. 여기서는 최근 심각히 논의되고 있는 두 가지 문제에 대해서만 살펴본다.

◎ 인터넷

인터넷은 전세계의 컴퓨터를 연결하는 컴퓨터망을 나타내는 단어이다. 그러므로 인터넷은 하이텔이나 천리안과 같은 통신서비스 이름을 나타내는 단어도 아니고, 어떤 회사를 말하는 것도 아니다('인터넷'이라는 회사가 어디엔가 존재하고, 이 회사로부터 서비스를 받고 있는 것으로 잘못 아는 사람도 상당수 있다). 단지 전세계의 컴퓨터를 연결하는 하나의 거대한 통신망이고, 이 통신망에 여러 대의 컴퓨터가 연결되어 있어서 서로 정보를 주고받을 수 있는 것이다. 서로 정보를 주고받기 위해서는 하나의 통일된 규칙, 즉 프로토콜(규약)이 필요한데 그것이 TCP/IP 프로토콜이다. 인터넷의 시초는 ARPANET인데 이것은 미국방성연구기획기관(Defense Advanced Research Projects Agency)에서 연구원과 군납업체, 관련 연구기관 간에 정보를 공유하기 위해 만든 통신망이다. ARPANET에서 사용한 프로토콜이 바로 TCP/IP 프로토콜이다. 원래는 군사목적으로 만든 통신망이나 동일한 프로토콜을 사용하면 누구나 정보교환이 가능하게 되어 ARPANET 사용자가 급증하자 당초 취지인 군사목적에 해당하는 부분은 MILNET (Military Network)라는 새로운 통신망으로 떨어져 나가고 ARPANET는 일반사용자가 사용하는 통신망이 되었다. 한편 미국 과학재단(National Science Foundation: NSF)에서도 미국의 5군데 슈퍼컴퓨터를 연결하는 통신망(NSFNET)을 만들어 운영하였는데 이때 사용한 프로토콜도 TCP/IP였고, 1980년대에 들어와 TCP/IP 프로토콜을 사용하는 ARPANET와 NSFNET가 서로 연결되어 인터넷이라는 통신망의 근간을 이루게 된다. 그러므로 현재는 어떠한 컴퓨터라도 TCP/IP 프로토콜을 사용하기만 하면 정보를 주고 받을 수 있다(자료: 정보문화사간, 「컴퓨터용어대사전」, 467, 468면).

2. 인터넷 도메인 이름과 상표권 분쟁[89)]

인터넷을 통해 정보를 주고받기 위해서는 각 기관별로 도메인 이름을 발급받아야 한다. 그런데 자기 상호나 상표를 다른 기업이나 개인이 도메인 이름으로 선점하여 사용하게 되면 기업경영에 여러 가지 어려움이 따르게 된다. 또 소비자는 소비자대로 오인혼동으로 인한 피해를 입게 된다. 최근 인터넷 도메인 이름과 관련하여 상표권 분쟁이 치열하게 벌어지고 있는 이유는 여기에 있다. 특히 전세계적으로 인터넷 사용자가 폭발적으로 증가하고, 인터넷상에 다양한 정보제공을 하는 웹사이트들이 수시로 탄생하고 있는 사정을 감안해 보면, 이러한 도메인 이름 분쟁은 날이 갈수록 격화될 것이다. 우리나라에서도 1999년부터 도메인이름과 상표권의 충돌이나 부정경쟁방지법 위반과 관련된 법원의 판결이 다수 나오고 있다. 상표권침해를 인정하기 위해서는 표장의 동일 · 유사뿐만 아니라 물품의 동일 · 유사도 필요하다. 이 점에 비추어보면 상표법으로 도메인 이름을 규제하는 것

89) 이에 대해 자세한 것은, 정진섭, "인터넷 도메인 네임과 상표권 분쟁실태," http://members.iworld.net/jpicnic/article/domain.htm; 한국전산원, 「정보사회의 지적재산권 개념 재정립」, 1997.12, 133면; 남호현, "인터넷 Domain Name의 법적 보호," 「창작과 권리」 제9호, 108면 이하 참조.

보다 광의의 혼동, 더 나아가서는 희석화금지까지 인정하는 부정경쟁방지법이 주지상표 또는 저명상표 소유자에게 편리한 면이 있다. 이에 이미 본 바와 같이 우리 부정경쟁방지법은 제2조 1호 아목에서「주지상표 등을 도메인이름으로 사용하는 행위」를 규제하고 있다.

(1) 샤넬판결(서울지방법원 1999.10.8.선고 99가합41812 판결): 도메인 이름과 관련된 우리나라 최초의 판결

본 사례는 저명한 샤넬(chanel)이라는 상호 또는 상표와 동일한 "chanel"을 "chanel.co.kr"이라는 인터넷 도메인 이름으로 등록한 다음 그 홈페이지 여러 곳에 "Chanel International" 또는 "샤넬인터네셔널"이라는 상호를 표시하고(특히 회사소개란에 회사명칭을 "샤넬인터네셔널"이라 표시하였다), 거래상품도 샤넬이라는 상호 내지는 상표를 들으면 소비자의 머릿속에 연상되는 상품 또는 그와 유사한 상품을 전자거래에서 취급한 경우이다. 본 판결 법원이 저명상표와 동일 유사한 명칭이 포함된 도메인 이름을 사용하는 것이 부정경쟁방지법 위반이라고 본 이유는 다음과 같다(밑줄 필자).

> "ⅰ) 대다수의 경우 도메인 이름은 광고나 선전 등의 목적상 자신의 영업이나 상표를 표창하는 영문철자로 이루어져 있고 또 기업의 경우에 ".kr"로 끝나는 우리나라의 국가코드 도메인(nTLD: national top-level domain)을 등록함에 있어 그 2단계 도메인으로 ".co"를 일반적으로 사용하므로, 한국에서의 원고 샤넬 또는 그 영업과 관련이 있는 기업의 홈페이지를 찾으려는 일반인으로서는 원고 샤넬의 상호나 상표의 영문철자를 그대로 사용한 이 사건 도메인네임을 자연스럽게 생각하고 이를 통해 피고의 홈페이지에 접속하게 된다는 점, ⅱ) 앞에서 본 바와 같이 피고의 홈페이지에는 "*Chanel International*" 또는 "샤넬인터네셔널"이라는 상호나 표시가 곳곳에 사용되었고, 또 게시된 상품목록도 원고 샤넬이 상표등록을 하고 제조, 판매하는 상품인 향수나 여성용 속옷과 유사하거나 동일한 페르몬 향수 및 란제리를 포함하고 있었으며, 더구나 위 페르몬 향수에 대한 소개에는 "프랑스 직수입품"이라고 표시하고 있던 점, ⅲ) 원고 샤넬의 상호나 상표는 일반인에게까지 널리 알려진 저명한 영업표지 또는 상표로서 강한 식별력을 가지는 점 등을 종합해 보면 비록 피고가 위와 같은 페르몬 향수나 란제리 외에 콘돔 등 성관련 상품도 함께 판매하고 있었다 하더라도 피고의 홈페이지에 접속하는 일반인으로서는 피고의 위와 같은 영업행위가 원고 샤넬과 어떠한 관련이 있는 것이 아닌가 하는 생각을 가지게 될 것이므로, 위와 같이 "chanel.co.kr"이라는 도메인네임과 "샤넬인터네셔널"이라는 표지 등

을 사용한 피고의 영업행위는 원고 샤넬의 영업과 사이에 영업주체의 혼동을 일으킨다고 할 것이다.

그렇다면, 피고가 위와 같이 국내에 주지된 원고 샤넬의 상호 등과 유사한 이 사건 도메인네임 및 상호를 무단으로 사용하여 통신판매업을 하는 행위는 부정경쟁방지법 소정의 타인의 영업표지가 갖는 명성에 편승하여 수요자를 유인하여 부정한 이익을 얻고자 하는 영업주체 혼동행위라 할 것이다.

피고는 이 사건 소제기 이후에 상호를 "샤넬인터네셔널"에서 "다인코리아(多人Korea)"로 변경하고 위 홈페이지에 표시된 "*Chanel International*" 또는 "샤넬인터네셔널"을 삭제하거나 "다인코리아" 등으로 바꾸었으며, 란제리를 그 판매품목에서 삭제하고 페르몬 향수에 대한 광고에 "프랑스 직수입품"이란 표현을 삭제하였으며 홈페이지 초기화면에 "본 사이트는 현재 프랑스 샤넬사와 소송 중에 있습니다. 아울러 저희 회사는 프랑스 Chanel사와 무관함을 밝힙니다."라는 문구를 기재한 사실을 인정할 수 있으나, 이와 같은 홈페이지의 내용 변경은 이를 운영하는 피고의 입장에서는 언제든지 용이하게 할 수 있는 것이므로, 이 사건 소제기 당시까지 "샤넬인터네셔널" 등의 표지를 사용하여 광고 및 영업행위를 해온 피고로서는 이 사건 "chanel.co.kr" 도메인네임을 자신의 위 홈페이지 주소로 사용하고 있는 한 언제든지 다시 원고 샤넬의 영업표지와 동일, 유사한 표지를 자신의 홈페이지에 표시·사용함으로써 원고들의 이익을 침해할 우려가 있다 할 것이므로, 원고들은 이와 같은 부정경쟁행위에 대한 예방청구로서 여전히 피고에게 위와 같은 상호 등을 사용하지 말 것을 청구할 수 있다고 할 것이다.

피고는 또, 이 사건 도메인네임은 피고가 한국인터넷정보센터(KRNIC)의 위 '.kr 도메인이름 등록 세부원칙'에서 정한 선접수 선처리(first come, first served)의 원칙에 따라 원고들보다 먼저 적법하게 취득하였으므로 원고들의 사전승낙을 받지 않았다 하더라도 그 등록을 말소할 수는 없다는 취지의 주장을 하나, 이러한 선접수 선처리의 원칙은 위 단체의 방침 또는 지침에 불과한 것이므로 그에 따른 도메인네임 등록이 부정경쟁방지법 등의 일반 법률질서에 위반한 경우에까지 적법하게 되어 허용된다고 할 수 없다.

또 피고는 부정경쟁행위가 문제된다면 원고들로서는 위 영업주체의 오인·혼동을 일으키는 페르몬 향수의 취급을 금지하는 청구를 하면 족하고 이 사건 도메인네임의 등록말소까지 구할 수는 없다고 주장하나 피고 명의로 이 사건 도메인네임이 등록되어 있는 한 피고가 다시 용이하게 원고 샤넬의 영업표지를 자신의 홈페이지에 사용하여 위와 같은 부정경쟁행위를 할 우려가 있고 이에 위 부정경쟁행위의 종국적 근절을 위해서 피고 명의의 위 도메인네임의 등록을 말소할 필요가 있으므로 원고들은 그 부정경쟁행위의 금지 또는 예방으로서 이 사건 도메인네임의 등록말소까지도 청구할 수 있다고 함이 상당하다."

(2) 비아그라판결(대판 2004.5.14, 2002다13782)

1) 사실관계 피고들이 "viagra.co.kr"이라는 인터넷 도메인이름의 홈페이지를 개설, 운영하면서 인터넷 통신망으로 생칡즙, 칡수 등의 건강식품을 판매하고 있어 문제가 된 비아그라 판결은 위 샤넬 판결의 경우와 달리 상호는 아니며 저명한 상품상표와 관련된 것이다.

① 원고들은 피고들이 원고들의 등록상표인 "Viagra," "비아그라"와 동일한 것을 이 사건 도메인이름과 그 홈페이지에 사용하여 생칡즙 등의 건강식품을 판매하는 행위는 원고들의 등록상표권을 침해하거나 침해할 우려가 있는 행위로서 상표권 침해행위에 해당하므로, 이러한 상표권 침해행위는 금지 또는 예방되어야 한다고 주장하였다.

② 아울러 원고들의 허락 없이 원고들이 생산하여 판매하고 있는 발기기능장애 치료제인 비아그라(Viagra)에 관한 정보를 제공하여 일반 소비자를 유인한 후 자신들의 상품인 생칡즙, 칡수 등의 건강식품을 판매하는 행위는 위 각 상표의 주지, 저명성에 편승하여 부당한 이득을 도모하려는 것으로서 「부정경쟁방지법」 소정의 상품주체 또는 영업주체 혼동의 위험이 있는 부정경쟁행위에 해당하는바, 이러한 피고들의 행위로 인하여 원고들이 영업상의 이익을 침해받을 우려가 있으므로, 이러한 부정경쟁행위는 금지 또는 예방되어야 한다고 주장하였다.

2) 법원의 판단

㈎ 제1심(서울동부지원 1999.11.18.선고 99가합8863 판결)

① 상표권 침해에 대해 이에 대해 제1심 법원은 "이 사건 도메인 이름과 그 홈페이지를 이용하여 생칡즙, 칡수 등의 건강식품을 판매하고 있고, 원고들이 등록한 위 각 상표의 지정상품은 발기기능장애 치료제인 비아그라를 비롯하여 모두 의약품으로서 의약품과 건강식품은 그 기능이 전혀 상이하고 그러한 차이는 사회 일반에 널리 인식되어 있다는 점 등에 비추어볼 때 위 각 등록상표의 지정상품인 의약품과 피고들이 판매하는 생칡즙 등의 건강식품은 서로 유사한 상품이라고 보기는 어렵다"는 이유로 상표권 침해를 부정하였다.

② 부정경쟁행위 해당여부에 대해 이에 대해 법원은 "피고들이 위와 같이 고객 유인의 방편으로 일시적으로 이 사건 도메인네임의 홈페이지에 원고들의 위 각 상표와 동일한 것을 사용하면서 원고들이 생산하여 판매하고 있는 비아그라(Viagra)에 대한 정보를 제공하였고, 이후 이 사건 도메인네임을 계속하여 사용

하고 있다는 것만으로는 피고들의 홈페이지에 접속하는 일반인이 원고들이나 그와 특수관계에 있는 자가 생칡즙 등의 건강식품까지 판매하는 것으로 혼동할 위험이 있다고 보기는 어려우므로, 피고들의 위 행위가 상품주체 또는 영업주체의 혼동을 초래하는 부정경쟁행위임을 전제로 하는 원고들의 위 주장은 더 나아가 살필 필요 없이 이유 없다 할 것"이라고 판시하였다. 아울러 "위 각 상표의 고객흡인력을 희석화(dilution)시키는 것이므로, 상품주체 또는 영업주체의 혼동과 무관하게 이러한 행위는 부정경쟁행위로 보아야 한다"는 주장에 대해서는 현행법 체계하에서는 받아들일 수 없는 주장이라고 판시하였다.

㈏ 제2심 및 상고심

그러나 이 사건은 고등법원에서는 부정경쟁방지법 위반으로 인정되었고,[90] 대법원에서도 원심 판결이 그대로 유지되었다.[91] 대법원의 판단은 다음과 같다.

> (1) 부정경쟁방지 및 영업비밀보호에 관한 법률 제2조 제1호 (다)목은 2001.7.10. 시행된 현행 부정경쟁방지 및 영업비밀보호에 관한 법률에 신설된 규정으로서, "(가)목 또는 (나)목의 규정에 의한 혼동을 하게 하는 행위 외에 비상업적 사용 등 대통령령이 정하는 정당한 사유 없이 국내에 널리 인식된 타인의 성명 · 상호 · 상표 · 상품의 용기 · 포장 그 밖에 타인의 상품 또는 영업임을 표시한 표지와 동일하거나 이와 유사한 것을 사용하거나 이러한 것을 사용한 상품을 판매 · 반포 또는 수입 · 수출하여 타인의 표지의 식별력이나 명성을 손상하게 하는 행위"를 부정경쟁행위로 규정하고 있는바, 위 규정의 입법 취지와 그 입법 과정에 비추어 볼 때, 위 규정에서 사용하고 있는 '국내에 널리 인식된'이라는 용어는 '주지의 정도를 넘어 저명 정도에 이른 것'을, '식별력의 손상'은 '특정한 표지가 상품표지나 영업표지로서의 출처표시 기능이 손상되는 것'을 의미하는 것으로 해석함이 상당하며, 이러한 식별력의 손상은 저명한 상품표지가 다른 사람에 의하여 영업표지로 사용되는 경우에도 생긴다.
> (2) 저명 상표인 'viagra'와 유사한 'viagra.co.kr'이라는 도메인 이름의 사용이 부정경쟁방지 및 영업비밀보호에 관한 법률 제2조 제1호 (가)목의 부정경쟁행위(상품주체혼동행위)에는 해당하지 아니하나, 같은 호 (다)목의 부정경쟁행위(식별력 손상행위)에는 해당한다.
> (3) 도메인의 이름 일부로 사용된 'viagra' 상표의 보유자는 자신의 명의로 '.kr' 도메인 이름을 등록할 적격이 있는지 여부에 관계없이 그 도메인 이름의 등록말소청구를 할 수 있다.

---

90) 서울고판(제5민사부) 2001.12.11, 99나66719.
91) 대판 2004.5.14, 2002다13782.

(3) 하이마트 결정(서울지법 1999.11.24, 99카합2819 결정)

본 결정의 피신청인은 널리 알려진 "하이마트(HI-MART)"라는 상호를 도메인 이름(http://www.himart.co.kr)으로 등록하여 사용하고 있음은 물론 인터넷 도메인에 개설된 웹사이트에서는 그 홈페이지 및 하위 사이트 화면의 좌측 상단에 "Himart"라는 표시를 하여 두고 있고, 전자우편주소에 "webmaster@himart.co.kr" 등을 사용하고 있으며, 취급하는 상품도 신청인이 취급하는 상품과 동일 · 유사하였다. 법원은 "피신청인은 'Himart' 등의 문자를 피신청인의 인터넷 도메인 이름이나 전자우편 주소에 포함시켜서는 아니 되며, '하이마트' 'Himart' 등의 문자를 피신청인의 상호로 사용하거나 피신청인의 인터넷 홈페이지상에 표시하여서는 아니 된다"는 신청인의 신청취지를 그대로 인용하였다.

◎ 참고: 소송 이외의 방법을 통한 분쟁의 해결

1. 우리나라 인터넷주소분쟁조정위원회

도메인분쟁을 법원의 소송에 의존하는 경우 최종 판결까지는 많은 시간과 비용이 소요되고 도메인분쟁 분야의 특수성을 고려하기 어려운 점도 있다. 이에 소송에 대체하는 분쟁해결수단인 조정에 대한 사회적 수요가 점차 증대되고 있다.

우리나라도 2004.1.29. 법률 제7142호로 인터넷주소자원에 관한 법률이 제정되어 제4장 이하에는 인터넷주소분쟁조정위원회에 관한 규정을 두고 있다. 인터넷주소분쟁조정위원회는 인터넷주소의 등록과 사용에 관한 분쟁을 조정하는 기관이다. 인터넷주소분쟁조정위원회에서 하는 분쟁조정에는 (인터넷주소자원에 관한) 법률의 규정에 의한 조정과 약관에 의한 조정[도메인이름분쟁조정규정(2005.1.27. 제정)[92] 에 의한 조정]의 2가지가 있다.

(1) 법률의 규정에 의한 조정 　조정부에서 제시한 조정안에 양당사자가 수락을 하면 조정이 성립되어 조정서가 작성되고 조정절차가 종료된다. 그러나 당사자 중 일방이 조정안을 수락하지 않으면 조정절차는 그대로 종료하게 된다. 상대방이 이를 수락하여 조정이 성립된 경우 인터넷주소자원에관한법률 제20조 제4항의 규정에 따라 당사자간에 조정서와 동일한 내용의 합의가 성립된 것으로 본다.

(2) 약관에 의한 조정 　양당사자의 수락여부와 관계없이 조정부에서 판단하여 조정결정을 내린다. 조정부의 이전 또는 말소 결정이 있은 후, 피신청인이 그 결정문을 송달받은 날로부터 14일 이내에 신청인을 상대로 관할 법원에 제소하지 않거나

---

92) 제1조(목적) 이 규정은 인터넷주소관리기관인 한국인터넷진흥원의 도메인이름관리준칙(이하 '관리준칙'이라 한다) 제12조의 규정에 의하여 시행되는 도메인이름에 관한 조정을 공정하고 신속하게 처리하기 위한 절차 등을 규정함을 목적으로 한다.

당사자 합의에 의한 중재신청을 하지 않는 경우에는, 신청인은 위원회에 그 결정내용의 실행을 요청할 수 있다.

2. ICANN의 UDRP에 의한 분쟁해결

WIPO는 1999.4.30. 도메인이름 관리절차에 관한 최종보고서를 발표하였다. 최종보고서의 주요 내용은 '사이버해적'을 비롯한 인터넷 도메인이름과 상표권 관련 분쟁의 조정 및 해결을 위한 행정절차의 제시, 일반 최상위 도메인 사용시 유명상표의 보호절차, 새로운 일반 최상위 도메인의 추가문제 등이다.

ICANN[93]은 위 최종보고서의 분쟁해결을 위한 행정절차에 관한 권고를 수용하여 1999.8.26. 이른바 무단점유자(cybersquatter)가 보유하는 도메인이름에 대하여는 강제적인 행정절차에 의하여 그 등록을 취소하거나 정당한 권리자에게 이전할 수 있음을 골자로 하는 도메인이름 통일분쟁해결정책(Uniform Domain Dis- pute Resolution Policy: UDRP)을 채택, 시행하고 있다. ICANN은 이를 집행할 분쟁해결기관으로 WIPO의 중재 · 조정센터, 전미중재원(National Arbitration Forum) 등을 지정하였다.

UDRP는 ICANN이 관리하는 일반 최상위 도메인인 .com, .org, .net에만 적용되고, 일반인이 이용할 수 없는 기타 일반 최상위 도메인인 .edu, .int, .mil, .gov 등과 국가별 최상위 도메인(예컨대 .kr, .jp, .uk 등)에는 적용되지 않는다.[94]

일반 최상위 도메인이름 등록약관은 '등록자는 도메인이름 분쟁에 관하여 UDRP에 따르는 것에 동의한다'고 규정하고 있는데, 일반 최상위 도메인이름 등록과정에서 등록자로부터 위 등록약관의 적용에 대하여 동의를 받고 있다.

이에 따라 신청인이 아래의 사항을 주장하는 경우에 도메인이름 보유자는 강제조정절차에 따라야만 하는데, 신청인은 조정절차에서 ⅰ) 등록된 도메인이름이 분쟁해결신청인이 갖고 있는 상표 또는 서비스표와 동일하거나 혼동을 초래할 정도로 유사하고, ⅱ) 도메인이름 등록인이 도메인이름과 관련하여 아무런 권리나 법적 이익이 없으며, ⅲ) 도메인이름이 부정한 목적(bad faith)으로 등록되어 사용되고 있는 경우라는 것을 입증하여야 한다.[95]

---

93) ICANN은 「Internet Corporation for Assigned Names and Numbers」의 약자이다. ICANN은 국제인터넷주소관리기구로 민간 비영리법인이다. 아마도 인터넷시대에 가장 영향력 있는 비정부기관(NGO)일 것이다.

94) 다만 일부 국가(주로 작은 국가들이다)의 ccTLD는 WIPO를 분쟁해결기구로 선정하고 있고, 그 대부분의 ccTLD에는 UDRP가 분쟁해결원칙으로 적용되고 있다.

95) 이런 면에서 UDRP는 악의적(abusive)인 도메인이름의 등록과 사용의 경우에만 적용될 수 있는 절차이고, 일반적으로 도메인이름과 관련된 모든 종류의 분쟁에 적용되는 절차는 아니다.

◎ choyongpil.com(가수 조용필에 관한 사건으로서 분쟁해결기관은 WIPO의 중재·조정센터이다)

신청인은 ChoYongPil of YPC International(워싱턴DC 소재)이고, 등록인은 ImageLand, Inc.(서울 소재)로서 1998.12.22. NSI에 위 도메인이름을 등록하였다. 신청인은 등록인에게 도메인이름의 양도를 요구하였으나, 등록인은 신청인 이름뿐만 아니라 여러 개의 여타 유명인의 이름도 등록했다면서 양도를 거부하였다. 이후 등록인은 신청인이 사진 한 장을 광고에 사용하는 것을 허락한다면 이전 용의가 있음을 피력하자, 신청인은 그것이 영업행위를 인정하는 것이고 신청인의 수익을 감소시킨다면서 위 제안을 거절하였다. 그리고 신청인은 도메인이름이 상표법을 침해하고 등록인이 실제로 웹사이트를 운영하지 않고 있으며, 소요자금 이상의 가격으로 도메인이름을 팔고자 하는 '부정한 목적의 등록' 요건을 충족하고 있다고 주장하였으나, 이에 등록인은 응답하지 않았다.
담당 패널은 한국 및 아시아에서도 'passing off'가 인정되므로 '조용필'은 미등록상표이더라도 'passing off'의 訴因을 부여하기에 충분한 명성을 얻고 있다면 UDRP에 있어서의 상표권을 구성하기에 충분하다고 해석하고, 웹사이트를 개설하지 않았음에도 부정한 목적의 등록 주장을 받아들여 위 도메인이름의 이전을 명하였다.

3. WWW에 있어서 링크의 법적 평가

WWW(world wide web)은 인터넷에서 제공하는 정보검색 서비스로 텍스트만 제공했던 기존의 정보서비스와는 달리 그림, 동화상, 소리 등도 모두 지원하고 있다. 또 하이퍼 텍스트 개념을 도입하여 WWW 중에서 강조되고 있는 단어를 링크를 통해 다른 WWW의 하이퍼 텍스트로 이동하는 것이 가능하다. 이로써 쉽게 원하는 정보와 관련된 정보를 찾아볼 수 있다. 그리고 갑이라고 하는 WWW 중의 텍스트 '갑 1'로부터 을이라고 하는 WWW 중의 텍스트 '을 1'로 이동할 수 있도록 '갑 1' 속에 '을 1'의 URL[96]을 기재하는 것을 '링크한다'고 한다. 링크하는 것은 갑 측의 WWW의 설정만으로 가능하다. 이 경우 문제로 되는 것은 갑이 링크하는 것이 링크가 된 을의 복제권을 침해하는 것은 아닌가 하는 점이다.[97]

링크 일반에 대해서는 다음과 같이 저작권 침해가 아니라는 견해와 저작권 침해로 된다는 견해가 대립된다.

---

96) Uniform Resource Locator의 약자. 주소정보가 기재되어 있다.
97) 을의 웹페이지 속에 있는 내용이 저작권으로 보호된다는 점에 대해서는 異論이 없다.

1) 허용된다는 견해　WWW를 브라우저로 열람하고 있는 이용자측으로부터 보면 강조되고 있는 용어를 클릭해서 링크된 주소로 이동하는 것에 의해 원래 갑의 WWW상에 '을 1'의 텍스트가 마치 복제된 것과 같이 보일지도 모른다. 그러나 실제로는 '을 1'의 하이퍼 텍스트로 이동하고 있을 뿐이며, 여기에서 나타나고 있는 것은 바로 '을 1'의 하이퍼 텍스트 자체인 것이다. 그것은 갑의 WWW상에 복제된 것은 아닌 것이다. 따라서 복제권 침해라고는 말할 수 없다.[98]

2) 복제라고 보는 견해　HTML의 링크기능으로 타인의 홈페이지를 자기의 홈페이지상에서 호출하는 것은 복제로 평가된다.[99]

학설은 나뉘어져 있으나 우리 판례는 모든 종류의 링크를 저작권침해가 아니라고 본다.

① 확실히 단순히 링크하는 것만으로는 저작권침해로 볼 수 없다.[100] WWW는 본질적으로 상호 사이트를 접속시키기 위해서 존재하며,[101] 허락을 받은 경우에만 접속을 허용하는 것은 옳지 않다. 웹 사이트에 올려놓았다는 것 자체가 링크를 허용하도록 묵시적 허락을 하였다고도 볼 수 있을 것이다. 또 하이퍼텍스트 링크에는 저작권으로 보호되는 표현은 존재하지 않는다. 단지 웹상 자료의 주소만을 포함하고 있을 뿐이다. 그것은 소위 저작권법으로 보호받을 수 없는 '운영의 방법'일 뿐이다.[102]

② 또 타깃사이트의 홈페이지 또는 메인페이지에 링크하지 않고, 그 세부적인 페이지에 바로 링크하는 경우(소위 심층링크 deep link, 직접링크 direct link)도 저작권침해는 아니라고 본다.[103]

③ 더 나아가서 자신의 웹사이트 내에서 다른 웹사이트의 정보를 볼 수 있게 하는 프레이밍(framing)도 복제나 전송권 침해라고는 말할 수 없다.[104]

---

98) 山下幸夫, "インタネット上の著作權に關する基本的考察," NBL 620, 43면.

99) 吉田正夫, "넷환경하에서의 저작권문제," 「コピライト」, 1996.3, 12면.

100) Thomas J. Smedinghoff, *Online Law*, 1996, 22면, 453면.

101) 인터넷은 복수의 컴퓨터에 의해 분산처리를 하도록 한다는 발상에 기초하고 있으므로 다른 컴퓨터와 링크를 하여 정보를 분산 처리하는 것은 처음부터 예상한 일이다.

102) Jonathan Rosenoer, *CyberLaw*, 1996, 10면.

103) 대법원 2009.11.26.선고 2008다77405 판결.

104) 다만 민법상의 불법행위로 될 가능성은 있다(다음 지오스테크널러지 사건 참조). 즉 저작권침해가 성립하지 않은 경우라도 광고수입의 감소로 영업에 지장을 받는 경우도 적지 않을 것이므로 민사상 불법행위책임을 물을 수도 있을 것이다(高橋和之 외, 「인터넷과 법」,

④ 아울러 판례는 인라인 링크[105]도 저작재산권침해가 아니며, 성명표시권 침해로도 되지 아니한다고 한다.[106]

⑤ 문제는 인터넷 이용자가 링크 부분을 클릭함으로써 저작권자에게서 이용허락을 받지 아니한 저작물을 게시하거나 인터넷 이용자에게 그러한 저작물을 송신하는 등의 방법으로 저작권자의 복제권이나 공중송신권을 침해하는 웹페이지 등에 직접 연결되는 경우이다. 이 경우도 링크 행위만으로 저작재산권 침해행위의 방조행위에 해당하지 아니한다고 한다.[107]

◎ 지오스테크널러지 사건(서울지방법원 2001.12.7, 2000가합54067 판결)

피고(2)가 원고의 허락 없이 자신의 인터넷 홈페이지에 이 사건 전자지도를 포함한 피고(1)의 지도검색서비스 일체를 프레임 링크한 행위는, 원고의 허락 없이 이 사건 전자지도를 자신의 컴퓨터 서버에 복제하여 이를 자신의 인터넷 홈페이지 이용자들에게 전송한 행위와 마찬가지로, 이 사건 전자지도의 저작권자로서 전자지도 등 데이터베이스 판매업을 영위하는 원고로 하여금 위 전자지도와 같은 데이터베이스를 판매할 수 있는 기회를 상실하게 하는 손해를 입게 하여, 원고의 저작권에 기한 정당한 이익을 침해하므로, 이는 원고의 이 사건 전자지도에 관한 저작권을 침해하는 행위와 마찬가지로 선량한 풍속 기타 사회질서에 반하여 타인의 정당한 이익을 침해하고 이로 인하여 이익을 얻는 위법한 행위에 해당한다.

4. 키워드광고와 상표권

키워드광고란 검색 사이트에서 검색어를 입력하면 검색 결과가 나오는 화면

有斐閣, 183-184면).

105) 인라인 링크란 웹사이트 이용자가 링크 제공자의 웹페이지를 방문했을 때 링크된 내용이 자동적으로 실행되게 하는 링크를 말한다.

106) 대법원 2010.3.11.선고 2009다4343 판결: 이른바 인터넷 링크에 의하여 이미지를 보여 주는 방법에는 웹브라우저에서 인터넷 이용자를 특정 웹페이지로 이동시켜 주는 방식 외에, 동일 서버 또는 다른 서버에 있는 이미지를 링크를 제공하는 웹페이지의 특정한 위치에 특정한 크기로 나타나도록 하는 방식으로도 구현할 수 있으며, 후자의 방식에 의할 경우에는 웹브라우저의 주소창에 표시된 웹사이트의 주소가 변하지 않은 채 링크된 다른 웹사이트의 이미지 등에 직접 연결할 수 있는바, 앞서 본 바와 같이 인터넷 링크는 인터넷에서 링크하고자 하는 웹페이지나 개개의 저작물 등의 웹 위치 정보 내지 경로를 나타낸 것에 불과하여, 위와 같은 사정만으로는 피고가 원래의 이미지 또는 이를 축소, 변환한 상세보기 이미지를 자신이 직접 관리하는 서버 등의 유형물에 저장하였다고 단정하기에 부족하다.

107) 대법원 2015.3.12.선고 2012도13748 판결.

에 관련업체의 광고 또는 후원(sponsorships)을 노출시키는 광고 기법을 말한다. 키워드 광고에는 검색엔진의 결과 페이지에 검색결과의 일종으로 스폰서링크 등을 보여주는 키워드 스폰서 광고, 검색어를 입력하면 검색어와 관련된 회사의 상품 등이 배너로 나타나는 키워드 배너광고 등이 있다. 또한 키워드 광고는 그 형태에 따라 ⅰ) 기존의 검색엔진 등에서 검색결과로서 보여준 키워드 광고와 ⅱ) 사용자 중심의 웹 2.0 상황에서 사용되는 맞춤형 키워드 광고[108]로 대별된다.[109]

키워드 광고는 인터넷의 이용에 있어서 검색엔진이 차지하는 역할이나 비중이 매우 높기 때문에 광고에 접근할 가능성이 있는 잠재적 고객의 수가 가장 많은 광고일 뿐만 아니라 특정 제품이나 사안에 관심을 가진 사용자(target user)에게만 광고내용을 보여줌으로써 타겟팅 효과와 광고클릭률을 높일 수 있다. 또한 키워드광고는 저렴한 광고비용, 전문 포털사이트를 통한 마켓 선점효과, 다양한 활용성 등으로 인하여 소액 광고주들이 선호하는 인터넷광고이다.[110] 키워드광고는 검색엔진의 결과페이지에 게재되는 배너광고에 의한 타겟 온라인 마케팅 기법으로, 배너광고는 검색에 이용된 키워드에 따라 연계된다.[111] 예컨대, 네티즌이 '이사'와 관련된 키워드를 검색하면 화면에 '포장이사,' '이삿짐센터' 등 이사와 관련된 광고가 나오는데, 특정 제품이나 관심을 가진 사람에게만 광고가 노출된다는 점에서 불특정 다수를 상대로 하는 기존의 일반적인 배너(banner)광고와는 차이가 있다. 이러한 장점으로 인하여 키워드광고는 최근에 가장 유망한 광고유형으로 평가되고 있으며, 광고시장에 있어서의 비중도 매년 증가하고 있는데, 2004년

108) Google의 검색광고 상품인 '애드센스(AdSense)'는 웹페이지에 연관성 있는 Google의 광고를 게재하고 이용자가 클릭한 수익의 일부분을 배당 받을 수 있는 Google의 광고기법으로 일정 기준의 방문자가 발생하는 중소 인터넷 사이트들이 수익을 얻을 수 있다는 점에서 기대를 하고 있는 사업모델이다. 사용자 중심의 키워드 광고는 기존의 더블클릭형태의 광고를 벗어나, 사용자가 자신의 웹페이지에 광고를 허용하고 그에 대한 보상을 받는 개념으로서 웹 2.0 패러다임의 대표적인 광고형태이다.

109) 키워드를 활용한 인터넷 서비스로는 인터넷주소형태의 키워드서비스도 있다.

110) 우리나라의 경우 키워드광고는 2000년 말부터 닷컴 업체들이 수익모델의 부재로 위기를 맞고 있는 상황에서 새로운 돌파구를 마련하기 위해 찾아낸 광고 기법으로, 현재 '엠파스,' '야후코리아' 등이 채택해 사용하고 있으며, 전체 광고에서 차지하는 비중도 갈수록 늘어가고 있다.

111) Saunders, Confusion is the Key: A Trademark Law Analysis of Keyword Banner Advertising, 71 Fordham L. Rev. 543, 544 (2002).

도에 전세계적으로 그 비율은 43.7%에 이른다고 한다.112) 키워드광고의 판매(Selling Keyword Advertising)는 검색엔진회사의 주요 수입원이 되어 왔다. Google의 키워드관련 광고프로그램(Adwords)은 Google의 2003년도 수입의 50-70%에 이른다고 한다. 최근에는 키워드 배너광고와 상표가 결합하여 검색엔진에서 특정 상표를 키워드로 하여 검색했을 때 일정한 배너광고가 화면에 나타나도록 하는 상표 키워드배너(trademark-keyword banner)가 등장하고 있다. 그런데 Google은 2004년 4월 13일 등록상표는 키워드로서 판매하지 않는다는 기존방침을 선회한다고 발표하였다.113) Google의 상표 키워드 판매에 대하여, 상표권자들은 상표권 침해, 부정경쟁행위 및 상표 희석화를 이유로 소를 제기해 오고 있다.

전통적으로 상표권침해가 인정되려면 상표를 상업적으로 사용하여 출처의 혼동을 초래할 것을 요한다. 예컨대, 우리 상표법은 “타인의 등록상표와 동일·유사한 상표를 등록상표의 지정상품과 동일·유사한 상품 등에 사용할 것”만을 규정하고 있으나(상표 66조) 상품출처의 혼동여부는 상표의 유사여부 판단의 기준이 되므로 등록된 상표의 ‘사용’과 ‘혼동가능성’이 상표권 침해의 요건이 된다고 할 수 있다. 따라서 상표키워드광고가 상표권 침해에 해당하기 위해서는 그것이 상표의 ‘사용’에 해당하여야 하며 상표의 사용이 상품출처의 혼동을 일으킬 염려(likelihood of confusion)가 있어야 한다.

상표권의 침해, 부정경쟁행위나 상표희석이 성립하려면 우선 상표의 사용이 전제되어야 한다. 검색엔진회사가 특정 상표키워드에 대한 광고권을 상표권자가 아닌 제3자에게 판매한 경우, 상표로 구성된 키워드를 검색하게 되면 결과페이지에 제3자의 배너광고가 게재되는데, 이를 상표의 사용으로 볼 수 있는가? 이에 대한 판단을 내리기 위해서는 여러 가지 요소들이 고려되어야 한다. 그러나 상표권 침해를 논함에 있어서는 당해 상표가 형식적으로 광고에 사용되었다는 것만으로는 부족하고, 자타상품의 식별표지로서 사용되어 상표의 출처표시기능 등을 해치는 형태로 사용되어야 한다.114) 우리 상표법은 상품에 관한 광고에 상표를 표시하

112) “Keywords For Ad Buyers: Pay Up,” BusinessWeek, February 21, 2005 참조.

113) 특히, Google은 미국 및 캐나다 광고주에게 등록상표인 용어도 키워드로서 판매하는 방침을 명확히 하였다. S. H. Klein & J. J. Mazur, U.S. Trademark Cases Involving Keyword-Triggered Advertising on Internet Search Engines, at http://www.arentfox.com/legal_updates/content511.htm(2005.9.20. 방문).

114) 대판 2003.4.11, 2002도3445, 대판 1997.2.14, 96도1424.

고 전시(display) 또는 반포하는 행위를 상표의 사용으로 보고 있으며, 자기의 상품에 관한 광고문장 중에 동종 상품에 관한 타인의 등록상표를 기재하는 경우에도 상표의 사용에 해당한다고 보고 있다.[115] 따라서 광고주가 등록상표를 자신의 웹사이트를 설명하는 문구 등으로 표시하였다면, 이러한 사용은 상표법상 "상품에 관한 광고"라고 볼 수 있을 것이다.[116] 그런데, 키워드광고의 경우, 검색엔진회사는 배너광고의 연계에서 상표권자의 상표를 시각적으로 표시하지는 않으며, 그 상표는 컴퓨터 내부 알고리즘에만 사용되고 있을 뿐 상표는 보이지 아니하기 때문에 상표의 사용 여부가 인정되기 어려운 측면을 갖고 있다.[117] 다만, 키워드 광고는 특정 키워드에 대한 검색결과가 배너가 아닌 확장된 키워드로 노출되거나 검색키워드 그대로 노출이 되는 경우도 있다. 예컨대, 검색창에 "Nike"를 입력할 경우, 키워드 검색광고란에는 "Nike" 홈페이지가 나타날 수도 있지만, "Nike"관련 용품을 판매하는 회사나 스포츠용품 판매업자의 홈페이지가 나타날 수도 있다.[118] 이는 광고주가 자신의 상품 또는 자신이 판매하는 상품에 관한 광고를 소비자들에게 인식시키기 위하여 타인의 상표를 사용한 것에 해당한다고 보아야 할 것이다.[119] 또한 상표 키워드의 매매는 타인의 상표를 검색어로 입력하는 이용자에게 자신의 광고를 노출시키려는 광고주와 광고주에게 상표 키워드에 대한 광고권을 고가에 판매하려는 검색엔진회사의 이해관계가 합치하여 이루어진 것이기 때문에, 검색엔진회사와 광고주의 키워드 매매는 이용자의 의사와 관계없이 사전적 의미의 사용이 아닌 상표기능에 의거한 사용임을 나타내는 증거가 될 수 있을 것이다.[120]

타인의 상표에 대한 사용에 있어서 상표적 사용이 인정되는 경우, 상표의 상

---

115) 송영식, 「지적소유권법(하)」, 육법사(2008), 237면.

116) 유대종, "검색광고의 법적 문제에 관한 소고," 「인터넷법률」 제34호(2006), 5면.

117) 김성호, "인터넷배너광고의 연계에 대한 법적 문제," 「인터넷법률」 제11호(2002), 101면.

118) 실제로 Google(www.google.com)에서 샤넬을 검색할 경우, 상단 광고란이 아닌 검색결과에 가서야 공식홈페이지를 발견할 수 있다. 스폰서링크라 불리는 광고란에 나타나는 회사는 스킨케어 등을 판매하는 회사로써, 샤넬만을 취급하지도 않는다. 그러나 사용자에게는 샤넬 제품의 공식판매점인 것으로 인식되게 할 수도 있다는 것에서 문제가 발생할 우려가 있다(2006.10.30. 방문).

119) Pattishall, Hilliard, Welch II, *TRADEMARKS AND UNFAIR COMPETITION*, Matthew bender(2003), §5.03.

120) Saunders, 앞의 논문, 564-567면.

업적 사용으로 인하여 소비자의 출처혼동, 품질오인을 초래할 가능성이 있는 경우에는 상표권침해나 부정경쟁행위가 성립할 수 있다. 키워드광고는 동종의 제품에 관심을 갖고 있는 잠재고객을 유인하거나, 해당 제품을 구매하고자 하는 구매자가 상표권자의 웹사이트가 아닌 다른 판매 사이트를 통하여 제품을 구매하도록 유인하기 때문이다. 이러한 경우에 상표 침해의 판단은 해당 광고행위가 구매자에게 혼동을 초래했는지의 여부가 쟁점이 될 것이다. 이는 타인의 상표를 메타태그로 사용하는 경우와 일견 유사한 부분이 있다.[121] 타인의 상표를 메타태그로 사용하는 경우 상품의 출처에 관한 혼동가능성이 존재한다. 하지만 사용자가 검색을 하여 접속한 웹사이트가 자신이 원하지 않는 웹사이트임을 알게 되면 해당 웹사이트를 떠나게 되므로 일반적인 상표침해에 있어서의 혼동과는 달리 혼동의 정도가 그리 크지 않다.[122] 즉, 자신이 웹사이트에 접속하는 순간 사용자(소비자)의 혼동은 사라지고, 극소수의 사용자만이 혼동을 일으키게 됨으로써 일반적인 형태의 혼동가능성이 발생할 가능성은 미미하다 할 것이다. 따라서 키워드 광고의 경우에도 비록 광고주와 검색엔진 회사간에 판매가 이루어졌다 할지라도 사용자는 해당 웹사이트에 접속하는 순간 자신이 원하는 웹사이트인가 아닌가를 알 수 있기 때문에, 사용자가 출처의 혼동으로 인하여 구매를 하는 경우는 많지 않을 것이다. 그런데, 미국의 일부 법원은 소비자의 최초의 주의를 끌어들이기 위하여 혼동이 야기될 정도로 상표가 사용된 경우, 후술하는 상표의 침해를 인정하는 최초관심혼동(initial interest confusion)의 이론을 원용한 사례가 있다.[123]

따라서 혼동가능성에 기한 상표 키워드 배너의 상표 침해가 인정된다면 이론적 근거는 최초관심혼동의 이론이 될 것이며, 침해소송에서 침해를 주장하는 원고 또한 이 이론을 원용할 것이다.[124] 다만, 우리나라의 경우, 상표법상의 출처혼

121) 메타태그와 상표 키워드 배너는 모두 상표가 이용자에게 시각적으로 보이지 않고, 이용자의 검색어에 의존하며, 인위적으로 이용자의 주의를 특정한 웹사이트로 유인한다는 점에서 공통점을 갖고 있다. 검색어와의 관련유무에 대한 이용자의 인식에 있어 메타태그와 상표 키워드 배너는 다소 차이가 있으나 가장 큰 차이점은 검색엔진회사는 기만적으로 메타태그를 사용하는 사이트로부터 어떠한 재정적 보수도 받지 않는 반면에 배너광고를 하는 광고주로부터는 상당한 보수를 받는다는 것이다. 김성호, 앞의 논문(각주 31), 117면.

122) 육소영, "인터넷상의 상표보호에 관한 법률문제," 「법학연구」 Vol.11, No.3, 연세대 법학연구소, (2001), 98면.

123) Brookfield Communications v. West Coast Entm't Corp., 174 F.3d 1036, 1062 (9th Cir. 1999) 참조.

동은 상품이나 서비스의 판매시점에서의 혼동을 의미하는 것이므로,125) 미국 일부 판례가 인정하고 있는 최초관심혼동의 이론을 적용하여 상표키워드광고의 상표권침해를 인정하기는 곤란할 것으로 보인다. 왜냐하면, 다수의 소비자는 그 광고를 무시하고 검색결과만을 참조할 것이기 때문에 최초관심혼동이 발생할 가능성이 거의 없기 때문이다.

◎ 최초관심혼동(Initial Interest Confusion)

최초관심혼동이론은 비록 실질적인 혼동에 의하여 판매 또는 구매가 이루어지지 않는다고 하더라도, 소비자의 최초 관심을 끌어들이기 위하여 혼동이 발생한 정도로 상표가 사용된 경우 상표의 침해로 인정하는 이론을 말한다. 전술한 Playboy사건과 Geico v. Google Inc.사건에서도 상표권자들은 최초관심혼동이론을 주장한 바 있다. 이 이론은 미국 제2연방항소법원의 Grotrian, Helfferich, Schulz, Th. Steinweg Nachf. v. Steinway & Sons126)사건에서 최초로 적용된 후, Mobil Oil Corp. v. Pegasus Petroleum Corp.127)사건에서도 인정된 바 있으며, Brookfield Communications v. West Coast Entertainment128)사건에서 메타태그의 상표권 침해 여부를 적용함에 있어 처음으로 동 이론이 인터넷상의 상표사용에 적용되었다. 즉, 법원은 해당 상표의 경쟁자 또는 비경쟁자의 상품이나 서비스가 해당 상표를 이용하여 최초로 "흥미를 갖거나(interested), 유인하거나(attracted), 산만하게 하는(distracted) 것"은 상표권침해에 해당한다고 보았다.129) 요컨대, 소비자의 주의를 끌기 위하여 혼동이 야기될 정도로 상표가 사용된 경우, 해당 웹사이트에 접속하게 되면 이는 일종의 기망에 의하여 해당 웹사이트에 유인된 것으로 볼 수 있다. 이에 대하여 상표의 침해를 인정하는 것이 최초관심혼동의 이론이다.

법원은 상표권자를 보호하기 위하여 최초관심혼동이론을 도입한 것이지만, 다수의 소비자들은 광고를 무시하고 검색결과만에 주목할 뿐임에도 불구하고130) 일시적으로 출처를 혼동하는 소수의 소비자를 보호하기 위하여 그 이론을 확대적용하는 것

124) Playboy Entertainment Inc. v. Netscape Communication Corp.사건에서도 원고는 최초관심혼동을 주장하였다.

125) 최성준, "인터넷상에서의 상표법상 문제점," 「저스티스」 통권 87호(2005), 39면. 최초관심혼동은 상품이나 서비스의 판매시점(구매시점)의 혼동에 관련된 것이기 때문에 판매전 혼동(pre-sale confusion)이라고 볼 수 있을 것이다.

126) 523 F.2d 1331 (2d Cir. 1975).

127) 818 F.2d 254 (2d Cir. 1987).

128) 174 F.3d 1036 (9th Cir. 1999).

129) Jennifer E. Rothman, "INITIAL INTEREST CONFUSION: STANDING AT THE CROSSROADS OF TRADEMARK LAW," 27 Cardozo L. Rev. 105(2005), at 108.

130) Saunders, 앞의 논문, p.567.

은 비교광고와 같은 정당행위조차도 금지될 수 있을 뿐만 아니라 소비자들이 이용할 수 있는 정보를 제한하고, 상표권자와 그들의 상품과 서비스를 비판하는 표현의 자유를 제한할 수 있다는 점과 과도한 상표권자의 보호로 인하여 오히려 부정경쟁을 조장할 수도 있다는 비판을 받고 있다.[131]

5. P2P와 저작권

최근 인터넷환경에서 특히 문제되는 것이 냅스터 등 P2P[132]서비스와 관계된 문제이다. 냅스터나 그 한국판인 소리바다와 같이 중앙집중형 P2P(peer to peer) 서비스의 경우에는 시스템운영자는 간접 또는 방조책임을 면하기 어렵다.[133]

이에 반해 요즈음 흔히 이용되고 있는 분산형 P2P서비스의 경우에는 프로그램 제작·배포자의 책임을 묻기가 어렵다는 것이 종래의 주류적인 견해이었다. 다음은 프로그램배포자 책임을 부정한 그록스터 판결의 일부이다.[134]

> "냅스터는 실제 물물교환을 주선하는 사람들이 불법적인 물건을 교환할 수 있도록 시설을 제공하는 것과 비슷하다. 사용자들을 연결하는 역할에 적극적이기 때문에 이용자들의 행동에 대해 어느 정도 책임을 질 수 있다. 그러나 그록스터와 스트림캐스트는 소프트웨어를 보급한 이후, 이용자들이 어떻게 그것을 사용하는지에 대해서는 아무런 권한이 없었다." "이용자들이 그록스터 클라이언트를 이용해서 파일을 검색하거나 전송할 때 그록스터의 컴퓨터에는 어떠한 정보도 전송되지 않았으며 그록스터의 컴퓨터를 통하지도 않았다. 즉 그록스터나 스트림캐스트는 직접적인 지적재

131) Michael McLouhglin, "Trademark Identity in Cyberspace: The Impact of Brookfield Communications, Inc. v. West Coast Entertainment Corp.," 20 QTR 595, 619-621 (2001); Tom Monagan, "Can An Invisible Word Create Confusion? The Need for Clarity in the Law of Trademark Infringement Through Internet Metatag," 62 OHIO ST. L. J. 973, 998 (2001).

132) P2P 프로그램이란 개인과 개인을 연결시켜 파일 공유 네트워크를 형성하게 하는 프로그램을 말한다. 대표적인 것들은 소리바다, 냅스터(Napster), 카자(KaZaA), 몰페우스(Morpheus) 그리고 그록스터(Grokster) 등이 있다.

133) 소위 냅스터 판결 및 소리바다 가처분 결정 참조. 다만 냅스터 방식과 소리바다 방식은 조금 달라 —소리바다의 중앙 서버에는 이용자들의 IP 주소와 같은 연결정보만 보관되고 있고, 공유대상이 되는 mp3 파일 자체뿐만 아니라 mp3 목록 및 mp3 파일 정보도 보관되고 있지 않다— 소리바다 형식을 1.5세대 방식이라고도 한다. 본안 사건에서 소리바다 민사항소법원은 소리바다 측의 책임을 인정했으나(서울고판 2005.1.12, 2003나80798), 형사항소법원은 무죄를 선고하였다(서울중앙지판 2005.1.12, 2003노4296).

134) MGM Studios, Inc. et al. v. Grokster, Ltd. et al.(C.D.Cal., Apr.25, 2003).

산권 침해를 위해 자기네 사이트나 설비를 제공하지 않았다. 만약에 피고가 문을 닫고 자사의 모든 컴퓨터를 꺼버렸다고 하더라도 사용자들은 계속해서 파일을 교환할 수 있을 것이다."

그런데 이러한 주류적 견해에 찬물을 끼얹은 것이 2005년 6월 27일에 내려진 미국 연방 대법원 판결이다.[135]

원고들은 "P2P 소프트웨어 패키지는 저작권을 보유하는 음악 영화의 위법교환을 촉진하는 것을 주요 목적으로 하여 작성되었다. 저작권침해책임은 이용자에게 있지만 P2P 중계 프로그램이나 서비스를 제공한 회사도 해당 프로그램을 이용해 상용 콘텐츠를 주고받는 행위를 시도한 제3자의 행위에 대해 2차적 책임이 있다"고 주장하였고 대법원은 이러한 주장을 그대로 인정하였다.

IX. 전통지식 · 유전자원 · 전통문화표현물과 지적재산권

1. 의 의

1) '전통지식'(Traditional Knowledge: TK)이란 전통에 기반을 둔 지적활동의 산물로서 파생되는 산업, 예술 또는 문학적인 결과물을 총칭한다. 강원도 어느 산골에서 행해지고 있는 민간치료요법, 인도벽화의 문양, 아프리카 토인의 음악 등이 모두 전통지식으로 분류될 수 있다. 우리의 한의학도 이러한 전통지식의 하나이다.

2) '전통문화표현물'(TCEs/EoF; Traditional Cultural Expressions/Expressions of Folklore)[136]이란 광의로는 전통지식과 동일한 개념이나 협의로는 전통지식 중에

135) MGM Studios, Inc. et al. v. Grokster, Ltd. et al., 545 US_ (2005).

136) 전통문화표현물을 나타내는 명칭으로 'Traditional Cultural Expressions'와 'Expressions of folklore'라는 용어가 유사개념으로서 혼용 또는 병용되고 있다. 국가 내 지역공동체 및 토착민(indigenous people) 등이 보유하고 있는 전통문화표현물은 전통문화의 계승발전과 문화콘텐츠의 원천이라는 의의를 지니고 있다. 그러나 전통문화표현물의 표현방식에 대하여 몇몇 국가들은 folklore(민간전승물)라는 용어의 부정적인 느낌을 이유로 'EoF' 대신 'TCEs'의 사용을 선호하고 있는 것 같다. WIPO, Intellectual properety and traditional cultural expressions/folklore, booklet n°1, p.2. (http://www.wipo.int/free-publications/en/tk/913/wipo_pub_913.pdf, 2012.1.11 방문)

서 주로 저작권과 관련되는 전통문학, 음악, 무용, 미술, 종교행사 등을 의미한다.

3) '유전자원'(Genetic Resources: GR)이란 자연계에 존재하는 모든 생명체(미생물, 동물, 식물) 및 DNA, genome 등으로 확대한 광범위의 생명산업관련 자원을 의미한다. 그것은 자원으로서 물질개념이다.

4) 유전자원과 전통지식과의 개념 구분의 실례[137]

	유전자원	전통지식
돌산 갓김치	갓김치의 재료인 돌산 갓	갓김치 담그는 법, 보관법 등
십전대보탕	십전대보탕에 쓰이는 약초	십전대보탕의 제법, 효능, 첨가비율 등

2. 문제 상황

유전자원, 전통지식, 민간전승물은 인류의 공동유산(common heritage)으로 취급되어 그 '보전'에 초점이 맞추어져 왔으나,[138] 최근 선진국가의 기업이 풍부한 경험, 정보 및 자금력을 바탕으로 유전자원 관련 전통지식을 소재로 하여 연구개발을 행하고 있으며, 그 연구성과를 지적재산권화하는 사례가 발생하고 있다. 특히 선진국 기업 및 연구자들이 개발도상국의 선주민(토착민: indigenous) 또는 지역공동체(community)가 보전 · 전승하여 온 생물유전자원 및 관련 전통지식의 일

137) 한편, 최광의 개념으로 사용되는 유산(heritage)은 "광의의 전통지식"뿐만 아니라 인간의 유전자정보, 성지와 유적 · 사적지 등과 같은 문화재, 선주민의 생활을 기록한 사진 영화 등을 포함하는 매우 넓은 개념이다.

〈그림 1〉 광의의 전통지식

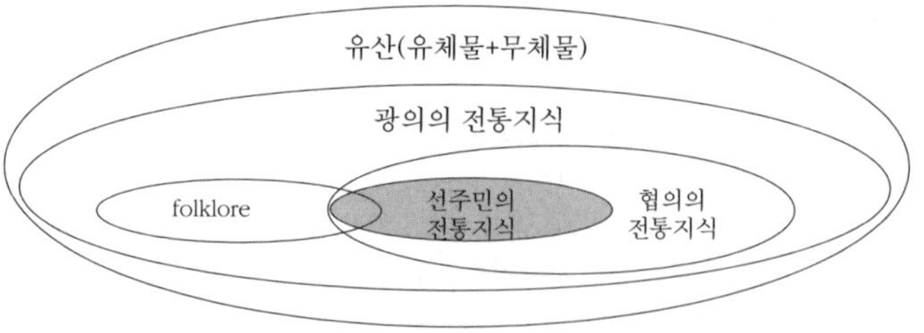

138) 전통지식은 인류의 공동유산이기 때문에 누구나 자유로이 접근, 이용할 수 있는 것으로 고려될 수 있다. WIPO, Matters Concerning Intellectual Property and Genetic Resources, Traditional Knowledge and Folklore — An Overview, WIPO Doc. WIPO/GRTKF/IC/1/3(Mar. 16, 2001), para.5.

부를 입수, 이용, 개발하여 특허등록을 하는 사례가 나타나고 있다.139)

그런데 생명공학의 발전으로 유전자원과 전통지식을 이용한 의약제품이 막대한 경제적 가치를 지닌 것으로 판명됨에 따라 전통지식의 보호문제가 이해당사자간에 첨예하게 대립되고 있다.140) 왜냐하면 선진국 기업 및 연구자들은 생물유전자원 및 관련 전통지식을 대부분 선주민 또는 지역공동체의 허가 없이 입수하고 있을 뿐만 아니라 그들에게 어떠한 보상이나 이익환원을 하지 않고 있다.

이러한 상황하에서 캐나다의 NGO · RAFI(Runal Advancement Foundation International) 및 인도의 Vandana Shiva가 중심이 되어 선진국기업의 유전자원 및 관련 전통지식의 약탈행위를 'Bio-Piracy'141)로 간주하고 세계적인 반대운동을 전개하기 시작하였다. 한편 개발도상국 정부는 TRIPs 협정과 생물다양성에 관한 협약(Convention on Biological Diversity: CBD)의 정합성을 문제로 제기하였다.142)

현재 많은 연구자 및 NGO, 정부 및 국제기구는 전통지식을 다양한 관점, 즉 인권 · 개발, 환경, 통상 · 지적재산, 농업, 문화적 관점에서 검토하고 있지만, 전통지식을 지적재산제도로 보호할 것인지의 여부 및 보호방법에 대해서는 의견의 일치를 보지 못하고 있다.143)

---

139) 예컨대, 미국에서 특허등록을 받은 대표적인 사례로는 Neem[Azadirachta: U.S. Patent No.4,946,681(issued Aug. 7, 1990); U.S. Patent No.5,124,349(issued Jun. 23, 1992).], Turmeric[Banisteriopsis cappi: U.S. Patent No.5,401,504(issued Mar. 28, 1995).], Quinoa [Chenopodium quinoa: U.S. Patent No.5,304,718(issued Apr. 19, 1994).], Ayahuasca [Banisteriopsis: U.S. Plant Patent No.5,751(issued Jun. 17. 1986).] 등이 있다. 이들에 대한 자세한 설명은, 박갑록, "전통지식의 법적보호에 대한 접근 방법,"「知的財産權의 現在와 未來」(素潭 金明信先生 華甲記念論文集, 법문사 2004), 97-98면; 윤미경 · 최윤희, 「DDA TRIPs분야의 유전자원 관련 논의와 한국의 대응」(대외경제정책연구원, 2002), 40면.

140) N. S. Gopalakrishnan, Protection of Traditional Knowledge: The Need for a Sui Generis Law in India, 5 *Journal of World Intellectual Property*, 725, 725(2002). 권재열, "전통지식의 개념과 그 보호방안의 검토,"「산업재산권」 제14호(2003), 41면; 배대헌, "특허실체법조약(안)의 특허대상 확대 여부에 대한 검토,"「산업재산권」 제13호(2003), 14-16면.

141) See Pat R. Mooney, "Why We Call It Biopiracy," in Hanne Svarstad and Shivcharn S. Dhillion (eds.), *Responding to Bioprospecting: From Biodiversity in the South to Medicines in the North* (Oslo: Spartacus Forlag AS, 2000), pp.37-44.

142) WTO, General Council, *Preparations for the 1999 Ministerial Conference : - Proposals Regarding the TRIPs Agreement in terms of Paragraph 9(a)(i) of the Geneva Ministerial Declaration, Communication from India*, WTO Doc, WT/GC/W/225 (Jul.2,1999), para.4.

143) Peter-Tobias Stoll / Anja von Hahn, "INDIGENOUS PEOPLES, INDIGENOUS KNOWLEDGE

유전자원 및 전통지식에 관한 문제는 생물다양성은 풍부하지만 기술력이 없는 개발도상국과 생물다양성은 부족하지만 기술력이 풍부한 선진국의 남북문제이다. 그러나 생물다양성과 전통지식을 보유한 선주민 및 지역공동체가 개발도상국에만 집중되어 있는 것은 아니며, 생물특허의 문제는 윤리관에 따라 크게 좌우되는 것이기 때문에 선진국간에도 의견이 대립되고 있다.[144)]

이러한 논의 과정에서 이 문제의 심각성과 중요성을 인식한 국제기구인 WIPO, WHO, FAO, UNESCO 등에서도 이 문제를 정식의제로 채택하여 논의하기 시작했다. 특히, 이러한 다각적 노력의 일환으로 WIPO는 2000년 일반총회에서는 유전자원, 전통지식 그리고 전통문화표현물에 대한 논의를 하기 위해 정부간위원회(Intergovernmental Committee: 이하 'WIPO IGC'라 함)를 설치하기로 결정하였다. WIPO IGC는 유전자원, 전통지식 그리고 전통문화표현물의 지적재산적 요소에 대한 국제적 보호방안 논의를 위해서 2011년 7월 말까지 총 19차례의 WIPO IGC 정기회의를 개최하였으며, 2011년 내에 협상을 종결할 것을 계획하였으나, 2011년 7월 제19차 회의에서 협상을 2년 연장하기로 합의되었으나, 아직까지 타결되지 못하고 있다.

3. 이 문제를 어떻게 보아야 할 것인가

현재 광범위하게 전개되고 있는 이러한 움직임의 기원은 민간전승물의 법적 보호를 인정하고 이를 규범화했던 30~40년 전으로 거슬러 올라가야 할 것이나 현재와 같이 세계적 규모로 관심을 끌고 있는 것은 다음과 같은 원인에 기인한다고 본다.

(1) 경제적으로는 유전공학 등의 발전으로 선진국(의 기업)들이 제3세계의 자연 자원을 자유롭게 이용하여 경제적인 부를 축적하고 있음에도 불구하고 막상 그

AND INDIGENOUS RESOURCES IN INTERNATIONAL LAW," in S. von Levinski(ed.), *Indigenous Heritage and Intellectual Property* (London: Kluwer Law International), pp.5-48; 김선정, "전통지식, 전승, 유전자원 보호에 대한 국제사회의 동향과 법적 과제," 「知的財産權의 現在와 未來」(素潭 金明信先生 華甲記念論文集, 법문사 2004), 28-61면; 이재협, "생물다양성협약에서의 유전자원의 접근권과 이익공유," 「통상법률」 통권 제41호 (법무부, 2001), 203면.

144) 大澤, 傳統的知識の保護と知的財産に關する一考察(財團法人 知的財産研究所, 2002), 1-3면.

부의 원천을 제공한 제3세계(의 국민)에게는 거의 또는 전혀 혜택이 없을 뿐만 아니라 도리어 특허 등을 통하여 착취하는 수단으로 되고 있다는 점이다.

또 디지털화와 컴퓨터 통신망 등 기술력의 급속한 진전과 상업화로 말미암아 민간전승물이 과거에 비할 수 없이 많이 이용되고 있다. 그러나 이러한 과정에서 민간전승물이 왜곡되는가 하면, 이것이 기원한(originated) 사회공동체(community) 또는 이의 계승발전에 기여한 개인에게 아무런 보상도 돌아가지 않는다고 하는 부당한 상황이 나타나고 있다.

(2) 정치적으로는 다분히 미국 등 선진국의 지나친 지적재산권 강화 주장에 대한 반격적(counterattack) 의미를 가진다. 즉 선진국 너희들이 우리에게 지적창작물을 도용하고 있다고 하는데 실제로 따져보면 「자연과 지식의 약탈자」는 다름 아닌 바로 너, 선진국이라는 것이다.

(3) 지적재산권의 역할의 변화이다. 종래 지적재산권은 특정 개인, 특정 기업의 창작 내지는 발명활동에 대한 보답으로서 국가가 부여하는 것이었다. 그런데 냉전 종식 후 국제경쟁은 경제경쟁으로 바뀌었고, 지적재산권은 경제전쟁에 있어서 최첨단 무기로 작용하고 있다는 점이다. 이제 지적재산권은 단순히 개인의 권리에 머무르지 않고, 국가 경쟁력의 중요 지표가 되었다. 이 경우 어느 지식의 소유자는 누구인가, 그것이 새로운 것인가는 개인을 기준으로 할 것은 아니고 집단, 즉 부족, 지역공동체, 민족, 국가를 기준으로 하여야 한다는 것이다. 우리 집단에 알려져 있어 우리끼리 사용은 자유이며, 우리 중 누구에게 독점권을 부여할 수는 없지만(in-situ utilization), 너희는 몰랐던 것이고, 사용한 적도 없었던 것인데 우리 것을 이용하였으니 이용하기 전에 허락도 얻고, 그것이 본래 우리 것이었다는 것을 표시하고, 대가도 지급하라는 것이다(ex-situ utilization).

(4) 확실히 지금 일어나고 있는 움직임은 일리도 있고, 생물다양성협약(CBD)에 비추어 볼 때,[145] 또 민간전승물 보호에 관한 모델 규정에 비추어 볼 때 어느 정도 국제규범으로 정착될 수는 있으리라고 본다.

145) 협약은 자국영토 내의 생물다양성에 대한 국가주권을 근본원칙으로 명시하고 있으며 또한 자국의 법에 따라 생물자원의 접근에 대한 권리를 인정하고 있다. 이는 유전자원 자체에 대한 자원보유국의 배타적 재산권을 인정한 것으로 매우 의미가 깊다. 유전자원에 대한 접근은 협약 당사국에 대한 '사전통고합의(prior informed consent)'와 '상호합의(agreement on mutually agreed terms)'에 의해 가능하다.

다만, 기본적으로 지적재산권은 국가와 국가 사이의 권리가 아니라 국가가 개인에게 그 창작의 대가를 지급하여 창작을 장려하는 데 있고 그것은 당연히 아직 알려져 있지 아니한 지식의 창조에 대한 것이었다. 그러나 현재 문제가 되는 전통지식은 이미 알려져 있는 것이다. 제자리 이용(현지 사용; in-situ utilization)의 경우에 이미 알려져 있는 전통지식을 이용하여 이에 새로운 창작을 부가한 자는 누구라도 지적재산권을 취득할 수 있어야 함은 당연하고 이론이 없을 것이다. 문제는 제자리 밖에서의 이용(현지 외 사용; ex-situutilization)인데 이 경우 개발도상국가의 주장대로 이용자인 선진국이 합의를 할지는 매우 불투명한 상태이다. 생물자원의 경우에는 채취 문제도 있어 그 기원(origin)이 비교적 명확하고, 채취라는 유형행위를 하려면 많은 경우 토착민의 협조를 얻어야 한다. 그러나 전통지식의 경우는 그럴 필요가 전혀 없다. 또 기원 자체가 명백하지 않다. 따라서 그 정통성에 대한 분쟁이 전통지식 소유자라고 주장하는 국가들 사이에서도 일어날 가능성이 매우 크고, 그 해결이 쉽지 않다. 그러나 우리도 이 문제에 보다 많은 관심을 가지고 우리에게 이익이 되는 방향으로 국제규범이 마련될 수 있도록 노력하여야 할 것이다.

(5) 또한 생물다양성협약(CBD)과 관련한 유전자원의 접근을 용이하게 하고 공평한 이익공유를 도모하기 위해 "사전통보에 의한 동의(PIC: Prior Informed Consent)", "상호합의된 조건(Mutually agreed terms)" 등이 포함된 국제지침(Bonn 가이드라인)이 CBD사무국을 중심으로 제정된 바 있으며, 특히 유전자원의 활용에 의해 창출되는 지식재산권에 대한 관심이 급증함에 따라 자원 보유국과 이용국 간의 이익 배분문제를 놓고 해당국 간에 첨예하게 대립하고 있다. 최근 「나고야 의정서」[146]의 타결로 이 분야의 논의가 급진전될 것으로 예상된다.

---

146) 2011년 5월 11일 「생물다양성협약 활용에서 발생하는 유전자원 접근 및 동등한 이익공유에 관한 나고야 의정서」(Nagoya Protocol)에 8개 회원국이 추가로 서명하여 총 21개국이 되었다. 가장 최근 서명한 회원국으로는 과테말라, 인도네시아, 인도, 일본, 노르웨이, 남아프리카, 스위스, 그리고 튀니지가 있다. 가장 먼저 서명한 국가는 콜롬비아, 예멘, 알제리, 브라질, 멕시코, 르완다, 에콰도르, 중앙아프리카공화국, 세이셸, 말리, 수단, 파나마 그리고 페루이다. 나고야 의정서는 50번째 회원국이 비준을 하고 90일 이후에 그 효력이 발생한다. 나고야 의정서는 2014년 평창에서 개최된 제12차 당사국총회(COP12) 기간인 10월 12일 발효됐다.

7 chapter 지적재산권의 국제적 보호

제1절 지적재산권의 국제적 보호의 필요성과 국제적 보호에 관한 종래의 룰(RULE)

Ⅰ. 지적재산권의 국제적 보호의 필요성

지적재산권의 대상이 되는 발명이나 디자인은 유형물이 아닌 무체물이므로 장소를 달리하여 이용이 가능하고 또한 전파성이 강하다. 특히 교통 통신의 발달로 산업정보가 신속하게 교환되면 외국에서도 그 모방이나 보급이 손쉽게 이루어진다. 물건, 사람, 돈에 대해서는 국경이 있고 자유로운 유통이 곤란하나 지적재산권의 대상이 되는 무체물에는 그러한 어려움이 없다. A 국에 있으면서 B 국의 기술을 모방한다든지 C 국의 마크를 도용한다든지 하는 것은 용이한 일이다. 실제로 지적재산권제도 및 그 운용이 부적절한 개발도상국에서는 외국제품의 모조품을 제조하기가 쉽기 때문에 많은 값싼 모조품이 시장에서 유통되고 있으며, 이 때문에 진정한 권리자의 제품이 잘 팔리지 않고 있다. 따라서 이러한 그레샴의 법칙이 작용하지 않도록 하기 위해서 국내는 물론 국제적으로도 지적재산권이 보호되어야 할 필요가 있다.

II. 지적재산권의 국제적 보호에 관한 종래의 룰(RULE)

지적재산권의 보호대상이 되는 발명이나 디자인 등이 국제적 보호를 필요로 한다고 해도 특허권 등을 부여하는 것은 주권의 일부이며, 세계연방과 같은 것이 존재하지 아니하는 현실에 있어서는 각국별로 보호를 받지 아니할 수 없다. 다만 각국별 지적재산권 제도를 전제로 하면서 어느 정도 조화를 꾀하여 타협점을 찾아내는 것, 즉 외국에서의 권리취득을 용이하게 하는 것은 불가능하지 않다. 이것은 이미 100여 년 전부터 실시되고 있다. 이하 차례로 살펴보는 것으로 한다.

제2절 산업재산권 관련조약

I. 산업재산권 보호에 관한 파리협약(Paris Convention for Protection of Industrial Property of March 20, 1883)[1)]

1. 조약의 내용

파리협약은 산업재산권을 국제적으로 보호하기 위하여 1883년 성립한 조약이며, 각국의 공업소유권이 독자적이라는 속지성을 선언한 후에 내외국인 평등의 원칙과 우선권제도를 규정하여 외국에서 산업재산권을 보다 용이하게 취득하도록 규정하고 있다. 파리협약의 3대원칙을 살펴보면 다음과 같다.

---

1) 파리협약과 베른협약을 관리하기 위한 업무는 1892년 지적재산권보호 합동국제사무국(BIRPI)에서 통합 관장하다가 1967년 WIPO에 이관되었고 WIPO는 UN의 전문기관으로 산업재산권 전부와 저작권 대부분을 관장하고 있다. 저작권은 일부 분산되어 UCC는 UNESCO가, 인접권조약은 WIPO와 ILO가 공동관리하고 있다(파리조약에 관한 상세한 해설은, 「산업재산권보호에 관한 파리협약해설」, 특허청 국제협력담당관실, 1993.4).

(1) 내외국인 평등의 원칙

내외국인 평등의 원칙(the principle of assimilation with nationals)이란 산업재산권의 보호에 관하여 보호를 청구한 다른 동맹국의 국민에 대해서 각 동맹국의 영역 내에 주소 또는 영업소가 없더라도 내국민에 과하는 조건 및 절차에 따르는 것을 조건으로 산업재산권의 보호에 있어서 자국민과 동등한 이익을 부여하는 원칙을 말하며, 일명 내국민대우의 원칙[2)](the principle of national treatment)이라고 한다. 내국민대우의 원칙에는 동맹국의 국민에 대한 내국민대우, 준동맹국민[3)]에 대한 대우가 포함된다. 한편 파리협약이 내외국인평등의 원칙을 준동맹국민에게까지 확대하는 것에 비추어 볼 때 동맹국 내에 주소나 영업소를 가진 무국적자에게도 권리능력을 인정하고 있는 것으로 해석되고 있다.

(2) 우선권

우선권(right of priority)이란 어떤 동맹국에서 최선(first)으로 정규(duly)의 출원을 한 자 또는 그 승계인이 일정기간 내에 다른 동맹국에 동일목적물에 대하여 출원하는 경우에 주어지는 특별한 이익을 말한다. 특별한 이익이란 제2국에서의 출원의 순위 및 신규성판단에 있어 제1국에서의 최선의 출원일을 기준으로 하여 판단한다는 것이다(파리 4조). 예컨대 甲이 1995.1.1. A국에 자기가 한 발명을 특허출원하고 B 국에 동일발명을 1995.11.30. 특허출원하였다고 하더라도 마치 B 국에의 출원을 1995.1.1.에 한 것과 같이 취급하여 준다는 것이다. 이 우선권제도야말로 동맹 각국의 속지주의의 원칙에 대하여 중대한 절차적 예외를 국제협조주의에 의거하여 설치한 것으로서 파리협약을 체결하도록 하게 한 원동력이었다고 하여도 과언이 아니다.

우선권의 이익을 향수하는 데는 출원인의 동일성이 요구되며 출원의 목적물이 동일성을 가져야 한다. 목적물이 동일성을 가지는 경우라 함은 동맹 제1국에서의 출원의 목적물이 동맹 제2국에 있어서의 목적물과 그 실질적인 요지에 있어서 동일성을 가지는 경우를 말한다.

2) 여기서 내국민(nationals)이란 자국의 국적을 가진 자라고 해석하여야 할 것이다.

3) 비동맹국의 국민이면서 어느 동맹국의 영역 내에 주소 또는 진정하고 실효적인 공업상 또는 상업상의 영업소를 가진 경우 이들을 준동맹국민이라고 하며, 동맹국의 국민과 동일하게 취급하도록 파리조약은 규정하고 있다(동조약 3조).

상표등록출원에 대하여는 표장과 지정상품과의 동일성이 있는 것을 의미한다. 따라서 표장의 요부변경은 물론이고 요부가 아니라 할지라도 구성상의 중요한 부분을 변경, 추가, 삭제하는 경우에는 동일성을 상실한다. 또 우선권을 주장하기 위해서는 제2국에 우선기간 내(within the periods of priority)에 출원하여야 한다. 우선기간은 특허 · 실용신안은 1년이고 디자인 · 상표는 6월이다. 정규의 출원인 한 그 결과를 묻지 않는다.

(3) 특허독립의 원칙

특허독립의 원칙이라 함은 동맹국의 국민이 각 동맹국에 출원한 특허는 그 권리의 발생 · 변경 · 소멸 및 효력에 관해서 타국에서 취득한 특허에 종속되게 하여서는 아니 된다는 원칙이다. 즉 동일한 발명에 대해 여러 나라에서 부여된 권리는 서로 관계없이 병존하며 다른 나라의 권리에 영향을 미치지 아니한다(1국1특허의 원칙).

특허독립의 원칙은 1900년 브뤼셀 개정조약에서 명문화된 것인데, 이러한 원칙을 명문화한 이유는 속지주의하에서는 권리의 성립 · 효력범위에 관하여 각국이 자유로이 정할 수 있어 자국의 특허를 본국의 특허에 종속케 하여 실질적으로 외국인에게 불이익한 사태를 초래케 할 수 있으므로 이를 방지키 위한 것이다.

2. 문제점

이렇듯 이 조약은 내외국인 평등의 원칙과 우선권제도에 의하여 외국에서 산업재산권을 취득하는 것 그 자체에 대해서는 도움을 주나 개별국가에서 보호를 받으려면 당해 국가에 개별적으로 등록을 하여 권리를 취득하여야 한다. 또 이 조약은 각국의 산업재산권법이 상이함에 따라 일어나는 문제에 대해서는 침묵을 지키고 있다. 따라서 특정국가에서 그 나라의 입법정책상 의약품이나 물질 그 자체에 대해서 특허를 인정하지 아니하더라도 전혀 조약에 위반되는 것이 아니다. 그러므로 이상으로부터 2개의 문제점을 쉽게 찾아낼 수 있다.

즉 i) 어떻게 하면 단 한 번의 출원으로 자기가 원하는 모든 국가에서 보호를 받을 수 있는가, ii) 각국의 보호내용이 서로 다른 것을 가급적 조화시킬 수는 없는 것인가이다. 전자의 문제는 특허협력조약(Patent Cooperation Treaty: PCT)나

표장의 국제등록에 관한 마드리드 협정, 상표등록조약(Trade- mark Registration Treaty: TRT), 디자인의 국제기탁에 관한 헤이그 협정을 통하여 어느 정도 달성되었다.[4)]

한편 후자의 문제는 각국의 정치 · 경제 · 문화적 사정이 다르므로 그 조화는 매우 어려운 문제이며, TRIPs협정, 상표법조약, 특허법 Harmonization을 위한 특허법조약(Patent Law Treaty)은 각각 산업재산권법의 내용을 조화시키기 위한 노력의 일환이다. 현재 내용의 조화는 최근 성립한 TRIPs협정을 통해서 매우 좁은 범위에서나마 어느 정도 달성되었다. 또한 WIPO 자체의 노력에 의한 상표법조약을 통해 절차적 측면에서 어느 정도 조화를 이루었다. 다만 1990년말 WIPO에서 작성되어 1991.6. 외교회의에 상정된 특허법 Harmonization을 위한 특허법조약안은 아직 결실을 보지 못하고 있다. TRIPs협정은 저작권과도 관련되므로 뒤로 미루고 여기서는 우선 특허협력조약, 상표법조약에 대해서만 살펴보는 것으로 한다.

II. 특허협력조약(Patent Cooperation Treaty: PCT)

1. 개 요

PCT는 파리조약 제19조에 따른 특별협정의 하나로 1970년 워싱턴 외교회의에서 조인된 다자간조약으로 우리나라도 1984년 5월 10일 36번째로 가입국이 된 조약이다. PCT는 오늘날과 같은 급격한 기술혁신에 따라 특허출원 특히 외국출원이 매년 증가추세에 있고, 그 약 반수가 우선권주장을 수반하는 외국출원으로서 중복출원 및 중복심사로 야기되는 문제점을 국제적 차원에서 해결하기 위하여 성립된 것이다.

PCT는 그 외에도 특허문헌을 중심으로 하는 기술정보의 확산과 제공 및 PCT 전문에서 밝힌 바와 같이 개발도상국의 특허제도 발전을 촉진하기 위한 기술원조를 그 목적으로 하고 있다.

---

4) 물론 이들 조약에 그 나름대로의 문제점이 없는 것은 아니다. 다만 이들 문제점에 대해서는 다른 문헌에 맡기는 것으로 한다.

PCT에 의한 국제출원에 관해서는 우리 특허법 제10장(192조~214조) '국제협력조약에 의한 특허출원'에서 상세히 서술하고 있으므로[5] 여기서는 간략하게만 언급하기로 한다.

2. PCT의 체제와 특징

PCT는 i) 국제출원제도에 관한 실체규정, ii) 조약의 운용에 관한 관리규정, iii) 최종조항으로 대별할 수 있으며, 주요한 부분은 국제출원제도에 관한 실체규정으로서 그 절차는 국제출원, 국제조사, 국제예비심사의 3단계로 이루어졌다. 여기서 국제출원 및 국제조사에 관한 절차는 모든 국제출원에 대한 필요적 절차이나 국제예비심사에 관한 절차는 출원인의 선택에 의한 임의적 절차로 유보할 수 있다(PCT 64조 1항). 또한 PCT는 국제출원의 절차에 관하여만 규정한 것으로서 국제출원의 발명이 각국에 있어서 특허를 받을 수 있느냐의 여부에 관한 실체적 요건은 각국의 국내법령에 따라 판단하도록 위임하고 있다(PCT 27조 5항).

PCT에 의한 국제출원은 수리관청(원칙으로 자국 특허청)에 특정언어(우리나라는 영어 또는 국어)로 된 출원서에 국제출원임을 명시하여 출원하면 회원국에 모두 출원한 것으로 본다(전지정의제: 다만 우리나라나 독일 등 자기지정제도를 가지고 있는 나라에 대한 예외는 있다). 수리관청(원칙으로 자국의 특허청)은 방식요건을 심사하고 국제조사기관에서 신규성 여부를 조사하여 국제조사보고서를 출원인과 국제사무국에 송부한다.

출원인은 1차조사에서의 결론이 권위 있는 국제조사기관의 결과인 만큼 이를 참고하여 출원을 계속할 필요가 있느냐, 없느냐를 판단할 수 있다. 국제출원을 계속하려고 하면 소정기간 내에 지정국에 번역문을 제출하고 요금을 납부하여야 한다.

---

5) 우리 특허법은 PCT를 실시하기 위하여 특허법(제10장)에 우리나라 특허청을 통하여 국제출원을 하는 절차, 즉 국제단계로 진입하기 위한 절차(1절)와 외국인이 우리나라에서 특허를 받기 위한 출원인과 우리 특허청과의 절차, 즉 국제단계에서 국내단계로 받아들이기 위한 절차(2절)에 대하여 규정하고 있다.

◎ 국제출원절차도

※ 종래의 출원루트(파리루트)

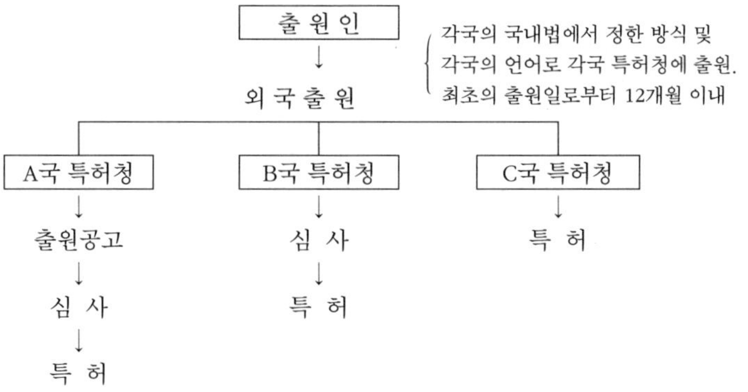

※ PCT루트

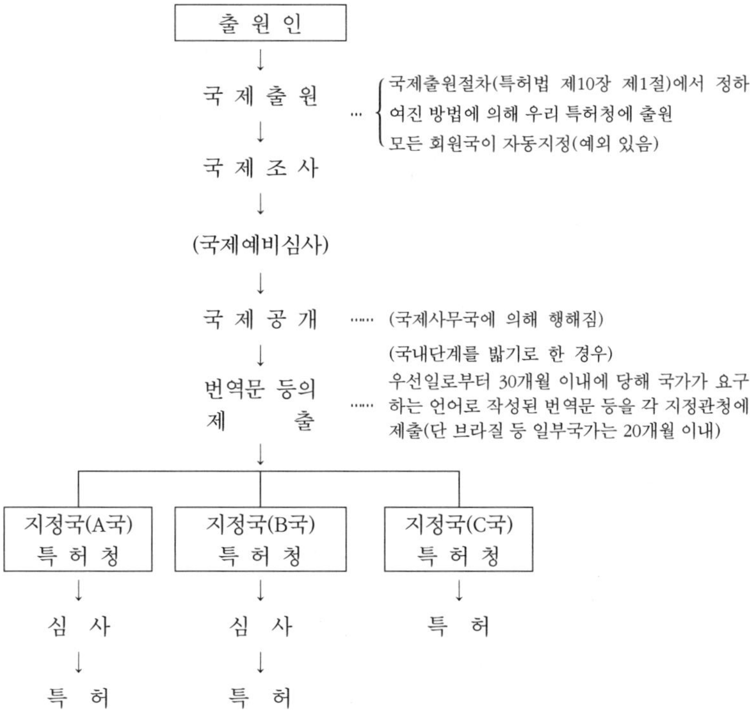

각 회원국(지정취소된 나라는 제외)은 국제조사보고서를 참고하여 자기나라 특허와 같은 국내절차를 밟아 처리한다. 각국 특허의 심사이행 전에 발명의 신규성, 진보성, 산업상 이용가능성에 대하여 보다 자세하고 권위 있는 조사를 청구할 수 있는 국제예비심사 절차가 있다.

출원인으로서는 발명의 종류, 질, 비용 등을 고려하여 파리조약상의 우선권을 주장하여 각 나라 특허청에 출원할 수도 있고(파리루트라고 한다), PCT 절차를 이용할 수도 있다(PCT 루트라고 한다). 이들을 도시하면 앞의 절차도(국제출원절차도)와 같다.

Ⅲ. 상표법조약(Trademark Law Treaty)

1. 개 설

1994년 10월 27일 스위스 제네바에서 세계지식재산기구(WIPO) 외교회의는 상표법조약을 채택하였다. 1989년부터 WIPO 전문가회의에서 상표제도의 국제적인 조화와 통일화를 위해 실체적 · 절차적 측면에서 여러 가지 검토가 이루어졌으나 각국의 의견이 달라 우선 절차적 측면에서의 국제적인 조화와 표준화가 시급하다는 인식에 따라 절차의 간소화를 목적으로 한 조약이 성립되게 된 것이다. 상표법조약은 1996년 8월 1일 발효되었으며, 우리는 2003년 2월 25일 가입하였다.

2. 조약의 내용

(1) 조약이 적용되는 표장

색채표장을 포함하여 시각적으로 인식할 수 있는 표지로 구성된 표장에 적용하고 입체표장의 등록을 허용하는 국가의 경우는 본 조약을 입체표장에도 적용한다. 홀로그램 표장, 눈으로 볼 수 없는 소리상표나 냄새상표에는 적용되지 아니한다. 서비스표에도 적용되나 단체표장, 증명표장 및 보증표장에는 본 조약을 적용하지 아니한다. 연합상표나 방호표장 등에는 적용치 아니할 것으로 유보할 수 있다(TLT 2조, 21조).

(2) 국제분류의 사용

출원 및 등록에 있어서 상품 및 서비스의 분류로 니스협정에 따른 분류를 사용토록 규정하고 있다(TLT 3조, 9조). 우리나라도 현재 니스분류를 채택하였다.

(3) 포괄위임장 제도

하나의 위임장이 위임장에 명시된 하나 이상의 출원 및 등록과 관련되거나 하나의 위임장이, 위임자가 표시하는 예외를 제외하고, 위임자의 현재와 장래의 모든 출원 및 등록과 관련될 수 있도록 하고 있다(TLT 4조).

(4) 다류일등록(일출원다구분) 제도

니스분류상 하나의 류(類) 또는 다류에 속하는가에 관계없이 여러 상품 또는 서비스를 하나의 동일한 출원에 포함된 경우 그 출원은 하나의 동일한 등록이 된다. 종래 우리나라는 1 류 1 출원(1 출원 1 구분)만이 가능했으나 1998.3.1.부터는 다류일출원도 가능하게 되었다.

(5) 서명에 대한 증명요구금지제도

서명에 대한 증명을 요구할 수 없도록 하고 있으며, 다만 체약국 법률에 따라 그 서명이 등록포기에 관련한 경우에만 예외로 하고 있다(TLT 8조). 나라에 따라서는 위임장 등에 공증, 영사인증 등을 요구케 하고 있고, 우리나라의 경우도 많은 경우에 인감증명서(인감제도가 없는 외국인은 이에 준하는 증명서)의 제출을 의무화하고 있어 이에 대한 검토가 필요하게 되었다.

(6) 상표권이전시 절차간소화

상표권 이전시 등록권리자만의 신청으로 가능하고(단독신청주의), 이전공고를 요구할 수 없다. 우리법도 1997년 개정을 계기로 상표권 이전시 일간신문 등에 이전사실을 공고하고 난 후 이전등록신청을 하도록 하는 규정을 폐지하였다.

(7) 갱신출원시 견본제출요구 금지 및 실체심사금지제도

표장의 갱신출원시 그 표장의 견본제출요구를 금지하고 있으며, 실체심사를 금지하고 있다(TLT 13조). 우리법도 1997년 개정을 계기로 갱신출원에 대한 실체심사제도, 상표견본제출제도를 폐지하고, 갱신출원시 다류에 속한 상품의 1출원서 제출이 가능하게 되었다.

Ⅳ. 기타 국제조약[6)]

1) 출처 허위표시 방지에 관한 마드리드협정(Madrid Agreement, Indication of Source, 1891)   허위 또는 오인을 초래케 하는 출처표시(indication of source)를 한 생산물에 관하여 수입을 금지, 규제함으로써 출처표시를 보호하기 위한 조약이다.

2) 표장의 국제등록에 관한 마드리드협정(Madrid Agreement, Marks, 1891) 및 마드리드의정서   마드리드협정은 상표판 PCT이며, 체약국의 국민이 본국에 등록한 상표 또는 서비스마크를 일정한 절차를 거쳐 국제등록하면 각 체약국에 직접 출원한 것으로 보며 각 국내관청은 파리조약에 기한 이유 이외에는 등록을 거부할 수 없다. 국제등록의 존속기간은 20년이다. 한편 마드리드의정서는 원래는 마드리드협정의 문제점 때문에 마드리드협정에 가입하지 아니한 덴마크, 그리스, 아일랜드, 영국의 가입을 보다 용이하도록 하기 위한 것이었다. 1995년 12월 1일 발효되었고, 우리나라는 2003년 1월 10일 가입하였다.

3) 디자인의 국제기탁에 관한 헤이그협정(Hague Agreement, 1925)   체약국의 국민이 일정한 절차를 밟아 디자인을 국제사무국에 기탁하여 국제등록이 되면 각 체약국법령에 따른 기탁 또는 출원과 동일한 효과를 가진다. 보호기간은 5~10년이다.

4) 상품, 서비스의 국제분류에 관한 니스협정(Nice Agreement, 1957)   각국에서 채용되는 상품, 서비스의 분류를 통일하여 공통적인 국제분류를 정하기 위한 조약이다. 우리는 이 조약에 1999년 1월 8일 가입하였다.

5) 디자인의 국제분류에 관한 로카르노협정(Locarno Agreement, 1958)   디자인분류를 위한 국제적 기준을 제시하여 체약국이 국제분류를 주된 체계로서 또

---

6) 상품 · 서비스의 국제분류에 관한 니스협정 및 국제특허분류에 관한 스트라스부르협정을 제외하고는 이들 조약에 우리나라는 가입하지 않고 있다.

는 부차적인 체계로 사용할 권리를 보유한다.

6) 원산지 명칭 보호와 국제등록에 관한 리스본협정(Lisbon Agreement, 1958)
생산물에 관하여 명성을 가진 국 또는 지방 등 원산지 명칭을 국제등록하면 체약국이 이를 보호하고 보통명칭화되었다고 주장할 수 없도록 하는 조약이다.

7) 국제특허분류에 관한 스트라스부르협정(Strasbourg Agreement, 1971) 기술정보의 체계적 분류, 특허문헌의 검색 등에 있어 국제적인 보편성을 가진 특허분류가 절대적으로 필요하여 체결된 조약이다. 이 조약은 사무적 · 행정적 성질을 가짐에 그치므로 구속적인 것은 아니다. 우리는 이 조약에 1999년 10월 8일 가입하였다.

8) 표장의 도형요소의 국제분류에 관한 빈협정(Vienna Agreement, 1973) 니스협정이 상품, 서비스를 분류하는 것임에 대하여 본 조약은 상표, 서비스마크로 사용되는 표장 자체의 분류에 관한 것이다. 표장이 도형인 경우 도형요소(figurative elements)를 국제적으로 통일적인 분류를 하기 위한 조약이다.

9) 상표등록조약(TRT, 1973) 마드리드협정을 전세계적으로 확장키 위해 본 조약이 추진되다가 별개 조약으로 성립된 것이다. 본 조약에는 표장이 본국 내에서 등록됨을 요건으로 하지 아니하는 점에서 마드리드 조약과 다르다. 조약에 정한 절차에 따른 표장의 국제등록은 각 지정국의 국내등록과 동일한 효과를 가지며 존속기간은 10년이다(갱신 가능).

10) 식물의 신품종보호에 관한 국제조약(UPOV Convention, 1961) 새로운 식물의 종과 속을 보호하기 위한 조약으로 실제 재배심사에 의하여 보호요건을 갖춘 경우에 보호되며 보호기간은 15년이다. 최근 유전공학의 발달로 세포융합에 의한 신품종 등도 보호하기 위한 개정이 있었다(1991.3). 우리는 이 조약에 2002년 1월 17일 가입하였다.

11) 올림픽 마크 보호조약(Nairobi Treaty, 1981) 이른바 오륜마크를 상표나 상호 등 상업적으로 사용하거나 등록하는 것을 금지시키기 위한 조약이다.

12) Type-Face에 관한 빈 협정(Agreement for the Protection of Type Face and Their International Deposit, 1973) 신규의 독창적인 인쇄체와 같은 타이프 페이스를 국제기탁하여 그 도용 · 모방으로부터 방지하기 위한 조약이다. 보호기간은 10년(갱신하여 15년)이다.

13) 과학적 발견의 국제기탁에 관한 제네바조약(1978) 과학기술 발달을 촉

진키 위해 과학적 발견의 국제기탁을 위한 조약이 구소련의 제의로 작성되었으나 현재 발효되지 못하고 있다.

제3절 저작권 관련조약

Ⅰ. 문학적 및 예술적 저작물의 보호에 관한 베른협약

1. 베른협약의 성립과 변천

베른협약은 국제 저작권에 관한 기본조약이다. 동 조약은 1886년에 성립되었고, 현재까지는 2번의 추가의정서와 5번의 개정이 있었다. 베른협약의 개정사는 저작권법의 변천사이므로 그 내용을 좀 자세히 살펴본다.

(1) 파리 추가규정(1896년)

ⅰ) 베른동맹국은 비동맹국 국민의 저작물도 저작권을 인정하여 보호하며, ⅱ) 번역권은 저작물의 최초 발행일로부터 기산하여 10년 이내에 저작자가 스스로 또는 타인으로 하여금 그 번역물을 내지 않을 때는 10년으로서 번역권은 소멸한다.

(2) 베를린 개정(1908년)

ⅰ) 무방식주의를 채택하였고, ⅱ) 번역권을 원래 저작물의 저작권 보호기간과 동일하게 저작자 사후 50년까지 보호함을 원칙으로 하면서도 파리 추가규정인 번역권 10년 유보를 인정하였다.

(3) 베를린 추가규정(1914년)

소위 우회적 보호(Back-door protection)의 방지를 위하여 보복조항을 채택하였다. 이 보복조항을 채택한 유래는 다음과 같다.

베른협약 파리 추가규정과 베를린 개정조약은 동맹국에 속하지 않는 저작자로서 동맹국 중의 일국에서 처음으로 그 저작물을 공개한 것은 그 나라에 있어서는 내국저작자와 동일한 권리를 향유하고 다른 동맹국에서도 조약상의 권리를 향유한다고 규정하였다. 그 결과 비동맹국인 미국의 저작자가 그 저작물을 이웃나라인 캐나다(동맹국)에서 처음 발행할 때 그 저작물은 조약상의 이익(이른바 Back-door protection)을 받을 수 있음에 반하여 캐나다의 저작자가 미국에서 보호를 받기 위해서는 미국의 국내법이 정하는 보호요건을 구비하지 않으면 안 되기 때문에 양자간에는 현저한 불균형이 나타나게 되었다.

그러므로 캐나다에서는 베른협약의 비준을 거절하고 수정을 요구한 결과 1914년 영국의 제창으로 비동맹국 국민으로서 동맹국 내에 상시 주소를 가지지 않고, 또한 그 본국이 타국의 저작자의 저작물을 충분히 보호하지 않는 경우에는 동맹국은 위와 같은 비동맹국민의 저작물의 보호를 거부할 수 있다는 일종의 보복조치, 즉 우회적 보호(Back-door protection)의 차단조치를 정한 의정서를 작성하고 모든 체약국은 이것을 비준하였다.

(4) 로마 개정(1928년)

ⅰ) 저작인격권과 방송권을 인정하고, ⅱ) 공동저작물(works of joint authorship)과 영화에 관한 규정을 개선하여 공동저작물의 경우에는 최종사망자(last surviving author) 사후 50년까지 보호하며 영화 저작물을 원저작물로서 보호하였다.[7] 로마 회의는 새로운 미디어(new mass media) 문제를 취급한 최초의 회의라고 할 수 있다.

(5) 브뤼셀 개정(1948년)

이 개정은 조약 전반에 걸쳐 개정한 것이지만 특히 중요한 것은 ⅰ) 조약상

7) 즉, 로마 개정까지는 갑이 「햄릿」이란 영화를 만들었다고 하더라도 저작권을 취득하지 못했다. 왜냐하면 갑이 만든 영화는 셰익스피어의 햄릿의 복제품이거나 번안에 불과하며, 창작적 성격이 없다고 보았기 때문이다. 그러나 로마개정에서는 이를 개선하여 영화저작물은 번안 또는 복제된 저작물의 저작자의 권리를 해함이 없이 원저작물로서 보호되는 것으로 하고, 영화저작물에 대해서 저작권을 가진 자는 원저작물의 저작자와 동일한 권리를 가진다(베른 14조의2 제1항 참조)고 규정하였다.

열거된 저작물은 직접 동맹국의 국내에 있어서도 보호되는 것으로 한 점, ii) 종래 조약상의 저작권의 보호기간인 저작자의 생존 중 및 그 사후 50년(Life-plus-50 rule)을 강행규정화하여 이것에 의한 최저한의 통일을 도모한 점, iii) 저작인격권에 관한 규정을 수정하여 오늘날의 형태로 정비한 점, iv) 방송권을 보완하여 오늘날의 형태로 정비한 점(베른 11조의2), v) 조약의 해석운용에 관한 각국간의 분쟁을 국제사법재판소에서 해결하기로 한 점 등이다. 또 본 개정에서 처음으로 추급권이 소개되었다.

(6) 스톡홀름 개정(1967년)

전후 브뤼셀 조약에 많은 나라가 가입함으로써 세계 대부분의 국가가 그 회원이 되었다. 여기서 새로운 문제가 대두되었다.

첫째, 누가 저작권자(인접권자)인가.

둘째, 새로운 기술의 발전에 조약은 어떻게 대처할 것인가.

셋째, 베른협약과 미국과 제3세계와의 관계를 어떻게 정립할 것인가가 그것이다.

1967년 스톡홀름에서 개정회의가 소집되기까지 이러한 세 가지 논점과 관련된 사건들이 발생했다.

첫째, UCC의 성립이다. 이로써 미국도 전세계적 규모에 걸친 저작권체계에 들어오게 되었으며, 미국과의 문제가 어느 정도 해결을 보았다(미국은 1988년에 베른조약에 가입).

둘째, 브뤼셀 회의에서의 권고가 1961년 로마조약(인접권조약)을 성립시켰다. 이로써 인접권에 관한 문제가 어느 정도 해결을 보았다.

셋째, 제3세계는 저작권 보호수준을 약화시키려고 계속 압력을 가해 왔다. 따라서 스톡홀름 회의는 베른협약의 전반적 개정과 개발도상국들의 희망을 충족시키기 위한 저작권 제한문제를 논의하였고, 이를 성문화시켰으나 개발도상국을 위한 부속서에 불만을 가진 국가들이 비준을 하지 않음으로써 실체규정은 발효되지 못하였다.

(7) 파리 개정(1971년)

UCC의 개정회의와 동시에 개최되었으며 이 파리 개정조약이 현행규정이다.

특히 파리 개정은 개발도상국의 문화적 · 경제적 조건에 맞도록 국제저작권보호 법제를 완화한 것이 특색이다. 이하는 파리 개정조약을 중심으로 설명한다.[8)]

2. 베른협약의 기본원칙

1) 내국민대우와 동맹국민대우(베른 5조 1항) 자국민에게 현재 주어지고 있는 또는 장래 주어질 권리와 동등한 권리 및 조약에서 특히 정한 권리를 동맹국민에게도 주어야 한다는 원칙이다.

2) 무방식주의(베른 5조 2항 전단) 저작자의 권리 향유에는 등록, 납입, 저작권유보의 표시와 같은 어떠한 방식절차도 필요로 하지 아니한다는 원칙이다.

3) 법정지법(베른 5조 2항 후단) 저작권의 보호범위 및 구제방법에 대해서는 조약의 규정에 의하는 외에 보호가 요구된 국가의 법령, 즉 법정지법에 의한다는 원칙이다.

4) 소급효(베른 18조) 베른협약 제18조 제1항은 소급보호의 원칙을 규정한다. 이는 조약이 발효되기 전에 창작된 저작물이라 하더라도, 조약 발효시에 저작물 본국에서 보호기간이 만료되어 공유로 된 것을 제외하고는 모든 저작물에 조약이 적용된다는 원칙이다. 다만 베른조약 제18조 제3항에 따라 각국은 자국 사정에 따른 적용조건을 정할 수 있다. 다만 제3항은 소급보호의 완전하고 절대적인 적용을 제한하는 규정이기는 하나 제3항에 의거하여 소급보호를 규정한 제1항을 배제할 수는 없으며, 오직 소급보호의 원칙이 적용될 조건만을 정할 수 있을 뿐이다.[9)]

5) 조약상 보호해야 할 저작물(베른 3조 1항) 동맹국 국민의 저작물과 동맹국에서 최초로 발행된 저작물 및 동맹국 외의 국가와 동맹 내의 국가에서 동시에 발행된 저작물[10)]은 조약에 의하여 보호되어야 한다. 단, 동맹에 속하지 않는 국가가 어느 동맹국 국민인 저작자의 저작물을 충분히 보호하지 않는 경우는 그 동맹국은 최초의 발행시에 있어서 그 비동맹국의 국민이며 어느 동맹국에도 상시거소

8) 상세한 것은, WIPO, 「베른조약 축조해설」, 허희성 역, 범우사, 1984 참조.

9) 그러나 러시아는 이 조항에 의거 소급보호를 인정하지 아니한다.

10) 동시발행이라 함은 "최초의 발행국을 포함한 둘 이상의 국가에서 최초의 발행일로부터 30일 이내에 발행된 저작물은 그들 국가에서 동시에 발행된 것으로 본다."

(habitually resident)를 가지고 있지 않은 저작자의 저작물보호를 제한할 수 있다(베른 6조 1항).

3. 베른협약이 보호하는 10대 권리

베른협약은 인격권, 복제권, 번역권, 공연권, 낭독권, 번안권, 영화화권, 방송권, 녹음권, 추구권 등을 보호한다. 그 간단한 내용 및 보호의 정도는 아래와 같다.

(1) 인격권(droit moral)(베른 6조 2항)

저작자는 저작물의 재산적 권리와는 별개로, 또 재산적 권리가 이전된 후에 있어서도 저작물의 창작자인 것을 주장할 권리 및 저작물의 변경 · 절제 기타의 개변 또는 저작물에 대한 기타의 침해로서 저작자의 명예 또는 성망을 해칠 우려가 있는 행위에 대해서는 이의를 제기할 권리를 갖는다. 저작자사후 인격권보호 여부는 동맹국의 자유이며, 침해시 구제방법은 동맹국법령으로 정한다.

(2) 재산권

〈Group A〉 동맹국이 저작재산권 중 제한 없이 무조건 인정해야 하는 권리에는 복제권, 번역권, 공연권, 낭독권, 번안권, 영화화권이 있다.

〈Group B〉 권리행사에 제한을 가할 수 있는 권리로서 강제허락이 가능한 권리에는 방송권과 음악저작물의 녹음권[11)]이 있다.

〈Group C〉 인정여부 자체가 동맹국 법령에 유보된 권리로는 추급권('Droit de suite' in Works of Art and Manuscripts)이 있다.

◎ 추급권(추구권)

미술저작물의 원작품과 작가 및 작곡가의 원고에 대해서는 그 저작자는 저작자가 그 원작품 및 원고를 양도한 후에 행하여지는 그 원작품 및 원고의 매매이익에 관여

11) 녹음은 베른조약상 복제로 본다(9조 3항). 따라서 일반저작물이라면 녹음권은 Group A에 속한다. 다만 음악저작물의 녹음권은 동맹국 국내법령에 의하여 강제허락이 가능하므로 Group B에 속한다.

하는 양도불능의 권리(inalienable right)를 가진다. 이를 추급권(추구권)이라 한다. 그러므로 추구권이란 저작자에게 최초 판매(first sale) 후에 가치가 증대된 저작물의 원작품의 재판매수입으로부터 나온 이익을 분배해 주기 위한 제도이다. 전통적으로 저작권법은 문학작가를 대상으로 그 복제를 통제할 수 있는 권리를 줌을 목적으로 하나, 미술가들은 자기의 저작물에 대한 복제로부터의 수입이 주가 아니라 저작물의 판매에서 주로 수입을 얻는다. 이 때문에 작품을 일단 타인에게 양도한 후에는 미술가의 저작권은 실제로 유명무실하게 된다. 또 미술작품의 가격은 작가의 명성이 상승함에 따라 상승하는 것이 상례인데 그러한 상승된 이익에 작가가 전혀 참여치 못한다는 것은 불공평하다. 이러한 불합리를 구제하기 위하여 인정된 것이 추구권이다(최초의 인정국은 프랑스). 이를 일명 저작자배당권이라고도 한다.

4. 문제점

이 조약에 가입한 동맹국 사이에서는 어떠한 절차나 방식을 갖추고 있지 않더라도 자국민과 동일하게 보호하여야 할 의무를 진다. 저작권의 발생에는 창작만으로 족하고 어떠한 방식도 필요 없도록 한 국내법의 국제적 투영이지만 어쨌든 이 점에서는 산업재산권 보호에 관한 파리협약과 다르다. 따라서 저작권에 있어서는 산업재산권에 비해 보다 용이하게 국제적 보호를 받을 수 있다. 즉 이 조약하에서 보호를 받기 위해서는 별도의 출원을 필요로 하지 아니하므로 파리협약하에서와 같은 불편은 없다.

그러나 이 조약도 각국 저작권법의 통일을 강제하고 있는 것은 아니며, 가입국이라 하더라도 일곱 차례의 개정과정에서 비준한 조약이 서로 달라 보호의 정도가 상이할 수 있다.

II. 세계저작권협약(Universal Copyright Convention: UCC)

1. UCC의 특색

UCC는 방식주의와 무방식주의를 가교하기 위한 조약이며, 베른협약과 비교할 때 조약상 보호하지 않으면 안 되는 권리내용이 상세하지 않다는 점이 그 특색이다. 즉 UCC는 인격권보호규정이 없으며, 재산권도 복제권, 상연권, 연주권, 방송권 등 재산적 이익보호를 확보하는 기본적 권리는 보호(UCC 4조의2 제1항)하나 이들 권리에 대해서도 이 조약의 정신 및 규정에 반하지 않는 범위 내에서 국내법으로 예외인정이 가능하다. 또 번역권도 저작물 발행 후 7년이 지나면 일정한 조건하에서 강제허락이 가능한 점 등 베른협약보다 일반적으로 보호의 정도가 낮다고 할 수 있다.

UCC의 성립으로 인하여 베른협약이 영향을 받는 것을 최소화하기 위하여 본 조약 체약국 중에서 베른협약 동맹국 상호간에 있어서는 베른협약이 우선적으로 적용되도록 UCC는 규정하고 있다(UCC 17조 및 17조에 관한 부속선언).

2. UCC의 기본원칙

(1) 내국민대우(UCC 2조)

체약국이 외국인의 저작물을 보호하는 경우 자국국민에게 하고 있는 보호와 똑같은 보호를 하지 않으면 안 된다는 원칙이다.

(2) 보호해야 할 저작물(UCC 2조)

UCC는 저작물 보호조건으로서 국적주의 및 제1발행지주의를 택한다. 국적주의 및 제1발행지주의란 체약국국민의 저작물이거나 어떤 체약국에서 처음으로 발행된 저작물을 보호한다는 의미이다. 제1발행에는 동시발행은 포함되지 않는 것이 베른조약과 다르다.

(3) 영구히 공유로 된 저작물 및 저작물에 관한 권리에의 부적용(UCC 7조)

UCC는 보호가 요구되는 당해 체약국에서 조약의 효력발생일에 영구히 공유로 된(permanently in the public domain) 저작물 또는 저작물에 관한 권리에는 UCC가 적용되지 않는다는 소위 불소급원칙을 규정하고 있다.

(4) ⓒ표시(UCC 3조)

방식주의와 무방식주의를 가교하기 위하여 UCC는 저작물의 모든 복제물에 i) ⓒ 기호, ii) 저작권자의 성명, iii) 최초의 발행년 등 3개 사항을 표시하면 방식주의 국가에서도 자동적으로 저작권의 보호를 받는다고 규정하고 있다. 그러나 사법상의 구제를 받기 위한 요건은 체약국이 정하는 바에 의한다. 따라서 특정국에서 소를 제기하기 위해서는 당해국에 개업 중인 변호사에 의뢰해야 한다든지, 저작물의 복제물을 일부 납입하도록 되어 있으면 그에 따라야 한다.

(5) 번역에 관한 강제허락제도(UCC 5조)

번역에 관한 강제허락을 얻기 위해서는, ⅰ) 발행 후 7년이 경과하였을 것, ⅱ) 번역서가 없을 것, ⅲ) 번역권 취득을 위한 노력을 하였으나, 권리자에 의해 거절되었거나, 권리자와의 연락이 불능일 것, ⅳ) 상당한 대가를 저작권자에게 지급할 것의 4개 요건이 필요하다.

(6) 베른협약보다 단기보호(UCC 4조)

원칙적으로 저작자 생존 중 및 사후 25년 이상 보호하면 족하다.

3. 개발도상국에 대한 특혜(베른협약 부칙 1조~4조, UCC 5조의2~5조의4)

1971년 파리 개정에서 베른협약과 UCC는 개발도상국을 위하여 저작권의 효력을 제한하는 특별규정을 마련하였다.

Ⅲ. 로마협약(International Convention for the Protection of Performers, Producers of Phonogram and Broadcasting Organization)

1. 연 혁

실연가, 음반제작자 및 방송사업자의 3자를 국제적으로 보호하고자 하는 움직임은 상당히 오래 전부터 있었다. 우선 1928년 베른협약 개정 로마회의에서 열린 저작권전문가위원회에서 실연가를 근로자로서 보호하려는 I.L.O.와 저작권과 밀접한 관련을 갖는 권리로서 보호하려는 베른동맹 사이에 의견의 상위도 생기고 또 유네스코도 저작인접권에 적극적 관심을 보이기 시작함으로써 이 국제 3기관은 1961년 10월 로마에서 인접권조약외교회의를 열고 여기서 「실연가, 음반제작자 및 방송사업자의 보호에 관한 국제조약」(일반적으로 로마협약 내지 인접권조약이라 부름)을 성립시키기에 이르렀다.

2. 로마협약의 특징

(1) 내국민대우의 원칙

실연가 등의 최저한의 보호에 대해서는 조약상 명문으로 정하고 있으나, 기타의 점에 대해서는 내국민대우의 원칙이 적용된다(로마 2조 1항). 다만 이 원칙이 적용되기 위해서는 실연가에 대해서는 동 조약 제4조, 음반제작자에 대해서는 동 조약 제5조, 방송사업자에 대해서는 동 조약 제6조의 조건을 구비하여야 한다.

(2) 최저한의 보호

실연가에게 주어진 최저한의 권리보호로서는, ⅰ) 실연가의 동의를 얻지 않고 실연을 방송 또는 공중에 전달(다만, 방송 또는 공중에의 전달에 사용되는 실연이 그 자체가 이미 방송된 것이거나 또는 고정물에서 이루어지는 것은 제외)하는 행위나, ⅱ) 실연을 실연가의 동의를 얻지 않고 유형물에 고정하는 행위 및 ⅲ) 최초의 고정 그 자체가 실연가의 동의를 얻지 않고 이루어졌을 때나 실연가가 동의한 목적과 다른 목적을 위해 복제가 이루어졌을 때, 혹은 최초의 고정이 국내법에 의해 인접권제한규정(로마 15조)에 근거하여 이루어졌으나 당해 규정이 정하는 목적과 다른 목적을 위하여 행한 복제 등에 대해서 실연가는 그것을 금지시킬 수 있다(로마 7조).

음반제작자에 대해서는 그 음반을 직접 또는 간접으로 복제하는 것을 허락 또는 금지하는 권리 등을 부여하고 있다(로마 10조).

또 방송사업자에게는 ⅰ) 방송의 재방송, ⅱ) 방송의 유형물에의 고정, ⅲ) 방송사업자의 동의를 얻지 않고 만들어진 방송의 고정물에의 복제 및 인접권 제한규정(로마 15조)에 근거하여 만들어진 방송의 고정물이 규정이 정한 목적과 다른 목적을 위해 행하여지는 복제, ⅳ) 입장료를 지급하고 공중이 입장하는 장소에서 행하여지는 '텔레비전' 방송을 공중에게 전달하는 행위(단, 이 권리행사에 관한 조건을 정하는 일은 이 권리의 보호가 요구되는 나라의 국내법령에 유보) 등에 대해서 허가 또는 금지하는 권리가 최저한의 보호로서 보장되어 있다(로마 13조).

(3) 음반의 2차 사용

음반의 2차 사용이란 상업레코드를 방송이나 공중전달에 사용하는 것을 말하나 이것을 조약상 어떻게 규정할 것인가 하는 문제가 외교회의의 최대 초점이었다. 결국 "상업목적을 위하여 발행된 음반 또는 이와 같은 음반의 복제물이 방송 또는 공중에의 전달에 직접 사용될 경우에는 정당한 단일보수(a single equitable remuneration)가 사용자에 의하여 실연자 혹은 음반제작자 또는 이 양자에게 지급되지 않으면 안 된다. 당사자간에 협약이 없을 경우에 있어서의 이 보수의 지급조건은 국내법령으로서 정할 수가 있다"(로마 14조)고 규정하기에 이르렀다.

(4) 보호기간

인접권의 보호기간은 최저 20년으로 한다(로마 14조).

Ⅳ. 음반협약(The Phonogram Convention, 1971)

1. 성립경위

레코드 해적판이 세계적으로 횡행하는 것을 방지하고, 레코드의 무단복제물의 작성, 수입 및 배포로부터 레코드 제작자를 보호하기 위하여 1971년 10월, 제네바에서 유네스코와 WIPO가 공동주최한 국제회의에서 채택한 조약이 음반협약[12]이다. 음반제작자의 보호에 관한 조약으로서는 이미 로마협약이 성립하고 있었으나, 로마협약은 음반제작자만이 아니고 실연가 및 방송사업자의 보호도 아울러 꾀하고 있으므로 이 3자의 권리관계가 매우 복잡할 뿐만 아니라, 상업용음반에 대한 2차사용료를 지급할 입장에 있는 방송사업자는 동 조약에 가입하는 것을 주저하는 경향이 있어 가입국 수가 그리 많지 않아 현실적으로 음반해적판의 횡행을 방지하는 데는 별로 도움을 주지 못하고 있다. 본 조약은 이러한 허점을 메우기 위한 응급처방이다.

---

12) 협약의 정식명은 "Convention for the Protection of Producers of Phonograms Against Unauthorized Duplication of Their Phonograms of October 29, 1971"이다.

2. 음반협약의 특징

본 조약의 특징은 다음과 같다.

(1) 보호수단

가급적 많은 나라가 가입하도록 선택할 수 있는 보호수단이 다양하다. 즉, 체약국은 ⅰ) 저작권 기타 특정권리(저작인접권 등)의 부여에 의한 보호, ⅱ) 부정경쟁방지법에 의한 보호, ⅲ) 형사제재에 의한 보호 중 하나 또는 둘 이상의 보호수단을 선택해서 음반제작자를 보호하면 된다(음반 3조).

(2) 보호조건

방식주의국가와 무방식주의국가와의 가교를 위하여 Ⓟ 표시의 방식을 채택하고 있다(음반 3조). Ⓟ 표시란 음반 또는 자켓(Jacket)에 Ⓟ의 기호(phono- gram의 머릿글자)와 최초의 발행년[13](그 외에 음반 또는 자켓에 음반제작에 관한 권리를 가지고 있는 자의 성명이 표시되어 있지 아니한 경우는 그 명칭도 병기한다)을 기재하는 것이며 저작권에 있어서 ⓒ 표시와 동일한 취지이다.

(3) 보호기간

체약국의 국내법에 맡겨져 있으나, 그 기간은 음반에 수록되어 있는 음이 최초로 고정된 해 또는 음반의 최초의 발행년의 말부터 기산해서 20년 이상이어야 한다(음반 4조).

Ⅴ. 기타 조약

1. 브뤼셀 위성협약(Satellites Convention, 1974)

통신위성에 의하여 송신되는 프로그램을 내포한 신호의 도용을 방지하고 무

13) 보호기간은 음이 최초로 고정된 해 또는 음반이 최초로 발행된 해인 데 비하여 Ⓟ표시는 최초의 발행년만을 기재한다.

단배포를 방지시키기 위한 조약으로 '적절한 조치'를 취할 의무를 체약국에 부과하고 있다.

2. 저작권사용료의 이중과세방지를 위한 다자간협약(Multilateral Convention for the Avoidance of Double Taxation of Copyright Royalties, 1979)

저작권사용료(royalty)에 대한 이중과세를 방지하여 문예 · 학술의 교류를 원활히 하기 위한 조약이다.

3. 시청각 실연에 관한 베이징 조약(Beijing Treaty on Audiovisual Performances, 이하 '베이징 조약', 2012)

베이징 조약은 시청각 실연자에게도 성명표시권, 동일성유지권 등의 저작인격권을 부여하고 고정되지 않은 실연뿐 아니라 고정된 실연에 대해서도 복제권과 배포권 등의 권리를 부여하며, 기존 로마협약이 20년의 보호기간을 부여한 것과는 달리 최소 50년의 보호기간을 부여하는 등 시청각 실연의 국제적인 보호를 강화하였다.

제4절 WTO/TRIPs

Ⅰ. 서 언 – GATT에서 논의하게 된 배경

위에서 살펴본 바와 같이 지적재산권의 국제화에 대해서는 이미 19세기 말부터 그 중요성이 인정되고는 있었으나 당시의 상황이 소위 내셔널리즘의 대두기이었고, 또 경제 자체의 국제화가 그다지 진전되고 있지는 않았기 때문에 지적재산권의 국제화도 어느 정도 이상은 진전되지 아니하였다. 물론 그 후에도 베른조약의 개정과정이 말해 주듯이 지적재산권의 상황변화에 따라 어느 정도 국제규범이 변하여 간 것은 사실이다. 그러나 국제규범의 변경이라고 하는 것은 이것을 준수할 당사국들의 합의를 필요로 하며, 특히 WIPO가 관장하는 파리조약이나 베른조약을 변경하는 데는 전회원국의 동의를 원칙으로 한다. 그런데 지적재산권도 다른 상품의 경우와 마찬가지로 수출국과 수입국, 즉 기술 등을 수출하여 이득을 취하는 국가가 있는가 하면 반대로 기술 등을 수입할 수밖에 없는 국가도 있어 지적재산권의 국제적 보호와 관련하여 세계적으로 합일점을 도출한다고 하는 것은 지극히 어려운 일이다. 입장의 차이가 있다고 하더라도 지적재산권과 관련된 무역량이 크지 않거나 혹은 기술 수출국과 수입국의 기술격차가 메울 수 없을 정도로 벌어져 모방조차도 할 수 없는 경우라면 크게 문제되지 아니할 것이다.

그러나 주지하다시피 오늘날의 무역은 종래의 전통적인 산품과 더불어 고도기술제품의 비중이 점점 높아지고 있다. 이러한 경향은 고도기술사회의 도래와 더불어 증가하면 증가했지 감소하지는 않을 것이다. 한편 종래의 기술후진국들도 교육투자나 경제개발을 통해서 새로운 제품의 개발은 곤란하더라도 모방품의 제조는 크게 어렵지 않게 되고, 이러한 모방품이 값싼 임금과 결합하여 선진국 시장을 넘보게 되면 선진국의 무역수지는 악화될 수밖에 없다. 이러한 상황하에서는 지적재산권의 국제적 보호에 관한 새로운 국제규범을 형성하려는 선진국의 공세는 집요하게 된다. 미국이 가트의 장을 통해서 새로운 질서를 형성하려고 하는 것은 이 때문이었다.

II. GATT와 지적재산

가트(GATT: General Agreement on Tariffs and Trade: 관세 및 무역에 관한 일반협정)란 1948년에 성립한 무역에 대한 규범을 규정한 무역에 관한 기본적인 협정이며, 관세의 경감 · 무역장벽의 철폐 · 무역상의 차별대우를 제거함으로써 생활수준의 향상, 완전고용이나 실질수입의 증대, 유효수효의 확보, 자원의 활용, 상품의 생산 및 유통의 확대 등을 목적으로 하고 있다. 이를 달성하기 위하여 가트는 i) 무차별최혜국대우의 원칙, ii) 자유무역의 원칙, iii) 상호주의 원칙을 기본이념으로 하고 있다.

지금까지 가트는 관세의 인하와 수출입 수량제한의 감소를 주된 업무로 하고 있었다. 그러나 1973년에서 1979년까지 개최된 제7차의 다자간 무역협정이었던 동경라운드에서는 지금까지의 수입제한 문제 외에도 소위 부정상품(위조상품)의 교역방지를 강화하는 방안에 관한 논의를 하여야 한다는 주장이 있었다. 그것은 위조상품의 교역의 확대에 따른 미국의 주장이었는데 대체로 EC나 일본 등 선진국은 이에 찬성하였다. 그러나 이러한 지적재산권보호와 관련된 문제는 세계지식재산기구(WIPO)에서 논의되어야 한다는 개발도상국의 반발에 부딪혀 동경라운드의 다자간무역협상(MFN)코드에서 제외되었다.

이후 1983년 제39차 가트총회에서 위조상품의 교역문제가 본격적으로 다루어지기 시작하여 가트에서 이 문제를 다룰 권한이 있는지 여부를 확정짓기 위한 검토가 전문가 그룹에서 행하여졌다. 검토 결과 상품위조의 대상행위로는 상표위조, 디자인의 무단복제, 특허 및 저작권침해를 들었고, 이러한 위조상품을 해외시장으로 수출, 판매하는 문제는 가트의 취급대상이라는 것을 밝혔다.

이러한 과정을 거쳐 1986년 우루과이의 푼타 델 에스테에서 개최된 가트 각료회의에서는 우루과이라운드 교섭 개시선언이 1986년 9월 20일 채택되었고, 그 중에서 지적재산권, 서비스무역, 무역관련투자조치라고 하는 신분야에 대해서도 토의할 것을 선언하였다. 각료선언 중 지적재산권과 관련된 부분은 다음과 같다.

◎ 부정상품무역을 포함하는 지적재산권의 무역관련 측면

> 국제무역에 대한 왜곡 및 장애를 삭감하기 위하여, 그리고 지적재산권의 효과적이고 적절한 보호를 촉진할 필요성을 고려하면서, 또 지적재산권의 보호를 위한 조치 및 절차 자체가 정당한 무역에 대한 장애가 되지 않도록 하기 위하여, 교섭은 가트의 규정을 명확히 하고, 또 적절한 경우에는 새로운 규칙 및 규율을 작성하는 것을 목표로 하여야 할 것이다.
> 교섭은 가트 내에서 이미 수행되어 온 작업을 고려하면서, 부정상품의 국제무역을 규제하는 원칙, 규칙 및 규율에 관한 다자간의 기본원칙을 설정하는 것을 목표로 하여야 한다. 이들 교섭은 이들 사항을 다루는 세계지식재산기구 및 기타의 기관에서 행하여지는 보완적인 활동을 방해하여서는 안 된다.

이와 같이 지적재산권 문제가 가트에까지 확산된 것은 직접적으로는 위조상품의 교역에서 비롯되었으나 근본적인 원인은 기존의 지적재산권의 국제적 보호

체제의 한계에 있다. 즉 기존체제는 시행에 있어서 집행력을 갖지 못했을 뿐 아니라 각 국내법에서 보호의 수준을 정함으로써 각국의 경제 · 사회의 여건 및 경제발전단계에 따라 각기 서로 다른 제도를 보유하여 지적재산권보호제도에 대한 국제적인 조화와 통일이 어려웠기 때문이다. 당초의 계획은 협상을 2단계로 추진, 제1단계인 1987년 말까지는 각국의 제안과 현행제도를 검토하여 협상의제 및 계획을 마련하며, 제2단계가 종료하는 1990년 말까지는 제1단계의 결과를 기초로 하여 결론을 도출한다는 것이었다. 그러나 주지하다시피 이 협상은 1993.12.15에야 타결되었고 1994년 4월 15일 모로코의 마라케시에서 개최된 각료회의에서 최종문서에 서명이 되었다.[14)]

Ⅲ. WTO/TRIPs

1. GATT / TRIPs 협상의 타결과 WTO체제의 형성

1986년 시작된 우루과이라운드협상은 분야별 타결이 아닌 일괄 타결로서 농산물 등의 문제로 최종단계에서 난항을 거듭했으나 마침내 1993.12.15. 그 타결을 보았다.[15)] 그리고 1994년 4월 15일 모로코 마라케시에서 UR협정을 최종안으로 채택하면서 세계 각국이 각각 자국의 국내비준절차를 밟겠다는 최종의정서에도 합의하였고, 아울러 WTO설립의 협정에도 서명하였다.

1995년 1월 1일자로 출범된 WTO는 이전의 가트와는 몇 가지 기본적인 차이를 가지고 있다. 무엇보다도 WTO는 단순한 협정이 아니라 구체적인 법인격을 갖는 국제기구로서 제도적으로 국제거래의 자유화를 추진할 수 있는 틀을 갖추고 있다는 점이다.[16)]

---

14) 우루과이라운드 협상의 성과인 세계무역기구(WTO)를 설립함으로써 종래의 GATT의 성격은 일변되었다. 즉 종래의 GATT는 GATT협정을 잠정적으로 적용하는 체약국의 집단에 불과했으나 우루과이라운드 교섭에 있어서는 세계무역기구(WTO)를 설립하는 협정이 성립됨으로써 WTO는 새로운 국제기관으로서 세계무역의 자유화를 촉진하는 모체가 되리라고 본다.

15) 지적재산권에 관해서는 1991.12.20. 둔켈 초안이 작성되었을 무렵에는 어느 정도 타결을 보았다.

2. WTO / TRIPs의 내용

WTO협정 부속서 1 C로 발효된 TRIPs협정은 총 7개장에 73개 조항으로 구성되어 있다.[17)]

TRIPs의 내용과 기존의 국제규범을 비교하여 보면 가장 큰 특징은 지적재산권보호규범의 강화라 할 것이다.

그러나 TRIPs는 기존의 규범과는 달리 집행에 관한 문제나 분쟁처리에 대해서도 규정한다. 오히려 TRIPs가 기존의 국제규범과 구별되는 중요한 특색은 이들 집행절차나 분쟁해결절차를 규정하고 있다는 점에 있을 것이고 이것이 미국이 기존의 국제규범을 이용하지 아니하고 GATT 체제를 이용한 이유이기도 하다. 이하 일반규정 및 기본원칙, 실체규정, 집행규정, 분쟁해결규정에 대해서 살펴본다.

(1) 서 론

1) TRIPs협정의 목표　TRIPs협정의 목표는 국제무역의 왜곡과 장애를 줄이고, 지적재산권의 유효 · 적절한 보호를 촉진함과 아울러 이들 지적재산권의 보호가 오히려 무역장벽으로 되지 않도록 보장하는 것이다.

2) 규정범위　이 목표를 위하여 TRIPs협정은 다음과 같은 사항을 규정한다.

(가) 1994년도 GATT의 기본원칙과 관련 국제지적재산권조약의 적용가능성

(나) 지적재산권의 취득가능성, 권리범위, 권리행사에 관한 적절한 원칙과 기준

(다) 국가간의 법적 차이를 고려한 효과적이고 적절한 집행절차

(라) 정부간 분쟁의 해결절차

(마) 가능한 많은 나라를 협정에 참가시키기 위한 경과조치

3) 고려사항　이러한 규정을 함에 있어서 다음 사항을 고려한다.

(가) 지적재산권은 사적 권리이나 지적재산권제도가 존재하는 것은 산업발전

16) WTO는 각료회의, 총괄이사회, 상품교역이사회, 서비스교역이사회, 지적재산권이사회, 무역개발위원회, 기타 다양한 위원회, 그리고 사무총장이 대표하는 사무국으로 구성된다. 아울러 국제교역상의 분쟁을 전담할 상설기구까지 설립되어 있다.

17) 제1장은 일반규정 및 기본원칙, 제2장은 보호기준, 즉 실체규정이며, 제3장은 지적재산권 집행절차, 제4장은 지적재산권 획득, 유지 및 관련 내부절차, 제5장 분쟁예방 및 해결절차, 제6장 경과조치, 제7장 제도관련규정(최종규정)이다.

이나 문화발전 등 공적 목적을 달성하기 위한 것이라는 점

㈏ 개발도상국의 기술발전을 위해서 법제도에 융통성을 발휘할 수 있는 여지를 주어야 한다는 점

㈐ 무역관련 지적재산권 분쟁을 강화된 다자간 절차를 통해 해결함으로써 긴장을 완화시키는 것의 중요성

㈑ WTO와 다른 관련 국제기구 및 WIPO와의 상호 협력관계의 수립.

4) 기본원칙

㈎ 회원국은 본 협정을 준수하며, 다른 회원국 국민에 대하여 이 협정에 규정된 대우를 한다.

㈏ 본 협정상의 지적재산권의 보호수준은 최저한의 보호수준이다. 따라서 회원국은 이보다 높은 수준의 보호는 할 수 있되 이보다 낮은 보호는 할 수 없다.

㈐ 실체규정, 집행절차규정, 분쟁해결절차규정과 관련해서 파리조약 제1조에서 제12조까지 및 제19조를 준수한다.

㈑ 회원국은 타 회원국 국민에 대하여 '내국민대우', '최혜국 대우'를 하여야 한다.

㈒ 회원국은 자기나라의 법 및 규정을 제정 또는 개정함에 있어, 이 협정의 규정과 일치하는 범위 내에서 공중의 건강을 보호하고, 자기나라의 사회경제적 및 기술적 발전에 매우 중요한 분야의 공공의 이익을 증진시키기 위하여 필요한 조치를 취할 수 있다.

㈓ 이 협정의 규정과 일치하는 범위 내에서 권리자에 의한 지적재산권의 남용 또는 불합리한 무역제한이나 국가간 기술이전에 부정적인 영향을 미치는 관행을 방지하기 위해서 적절한 조치를 할 수 있다.

(2) 실체규정

TRIPs협정의 내용과 기존의 국제규범을 비교하여 보면 가장 큰 특징은 지적재산권 보호규범의 강화라 할 것이다. 협정은 기존 지적재산권조약의 위상이나 내용을 감안해서 3개의 접근방법을 취하고 있다. 즉 제1은 종래의 지적재산권보호조약을 그대로 두고 거기에 일정한 내용을 덧붙이는 방법으로 저작권, 특허, 상표, 디자인분야가 이 방법을 택한다. 제2는 기존의 국제규범을 참고하면서 새로운 국제규범을 만드는 방법으로 저작인접권, 지리적 표시, 반도체집적회로분야가 이에

속한다. 제3은 기존의 국제규범이 존재하지 아니하므로 백지상태에서 새로운 국제규범을 만드는 방법으로 미공개정보 분야이다. 이상의 방법을 사용하여 TRIPs는 제9조에서 제40조까지 실체규정을 두고 있다.

(가) 저작권 및 저작인접권 분야　모든 체약국이 베른조약을 준수하여야 한다는 원칙을 선언한 후(TRIPs 9조 1항), 저작권보호는 표현에는 미치나 아이디어나 절차, 운용방법이나 수적 개념에는 미치지 아니한다고 규정하고 있다(TRIPs 9조 2항). 또 컴퓨터프로그램은 그것이 소스코드이든 오브젝트 코드이든 모두 베른협약에 따른 어문저작물로 보호하며(TRIPs 10조 1항), 데이터베이스는 그것이 기계적 가독형태이거나 기타의 형태이거나를 불문하고 지적 창작물로 보호한다(TRIPs 10조 2항). 컴퓨터프로그램 또는 영상저작물의 경우 저작자 또는 권리승계인에게 대여권을 인정한다(TRIPs 11조). 저작권의 보호는 사진저작물과 응용미술저작물을 제외하고는 50년 이상 보호하여야 하되 사망시 기산주의를 채택하지 아니할 경우는 발행연도의 다음해부터 기산하며, 그리고 완성 후 50년 내에 발행되지 않았을 경우에는 완성연도의 다음해부터 기산한다.[18]

실연자, 방송사업자와 음반제작자에게 저작인접권을 인정하고, 그러한 권리가 고정, 실연 또는 방송이 행해진 연도 말부터 기산하여 50년간 존속함을 규정한다(TRIPs 9조).

한편 TRIPs는 저작권의 제한에 대해 규정한다(TRIPs 13조).[19] 저작인접권에 대해서도 로마협정에 의하여 허용되는 정도까지 조건, 제한, 예외, 유보조항을 규정할 수 있다(TRIPs 14조 1항).

(나) 상표 분야　보호대상으로서의 상표는 성명을 포함한 단어 · 문자 · 숫자 · 도형요소 및 색채의 조합과 같은 표지 또는 그러한 표지들의 결합으로서 타 상품 또는 서비스와 상호 구별할 수 있는 표지이다. 회원국은 시각적으로 인식될 수 있는 상표만을 등록요건으로 요구할 수 있다(TRIPs 15조 1항). 또 상표의 보호기간은 최소한 7년으로 하고 그 등록갱신은 무제한으로 인정하여야 한다. 불사용을 이유로 취소를 하기 위해서는 불사용기간이 3년 이상 계속되어야 한다(TRIPs

18) 협정은 베른조약을 존중한다고 규정하므로 사망시기산주의의 경우에는 사망 후 50년 이상 보호되며, 사진저작물이나 응용미술저작물은 25년 이상 보호된다(베른 7조).

19) "체약국은 배타적 권리의 제한 및 예외를 권리자의 정당한 이익을 불합리하게 침해하지 않으며, 저작물의 정상적인 사용과 저촉되지 않는 특별한 경우로 한정하여야 한다."

15조 3항).

㈐ 지리적 표시 분야　　지리적 표시란 상품의 명성, 품질과 기타 특징이 본질적으로 지리적 근원에 기초하는 경우, 회원국 또는 회원국의 한 지역, 지방에서 생산된 표시임을 알리는 표시이다(TRIPs 22조 1항). 이러한 지리적 표시를 보호하는 이유는 지리적 표시에 관한 부정경쟁행위를 방지하여 소비자를 보호하기 위해서이며, 또한 지리적 표시 자체가 상표로서의 식별력도 가지고 있다고 인정되기 때문이다.

㈑ 디자인 분야　　협정은 신규성, 창작성이 있는 디자인을 최소한 10년간 보호하되, 유행에 민감한 직물디자인의 특성을 고려하여 신속히 심사할 것 등을 규정하고 있다.

㈒ 특허 분야　　협정은 신규성, 독창성, 산업상 이용가능성이 있는 발명은 보호하되 공서양속 등에 위반한 발명은 보호하지 않는다. 또 각국이 개별적으로 제외할 수 있는 발명으로서 i) 진료 · 치료 · 외과수술 등 인간 또는 동물에 대한 의료기술과 ii) 미생물을 제외한 동물 및 식물(특히 동 · 식물의 생산을 위한 생물학적 제법도 포함)을 들고 있다. 다만, 식물변종에 대하여는 특허 또는 기타 효과적인 제도에 의한 보호를 제공토록 하고 있다. 또한 강제실시권에 대하여 그 요건, 보상 등에 대하여 상세히 규정하고 있다. 특허권의 보호기간은 출원일로부터 최소한 20년이다.

㈓ 집적회로배치설계 분야　　협정당사국은 「집적회로에 관한 지적재산권 조약」(Treaty on Intellectual Property in respect of Integrated Circuts)의 규정에 따른 보호를 제공하여야 한다는 일반적 규정을 두고 있다. 그 보호대상은 회로배치설계(layout-design), 보호되는 배치설계가 결합된 집적회로(integrated circuits) 및 그 집적회로가 포함된 최종제품에도 미치도록 하고 있다. 논의과정에서 IC배치설계나 IC칩을 보호해야 한다는 것에 대해서는 이론이 없으나 IC칩이 내장된 전자제품 등의 최종제품(final product 혹은 down stream product)까지 보호해야 할 것인지에 대해서는 의견의 대립이 있었다. 우리나라도 처음에는 최종제품의 보호에 대해서 반대 입장을 취했으나 "최종제품에서 불법복제된 IC칩을 제거하고 정상제품으로 전환하는 것이 가능한 제품"도 있고(이 경우 불법 IC칩이 제거된 최종제품에는 배치설계권이 미치지 아니한다), 또 제37조에서 "선의의 구입자를 보호한다"는 규정도 있으므로 이 정도의 선에서 타협을 본 것이다. 1992년 성립된 우리나라 「반도

체집적회로의 배치설계에 관한 법률」도 최종제품까지 보호하나 선의의 구매자보호규정을 두고 있고 이 점은 TRIPs 규정 역시 마찬가지이다(TRIPs 37조 1항).

반도체칩의 배치설계의 보호기간은 등록출원일 또는 배치설계의 창작일로부터 10년으로 하고 있다.

(사) 비공개정보보호 분야　협정 제39조는 부정경쟁을 효율적으로 방지하기 위하여 영업비밀 및 정부에 제출한 자료를 보호하도록 규정한다. 협상 초기에는 영업비밀은 지적재산권이 아니므로 협상대상이 아니라는 개도국의 반발 때문에 논의조차 이루어지지 않았으나 그 후 선진국은 부정경쟁행위를 방지하기 위해서는 영업비밀도 보호되어야 한다고 주장하였고, 이러한 주장에 일본 및 유럽 등이 찬성함으로써 비공개정보가 보호대상에 포함되게 되었다. 비공개정보에는 영업비밀(TRIPs 39조 2항)과 정부에 제출된 임상실험자료(TRIPs 39조 3항)가 포함된다.

(아) 지적재산권과 독점규제법　TRIPs는 지적재산권 보호규범의 강화를 꾀하고 있으나 이와 아울러 그 남용이나 오용을 규제하는 규정도 두고 있다. 즉 TRIPs는 선진국 그룹에 비교적 불리한 부분인 '原則'(TRIPs 8조)과 '실시권계약에 있어서 반경쟁적 관행의 규제'(TRIPs 40조) 조항을 두고 있다. 이들 조항의 적절한 활용은 지적재산권의 남용으로부터 중진국 내지는 개발도상국을 보호하는 수단이 되리라고 본다.

(3) 집행규정

집행이라고 하는 것은 요컨대, 지적재산권보호규범을 담보하기 위한 사법 · 행정상의 절차에 관한 규율이며, 세관 등 국경조치에 관한 절차도 포함되어 있다. 기존의 지적재산권조약은 오로지 보호규범을 정하는 데에 그치고 있고, 집행은 각국의 국내조치에 맡기고 있다. 그 결과 모처럼 높은 보호수준을 마련하였다고 하더라도 나라에 따라서는 단속이 불충분하다든지 혹은 권리자가 금지청구나 손해배상청구를 하더라도 별로 효과가 없어 속수무책으로 참을 수밖에 없는 사태가 생긴다. 이러한 기존의 국제규범의 결함에 대해서 TRIPs협정에서는 민사 · 행정 · 형사의 각 절차, 잠정조치, 국경조치에 관한 21개조(TRIPs 41조~61조)에 달하는 상세한 규정을 두어 집행면에서의 통일적인 국제규율을 하고 있다.

(4) 분쟁처리규정

기존의 지적재산권조약은 조약의 해석이나 적용에 관해서 체약국간에 다툼이 생긴 경우에는 국제사법재판소에 부탁할 수 있다는 취지를 규정하고 있을 뿐이며, 독자적인 분쟁처리절차를 가지고 있지 않다. 그러나 가트는 독자적인 분쟁처리절차를 두고 있고 또 가트가 지금까지 높은 규범성을 유지하여 온 것은 독자적인 분쟁처리절차를 가지고 있다는 것에 기인한다.

TRIPs교섭에서도 규범성이 강한 분쟁처리 규정을 목표로 하였으나 구체적인 내용에 있어서는 남북간의 대립이 있었다. 당사국간의 협의, 제소, 패널조치까지는 대략 합의가 도출되었으나 i) 가트분쟁처리절차를 적용하자는 주장, ii) 가트절차와의 결부를 부정하면서 보복조치를 인정하지 못한다는 주장, iii) 계쟁사항의 내용에 따라 WIPO에 부탁하거나 가트절차를 준용하자는 주장 등 3개의 안이 서로 주장되었기 때문이다. 그러나 최종 타결에서는 제1안이 채택되었다.

1) TRIPs 제64조　　TRIPs협정 제5장은 제63조와 제64조로 구성되어 있다. 전자가 분쟁의 예방에 관한 규정이고, 후자는 분쟁해결에 관한 규정이다. 제64조 제1항은 다음과 같이 규정한다.

"GATT 제22조, 제23조의 규정과 체약국이 채택한 GATT 제22조, 제23조의 분쟁해결절차를 규율하는 규칙 및 절차에 관한 양해각서는 본 협정에 특별히 달리 규정한 경우를 제외하고는 본 협정하의 분쟁해결과 협의에 적용한다."

결국 지적재산권의 분쟁도 다른 무역분쟁과 마찬가지로 GATT 제22조, 제23조 및 분쟁해결절차를 규율하는 규칙 및 절차에 관한 양해각서가 적용된다.

2) GATT 제22조, 제23조 및 분쟁해결절차를 규율하는 규칙 및 절차에 관한 양해각서　　GATT 제22조는 분쟁해결을 위한 협의절차에 관한 규정으로서, 쌍무협의와 다자간협의의 두 단계가 있다. 이에 대해 GATT 제23조는 본래 의미의 분쟁해결절차이다. 제23조는 두 가지 유형의 분쟁을 예상하고 있다. 하나는 GATT규범을 위반한 체약국의 조치에 대해서 제기된 청구를 심사하는 절차이고(이를 violation complaints라고 한다), 다른 하나는 어떤 체약국의 무역관련조치가 GATT를 위반하지는 않지만 이로써 다른 체약국의 이익을 침해하였을 경우에 제기되는 청구를 심사하는 절차이다(이를 non-violation complaints라고 한다). TRIPs 제64조 제2항은 "GATT 제23조 (b)(c)는 WTO협정 발효로부터 5년간 본협정하의 분쟁해결에 적용하지 아니한다"고 규정한다. GATT 제23조 (b)(c)는 non-violation 규정

이다. 따라서 TRIPs규범의 위반은 아니나 특정국가에 불이익을 주는 규정에 대해서는 발효일로부터 5년간은 WTO에 제소할 수 없다. 그러한 예가 TRIPs협정 자체가 체약국의 국내법에 위임하고 있는 '권리소진의 원칙'과 같은 것이다.

한편 종래의 GATT 분쟁해결절차에는 많은 문제점이 있는 것으로 지적되어 이에 대해서도 우루과이라운드에서 논의를 거쳐 UR협상의 최종협정문 제2부속서에는 「분쟁해결을 규율하는 규칙과 절차에 관한 양해각서」라는 명칭으로 이에 관한 규정을 두고 있다. 그 주된 내용은 다음과 같다.[20]

첫째, WTO에서는 모든 분쟁해결 관련조항을 묶어 하나의 절차로 통일하고, 이러한 통합된 분쟁해결절차를 전담할 기구로서 상설적인 '분쟁해결기구'(Dispute Settlement Body: DSB)를 설치하여 종래 GATT위원회나 각종 특별위원회가 담당하였던 업무를 통괄하게 되었다.

둘째, UR 양해각서는 "회원국이 다른 회원국의 WTO규범 위반이나 또는 다른 사유에 의하여 자국의 이익이 침해 또는 무효화된 경우에는 이 분쟁해결기구를 통해서만 청구할 수 있다"고 규정하여 WTO회원국 간의 모든 무역분쟁을 WTO의 분쟁해결기구(DSB)로 집중시켰다. 이는 회원국들이 일방적인 무역보복조치를 취하여 분쟁을 해결하려는 것을 금지하는 규정으로 미국의 통상법 제301조나 EU의 신통상정책수단을 겨냥한 것이다.

셋째, WTO의 분쟁해결절차는 이전에 비하여 사법적 성격이 뚜렷하다는 특징을 가진다. 즉 분쟁당사국이 요청할 경우는 자동적으로 패널을 구성하고, 패널의 각 단계에 엄격한 시한을 정하여 절차의 지연을 방지하였으며, 구속력 있는 중재절차를 분쟁해결의 대안으로서 도입하고 있다. 그러나 사법적 절차로서의 특징을 뚜렷이 보여주는 것은 '상설상소기구'의 설치이고, 이것은 국내재판절차에서와 같은 심급제도의 채택이라 할 것이다.

넷째, WTO의 분쟁해결절차에서는 패널의 구성과 패널보고서의 채택을 결정함에 있어서 종래 취하고 있던 콘센서스방식에서 역콘센서스방식으로 바뀌었다. 즉 종래에는 패널의 구성과 패널보고서를 채택하기 위해서 합의가 필요했으나 WTO에서는 거꾸로 패널의 구성을 반대하거나 패널보고서의 채택을 거부하기 위해서 합의가 필요하다.

---

20) 서헌제, 「통상문제와 법」, 율곡출판사(1994), 100-101면.

◎ WTO 분쟁해결 절차도

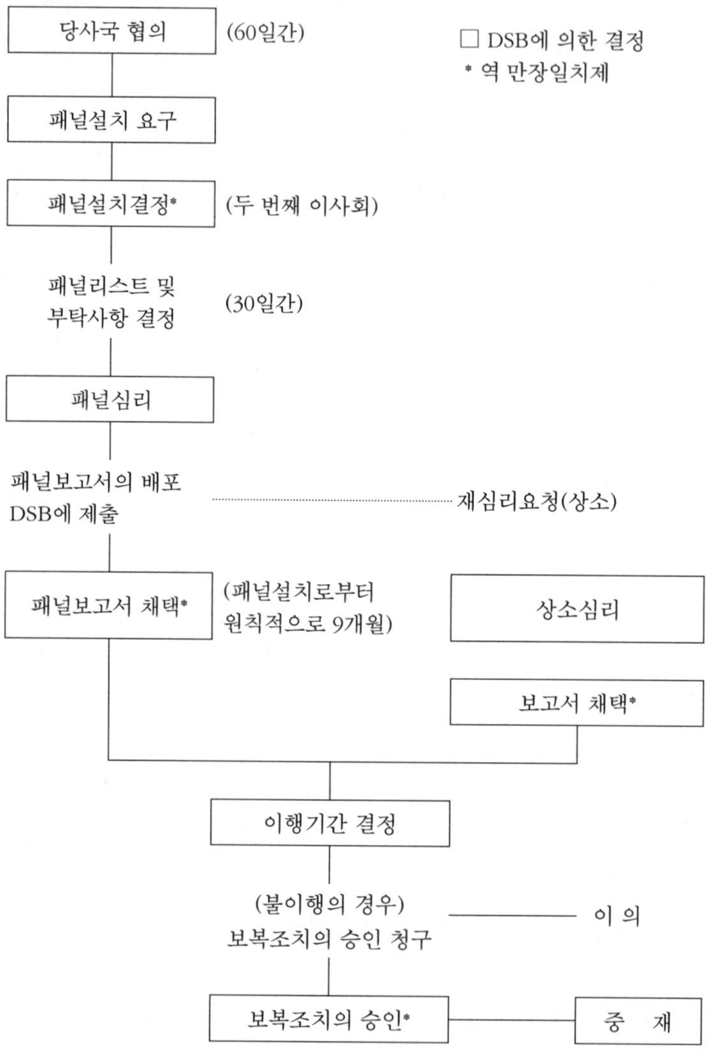

다섯째, 패널판정의 준수를 효과적으로 보장하기 위하여 WTO에서는 패널보고서에 포함된 권고나 판정을 이행해야 할 시한을 설정하고 판정을 이행하기 위해서 패소당사국이 취한 조치의 적합성에 대한 상대국의 이의제기 및 새로운 분쟁해결개시권을 인정하고 있으며, 보복조치 이외의 보상에 관한 규정을 두고 있다.

이러한 특징을 가진 WTO 분쟁해결절차하에서의 지적재산권분쟁 해결과정을 살펴보면 다음과 같다.21)

우선 분쟁당사국은 협의에 의하여 분쟁을 해결할 수 있다. 그러나 협의가 실패하면 분쟁당사국은 패널의 설치를 요구할 수 있다. WTO의 일반이사회와 같은 지위와 구성을 지닌 분쟁해결기구는 패널보고서를 채택하거나 거부할 수 있다. 그러나 역콘센서스방식을 택하므로 DSB가 패널보고서와 상소기관보고서의 채택을 거부하는 것은 사실상 불가능하다. 이들 보고서를 기초로 DSB는 TRIPs협정에 위반된 조치의 시정을 명령한다. 경우에 따라서는 DSB는 TRIPs협정에 위반한 분쟁당사국에 대해 보복조치를 허가할 수 있다.

3. TRIPs협정의 평가

끝으로 정리하는 의미에서 TRIPs협정 타결의 의의를 재음미해 보기로 한다.22)

첫째, 이미 본 바와 같이 TRIPs협정은 지적재산권의 보호수준을 한층 높여 놓았다. 둘째, 기존 지적재산권 보호조약의 미비점인 집행절차와 분쟁해결절차를 갖춤으로써 보호의 실효성을 높였다. 셋째, 기존의 지적재산권 보호조약은 분야별 조약으로서 산업재산권, 저작권, 반도체칩보호 등으로 분열되어 있음에 반해 TRIPs협정은 지적재산권의 대부분의 분야가 망라된 종합적 조약이다. 또 영업비밀 등 새로운 분야의 지적재산이 처음으로 국제적인 보호를 받게 되었다. 넷째, WTO의 모든 회원국들이 TRIPs협정에 당연히 가입함으로써 지적재산권의 범세계적 보호가 가능하게 되었다. 다섯째, 개인의 권리인 지적재산권이 국제규범을 통해서 직접 보호받게 되었다. 이것은 그만큼 지적재산권이 개인의 권리이기는 하나 국가의 이해관계와 밀접히 관련되어 있는 현실을 반영한 것이고, TRIPs협정의 역사적 의의를 나타내는 것이다.

---

21) 박노형, "TRIPs 협정의 일고찰(상)," 「계간 저작권」 제30호(1995), 21면.
22) 박노형, "TRIPs 협정의 일고찰(하)," 「계간 저작권」 제31호(1995), 31면.

제5절 세계지식재산기구 저작권조약 및 실연 · 음반조약[23)]

Ⅰ. 성립의 경위

1996년 12월 2일부터 12월 20일까지 계속된 외교회의를 통해서 세계지식재산기구 저작권조약과 세계지식재산기구 실연 · 음반조약이 성립되었다. 저작권조약과 실연 · 음반조약은 두 가지 기본적인 목적에서 출발하고 있다.[24)] 첫째는 기존의 조약에서 미흡한 부분을 보완하는 것이다. 베른협약은 100년 이상의 역사를 통해서 개정을 거듭했으나 저작권 보호를 위하여 간과했거나 불완전했던 부분이 존재하는바, 이를 본 조약을 통해 보완하자는 것이다. 둘째는 기술과 조약 간의 공백을 메우자는 것이다. 종래의 베른협약이나 로마협약이 디지털 기술을 염두에 두지 아니하고 제정 · 개정되었음은 물론이다. 그러나 디지털 기술이 저작권 보호에 커다란 영향을 미치고 있는 오늘날 이를 그대로 방치할 수 없음은 당연하다 할 것이다.

◎ 디지털기술이 저작권에 미치는 영향

지적재산권제도는 기술발전에 극히 민감하다. 무릇 법이라고 하는 것이 사회생활을 규율하는 것이므로 사회에 영향을 미치는 기술발전과 무관한 법은 하나도 없다고 하여도 과언은 아니다. 그러나 저작권법을 비롯한 지적재산권법은 다른 어떠한 법보다도 기술발전에 민감하다. 도대체 저작권제도라는 것이 인쇄기술의 발명이 없었다면 생각할 수 없는 제도였다는 것을 생각하면 이는 쉽게 알 수 있는 일이다. 어쨌든 인쇄술 이후에 나타난 많은 복제기술은 저작권제도에 많은 과제를 안겨 주었다. 그러나 이러한 기술이란 기본적으로 아날로그 기술이고 복제의 질과 양에 어느 정도 한계가 있다. 그런데 최근 나타난 디지털 기술의 발전은 모든 저작물을 0과 1로 표현할 수 있으므로 모든 저작물을 하나의 매체에 모두 통합하는 것이 가능하게 되었다. 이제 어문저작물은 서적, 음악저작물은 레코드, 영상저작물은 필름이나 녹화

23) 두 조약에 대해 자세한 것은, 최경수, "WIPO 저작권조약 및 실연 · 음반조약 해설(上)(下)," 「계간 저작권」 제37호 · 제38호(1996) 참조.

24) 문화체육부, 「세계지적재산권기구 저작권조약 및 실연 · 음반조약 해설」, 1997.1, 4면.

테이프와 같은 저작물과 전달매체와의 대응관계가 더 이상 의미를 갖지 않게 되었으며, 모든 정보를 컴퓨터 단말기를 통해서 받아볼 수 있도록 되었다. 그런데 이러한 기술발전이 특히 저작권법상 문제가 되는 것은 디지털 매체에 있어서는 복사도 손쉬울 뿐 아니라, 복사의 질도 원본 못지않다는 점이다. 도대체 원본이니 복제본이니 하는 것 자체가 무의미하게 되었다. 내용의 변경도 사용자가 원하는 대로 변경할 수 있다. 가격도 저렴하다.

더욱 문제는 통신기술의 발전으로 이렇게 통합된 저작물이 정보고속도로 등 통신망을 타고 신속히 그리고 국경을 초월하여 전달되게 되었다. 소위 비트와 네트의 결합이다. 이렇게 되면 기존의 저작권제도만으로는 해결하기 힘든 문제를 던져 준다. 무엇보다도 피해의 광범성과 신속성이다. 즉 디지털 자료의 경우는 누군가가 단지 통신망에 올리기만 하면 스스로 번식하는 바이러스처럼 걷잡을 수 없이 퍼져나가며, 컴퓨터만 있으면 이렇게 신속히 전달된 정보를 복제하는 것도 아주 손쉽게 되었다.

뿐만 아니라 쌍방향(interactive) 통신기술의 발전으로 정보의 발신자와 수신자의 구분이 불명하게 되었다. 종래에는 소설가, 학자, 작곡가 등 특수한(?) 사람만이 정보의 발신자이었다. 일반대중은 정보발신이라는 측면에서는 무시해도 좋을 존재이었다. 그러나 현재는 PC통신이나 인터넷을 통해서 일반인도 불특정 다수인에 대한 정보발신이 가능하게 되었다. 이제 비트와 네트의 결합으로 방송과 통신의 경계가 허물어지고 있으며, 송신방식이 일대다방식에서 일대일 내지는 다대다방식으로 다양해지고 있다. 또 자기가 수신한 내용에 변경을 가하거나 자기의 창작물을 보태어 이것을 발신하게 된다. 말하자면 서서히 '만인이 출판자, 만인이 방송자'로 되어 가고 있는 것이다. 이러한 변화는 종래의 저작권제도의 변경을 요구한다. 말하자면 '아톰시대'의 저작권이 '디지털 시대'의 저작권으로 변신을 강요당하고 있다.

II. 저작권조약의 내용

1. 베른협약과의 관계

WIPO 저작권조약은 베른협약 제20조 소정의 특별협정이며, 이 조약상의 어떠한 규정도 베른협약에 의하여 당사자가 상호간에 지는 기존의 의무를 훼손하지 아니한다(조약 1조). 원래 베른협약 제20조 소정의 특별협정은 베른협약의 동맹국 사이에서만 체결되는 것이며, 비동맹국은 가입할 수 없다. 그러나 이 조약은 베른협약의 가맹국이 아니라 하더라도 WIPO 회원국은 이 조약에 가입할 수 있다고 규정한다(조약 17조). 그런 의미에서 이 조약은 일종의 개방협정이다.[25] 우리는

WIPO 회원국이자 베른협약 가입국으로서 이 조약에 가입하리라고 보며 이에 따른 국내입법의 정비가 될 것으로 보인다.

체약당사자는 이 조약에서 규정한 보호에 관하여 베른협약 제2조 내지 제6조의 규정[26]을 준용하여야 한다.

2. 저작권의 보호범위

저작권의 보호는 표현에는 미치지만 아이디어, 절차, 운용방법 또는 수학적 개념에는 미치지 아니한다(조약 2조). 아이디어/표현의 2분법을 명정하였고, 이는 미국 저작권법의 영향을 잘 나타내는 부분이다.

3. 저작물 종류의 형태

동 조약은 저작물로서 컴퓨터 프로그램과 데이터 베이스를 명시한다.

(1) 컴퓨터 프로그램

컴퓨터 프로그램은 베른협약 제2조에서 규정한 어문저작물로서 보호된다(조약 4조). 이러한 보호는 그 표현의 방식이나 형태에 관계없이 모든 컴퓨터 프로그램에 적용된다.

(2) 데이터 베이스

내용의 선택과 배열로 인하여 지적 창작물이 되는 자료 또는 기타 소재의 편집물은 그 형태에 관계없이 지적 창작물로서 보호된다. 이 보호는 당해 자료 또는

---

25) 곽영진, 「저작권 보호에 관한 국제협약」, 저작권심의조정위원회, 1997, 57면.

26) 베른협약
제2조: 보호를 받는 저작물
제2조의2: 일정한 저작물의 보호를 제한하는 권능
제3조: 보호의 요건: 연결점
제4조: 보충적 기준
제5조: 내국민대우의 원칙
제6조: 비동맹국 국민이 만든 저작물에 대한 보호를 제한할 수 있는 가능성

기타 소재 그 자체에는 미치지 아니하며, 그 편집물에 수록된 자료나 소재에 존속하는 저작권에는 영향을 미치지 아니한다(조약 5조).

4. 권리의 확장

동 조약은 저작권으로서 배포권 및 그 권리의 소진, 대여권, 공중전달권에 관하여 언급하고 있다.

(1) 배포권 및 그 권리의 소진

"저작자는 저작물의 원본이나 그 복제물을 판매 또는 기타 소유권의 이전을 통하여 공중의 이용에 제공하는 것을 허락할 배타적인 권리를 가진다"고 규정하여(조약 6조 1항), 배포권을 저작자의 권리로서 명정한다. 이러한 배포권이 최초의 판매 이후에 소진되는지 여부를 결정할 권한은 전적으로 체약국에게 있다. 우리나라는 권리소진을 규정하나(저작 43조 1항 참조) 디지털 저작물의 최초판매 후의 자유양도(권리소진)에 대해서는 재검토되어야 할 것이다.

(2) 대여권

i) 컴퓨터 프로그램, ii) 영상저작물, iii) 음반에 대해서 대여권을 인정한다. 다만, 다음의 경우에는 대여권이 적용되지 아니한다.

1) 컴퓨터 프로그램의 경우　　프로그램 그 자체가 대여의 본질적 대상이 아닌 경우에 그 프로그램.

2) 영상저작물　　상업적 대여가 저작권자의 배타적 복제권을 실질적으로 침해하는, 저작물의 광범위한 복제를 초래하지 아니하는 경우. 따라서 우리가 신조약에 가입하더라도 현재와 같이 영상저작물의 대여권을 인정하지 아니하여도 무방하다고 본다.

한편 대여권을 어떠한 권리형식으로 규율할 것인지에 대해서는 현재 두 가지 방법이 있다. 하나는 '배타적 허락권'으로 규율하는 것이요, 또 하나는 '보상청구권'으로 규율하는 것이다. 조약은 음반대여에 대하여 1994년 4월 15일 당시에 "저작자에게 공정한 보상제도를 가지고 있었고, 그 이후로도 이를 유지하고 있는 체약당사자는 음반에 수록된 저작물의 상업적 대여가 저작자의 배타적 복제권을 실질적으로 침해하지 아니하는 한 그 제도를 유지할 수 있다"고 규정한다(조약 7조 3항).

(3) 공중전달권

베른협약 제11조 제1항 제2호, 제11조의2 제1항 제1호 및 제2호, 제11조의3 제1항 제2호, 제14조 제1항 제1호, 그리고 제14조의2 제1항의 규정에 영향을 미치지 아니하고, 저작권자는 공중의 구성원이 개별적으로 선택한 장소와 시간에 저작물에 접근할 수 있는 방법으로 공중의 이용에 제공하는 것을 포함하여, 유선 또는 무선의 수단에 의하여 저작물을 공중에 전달하는 것을 허락할 배타적 권리를 가진다(조약 8조). 본조는 기존 베른협약의 공중전달권의 개념을 확대하여 저작물이 통신망을 통해 송신되는 디지털 시대의 이용현황에 대처하기 위한 것이다.

(4) 사진저작물의 보호기간의 확대

사진저작물도 다른 저작물과 마찬가지로 저작자 사후 50년까지 보호된다.

5. 저작권 제한규정의 엄격화

신조약은 권리의 제한과 예외를 엄격히 할 것을 규정한다. 즉 제10조 제2항은 저작권이 제한될 수 있는 경우에도 '저작물의 통상적인 이용과 충돌하거나 저작자의 합법적인 이익을 부당하게 해치지 아니하는 특별한 경우로' 한정하여야 한다고 규정한다.

6. 기술조치에 관한 보호의무

기술조치에 관한 보호의무나 다음의 권리관리정보에 관한 의무는 모두 디지털 의제 관련사항이다. 새로운 기술은 저작자의 권리를 손쉽게 침해하도록 하기도 하지만 반대로 이를 효율적으로 통제하는 데도 이용할 수 있다. 이러한 통제장치를 보호하는 것은 간접적으로 저작권을 보호하는 것이다. 이에 조약 제11조는 체약국은 복제방지장치를 무력화시키는 기술회피행위를 금지하기 위한 효과적인 법적 규제를 하여야 한다고 규정한다.

7. 권리관리정보에 관한 의무

멀티미디어와 온라인을 통한 저작물의 이용의 확산으로 복잡・다양화된 저작물의 이용관계를 신속하고 저렴하게 처리해야 할 사회적 필요성이 증대함에 따라 저작물의 이용허락에 필요한 정보들의 효과적인 보호가 필요하다. 이에 조약은 체약국은 전자적 권리관리정보의 삭제・변경행위 및 전자적 권리관리정보가 삭제・변경된 저작물의 배포・배포목적 수입・공중전달행위가 권리침해를 유인・허용・조장・은닉할 수 있다는 것을 알면서 행한 경우(민사적 구제에 있어서는 이를 알 만한 상당한 이유가 있음에도 행한 경우)에 대한 법적 규제를 행하여야 한다고 규정한다(조약 12조).

8. 합의사항(Agreed Statement)

(1) 복제와 관련된 합의사항

WIPO저작권조약에서는 디지털자료의 일시적 저장을 복제라고 규정하는 것 대신 합의록에서 "베른협약 제9조에 규정된 복제권 및 당해 조항에 허용된 예외는 디지털 환경하에서 특히 디지털 형태로의 저작물의 이용에 전부 적용된다. 보호받는 저작물을 디지털 형태로 전자적 매체에 저장하는 것은 베른협약 제9조의 의미상 복제이다"라는 양해하에 조약을 마무리하였다.[27] 일찍이 WIPO/UNESCO 정부전문가위원회는 저작물을 전자매체에 저장하는 것이 복제임을 명백히 하였고, 본 합의문 제2문은 단순히 이 점을 확인하고 있을 뿐이다. 또 일시적 저장이 오로지 저작물을 지각하기 위한 목적으로 행하여지는 경우, 일시적 저장이(기술적인 과정의 일환으로서) 순간적이거나 부수적인 성격을 가지는 경우에는 복제권이 미치지 않거나 복제권에 대한 예외로서 인정할 수 있다는 점을 대다수의 국가들이 동의하였고,[28] 합의문 제1문은 이에 대한 적절한 근거를 제시한다.[29]

---

27) 저작권조약 제1조 제4항에 관한 합의록 참조.

28) 싱가포르, 이스라엘, 노르웨이, 호주, 아프리카 제국, 라틴 아메리카 제국의 제안서 참조.

29) 미할리 픽서(Mihaly Ficsor), "세계지적재산권기구 저작권조약," 세계지적재산권기구 저작권 국제세미나, 문화체육부/세계지적재산권기구, 1997.10.27~28, 8면.

(2) 공중전달과 관련된 합의사항

공중전달에 관한 합의록은 "전달을 위한 물리적 설비나 또는 전달을 가능하게 하는 물리적 설비를 단순히 제공하는 것은 그 자체로 이 조약 또는 베른협약이 의미하는 전달에 해당하지 않는 것으로 본다. 아울러 제8조의 어떤 규정도 체약당사자가 베른협약 제11조의2 제2항을 적용하는 것을 배제하지 못하는 것으로 본다"고 하고 있다. 이것은 인터넷과 같은 디지털 네트워크상의 서비스나 접속(service and access providers)의 책임문제를 명확히 하기 위하여 채택된 것이다.30)

(3) 권리의 제한과 예외에 관한 합의사항

권리의 제한과 예외에 관한 합의사항은 다음과 같다.31)

"이 조약 제10조의 규정은 체약당사자가 베른협약하에서 받아들일 수 있는 것으로 생각되어 온 자국의 국내 법률상의 제한과 예외를 디지털 환경에 확대 적용하는 것을 허용하는 것으로 이해한다. 이와 유사하게 제10조의 규정은 체약당사자가 디지털 네트워크 환경하에서 적절한 새로운 제한과 예외를 고안하는 것을 허용하는 것으로 이해한다. 이 조약 제10조 제2항은 베른협약이 허용한 제한과 예외의 적용범위를 축소하거나 확대하지 아니하는 것으로 이해한다."

제한과 예외를 디지털 환경에 확대적용하는 것이나 디지털 환경을 위해 새로운 제한과 예외를 고안하는 것은 모두 제10조에 규정된 3단계 테스트에 따라야 한다는 것은 명백하다.

(4) 권리관리정보에 관한 합의사항

외교회의는 이 조약 제12조에 관하여 두 부분으로 구성된 합의록을 채택하였다.

1) 이 조약 또는 베른협약상의 권리침해라는 말은 배타적 권리 및 침해보상 청구권을 포함하는 것으로 이해한다.

2) 체약당사자는 이 조항을 근거로 하여 베른협약이 허용하지 아니하는 형식을 부과하거나 상품의 자유로운 이동을 금하거나 또는 이 조약상의 권리의 향수

---

30) 위의 글, 10면. 물론 기여책임이나 대여책임과 같은 다른 법률원인을 기초로 하여 이러한 자가 책임을 질 수 있다는 것은 별개의 문제이다.

31) 위의 글, 11면.

를 방해하는 효과를 가진 관리 시스템을 고안하거나 시행하지 아니하는 것으로 이해한다.

Ⅲ. 실연·음반조약의 내용

1. 다른 조약과의 관계

WIPO 실연·음반조약은 로마협약상의 방송사업자의 권리를 제외한 부분을 실질적으로 대체하고 있다. 일반원칙으로서는 베른협약과 마찬가지로 내국민대우(조약 4조), 무방식주의(조약 20조), 소급효(조약 22조)의 원칙, 50년간의 존속기간(조약 17조), 권리제한의 허용(조약 16조) 등을 규정한다.

2. 새로운 개념정의

음반, 음반제작자, 방송, 공중전달의 개념을 정의함에 있어 '소리의 표현'(representation of sounds)이라는 개념을 추가하였다. 예컨대 제2조 (b)는 "음반이란 실연의 소리 또는 기타의 소리, 또는 소리의 표현을 고정한 것으로서 영상저작물이나 기타 시청각저작물에 수록된 형태 이외의 고정물을 말한다"라고 음반을 정의하고 있다. 이렇듯 소리의 표현이라는 부분을 추가한 것은 오늘날의 디지털 상황을 포섭하기 위한 것이다. 또 방송의 개념에는 '위성에 의한 송신' 및 (그 해제를 위한 방법이 방송사업자에 의하여 또는 그의 동의를 얻어 공중에게 제공된 경우의) '암호화된 신호의 송신'도 포함한다.

그러나 이러한 방송은 무선의 방법에 의한 경우로 한정되며, 우리법과 같이 유선에 의한 송신은 포함하지 아니한다. 조약은 '방송 이외의 매체'에 의한 경우를 '공중전달'이라는 개념으로 포섭한다.

3. 권리의 확장 · 신설

(1) 실연자의 인격권

음악의 실연 및 음반에 고정된 실연에 관해서 그 실연자는 성명표시권과 동일성 유지권을 가진다(조약 5조 1항). 그 존속기간은 적어도 재산권의 존속기간보다 짧아서는 안 된다(조약 5조 2항 참조).

(2) 방송권

실연자는 방송된 실연을 제외하고는 그 실연의 방송권과 공중에의 전달권 및 그 실연을 고정할 수 있는 배타적인 권리를 가진다(조약 6조).

(3) 복제권

실연자는 음반에 고정된 실연에 관해서 그 복제를 허락할 배타적 권리를 가진다(조약 7조). 음반제작자는 그 음반을 복제할 수 있는 배타적 권리를 가진다(조약 11조).

(4) 배포권 및 대여권

실연자 및 음반제작자는 배포권을 가지며(조약 8조, 12조), 대여권을 가진다(조약 9조, 13조). 또 저작권자의 대여권과 마찬가지로 음반의 복제물의 대여에 대하여 1994년 4월 15일 당시에 "저작자에게 공정한 보상제도를 가지고 있었고, 그 이후로도 이를 유지하고 있는 체약당사자는 음반에 수록된 저작물의 상업적 대여가 저작자의 배타적 복제권을 실질적으로 침해하지 아니하는 한 그 제도를 유지할 수 있다"고 규정한다(조약 9조 2항, 13조 2항).

(5) 이용제공권

실연자는 음반에 고정된 실연에 대하여 무선 또는 유선의 방법으로, 그리고 공중의 구성원이 개별적으로 선택한 시간과 장소에, 공중의 이용에 제공할 배타적 권리를 가진다(조약 10조). 음반제작자는 무선 또는 유선의 방법으로, 그리고 공중의 구성원이 개별적으로 선택한 장소와 시간에 그의 음반에 접근할 수 있는 방법으로, 그 음반의 공중이용에 제공할 수 있는 배타적 권리를 가진다(조약 14조).

(6) 2차 사용료 청구권

실연자 및 음반제작자는 상업용 음반의 방송 또는 공중전달에의 이용에 대해서 보상청구권을 가진다(조약 15조).

(7) 보호기간

실연자에게 부여된 권리의 존속기간은 실연이 음반에 고정된 연도의 말부터 기산하여 적어도 50년의 기간이 종료하는 때까지 존속하며(조약 17조 1항), 음반제작자에게 부여된 권리의 존속기간은 음반이 발행된 연도의 말(음반이 고정으로부터 50년 내에 발행되지 아니한 경우에는 그 고정이 행하여진 연도의 말)부터 기산하여 적어도 50년의 기간이 종료하는 때까지 존속한다(조약 17조 2항).

	베른협약	WTO / TRIPs	WIPO 신조약
저작물	어문저작물, 연극 및 악극, 무용 및 무언극, 음악, 영상저작물, 미술 및 건축사진, 응용미술, 도형 등	베른협약+ 컴퓨터 프로그램 데이터 베이스	TRIPs와 동일
저작권	(저작인격권)(추구권) 복제권, 번역권, 공연권, 낭독권, 번안권, 영화화권, 방송권, 녹음권 * 영상저작물의 배포권	베른협약+ 대여권(영상저작물, 컴퓨터 프로그램, 음반)	베른협약+대여권(TRIPs와 동일) * 배포권(모든 저작물) ** 공중전달권
보호범위	규정 없음 (일반원칙에 맡김)	표현에는 미치지만 아이디어, 절차, 운용방법 또는 수학적 개념에는 미치지 않는다.	TRIPs와 동일
저작권의 제 한	저작물의 통상적인 이용과 충돌하지 않는 범위에서 복제권 제한을 비롯 인용, 교육목적 발행 · 방송 · 녹음 · 녹화, 시사보도 등을 위한 이용	저작물의 통상적인 이용과 충돌하지 아니하고, 저작자의 합법적인 이익을 불합리하게 해치지 아니하는 경우에는 제한 가능	TRIPs와 동일
보호기간	저작자 사후 50년 다만, 응용미술 저작물과 사진저작물은 25년	베른협약과 동일	베른협약+ 사진도 저작자 사후 50년까지 보호

기 타 특기사항		저작권뿐만 아니라 모든 지적재산권에 관한 규정 집행절차, 분쟁해결절차 있음.	** 권리관리정보나 기술조치에 관한 보호의무규정을 둠. 권리집행에 관한 규정

* 베른협약상 영화저작물에만 규정된 배포권이 신조약에는 모든 저작물에 인정됨. 이에 따른 최초판매원칙(권리소진의 원칙)의 규정여부는 개별국가에 맡김.

** 디지털 의제 관련사항

4. 기술조치에 관한 보호의무 및 권리관리정보에 관한 의무

체약국은 법에서 허용하지 아니하는 행위를 제한하는 기술장치를 무력화시키는 기술회피행위를 금지하기 위한 효과적인 법적 규제를 하여야 한다(조약 18조). 체약국은 전자적 권리관리정보의 삭제·변경행위 및 전자적 권리관리정보가 삭제·변경된 저작물의 배포·배포목적 수입·공중전달행위가 권리침해를 유인·허용·조장·은닉할 수 있다는 것을 알면서 행한 경우(민사적 구제에 있어서는 이를 알 만한 상당한 이유가 있음에도 행한 경우)에 대한 법적 규제를 행하여야 한다(조약 19조). 기술조치에 관한 보호의무 및 권리관리정보에 관한 의무를 규정한 것은 WIPO 저작권조약 제11조, 제12조와 동일한 취지이다.

◎ 미국의 지적재산권 강화정책

미국은 개척의 나라답게 전화, TV, 영화, 음악, 비디오, 오디오, 자동차, 항공기, 컴퓨터, 반도체 등 20세기 문명국이 누리고 있는 온갖 이기의 최초 발명국이며 헌법 기초자인 벤자민 프랭클린이 피뢰침을 발명한 것은 유명한 이야기이고, 링컨 대통령도 특허권을 가지고 있었을 정도로 발명의 왕국이었다. 20세기는 발명의 나라, 자유와 창의의 나라 미국이 세계경제를 리드하여 왔지만, 1980년대에 들어와서 철강, 자동차, 전기, 통신 등 종래의 기간산업부분을 비롯한 산업전반에서의 국제경쟁력이 약화되는 조짐을 보이고, 만성적인 경상수지적자에 시달리게 되었을 뿐만 아니라, 나아가 우주항공산업, 컴퓨터산업, 반도체산업 등에서마저 국제경쟁력에 도전을 받게 되어 경제의 재건 및 국가안전보장의 측면에서 첨단기술 및 정보산업의 우위를 확보하여야 한다는 점이 국가적 지상과제로 등장케 되었다.

이에 따라 대내적으로, 연구개발부문에의 예산증대, 감세, 각종 규제완화, 첨단기술정보의 유출방지를 위해 의회 및 행정부가 공동작업을 추진 중이며, 컴퓨터프로그램의 보호(1980년 저작권법 개정), 반도체칩보호법 제정(1984, Semiconductor ship

Protection Act), 상표위조에 대한 벌칙강화(1984, Trademark Counterfeiting Act), 의약품 등 특허기간의 연장(1984년 특허법 개정), 제법특허의 권리확장(1988년 특허법 개정) 등 법제를 정비하는 일방, 국제무역거래에 있어서 기술 및 상품모조를 신속히 저지할 수 있는 국제무역위원회(ITC) 및 통상대표부(USTR)를 위한 종합무역법의 제정(1988년, Omnibus Trade and Competition Act), 특허제도의 효율적이고 통일적 적용집행을 위한 연방재판제도의 개편(1982년, The Federal Courts Improvement Act) 등 제도개혁에 임하고 있다. 대외적으로는 GATT, WIPO 등 국제기구를 통해 지적재산권보호의 국제규범화를 촉진하는 한편, 각 국가를 대상으로 양자협상을 통한 타국의 지적재산권 관련제도의 강화를 촉구하고 있다.

◎ 미국특허침해에 대한 구제제도

미국특허침해에 대한 구제제도로는 연방법원에 의한 구제와 통상관계법에 의한 구제로 대별된다.

(1) 미국에 있어서 특허권은 연방법(35 USC)에 규정된 권리이므로 연방법원의 전속적 관할로 되어 있고, 연방법원의 사법적 구제에는 침해금지의 본안 및 가처분제도와 손해배상제도가 있음은 우리나라와 비슷하다. 또, 특허침해소송을 다루는 법원의 재판절차에서 특허의 유효성 문제가 항변 또는 반소로 다루어지는 점이 특이하고, 이 때문에 소송절차가 오래 걸리게 된다. 또 법관의 재량에 따라 변호사비용의 부담 및 고의적인 특허침해에 있어 징벌적 손해배상을 명할 수 있는 점도 특이하다.

(2) 특허침해품이 미국에 수입되는 경우에는 관세법(The Tariff Act, 1930) 제337조에 의해 미국 국제무역위원회(The U.S. International Trade Commission, 略하여 ITC)에서 수입금지 등의 조치를 취할 수 있게 되어 있다. ITC 스스로 이 절차를 개시할 수도 있으며, 법원에 의한 사법적 구제와는 전혀 별도의 구제제도이므로 동시에 구제절차가 진행될 수도 있으며, 결론에 있어서 상이할 수도 있다. ITC의 특허침해여부의 판정은 연방행정절차법에 의한 청문을 거쳐 원칙적으로 1년 이내에 내려진다(One year rule, 복잡한 사건은 18개월). 그러나 그것은 단순한 행정절차가 아니라 사법절차에 준하는 성격을 가지며, ITC는 제1심으로 기능하고 ITC결정에 불복이 있는 때에는 연방순회항소법원(The Courts of Appeals for the Federal Circuit)에 항소가 가능하고, 이에 불복이 있으면 연방대법원에 상고할 수 있다.

◎ ITC절차와 특허침해소송절차의 차이점

구 분	ITC의 절 차	연방지방법원의 절차
목 적	국내산업의 보호	특허권 및 특허권자의 보호
구제조치 발령요건	i) 특허권의 침해 ii) 국내산업의 존재	i) 특허권의 침해 ii) 손해액(손해배상을 청구한 경

	iii) 공공이익	우)
구제조치의 내용	i) 배제명령 ii) 정지명령 * 미국 내에서의 제조를 금지할 수 없음 * 손해배상은 없음	i) 상품을 미국 내에서 제조, 판매, 사용을 금지하는 명령 * 수입금지는 불가능 ii) 손해배상(징벌배상) iii) 소송비용의 회복
잠정적인 배제명령	i) 잠정적 배제명령 ii) 잠정적 정지명령	예비적 금지명령
처리기간	조사개시로부터 1년 이내(복잡한 사건은 18개월)	기간이 정해 있지 않음(통상 3년 내지 5년. 다만 법원에 따라 6개월인 곳도 있음)
결정자	행정판사의 심결안에 근거하여 ITC가 심결을 내림(협의가 있는 경우, 대통령 승인 필요)	배심 및 판사가 심결
반 소	항변으로서 특허무효를 주장할 수 있으나, 반소는 인정되지 않음(가능한 항변내용은 소송과 동일)	피고로부터 반소가능 특허사건에서 특허무효확인의 반소제기 가능
구제조치의 대상	일반배제명령의 경우, 국외로부터의 수입품에 적용(대물관할권)	판결의 효력은 심사자에게만 미침(대인관할권)
결정의 효력	TC의 심결은 법원을 구속하지 않음	법원의 판결은 절대적으로 ITC를 구속함
항 소	ITC의 결정에 의해 불이익을 받는 사람은 누구나 CAFC에 항소가능	제1심의 당사자는 CAFC(특허사건 이외는 관할구의 항소법원)에 항소가능

한편, 1974년 통상법 제301조는 외국정부의 무역협정위반, 부당한 무역관행(지적재산권보호 불충분 포함)에 관하여 조사 및 보복조치를 과하도록 하고 있다. 이 조치는 이해관계인의 청원이나 미국의 통상대표부(USTR) 또는 대통령에 의해 개시되는데 사법심사가 미치지 아니하는 점에서 특이하다. 1988년의 종합무역법(Omnibus Trade and Competition Act)의 제정에 의해 지적재산권보호가 미흡한 나라에 관해 USTR 대표로 하여금 우선 협상국 지정, 조사(조사기간 6월) 및 협상을 의무화시킨 이른바 Special 301조 신설 등 보호를 강화하고 있다.

한 가지 독특한 것은 1982년 연방법원개선법에 의한 연방순회항소법원(CAFC)의 설치이다. CAFC는 종래의 관세특허항소법원(The Court of Customs and Patent Appeals, CCPA)과 미국 청구법원(The Court of Claims)을 통합하여 특허법의 해석, 적용의 통일성을 기하고 각 순회구 항소법원의 부담을 경감시키기 위한 목적으로 설립되어 특허사건에 관한 연방지방법원의 판결과 ITC의 관세법 제337조에 의한 결정 등에 대한 항소심으로 배타적인 관할권을 가지게 되어 특허전문법원으로 기능하게 되었다.

CAFC에는 이과계대학을 나오고 특허청에서 3년간 실무를 거친 자 중에서 선발된 기술보좌관(Technical Assistant)을 두어 법관을 기술적 · 법률적 측면에서 보조케 하고 있어, 특허사건에 관한 연방법원이 신속하고 통일적인 견해를 확립하는 데 기여케 하고 있다. CAFC는 그 동안 다원적인 재판제도하에서의 혼란한 판례를 정력적으로 통합하였고, 모든 연방지방법원은 물론 ITC의 특허침해사건에 있어서 법적 구속력을 갖게 됨으로써 법률해석 적용의 통일을 꾀하게 되었다.[32)]

제6절 위조 및 불법복제방지협약(ACTA)과 지적재산권 제도

1. 서 언

최근 지적재산권의 집행을 강화하기 위한 새로운 국제적인 법적 시스템인 「위조 및 불법복제 방지협약」(Anti-Counterfeiting Trade Agreement: 이하 'ACTA'라 함)의 체결을 위한 다자간 협상이 미국과 일본의 주도하에 우리나라를 포함한 14개국(EU 포함)을 중심으로 긴밀하게 진행된 바 있다. 최종 협정문이 2010년 11월 15일 발표되었으며, 2011년 10월 1일 동경에서 우리나라, 미국, 일본을 비롯한 8개국이 참여하여 조약서명식을 거행하였다.[33)]

위조 및 불법복제품이 세계적으로 확산되어 경제의 지속적인 성장을 위협하고 있으며, 인터넷을 통한 위조 및 불법복제품의 거래에 의한 지적재산권의 침해 등과 같은 새로운 문제도 대두되고 있다. 지적재산권 선진국들은 이러한 과제에

---

32) CAFC의 최근 특징은 특허보호의 강화와 성문법 우선의 점에 있으며, 첫째, 특허무효의 입증을 엄격하게 하고, 둘째, 균등이론의 적용을 정착시켜 탄력적인 해석을 꾀하고, 셋째, 악의의 침해에 대한 배상액을 증액하고, 넷째, 가처분제도를 보다 많이 활용한다는 점이다.

33) ACTA 협상에 참여하고 있는 국가들은 미국, EU, 일본, 스위스, 호주, 한국, 뉴질랜드, 멕시코, 요르단, 모로코, 싱가포르, UAE, 캐나다, 독일이다. 2011년 11월 11일 현재 미국, 일본, 호주, 한국, 뉴질랜드, 모로코, 싱가포르, 캐나다는 동 협약을 서명하였지만, EU, 멕시코, 스위스 등은 아직 서명을 하지 않은 상태이다.

대처하기 위하여 지적재산권의 집행에 관한 강력한 법적 규율과 그 집행의 강화 및 국제협력을 주된 내용으로 하는 높은 수준의 국제적인 법적 시스템을 구축하는 것을 목적으로 ACTA를 적극적으로 추진하고 있다.

ACTA는 6개의 장(chapters)으로 구성되어 있다.[34] 현재 논의가 집중되고 있는 것은 "지적재산권의 집행에 관한 법적 체계"에 관한 2장으로 5개의 절로 구성되어 있는데, 그 내용은 일반의무(general obligation), 민사집행(civil enforcement), 국경조치(border measures), 형사집행(criminal enforcement) 및 디지털환경에 있어서 지적재산권의 집행(Enforcement of Intellectual Property Rights in the Digital Environment)에 관한 것이다.

2. 민사절차

민사집행(Civil Enforcement)분야는 민사절차의 이용가능성, 침해금지명령, 손해배상, 기타 구제수단, 침해관련 정보의 제공, 증거보전을 위한 조치 및 잠정조치에 대하여 자세히 규정하고 있다.

민사절차의 이용가능성에 관하여, ACTA는 지적재산권 집행을 위한 민사절차를 보장하고, 민사절차의 청구적격에 관하여 권리보유자(right holders)가 민사절차를 이용할 수 있어야 한다고 규정하고 있다(ACTA 7조 1항).

ACTA는 지적재산권의 집행에 관한 민사 사법절차에 있어서, 사법당국에 침해물품의 상거래 유입 금지를 포함하는 침해금지명령(injunction)을 부여하여야 한다고 규정하고 있다(ACTA 8조 1항).

TRIPs 협정은 악의 또는 과실의 지적재산권 침해행위에 대해서는 적절한 손해배상의무를 부과하고 있고, 선의 또는 무과실의 침해행위에 대해서도 사법당국이 이익의 반환 또는 기 산정된 손해액의 배상지급을 명령할 수 있다고 규정할 수 있다고 하고 있을 뿐이다(TRIPs 협정 45조). 그러나 ACTA는 각 당사국이 (ⅰ) 침해로 인한 적절한 손해배상(ACTA 9조 1항), (ⅱ) 저작권, 저작인접권의 침해 및 상표위조의 경우에는 (ⅰ)에 언급된 손해액으로 추정될 수 있는 침해로 인하여 발생한

34) http://commondatastorage.googleapis.com/leaks/Anti-Counterfeiting%20Trade%20Agreement.pdf 〈2011.11.11. 최종방문〉.

침해자의 이익(the profits of the infringer)을 고려하도록 하고 있으며(ACTA 9조 2항), 최소한 저작권과 저작인접권에 의하여 보호받는 저작물, 음반, 공연과 상표위조의 경우에, 민사소송에서 각 당사국은 법정손해배상 또는 손해배상액추정제도를 규정할 것을 요구하고 있고(ACTA 9조 3항),[35] 나아가 전자(권리자의 손해보전에 충분한 '손해액 산정규정'을 두어야 하며 손해배상액은 장래의 침해를 억제하는 수준이어야 함)에 대한 대안으로 '법정손해배상 제도'를 선택할 수 있도록 요구하고 있다(ACTA 9조 4항).[36]

TRIPs 협정 제46조는, 권리가 침해된 경우의 구제를 완전한 것으로 하기 위하여, 법원에 침해물품의 제거, 침해에 제공된 재료나 기구의 폐기를 명령할 권한을 부여하도록 규정하고 있다. 한미 FTA 제18.10조 제8항(민사절차에서의 침해물, 기기 및 재료 등의 압류)와 동조 제9항(민사절차에서의 침해물 등의 폐기 등)과 마찬가지로, ACTA 제10조는 최소한 불법복제 또는 위조한 것으로 판단된 물품 및 불법복제되거나 위조된 상품의 제조 또는 생성에 사용된 재료 또는 도구의 폐기를 요구하고 있다. 증거보전을 위한 조치에 관하여, 한미 FTA 제18.10조 제8항[37]에서 비록 상표 위조에 한정된 것이기는 하지만 민사절차에서 침해와 관련된 증거서류의 압류를 명령할 수 있는 권한을 법원에 부여하도록 규정함으로써 이를 국내법에 어떻게 도입할 것인지가 논란이 된 바 있다. 또한 민사절차에서의 침해물 폐기에 관하여, 한미 FTA 제18.10조 제9항에서는 불법복제되거나 위조된 상품의 제조 또는 생성에 사용된 재료 또는 도구를 어떠한 종류의 보상도 없이 신속하게 폐기할 권한을 법원에 부여할 것을 양 당사국이 규정하도록 하고 있다.[38]

---

35) EU 지적재산권 집행지침은 법정손해배상액을 선택할 권한을 각 회원국에 부여하고 있다(동 지침 13조 2항).

36) 또한 ACTA는 소송비용의 부담에 대하여, 각 당사국은 특별한 사정이 없는 한 저작권 및 저작인접권 침해, 특허권 침해 또는 상표권 침해소송의 최종 결정 단계에서 패소당사자가 승소당사자에게 법원의 비용(court cost or fees)을 제공하도록 할 권한을 부여하도록 요구하고 있다(ACTA 9조 5항).

37) 한미 FTA는 민사구제의 한 방편으로 사법부에 침해물품 및 침해행위와 관련이 있는 소재 및 기기 등의 압류(seizure)를 명령할 수 있는 권한을 부여할 것을 요구하고 있으며, 상표위조에 한해서 증거서류의 압류도 인정하고 있다.

38) 우리 저작권법 제123조 제2항의 '기타 필요한 조치'가 한미 FTA 제18.10조 제9항의 내용을 충분히 포섭한다고 한미 FTA협상과정에서 해석하여 우리 저작권법을 개정하지 아니한 것으로 미루어 보아 ACTA의 내용을 국내 이행하는 데에는 큰 문제가 없는 것으로 보인다.

정보제공청구권(Information Related to Infringement)은 사법당국이 지적재산권 침해자에게 침해물품 등의 관련 정보를 제출할 것을 명령할 수 있는 권한을 말한다. TRIPs 협정 제47조에는 권리침해에 대한 효과적인 구제를 위하여 침해자가 침해물품의 제조·배포에 관여한 제3자 및 물품의 유통체계 등에 관한 정보를 권리자에게 제공할 것을 명령하는 권한을 각국 사법기관에 부여할 수 있다는 규정이 있다.[39] 본조에서 침해자로부터 정보를 획득할 수 있는 권리는 임의적 사항으로 규정되어 있으므로, 회원국들이 이를 반드시 국내법에 반영할 필요는 없으며, 정보제공의무는 침해의 심각성을 고려하여 결정되는 것으로 해석된다. 한편, ACTA는 각 당사국에게 지적재산권 집행에 관련한 민사소송에서 사법당국은 증거수집의 목적으로 침해자에게 침해자가 소지하고 있거나 통제하고 있는 어떠한 정보라도 권리자나 사법당국에게 제공하도록 명할 권한을 부여하도록 요구하고 있다(ACTA 11조). 침해자의 정보제공의무는 특히, 온라인을 통한 불법 저작물의 침해에 대해서는 신속한 권리구제의 필요가 있기 때문에 대내적으로도 서비스제공자에게 침해자의 신상정보를 제공하도록 하는 제도의 신설이 요청되는 상황에 있었다고 볼 수 있다. 권리자가 권리를 신속하게 방어하거나 사후에 충분히 구제받기 위해서는 침해자에 대한 정보를 파악하는 것이 필요하다.[40] 그러나 온라인 서비스 이용자에 대한 정보를 무제한적으로 공개하도록 하는 것은 개인의 프라이버시 권리를 침해할 우려가 있을 뿐만 아니라 민사적 구제를 주된 구제수단으로 활용하는 미국과는 달리 형사적 구제수단을 선호하는 우리나라의 상황을 비추어 볼 때 권리자가 제도를 악용하면 저작물 이용과 문화의 확산 측면에서 바람직하지 아니한 효과가 발생할 수도 있다.[41] 침해자의 정보제공의무에 관하여는 이미 한미 FTA와 한-EU FTA에서 수용하기로 합의한 사항이고, 저작권자가 실제 소송에서 저작권 침해 및 침해로 인한 손해를 입증하는 것은 어려운 일이기 때문에[42] 이와 관련된 증거수집을 원활하게 할 수 있도록 하기 위하여 ACTA의 국내이행은

39) TRIPs 협정 제47조는 임의규정이다.

40) 온라인상 저작권침해자가 특정되지 아니한 상태에서는 민사소송의 제기 자체가 무의미하다. 왜냐하면 당사자는 소장의 필수적 기재사항으로 되어 있기 때문이다(민사소송법 249조 1항).

41) 김병일, "한미FTA의 저작권 집행분야 주요 쟁점 및 그 이행에 관한 고찰," 「계간 저작권권」 제78호(2007 여름호), 25면.

42) 김현철, 한미 FTA 이행을 위한 저작권법 개정 방안연구, 저작권위원회(2007), 203-204면.

크게 문제되지는 않을 것으로 생각된다.

3. 국경조치

ACTA는 국경조치에 관하여 국경조치의 적용범위(Scope of the Border Measures), 권리자측의 통관보류 등 신청(Application by Right holder), 권리자측의 정보제공(Provision of Information from Right Holder), 담보 또는 동등한 보증(Security or Equivalent Assurance), 침해결정(Determination as to Infringement), 구제(Remedies), 비용(Fees), 정보의 공개(Disclosure of Information)에 대해서 자세히 규정하고 있다(ACTA 13조 내지 22조 참조).

ACTA 협상문이 제시하고 있는 국경조치에 관한 주요 쟁점은 한미 FTA의 국경조치에 관한 요건과 큰 차이가 없다. 한편, ACTA상 세관에 의한 통관보류에 관한 규정이 적용되는 적용범위는 수입, 수출 및 환적이다(ACTA 16조). ACTA 협정문 초안은 국경조치가 당사자의 신청 없이도 진행될 수 있도록 직권에 의한 국경조치를 요구하고 있었으나, 최종 협정문에서는 포함되지 않았다.[43]

4. 형사절차

ACTA의 협상에서 형사집행 분야는, (ⅰ) 위조 및 불법복제(형사절차의 제공, 양형기준, 침해의심물 등의 압수, 침해행위로 발생한 이익의 몰수, 침해물품 등의 몰수 및 폐기), (ⅱ) 위조 라벨 등의 불법유통, (ⅲ) 영화관 등에서의 불법 촬영, (ⅳ) 직권 형사조치(비친고 요건)을 중심으로 협상이 진행되었다. 그런데, '형사집행' 협정문 초안에 관하여, 침해물의 몰수 · 폐기 규정에 관해서는 대체적으로 의견 일치를 보였으나, '불법 라벨 유통 처벌', '도촬 처벌' 등 TRIPs Plus 규정에 대해서는 다수국이 유보적 입장을 표명함에 따라 '도촬 처벌'규정은 최종 협정문에는 포함되지 아니하였다.

---

43) TRIPs 협정도 직권에 의한 국경조치를 요구하고 있다. 한미 FTA 제18.10조 제19항도 직권에 의한 국경조치를 요구하고 있을 뿐만 아니라 나아가 수출입물품, 환적물품 및 자유무역물품에 대하여 직권으로 국경조치를 할 수 있도록 규정하고 있다. 또 현행 관세법도 직권에 의한 국경조치를 인정하고 있다.

ACTA는 형사절차에 관하여 다음과 같이 규정하고 있다: 각 당사국은 최소한 상업적 규모의 고의의 상표위조와 저작권 또는 저작인접권의 침해에 대해서 형사절차 및 처벌에 대하여 규정하여야 한다. 여기서 상업적 규모의 위조나 침해에는 직접적 또는 간접적인 경제적 또는 상업적 이득을 목적으로 하는 상행위(commercial activities)를 포함한다(ACTA 23조).

또한 ACTA는 양형기준에 관하여, 침해자의 금전적인 동기를 제거하려는 정책에 합치되게, 장래의 침해를 억제하기에 충분한 벌금형뿐만 아니라 징역형 선고를 포함하는 형벌이어야 한다고 규정하고 있다(ACTA 24조).[44] 나아가 ACTA 제25조는 침해물품 등의 압수, 몰수 및 폐기에 대해서 자세히 규정하고 있다(ACTA 25조).

TRIPs 협정은 최소한 고의로 상업적 규모로[45] 불법복제하는 자에 대한 형사처벌 규정을 둘 것을 의무화하고 있을 뿐이고, 또 TRIPs 협정은 권리구제를 효과적으로 하여야 하고, 소송절차가 공정하게 진행되어야 하며, 너무 복잡하지도 않고 지나친 비용을 요하지도 말아야 한다는 일반적인 규정만 두고 있을 뿐이며, 형사책임을 묻는 구체적인 방법과 절차에 대하여는 회원국에 일임하고 있다. 요컨대, TRIPs 협정은 직권에 의한 형사소추의 진행에 대해서는 어떠한 규정도 없다.[46] 반면, ACTA는 지적재산권 침해에 대하여 직권으로 형사처벌을 할 것을 요구하고 있다. 즉 ACTA는 권리자의 고소가 없어도 형사소추를 할 수 있도록 요구하고 있다(ACTA 26조). 저작권을 대량·조직적으로 침해하는 경우에는 피해의 규모가 클 뿐 아니라 저작물의 공정한 유통이라는 사회질서까지 침해하는 것이므로 이에 대하여는 피해자의 의사여부에 상관없이 국가가 적극적으로 대처하여야 한다. 저작권 침해행위는 더 이상 개인적 법익에 대한 침해가 아니라 경제범죄적 성

---

44) 국내법은 이미 지적재산권법에서 모든 지적재산권의 고의 침해범에 대해서 형사처벌을 하고 있는 등 형사처벌의 대상이 넓으므로 형사절차의 제공과 관련해서 ACTA의 국내이행에는 큰 문제가 없다. 오히려 현행 저작권법의 형사처벌 조항의 적용 대상이 너무 광범위하므로 ACTA에서 제안하고 있는 바와 같이 상업적 규모의 침해행위에 한정하는 것으로 국내법의 개정을 고려해 볼 필요가 있다고 생각한다.

45) 여기서 고의성이란 자기의 행위가 불법구성요건을 실현함을 인식하고 인용하는 것을 말하며, 상업적 규모란 직업적이고 전문적인 침해에 해당되는 것으로 해석된다. Daniel Gervais, THE TRIPs AGREEMENT, 2003, 237면.

46) 다만 동 협정 57조는 국경조치에 대해서는 직권에 의할 수 있다고 요구하고 있다.

격을 가지고 있다. 따라서 저작권법에서는 영리를 위하여 상습적으로 저작권을 침해하는 행위에 있어 피해자의 처벌의사에 관계없이 국가기관의 형사처벌이 가능하도록 규정하고 있다. 다만, 이러한 대량·조직적 침해행위의 비친고죄 규정을 어떠한 방식으로 입법하느냐와 관련하여 미국의 입법처럼 구체적 수량화기준을 가지고 하는 방식과 독일의 입법처럼 추상적 문구만을 가지고 그 해석을 통하여 판단하는 방식이 존재할 수 있다. 이미 한국의 저작권법이 일부 비친고죄를 도입한 바와 같이 ACTA에서 논의되고 있는 비친고죄를 수용하더라도 큰 문제점은 없을 것으로 보인다. 다만 현재 개정안의 일부 비친고죄의 도입에 대한 가장 큰 비판이 범죄자가 양산될 것이라는 데 있다는 것을 고려할 필요성이 있다. 따라서 비친고죄를 도입하는 경우, 수사기관이나 소추기관을 위한 일정한 가이드라인, 곧 대규모의 범죄에 대해서만 수사나 소추를 할 수 있는 가이드라인을 작성할 필요가 있을 것이다. 또한 우리 저작권법은 모든 고의의 저작권침해를 형사처벌의 대상으로 규정하고 있다. 그런데 모든 고의에 의한 저작권 침해가 아니라, TRIPs 협정에서 규정하고 있는 것과 같이 고의에 의한 상업적 규모의 저작권 침해(wilful copyright piracy on a commercial scale)만을 형사상 절차의 대상으로 하는 것도 고려해 볼 만하다. 따라서 한미 FTA에서 요구하고 있는 수준으로 형사처벌의 대상을 축소하거나 영리의 목적이 있는 저작권침해와 비영리 목적의 단순 저작권침해를 구별하여 규정하는 것도 검토할 필요가 있다.[47)]

5. 향후 전망

ACTA는 최근 급격히 확산되고 있는 위조 및 불법복제품의 유통으로 인한 피해를 방지하기 위하여 TRIPs 협정보다 강력한 지적재산권의 집행 및 이를 위한 국제적 협력체제의 구축을 목적으로 하고 있다. ACTA에 관하여 검토되고 있는 사항은 크게 3가지로 구분된다. 첫째는 각국의 세관이 행하고 있는 국경조치의 성공사례 및 위조·불법복제품에 관한 정보의 교환 등과 같은 집행기관의 협력을 증진하고 개발도상국의 집행법제 체계의 강화를 위한 능력구축과 기술지원을 추

47) 김병일, "SW저작권에 있어서 비친고죄 적용," 「소프트웨어와 법률」 제5호(2008.12), 109-110면.

진하는 '국제협력의 추진', 둘째는 지적재산 전문가의 육성, 소비자의식의 향상, 기업과 정부가 일체가 되어 대책을 검토하는 등의 '집행의 강화', 그리고 셋째는 위조 · 불법복제품의 수출 · 수입의 금지 등과 같은 국경조치, 위조라벨 등의 불법유통에 대한 처벌, 권리자에 대한 충분한 손해배상, 인터넷상의 불법복제 대책 등과 같이 각국의 국내법 정비를 진행하기 위한 '법적 체계의 구축'에 있다. 특히 ACTA는 TRIPs 협정의 변경을 초래하지 아니하면서 회원국의 자발적 참여하에 'TRIPs plus' 집행절차를 정립하고자 한다. 현재 ACTA에서 논의되고 있는 민사집행범위의 확대, 손해배상액의 추정, 입증책임의 완화 및 법정손해배상제도 등은 민사집행분야에서 'TRIPs plus'라 볼 수 있고, 상업적 규모의 지적재산권 침해물품의 수출입에 대한 형사처벌, 위조 라벨 등의 불법유통과 도촬의 형사처벌, 직권형사조치 및 국경조치의 적용범위 확대에 관한 문제도 'TRIPs plus'에 해당한다. 물론 기술적 보호조치 및 권리관리정보의 보호 등 디지털 환경에서 효과적으로 저작권을 보호하기 위한 법제도 정비도 ACTA의 핵심 논의사항이다.

ACTA는 현재 특정 국가를 중심으로 논의가 진행되고 있고, 지적재산권을 침해하고 있는 주요 국가가 참여하고 있지 않기 때문에 그 효과에 대해서 회의적인 시각도 존재한다. 그러나 ACTA는 우선 지적재산권 보호에 높은 의지를 갖고 있는 국가를 중심으로 지적재산권 침해를 방지하기 위한 필요한 조치를 정비하여, 새로운 침해에 대해서도 대응할 수 있는 법적 체계를 구축하는 것을 목표로 하고 있다. 그런데 현재 ACTA 협상을 주도하였던 국가는 미국, EU와 일본이었지만, EU 내에서 ACTA에 대한 비판과 강력한 지적재산권의 집행이 오히려 창작과 혁신에 부정적 효과를 초래할 수 있다는 우려에서 서명을 유보하고 있는 점은 ACTA의 미래에 대하여 시사하는 바가 크다. ACTA의 내용은 한미 FTA와 한-EU FTA의 내용이 그 기초를 이루고 있지만, ACTA는 다자간 협상이기 때문에 한미 FTA와 한-EU FTA에서 규정하고 있는 집행수준보다는 상당히 완화된 것으로 보인다.

제7절 자유무역협정(FTA)과 지적재산권 제도

1. 서 언

자유무역협정(FTA)은 전통적으로는 해당국간 교역을 저해하는 모든 무역장벽을 제거하는 것으로 이해되었다. 과거에 체결된 협정이나 개도국간 체결되는 협정은 회원국간 무역자유화와 원산지규정, 통관절차 등 이와 관련된 규범들이 주류를 이루고 있었다. 그러나 지적재산권제도의 통일추세를 기반으로 1990년대 이후 체결된 대부분의 FTA는 무역상의 장벽철폐 외에도 서비스, 투자는 물론 지적재산권, 경쟁정책, 정부조달 환경, 노동기준 등 경제활동을 규율하는 대부분의 통상규범들을 포괄하고 있다. 즉, FTA는 점차 대상범위를 확대하고 있으며, 일반적으로 상품, 서비스, 투자, 지적재산권 등을 기본내용으로 하고, 점차 정부조달, 경쟁정책 등으로 확대되고 있다.[48]

FTA는 지적재산권분야에서의 보호수준의 조화나 통일정도에 따라 다음과 같이 분류할 수 있다.[49]

(가) 지적재산권의 완전한 조화추구방식(예, EU) 이 방식은 가장 극단적인 형태로서, 모든 회원국들로 하여금 동일한 표준을 채택하게 하는 것이다. EU와 같이 공동시장을 목표로 하는 경우에 이러한 방식이 선택된다.

(나) TRIPs 이상의 최소 표준방식(예, NAFTA) 이 방식은 TRIPs에 규정된 표준을 초과하는 높은 최소표준(high minimum standards)을 설정하지만, 지적재산권의 완전한 동조화(harmonization)를 달성하지는 않는 것으로 NAFTA가 이러한 방식의 사례를 제공한다.

(다) TRIPs-plus방식 이 방식은 TRIPs 형성 이후에 상당수의 지역무역협정이나 지적재산권 보호에 관한 협력 조약에서 규정하고 있는 방식으로, 기존의 TRIPs협정을 충실히 이행하는 것을 기본으로 하고 그 외에 TRIPs협정에서 포괄하

48) 이하의 설명은 한국발명진흥회, 자유무역협정(FTA)의 효율적인 지재권협상방안, 2004 용역보고서 참조.

49) Keith E. Maskus, *Intellectual Property Rights in the Global Economy* (2000) 참조.

지 못하는 분야의 지적재산권을 보호하기 위해서 추가적인 보호대상을 규정하는 경우이다. 통상 이러한 방식은 TRIPs 표준을 채택하기로 확약한 국가들 사이에 의해서 사용되어진다. 이러한 유형들의 사례는 EU과 중앙유럽 및 동유럽의 국가들, 북아프리카, 그리고 중동국가들 사이의 협정에서 나타난다.

㈑ 상호권고방식(mutual exhortation)　이 방식은 지적재산권에 관한 공식적인 협상이 없이 각각의 국가에 적합하다고 여겨지는 절차에 대한 상호간의 권고(mutual exhortation)에 기초한 접근이다. 이것은 APEC과 같은 낮은 차원의 통합에서 나타나고 있는 방식이다.

2. 한미 FTA/한-EU FTA와 지적재산권

2006년 2월 한미 FTA협상개시가 선언된 후, 양국이 상품무역, 농업, 서비스, 금융서비스, 투자, 정부조달, 지적재산, 환경 등 17개 분과로 나누어 진행되어 협상이 체결됨에 따라, 협상 비준 및 추후의 이행입법에 많은 관심이 집중되고 있다. 최근 미국은 다자간 협정을 통하여 지적재산권의 보호범위 확대와 집행 수준을 강화하는 것이 어렵게 됨에 따라, 양자간 자유무역협정을 통한 자국민 이익의 보호를 관철하고자 하고 있다. 따라서 한미 FTA 협상에서 미국 측이 지적재산권 분야, 특히 저작권의 보호수준을 자국의 수준으로 강화하기 위하여 상당한 관심을 기울인 것이 사실이다. 미국이 최근 체결한 호주, 바레인, 싱가포르 등과의 FTA의 지적재산 분야 규정 내용과 그동안 미국이 우리나라에게 요구하여 왔던 지적재산 분야의 쟁점을 검토해보면, 한미 FTA 협상내용 중 미국 측이 요구하는 주요 지적재산 분야 쟁점 들은 이미 충분히 예상하고 있던 것으로 관련 부처에서 대응논리를 개발해오고 있었으며, 쟁점 중 상당 부분은 이미 관련법에 반영된 것도 포함되어 있다.

한미 FTA 협상에 관한 주요 저작권 문제로서는 저작권 보호기간의 연장, 일시적 복제 및 접근통제의 인정, 친고죄의 폐지, 법정손해배상 제도의 도입, 온라인서비스제공자의 책임제한, 침해자의 정보청구제도 등이 있고, 산업재산권 문제로서는 등록지연에 대한 특허존속기간 연장 제도도입, 공지예외 적용기간(Grace Period) 연장, 증명표장제도 도입, 소리상표 냄새상표의 인정, 상표 전용사용권의 등록요건 폐지 및 '상표 침해에 대한 법정손해배상제도' 도입 등이 있다. 우리나라의 지적재산 보호 법제는 권리자 보호 측면에서는 이미 선진국 수준이상으로 강화되어 있다. 다만 지적재산권 집행에 관하여는 한미 FTA 뿐만 한-EU FTA 협상과정에서 집행절차 및 보호수준의 강화 문제가 주요 의제로 취급을 받은 바 있다. 따라서 앞으로 과제는 한미 FTA 등에서 다루어진 지적재산 쟁점의 수용여부에 대한 시비가 아니라, 협정의 국내 이행문제, 특히 집행분야 쟁점의 이행문제와 최근의 지적재산법 개정에서 충분히 고려되지 못한 이용자의 공정이용 확보에 있다고 할 것이다.

우리나라는 아시아국가 중 처음으로 2007년 5월에 EU와 공식협상을 개시한 이래, 8차의 공식협상을 통하여 의견을 조율한 후, 2009년 7월 13일 한-EU FTA협상을 종결하였다. 저작권 분야에 있어서 한-EU 간에 쟁점이 되었던 것은 추급권, 공연보상청구권, 사적복제보상금제도, 방송사업자의 권리 정도가 비교적 중요한 것이었는데, EU측의 여러 요구사항이 철회되거나 추후에 논의하는 것으로 합의되었다.[50] 지적재산권의 실효성 있는 보호를 위해서는 지적재산권의 집행수준이 강화되어야만 한다. 따라서 한-미 FTA 협상뿐만 아니라 한-EU FTA 협상에 있어서도 지적재산권 집행분야는 주요한 협상의제 중의 하나였다. 한-미 FTA 협정문뿐만 아니라 한-EU FTA 협정문도 지적재산권의 보호를 담보하기 위한 조항들이 상당수 포함됨에 따라, 우리나라와 유럽의 지적재산법제는 내용적인 면에서 거의 차이가 없게 될 것으로 보인다.

---

50) 한-EU FTA는 저작권 보호기간(기존: 50년)을 저작자 생존기간 및 사후 70년으로 연장하되, 이행을 협정발효 후 2년간 유예하고 있고(제10.6조 및 제10.14조), 방송사업자에게 "TV 방송물을 상영하는 대가로 입장료를 받는 행위"를 허락하거나 금지할 수 있는 권리를 부여하고 있으며(10.9조 5항), 권리자 추정규정을 '방송사업자'에게도 확대 적용하고 있다(10.53조). 또 한-EU FTA는 협정발효 후 2년 이내에 한국에서의 추급권 도입의 적절성 및 실행가능성에 대한 협의를 개시하기로 합의하였다(10.10조). 나아가 한-EU FTA는 저작물에 대한 기술적 보호조치를 우회하는 행위 및 기술적 보호조치를 우회할 수 있는 수단 등의 제공 등의 행위를 금지하고 있고(10.12조), 고의로 권리관리정보를 제거, 변경하는 행위 등을 금지하고 있다.

찾아보기

저자소개

宋 永 植
서울대학교 법과대학 졸업 / 제10회 사법시험 합격 / 서울대학교 사법대학원 수료
서울민사지방법원 판사 등 역임 / 변호사, 지적재산법 판례연구회 회장
[저서] 「송영식 지적소유권법」(공저) 외 다수
[논문] "특허법 제155조를 둘러싼 문제점" 외 다수

李 相 珵
서울대학교 법과대학 졸업 / 서울대학교 대학원 수료(석사 · 박사)
경희대학교 법학전문대학원 명예교수 / 한국디지털재산법학회 고문
[저서] 「송영식 지적소유권법」(공저), 「산업디자인과 지적소유권법」 외 다수
[논문] "상표권침해에 대한 민사적 구제" 외 다수

金 炳 一
연세대학교 상경대학 경영학과 졸업 / 연세대학교 대학원 졸업(법학석사, 박사과정 수료)
독일 뮌헨대학교 졸업(법학박사)
독일 Max-Planck-Institut für Geistiges Eigentum, Wettbewerbs- und Steuerrecht 연구원
인하대학교 법학전문대학원 부교수 역임 / 한국정보법학회 공동회장 역임
한양대학교 법학전문대학원 교수
[저서] 「산업재산권의 이해와 사업화 전략」 외 다수
[논문] "키워드광고와 상표권 침해" 외 다수

17정판 지적재산법

—

초 판 발행 1996년 8월 25일
17정판 발행 2021년 2월 20일

—

저 자 송영식 · 이상정 · 김병일
발행인 이방원

—

펴낸곳 세창출판사
신고번호 제300-1990-63호
주소 03735 서울시 서대문구 경기대로 88 냉천빌딩 4층
전화 723-8660 팩스 720-4579
이메일 edit@sechangpub.co.kr 홈페이지 www.sechangpub.co.kr

—

ISBN 979-11-6684-000-5 93360